1933

远东反战会议纪念集

上海市孙中山宋庆龄文物管理委员会
上海宋庆龄研究会 编

中国出版集团 東方出版中心

谨 以 此 书

纪 念 世 界 和 平 事 业 先 驱 宋 庆 龄 同 志

纪 念 中 国 人 民 抗 日 战 争 暨
世 界 反 法 西 斯 战 争 胜 利 70 周 年

《远东反战会议纪念集》编审委员会

序　言

反对侵略战争，保卫世界和平

整整80年前，1933年9月30日，在上海召开了一次远东反战大会。这是在中国共产党的支持之下，由中国民权保障同盟召集，宋庆龄同志主持的国际反帝、反法西斯、反对日本侵略中国的大会。

由于当时上海处在国民党反动统治之下，当局与帝国主义势力勾结，极力阻挠并破坏大会召开，致使远东反战大会虽然曾经公开召集，有世界反帝大同盟派来代表团出席会议，但最后只能在9月30日秘密举行，经过一天会议即行结束。会后经新闻媒体报道，在当时的社会生活中产生了积极影响。毛泽东、朱德同志被推举成为大会名誉主席，而且有来自中央苏区的代表出席会议，表明中国共产党领导的工农红军所进行的革命斗争在国际上赢得支持，这是很有意义的事情。中国的进步力量与世界反战力量实现着团结与联合，预示着国际反法西斯斗争的统一战线将要形成，中国的抗日斗争得到世界进步力量的同情，为后来中国革命向抗日战争的发展过渡起到积极的推动作用。

据有关文献显示，在整个远东反战大会筹备和进行过程中，宋庆龄同志发挥了无人可以替代的领导作用。她是进步力量衷心拥戴的一面旗帜，中国民权保障同盟的坚强核心。她冒着巨大的风险到上海码头迎接世界反帝大同盟代表团，又在严峻的形势下亲自出席并主持反战大会的会议，表现出一位伟大革命家的无畏精神，成为会议最终成功举行的关键。她为反对日本侵略中国，维护世界和平的伟大事业作出杰出贡献，这是她毕生为人民解放事业奋斗的光荣历史中的重要一页。

现在80年的时光已经过去，世界发生了翻天覆地的巨变。我们纪念远东反战大会，仍然要像当年革命的先驱者那样，高举反对侵略战争、保卫世界和平的旗帜，继续为人类进步的伟大事业而奋斗。我们可以从历史和现实两个方面来进行论述。

历史方面，中国人民当年进行的反对日本侵略的斗争，经历了14年之久（从1931年算起），在世界进步人类的热情支援之下，终于取得伟大胜利。中国抗日战争的胜利是国际反法西斯战争胜利的重要组成部分，为全世界人民所共同珍爱。可是在第二次世界大战结束之后，由于国际政治斗争的曲折经历，日本侵略的罪行未得到充分的清算，在日本国内始终存在一种企图为军国主义罪行翻案的逆流，这不仅危害世界人民的利益，也给日本今后走和平发展道路带来损害，使中日两国人民世代友好的事业蒙上阴影，我们不能不保持高度的警惕并与之进行斗争。

现实方面，我们生活的世界仍然存在霸权主义势力，他们经常要把世界人民拖进战争的深渊，所以各国人民也时时不能忘记坚守保卫世界和平的正义事业。进入21世纪，美国作为霸权主义的大国，尽管国力已经衰退，仍然想着运用武力维护自己的霸权地位。他们发明了一种逻辑：美国为了保卫和平，不惜发动战争。中东几乎变成了他们发动战争的传统领地。进步人类为保卫世界和平而斗争还面临漫长的征程。中国人民是维护世界和平的坚强主力，我们要和全世界爱好和平的力量团结起来，继续努力，绝不能麻痹和松懈。

我们今天集会纪念远东反战大会80周年，当然是在回顾历史，向宋庆龄主席和与她并肩战斗的中外革命前辈学习致敬，同时也有寻求在现实生活中坚守正确立场的启示意义。我们要承前启后，继往开来，遵循我们革命前辈为之奋斗的伟大初衷，继续前行，反对侵略战争，保卫世界和平。实现世界的永久和平，这绝对是全人类的伟大梦想。我们要尽到自己的国际主义责任，在为实现中华民族伟大复兴的理想而奋斗的同时，也为保卫世界和平努力奋斗，把中国梦与世界梦结合起来，争取中国和世界的美好明天和光辉未来。

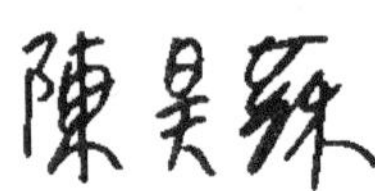

（本文为作者在2013年9月27日举行的远东反战会议80周年纪念座谈会上的书面讲话）

目录

新闻报道 / 315

(篇名略)

时评舆论 / 457

时人回忆 / 571

图片资料

宋庆龄1933年在上海

时任中共上海中央局军委书记、中共上海中央局保卫部部长的武胡景（1899—1936），负责领导远东反战会议组织工作

时任中共江苏省委书记的袁孟超（1905—1991），远东反战会议决定秘密举行后，由中共江苏省委进行具体筹备

时任中共江苏省委宣传部部长的冯雪峰(1903—1976),主持远东反战会议具体筹备工作

时任中国社会科学家联盟常委的中共党员张耀华(又名张凌青,1904—2000),是筹备工作小组成员,1933年8月被捕

时任上海反帝大同盟党团书记的中共党员刘芝明(1905—1968),是筹备工作小组成员,1933年8月被捕

中共党员楼适夷(1905—2001),在刘芝明被捕后接替其工作,随后于1933年11月被捕

时任中国左翼作家联盟组织部部长的中共党员叶以群(1911—1966),是筹备工作小组成员

时任中国社会科学家联盟党团书记的中共党员吴觉先(本名武剑西,原名武兆镐,1899—1973),是宋庆龄联络人、远东反战会议翻译

参与会议筹备工作的中共江苏省委巡视员曾一凡（1907—1967）

参与会议筹备工作的左翼美术家联盟成员、中共党员江丰（1910—1982）

参与会议筹备工作的“左联”成员、中共党员夏衍（1900—1995）

参与会议筹备工作的“左联”成员、中共党员周文（1907—1952）

中共江苏省委交通员梁文若(1917—1966)，是临时家庭“主妇”，护送宋庆龄参加会议

中共江苏省委交通员郑育之(1913—2004)，是临时家庭“弟媳”

时任中共沪中区委书记的黄霖(1904—1985)，是保证远东反战会议安全的警备委员会委员长和掩护会议召开的临时家庭“家主”

临时家庭“母亲”朱姚(1880—1974)

临时家庭“儿子”毛毛(刘少奇之子刘允若，1930—1977)，这是他1957年寄给养父家的照片

1933年8月18日，宋庆龄（前左）在秘书黎沛华的陪同下亲临上海中栈码头迎接参加会议的外国代表

外国代表在沪码头登陆

码头上的欢迎群众

英国代表马莱爵士(Lord Marley)(右)和法国代表古久里(Paul Vaillant-Couturier)

英国代表马莱(右)和比利时代表马尔度(Jean Marteaux)

古久里在上海戏剧电影界招待会上致辞

参加远东反战会议的《中国论坛》主编、《大美晚报》记者伊罗生(Harold Robert Isaacs,1910—1986)

护送国际代表马莱、古久里参加会议的洪深(1894—1955)

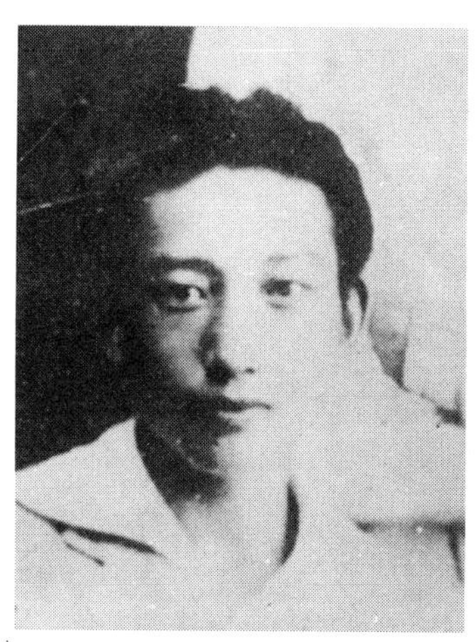

担任古久里全程翻译的李又然(1906—1984)

担任马莱全程翻译的曹亮(1904—1992)

参加远东反战会议并担任会议记录的学生代表伍孟昌（1911—2006）

参加远东反战会议的群众代表李剑华（1900—1993）、胡绣枫（1909—2001）夫妇

远东反战会议名誉主席团部分成员

毛泽东

朱　德

[苏联]高尔基

鲁　迅

[法国]巴比塞

[法国]罗曼·罗兰

[美国]德莱塞

[英国]汤姆·曼

［日本］片山潜

［德国］台尔曼

［保加利亚］季米特洛夫

［苏联］伏罗希洛夫

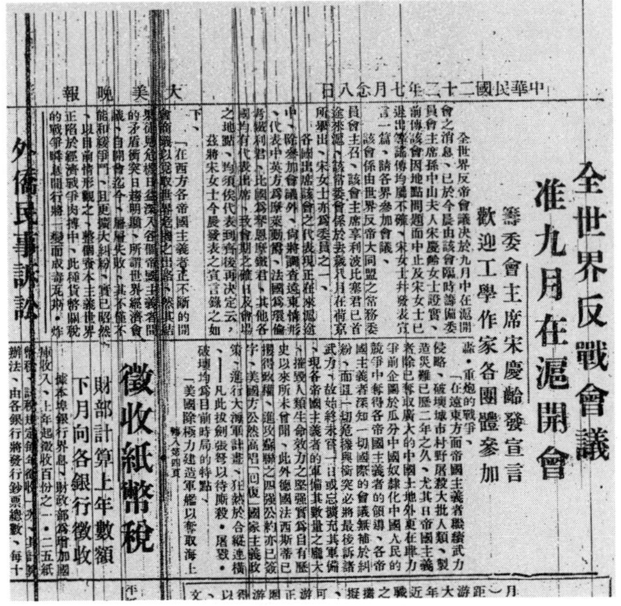

中華民國二十二年七月念八日 大美晚報

全世界反戰會議 准九月在滬開會

籌委會主席宋慶齡發宣言 歡迎工學作家各團體參加

全世界反帝會議決於九月中在滬開會之消息、已於今晨由該會臨時籌備委員會主席孫中山夫人宋慶齡女士證實、前傳該會因地點問題而中止及宋女士已退出等諸傳均屬不確、宋女士并發表宣言一篇、請各界參加會議、

該會係由世界反帝大同盟之常務委員會主召、該會主席享利波比塞君已首途來滬、該常委會係於去歲八月在荷京所舉出、宋女士亦爲委員之一、

各國出席該會之代表現正在來滬途中、除參加會議外、尚將調查遠東情形、代表中英方爲摩萊勳爵、法國爲環倫考維利君、比國爲黎恩摩徽君、其他各國均有代表出席、該會期之確日及會場之地點、均須俟代表到齊後再決定云、

茲將宋女士今晨發表之宣言錄之如下、

「在西方各帝國主義者正不斷的開會商議以覓取世界危機之出路、然其結果徒見危機日益深入各個帝國主義者間的矛盾衝突日趨明顯、所謂世界經濟會議、自開會迄今、屢屢失敗、甚不僅不能和緩爭鬥、且更擴大糾紛、實已昭然、以目前情形觀之、整個資本主義世界正陷於經濟戰爭肉搏中、此種貨幣關稅的戰爭瞬息間行將一變而成毒瓦斯·炸彈·重炮的戰爭、

「在遠東方面帝國主義者繼續武力侵略、破壞城市村野屠殺大批人類、製造災難已歷二年之久、尤其日帝國主義者除已奪取廣大的中國土地外更在肆力爭前企圖於瓜分中國奴隸化中國人民的競爭中奪得各帝國主義者的領導、各帝國主義者深知一切國際的會議無補於糾紛、而且一切危機與衝突必將最後訴諸武力、故始終未嘗一日或忘擴充其軍備、現各帝國主義者的軍備其數量之龐大、摧毀人類生命效力之堅強實爲自有歷史以來所未曾聞、此外德國法西斯蒂已攫得政權、進攻蘇聯之四強公約亦已簽字、美國方公然高唱「回復」國家主義政策、進行大海軍計畫、狂熱於合縱連橫、——凡此拔劍張弩以待廝殺·屠戮·破壞均爲目前時局的特點、

「美國除極力建造軍艦以奪取海上

轉入第四頁

徵收紙幣稅

財部計算上年數額 下月向各銀行徵收

據本埠銀行界息、財政部爲增加國庫收入、上年起徵收百份之一·二五紙幣稅、該稅規定每年徵收一次、其計算辦法、由各銀行將發行鈔票總數、每十

外僑民事訴訟

1933年7月28日,《大美晚报》报道远东反战会议将于9月在沪开会,同时公布宋庆龄在是日晨以筹委会主席身份发表的宣言

一九三三年八月廿九日 反戰新聞

反戰新聞

第一號

反對帝國主義強盜戰爭!!!

擁護遠東反戰反法西斯代表大會!

反對法西斯蒂的統治與白色恐怖!!!

1933年8月29日,在中共江苏省委宣传部直接领导下编辑出版的远东反战会议专刊《反战新闻》创刊

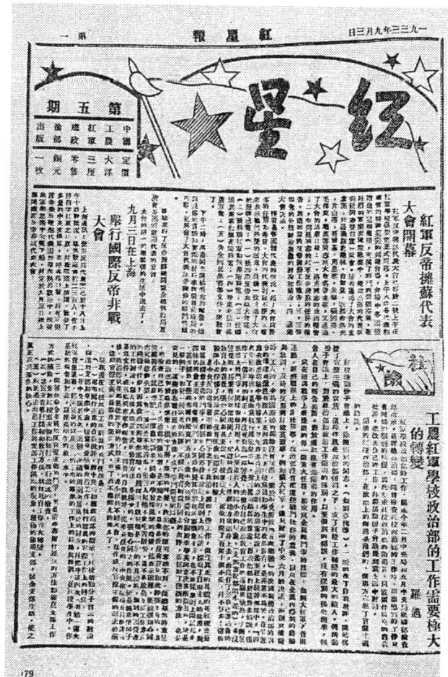
一九三三年九月三日　紅星報　第一

紅星

第五期

中國工農紅軍總政治部出版

定價　大洋三厘　零售每份一枚

紅軍反帝擁蘇代表大會開幕

九月三日在上海舉行國際反帝非戰大會

工農紅軍學校政治部的工作需要極大的轉變　羅邁

1933年9月3日，《红星报》报道远东反战会议即将在沪举行

1　中國論壇

中國論壇

一九三三年十月四日　第二卷　第十一期

宋慶齡在上海反戰大會的演詞。

被壓迫人民使用武力爲民族解放而鬥爭是公道的！

同志們和朋友們：

假如沒有帝國主義者和國民黨當局的恐怖和干涉，而我們的公開會議能夠開成的話，那儘有成千成萬的代表，在中國被剝削人民的立場上，吐出他們的呼聲。到這個會議的代表人數，雖然爲了種種顯明的理由不得不受了制限，可是這個較小的集會，仍然在絲毫沒有差別的程度上，代表着勞苦羣衆的利益，並且代表着他們反抗日本以及其他帝國主義者對中國人民的戰爭屠殺。

我不想在戰爭的總的方面講那日在增加中的戰爭危險。即使說中國早就在戰爭狀態中了的話也未嘗不可。壓迫中國而起的戰爭將來發展成爲世界的大火，那不過是個距離極短的時間問題。

目前的時代是資本主義制度滅亡的時代。資本主義正在不顧一切的尋求解決自身矛盾的出路。擺在資本主義者前面的唯一出路，就是加重對人民的剝削和壓迫，準備進行重新瓜分世界市場的新的戰爭。帝國主義對立的尖銳化，法西斯蒂的抬頭，國粹主義者野蠻的表現的加緊，對勞苦大衆及其他的壓迫，囚禁，謀殺的最殘酷的形式的使用，對文化上生產上進步的破壞，這一切都是沒落中資本主義的現象。

然而資本主義制度已經把決定了的階級——無產階級——推進來毀滅自己。資本主義在生產方面雖然統治着形成了不同的顯然分開的階級利益，然而無產階級已經發達了自己的意識，已經取得了今日全世界被剝削的被壓迫人民，資本主義國家和殖民地半殖民地國家的工人們農民們，的鬥爭的領導地位。

所以目前的時代也是一個新的社會制度——社會主義——誕生的時代。因爲資產階級地主的階級利益階級勢力障礙着社會和平地發展到一個更高的形式的原故，因爲如果生產分配的工具仍然在少數剝削者手裏羣衆便不能生活下去的原故，無產階級的革命便成爲我們時代的最急切的社會需要。

資本主義者尋求自己的生路，那是戰爭，勞苦大衆尋求而且必定將求自己的生路，那是革命。

歷史很明顯地指示我們：戰爭必是越來越破壞得利害，越來越不幸，越來越緊迫。但同時戰爭並不能解決而祇是加強資本主義制度的衝突。在每次戰爭中，革命的勢力都獲得了力量，擴大自己，迫近自己最後的勝利。

一八七〇——七一年的普法的戰爭產生了巴黎公社；一九〇四——五年的日俄戰爭加速了俄國資產階級民主革命的發展。一九一四——一八年世界大戰推進了全世界的革命運動，而且引到俄國工農革命的勝利，奠定了大規模的社會主義建設的基礎。

很明顯，日本帝國主義領導的瓜分中國的進攻，將是催進整個亞洲整個中國整個資本主義世界的革命勢力發展。

我很想把我自己對於各種不同形式的戰爭的態度弄個清楚。觀

1933年10月4日，《中国论坛》刊登宋庆龄在远东反战会议上的演讲词

一九三三年十一月廿六日　紅色中華　第一版

紅色中華

中華蘇維埃共和國臨時中央政府機關報
第一二九期
一九三三年十一月廿六日
本期一張半
定價 大洋三厘 零售銅元一枚

國際反帝反戰大會專號

出席國際反帝反戰代表大會的蘇區紅軍代表回來的報告書

（一）為什麼要開國際反帝反戰代表大會？

因為帝國主義積極准備戰爭，加緊侵掠殖民地，尤其是日本帝國主義及各帝國主義積極進行瓜分中國，所以全世界無產階級被壓迫群衆，要聯合起來反對帝國主義。

帝國主義為要鎮壓世界革命，瘋狂般的向蘇聯進攻，幫助中國國民黨進攻中國革命，尤其是向蘇區紅軍進行五次「圍勦」，并且帝國主義國民黨法西斯蒂用殘酷的白色恐怖來鎮壓世界革命運動，逮捕和屠殺工農群衆和革命領袖。所以全世界無產階級與被壓迫民族要聯合起來反對帝國主義。反帝反戰代表大會，就是要聯合全世界無產階級，勞苦工農及一切被壓迫民族，在反對帝國主義更殘酷的屠殺工農群衆的世界二次大戰，反對帝國主義侵掠殖民地，尤其是反對日本及一切帝國主義積極瓜分中國，反對帝國主義進攻蘇聯，反對帝國主義國民黨向蘇區紅軍的五次「圍勦」和鎮壓中國民族革命運動，反對帝國主義國民黨法西斯蒂的白色恐怖，等口號的下面，團結在一條戰線上來反對帝國主義和國民黨。

（二）大會的成功和經過

帝國主義國民黨鎮壓和破壞大會情形。

要是大會能夠公開的在上海開幕的時候，國際代表，東方各弱小民族代表，以及中國各省各地千千萬萬被壓迫的勞苦工農群衆選舉出來的代表，至少有八百個到上海來開會。但是帝國主義國民黨是絕對禁止大會開會的，用着法西斯蒂最殘酷的捕殺手段來鎮壓和破壞。中國的山東，北京，代表在公開選舉的時候，即被提去，四川，湖南，湖北，安徽，河北，廣東，廣西等地代表，或在本省，或在上海，或在半路，都被國民黨逮捕阻止，不能到會。東方弱小民族的安南台灣朝鮮代表，被帝國主義阻止[illegible]。朝鮮有個代表一到上海，即被日本帝國主義捕去，不知生死如何。德國有兩個代表，被德國法西斯蒂捕去，為刑拷打，[illegible]判決死刑了。總共被帝國主義國民黨逮捕的外國和中國的代表有六十個，現在還在帝國主義國民黨的牢獄內。

國際代表團馬萊（英國人）探普考托（法國人）波比（比國人）宋慶齡（中國人）初到上海的時候，即向各國領事及中國國民黨當局交涉大會在租界或中國地界內開會，但是帝國主義國民黨完全拒絕了，并且帝國主義國民黨還派了許多偵探和藍衫社員（即中國法西斯蒂的組織）把國際代表包圍監視，代表所住的房子有偵探監視，[illegible]員不分日夜在周圍巡察，代表吃飯行路都有偵探跟隨後面，尤其是宋慶齡的房子和本人的行動監視更為嚴密。

[illegible]條件底下開的　國際代表到會極其困難，永先在街上跑了一晚，把後面跟蹤追隨的偵探擺脫了，才敢到會。中國代表也是一個一個秘密到會。但是各個代表雖然受了許多困苦，他們的精神還是興奮熱烈的，全體革命空氣非常緊張，能使大會很勝利的宣告偉大成功，這就是證明工農群衆的力量的偉大，最後勝利終歸是我們的。

到會代表人數及成份。

到會代表有上海各工廠工人代表，滿洲義勇軍，察哈爾義勇軍，平綏鐵路工人，十九路軍士兵，河北，福建，江蘇，浙江，及蘇區紅軍代表，加上國際代表團馬萊（英國），普考托（法國）波比（比國），共六十五人（內九個婦女代表，三個是女工）。代表成份，白軍士兵三人，農民四人，蘇區和紅軍代表二人，智識份子及學生九人，其餘都是工人。

大會主席團。

大會推舉馬萊，探普考托，波比，宋慶齡，滿洲代表一人，東北義勇軍一人，平綏鐵路工人代表一人，察哈爾義勇軍一人，和蘇區代表一人，共九人為主席團。并推舉毛澤東，朱德，片山潛，魯迅，高爾基，巴比賽，台爾曼等為名譽主席。

大會三個重要報告。

大會開幕，首先由宋慶齡致開會詞後，第一個報告，是馬萊報告國際反帝反戰情形，痛斥帝國主義國民黨法西斯蒂鎮壓世界革命屠殺工人和革命領袖的無恥行為。不過他這一報告內，沒有指出帝國主義國民黨進攻蘇聯和進攻中國蘇維埃和紅軍的具體事實，當時即有滿洲代表及法國代表普考托指出他這個錯誤。第二個報告，是宋慶齡報告中國反帝[illegible]形　大[illegible]

上海工人對大會擁護和鬥爭情緒的熱烈。

國際代表初到上海的時候，上海工人數千人打起紅旗，高呼口號，遊行示威，到輪船碼頭上去歡迎，國際代表到上海許多工廠，如[illegible]紗廠女工，瑞鎔船廠工人召集的三百五百工人大會去講演，尤其是滬東草棚貧民召集兩千多群衆掛起紅旗開會，請國際代表講演，各群衆并自由登台講演，反對帝國主義國民黨禁止開反帝反戰大會，革命空氣非常緊張熱烈。

不但工人如此，上海學生對大會擁護非常激烈，復旦大學和美術專門學校的學生，都召集全校學生請國際代表去演講。

在艱苦奮鬥中大會終歸開成功了。

大會在廣大工人群衆基礎上，同時有共產黨的正確領導，才能夠艱苦奮鬥，克服許多困難，冲破帝國主義國民黨極嚴重的白色恐怖，終於九月三十日在上海開成功了。大會是在[illegible]

一九三三年十一月廿五日

1933年11月26日，《红色中华》“国际反帝反战大会专号”刊登了远东反战会议的部分重要文件

2

"左联"方面的叶以群[illegible]，还有吴觉先等，参加过筹备工作，我还有一点印象。当时任"左联"党团书记的周扬（周起应）好像也参加过筹备工作。这些我都只有一点印象。对于刘芝明[illegible]我的印象更模糊。（我是记忆不起来，[illegible]我当继续回忆，[illegible]责任。）

解放后我第一次遇见刘芝明是在49年6月间在北京开第一次文代会的时候。那时他带东北代表团来北京，见到时我还记得起来的是31年前后他在上海"左联"时我认识他[illegible]。33年他在"上反"工作的一段时间，我的印象[illegible]。

2，"中国领土保障大同盟"这团体，我没有什么印象。可能在"九一八"之后或"一·二八"之后有过这样的团体。33年下半年我[illegible]时我有听到这样的团体联系过；[illegible]作为一个团体，属于"上反"之下，而我不知道。

3，"国民御侮自救会"，我一点印象也没有。

1967年12月26日冯雪峰

冯雪峰关于远东反战会议的手稿

郑育之同志：

十二月十四日写给宋副委员长的信已经转到。宋副委员长阅信后，让转告：(一)按照回忆，当时的会议是在杨树浦路或者北四川路半西式的房子里召开的。被引往会议地点的时候是午夜，因此，看不清被领路到何地。(二)参加会议的外国人有英国马利爵士（Lord Marley），法国 Vaillant Couturier（法国共产党的领导），和一位比利时同志（老年人），不记得他的姓名了。(三)是在早点之后开会的。（简单的早点只有面包和牛油）。当时就地而坐，进早点开会，好几个钟头坐在地上。宋副委员长第一个发言，然后是其它人发言。这次会议名称是"反帝同盟会"（the Anti-imperialist League gathering）

宋副委员长不记得在这次会议上遇到鲁迅先生。她说，遗憾的是在抗日战争时期日本侵略者破坏了她的铁箱，遗失一切，包括记录本和著作等。因此，手头无资料可查，不能专凭记忆力回忆以前的事。

(四)宋副委员长说："我记得那时你是一位小姑娘，在午夜引路带我去开会。希望你很好"

遵示转告。　此致

敬礼

一九七七年十二月十九日

1977年12月19日，宋庆龄住宅秘书室致函郑育之，转告宋庆龄对她所提问题的答复

1980年9月11日，黄霖致函郑育之，回忆往事

远东反战会议旧址——今上海霍山路85号

1992年夏，郑育之在远东反战会议旧址（今上海霍山路85号）后门留影

2013年9月27日，上海宋庆龄研究会在上海青松城会议中心举办“远东反战会议80周年纪念座谈会”

远东反战会议筹备人员后裔在座谈会上。左起：冯雪峰孙子冯烈及孙媳方馨未，黄霖女儿罗解难，周文、郑育之儿子何俭朝及女儿周七康，李又然孙子李语然

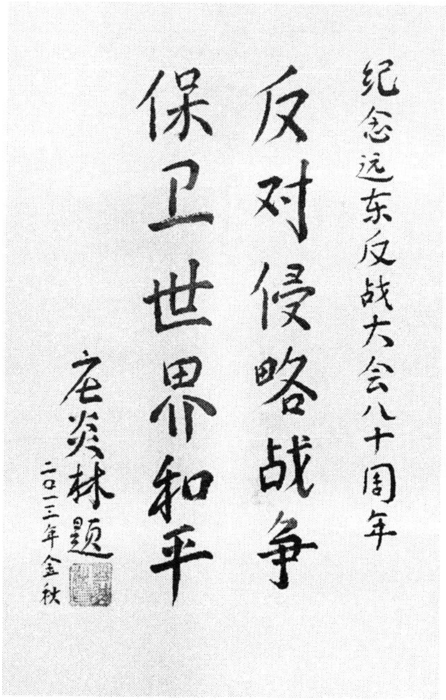

纪念远东反战大会八十周年

反对侵略战争

保卫世界和平

庄炎林题

二〇一三年金秋

中国侨联第四届主席庄炎林题词

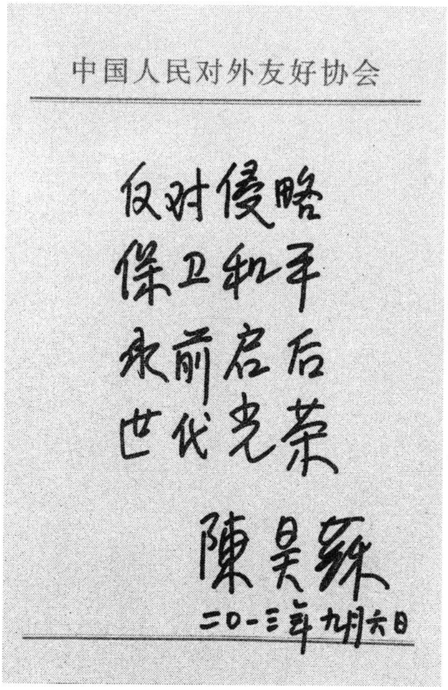

中国人民对外友好协会

反对侵略

保卫和平

承前启后

世代光荣

陳昊蘇

二〇一三年九月六日

中国人民对外友好协会原会长陈昊苏题词

纪念 学习

先贤 宋庆龄先生

徐志坚

二〇一三年五月

国务院参事室原主任、党组书记徐志坚题词

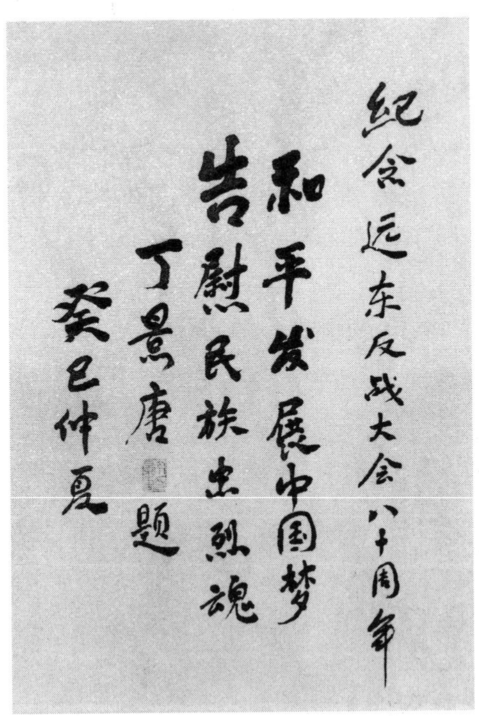

纪念远东反战大会八十周年
和平发展中国梦
告慰民族忠烈魂
丁景唐题
癸巳仲夏

丁景唐老先生题词

著名画家胡明军题画

档案
文献

1
共产国际执行委员会政治书记处政治委员会第236(Б)号记录

（摘录）

1932年4月15日于莫斯科　　绝密

听取：12.(3208)——中共中央关于为中国失业者募捐建立食堂的电报。

决定：12.——(1) 指示缪岑贝格同志通过国际工人救济会开展广泛的募捐运动。

(2) 责成王明同志写一篇短文在国际报刊上发表，说明中国工人因工人住宅区被毁和企业关闭所处的状况。这篇文章应包括号召中国工会以及全世界工人和工会组织举行募捐来支持中国工人并通过国际工人救济会转交给他们。

(3) 责成贝拉·库恩同志的委员会①向各党发出指示，把募捐运动与反战运动结合起来。②

---

① 指反战反第二国际和反法西斯委员会。

② 参见附录《共产国际执行委员会政治书记处政治委员会给各国共产党中央委员会的电报》。

[附录]

共产国际执行委员会政治书记处
政治委员会给各国共产党中央委员会的电报

1932年4月23日于莫斯科　　　　秘密

致各国共产党中央委员会

由于中国工会的呼吁，[①]国际工人救济会正在开展为上海罢工者和失业者募捐的运动。请支援这场运动并把它与反战运动结合起来。请敦促红色工会和革命工会反对派参与募捐活动。

[共产国际执行委员会政治书记处]政治委员会

全宗495，目录4，卷宗184，第5—7、101页。

记录为德文打字稿，原件，亲笔签字。附录为打字稿，原件。

(《联共(布)、共产国际与中国苏维埃运动(1931—1937)》第13卷，中共党史出版社2007年9月版，第136—137页)

① 参见《中华全国总工会的呼吁书》，载《国际新闻通讯》第20期，柏林1932年5月5日，第395页。文件可能是由王明起草的。

2
反帝国主义战争世界大会宣言

一九三二年八月二十七日、二十八日、二十九日于亚姆斯达旦[①]

万里宾译

Le manifested du congress mondial contre la guere imperialiste

参加反帝国主义战争世界大会的精神劳动者与体力劳动者深深感觉各国千百万男女委托他们的使命之重要。为使他们的未来任务获得坚固的基础,他们要把大会的思想和意志统一在一种规约之上,并把关于反战斗争诸主要问题及属于他们全体与每个人的预期和责任取得正式的同意。

大会绝不否认与会诸人会有意识上和政治上的小小分歧,但大会置身于事实的面前亦仅仅置身于事实的面前。

战争之一般的危机

大会认定战争之一般的危机,其实际情形和严重情形,在我们目前所处时期颇类似于一九一四年战争之前夜的时期。虽然无人能够预指一个确定的开战日子,就是准备战争者自身也不能够,但人类的命运将由一件外交上的冲突,一件国界上的纠纷或一件政治上的暗杀所决定,则为明显的事实。

大会置身于事实的面前。它证明殖民战争,保护国及经济劫取之战争不断地流行于世界五大部分之特殊地域。它证明好些整个民族及广大国家,如印度、摩洛哥及其他地域,实际上目前已在战争中极力反对帝国主义商人的武装力量。

它证明日本之侵入中国牵连到诸大强国之复杂情形,而在广阔版图的

① 即阿姆斯特丹。下同。——本书编者注

劫夺之后,会引到将来瓜分战利品之非常惨酷的争夺。

而且在现时的政治局面之下,在各国之秘密条约和同盟,各方利益之冲突与错综,各资本主义之各有自己的系统等等事实之下,帝国主义战争一旦爆发绝不会不扩大到整个的世界。

经济恐慌促紧战争之来临

大会要暴露各大报馆及政治人物的态度,他们因为从属的及利益的关系对于正在进行中的战争和灾难不是不提,便是隐瞒或修改。实则现世界这一代的人们已经显明地被卷入漩涡,倘若再不出来坚毅的反抗,则自身将陷入万劫不复之地。

它证明并暴露全世界军备之庞大的不断的增加,和政府之诡辩耸听及虚伪的布告恰恰相照。暴露这些军备之可怕的进步,科学的歼灭方法之穷凶极恶,特别是毒瓦斯和毒菌之设备。而所有这些在下次世界大战中是必然施用的。

它暴露资本主义的政策之纯为少数贪狠者的利益,正在争先恐后把各国彼此关闭起来,促使每个政府尽可能的拼命劫夺弱小国家的土地,财产和民众,并用一切方法保障自己的销场。因此它亦暴露在渥太华及别处刚刚订立的协定。

这些保护贸易主义的方法全都受着经济恐慌的推迫而来,但这种从现制度而生,并将与现制度同其终止的经济恐慌又受了保护贸易主义的采用而加紧其恐慌程度,并促使经济的战争转变为军事的战争。资本主义政府的国家,或更确切言之,那些实际支配国家和政府的事业家之唯一解决方法,便是以武力打破均势,俾使武装最完备力量最充分的集团获得单方的和一时的利益。

大会对于所有一般的事实今仅暴露其中的一件,即足以判断现制度之不可救药,并证实世界资本主义组织之可悲的纷乱;有些地方毁弃无数的食粮存积,而在遍地球的各处都聚着无数的饥民。在印度和中国,饥民足有人口的半数，在其他大陆也有好几万万的人们痛苦或死亡于贫乏之下。

反社会主义国家之十字军

大会从事实上认定所有资本主义列强都把苏联当作共同的敌人，并致力于倾覆之和消灭之，在长期的干涉战争，封锁和包围，西方各帝国主义雇用的暗杀行动，欧洲和亚洲白卫队的军备，企图从内部破坏苏联之怠工方法，所有这些种种都系事实，而在空前的不断的造谣诽谤之后（所有这些都隐蔽在为着眼前财政资本利益的外交关系一层薄幕后面），专为进攻社会主义国家之十字军已经在远东公开地准备。

它证明苏联采取之坚决的与系统的和平政策并暴露所谓“赤色帝国主义”之捏造，这种捏造之目的全在于遮掩进攻工农和国之阴谋并欲使人认为进攻之正当。

大会声言从所有这些种种事实看来，现在和将来之受牺牲者就是一般的人群。因为私人财富之无政府行为所引起之生产过剩及分配不均的恐慌，因为全世界几万万人口因失业之不断增大而受饥寒，因为军费之可怕的加多及生活费与捐税负担之增大，这样劳动民众已被压碎，而且劳苦民众在前次大战中什一已受屠杀，而自十四年来，至今丧服尚存，伤痕犹在。所以劳苦民众在未遭新的屠杀之先，实已毁损不全。

它证明日本的工人已经以英勇的行为表示出在反帝国主义战争的斗争中，必须起来反对本国的资产阶级，必须努力拒绝军用品之制造和运输，并唤醒日本士兵使其看出这种战争之劫夺的性质。

帝国主义的条约

大会证明那单方压榨的政治的和平条约所强行规定之国界的维持，自然给予胜利国以暂时的优势，但引起国与国间深刻的歧视与少数国家因被迫而到处喊出战争来。凡尔赛条约第二百三十七条把战争的责任完全归罪于德国，结果反使德国受着一种煽惑的神秘主义的笼罩而巩固了法西[1]主义的反动。

大会证明，所有帝国主义如美、英、法、日、意，各国的帝国主义都一致从事于战争的工作，不管它们采用什么外表和平的政治手腕。

它证明法国帝国主义之最重要的计划在于使其附庸国家而实际亦各有其本身帝国主义野心之波兰、罗马尼亚及其他各国在法国指挥之下成为各帝国主义力量之新集团（多瑙河同盟洛桑公约）以备为其筹划中的战争之用。

以一致行动反对帝国主义战争

大会决定尽人力之所及起来反对这种把全人类赶入深渊的阴谋，认为只有全世界工人、农民、被削剥者与被压迫者一致的行动始能挽此危机。

它声言一切其他反对战争之斗争方法都不够用。

它知道有些天才志士想以高尚的幻想改良现代的社会，但是终于失望；它也知道有些人以个人的行为拒绝政府命令甚至不惜引起资本主义的法律上的报复，但它认为人们在那种可怕的境况面前不能自限于采取抽象的方式或终归失败的方法上，尤其不能自限战后拒绝，或回避应征之无益而悲苦的牺牲及其他一切之仅用个人行动反抗共同灾难的方法上。

对于那些鼓吹英勇方法之勇敢而义烈的人们（他们本身必受着严重的结果的），大会请求他们也和别人联合起来，一点一滴地从基础上建筑起群众的和集体的壁垒。一切反对这种方法的表示仅仅是有利于敌人。

大会断定有些人所提倡在战时的"总表决"的办法是必无效果的。这种直接民权在已成事实上再不能发生什么影响；因为到那时，人民的公意将被迫而赞成战争，而中报章宣传之毒越深者赞成得越加厉害。

大会首先要引导人民公意使其勿信政府机关，尤其勿信日内瓦的国际联盟，因为国际联盟，是各帝国主义直接的工具，而在国联的堂皇堂仪节里

---

① 法西斯的又一译法。下同。——本书编者注

进行着口头的和平主义与实际的军事主义。大会对于响应联合反战之号召而来至此地的忠实的人们，揭破国联这种矫伪行为，一切口头的和平主义的目的，无非哄骗群众使其不起注意，而在群众不备时期闯然发动一次新战争。

大大引导真正敌视战争的人们，使其勿信劳工组织中有些领袖对现制度的妥协政策，这种政策既巩固现制度又违背反战斗争的原意。社会主义国际的领袖们在一九一四年八月所取的态度，在前次大战史上是特别巨大的事情，亦即显示人类解放运动中之巨大退步的事情，社会主义劳工国际的指导机关对于我们这次大会所取的态度，表明它依然继续一九一四年的政策，而与社会主义之真正原则显然冲突。

世界大会的斗争誓言

大会掉转头来向着无数的无产阶级；只有自觉的组织可以引导这个阶级。

大会是强有力的，它受着全世界各地无数人们的委托，而这些人们虽有各种不同的倾向，但其诚心而热烈地期望和平则完全一致；它深信反战的斗争只有在能收实效的方法及脚踏实地的进行中。

在现代悲苦的纷乱情形中，唯一不可屈服的就是群众，大会嘱咐他们整队有纪律地投进这纷乱中并在其中高放自己的呼声。对于大会自己所设立的反帝国主义战争之世界斗争委员会，大会则嘱其务须在世界的周围扩大一切被压迫者的战线。

我们每人于此都宣发誓言并且也共同宣发。

在此地成立之被剥削与被牺牲者间的伟大统一，我们誓不让其破裂。

我们誓用我们的全力与一切方法去同那供给坟墓之帝国主义的资本主义斗争。

我们誓用我们的全力与一切方法贡献于直接的和迫切的任务上。

我们起来反对军备，反对战争的准备，而由此反对统治我们的政府；

反对爱国主义与国家主义的煽动，反对法西主义，因为它是帝国主义的警卫队，它企图〈发动〉帝国主义的战争，并组织国内的战争；

反对战争预算案，此案之表决实为一种耻辱和罪恶，反对一切欺骗群众以充实军备的借债和捐税；

反对对于苏联作恶意的和造谣的宣传，苏联正在建设中之社会主义的社会是我们所不许别人损害的；

反对瓜分中国，在这瓜分中每个帝国主义强盗都欲分一杯羹；

反对剥削压迫及屠杀殖民地的人民，援助少数民族之斗争及为求民族与社会解放而战争的人民，切实援助那些已经竖立斗争旗帜以反对其本国帝国主义政府之日本工人。

战争武装和平，与战争的准备；所有这些负担都落在农工阶级的肩膊上，而首先便是战事工业与运输工业的工人。农工阶级必须立刻起而注意，立刻组织起来。

我们以一切方法反抗这正在形成中的大灾难。

而且我们不断地号召一切的人们。

号召全世界的工人，农民，知识分子，被剥削者与被压迫者，为的要使他们和我们联合，要使他们在集会中，在公开的示威运动中进行我们此地的预期并且切实行动起来。

（《国际每日文选》第54号，1933年9月23日，第2—16页）

（万里宾：《世界反战运动》，附录一，时事问题丛刊(14)，1933年11月11日初版，上海陶尔斐司路生活书店发行，第37—48页）

3
共产国际执行委员会政治书记处秘密会议第153(Б)号记录

（摘录）

1932年11月10日于莫斯科　　绝密

听取：4.（808）——缪岑贝格同志关于向满洲派特别委员会和在上海召开反帝大会的信。①

决定：4.——总体上采纳缪岑贝格同志的意见。责成[共产国际执委会]反战委员会具体拟订这个问题，如果它认为有必要，也可邀请缪岑贝格同志到莫斯科来。

共产国际执行委员会书记　曼努伊尔斯基

全宗495，目录3，卷宗343，第1—2页。

德文打字稿，原件，亲笔签字。

（《联共（布）、共产国际与中国苏维埃运动（1931—1937）》第13卷，第227页）

---

① 文件没有找到。这里指远东反战反法西斯大会。大会于1933年9月30日在上海举行。参见《中国论坛》第2卷第11号，上海1933年10月4日，第1—9页；《远东反战反法西斯蒂大会会刊》，上海1934年版。

4
共产国际执行委员会政治书记处政治委员会会议第282(Б)号记录
（摘录）

1932年11月15日于莫斯科 绝密

听取：7.(4067)——关于汪精卫的出访。[①]

决定：7.——责成马尔蒂、萨发罗夫和王明同志就汪精卫出访一事起草给德共、法共和格尔穆特[②]的电报，要求组织抗议中国白色恐怖的运动，并把它与鲁埃格审判案[③]联系起来（电文见[共产国际执委会]国际联络部密电处[④]）。

责成马尔蒂和杜克洛同志为《人道报》写一篇文章[⑤]。

听取：11.(4071)——贝拉·库恩关于远东反战大会指示[⑥]的建议。

决定：11.——中国、日本、朝鲜和满洲的代表应该参加上海的大会。

至于印度和菲律宾的代表，应该邀请他们参加，但只能在可以保证有权威代表权的情况下。

同意冈野进同志[⑦]关于成立内部委员会来领导大会筹备工作的意见。

责成贝拉·库恩同志与[共产国际执委会]东方地区书记处一起最终审

---

① 汪精卫于1932年10月21日赴德国"治病"并于1933年3月14日回到中国。关于汪精卫出访的原因参见张同新：《蒋汪合作的国民政府》，黑龙江人民出版社1988年版，第49—56页。

② Г.季米特洛夫。

③ Я.М.鲁德尼克和И.Н.莫伊谢延科·韦利卡娅。此案即牛兰事件，从1932年7月5日至10月14日进行了审理。

④ 文件没有找到。

⑤ 安德烈·马尔蒂：《欧洲上空飞来的一只不祥鸟》，载《人道报》1932年12月11日。

⑥ 参见附录。指远东反战反法西斯大会。

⑦ 野坂参三。

定指示信,并通过[共产国际执委会政治书记处]政治委员会委员的飞行表决批准。

共产国际执行委员会书记　曼努伊尔斯基

[附录]

对远东反战大会的指示

机密

1. 远东反战委员会的行动将以在上海(必要时在澳门或马尼拉)召开国际会议的形式进行,大约在1933年3月中旬举行。[①] 会议将由一个派往满洲的由欧洲著名作家组成的委员会来筹备。

2. 召开会议的动议将由国际[反战]委员会[巴黎]以发号召书的方式提出。该号召书将在执行局第一次会议上通过(斯特拉斯堡,1932年12月[②])。这个动议将得到宋庆龄领导下的上海筹备委员会的支持……[③]为了加强该委员会将派去……

3. 斯特拉斯堡执行局会议的号召书应包含以下口号:反对日本帝国主义。反对任何帝国主义。反对与帝国主义勾结。反对国联和与国联勾结。反对旨在镇压群众的经济斗争、反帝防御斗争及其社会意向的白色恐怖。支持反帝革命斗争。

4. 会议的主题是中日冲突。远东国家中参加的将有:中国与"满洲"、日本和朝鲜。

(方案:讨论整个太平洋战争问题,吸收所有有关国家参加,包括印度在内。)

5. 派往满洲的委员会将由欧美著名作家组成。人选是:德莱赛[④]、辛

---

① 大会于1933年9月30日举行。

② 国际反战委员会执行局扩大会议于1932年12月21日至24日在巴黎举行。

③ 此处和以下各处的删节号是原有的。

④ 即德莱塞。下同。——本书编者注

克莱、巴比塞、纪德、舍伊纳赫将军、彼尔西乌斯上尉等人……

其中一位同志将以秘书的身份担任委员会内的组织工作。

委员会大约于 1933 年 2 月前往满洲，其路线有待拟订。

6. 如同阿姆斯特丹会议[①]一样，参加会议的应有著名的社会活动家，政治组织、工会组织和群众组织的代表，以及在群众大会上和部队中选出的代表等。务必保证直接从日本来的代表参加会议，即使他们只能在半合法的基础上前来，并在会上讲话。

7. 必须注意使会议按其性质成为非共产主义的群众性活动。参加的依据应是国际委员会[②]的号召。不容许机械地从组织上排斥不受欢迎的人(陈独秀分子、托洛茨基分子，可能还有印度国大党代表和罗易的支持者)。在这类代表可能到达的地方，要以来自这些国家的精明强干的代表的行动来抵消他们的活动。在会议上必须跟他们的论点进行公开的思想斗争。

8. 需要对其加以组织和同其举行会议的人物和团体如下：

欧洲(除前往满洲的代表外)：各大国[反战]委员会代表，在华的外国记者(史沫特莱等)。

苏联：远东著名的作家(特列季亚科夫、皮利尼亚科夫[③]……)。

中国：单个人士(见单独名单[④])。

所有反帝组织的代表。

大企业的代表。

在中共各重要地区举行的群众大会的代表。

苏区的代表。

满洲各重要地区的代表。

游击队的代表。

---

① 指 1932 年 8 月 27 日至 29 日在阿姆斯特丹举行的国际反战大会。

② 指 1932 年成立的反对帝国主义战争的国际委员会。

③ 原文如此，应为：皮利尼亚克。

④ 名单没有找到。

[在中国开展筹备和选举代表活动期间，必须首先争取使无产阶级和农民具有强有力的代表资格。在开展活动的过程中必须阐明邀请信上没有提到或者简单阐述的要点和要求(赞成进行革命解放战争、反对国民党卖国行径等等)。中共面临的任务是利用这次活动开展广泛的合法或半合法的群众工作。]

日本：单个人士(见单独名单[①])。

农民协会、东京电车工人工会、合作社会员工会、失业者同盟、建筑工人工会的代表。

大企业的代表。

(在日本开展活动的过程中，必须成立日本反战委员会。在上海会议开幕前，那些不能去上海的日本代表应召开日本反战会议，与上海会议互致贺电。为这次会议所作的指示另发。)

朝鲜：左翼作家。革命侨民，民族革命者团体。

9. 经费开支：会议和远东代表们的经费开支应靠募集当地的资金来解决。只对满洲委员会和欧洲其他必要的代表团给予资助。

全宗495，目录4，卷宗221，第5—6、8—9页。

德文打字稿，原件，亲笔签字。

(《联共(布)、共产国际与中国苏维埃运动(1931—1937)》第13卷，第229—232页)

---

① 名单没有找到。

5
世界反帝国主义战争委员会对中日满鲜人民宣言

方　汶译

Aux Peuples de la Chine, du Japon, du la Mandchourïe et du la Corée

自从十五阅月以来，战争蔓延在你们的国土。你们的儿子、你们的兄弟为了少数银行家，厂主，绅士与将军们的利益而引起的战争，在战场上死的死了，伤的伤了。而你们的家庭又呻吟于战争费用的重担之下。

你们的遭遇，深深地感动了欧美各国劳力的与劳心的工人们。他们知道爆发在远东的战争，无非是干涉苏联与世界新的战争的前哨战。这是为着那新的战争，所以列强的政府，才剥削劳动层的金钱去增加他们的军备，就是在这一场战争，欧美的民众要如一九一四——一九一八年一样去充当肉弹。

欧美的民众们再不愿有战争了。他们再也不愿去为着榨取他们，陷他们于困苦颠连的帝国主义者的利益去打仗了。他们不愿有人去袭击苏联。

就这样，他们随着亨利·巴比塞与罗曼·罗兰——这伟大的反帝战争者的呼号而联合了起来，他们俩要求他们组织起来，为的是：这样才比较容易去制止战争的危险，去给与民众以真正的和平。两千以上的代表——各种不同的社会层与群众的机关选举出来的，曾于一九三二年的八月在亚姆斯达旦举行了会议，当时便产生了一个世界反帝国主义战争委员会，建筑在不断地扩充的散布在欧美诸国的各个常年委员会之上。

这时，战争在远东并未停止。日帝国主义者们凭借着刀枪与炮火正继续着满洲征服的事功。他们的军队开向苏联的边境上去，蒙古的边境上去。中国政府向日内瓦国际联盟交涉，要求它恢复和平。国际联盟就派遣了由一个英国勋爵所主持的调查团。经过了六个月的工作，该调查团才草成一个报告书，这与其说是提供出和平办法，无宁说只有使已开始的战争，其扩大的危险性,更加严重。于他的报告书中,他承认了日帝国主义者开发满洲的权利,他否认中国民众用抵货或用武器去自卫,去反抗日本的侵略的权利,他诬陷苏俄——这素本一贯和平政策的国家为远东战争的制造者,他并且提议列强的合作,以恢复所谓在中国的秩序,这就是说消灭中国民众对于侵略者的正当防御的运动,均分中国与中国的财富于诸多帝国主义强国之间。

中国政府的呼吁,是不能得到另一种结果的。亚姆斯达旦的反战大会,曾指斥国联为欧洲各帝国主义者的集团,他们是日帝国主义者的盟手与同党。所谓国际联盟的干涉,是远非其所能够指示出和平的途径,那只有增强远东战争状态的严重性。

在这样的时候,世界反战委员会认为有直接行动,执行千百万的劳动界与智识界在亚姆斯达旦所赋予它的使命的必要。

各帝国主义政府是代表着剥削阶级的利益,而不是劳动层的利益,是只能够制造战争。这只有民众自己起来说话,来行动了。

对于表示忠实于帝国主义修约,压迫中国,为日本诡谲而效力的国际联盟,是无所谓信任!

对于假借"和平"名义,请求国际联盟,去恢复远东秩序的那些人,是无所谓信任!

因此,世界反帝非战委员会于十二月(一九三二年,译者注)廿一到廿三日的会议席上,议决:

遣派它自己的调查团,由欧美各分部委员会代表所组成的,到远东去;

于一九三三年三月下旬在上海召集一个广大的反帝国主义战争大会;

于上海的大会中举行该委员会第三届常务会议。

中国,日本,满洲与高丽的工人呀!农民呀!士兵呀!店伙呀!家庭工业者呀!学者呀!作家呀!工程师呀!艺术家呀!

千百万站在战争对敌地位者,是已集合在世界委员会的后面了,你们携了我们以他们的名义向你们伸出来的手罢!

你们要帮助调查团:去指出远东情况的真面目,去举发漫布在你们国土的战争的真正罪人，去寻求你们国内民众的实在利益，去于劳动层的公共利益之中，找出能够在远东建设真正和平的基石。

你们要产生你们的筹备委员会作为上海大会的准备。

你们要举出多数代表，参加这个大会，大会上要集合在日本，在中国，在满洲，在高丽为反对帝国主义战争而奋斗，而愿意奋斗的优越的力量。

你们要募集必需的款项，作派遣你们的代表与组织大会之用。

与你们欧美的兄弟们一致奋斗罢：

反对将整个远东抛掷在战争旋风里面的日帝国主义者的凶恶的行为；

反对所有的帝国主义者准备扩大在进行的战争，去满足他们征服者的欲望；

反对对苏俄之武装干涉；

反对你们政府与欧美各帝国主义集团勾结的一切企图。

起来：

反对因社会的与国家的压迫而从事积极斗争的各种力量各种组织之削弱的一切企图，因为这种斗争是建设远东民众真正和平的最好保障。

起来：

拥护解放大众，反对帝国主义与它的徒属的斗争；

拥护日本，中国，满洲，高丽一切反帝分子，联合在一条强有力的反战联合战线上面；

拥护反帝运动之彻底的形成，在远东所有的国土，产生众多的经常委员会。

起来：

拥护民众的真正和平！

世界反帝非战委员会

——FRONT MONDIAL，No. 1，Jen，1933

（《国际每日文选》第57号，1933年9月26日，第2—7页）

6
远东战争——给反帝国主义战争委员会给一切与战争对敌的人们

亨利·巴比塞著　方　汶译

Henri Barbusse: La GUERRE EN EXTREME-ORIENT
Aux comites de lutte contre la guerre imperialiste
Ao tous les adversaires de la guerre

"中国与日本之间的战争一触即发",这便是由于日本再度进攻而酿成的新近远东事变所给与人们的印象,甚至于也是给与资产阶级大报的印象。世界委员会(即"世界反帝国主义战争委员会"。译者注)办事处,曾预言要重开演战端,要眼见这战端转变为普遍的火拼,至此是完全由事实证实了。

我们不应当期待欧美各列强或国际联盟的任何种制裁,而能够制止骇人的罪恶的酿成。相反的,不论列强的任何干涉,是只有使情形更加严重,这原因乃在于各列强在远东所享有的利益是错综复杂的,冲突的,或在于公开或秘密签订的条约,使得他们与日帝国主义者连成了一气。在这时谁向列强呼吁,或谁向其参谋部——国际联盟呼吁,谁便为帝国主义奔走,为战争奔走。所能够避免世界大战爆发的,那只有一个唯一有效的方法,就是:直接向民众呐喊,不论在远东已被炮火引着的国土,不论在各个政府为保持他们主人:银行家,实业家,战争的供给者的利益而预备参加新大战的欧美。

世界反帝国主义战争委员会,加倍顽强地继续着它已开始的行动,为的是要把日本、满洲,与高丽所有反帝势力集中在一条联合战线上。它所筹备亚细亚大会,是日加显示有效的一个方法,对于去制止在远东的战争,去加强和平势力在地球的此一部分上。

你们应当在精神上，同样在物质上去帮助世界委员会，使它这种主要的工作，进行顺利。

但是这还不够：每月都有一回比一回重要的军用品，从欧洲的海口，载往远东去的，因此世界委员会向所有各分委员会要求：

加紧宣传，反对日本的进攻，反对帝国主义者的干涉；

加强对于运往远东的枪械与子弹的监制；

推广区委员会到兵工厂里去，到铁路上去，到海口上去；

如果这样还不生效力的时候，便采取所有一切实用的步骤，去发动必要的群众行动，使军用品的向远东输送，使之事实上陷于不可能的地位。

反帝国主义战争的群众行动万岁！

世界反帝国主义战争委员会：巴比塞

——FRONT MONDIAL，No 1，Jen，1933

（《国际每日文选》第 57 号，1933 年 9 月 26 日，第 13—15 页）

7
共产国际执行委员会政治书记处政治委员会给中共中央的电报

1933 年 1 月 16 日[①]于莫斯科

致中共中央抄送共产国际代表[②]

由知识分子代表组成的一个研究小组拟赴满洲和华北去研究日本的作战行动[③]。打算在上海召开有中国、日本、朝鲜和菲律宾代表参加的合法的反战大会。最好吸收一切真正的民族革命人士参加。应该允许国民党的基层组织和国民党的工会〈参加大会工作〉,条件是他们真正进行反对日本帝国主义和国民党领导的斗争。还有正式通知,在中国,〈进行会议的〉筹委会领导人是宋庆龄。[④] 请告,不邀请国民党领导人参加能否召开合法的代表会议?

全宗 495,目录 184,卷宗 36(1933 年发文),第 11 页。
法文打字稿,原件。

(《联共(布)、共产国际与中国苏维埃运动(1931—1937)》第 13 卷,第 295 页)

---

① 电报译出的日期。
② A. 埃韦特。
③ 1932 年 11 月 10 日共产国际执委会政治书记处政治委员会会议上通过了派(研究)小组的决定。
④ 这一消息仅在 1933 年 2 月见诸报端。参见《反战委员会(研究)小组赴满洲》,载《真理报》1933 年 2 月 11 日。

8
埃韦特给皮亚特尼茨基的第3号报告[①]

1933年2月7日于上海

驻华代表[②]的第3号报告

致米哈伊尔[③]

随这次邮班给您寄去一份详细的和部分十分具体的材料。请您特别注意关于军事形势的报告以及来自鄂豫皖[④]苏区的消息。作为对此材料的补充，我将提出一些看法，可以使人在对整个材料没有进行研究之前有个总的印象。

1. 日本的侵略。占领热河〈省〉的行动没有遭到真正有组织的反对，因此应预料到旧戏会重演：政府和将领们消极怠工，并把国家拱手交给敌人，某些作战部队遭到惨重失败，军事集团和国民党则竭力以这些部队的斗志等等来掩饰自己的罪恶政策。毫无疑问，日本不仅要占领热河，而且要占领包括北京[⑤]和天津在内的黄河以北整个区域，此外，日本在异乎寻常地加强它在汉口的武装力量，并在市内的一些地方有步骤地修筑工事。可以断定，日本政府打算像在1932年进攻上海那样来进攻汉口。英国在长江流域的巨大利益为日本提供了重新同英国讨价还价的条件，其基点是：日本得到

---

① 文件上有皮亚特尼茨基的批注：紧急用俄文译出五份，并把一份俄文稿送米夫同志。文件的俄译稿上有标注：皮亚特尼茨基于〈1933年〉4月21日收到。关于收到信和材料的电报于〈1933年〉4月19日发出。他们在军事策略问题上的方针与我们的不一致。但是，我们的电报作了答复。米夫。〈1933年〉4月21日。这里指的是共产国际执行委员会书记处给中共中央的电报（1933年3月19—22日）。

② A.埃韦特。

③ И.A.皮亚特尼茨基。

④ 文件没有找到。在这段的边页上有一个标注：应该分开写。

⑤ 原文如此。此处和以下各处应为：北平。

在黄河以北区域的行动自由，换取〈日本〉承认英国在长江流域的特殊利益和它“撤出”汉口，日本是上海一些地区有无限权力的主人，这些地区的情况明显表明，这种撤退将是什么样子。

2. 英国的意图是双重的。一方面，它肯定会把日本过于深入渗透到河北和长江流域看作是对其利益的危害和威胁。英国希望能保障自己的利益，认为最好是进一步瓜分中国，并且这也是不可避免的，所以它施展策略手腕，以保持它在华中的地位，并加强在西南的地位（与美国和日本抗衡）。英国一直支持广州集团同南京的斗争。它从庚子赔款①英国份额中提供四百多万英镑的贷款用来完成粤汉铁路450公里的修筑工程，其条件是把粤汉线与广九线连接起来。这将会保证英国通过亚洲大陆与香港、汉口等地的直接联系。其次，英国支持建立西南委员会的计划，该委员会涵盖广东、广西、贵州和四川各省，目的是建立一条在同一个中国傀儡政府管辖之下由西藏到缅甸再到香港的不间断路线。在这里，英帝国主义的利益与法国在云南和广西的利益是交织在一起的。

部分铁路贷款应用在粤军的现代化上。这些意图的实施将不可避免地会在某些省份引发一些军阀战争。目前，在西南各集团之间当然连遥远未来的什么团结都谈不上。但是存在一些倾向和目标，随着南京“中央”政府不可避免的进一步削弱，将会以更加明确的形式表现出来。日本傀儡政权在华北的建立和可能在不远的将来由于一些因素所致南京政府的被推翻，将会使这些帝国主义的计划具有非常具体的表现形式。因此，没有必要谈论革命的潜力和这种事态发展的后果。

3. 民族抵抗。政府的活动仅限于政治家和将领们发表一些声明，号召进行积极的斗争并表示准备同日本作斗争，以及对军队作一系列的调动，把它们集结在〈一些地区〉，这种调动是很不够的，而且在某种程度上也是与健

---

① 指的是中国应付给英国和其他列强在1899年至1911年义和团起义过程中所受损失的赔款。

全的理智相背离的。普遍存在着对军阀军队在对日斗争中遭到惨重军事失败和被歼灭的恐惧心理。在这种情况下,中国现时政权的最主要基础不仅要被动摇,而且由于革命的影响和吸收很大一部分失望和饥饿的士兵加入土地革命的队伍,以期扩大现有的苏区并建立新的苏区,大部队也将不可避免地要瓦解。远离斗争舞台的广州集团可能进行更多的蛊惑宣传。

偶尔能够遇到一些暗示,即日本向外蒙古和西伯利亚的渗透会引起苏联和中国的联合行动,并希望在这场斗争中得到美国的支持。"官方的"中国所设想的就是这样一幅情景。只是在一个方面存在着一致的意见,这就是在抗日之前,必须消灭红军。但问题在于,谁应该守卫前线。

下级和中级军官中的情况在很大程度上是另外一个样子。如果说这些人在绝大多数情况下也是坚定不移的反共分子,那么,他们毕竟还是有一点强烈的反日情绪、隐隐约约的反帝情绪和民族主义情绪。在中央政府和广州政府军队中的年轻一代军官尤其是这样,而在各省军队中的军官这种情绪却要少得多。这里在进行辩论,有时还向政府提出抗日的要求。有过这种情况:基层作战部队(直到团)的指挥官与〈我们〉党建立了联系。但这种情况很少。

士兵基本上要分为两类:绝大多数人参加军队是出于物质上的考虑,他们既不愿意同日本作战,也不愿意同我们打仗。大部分省籍军队以及部分其他军队正是由这样的人员组成的,加之由于敌人在他们中间不大进行政治工作,并且军队几乎从未获得过薪饷,而往往不得不靠征用品来生活等,所以可以把希望寄托在他们的进一步涣散和在近年来事态发展的影响下的局部瓦解上。

对于另一部分部队(粤军部队,十九路军以及中央军部队[①])需要作出另一种评价。它们系统地受过国民党意识形态的灌输,借助巧妙的伪民族主义词句(反对帝国主义,反对封建主义,反对卖身投靠的官吏,但所有这一

① 原文如此。指南京政府的军队。

切都有一个先决条件:“消灭赤匪”)对它们进行过改造。由于它们大部分还处在国民党军官的影响下,对于我们来说,它们是更加危险的敌人。它们的革命化问题将是一个复杂的过程。这需要利用民族的屈辱、〈国家的〉分裂以及政府和国民党的日益降低的威信。

中国各级政府不断压制各种群众性反帝组织和群众的积极性,自然使组织工作变得困难了。毋庸置疑,轰炸山海关在群众中引起的反响要比轰炸上海小得多。如果日本把自己的计谋仅仅集中在占领一个热河省,那么无疑这会比占领满洲遭到的抵抗小得多,遭到的强烈抗议少得多。甚至在一些地区的抵制运动(且不说义勇军运动)会大大减弱,当然,这并不排除在其他地区抵制运动进行得更加轰轰烈烈。但是,应当把目前的十分不够的抗议运动浪潮看作是暂时的现象。

很清楚,目前我们在善于思考和解释自发的、各式各样的反帝情绪以及群众的斗争决心方面,在把工人、农民、士兵、学生、城市贫民等的经济利益与土地革命和反帝革命巧妙而牢固地联系起来并越来越成为民族革命斗争的倡导者和组织者方面能走多远,则取决于党的力量和能力。

4. 党的状况。首先我应该说,必须对党所经历的困难有充分的认识。例如,与德国〈共产〉党不同,中国共产党从它一成立时起,由革命形势开始到目前为止,没有经历过一个合法或半合法的时期,而这个时期除了一些消极方面外,也有一个积极方面,即便于从工人群众中培养干部。1927 年以前的时期只是为党在这方面的活动奠定了基础,即使是这样,当时采取的方针在很大程度上也是不正确的。反动势力或许比在任何一个其他国家都使为贯彻正确路线而准备群众基础的工作变得更加困难。当然,党积累了丰富的斗争经验并有了苏区。但是,这无论在过去还是现在都不能取代在其他重要领域培养工人干部的工作。党已经多年不能讨论党内的重大问题了,不能在成功与失败的基础上通过交换意见和批评,包括来自普通党员和党的工作人员方面的批评的方式来检验自己的经验了。

然而,这意味着,基层组织缺乏领导。这也意味着,许多领导同志在迫不得已和必须秘密进行活动的条件下，没有表现出他们在另一种环境中可能表现出来的那种积极性和才能。抽象地对待具体问题和忽视其他问题，这是许多同志由于处于这种环境而产生的最大缺点。

但是也有一些腐蚀的征兆，需要以极大的精力来与之作斗争。我指的是大约在两年前开始在领导层中出现的情绪：一个人在被捕时应该怎么办？他将"招供"，也就是出卖吗？在党的领导干部中间传播的叛变流行病，从顾〈顺章〉到共青团书记处的多数成员，直到沃罗夫斯基[①]（现在可以认为这99%是可靠的），绝不能用"中国式的严刑拷打"来作解释。应更加深入地寻找其根源：(1) 对革命问题研究的不够；(2) 领导干部中吸收新的人员，特别是工人，做的很不够；(3) 向党掩饰了过去叛变的情节，把这种行为看作是在严刑拷打面前生理上弱点的表现；(4) 对意志薄弱和性格软弱的人不适合在中国严格秘密状态条件下担任领导工作缺乏明确的认识，甚至对以前可靠的，但性格不够坚强，现在很快衰退的人也缺乏明确的认识；(5) 一方面是敌人非常讲究的斗争手段，屠杀和以死亡相威胁，提供以叛变为代价赎买生命的机会，利用叛徒来达到其宣传和离间之目的，而另一方面是党同这些手法斗争不够；(6) 以前叛变行为的腐蚀性影响和党在自己的队伍内和在群众中采取防范措施不够。

这种丑恶现象并不是那么容易根除的，这种状况起着致命性的作用。如果党不进行果断的内部工作，同时加强各种防范措施，这一祸害将来也还会腐蚀党的机体。

我们已经不止一次地讨论过这些问题并将采取一系列的措施。我想，您就领导问题所作的决定[②]只会带来良好的效果，虽然在某一方面可能暂时行不通。

5. 党的政治工作。过去和现在摆在首要地位的是反对日本帝国主义

---

① 黄平。

② 参见共产国际执行委员会东方书记处给中共中央电报草稿。

的斗争和争取保留和扩大苏区的斗争。山海关遭轰炸后，党同共青团一起立即发表了呼吁书[①]并开始加强〈抗日〉运动，尽管做得还不够。1月11日大量散发的苏维埃政府和红军的联合声明[②]，产生的影响要比党的呼吁书大得多。这个声明分寄给了中国和外国的报纸，部分报纸刊登了这个文件的详细摘录。在一段时间里，声明成了各阶层居民讨论的重要对象。我们建议党围绕声明中提出的问题开展长期的运动。目前，这个问题又被推后了一些，在相应的形势下最好重新采取类似的政治措施。

根据党的领导提供的材料，到目前为止，党已向义勇军队伍派去了10名有经验的同志。有华北义勇军的8名代表来到上海，他们没有得到国民党的响应，经过长时间的寻找跟党建立了联系。由于政府暗中破坏和支持不够，义勇军运动正经受着危机。

其次，党以各种不同的名称在工厂、学校和地区建立了具有反帝性质的组织和小组。我们的影响很大；始终同各种同情我们的派别的代表一起进行领导。在上海（也是根据党的领导提供的材料）有1万名成员（我个人对这个参加组织人员的数字持怀疑态度）。

我们已着手筹备在上海召开反帝代表大会。[③] 在北平也将组织这样的代表大会。将尽量尝试半合法地举行这次会议（因此，我认为有必要让缪岑贝格组织[④]的合法组织者来进行由缪岑贝格、巴比塞、宋庆龄等人筹备的上海反帝大会。我们在电报[⑤]中已提出了这个要求）。

工会工作丝毫没有得到改善：曾出现过好的转机（建立纺织工会），但没有带来明显的转变，相反，会员人数又减少了。提出的将烟草工人、码头

---

① 指的是1933年1月7日中共中央和共青团中央为日本帝国主义占领山海关和进攻华北告全国民众书（见《中共中央文件选集》第9册，中共中央党校出版社1991年版，第6—11页）。

② 参见中华苏维埃共和国临时中央政府、工农红军革命军事委员会宣言（1933年1月10日）。

③ 即远东反战反法西斯大会。

④ 指世界反帝、反殖民压迫、争取民族独立同盟（1927—1935）。

⑤ 文件没有找到。

工人等组织起来的计划[①]没有执行；黄色工会中的工作没有得到加强。在许多企业发生了罢工，但比去年要少些（详细情况您可以在寄给亚历山大[②]的关于工会工作的报告中看到）。

把上海失业工人组织起来的尝试，登记了2万名失业工人，并举行了几次规模不大的示威游行。工会机关和失业工人领导人遭到多次逮捕，但党在这方面的工作还是做得不够，也导致了这个数字的减少。我得知您在起草关于中国失业问题的决议，[③]我们希望不久能得到这个决议。

6. 党的组织。吸收党员运动，特别是在上海，取得了一些很大的成绩。但是，党不善于稳定住再次吸收的党员。应当说，1 800名新党员中有700名又失去了。逮捕行动使部分联系中断了，这也是失去新党员的原因。但主要应归因于政治工作做得不够、没有正确对待新党员和吸收他们的方法不对。在上海，六七月间区委[④]成员就遭到三次逮捕。

与汉口的联系很糟糕，又中断了。在广州没有组织，而只有联系。与江西和四川苏区的联系相当好，也就是说，可以很快联系上。现在与鄂豫皖老苏区的联系又恢复了，在那里敌人从我们手里夺走了大片土地。

即使冒着暂时削弱上海工作的危险，也要立即抽调约15名同志到湖北苏区等地和四川苏区去工作；此外，尤其应从四川和陕西派一些同志到四川苏区去。与改组领导机构有关的加强〈苏〉区〈党的〉委员会的工作也需要主要从上海派遣一些同志。

7. 苏区的工作。主要是对因国民党第四次“围剿”所形成的局势施加影响。我建议您参阅一些除含有军事性质的建议和指令外，还含有我们作出的一些政治方面的指示的军事报告。[⑤] 不言而喻，我们从来不能给自己

---

① 文件没有找到。

② A.洛佐夫斯基。文件没有找到。

③ 文件没有找到。

④ 原文如此。看来指的是市委。

⑤ 例如见共产国际执行委员会远东局给中共苏区中央局第一号军事指令（1932年11月29日）、埃韦特给皮亚特尼茨基的第2号报告（摘录）（1932年12月初）。

提出从这里领导战役的任务；但是，有瓦格纳[①]在，还是能在一些紧迫问题上提出某些建议、警告和指示的。当然，当他本人在那里时，这项工作可以进行得好得多(此事正在安排中)。我用另一种方式再重复一遍上次我已给您写过的江西情况：[②]当赣〈江〉和抚〈河〉掌握在江西敌人手里时，中央苏区的局势将仍然是危急的。主要任务不应是占领南昌，而应该是突破抚〈河〉防线，然后向赣〈江〉推进。不解决这个任务，就不可能取得行动自由，不可能将苏区连接起来，不可能占领该省和多少扩大一些中央苏区。不解决这个任务，我们就会始终受到这样的威胁：敌人通过联合进攻(敌人正在狂热地为实行这种进攻做准备)又迫使我们回到游击斗争方式上。

我们同已经抵达那里的党的领导人很认真地讨论了这些问题，过去我们在这方面也曾对他们施加过影响。取胜的先决条件是克服旧的游击思想意识和方法，在有利时机利用各种力量。我们以前的活动未能使战略形势变得对我们有利，但打乱了敌人的计划，瓦解了他们的一部分力量，毫无疑问，更多的是做了克服消极逃避斗争的工作，而不是总是争论。目前的形势要比一年半、两年前更困难了，因为敌人到处都修筑了十分牢固的工事。

至于鄂豫皖苏区，您可以从苏区省委的报告[③]中得到十分详细的信息。早在1932年10月8日，我曾向您报告过我们遭到失败的情况，谈到了敌人从我们手中夺走较大一片苏区土地，并迫使我们又采取较为低级的游击斗争方式，虽然他们未能消灭我们的武装力量。[④]从收到的报告中可以清楚地看出，我们的领导机关和指挥员很轻易地把很早建立起来的并搞得很好的苏区让给了敌人，为的是，如他们所说，“保存军队”(就这个问题我们将起草决议，吸取相应的教训)，而现在我只报告以下各点：

(1) 对敌人没有作认真的评估，因此对击退敌人的进攻准备不够。

---

① O.布劳恩。

② 参见埃韦特给皮亚特尼茨基的第2号报告(摘录)(1932年12月初)。

③ 原文如此。文件没有找到。

④ 参见埃韦特给皮亚特尼茨基的报告(1932年10月8日)。

(2) 优势兵力的进攻迫使我们进行长期的防御和战斗。这种情况以及粮食不足,有大量伤病员,不仅没有战略方针,而且也没有统一的战术,引起了恐慌。

(3) 向安徽西北部撤退后,白白地浪费了 18 天,为了弄清方向,毫无目的地前进和后撤,恶化了军队的状况。

(4) 为了保证自己的"行动自由",第 4 军团[①]司令部决定放弃苏区。事情怎么会发展到作出这样决定的地步?是在谁的影响下作出的?出于什么考虑?抱着什么目的?这些问题大概是搞不清楚了。

(5) 毫无疑问,起初只是考虑暂时放弃领土,还希望很快就回来,因为1932 年 10 月 10 日〈中共〉中央收到了第 4 军团司令员[②]的无线电报,其中顺便谈到:我们已占领土北(音)、林州等地,现在决定返回老区——黄安和麻城(湖北东北部)。

(6) 但是这次行动没有取得任何结果。恐怕不能认为,它受到了敌人优势兵力的干扰。应该说,由 1.3 万步兵组成的装备和组织良好的军团,由于具有较大的机动性和集结能力,与能在边远的地区同它作战的军队相比,很快就感觉到了自己的优势。然而,鉴于追击部队人数众多,又农民虽然同情但却消极地对待**过往的红军**,所以该军团留在河南想必是不可能了。因此,可以认为,关于撤到陕西的决定在行军过程中就酝酿成熟了。

(7) 该军团在陕南没有滞留。放弃领土的理由我们一直不清楚,但是,在这里问题不在于敌人优越兵力的进逼,而大概是在于干旱而缺少粮食。最后,在四川,由于发生军阀战争、省内敌军疲惫和哗变,以及居民的积极支持,该军团得以占领约 1 万到 1.4 万平方公里的土地并着手实行苏维埃化。第一次苏维埃代表大会于〈19〉33 年 1 月 15 日在通江召开。

---

① 这里和以下指的都是中国工农红军第四方面军。
② 张国焘。

(8) 湖北、〈河南和安徽〉省委于11月底作出红军暂时从苏区撤离的决定,当然,他们也没有认识到采取这一步骤的全部意义,没有得到关于第4军团意图的通报。当他们明白犯了错误时,已经太晚了。该军团带上了无线电台,过了数周后得以与中央苏区恢复联系。然而,与留下的武装力量失去了任何联系。

(9) 存在的危险是:如果四川的敌人加紧进逼,第4军团将开始进行新的"旅行"。这种危险性特别大,因为(从省委的报告中可以看出)取消派在军团中占据着重要职位。这个问题应该认真加以分析。应该派遣优秀的党员干部到军团中去。

(10) 基于这种情况,应该更加认真地提出捍卫业已夺取的并已经苏维埃化的地区的问题。红军的撤退会带来政治上的损失,这不仅是因为我们离开业已苏维埃化的地区,而且还因为不仅这个地区的工人和农民,还有这个地区以外的工人和农民会失去以往对我们的信任,因为红军撤离后,他们会感到自己被出卖了,任凭白色恐怖的蹂躏。重复〈这种行动〉必然导致我们力量的涣散,甚至可能瓦解我们的军队。

(11) 省领导的文件表明,他们已经意识到过去方针的错误。留下来的同志和军队有很大的功劳,他们重新组织已经弱得多的部分军队和游击队进行抵抗。我们对第4军团领导同志的批评应该力求向他们说明他们的行动和方针的错误,向他们说明正确的路线。现在把一切过错都推到他们身上那是错误的。但同时必须加强军团的政治领导,对其领导组成作一些变动。

(12) 撤离的消极方面我已在上面指出了。河南东南部的苏区已被消灭。其他地区也部分地分散了,城市和交通线已落入敌人手中,我们对长江流域和汉口的直接威胁暂时被消除了。另一种坚定的策略(尽管很早以前曾采用过)或许会带来另一种结果(我要指出,问题不在于占领者暂时夺取汉口,而在于扩大和加强苏区,采取坚决与敌军作斗争的方针,以便粉碎它的大部队,而不是等待它把这些部队集合成拳头并转入进攻)。

(13) 这个错误可能造成的积极附带结果是：对未来斗争的宝贵教训：首先，克服或者至少减少我们队伍中采取不正确的政治和军事策略的可能性；保存和加强目前的苏区，收复敌人从我们手中夺去的土地，并将进一步扩大这些区域；在四川建立苏维埃，可以掌握和占据该省较大部分区域。这会为长江流域的新战役开辟前景并建立新的根据地(诚然，不应忘记四川省有近 30 万的白军。迄今为止，有两个师转到了我们方面。见 2 月 1 日军事报告中我们的指令[①])。

我现在把这个简略而概括的分析寄给您，为的是大致地向您通报我们和党将采取的立场。

最后有一个请求：我觉得，在关于发展前景的问题上没有意见分歧。在目前中国急剧变化的形势下，需要考虑到革命的巨大潜力。但是，我的意见是：如果想要切实地评估我们目前所拥有的东西，认清敌人的弱点，就不应过分夸大我们的力量。如果《工人日报》[②](美国)在纪念广州公社周年日的文章中说，似乎我们手中掌握着拥有一亿人口的四分之一土地，那么这样的说法就大大超出了宣传所允许的夸大范围。显然在目前形势下，我们实际上拥有不到报纸上所说的一半，我们可能很快就会剩下四分之一，或者更少。对形势的乐观估计表明，在所有苏区总共有 1 200 万到 1 500 万居民，[③]虽然我们之中没有人想到只从这个角度来估计我们的力量和我们的潜力。但是，我请求您施加影响，使今后报刊对现实情况作出更切合实际的描述。

*　*　*　*　*

附言：请用电报确认是否收到这份报告和材料。此外，请不要忽视，我们非常需要经常得到您的帮助以及电报指示和重要情报。

---

① 文件没有找到。
② 《工人日报》在 1924—1958 年间出版，先是在芝加哥，从 1927 年起在纽约。
③ P. 杜平：《英雄的广州公社五周年》，载《工人日报》，纽约 1932 年 12 月 12 日。

(报告结束)[①]

艾尔文[②]

全宗 514,目录 1,卷宗 759,第 21—29 页。

德文打字稿,原件;埃韦特附言为德文打字稿,亲笔签字。

(《联共(布)、共产国际与中国苏维埃运动(1931—1937)》第 13 卷,第 302—314 页)

① 原文如此。

② H. H. 格伯特。

9
欢迎世界反帝大同盟东北调查团来华通电

日本帝国主义占领了东三省，组织傀儡国，血洗了上海，现在又在拼命向华北进攻，准备屠杀民众，血洗华北了。这一局面，正是在帝国主义国际联盟调查团来华调查了并制定了瓜分共管中国的方案所谓“李顿报告书”之后毫无疑义的。这一局面的指使者、创造者是国际帝国主义强盗联盟，而无耻的卖国的中国国民党豪绅地主资本家是参加了这一计画的，这在国民党统治阶级丧心病狂的欢迎国联调查团来华及拥护该调查团制定的瓜分中国的报告书上给了充分的证明。然而我们自始至终就坚决的反对着。

现在真正反对帝国主义瓜分共管中国，特别是日本帝国主义的暴行的国际反帝大同盟组成调查团来华了。这调查团是由真正站在中国广大民众这一方面的，参加这一调查团的都是国际有名的学者，著作家，如美国的特里塞[①]，法国的巴比塞，英国的高名伯，德国的舒内黑及共产党领袖蒙逊培等。本同盟号召全体会员及广大的革命民众在反帝非战的立场上，在争取中国民族的彻底解放上，谨以最诚挚最热烈的敬意表示欢迎。特此通电。

上海反帝大同盟

二月七日

（中央档案馆藏）

---

① 即德莱塞。——本书编者注

10
反战对全世界宣言[①]

(世界反战运动委员会秘书)

亨利·巴比塞著 万里宾译

Henri Barbusse: Contre la guerre second appel a tous

今天我们要对全世界人民再发一次宣言。对所有已经追随我们的人们,对所有在目前可怕环境中需要而且应该追随我们的人们。

差不多在一年前,世界反战运动的首倡者放出了第一次警号和集合的呼声。在一年前,我们说:所有不愿要战争的你们,一齐在我们的周围团结起来罢,这战争到处都在准备,到处都在出现了。

全世界各种倾向的人们,成群地都来到相信我们,我们便有了无数万千的人员。然而今天我们应该更加大声疾呼地重申我们的宣言,因为一年来流血的和威胁的许多事变完全证实了我们的正确!

在远东,日本的进攻不容调解地继续着,显明是一种根据确定计划之庞大的系统的侵略战争。在非洲,在亚洲,在大洋洲,殖民的战争都不曾停止。在美洲,战争已在开火。所有这些,都是直接由帝国主义的原则上生产出来的东西,而我们也早就指出过这些原则所必有的恶果和灾难。

在欧洲,我们曾经指出和斥责凡尔赛条约之罪恶,狂妄,及其所含有之内在的冲突。现在,产生这些条约的帝国主义政策之可怕的结果,摆在我们面前了:法西主义占据了德国而且准备占据奥国,最凶暴的反动伴着惑人的爱国主义潮流把欧洲急激地引回一九一三年时代的局面。

在诸事变的纷扰中,国际联盟之作恶而无能,在在证实我们坚决指明并

---

① 该文以《世界反战会对全世界的宣言》为题,同时刊载于1933年9月6日发行的《反战新闻》第2号。——本书编者注

斥责之正当。远东问题，拉丁美洲问题，以及军缩问题，都促成各国政府口头和平主义之可耻的破产。

全线都在崩溃之中。在对面，却站着亚姆斯达旦之正在活跃而继长增高的运动：群众之集合，工人之统一，体力劳动者与精神劳动者之团结，欧洲的斗争委员会之组织纲〈领〉，由蒙得微道[①]大会形成拉丁美洲反战力量的集中，而亚洲则在不久的将来，将在上海和东京召集反战运动大会。

但是我们应该声言：所有这些都是不够的。我们的运动未能为所当为。在中欧，做得太迟。我们虽有明晰与坚定的蓄意，却未能及时克服工人阶级之分裂，反而这种分裂受了敌人法西主义者的利用。在战争的力量面前，我们又未能及时筑起无数已经统一民众之堡垒。

现在必须完成一个新努力。必须克服尚在各地妨害我们实现反战的统一战线之最后的障碍。无论需要什么代价也得完成。一切敌视帝国主义战争诸力量在统一斗争基础上的行动，(亚姆斯达旦大会最高的标语)能够克服那些认为必须运用武力以修改条约之反动思想，并且能够驱除新的世界大屠杀的幽灵，自从德国受了法西主义的统治和欧洲诸帝国主义力量重新组合以来，这新的幽灵正用着巨人的步伐走近前来俨然有了生气。

必须十分明了并毫无忌讳地这样重复说：有些事实虽然已经无可救药，而世界的一般情势仍然有利于实现统一斗争的行动以反对战争及其直接工具法西主义。

此外，无论如何，就在悲惨和暴力的环境下，一般的精神状态，到处都已改变。近几个月以来那些撼动一般人民的经验并非不曾震开他们的眼睛。工人阶级两个国际大组织的最近宣言已经启发协和的大道。在一切工人的革命的组织内，在一切公开的集会中，在一切街道上，都殊途同归继长增高地显出统一行动的意志来。

当着这种有历史意义的情势中，我们必须利用那些已经获得的部分收

① 即乌拉圭首都蒙德维的亚。——本书编者注

成，请求所有社会主义者，共产主义者，各派工团主义者，和平主义者，工人，农民，职员，艺术家，学者——男子，妇人及青年，一齐紧列队伍，一齐团结反战的斗争运动，一齐参加我们正在进行共同组织的新努力以便把法西主义从那些广大的国家驱除净尽，这些国家是诸劳动阶级人民的国家。

亚姆斯达旦的运动及其属下许多斗争委员会，对于这个最高的决斗，自然有其必须具备的主力队伍。我们虽然请求一切敌视战争及敌视法西主义者加入反战的运动，但我们决不以任何方式去替代劳动群众所原有的诸组织。我们只想促成他们共同斗争的联合，不欲多求，少亦不要。我们所做的只是全世界的联合运动——联合在整个人类解放计划中之反战争的斗争一点上。因此，在另一方面，我们还开一次会议，其目的在于为中欧各国无产阶级寻获统一行动的基础。在我们的范围内我们尽力把所有已经声言接受共同行动但尚未正式参加为世界和平的最后决斗之各种组织拉进这个行动的统一战线来，并尽可能使其扩大。

对于我们的会员，对于我们的各委员会，我们则请求促进他们的积极。为要扩大各斗争委员会的组织纲〈领〉，为要加强已经存在的诸委员会，为要更加深入敌人的营垒，——注视你们的周围罢。不要把任何一个工人的，工团的及和平主义的团体，放弃在我们动员之外，他们在原则上应是我们的同道者。不要把任何一个男子，一个妇人，一个青年放弃在旁边，举凡他们愿意便能够——而能够便应该在我们队伍里斗争的人们。在理智已经昏乱而意志日益坚固之悲惨的时期中，重新走向一切人们的前面罢。不要等待人家来〈伸〉向你们。伸出你们的手，张开你们的臂。不要停止在那直至现在彼此依然停止的地方。

对一切工人的，工团的和平主义的各种组织，对一切善意的人们，我们再发我们的急切的号召：抛弃一些次要的偏见。忠实地和正面地研究我们向你们的建议。以组成战后反资本主义力量之伟大统一战线自豪之亚姆斯达旦。对你们说：我们是彼此需要的人呀！

在一种不全属于我们也不全属于你们的纲领上实现行动的统一，将在完成共同任务的过程中停绝一切相互的攻击！

朋友们，同志们，我们不仅是事变的证人，我们是裁判者，而且，进一步说，我们是事变的工具。我们不应该把自己任由历史的急流冲荡，反之，应该统制历史的急流，因为我们认识了他那不可抗拒的诸法则。

行动和联合！

世界反战运动委员会秘书亨利·巴比塞

——MONDE No. 253，8 avril 1933

（《国际每日文选》第18号，1933年，第2—10页）

11
中央致各级党部及全体同志的信
——论反帝运动中的统一战线

各级党部和全体同志们：

（一）目前的形势与建立广大的统一战线的重要

"华北停战协定"的签字在任何程度上没有而且也不能阻止日本帝国主义的向前侵略以及因此而丝毫有所缓和目前严重的民族危机，且恰恰相反。停战协定更给了日本强盗继续和加强侵略华北与整个中国的许多方便，给其他帝国主义列强以更大的刺激来瓜分中国。事实上也正是如此。停战协定签字后之数日，便轰传藏兵分三路进攻青海，回族军阀马仲英在英国指使之下称兵新疆，实行割裂的企图。宋子文代表南京政府向美国所借的五千万美金"棉麦"大借款，也于此时公布，都不是偶然！至于在"停战"后的华北，正进行和开展着非常严重的局面，那尤是有目共睹。

一、帝国主义的清道夫——国民党和南京政府按照卖国的协定，忙将中国军队撤退至"预定之线"，对不服撤退的部队便施以武装的压迫，把平津及河北数十县变成"非武装区"，送给日本帝国主义自由宰割；另一方面，则从撤退的部队中抽调入赣"剿共"以与帝国主义者分工合作，压迫中国革命。

二、在日本强盗的枪尖上在河北树起了第二个傀儡政府，以确立囊括整个华北与中国的更逼近的根据。协定签字以后，日本军队至今并未后撤，且撤亦不过至"长城之线"，南下西进，随时皆可自由行动。平津近郊的日兵多移增至平津（北平已由二百名日兵增至二千五百名），扼守着华北的咽喉。

三、在日本帝国主义者卵翼之下的"伪军"如李际春等部则盘踞河北，殆无撤退的任何准备，日本初则否认与这些部队的关系，继则提议“改编”为警察，以“警备”所谓“非武装区”，这实际上等于为日本帝国主义强占。现在日军似无大活动，但“伪军”之积极却较前增加，刘桂堂部已深入察省，日且宣称非夺取张家口无以保热河之安全，且连络内蒙王公，企图实现其满蒙政策，虎视着革命的外蒙共和国和进一步的进攻苏联。

四、日本之占据华北，必使各帝国主义国家之冲突加深，而对于日美在太平洋之争霸将益加强。“日本为保障华北海道交通计，将在黄河设立管理权，日曾在釜山附近建筑津轻海军根据地，现又将旅顺军港恢复，将来日如占青岛作第二根据地，则黄海海面将永无他国舰影，日本种种计划与东亚大陆战争及对美战争之准备，均有关系”(《真理报》五月廿七日社论)。

五、日军之进展当与中国亲日军阀之活跃相并行。日本将利用华北各派军阀之冲突——特别是在“停战”后防地之分配上，煽起大规模的军阀战争。冯玉祥、方振武已开端于先。他如四川军阀战争正酣，西南的反蒋的酝酿都昭示着各帝国主义列强正在积极准备便于他们瓜分中国的军阀战争。

在这一个严重与险恶的形势之前，中国共产党的任务比任何时候都要严重：组织千百万的群众，号召他们及各种武装部队起来作反国民党意志的战争，不许国民党这样干下去，起来反对日本及一切帝国主义的侵略，不许这些强盗们侵犯中国。而建立在反帝运动中真正的统一的战线，就是组织这一广大群众走上革命斗争的基本策略。只有团结与统一工人农民及一切劳苦群众，才是民族抵抗的力量与胜利的保证。

因此，在目前建立和加强这一统一战线是有非常严重的意义：

(1) 帝国主义的侵略与国民党南京政府这一背叛；民族利益的投降政策激起了广大群众的反帝和反国民党的斗争，但参加这一斗争和运动的群众，有的曾经过了一九二五——一九二七年大革命的训练，有的是刚从政治上觉醒过来，有的是久经革命风暴的政治经济中心和区域，有的是不久才卷入革命斗争的漩涡，有的是彻底的革命工农分子，有的是动摇的不坚决的社会阶层。总之，社会的地位，政治的经验与由革命发展中之不平衡所造成的结果,都不能不影响着这一反帝和反国民党运动的形式和程度。只有我们党坚决实行广大的统一战线,才能团结和组织千百万的广大群众来进行这一反帝的革命斗争,才能团结一切反帝的力量。

党一方〈面〉要坚决的依靠民众自发革命运动的高涨,而同时又要能够对于各种运动保持着统一领导的作用。正因为这种运动的领导,才能使我们很快的形成一支群众的政治军队,准备大规模的革命暴动与战争。

(2) 我们党不应该抹杀这一事实,就是我们党的政治口号,还没有为大多数群众所了解与积极拥护。有的还在国民党各种民族武断宣传的影响之下依然幻想着它的"新的生命",有的还是为黄色工会工贼们所欺骗着,有的是在国家主义派及其他一切反动派别蒙蔽和麻醉之下。这只有在我们党坚决实行广大统一战线的基础之上开展反对国民党及一切反动派别的斗争,才能把这些群众从这些反动的领导和它们的政治影响之下解放出来。

我们的策略是:火力集中在国民党和孤立一切反革命的妥协的党派。要达到这一点,我们就不应该站在群众和各种群众运动以外。党所提出的"武装民众进行民族革命战争","打倒国民党是这一民族革命战争取得胜利的先决条件"等主张,以及苏维埃政府前后三次关于"反日战争同盟"的宣言,便是揭破,打击国民党和孤立一切反革命的妥协党派,以争取大多数群众——首先是工人阶级的大多数来完成反帝国主义革命的主要条件。

(3) 帝国主义和国民党用一切力量来削弱中国民族的抵抗力量与分裂反帝的统一战线,制造军阀战争,压迫一切群众的反帝斗争,用各种民族的武断宣传来控制一部分的群众以及在"攘外必先安内"的口号之下,疯狂的进攻苏区,就是帝国主义者和国民党这一政策之具体表现。只有我们党坚决实行广大统一战线并以这一群众的革命的统一战线来对抗帝国主义和它的清道夫——国民党阻挠中国民族解放与压迫整个中国革命的统一战线,才能击破敌人的阴谋毒计,形成一个壮大的革命阵容。

（二）为什么没能建立起这一统一战线？

对反帝运动中建立统一战线的意义之确切的认识是非常必要而迫切，因为这正是我们的弱点。考究了目前我们党为什么不能在反帝斗争中建立统一战线的原因，中央认为必须着重指出者：

一、没有充分坚苦的在企业中的工作以发动和领导工人的群众斗争及发展革命的工人的组织，不切实了解工厂作坊乃是我们建立统一战线的基本阵地。

现在，在工厂倒闭，各业减工，资本总进攻的基础之上开展着工人的罢工斗争，在上海，无锡，南通，济南，武汉，天津……几乎无日没有工人的斗争，这是一个很顺利的客观形势。但我们党和赤色工会都没有抓紧这一斗争的形势，赤色工会组织上的发展依然极不令人满意，在天津没有一个在我们领导之下的反日的工人群众组织和工人义勇军，在上海的情形，也并不好些。无产阶级——这一全体劳苦群众的先锋队之政治上的动员和组织性的程度是值得特别警惕全党的。

中央认为：不保证反帝运动中有无产阶级的骨干，没有无产阶级广大的群众革命组织（赤色工会，罢工委员会，反日会，工人纠察队，工人义勇军等），则不必想在无产阶级的周围来实行真正革命的统一战线，或使之有利于无产阶级，也不必想夺得无产阶级的领导权。

因此，尽量扩大无产阶级，农民，小资产阶级（首先和特别是工人）和士兵群众的政治教育工作和组织，基本的是借着发展他们的政治经济斗争的方法。这是中国共产党现在的第一等基本的任务。

二、没有深入到一切有群众的地方和组织及参加各种群众的运动，而在许多情形之下是站在外面干叫。国民党所扮演的“航空救国”的把戏，且多少能把它变成群众的运动，欺骗着一部分的群众，我们则始终没有加入进去夺取其领导。在我们领导之下的群众组织——首先就是赤色工会，救国御侮会，不是不坚决的实行群众的路线，度着狭隘的生活，便是不进行坚苦的群众工作，把每一件工作进行一个彻底，有始有终。

正因为如此，就更便宜了国民党及一切反动派在许多地方还能施行其欺骗和控制群众的伎俩。因此尽量应用群众的路线，进行坚苦的布尔什维克的群众工作，开展反对国民党及一切反动派的政治影响的斗争，是建立和巩固统一战线的主要条件之一。

三、但能否夺取广大的劳苦群众，那就要看我们党怎样能把自己的口号变成广大群众的口号以至使革命前进，怎样使党的政策不仅为先锋队及多数工人阶级所采纳，且亦为大多数民众所采纳。

在这一方面我们的弱点正[真]多：有些同志不是关着门，空喊口号，便是把党的中心的政治口号到处背诵，一般的只管一再重复的嚷出来，不善于将它具体化，部分化和充实起来，使群众易于了解和接受。我们的工作方法，口号都是千篇一律，不顾工作对象与环境之不同。

正因为如此，我们的口号只为少数少〈年先〉锋队所了解与拥护，许多党的组织和同志只会对先锋队说话，但是到现在还没有学会对千百万的广大群众说话，用之以领导党者来同样的领导广大的群众。

在这里，我们应该记得："多数党政策上的另一个特点就是它能把党的领导和群众的领导不相混淆，它很了解到第一种领导和第二种领导的根本区别，所以它不仅是一种党的领导之科学，同时也是群众的领导之科学。"(斯达林[1]《列宁主义问题》)

现在仍在各处可以看到两种现象：一方面有些党的组织根本代替了群众的组织，以党内的工作方法来对付群众，这固然不能团结广大的群众，另方面则是那些群众组织内面的负责的领导同志完全抄袭党的工作方法和形式，以致有许多群众组织实际上变成了第二党的形式，这自然也不能组织成千成万的群众，遂形成目前群众组织较党尤为弱小的现象。

---

① 即斯大林。下同。——本书编者注

我们党在任何时候不应混淆党的和群众的领导，同时“能够使群众以自己的经验，相信党的口号的正确，并领导这些群众走上革命的地位，这是党夺取广大劳苦群众的最主要的条件”（斯达林，见同书）。

四、没有坚决的利用半公开和公开活动的可能性。要组织广大的群众运动是不能按照秘密路线来进行的。只要把成千成万的群众都拖入秘密的活动是不可能的。这一个初步的真理的了解，对于处在地下党是非常重要；不进行艰苦的群众工作，发动广大的群众运动，固然不能争取公开和半公开活动的可能，但没有后者是没有法子能够开展大规模的群众斗争，它是建立广大的群众的统一战线之必要的条件。

在这方面，在实际工作中也可看到两种不正确的倾向：不是模糊我们在群众组织和各种群众运动中之独立的政治面目，降低或放弃我们原则上的立场以无论如何求得所谓公开活动的可能，便是认为在帝国主义和国民党血腥统治和白色恐怖之下争取公开的活动只是一种有害的幻想，或者是保持“革命的清高”不肯“同流合污”，这都是不正确的。

中央认为在目前争取公开的和半公开的活动是非常迫切，这要求我们全党首先要进行艰苦的群众工作，改变和丰富我们的工作方式及如列宁所教训我们的“要学会取用一切的武器”和抓着日常事变中一切问题来发动群众，不要和站在圆圈里的母鸡一样，自己束缚自己。

这些就是我们为什么不能建立统一战线的基本原因。

（三）反帝统一战线的行动纲领

目前中国的客观形势是很顺利的：由于帝国主义的侵略和国民党反动的统治造成了空前的民族危机，国民经济的破产，工农地位的恶化无以复加，小资产阶级城市贫民的困苦及士兵群众的牛马待遇，这样就引起了普遍于各大中心城市的工人斗争，继续不断的农民暴动，小资产阶级的不满，士兵群众的革命化和中国境内弱小民族的解放斗争。我们党应坚决的采取统一战线的策略，改正过去在这方面的错误与弱点，只有这样，才能把这些群众的斗争和运动统一起来而汇合为一反帝国主义的土地革命的巨流，来配合目前胜利发展着的苏维埃运动，以促进苏维埃在全中国的胜利。

在这一形势之下，我们党应该在广泛的基础之上，创造反帝国主义的统一战线，首先利用工会，民众救国会等群众组织提出以下几点作为共同的行动纲领：

第一，抨击国民党的投降叛变。指出希望国联与美国的援助是一个危险与失望的幻想。着重说明，只有团结并统一工人农民及一切劳动群众〈才〉是民族抵抗力量与胜利的保证。

第二，着重的提出全国民众必须起来为保卫中国的领土与独立而作神圣的民族革命战争。

第三，号召民众参加反日的战争与游击战争。应当积极的援助群众抵制日货的行动与宣传，募捐援助义勇军。

第四，用军器库及入口的武器来武装民众。在同一基础上，没收大量物品以为抗日之用。

第五，完全脱离日本及一切帝国主义和一切民族叛徒的影响。为获得我们的自由，必须取消一切对日债务和借款利息的支付，实施累进税以应付开支。

第六，中国必须完全对日绝交，动员整个海陆空军对日作战，立刻停止进攻苏区及军阀战争。

第七，反对国民党南京政府出卖东北和华北及中国的停战协定。

自然，这一行动的纲领，只是一般的概括的，在实际工作中须要我们对准着各个不同的对象与具体条件来灵活的去运用。特别是不要忘掉工农士兵群众的切身要求，相反的是要在组织这些群众的日常政治经济的斗争基础之上来发动他们，引导他们走上拥护这些纲领的革命斗争。

（四）目前应该怎样行动？

根据目前的形势和这一行动纲领，我们党，工会，团除全部实现中央五

月二十五日紧急通知中的指示外,应该立刻进行下列的工作:

一、在各处召集群众大会,组织示威游行,反对卖国的“华北停战协定”,要求南京政府立即将协定的全文发表,并在各工厂,学校,兵营等处组织“反对华北停战协定委员会”“华北后援会”等。

二、在这些群众大会上,游行示威中,鼓动群众要求南京政府立即宣布对日绝交,调全国海陆空军对日作战,不准派一个兵南下,特别在北方各部队中组织“反对南下进攻红军”的运动,在平汉路,津浦路,组织铁路工人的怠工与罢工斗争反对运兵南下。

三、在各工厂,各学校,兵营组织和扩大抵货团,组织“反对还债给日本”的宣传队,并提出将这些赔款和利息全部来救济失业工友,灾民和城市贫民及抗日之用。

四、组织工人的学生的抗日义勇军,要求政府发给武器,及组织群众夺取军器库的武器,特别是组织上海天津等处的码头工人没收外来的武器的斗争。

五、英帝国主义帮助日本,且实际上占领了西藏,近且指使藏兵进攻青海及侵略新疆。我们应该将这些事实公布在广大群众的前面,发动反英的运动,组织“抵制英货”的斗争。

六、在农村里,加紧发动农民群众不缴一个铜板的税给卖国的南京政府的运动,特别是在河北的战区里,要加强农民中的作用,不纳租,不缴税,组织农民游击战争。

七、华北的抗日义勇军现在处于非常困难的地位,前有日军的轰炸,后有国民党军阀及当地地主的反动武装的压迫,粮尽弹绝,过着极悲惨的生活,应该将这一事实在广大群众中宣传,要求南京政府予以充分的接济并组织群众的募捐,组织群众的捐款保管委员会,由群众派代表送至义勇军部队。此外,应发动群众将“航空救国”的捐款买飞机送给义勇军及用作各种物质上的接济。

八、各地之救国会应立即召集代表会议,创立有力的反帝组织来进行这一切工作。

九、工会方面应以全国总工会及职业团体的名义提出保卫中国的领土是劳苦群众生死存亡的问题,且以共同斗争的唯一提议,去接近国民党工会,工人俱乐部,兄弟会,爱国团体以及无组织的工人。反对减工,反对减低工资及要求增加工资,要求政府与资本家救济一切工人,立刻释放一切政治犯,武装民众抵抗日本的侵略。用上述这些口号来提议具体的共同行动。

十、青年团应当不惜一切力量,把党这一建立反日的统一战线的行动纲领使每个人都见到听到。在青年的一切会议上,工会,学校,抵货团体中提出反对日本帝国主义的统一行动的提议,扯碎一切怠工的反动的领袖的假面具。

准备学生暑期休假时去发展农民运动的工作。

发展军事训练,向市政府要求集会权利与军事训练的设备,要求选择军事教官的权利,发武器给战斗员,要求有宣传的自由权。唤起并团结军队中的革命分子,在士兵群众中有力的宣传党的这个纲领,加强北方的工作。

十一、各级党,团,工会的组织应动员一切力量努力宣传苏维埃政府前后几次的宣言,在工人,士兵,学生群众中组织实际的回响,把广大的群众团结在这一宣言的周围。加强党的宣传鼓动工作,揭破国民党及一切反动派别的武断宣传。

十二、各级党部应将中央这封信拿到党,团,工会及一切群众组织中讨论,加强说明统一战线之重要,并在两条战线的斗争上用实际的建立革命统一战线的工作来回答中央的布尔什维克的号召与指示。

此致

布尔什维克的敬礼!

中　央

一九三三年六月八日

(《斗争》第44期,1933年6月10日)

12
反战反法西斯告青年

罗曼·罗兰

法西斯主义有着若干个不同的面具。它适用于任何一种人民的面孔。在此处,它是鼓励战争者或是教会的党徒;在别处,它是资本主义者或民治主义者;甚至于它还可以乔装为社会主义;它的传播可以发展到一切有智识及无智识的人群中。但是不管它的面具如何,它始终有它固有的本质:那便是"国民主义的国家主义"(Etatisne Nationa liste)。它把一切隶属于国民和独裁的国家,而这独裁的国家则把自己成为国民的化身以噬呼吸[①]国民和压制国民。

我们说:——

"国家主义就是我们的敌人。"

青年同志们,这应该是我们战斗的口号!这个敌人,我们不仅要从外面对它斗争,我们还须从我们的内心把它扫除净尽。我们不要过于自信!它有非常深固的根蒂。无数以反希特勒主义号召的人们,有意地或无意地都站在国家主义的立场上。我们曾经看过战云一起便即奔赴战争的人们,参谋部与好战资产阶级的报章,前次大战中我们的旧相识,所谓彻底主义者,及那些口口声声"你们记着!你们永远不要忘掉"的人们。对于这些人们我们决不予以赞助,而且我们,我们也不会忘掉!我们不会忘掉他们正是希特勒法西主义罪魁,因为希特勒主义的产生正由于一国人民受了战胜者之激□而失望而疯狂。也正是那些人们始终保持着各民族间不共戴天的仇恨。而反对民族歧视的我们,倘若我们也用得着仇恨的话,那么留着用来反对那些生活于民族仇恨中的人们罢!对于那些受希特勒墨梭里尼蒙蔽了欺骗了

① 原文如此。——本书编者注

的德国人民，意大利人民及一切被压迫的人民，我们是他们患难与共休戚相关的同伴。我们这里联合起来“反对专制魔王”（这字眼出于青年的施勒Schiller而曾受法国大革命的欢迎），我们必须把所有进行解放运动的各国人民形成国际的组织。我们不为任何单独一国人民而斗争。也不单独为我们本国的人们而斗争。我们之所以成为苏联之辩护人和保护者，正因为它不是一个民族，它不是一个俄罗斯，它是全世界一切苏维埃社会主义共和国的联邦——这些共和国包括现有的，将来的，一切愿意加入联邦的——包括我们，你们，全世界。

“自爱”和“民族之爱”是一种天然情感。然而这只是一种原始的情感，它应该隶属于人类的“大同之爱”之下。况且每个民族的利益也正需要此大同之爱。因为现在已经到了任何一个民族都不能没有其他诸民族协助的时代了。倘若一个民族摧毁了其他民族，则在此摧毁之下，这个民族的本身将自受其殃。国家主义的法西主义正在极力从事于粉碎各民族间的联合，并从事武装它们使其彼此互相攻击，而我们把它们整集起来反对这国家主义的法西主义罢！

但是国家主义不只一个。有战争的，走向战争者的国家主义。有和平的，利用和平图利者的国家主义。有些法国青年把他们的实际主义闹得震天吓地，这所谓实际主义特别表现表于们[①]的野心的“机会主义”里，他们以为：我们应该不管我们邻国的内政，应该单管我们私人的事情，而对于那些在他们国内摧残自由及杀害共产主义者，社会民主主义者，和平主义者，德国犹太人的人们，以为我们反应该和他们握手，一如他们和亚敏多拉(Amendol)马掉地(Mattelti)古蓝西(Garmsei)的凶手及彭沙(Ponza)里巴利(Lipari)海岛中的狱吏握手一样。我们严厉责罚此种粗暴的自私主义。此种近视者之所谓实际主义在我们的周围铺张暗幕的阴谋中，倘非同谋，即为被骗。诚然，敌人法西斯蒂必须打倒，而且须从我们国内着手。我们对于本

---

① 原文如此。——本书编者注

国尚未成熟的法西领袖，应该毫无怜悯。他们的产生是由于卐字旗帜之不战而获的可耻的胜利所引起。然而野草在我们的周围蔓延亦非毫无危险。当心些，不要让它的种子在我们当中播散。必须像马西尼(Mazzini)时代一样，且进扩大范围，不仅要重现一个“青年的欧洲”，而且必须产生一个全世界人民的联合以共同对付反动势力之新的神圣同盟。扩大我们的战线罢！这战线统包全地球的战场。在世界上无论哪一角落，凡劳动及精神受了压制，社会的发展受了桎梏，我们无不直接受其感动。你的便是我的。我的便是你的。每次我们的同人遭了创伤，我们的心胸感其痛苦；而每次他们遇了侮辱，我们的颊上即感着羞耻。没有种族，没有国家，没有宗教，能够隔绝我们阻止我们进行的战线。以“世界的战线”对付共同的敌人。让那阻挡我们道路的人们自受其灾罢！他们将被践成粉碎。谁都不能阻止人类的向上前进。

一九三三年六月十日

(《反战新闻》第5号，1933年9月22日)

13
上海中央局转发共产国际、少共国际关于反帝统一战线的指示

兹将国际来指示转你们。我们已根据此电发一苏维埃政府与全总宣言及关于反帝统一战线致各级党部信，[①]国际原文如下：

在统一战线的基础上，为高度开展反帝国主义的斗争与加强这一斗争中我们的领导起见，我们提议：

第一，重申苏维埃政府与革命军事委员会对民众的宣言，在先前所提的条件下，愿与任何部队作武力的共同战争；着重的指出日本帝国主义急迫的进攻与国民党无条件投降事实：失掉热河、蒙古与华北的一部，愿意放弃平津；号召民众与武装部队起来作反国民党意志的战争，不许国民党这样干下去。我们相信你们的提议会产生极力抵抗日本军队的结果。你们应以全国总工会与职业团体的名义，提出保护中国的领土，是劳苦群众生死存亡的问题，且以共同斗争的唯一提议，去接近国民党工会、工人俱乐部、兄弟会、爱国团体以及无组织的工人，反对减低工资，要求增加工资，减少工作日，要求政府与资本家救济一切工人，立刻释放一切政治犯，武装民众，极力真正武装抵抗日本的侵略。用上述口号来提议具体的共同行动，在广泛的基础上创造反帝国主义的统一战线。首先，利用工会、全国民众御侮自救会，提出以下几点，作为共同行动的纲领：

第一，抨击国民党的投降叛变，指出希望国联与美国的援助是一个危险与失望的幻想，着重的说明只有团结并统一工人、农民及劳动群众，只有民

① 即6月1日《中华苏维埃共和国中央政府为反对国民党出卖平津华北宣言》、6月8日《中华全国总工会对一切国民党工会工人俱乐部友谊的团体和中国一切有组织及无组织的工人的宣言》、6月8日《中央致各级党部及全体同志的信——论反帝运动中的统一战线》。

众抵抗的力量是胜利的保证。

第二,着重提出全国民众必须起来,为着保卫中国的领土与独立而作神圣的民族革命战争。

第三,号召民众参加战争与游击战争,应当积极的援助群众行动的抵制日货的宣传,募集援助义勇军的物品等。

第四,用武器库与入口武器来武装农民群众,在这一基础上进行尽量动员。

第五,完全脱离日本及一切帝国主义和一切民族叛徒的影响,并争取得我们的自由必须取消一切对 H 债款与借款利息的支付,实施累进税,以应付开支。

第六,中国必须完全对日绝交,动员整个海陆空军对日作战,立刻停止进攻苏区及军阀战争。救国会必须极端的利用如宋庆龄等的公开和半公开的可能性,在工厂、学校、兵营及其他组织中,创造有力的组织。

关于中东路问题,党必须用以下内容宣言启发群众的运动:苏联是世界上唯一反帝国主义的力量,是中国民众的忠诚的朋友。在他成立的最初,他就停止了沙皇俄国的帝国主义政策,放弃了在中国的一切特权,使中东路变为商业性的企业,且与中国共同管理,而且曾屡次提议请中国政府收买铁路。这样,苏联不仅遵守了先前与中国所订的一切条约中平等权利,而且就在一九二九年在帝国主义嗾使及其利益下实行夺取中东路企图之时,也严守平等的条约。现在南京政府和整个资本家做主,①不去抵抗日本的侵占强夺,拒绝执行关于中东路的协定。他们始终不去防卫中国继续做帝国主义手中的工具,却企图利用中东路问题来挑拨日本对苏联的战争。扯碎国民党罪恶政策的假面具,号召鼓动群众起来反对卖国的国民党政府,武装抵抗日本帝国主义。当中国工人在闸北抵抗日本并英勇的作战之时,全世界工人是站在中国民众一方的,苏联坚决的拥护和平而斗争。因为避免新的

---

① 中央档案油印件此句为“现在南京政府和整个资本家地主”。

世界战争的爆发，苏联提议出卖中东路，这已扰乱了帝国主义的计划。中国工人很知道胜利的社会主义的建立和苏联力量的增加，是整个工人阶级的利益，也是中国民众的利益，正如我们为中国独立而抵抗帝国主义，这也是日本工农的利益。我们能够恢复热河与满洲，收回中东路，这可以破坏帝国主义以满洲与华北为进攻苏联的根据地的企图。为要达到这个目的，我们必须建立中苏全国劳动群众的兄弟联盟。

以下是少共国际致团中央电：

青年团应当不惜一切力量把党这一建立统一的反日战线的行动纲领，使每个人都见到、听到。在青年的一切会议、工会、学校抵货团体中，提出反对日本帝国主义的统一行为的提议，扯碎一切反动的领袖的假面具，注意学生暑期休假时去发展农民运动的工作，发展军事训练，向自己政府要求集会权利，[①]发给武器给战斗员，要求有宣传自由权，唤起并团结军队中的革命分子，在士兵群众中有力的去宣传党的这一纲领，加强北方的工作。

中央局

〈一九三三年〉六月十五日

根据中央档案馆原抄件刊印

（《中共中央文件选集》第9册，中共中央党校出版社1991年版，第237—240页）

① 中央档案油印件此处为“向市政府要求集会权利，与军事训练的设备；要求选择军事教官的权利”。

14
援救华北欢迎巴比塞调查团各界代表会筹备会启事

慨自“九一八”以来暴日在列强谅解之下，和此攻彼，肆意侵略，锦州停战，而“一·二八”之变作淞沪协议签字，而热河失守，平津告危，乃者塘沽协议又突告签字矣，从此暴日对于关外之统治及关内之侵略更获一重有力之保障，而今而后谁谓中原尚可苟安乎？东北沦陷年余，吾人于无可如何中犹冀事态之进展或终不致令我同胞完全失望然，而现在不但规复失地，更无期察绥平津且成砧上肉。吾人至此唯有诉诸同胞自身之力量，傍求国际真正同情之助力，方足使民族前途展开一线之光明。国联调查团之国际共管论，固贻吾人以至深之痛债，而世界反战大同盟遣派来华不日到沪之巴比塞调查团东来，亦足见国际正义之存在，终不为强暴所掩没。此正我同胞急起直追挽救危亡之紧要关头，爰发起援救华北欢迎巴比塞调查团各界联合会，经于本月十三日由各界念余团体之公决，先行成立筹备会，并订于本月念日召集各团体代表大会讨论一切，凡我各界爱国团体忧时志士，务望一致参加，共策进行，此启。　筹备处设法租界贝勒路恒昌里念七号

（《申报》1933 年 6 月 17 日）

15
中央关于欢迎国际反帝非战大同盟代表团来华及反帝大会的筹备通知

（1933年6月18日）

各级党部：

国际反帝非战大同盟的代表团将在七月间来沪，并准备九月初（确定日期以后再告）在上海开世界反帝大会，望各级党部立即根据以下的指示，动员广大的群众来进行这一运动。

一、立即根据中央最近关于华北问题的文件及中央《斗争》上的文章开始广大的宣传鼓动工作，尖锐的指示中国民族危机的严重性与帝国主义瓜分中国的紧急，集中火力反对国民党出卖华北的塘沽协定，及它的一贯的信赖国联、依靠美国、投降日本、压迫革命的卖国政策。各级党部应在下层广大群众中宣传和解释中央最近关于统一战线的一封信中所提出的共同的纲领，着重的说明现在比任何时候都更迫切的需要建立广大的反帝的下层统一战线，只有这一战线，能够拯救中国，能够反抗帝国主义一切的侵略。在这种宣传鼓动的下面，号召并组织广大的群众，欢迎国际反帝非战代表团，指出这是国际工人与一切劳苦群众团结起来反对帝国主义的具体步骤。揭破国民党及一切反动派别任何的武断宣传，并与过去国联的李顿调查团尖锐对立起来，欢迎国际反帝代表到东北去实地考查。

二、中央责成江苏党立即经过一切公开或半公开的群众组织发动组织欢迎筹备委员会，在各工厂各学校及公共群众机关成立分会，尽量吸收一切同情分子参加，要绝对防止一切狭隘的关门的方式。估计到代表团有到北平满洲的可能，因此责成两地党部应特别加紧筹备工作。在代表团将要莅沪的时候，河北满洲各应选派群众的代表来沪参加总筹备委员会的工作，并具体的欢迎代表团到河北和满洲去。其他各地亦应动员广大的群众筹备欢迎的工作。

欢迎委员会的任务，从现在成立起，即应开展各种宣传、鼓动和组织的工作，并准备在代表来到的时候，组织群众的欢迎、示威、游行及通电、宣言之类。

三、各地的欢迎委员会同时即应是反帝大会的筹备会，因此现在就要根据统一战线的共同纲领及过去民众救国会议的要求来宣传这一次大会的重要及其任务。同时上海反帝大会的总筹备委员会至迟应在大会开幕一月以前制成这次大会要求的草案，以发展群众的讨论。在代表团来华以后，各地工厂学校的筹备会即应开始选举代表的运动并广泛征求对大会的提案，以便举行各地的反帝代表会并选出出席世界反帝大会的代表。在一切代表会和筹备会中，各级党部必须保证强有力的党团领导，并且在代表中要有充分的无产阶级骨干。

四、原订[定]在红五月举行的全国民众团体救国代表会，因种种关系未能及时举行，但在各地已有相当的基础，且有几处已开过地方性的代表会，因此各级党部必须在这一次运动中，严格检查关于救国会议的工作并全部执行过去中央的指示，同时中央决定这一全国民众救国代表会即应与这次世界反帝大会合并起来，不须另外举行。

五、国际反帝非战大同盟是反对帝国主义战争的国际组织，他们的代表来华又恰恰接近国际的“八一”反对战争日，因此各级党部必须根据中央关于“八一”工作的决议，把这一运动与“八一”工作紧密的联系起来，动员广大群众反对帝国主义战争，特别反对帝国主义与国民党向苏联的挑衅，反对国民党对苏区红军的“围剿”及各省的军阀混战。

六、这一运动必须与广大群众的日常斗争联系起来，首先应抓住减工问题，组织工人阶级反对资本家的进攻，华北的党应特别抓住战区难民及前线士兵的斗争，长江流域及其他水灾雹灾的区域应特别加紧灾民中的工作，握住群众生死的关头与切身的利益来开展广大的反帝反国民党的斗争，同时在各地应加紧反对白色恐怖，冲破帝国主义与国民党对于这次欢迎运动及反帝大会的一切压迫与禁止。

（《六大以来：党内秘密文件》上册，人民出版社1981年版，第396—397页）

16
中华西部被压迫民族联盟致反战会信及提案十项

径启者，同人等在中华西部从一九一九即中国五四运动时期以后就开始从事反帝运动，并在各地发生组织。一九二七以后中国革命运动衰落，我们的运动就停滞，组织也就涣散了。到一九三一日帝国主义实施蹂躏和吞并我们次殖民地的民族，铁蹄所至，举世震惊。同人等深知被压迫民族欲求自存共存，非从世界革命的对外的国际反帝运动的民族斗争上切实努力，不容易达到那种目的。所以，我们住在中华的西部民众又重整旗鼓，集合同志，从民族斗争的观点上继续努力，推进反帝运动的工作。我们的组织暂就中华西部作出发点，以次发生了四川的组织、西康的组织、西藏的组织。现就从事进行的有甘新回族的组织、陕甘云贵的组织，将来预计展进①西藏的组织，推而至于尼伯尔、布丹②等等地方的组织。所以我们的综合组织，暂定名中华西部被压迫民族联盟，简称“西华联盟”。贵同盟在世界上作了反帝革命的先驱者，过去我们从各方面的宣传上都非常了解、非常同情、非常钦佩、非常信仰。因为种种限制，从前不能来附骥尾，不胜渴慕歉仄。今年贵同盟在中华召集的大会，我们得到消息较迟，除先行简单电达外，特函述梗概，并十项提案，经各组织的切实同意，更专诚推派〈代〉表傅仲鸣同志驰赴上海，参加盛会。同人等谨代表东方及世界占大多数的被压迫民族，敬致革命的谢意。

中华西部被压迫民族联盟启

一九三三，七，二一　敬致

世界反帝国主义大同盟

① 原文如此。——本书编者注

② 即尼泊尔、不丹。——本书编者注

十项提案

1. 建立基础民族斗争观点的反帝健全理论体系。

2. 在世界反帝运动领导下，面对阶级斗争和民族斗争的两种革命，在世界经济结构上、革命利益观点上，其先后主从之分，于理论方面应有现实的科学的认识与说明。

3. 统一严密坚实全世界反帝运动的本身组织案。

4. 建立恒久的宣传机关并确定各地宣传大纲案。

5. 确立东方被压迫民族斗争运动为领导世界的主力案。

6. 世界反帝同盟应在东方设立指导东方被压迫民族反帝运动的特种高级机关，以便以加紧推进主力工作案。

7. 檄告印度及各地被压迫民族斗争战线加紧斗争工作案。

8. 请大会及本同盟切实援助中国西部被压迫民族运动案。

9. 发表宣言反对帝国主义者领导的分赃式的世界经济会议案。

10. 对于日本对华侵略发表宣言并檄告台韩民族、满蒙民众及日本帝国主义国内的无产阶级案。

（《反战新闻》第2号，1933年9月6日）

17
反对帝国主义战争！
——世界反对帝国主义战争委员会中国代表的声明
（1933 年 7 月 28 日）

宋庆龄

在西方，资本主义国家之间正不断地开会商议，寻求清除世界危机的办法，但结果反而加深了危机，使矛盾和冲突较前更加明显，这些矛盾冲突正把世界迅速导向新的战争火焰中去。世界经济会议无可挽救的失败正足以证明，这些矛盾冲突随着局势而发展，不仅不能缓和，而且日益尖锐。今天，整个资本主义世界正陷于剧烈的经济战争中。货币关税的战争不久即将一变而为毒瓦斯、炸弹和重炮的战争了。

在远东，帝国主义战争带来了城市和广大农村的破坏、人民惨重的死亡、灾难和贫困的加深，这种战争已经进行将近两年了。日本帝国主义割去了中国广大的土地，还在长驱直入，企图在瓜分中国、奴役中国人民的竞争中，抢在各帝国主义者的前面。

世界列强深知世界反对帝国主义战争会议①的重大意义，也深知危机与冲突必然是帝国主义战争的先声，因此不断地扩充军备，其数量的庞大与摧残人类生命的能力，真是有史以来闻所未闻。法西斯在德国夺取了政权，反苏的四强公约已经签了字，国家主义政策公开“恢复”，美国进行着建造庞大海军的计划，各国狂热、奔走于缔结同盟——这一切把人类投向战争、死

---

① 宋庆龄在人民出版社 1952 年版的选集——《为新中国奋斗》中，为此作注道：“世界反对帝国主义战争会议，系指世界反对帝国主义战争委员会的成立大会。本文是用该会远东会议上海筹备委员会主席名义发表的。远东会议准备讨论远东反对帝国主义斗争和国际争取解放与和平斗争的关系，但是会议遭禁止，被迫秘密举行，外国代表一概不许登陆。我蔑视这项禁令，亲自上船去欢迎他们。”

亡和毁灭的活动，正是当前时局的特点。

美国在为国内的通货膨胀危机寻求暂时的安神剂，同时又在加紧进行造舰计划以便夺取全世界的海上霸权。英国则一方面因过去所独占的全部海外市场在美日竞争的夹攻下打破了，另一方面英帝国本身也因经济矛盾而面临崩溃了，因此倡导组织列强之间的陆海军联盟，希望在潜伏于外交礼貌的表层下的帝国主义之间的冲突遭遇到灾难性的爆发之前，进攻苏联。

法国正小心翼翼地在种种矛盾中间寻觅出路。它一方面设法维持凡尔赛和约、小协约国及法波盟约，另一方面则制造反苏集团（四强公约），使法西斯德国正式登上帝国主义舞台，但对德国的加入又心怀疑惧。德国法西斯深知自己不能为工人带来面包而只能带来子弹，现在就努力驱使工人走上战场，走向死亡，而这战场总有一天必将成为整个资本主义制度的墓地。

在远东的日本正一心一意地在它夺自中国的领土上扩张军备，并且有计划地准备一系列的挑衅行动，以便达到它最后进攻苏联的目的。在这一件事情上，它显然获得国际帝国主义的赞助，尽管帝国主义之间的内部矛盾使英美对于日本的行动发生疑惧。

因此，在这些内部矛盾与冲突的纷乱中，一方面成千成万的人民陷于饥饿，另一方面仓库里却堆满了粮食；一方面成千成万的人民无衣御寒，另一方面工厂纷纷停闭，而资本主义还在把世界日益推向新的、比历史上任何一次冲突造成杀人盈野的景象还要可怕的屠场。在急剧地把人类推向死亡与毁灭的进程中，疯狂的战争宣传伴随而来，在世界各资本主义国家内传播。

统治阶级所掌握的各种工具：广大的新闻网、无线电、电影、学校等等，都全力从事一项工作：企图麻痹和欺骗人民，驱使他们和别国同阶级的工人弟兄以及同命运的受难者互相厮杀。

必须面对这种浪潮并对它进行战斗。要制止它，就必须把世界工人阶级和全体劳苦大众的战斗力量组织起来，惟有他们才能使帝国主义列强的战争计划归于无效。惟有全世界的人民的联合行动，才能制止未来的屠杀。现在，全世界正在展开一个运动来唤醒群众，使他们了解迫在眼前的厄运；

教育受剥削的人们，使他们了解到自己的力量，只要联合行动起来，他们就可以决定自己的以及将来的人类命运。

世界反对帝国主义战争委员会就是反战运动的一支队伍。这个国际性的组织是一九三二年八月在荷兰阿姆斯特丹所举行的反战大会上成立的。出席大会的代表有二千多人，代表三十个国家的三千万工人。他们共聚一堂，讨论如何组织起来为反对迫在眉睫的帝国主义战争而斗争。由于日本帝国主义已经伸出它血腥的魔爪，企图攫取整个中国，由于中国统治阶级和国民党无耻地背叛人民，一贯破坏中国民众抵抗侵略的努力，世界反对帝国主义战争委员会现在已派遣代表团前来远东，统一远东的反战运动。

在这个委员会的国际倡导之下，决定于九月在上海举行反战大会，以联合一切愿意积极参加反战斗争的人们。上海反战大会并不是按照什么政党的路线组织的。它欢迎一切愿意协助阻止新的世界大屠杀、新的帝国主义战争的人们出席。

我们呼吁一切愿意参加这个运动的人们，都派遣代表出席这次大会。我们特别欢迎工厂工人、失业工人、工会、工人俱乐部、农民团体、国民党支部、各大中学、青年学生团体、知识分子、作家、艺术家、文化团体、反帝和反日团体、抵制日货的团体、义勇军、各行会以及一切愿意参加这斗争的团体，都派遣代表出席。

（《大美晚报》1933 年 7 月 28 日；《中国论坛》第 2 卷第 9 期，1933 年 8 月 6 日）

18
埃韦特给皮亚特尼茨基的第6号报告①

1933年7月28日于上海②

致米哈伊尔③：自我上次报告后，已过去差不多四个月了，④我还不认为有必要向您详细阐述这段时间内发生的事情，因为其中最重要的事情我们已经在电报中⑤向您通报了。而到您那里去的党的新代表⑥，对所有问题都很了解。他的报告会给您提供大量信息⑦。我只挑出一些情况谈谈，何况随本次邮件给你们寄去了大量英文和中文材料⑧。

1. 总的政治形势。近几个月来，对于南京政府和国民党来说，形势大为恶化。在北方地区南京向日本投降，⑨人们对此极为失望和消极。以前对南京政府的直接反抗是不大的。但今天形势已经发生了实质性的变化。

(1) 蒋介石未能成功地利用日本人为他提供的喘息时机来反对红军。

(2) 他未能建立对各派集团的领导权。矛盾在加深，反对他的力量在增长。

(3) 各地人们越来越理解到，"军事停战"，对日本来说，只不过是准备

---

① 文件上有批注："马季亚尔同志已阅并已向皮亚特尼茨基同志转告"。

② 共产国际执行委员会于1933年8月19日收到文件。

③ И. А. 皮亚特尼茨基。

④ 参见埃韦特给共产国际执行委员会的报告(1933年4月8日)。

⑤ 参见共产国际执行委员会远东局给皮亚特尼茨基的电报(1933年6月21日)、埃韦特给皮亚特尼茨基的电报(1933年7月2日)。

⑥ 康生。

⑦ 参见共产国际执行委员会主席团会议第60号记录(摘录)(1933年8月17日)。

⑧ 文件没有找到。

⑨ 指1933年5月31日在塘沽(天津以东)签署的日中停战协定，根据这一协定在日本和中国军队之间建立一个包括河北省东北部(从长城直到北平和天津)的非军事区。详见：《现代史文选》第1卷，莫斯科1960年版，第642—643页；《中国年鉴(1936年)》，上海1937年版，第176页。

新的进攻的幌子，日本将提出新的苛刻要求。

(4) 按蒋介石的精神搞好北方地区的团结，还远未实现。

关于第一点：请您参阅附有我们一些重要指示的详细军事报告。① 敌人在使用比任何时候都更多的手段，全力准备第六次进攻。② 最近几个月，他们就要开始发动对中央苏区的进攻。最近几个月，广东军队也给我们制造了一些麻烦，进攻我们在江西南部的地区，并占领了一些城市。目前，我们暂时使他们停止了进攻，但完全有可能，当国民党在江西北部取得胜利的时候，广东的进攻将会恢复，当然这种进攻不是为了与南京合作，而是为了在争夺中国领导权的斗争中，消除苏维埃这一障碍。蒋介石正在准备的进攻，应当引起特别的关注。尽管我们竭尽全力，最终还是未能摆脱僵局而敌人的工事和人数反而有了增加。我们现在正试图用我军的大范围协同行动，来部分地占领抚河和赣江沿岸一线，并尽可能消灭敌人大股部队。只有在达到这一目标后，较为轻易的防御和稍许扩大中央苏区才会成为可能。暂时还很难说，我们的计划能否成功，因为目前仅处在实施的初始阶段。不要抱太大的希望。武器的缺乏（目前我们的指挥部也承认）说明以前的数据过分夸大。加之在个别作战地区，我军粮食供给也很困难。

困难经常导致产生与总体政治军事需要相对立的"军事观点"。中共中央和中央军事小组政治领导之间的分歧，以及就我们所建议的每一项重大措施同中央军事小组政治领导发生的持续不断的争论、他们要保留不相称的大兵团（达2.2万人）的意向——所有这一切，都妨碍作出一些必要的和迅速的决定。这些困难说明了许多问题。我们没有理由悲观，但我认为，近期我们摆脱中央苏区所处困境的希望不大。如果我们能够击退敌人的第六次进攻，那么由于其他地区苏维埃运动的发展，我们或许会走出现在敌人强加给我们的需要有牢固战线的"阵地战"。

---

① 文件没有找到。

② 这里和以下指的是国民党军队对苏区的第五次"围剿"。

四川省的形势较好。我们的第4军团[①](从湖北经湖南和陕西急行军来到四川)取得了新的、无疑是巨大的胜利。即使敌人更多的兵力对我们发动目前可以预料的行动,我们现在的处境也比我们在四川取得初步胜利后更有利。我们拥有更多的领土;在四川省的偏远地区还拥有所谓的游击区;土地革命在不断扩大;与一切联合的愿望相反,敌人阵营中正面临着分化。这一切都说明,在一年内,我们可以在这个省建立起比江西目前的基地更有意义的基地和地区等。在这个地区党的领导很薄弱、加强领导有一些困难。因为各地都提出了提供领导干部的要求,而在北方情况更糟糕。

详细情况请您参阅关于四川问题的军事报告。[②]

在这些报告中,[③]您还会找到关于其他较小地区的重要信息:(关于贺龙,您会找到一些中文的东西,[④]而在我给党的信[⑤]中,有对贺龙和其他领导同志的某些行动方面提出的建议。例如,在出现困难的时候,他们把许多人斥之为改组派,并把他们枪决;做政治工作不够,对农民采取了宗派主义态度。还有许多其他的方面。)已给他寄去了指示信,信根据我的信的精神,分析了争论的问题。“他”控制的地方有10万居民。

关于第二点——矛盾不断发展的问题:尽管所谓“西南委员会”与广州这个中心,没有在任何问题上取得一致的观点,但是反对南京的情绪却在日益增长,这种情绪也促使事态逐渐向建立一个希望统治全中国的新的中央政府方向发展。这些人士对利用红军反对南京政府或至少对不进攻红军有过某种摇摆。但这种情绪未能抵挡住占居上风的方针,按照这一方针,消灭江西、福建和湖南的红军是跟南京全面提出政权问题的前提。我们曾通过电报向您报告过。十九路军司令蔡廷锴试图与我们建立联系。[⑥] 这件事没

① 原文如此。这里和以下应为:中国工农红军第四方面军。
② 文件没有找到。
③ 原文如此。指关于军事问题的报告。
④⑤ 文件没有找到。
⑥ 参见共产国际执行委员会远东局给皮亚特尼茨基的电报(1933年6月10日)。

有带来任何后果。联系未能建立。相反，在我们的战斗行动中，我们给了十九路军部队以警告性的打击。我们早就制订了对这支部队的专门号召。[①]

广州和南京之间日益增长的矛盾表现在不断地败坏蒋介石的名誉上，目的是要在将来同南京集团的部分人建立反蒋联盟。

“西南委员会”对所有重要问题都确定了政治上的、非常严格的限制规定：(1) 抗议“军事停战协定”[②]。(2) 把“哗变”的北方舰队并入广东舰队。(3) 对北方的冯玉祥给予政治上的支持以及少许财政上的支持。

蒋介石在江西与我们的斗争不取得较大的胜利，他的处境就会更加困难，而推翻他几乎是不可避免的。正是这些情况，迫使他对我们发动大规模的进攻。为了削弱中国，英国在挑唆广州。同时广州也有意摸日本的底(陈友仁)。

关于第三点——日本的进一步推进：在北方的个别战略地区。中国军队处在日本的监督之下。这使得这种推进在将来更加可能。日本不得不暂时停止推进，目的是为了巩固已有的地区(热河还没有完全在日本人手里)，和避免过早地在争夺北方的斗争中同其他帝国主义国家发生严重冲突；日本总参谋部内对下述问题存在分歧，即现在是否适宜向蒙古和苏联方向推进，或者先再占领中国几个地区。无法预言日本最近要发动的直接行动，但是今天已经很清楚，它要占据“长江以北”地区这个具有决定意义的势力范围。

关于第四点——北方的问题：请您参阅关于北方的材料(部分是英文的，更详细的是中文的[③])。在这里，我只想简要说明一下中心问题。以下是前言：我们已电告您，党已经非正式地与冯玉祥进行了接触。[④] 事态发展与中共河北省委最初通报中所讲的有些不同。省委特科向张家口派了几个人，[⑤]这些人原来政治上不可靠，他们主要是根据北平特科领导[⑥]的指示行

① 指的是1933年5月28日中华苏维埃共和国中央执行委员会和中国工农红军革命军事委员会致福建省和广东省白军士兵的号召书。

② 指1933年5月31日在塘沽签署的日中停战协定。

③ 文件没有找到。

④ 埃韦特给皮亚特尼茨基的电报(1933年7月2日)。

⑤⑥ 何人不详。

事，很快就受到了冯玉祥的影响，而更糟糕的是，他们用机会主义思想影响我们党的领导机关。我们用最严厉的方式坚持要求改变这种状况（特科不应发表任何政治指示，只有省委、中共中央代表才可以；撤换特科领导；召回与冯玉祥保持联系的人，如果可能的话，用可靠的人替换他们；把提供情报的人的活动与党的工作和其他群众工作明确划分开；根据具体指示，把主要的注意力集中在群众工作上，等等）。从中共上海中央局驻北平代表[①]的第15号报告中[②]可以看出，这些措施已经部分实施。自然，在这里，无论我们还是中共上海中央局，都不对冯玉祥抱有任何幻想。我们的目的是，提前得到有关现有意图的情报，对某些动摇的军官施加影响，首先是利用短暂的合法机会来进行大规模的群众工作。尽管犯了机会主义错误（这种错误由于北方同志的经验不足而加重。他们大部分不具备过去国民党时期的经验），但在很大程度上还是取得了成效：

（1）在一些部队中建立了基层党组织、群众性的士兵反日组织、士兵学校和政治学习班；向义勇军派去了宣传员，等等。

（2）张家口的工人被动员起来了（铁路工人、五金工人、失业者和苦力）。我们所犯的错误您从文件中可以得知。积极的结果是：取消了铁路上的国民党工会，解散了国民党党部，初步建立了在我们影响之下的铁路工人工会组织；组建了五金工人武装纠察队；举行了群众大会和代表会议（我们正在全力与某些“党员”参加将领会议和市政管理会议的这种卑鄙行为作斗争）。正在筹备人数众多的工人、士兵、群众组织等代表会议。

（3）对张家口两家报纸立场的影响。[③]

当然，我们关心的是进一步扩大这项工作的基础，使这项工作摆脱机会主义的摇摆，加强起义前的领导。

---

① 孔原。

② 文件没有找到。

③ 指的是1933年出版的报纸：《民众日报》和《老百姓报》。

因此，我来谈谈主要问题。我们不指望敌人会给我们提供更多的时间。由于我们的影响迅速扩大，冯玉祥在几个星期以前就对我们采取了积极的行动。他反对给予士兵建立组织的权利，并对两家报纸实行监督。

由于忽视我们早在几个月前发出的关于严格划分合法工作和不合法工作的指示，现在存在着反革命向我们的组织和干部发动突然进攻的危险。在以前的基础上完成工作，只能持续不长的时间。我们面临的问题是，怎么办？7月27日我们曾给您发去以下电报：

"致政治委员会：由于我们在张家口的影响增大，冯玉祥开始对我们采取行动。他反对我们在军队中的组织。革命运动被毁灭的危险在增加。存在着两种可能性：(1) 着手组织士兵起义，在张家口工人总罢工的背景下。建立新的苏区，但不建立我们无法保持的张家口公社。(2) 撤退并转向秘密工作。我们的意见是：着手准备尽可能在8月底9月初举行起义。

据党的通报，军队在瓦解。5 000名士兵处于我们的直接领导之下。部分军官中动摇情绪明显。无产阶级站在我们方面。农民中的工作进行得薄弱。党的领导薄弱，我们正在加强它。党驻共产国际执行委员会的新代表了解这些情况。请过两天电告您的意见。① 8月初我们要作出关于起义的具体指示。代表"②

对此应作以下补充：在忠于南京的北方军队中出现了明显的分化迹象。发生了多次哗变。造反的志愿兵抢夺粮食，抓捕前来镇压他们的士兵，并将自己的人数扩大到2 000人，转向义勇军。

如果我们能在暂时还没有发生公开决裂的情况下，把同张家口势力的斗争转为同南京-北平势力的斗争，那么这会是有利的。我们也会这样做。但问题是，这能成功吗？因为冯玉祥已在与各方搞幕后谈判阴谋。

---

① 参见共产国际执行委员会政治书记处政治委员会给埃韦特的电报(1933年8月9日)。

② A.埃韦特。共产国际执行委员会是在1933年8月2日收到电报的(见全宗495，目录184，卷宗54〈1933年收文〉，第159页)。

既然冯玉祥正在准备对我们进行打击。那我们现在就想在比较小的范围内着手准备士兵起义，制定相应的口号。同时，或者在士兵起义后，我们马上着手举行张家口工人和铁路职工的总罢工，在完成这一任务的情况下，先控制住其他部队并解除其武装，然后向西南方向(湖北和陕西边界)推进。

随着新编红军的出现和新的苏区的建立，出现了把有不满情绪的和分散的部队，以及义勇军吸引到自己方面来的可能性，有可能给予农民运动以武装支持，并极大地影响矿山地区。

如果党的通报属实(关于全面骚动，关于"直接领导"5 000名士兵和在其他部队中的影响)，则计划将会成功。当然，风险是很大的，但有这种前途。即使不可能立即建立新的苏区，但红四方面军的推进毕竟表明，有这么多士兵的集团是可以突破的，而如果成功的话，那我们就可以建立新的苏区或者巩固现有的苏区。

我们现在正在制定具体的指示，如果可能的话，我们将等到收到您对上述电报的答复后再给党发出这些指示。但我们不能等太长时间，可能将不得不与党一起自担风险地行动。

现在就党的问题和其他问题作一些通报：

1. 12月11日在中央苏区将召开第二次全国苏维埃代表大会，[①]因此共产党已经开始进行宣传工作。我把当地党的刊物上将发表的文章的草稿寄给您(发表时有稍许改动)。[②] 请您作出指示，以便在我们的国际报刊上和在《国际新闻通讯》[③]上对大会作些报道。党准备从白区派出30到50名代表。当然，如果新的进攻牵扯我们的全部力量，则大会有可能延期。

2. 我们将在第二次苏维埃大会之前举行中共五中全会，[④]而在近期只

---

① 中央苏区第二次全国代表大会于1934年1月22日至2月1日在瑞金举行。
② 文章没有找到。
③ 《国际新闻通讯》于1921年至1943年用德、英、法和其他几种文字出版。
④ 指中共中央六届五中全会，于1934年1月15日至18日在瑞金召开。

召开政治局会议。9月初以前您还可以给我们发来指示,我会很欢迎的。①

3. “反战大会”②的筹备工作已经开始。由于压制任何合法的反帝运动和宣传,存在着很大的困难。已经以筹备委员会的名义发表了由宋庆龄签署的宣言,③这个宣言也在资产阶级的报刊上发表了。我不得不抱怨,我们对代表团的政治可靠程度、对谁是代表团的真正领导、谁决定国际代表团的组成等情况了解得不多,您应该明白,我不能合法地监督这个代表团的每一个工作阶段。

大会的前景很渺茫,因为民权同盟④总干事被杀⑤和威胁要处罚其他积极分子之后,所有动摇的自由派分子都表现得惊慌失措,大部分人拒绝参加任何工作而一部分人退出了组织;宋庆龄表现得很好,仍与我们合作。

4. 罢工和工会工作。工会工作因领导人不断被逮捕和缺乏干部及经费不足等原因而困难重重。最好有一名代表专门研究这些问题,并定期寄来预算经费。最近几个月,多少在我们的影响下,罢工次数有了很大增长。我已请党发来对事件的详细述评,因此,我只讲一些最为重要的事件。新的罢工浪潮5月份在上海达到了最高峰:

地　　区	罢工次数	工人人数	损失的工作日
租界区	10	4 901	31 073
中国地区	6	14 471	75 535
1933年5月总计	16	19 372*	106 608
1932年5月总计	16	6 809	21 082

*其中约1.5万名棉织业工人。要求恢复每周四天工作日,这一要求部分地得到了满足。随后几个月的可靠统计数字我无法向您提供。

---

① 参见共产国际执行委员会政治书记处政治委员会给埃韦特的电报(1933年9月22日)。

② 即远东反战反法西斯大会。

③ 参见《反对帝国主义战争!》,载《中国论坛》第2卷第9期,上海1933年8月6日,第8—9页。

④ 原文如此。应为:中国民权保障同盟。

⑤ 指杨杏佛(杨铨),1933年6月18日在上海被杀害。

6月27日，上海1 000多名码头工人举行罢工，抗议合同制度。每一元钱雇主得80分，而工人只得20分。工人要求相反的比例。因为罢工没有扩展到其他港口城市，所以这次罢工取得了不大的部分胜利。

6月11日，在北平，由于士兵粗暴地对待一名电车工作人员，电车厂工人宣布举行为期两天的抗议行动。工人们要求惩治肇事者，厂方向他们作出了承诺，当然，没有兑现。

6月底，广州海员工会宣布"中国海运公司"海员总罢工，以抗议几个月前发生的粗暴对待中国海员、解雇船上烧茶水男孩的事件。罢工持续了几周，席卷了公司在广州、汕头、北海和海口的所属船舶。广东当局出于民族主义考虑采取了克制态度。胜利微不足道，未能使被解雇的工人回来。

随着丝织业季节的开始，工人们立即恢复了要求恢复他们以前工资的斗争。自7月5日至7月10日，大部分开工的纺织厂都举行了罢工，并胜利结束。在其中的一个试图取消协议的工厂中，罢工得以顺利继续。工人们的以下要求得到满足：

(1) 把女工工资从每天0.4元提高到0.8元。

(2) 每周为所有工人补加0.2元。

(3) 每隔20天补加一天工资。

(4) 职员、苦力、学徒工每月得到补加2元。

(5) 得到工资20%的奖金。

第二和第三条只适用于季节性月份：8月、9月、10月。其他条款自7月1日起生效。这个工业部门的状况在日益恶化。

1931年	106个工厂	48 676名工人
1933年7月	54个工厂	23 836名工人

其次，在上海最大的卷烟厂(英美烟草公司)也举行了罢工(约9 000名工人参加)，取得的胜利不大。原因是：实行了非全工作日的集约化。

发电厂：有1 000多名工人罢工，反对解雇100多名工人。反对惩罚激进的工人；要求为因工死亡工人的家庭赔偿2 000元。消极抵抗，7月3日，英国经理粗暴地驳回了工人的要求，叫来警察，把白俄分子带到企业充当工贼。罢工无果而终。

7月25日，3 000多名"申新"棉纺厂的工人宣布罢工，抗议惩罚他们的一个工友。24小时后罢工胜利结束。

7月底，在我们的影响下，爆发了天津纺织企业5 000名工人的罢工。70人被捕，动用了大批军警。

所有这些行动都表明了中国工人的坚强斗争意志和强大的团结精神，尽管有恐怖行动和国民党工会老板的出卖，但他们仍准备进行更大规模的发动。

当党在它的这一最薄弱方面的工作得到改善时，则可以取得更多的胜利。

农民运动：我不想重复总的来说已经众所周知的事情和关于四川的通报中已经说过的事情。很重要的是，目前在我们有条不紊的工作还很少涉及的地区，农民运动已具有很大的规模。

6月初，在黄河以北（济南）爆发了1万人参加的农民起义。共投入三个旅来镇压他们，结果600人被杀，1 000人被捕。报刊把这次运动描绘为宗教狂热病的表现。但是，真实原因是农民拒付捐税。在斗争过程中农民一时占领了一些县，解除了军队的武装。

另一个也被镇压下去的农民运动爆发于福建省南安地区。6 000名农民冲向税务局，要求取消提高的土地税，他们解除了警卫的武装，捣毁了税务局，打死三名国民党职员。

如果我们能坚持住并不受大的损失击退国民党对中央苏区发动的大规模进攻；如果我们能加强我们在四川的影响；如果我们能影响北方的士兵群众和义勇军，分化他们并引导他们进行斗争，从他们中间分离出一个巩固的核心，并在他们的帮助下建立新的基地，那么同所有其他事件和运动总起来看,我们在明年就能向前迈出一大步。

全宗495,目录1,卷宗759。第109—114页。

德文打字稿,原件。

(《联共(布)、共产国际与中国苏维埃运动(1931—1937)》第13卷,第458—469页)

19
反战反法西主义国际斗争执行局宣言

（1933年8月）

反帝国主义战争世界斗争执行局与反法西主义欧洲执行局通知所有加入一九三二年八月亚姆斯达旦大会产生之反战斗争运动者与一九三二[三]年六月巴黎大会产生之反法西主义运动者，两执行局现已决定将两种运动在世界上合并起来。

这个决定之采取实由于两种运动中战士们之请求及各种事变之紧迫。

近来世界情势之转变致使大家都得负起一些新的责任新的工作。两种运动的任务因而成为更加复杂。它们的目的本有一部相同，直至现在也是以亲切的合作各自进行活动，而且在组织上和在行动上双方都获有重大的成果。在今天，更要不惜任何代价来扩大范围增强力量。

普遍的经济危机动摇了整个资本主义制度，以极端粗暴和可怕的形式爆发着。诸帝国主义间之矛盾与对立由此日紧一日使各国体力劳动者，精神劳动者，农民，诸中等阶级都遭受非常的威胁。

在我们现在生活着的周围，我们看见什么呢？破坏，失业，贫困，不断的可怕的增大，大部分人民陷入不能生活的境地。同时我们还看见资本主义制度在一切路向上之破产；我们还看见伦敦会议与日内瓦会议之全部失败：在经济计划上，在和平计划上，完完全全的颠覆，帝国主义列强企图使人相信可以一劳永逸地在资本主义范围下树紧常态的生存条件与和平之维持，这企图已逻辑地颠覆了。

军备竞赛之加重而普遍，竞争问题与帝国主义利益冲突而成之经济战争，不可避免地会达到世界之军事战争。世界实际已入于部分的战争状态，因为地球上好些区域已经有经常的屠杀，及世界战争的酝酿：摩洛哥，远东，南美各处战争及中欧与巴尔干半岛战争之酝酿。其实，还有许多其他战争的酝酿，战争的原因都有一触即发之可能，何必一一计算出来呢？我们处此无数冲突与爆发成为直接扩大普遍的时代，谁都不能预言在什么地方将发生最先的振动以引起新的大战争，引起比较一九一四年大屠杀更加残酷的大屠杀之重现。

在这样切实的威胁面前，谁都不能幻想着不侵犯条约之实效。这些条约证明那提出并实现它们的国家如苏联之和平意志。但是这些条约并不曾阻止其他国家的军备，军械之制造与运输，以及战争之准备。这些条约之运用有时也得到别人诚实的表示，但有些战争祸首却拿来作一种诈伪的利用藉以麻醉人民注意；这种奸险的手腕我们不应受其欺骗。

为对群众进攻，恐怖行为日加扩大而系统化。在各大国家通货膨胀之骗诈上面，在恐慌重负抛到劳动群众身上的办法上面，社会的与政治的反动盛行着：例如强迫工作制，警察强迫方法等，这些野蛮的历史上未曾见过的虐政与反动怒潮，简直把劳动群众及个人最初步的权利剥削净尽，而成批的监禁和暗杀的行为却成全了反动的狄克推多[①]。

德国现在已经是血腥遍地了，它是惨剧的舞台，凶狠的主角的举动一如剧中的狂伶。然而无产阶级及其保护人之被压榨，与其他种族之被虐待，其卑污程度，即使不超过巴尔干诸国，匈牙利，波兰，意大利等处之大屠杀的白色恐怖，最少也必与之相等。亚尔敦斯(Altons)之惨案，国会焚毁之阴谋等等的事实，铁尔曼(Thaelmann)托克勒(Torgler)敌米托夫(Dimitrov)旦尼阿夫(Taniov)波保(Popov)[②]等等的人名，我们只要一提及此，我们是何等地同情和感动。但是谁能知道须要指出多少千万这类的暴行才能够获得这个真实惨剧之确切的观念呢？

然而不仅这样，除了法西主义尚掌政权的各国之外，同样的方法，同样

---

① 即 dictator，意为独裁者。——本书编者注

② 即在德国国会纵火案中被陷害的共产党员台尔曼、托尔格勒、季米特洛夫、塔涅夫和波波夫。——本书编者注

的意识正在自称德谟克拉西的国家里逐渐引入，酝酿和确定起来。而这些国里的德谟克拉西，正因为是资产阶级的德谟克拉西，已经转向法西主义。在我们现处的无限责任的时期，这一点必须特别提起我们的注意。无论何时不要忘了法西主义有许多的形式，而在一个希特勒的卑污法西主义之外，所有各国资产阶级都找寻各种道路以期达到同样的情境。

比利时，捷克斯拉夫之全权统治明显地展开法西主义的道路。在法国，只有瞎子才看不见法西主义正在系统地利用中等阶级，农民，旧战士等之不满情绪。虽然它就在努力蒙混一时于德谟克拉西或反资本主义标语之下，它的国家主义的与爱国热狂的性质却已显示得很为严厉。美国，英国，西班牙都呈显着法西主义酝酿之惊人的征象。

殖民主义之固定的流行的罪恶——摩洛哥，印度支那，印度等等地方——在两半球的全部伸展着资本帝国主义之欺骗和流血暴行的恶纲，不惜任何代价以保障那经济决定了的无能及无政府状态之统治权。

世界情势既已那样黑暗，是不是已经没有希望？不，世界情势绝不是没有希望。反之，在我们这些战士之心中和精神上，必须克服其他情感的情感，便是希望！无论如何都是希望！一种根据社会之组织大法则的逻辑上之希望！特别是一种由坚决的百折不回的意志所奋起的希望！

因为劳动者的社会力量已经强大起来。防御与进攻的力量已经增大而明显。工人阶级这个决定的社会力量无论对于自己的任务或对于别人所设的陷阱都已经有了更加明切的认识。

我们的希望还有一个原因，这就是苏维埃社会主义共和国联邦之强大与巩固。它作了许多正面的收获，足以启发以后许多新收获的道路。它的工作是为整个无产阶级服务，绝无党派之分。在这紊乱而破坏的时期，只有它为着人类进步服务。它在旧大陆的一半面积之上建立社会主义。它一面为劳动者利益实施社会转变政策，为加入苏联各民族利益实施民族自由政策；一面又进行和平政策，并使谁都看出它这个聪慧而正确的政策超然于目前纷乱局面之上。

自外劳动群众虽有暂时的失败，贫乏和痛苦，而在组织上已经较前巩固，这自然一部分也因为工农国家存在之影响。

在卐字非法的可恨的搜捕之下，有一种动人而伟大的事件必须证明，这便是德国工人阶级虽然暂时受阻却已在重新集合并转取攻势。它的忿怒曾经理智的陶养——最有效力的忿怒便是正确认清了实际情形的忿怒啊。这种激烈的斗争，对付那用尽镇压力量之敌人的斗争，我们正在波兰，在保加利亚，在罗马尼亚，在意大利都一样可以证明：甚至于在有些最不利于劳动者社会斗争条件场合下都有抵抗行为，英勇的防卫和反攻。此外还有群众中优秀分子坚决地参加维护无产阶级收获的战斗，参加反战反法西主义的战斗。

这个反战反法西主义的斗争，是站于政治党派之外的，领导者是亚姆斯达旦一年来的运动及巴黎布勒耶大会形成的反法西主义运动。我们已经开始打过好些胜仗，我们已经开始团结广大的群众。

但是较之那有待于将来完成的工作，则双方已经获得的成绩实仍渺小得很。战争危险与法西主义危险日益严重而复杂，对于任何一方及双方都发生许多新的义务，以致在现在两种运动非仅必需［须］密切合作，而且必须合并起来。

加之，在两种运动直至现在友善地平列着的工作中，每方所得的经验都表明完全合并之有利。在原则上如此，在事实上亦如此。在原则上战争危险与法西主义危险是那样不可分地联合一起，所以反对资本主义这两种直接的产物之力量亦须同样联合起来。在事实上，我们确已证明两种运动共同工作的地方所得成绩最为优。

青年反战反法西主义世界大会是国际的广大示威，亚姆斯达旦运动与反法西主义运动对之，都予以热烈的注意。今则青年大会已经提出合并问题，认为系在实际上与行动上之直接的必须。这个大会将于一个月后举行。工厂，军营，各级学校的青年们（法西主义的候补牺牲者与战争之候补牺牲者）亟应组成一个伟大军队的许多冲击部队以为斗争的准备。

同样，还有现正摆在我们面前的广大的任务：

加紧反对日益增大的战争危险之宣传运动，加紧反对德国的恐怖，而且首先要从希特勒主义的爪牙下把最遭难的战士设法解救出来，这些战士们即使不是敌人所得而甘心之唯一的头脑，最少也是在德国屠杀场里阶级战争之极重要的征象。

反对已在实行中的战争(摩洛哥，远东，拉丁美洲)；我们在停战纪念日里必须引起的大规模的示威，其他一切为完成我们责任所必须进行的公开表示，亦必需[须]进行。倘若两种的大运动成为一种双管齐下的运动，则所有以上各项工作都将获得更大的丰收，更大的力量。

我们的口号依然一样：以反对战争及反对法西主义罪魁之资本主义及统一一切劳动者战线的方法，作反战反法西主义的斗争。

将来和过去一样，我们毫无偏向毫无歧义地遵守这种有力而明晰的方针。

我们将号召一切人们继续拥护这个依战争目标而完成全世界劳动者统一之胜利。我们将胸无城府而正直地一如从来直至现在所做的一样，号召社会民主派劳动者，共产党人与无党籍的人们。

我们的共同斗争目的是反对著名的敌人，资产阶级及每个资本主义国家中的政府，反对一群一群的刽子手及尚戴面具之法西主义的骗子，并反对一切企图妨阻及破坏我们的统一战线的人们。我们反对有些社会党领袖们所发的奇异的理论，他们把对战争及法西主义的斗争建筑在国家主义的基础上，求援于那些从国际联盟的老调头，例如对侵略国绝交之类。我们反对一切隐藏或能够隐藏资产阶级阴谋之所谓德谟克拉西公式及和平主义的幻影。为要看得明白，必须睁开眼睛，但也必须具有扫除骗局的力量。

必须能够在农民中在工人中，以反对军备及军事预算及维护工人的收获，来加深斗争的行动，但绝不能失掉国际的范围，尤其须要永远对着阶级的根本敌人：资本主义。同时斗争行动必须特别适应于每个国家之帝国主义法西主义的种种形式。

必须起来反对一切尚未正式法西化国家中之法西主义的示威运动。而在刽子手的政府代表公开试演法西主义的国家中,在法西主义正在筹划那阴险而狡伪的计划并以利用及麻醉贫苦民众的方法广播法西毒菌的国家中,不要让法西主义在那里和平生长。

那些利用一个希特勒或一个墨索里尼的罪恶以公开培养对德或对意的仇恨而准备获得大家同意于战争的人们,我们必须破坏他们这种热狂的手腕。这是帝国主义永远的手腕。这是一九一四年的手腕,那时德国帝国主义这名词受了法英帝国主义之非常敏捷的利用。

反战斗争国际执行局与反法西主义欧洲执行局在联席会议中决定采取共同名称为反战反法西主义国际斗争执行局,决定根据平等的指导把双方所有组织机关从上到下合并起来,因为这绝不是一种运动吞并另一种运动的问题,而且是一种具有两面之统一运动在内部组织上之分工问题。同时决定在这个计划上根据每个国家的特别情形实施斗争运动。

从这个伟大的创立,我们踏上了战斗中一个新的重要阶段。这样,一个统一战线之国际大潮高涨起来深刻起来了,它独立于各政党之外扩大起来,而且不附属于任何政党,亦无替代任何政党之企图。这个统一战线之目的在于全世界反战反法西主义之力量之团结和行动。团结与行动不能分为两事;可以说:在行动中之团结。

我们号召共同斗争,在一切政党之上。不管种族如何,宗教信念如何,党籍如何,我们所求的就是反对战争与反对法西主义之斗争意志。也就是为这种群众的宽大的统一战线我们发出号召。

在这个运动之外,一切与其他的一样原则或类似原则之各别的运动都仅仅是我们这种伟大社会事业之障碍。反战反法西主义国际斗争执行局特对一切参加运动的人们号召,须注意及设立同类的各种运动是必然妨害我们这个纯洁而明切的目的。

它以最亲切最热烈的号召向着一切政党之体力与精神劳动者,向着各种倾向之工会会员,向着农民,向着诸中等阶级,向着青年,向着妇女。

在这生死关头的时机，须得从深处煽起这个群众反应的绝大波涛以对付那些到处都日益确定并迫近前来之大屠杀与大压迫之危险。

下面三个洪亮的口号实际也即是一个引导我们和推进我们的口号：

“打倒帝国主义战争与法西主义！”

“反对资本主义剥削者与压迫者之斗争万岁！”

“一切劳动者之统一战线万岁！”

（万里宾：《世界反战运动》，附录二，时事问题丛刊（14），1933年11月11日初版，上海陶尔斐司路生活书店发行）

20
欢迎国际反战代表团宣传提纲

(1933年8月)[1]

全体同志们:

国际反战大同盟所号召和决定在上海举行的国际反战代表大会,现在将提早举行,大批代表已定于本月内到上海。我党对于这运动的宣传鼓动工作必须万分的加紧,一切同志都应即刻根据国际和中央对于目前形势的分析,依照下列的提纲,进行积极的活泼的深入的宣传鼓动的工作。

一、说明资本主义危机之尖锐化与帝国主义战争危险之迫切。世界资本主义的总危机,在五年来经济恐慌日益尖锐所形成的,现在已经发展到最紧张的地步,各帝国主义国家都在空前的竞赛着战争的准备,企图以战争求得各自的出路:一方面世界第一个无产阶级专政的国家——苏联胜利的完成了第一个五年计划,开始着第二个五年计划而踏进社会主义经济的阶段,而殖民地的革命也在猛烈的开展,尤其中国苏维埃运动的飞速的发展,全国反帝运动的高涨,这一面促成资本主义危机更快的加深,一面就使各帝国主义国家更加积极地准备着武装进攻苏联与瓜分中国,企图以扑灭苏联和瓜分中国来挽救世界资本主义的灭亡并镇压国内无产阶级的革命与殖民地革命。这个目前的总的形势,即帝国主义者间的尖锐的冲突,只是往前发展着,没有任何"和平解决"的希望;从"九一八"日本帝国主义开了第一炮,开始了进一步分化中国的战争与暴露了世界大战的不可避免以来,所有世界帝国主义者间的一切秘密的公开的会议,都不但全告失败,并且更促进着他们自己的冲突以及更加紧着对于苏联的一致的进攻,例如最近的世界经济会议的破裂就是一个最明白的铁证,从破裂以来,英、美、日、法、德、意等主

[1] 时间是本书编者判定的。

要的资本主义国家就更加迅速的拼命的在增加着军备。日本一面公开要求改变英美日三国的海军比例，一面进行海军建设的三年计划，美国也进行着三年计划，最近已经在太平洋增设海军的根据地，德国的法西斯蒂要求军备平等，法国暗中增加了军事预算，英国也有同样的行动。同时列强之间就更加激烈地进行军事的纵横捭阖，例如英德法意的“四强联盟”，意德匈的东欧军事联盟，法国的支配小协约国以反对意德匈的结合，日本企图联合英法以反对美国，英国企图联合欧洲一切债务国以对美等等。但帝国主义国家的这些行动都同时在加紧对付苏联，他们时时刻刻都想牺牲苏联来缓和他们之间的冲突。例如日本，强占中东路、吉敦路，侵略内蒙古，德国的军事动员，英法意德的“四强协定”等等，完全是同时进攻苏联的积极步骤，德国代表公然在世界经济会议上提出苏联的某些地域应当为德国之殖民地，要求组织“十字军”进攻苏联；英国则在西藏新疆波斯〈等〉地加紧进行反苏的军事的与经济的布置。美国则至今还迟延着承认苏联，而法国支配下的小协约国，意大利影响下的多瑙河联盟，全都有反对苏联的共同目的。尤其日本占领了中国的广大领土，造成了进攻苏联的经济的军事的根据地以后，对苏联的挑战是任何口实与手段都利用的。总之，帝国主义列强间自己愈加冲突着就愈加想一致的进攻苏联，以代替自己之间的战争，虽然只要资本主义制度存在一天，各国资本家的相互吞咽也必然存在一天。而现在，表现帝国主义之冲突很强烈，表现帝国主义进攻苏联的准备最积极者，是在瓜分中国的问题上，换句话说，瓜分中国的战争是帝国主义战争爆发的必然而最迫切的一个契机。

帝国主义战争的目的是在于争夺市场，尤其是争夺殖民地和消灭国内与殖民地的革命——这是“九一八”以来的事实证明得最清楚不过了！他们要进攻苏联更是想要消灭世界革命的大本营和瓜分苏联的广大土地，这种重新瓜分世界与镇压革命的大屠杀，牺牲的是全世界的劳动民众，因为这是要强迫劳动〈者〉去为着资本家的争夺利润，为着毁灭劳动者的祖国，为着摧残一切的革命势力而自相残杀的，尤其是对于中国民众与苏联的无产阶级的牺牲将更巨大和残忍，中国民众自“九一八”以来已经有数千百万死于帝国主义炮火轰炸之下了。

二、指出国际反帝反战运动的高涨。无疑的，苏联社会主义建设飞快的发展与胜利，使已经进到社会主义经济的阶段，更向着胜利的伟大的社会主义社会迈进，这不仅对于世界资本主义给了致命的打击，使资本主义总危机日益扩大与深入，给资本主义制度撞着垂死的丧钟。并且对于专门制造失业、饥饿、贫困的资本主义制度下的无产阶级和广大的劳苦群众，更加显示着光明、伟大的争取革命胜利的道路，更加团结了国际无产阶级和殖民地半殖民地劳苦群众革命的力量，在这个新的革命与战争的周期中，在共产党的指导与影响之下，正汹涌着反帝反战斗争的日益高涨。

日本帝国主义在远东战争中所幻想的逃出恐慌的企图，结果国内的农村经济还是不断的崩溃，失业与饥饿的群众还是在开展着斗争，前线的士兵还是继续不断的暴[爆]发“暴动”，德国法西政府之统治，希特列[①]国粹党以空前的白色恐怖来屠杀与镇压共产党和共产党所领导的反帝反战的群众斗争。而在极端的军事准备中更加发展着德国无产阶级的失业与饥饿以及反抗失业与饥饿的斗争，美国罗斯福的所谓“复兴计划”也只企图在一千七百万的失业工人中“救济”十多万人(?!)，而在殖民地与半殖民地的国家，首先在中国正高涨着革命与反革命的战争，中国工农劳苦大众在中国共产党领导之下建立并扩大着真正反帝反战的主力军苏维埃红军，全中国的劳苦群众正处在帝国主义进一步瓜分中国与国民党出卖投降并加紧镇压民众反日反帝运动来完成清道夫作用之下，在全国正开展着广大群众反帝反战的斗争。

各国社会民主党，社会法西斯蒂也更积极地打着更“左”的旗子来争取反战斗争的领导，再一度的欺骗群众来拥护资本主义大战，进攻苏联的战争，瓜分中国和消灭革命的战争，来完成他资本主义忠实奴才的责任，同时

① 即希特勒。——本书编者注

法西斯蒂运动在各国疯狂般的进攻，也正反映出资本主义处在革命日益高涨的面前，恐怖着自己死到临头的重危而急于挽救其最后一息的反映。无疑的，这不仅不能镇压了反帝反战的革命斗争，恰相反的，国际无产阶级和广大的劳苦群众的斗争，在共产党正确的领导之下，正会加速的高涨起来，日益逼近争取得的斗争的胜利！

三、加重的指出国民党的罪恶与中国民众的出路——只有武装起来广大反帝国主义反国民党的民族革命战争。中国的劳苦民众目前是处在加倍的危险，比别的民族还更悲惨的命运之下。因为中国的统治阶级——地主资产阶级，国民党是完全出卖中国民族的利益，替帝国主义直接行施镇压民众的反帝运动，屠杀民众，奴役民众的职务，完成着帝国主义瓜分中国的清道夫的使命，国民党——帝国主义的忠奴，六年来的统治，使中国农村经济完全破产，全国民众每日呻吟于冻饿，死亡，军阀战争，水灾，旱灾，苛捐杂税与白色恐怖之下，在这样的命运之下，中国就发生了猛烈反对帝国主义反对国民党的工农的苏维埃的革命运动，但国民党统治的专责是摧残国民的精力，摧残革命势力，为得使帝国主义能顺利的奴役宰割与瓜分。日本和其他帝国主义的加紧的瓜分中国，实际上是国民党的统治的结果，日本帝国主义夺取了东北四省与华北，国民党未有过一次真实的抵抗，然而以全部的力量去进攻与轰炸中国的工农红军——中国唯一的反帝的民众自己的武装，用尽一切的心思与奸计，以瓦解民众抗日的义勇军，压迫一切民众的反帝运动与抵货运动，并且加重了几倍的苛捐杂税，移用一切的教育经费与提款等等，甚至以“救国”的名义骗取和强迫捐税（例如：“爱国捐”，“抗日捐”，“航空救国捐”等等），以充实进攻红军的军械与军费，以阻碍中国苏维埃政府与红军领导着的全国反帝的力量与帝国主义直接开战，所以当此帝国主义战争与瓜分中国的战争危险万分迫切的现在，中国民众是处在双重的困难与危险之下的，中国民众不打倒帝国主义的走狗国民党的统治，就不能从帝国主义的铁蹄之下解放出来。

国民党不但是帝国主义瓜分中国的清道夫，并且是帝国主义进攻苏联的帮凶，国民党目前的政策，一方面就在执行着这样帮凶的任务：第一，国民党既奉送了满洲热河与华北给日本帝国主义作进攻苏联的军事根据地，并且又在五月廿五日和日本签订密约答应日本军队可以通过其他领土去“抵抗中日满的共同敌人”（苏联），现在则“抗议”苏联出卖中东路，企图破坏苏联的和平政策，使日本早日抢去中东路而开始进攻苏联。第二，国民党完全公开的赞助着一切帝国主义的一切进攻苏联的阴谋。

因为国民党是帝国主义瓜分中国的清道夫，因为国民党是帝国主义进攻苏联的帮凶，因为国民党的“尽人可奸”的和一切帝国主义都有生意关系的卖身的娼妓，所以帝国主义要驱使劳动民众去互相厮杀的战争的危机现在就最显明的在瓜分中国的冲突中表现出来；国民党各派军阀战争（强迫劳苦兄弟互相厮杀的）就是这种战争之缩影，同时直接冲突的战争爆发的时候，国民党的任务则既要供给中国地盘作战场，送千百万民众去被杀，并且还无疑的要强迫中国民众去与世界劳苦兄弟互相屠杀。总之，中国国民党是瓜分中国的清道夫，是瓜分中国的战争，帝国主义的战争，进攻苏联的战争之促进者与帮凶，他不但是屠杀民众的刽子手，并且是屠杀世界劳苦民众的刽子手。中国民众要能够从帝国主义的压迫、剥削、奴役以及战争的灾祸下脱离出来，除了起来进行与广大民众武装的民族革命战争，进行推翻国民党统治，驱逐一切帝国主义出境的革命战争，没有任何办法。中国民众的唯一出路：只有广大民众武装起来，以及动员全国的武装，在苏维埃红军领导之下进行打倒万恶的国民党与一切帝国主义的革命的民族战争。

（中央档案馆藏）

21
国际作家总同盟为反战给全世界作家的信

露　珠译

好像黑暗里放出光明，去年八月底世界文坛最伟大的作家——罗曼·罗兰，巴比塞，高尔基——当世界第二次战争要爆发的时候在安斯特丹[①]开了国际反战大会。

那是极伟大希望的完成，不仅仅劳动阶级底代表，就是布尔乔亚文化的代表和承继者像德雷色，爱丹生·曼·因斯藤，盖德，柏寿斯，米加里斯，迺克祖都极严肃地认清召集这会议的意义。在安斯特丹一部分人争论，一部分人沉默，终于大多数的作家表示了决心去阻止一九一四年丑恶的世界大战底重演——任意地屠杀千万生命，任意地摧残文化和物质文明。

在安斯特丹大会以后，全世界最进步的作家联合国内和地方的反战同盟，表示决心以一般的斗争和行动，赞助从根本底原因上解放在帝国主义压迫下的民族。依照事实底真相他们认清了，这不曾宣布的战争是在积极地准备并且是正在继续进行。

从安斯特丹大会以后，在国联的庇护下，日本在中国内部以及东北进行掠夺的战争，同时英、美在波里维亚[②]和巴拉圭之间底战争也更形尖锐化；这全是为了资本家和军阀底党羽底利益，为了极活跃地维持他们共同的权力。或是公开的，或是潜伏的战争，在世界上殖民地底国家是正在爆发着。这世界添上了山一样多的死尸，成群成队底残废者。同时千万穷苦无靠的儿童要求面包，要求工作。帝国主义间利益底冲突更尖锐化，大战底准备已经推进到空前的阶段。

---

① 即阿姆斯特丹。下同。——本书编者注

② 即玻利维亚。——本书编者注

“目前所有的帝国主义底矛盾，冲突，是历史上两个世界底对抗：帝国主义同正出现的社会主义。这大战所有的准备是从事于同一最终的目的。帝国主义从危机中找出路，做进攻苏联底战争。”

在和平辞句和社会煽动底遮盖之下，过去，现在和将来在社会上主持战争者承起东方将要爆发的战争；以流血的事实弹压殖民地底大众为自由而斗争，更阻止这唯一公正底斗争——大众反对帝国主义底斗争。

所谓社会底中间人物，同被收买的出版界（文字同图画底火药工厂）底编辑，记者们，都在歌颂着战争，都在沉着地唆使着大众相互地屠杀，更造出资本家，实业家，军阀他们在计划中所需要的“空气”。这样这世界的新战争更易于爆发，而过去趋渐创造地无价值的文化和物质文明将要受到空前的摧毁，而回复到野蛮的时代。

这里我们诉于全世界底作家，诉于同我们有一样愿望的小说家，诗人，戏剧作家，请用他们天才底武器保卫自由的进步的人类社会，反对流血的祸患。

我们诉出对于全世界所有进步作家，所有通信员底恳求：为联合的战争你们自己来发誓！赞助去统一革命文学底前线。举起作者底武器反对战争。掀开虚伪的和平外交家，牧师，被收买的报馆底面目；暴露出他们的原形，各各[个]国家底火药工厂，军阀，好战者底大同盟。掀开所有的帝国主义及其助理者底面具。

帮助大众实现他们自己底能力，指出大众反对帝国主义底斗争。指示战争及其残暴。描写大众为自由奋斗同牺牲底英雄气概。描写反对战争底正确道路和方法。描写战争的罪恶。

反对战争——用生动的，刺激的，艺术的文字！

（《文学杂志》第三、四期合刊，1933年7月31日，第110—111页）

22
日本工人世语班给上海反战大会的信

亲爱的同志们：

正当国内的以及国际的阶级斗争从古未有地尖锐化，而帝国主义列强进行虐杀中国革命和进攻苏联之际，将在上海举行的反战大会是有着不能计算的伟大意义的。

今天是“八一”，国际反战纪念日，我们二十个在世界语班里的东京工人和失业者，谨向你们，大会的各国代表，反帝反战的斗士们，表示我们的衷心的敬佩和感谢，为了你们的坚强的斗志和革命的热情。我们和太平洋沿岸的被压迫被剥削弟兄们，共同来祝贺大会的伟大成功！我们坚决地在你们的面前发誓，我们将为了大会什么都愿意干，并因此向你们谨致革命的握手和敬礼！

在战云低迷的远东举行的反战大会，这次大会所得到的结果，我们相信，一定能成为我们今后反战斗争的直接的武器的。

革命的敬礼！

东京本所普罗世界语班

一九三三，八，一，

小川德三郎

丁文铁

藤本一夫

山村正夫

金永仁

金永和

××政雄

青木茂

郑正沫

井上宏

长谷川贤

冈村

（此信是从世界语中译出的）

（《反战新闻》第1号，1933年8月29日）

23
在东京的朝鲜工人来信

亲爱的世界语诸同志：

日本的工人现在是在反动的暴风雨和战争狂的雾团气里面，自从侵略满洲开始时起。前几天这里有关东区（包括东京，以及其他五县）的防空大演习。为了要演习防御飞机的天空袭击，从八月九日夜至十一日夜，我们每天夜里都是在暗中过着。警察与宪兵藉口“赤化”大批逮捕工人和学生，因为他们想乘机在黑夜里向群众宣传。刽子手们企图大规模虐杀革命的工人，因为他们是“内奸”，所以较之对外国工人要来得恨[狠]。我们相信，日本帝国主义已不复单是东方诸被压迫者的敌人，而已是全世界无产阶级的敌人了。

我们要向日本帝国主义斗争，直到最后的胜利！

朝鲜工人 M

一九三三，八，二，于东京

（自世界语译出）

（《反战新闻》第 1 号，1933 年 8 月 29 日）

24
远东反战大会的性质与任务

（一）经过　四月中接到法国文豪巴比塞关于远东反战大会的来信。个人方面是寄给藤森成吉，长谷川如是闲，加藤勘十诸氏，而团体方面是寄给日本消费组合联盟本部的。内容很短，不过说希望为召开反战大会而努力之意。

立即以个人资格开始商议，而在反法西斯主义自由同盟，以及秋田雨雀诸氏五十诞生纪念之际，乘便得到了三四百位名人的赞助，这时因有了巴比塞的这个提议，而乘机组织反战的常设机关的提议，以江口涣，秋田雨雀，加藤勘十，上村进，叶山嘉树，金子洋文，藏原惟廓（理论家藏原惟人之父——译者），贺川丰彦，神近市子等十五人的署名，分发了征求“远东和平之友会”发起人的声请书，并定于八月下旬在东京举行盛大的成立大会。

另一方面，在大众团体的个人之间，已进行了种种谈话，终于在六月底成立了“远东反战上[大]会支持团体协议会”这样一个机关。这个团体是全国的服务者，发出了《告全国勤劳大众诸君书》。并规定了大体的组织方针，决定了把这个运动成为几十万人的真正的大众的斗争。这个支持团体协议会，在全国重要都市，以及有着有力的农会的地方，联络了一切各式各样的团体而纷纷组织起来了。不只是工会或是普罗文化团体，还包括佛教，基督教诸团体，妇人团体，修养团，工场职员会，御用购买会，水平社部落，朝鲜人团体，并且有许多个人参加的。是包括了一切直接间接受着战争的惨害的勤劳大众的各层。

现在，已是全国统一地组织成了。伟大的远东反战大会的斗争在逐渐澎湃，从巴比塞那里接到了这样的电报，说是远东调查团在英国独立劳动党（最近刚退出第二国际）的领袖马莱勋爵的领导之下于八月二十五日到横滨，而大会定于九月在上海举行，所以在调查团到横滨的时候，请准备大众的行动!

（二）关于大会的性质　这个大会务必是全体勤劳大众的反战大会。在世界反战会秘书处的《告世界人民书》,应以工人,农民,兵士,艺术家,科学家,医师,学生等等一切勤劳大众为对象的,而且也没有什么哪一国派几名代表的比例等的规定。因为是大众的会议,代表愈多愈好,是非常自由的会议。决不是什么反帝同盟大会那样的会,而是广泛的勤劳大众随便什么人都能参加的会议。所以这是个堂皇的大众运动,要在赞成战争的落后工人之中竭力宣传,从一切的社会层中选派代表,正好像国际联盟派出李顿调查团那样地,这次是无产阶级方面的巴比塞调查团,要协助这调查团的工作,并要引起一般人士注意大会得到的结果。

（三）当面的工作　世界反战会秘书处的《告世界人民书》中,说是因为要派调查团,请竭力援助他们的工作,并因要在上海举行反战大会,请即组织发起入会而采取大众的行动。我们根据了这个《告世界人民书》,应该做以下几件事:

（甲）供给各种调查报告书与调查团,例如军需品工场的劳动条件,生产调查,从满洲归国的兵士的感想,出征中家族的生活,国防捐运动,富士山脚的日射病事件,兵营内的斗争,资产阶级机关的煽动战争,等等调查与纪录,由劳动大众农民自己的手来做。

（乙）选派代表出席上海反战大会。无论什么团体都可以派代表出席。只要有,在怎样的会议上以及怎样选出的证明书,就行。要选派代表勤劳各社会层,代表产业,代表地方的那样的代表。

（丙）派遣代表的费用,从东京出发,每人约八十元。派代表的钱,要在大众中广泛地募捐,并提高他们的关心和拥护。募捐上来的钱,并有调查费,马莱欢迎费,宣传费等的用度。

（丁）选派代表须携带勤劳大众的提案。准备交给代表的提案,须在预备会议上交给大众来讨论。

（戊）在马莱抵达横滨时,在东京预定举行欢迎会。各地的集会,团体,个人，请纷纷寄欢迎的贺信来！还有，上海大会各地团体，各人也要寄贺信去。

（己）在一切团体的机关志上，消息报告上，要公然地继续宣传运动。这个大会不是宗派的，非合法的，而是要在全体勤劳大众之间宣传，而为大众拥护的。要使大众来参加，并且用方法说服他。满洲战争是生命线；打了仗可以赚钱，所以战争并不坏。这样想着的人，应该把他们（多一个好一个）获得到反战这一方面来。要为此事而斗争。“儿子如果打仗去了怎样办”，连这样担心着的母亲和年老的人，也应该多多集拢起来，使之进向工人，农民，兵士，职员，艺术家，学生等的真正的人民大众的斗争。

（四）组织方针　曾有过在工厂农村内组织上海反战大会支持委员会的意见。这样由下面组织起来的大众的团体是非常合于理想的，不过现在因了时间的问题而完全不能了。我们要在各地各团体代表之下成立支持团体协议会，以该地的工场代表会议作为基础，而与日常斗争（援助罢工，反对暴压）联系，在各区工场代表会议上付讨论，而后才能深入工厂农村之中去。

东京的远东反战大会支持团体协议会，作为全国的服务者而活动着。各地诸君，请与我们很好的联络，为马上就要举行的上海反战大会而斗争。

远东反战大会支持团体协议会

八月五日

（这篇原文为日文，是日本工人冈本寄来的。——译者）

（《反战新闻》第1号，1933年8月29日）

25
中国红军在反帝最前线为大会作有力的后盾

上海民权保障大同盟宋庆龄女士转世界反帝非战代表大会：

我们正在进行组织更大规模的民族革命战争，反对日本帝国主义强盗的侵略，反对一切帝国主义瓜分共管中国，消灭帝国主义国民党向苏区红军的新的五次“围剿”时，得悉世界反帝非战代表大会将于九月在上海开幕，不胜雀跃！中国苏维埃中央革命军事委员会，谨代表中国的红军战士向大会致热烈的反帝非战的敬礼！近来一切事实证明国际帝国主义者企图牺牲千百万和平人民的生命财产，牺牲苏联，牺牲中国及一切弱小民族的国家，加紧准备用战争来挽救自己的危机，把全世界陷入恐怖悲惨的境地。我们相信大会一定能在国际工人阶级和全世界被压迫民众的拥护之下，给这些血腥的强盗们以正当的处罚。大会将是世界的民众为消灭帝国主义，消灭帝国主义战争的奋斗的领导与组织者。中国工农红军苦战六年得到伟大的胜利。1930 年以来，更击破了帝国主义国民党有名的四次“围剿”。我们消灭了国民党军阀二十师缴枪十余万，这不仅是中国民族革命战争最光荣的一页，也正是我们献给大会最有礼貌的赠品，中国工农红军已经具有更坚实的力量。他们与苏联红军兄弟们一样站在反帝的最前线，为大会的有力的后盾。谨此电闻，并祝大会成功！

中华苏维埃中央革命军事委员会主席　朱德

一九三三，八，五，于赤都

（《红色中华》第 106 期，1933 年 8 月 31 日；《红星报》第 4 期，1933 年 8 月 27 日）

26
宋庆龄致蔡元培函

孑民先生大鉴：

径启者，本会定于九月初旬开会讨论反帝非战问题，各国著作家、新闻记者多来出席，本会并邀请各团体代表、中国国民党支部等参加。夙念先生对于反帝非战素具同情，谨请于本会开会时出席指导一切，毋任感祷，专此奉达。

即颂

台安！

敬候

赐复。

反战大会临时筹备委员会主席

宋庆龄

八月十三日

（据原件影印件，载中共上海市委党史资料征集委员会、上海宋庆龄故居管理处编：《宋庆龄在上海》，学林出版社 1990 年 3 月出版）

27
方振武给宋庆龄电
将派代表参加反战大会

民权保障大同盟会宋庆龄惠鉴，奉读粲笺，易胜钦仰，渥荷藻饰，南益计汗颜无地，丁兹河山破碎，胡马继横，切齿腐心，挥戈浴血，一息尚存，决操刀杀敌，用靖边气，承召出席报告反帝工作经过，届时定即亲诣出席，藉聆教益，倘因跃马绝塞，暇晷渺无，亦决派员代表参加，而受大计，谨先电复，并祝健康，方振我[武]叩皖

（《反战新闻》第1号，1933年8月29日）

28
日本工人世界语者的信

敬爱的同志：

我是个工人世界语者，同时又是在社会民主党领导下的“全劳统一全国会议”（“全国劳动组合”的反对派）的会员。东方反战大会（它是向濒危的帝国主义资本主义的大示威）快要开了，你们中国的工会，党员和一般的民众在怎样斗争着？

在日本，各左翼团体老早就开始宣传这个反战大会，并各处发起组织上海反战会支持委员会。而且，我们的“统一会议”以及其他机关团体，开始了非常大规模的反战斗争。最近这个运动已展开了[到]很广泛群众中间去了。参加这运动的群众每天在增加起来，甚至连佛教青年、基督教青年等。工会和农会也极力在推动这个反战运动。

不久有几十个日本反战委员会的代表，将到上海来了。这个运动能给落后的群众以反战的意识。中国的同志们，工人们在怎样地准备着呢？你们世界语同志又是怎样准备着呢？我要看点你们印刷品之类，要叫我知道上海的形势。请寄把[给]我反战的传单刊物报纸！

上海反战大会万岁！

无产阶级万岁！

打倒军国主义！

一九三三，八，一四　在日本大阪，冈本

（此信原文为世界语）

（《反战新闻》第1号，1933年8月29日）

29
中国著作家欢迎巴比塞代表团启事

自“九一八”事变以后，日本帝国主义掠夺我东北四省，侵凌内蒙华北，飞机大炮毒瓦斯时时在毁灭吾中国民族之生存。暴日既已在华取得优先地位，国际帝国主义瓜分中国战争之危机遂愈迫。世界反战会议此次特在上海召集，其意义即在于号召世界民众——尤其中国民众反对帝国主义大战及瓜分中国的战争；并同时派遣巴比塞代表团调查日本帝国主义暴行。同人等对此伟大的世界反战会议，对此主持正义的巴比塞代表团，极端表示拥护。当此反战会议即将于九月初开幕，各国代表团纷纷来沪之时，谨此表示欢迎。

鲁　迅	胡愈之	李石岭	陈望道	茅　盾	陈彬和	任白涛
田　汉	沈端先	华　汉	钱杏邨	洪　深	穆木天	郑伯奇
叶绍钧	傅东华	谢六逸	郁达夫	滕　固	赵景深	章乃器
孙怀仁	曹聚仁	彭家煌	徐调孚	袁牧之	马国良	华　蒂
孔若君	穆时英	胡秋原	叶灵凤	张梓生	邹韬奋	江公怀
黄幼雄	张明养	叶作舟	俞颂华	钱歌川	张梦麟	施蛰存
蓬　子	巴　金	杨幸之	杜　衡	林微音	章克标	索　非
夏丏尊	赵家璧	董每戡	孙师毅	明耀五	包可华	李剑华
吴觉先	森　堡	韩　起	林克多	笛　秋	铁　笙	李公朴
黎烈文	钱啸秋	罗又玄	章于天	潘惠田	何谷天	尹　庚
适　夷	达　伍	叶　紫	祝百英	艾思奇	蔡洛冈	许涤新
金泽人	李辉英	林伯修	沈志远	张天翼	胡　楣	张耀华
杨　骚	周起应	沈起予	李　兰	蔡慕辉	林穆光	谷　非
沙　汀	徐翔穆	崔万秋	何家槐	伍彝甫	姚苏凤	白　微
祝秀侠	郑正秋	侯　枫	赵铭彝	夏芦江	佘文炳	叶　荫

（《大美晚报》1933年8月16日）

30
共产国际执行委员会政治书记处政治委员会给埃韦特的电报[①]

1933年8月17日于莫斯科　　　　绝密

致代表[②]。请在会议[③]上贯彻以下方针：我们反对帝国主义战争和瓜分中国，因此我们赞成进行反对日本帝国主义和其他帝国主义者的民族革命战争。瓜分中国已经开始。不仅日本、法国等在进行，而且军阀也在进行。这些军阀是日本在华北的代理人、英国在广州的代理人、美国在南京的代理人和国际联盟在上海的代理人。会议也应该表示反对这种瓜分方式。要像对待叛国的党、反对中国人民的党那样对待国民党、对待它的所有派别。如果从政治角度看有可能的话，要引导马占山和李杜将军〈进行反击〉，要批评他们，因为在满洲他们没有武装民众，而是解除民众的武装。

绝对需要从组织上巩固会议的政治成绩。要利用欧洲代表团成员，在反帝大会上举行会见。要要求群众进行监督，组织群众抵制日货，建立由工人和学生组成的日货抵制岗哨。会议开幕前必须出版一日的报纸[④]。要组织出版远东委员会（全世界反对帝国主义战争委员会）固定的通报[⑤]。

---

① 发报人是根据内容确定的。
② A. 埃韦特。
③ 指远东反战反法西斯代表会议。
④ 参见《反战新闻》第1号，上海1933年8月29日。
⑤ 定期出版物没有找到。

全宗495,目录184,卷宗36(1933年发文),第144页。

法文打字稿,原件。

(《联共(布)、共产国际与中国苏维埃运动(1931—1937)》第13卷,第478—479页)

31
致上海反战会议各国代表巴比塞同志等的欢迎词

中国工业劳苦大众在帝国主义底极残酷的压榨之下，过着非人的牛马生活。由于数十年来血的经验，中国工农劳苦大众知道，要摆脱这种牛马的运命，只有彻底地推翻帝国主义底统治才得实现。在这一觉醒之下，近数十年来，为了民族独立和阶级解放，向着帝国主义者及其刽子手地主豪绅民族资产阶级的国民党，中国工农劳苦大众展开了革命的民族战争之壮烈的历史场面。

第三期的经济恐慌使帝国主义走到了最后崩溃阶段。这，表现在各国失业人数的激增和阶级斗争尖锐化的事实上面，表现在帝国主义的列强为了重新分配殖民地而互相冲突的战争危机上面，表现在帝国主义的列强用尽了一切方法想一致地去进攻全世界工人阶级底祖国第一个社会主义国家的反动企图上面。在这一种“战争和革命的新周期”的国际局势和全世界工人阶级所负的光荣的任务底照耀之下，中国工农劳苦大众所展开的革命的民族战争，意义的伟大更加明显。

中国工农劳苦大众知道，由日本帝国主义揭开了序幕的未来世界战争，本质上是以进攻苏联和瓜分中国屠杀中国革命为目的的。中国工农劳苦大众知道，在未来的世界战争里，受痛苦的被牺牲的是中国工农劳苦大众自己和各国同阶级的兄弟。中国工农劳苦大众知道，国民党几年来尤其是最近所表演的发疯似的反动政策和无耻的投降，直接间接地都是为了准备这个反动的世界战争而努力的。所以，中国工农劳苦大众明确地认识到了，为了减轻本身底痛苦，为了实现中华民族底解放，反对制造战争的帝国主义及其走狗国民党是目前最迫切的任务。

因此，世界反帝同盟去年在亚姆斯特丹①所召集的反战大会，曾引起了

① 即阿姆斯特丹。下同。——本书编者注

中国工农劳苦大众强烈的兴奋。那是全世界无产阶级在反战斗争上所表现的伟大的力量，向中国工农劳苦大众送来的一片洪大的应声。上海反战会议是为了继续并扩大亚姆斯特丹反战会议底任务而召集的，中国工农劳苦大众很久以前就热烈在期待并促成它底实现。中国工农劳苦大众相信，因了诸位同志底努力而将要实现的上海反战会议，将集中并扩大远东的反战力量，使反战斗争有更大的开展。

中国左翼作家联盟底行动里，反战斗争是主要的任务之一。左翼作家们批评家们在作品里批评里曾反复地说明帝国主义战争底变义，说明帝国主义对于工农劳苦大众生活的影响，说明只有工农劳苦大众已经展开了的革命的民族战争全面地胜利了以后才能保障反战斗争的胜利。中国左翼作家联盟在敌人极残酷的迫害之下，团结工农作家和进步的小资产阶级作家在它底周围，前仆后继地将反战斗争继续，扩大。因为，中国左翼作家联盟认为，战争是资本主义反动性最集中的表现，战争准备是工农劳苦大众底生活陷入极端贫困的根源，反战斗争，代表了工农劳苦大众生活里最迫切的要求，也就是为了革命的文学前途而战。现在，在迫切的国际局势之下在矛盾表现得最集中的殖民地都会上海里将要举行的反战会议，说明了反战斗争到了一个新的阶段。中国左翼作家联盟要用最大的努力来理解并实行它所应负的任务，填补到现在为止的工作上的不足或缺陷。

我们用阶级的敬礼欢迎诸位同志到帝国主义列强要用战争来重新配分［瓜分］的这个黑暗的殖民地国度来，我们要用具体的工作和诸位同志共同地来争取这一会议底实现。

中国左翼作家联盟

一九三三年八月十八日

（《反战新闻》第 1 号，1933 年 8 月 29 日）

32
鲁迅、茅盾、田汉：欢迎反战大会国际代表的宣言

反战大会的国际代表到了中国了！中国革命民众的欢迎他们是表示这世界的劳动民众的团结，是对于国际黑暗势力的示威。国际的银行家，资本家，腐烂的旧文化的代表，才需要帝国主义的战争，各国的劳动者不需要它！“战争给宫廷，和平给茅舍”——这口号在以前使得总长大臣发抖，在现在，在这一次，已经推广到全世界，已经实现在我们中国。中国的最大多数的人民，工人和农民，十几年前还那么落后，还让人家随便送进欧战的壕沟去当苦力，现在却不同了，他们正在“把战争送给宫廷”。他们反对日本资产阶级的割取东北四省，他们牺牲着自己的血和生命，在和日本帝国主义斗争。一九三二年“一·二八”的抵抗，一九三三年三月间的热河战争，直到现在还在艰苦的战斗着的义勇军，这些兵士，这些穿着军衣的农民和苦力，他们很快的觉悟到只有自己的努力，只有联合世界劳动者，才能够把中国从瓜分的命运之中挽救出来，才能够解放自己。他们已经屡次的被冒充的中国民族代表所出卖谎骗。他们的热血，他们的斗争，他们的团结是欢迎反帝大会国际代表的最巨大的力量！

反战大会的国际代表呵，你们代表着世界各国的劳动者来到中国，你们热忱的来帮助中国的解放，你们反对“自己”的资产阶级。但是，你们会在这里碰见一些“怪事”，或是更亲切的看见这些“怪事”。这就是，中国所谓“民族”代表，倒很热心的抵抗你们的帮助，很认真的证明着中国没有力量抵抗日本——只有力量抵抗中国的抵抗者。中国的抵抗帝国主义的人们，有好些戴上了脚镣手铐，坐在黑暗熏臭的屋子里，有好些已经上了断头台，有好些正在炸弹飞机之下……中日停战协定不是早已签了字吗？就是没有签字以前也并不比现在好些。总之，反对列强和日本帝国主义瓜分中国——在

中国是有罪的，是认为违反民族固有的“和平主义文化”的，是认为违反签订条约的信义的。因此，不但英美法国日本的财阀，资本家会阻碍你们的开会，会从各方面来损害你们，就是中国的冒充的民族代表也会毒害你们，欺骗你们，只是中国的劳动民众，真正的革命青年，真正进步的要求光明的人们能够和你们携手。我们共同努力，一定要详细的揭发日本和一切帝国主义侵略中国，瓜分中国，准备帝国主义战争的种种阴谋，这是你们调查团的任务，也是我们中国民众的任务。中国的劳动民众还在东方式的中世纪的残暴压迫之下，还在帝国主义和地主资本家的最凶狠的剥削之下，他们生活的悲惨几乎出于人类想象力的范围之外，然而他们是在斗争，他们的斗争，他们的呼号，将经过你们而更传达到各国劳动者跟前，这将更要帮助世界革命运动的联合；而反对帝国主义战争，除开这世界劳动者的联合战斗，没有别的道路。

中国的革命青年，中国的真正进步，真正要求光明的人们，真正为着民族解放而斗争的人们，不能够不赞助这国际的阶级战斗的联合。“自己的同胞”的中国黑暗势力的代表在压迫我们，在出卖我们，尽忠于帝国主义，而帝国主义是想用几千百万人的血肉和生命，用瓜分中国，甚至于瓜分苏联的战争，去挽救他们崩溃的命运。一切光明的和进步的都受着摧残。新的社会的产生是这样的被贱[戕]害着！中国的几万万民众是这样的被残杀着！我们一定要赞助劳动民众的斗争，一定要联合国际的劳动者，国际的光明的战士——反战大会的国际代表，坚决的进行我们的斗争！

这是我们欢迎反战大会的国际代表的意思。

八月十八日

（《反战新闻》第2号，1933年8月31日）

33
拥护国际反帝非战代表大会

国际反帝非战代表大会全体代表们!

我们代表苏维埃一百余万盟员向你们致以反帝的敬礼!

帝国主义经济崩溃的今天,在苏联社会主义建设伟大的胜利面前,重新分割世界的强盗战争到了直接危机的阶段,企图牺牲苏联来解决他们的内部矛盾的危险亦紧迫起来,在各帝国主义赞助下的日本,以武力掠夺中国东北五省同时是直接进攻中国革命和造成进攻苏联的东方根据地,我们相信大会一定能号召和动员全世界无产阶级和反帝民众给帝国主义强盗们以铁拳的回答;特别是〈给〉中国民众反日反帝运动更有力帮助!

这里我们向大会严重表明:中国地主资产阶级的国民党是帝国主义瓜分中国进攻中国革命,进攻苏联的清道夫!中华苏维埃中央政府全部否认国民党与日本签订的卖国条约,早已对日宣战,这里铁一般证明;中国民族的彻底解放,只有推翻国民党的统治建立苏维埃!

我们准备一切牺牲,奉献给反帝民族战争,要粉碎帝国主义国民党对我们新的进攻!我们热烈盼望大会号召全世界无产阶级,弱小民族用最实际的行动来保卫革命。我们高呼:

国际反帝非战代表大会成功万岁!中国民族独立解放万岁!反帝国主义的苏维埃中国万岁!

中央苏区反帝拥苏总同盟印

(《红色中华》第103期,1933年8月19日)

34
拥护国际反帝非战代表大会
一百万全副武装的示威群众

上海国际反帝非战大会主席团转全体代表：

我们已经脱离了帝国主义国民党统治的中央苏维埃民众，于“八一”斗争日，一百万的全副武装，举行反帝拥苏的大示威！同时拥护你们大会的召集！大会的开幕与成功，是世界无产阶级解放各民族解放的信号！我们欢呼，大会成功万岁！同时，我们坚信，苏维埃是我们中国民族解放的唯一组织者与领导者。国民党是出卖中国的罪魁，我们誓为着开展民族革命战争，冲破帝国主义国民党新的五次“围剿”，完全推翻国民党统治，驱逐帝国主义出中国，武装保护苏联，保卫并建立全中国的苏维埃政权，流到最〈后〉一滴血！我们高呼苏维埃新中国万岁！

中华苏维埃中央苏区“八一”示威大会主席团印

（《红色中华》第 103 期，1933 年 8 月 19 日）

35
热烈庆祝反帝非战大会的开幕

国际反帝非战代表大会全体代表鉴：

我们热烈庆祝大会的开幕，向你们致以诚挚的敬礼：我们决定于最近期内成立江西省盟及青年们领导全省八十万盟员加紧战争动员工作，开展民族革命战争为中国民族独立解放的苏维埃新中国迅速粉碎帝国主义国民党五次"围剿"来拥护大会，我们热望大家领导全世界无产阶级与被压迫民族以最实际的行动帮助中国革命为打倒帝国主义武装保护苏联，即为世界弱小民族的解放，社会的解放而斗争！大会成功万岁！

江西省全省各县反帝拥苏同盟青年部印

八月廿号

（《红色中华》第104期，1933年8月22日）

36
中央关于筹备世界反帝非战大会的紧急通知

各级党部：

关于筹备世界反帝非战大会，中央早已有通知发至各地，但直至今日各地准备工作仍然异常薄弱。现在西欧的代表已于本月十八日莅沪，并已决定大会从九月三日至五日在上海正式开幕（关于大会日期，我们已要求改至九月十一至十三，但现在还未作最后决定，无论如何各地代表应及早到沪，至迟亦须在九月七八号抵此）。中央为唤起各地战斗的准备这一工作并补充上次的通知，再给你们以下的指示：

一、关于拥护和宣传大会的问题。各地必须抓住目前西欧代表业已到沪与大会即将开幕的时机，广泛的开展宣传和拥护大会的运动，务使这次大会的进行有最大的群众的基础而不致成为少数人的狭隘的行动。为此各此［地］必须立即开始最普遍的口头和文字的宣传，利用一切刊物传单标语和群众会议演讲会等等，尽量将大会进行的消息，任务与党的立场传播到群众中去，目前特别应组织广大群众对于大会的拥护和意见，将一切宣言，决议，通电与意见书公布出来并寄交上海筹备委员会，尽量发挥广大群众对于大会工作的自动性和积极性，给一切反动派的武断宣传（如《社会新闻》之类）以有力的打击。

二、关于选举和派遣代表参加大会的问题。目前摆在各地组织面前第一等的任务，就是要保证大批代表的选出与按时到沪参加大会。为达到此目的，第一，各地必须根据中央六月十八号的通知立即在工厂，学校及一切群众机关开始普遍的群众的选举运动；第二，代表的人数，一般的不加限制，至参加大会的代表，江苏应有三百至五百人，河北，满洲至少各应有十人，多则五十至一百人，其他各地可斟酌派遣，如因人数过多，不能完全参加大会，应由一处代表的总数中选出若干参加大会，其余代表应留当地为大会进行一切宣传和组织的工作;第三,代表来沪必须是有组织的,每地代表应分批前来,由若干代表负责联络并接洽一切,抵沪时即向上海筹委〈会〉报到,取得代表证,准备一切提案和活动之步骤;第四,代表一切用费应由群众中募捐得来,各地为克服这一困难,应经过一切筹备委员会或反帝组织,组织募捐委员会,绝不能依靠党之供给,同时亦不能置之不问,听其自然;第五,各代表之来沪与活动,完全采取群众路线,绝不能由党招待和派送,为领导上的联络,仅由党团一人与上海组织发生关系,该同志应有当地党部之单独介绍,由党的路线送来。

三、对这次大会必须根据中央过去关于救国会议及统一战线的两封信,以及最近许多指示,着重注意提出以下的问题:反对帝国主义战争,反对帝国主义与国民党向苏联挑衅,反对国际帝国主义瓜分中国,共管中国的所谓“技术合作”,反对法西主义,反对德国法西斯蒂的恐怖政策及中国的法西斯蒂,武装民众进行民族革命战争,反对日本帝国主义的侵略,反对英法进占西康及云,贵,反对五次“围剿”,反对国民党向帝国主义大借款及购飞机进攻苏区民众,要求将这些借款与飞机全部拿来抗日,由民众自己管理,创立武装的民众反日义勇军,援救现有的义勇军,拥护苏维埃政府的宣言,要求一切反帝的自由与民主权利,要求释放一切政治犯。在这些问题的周围更具体的组织和准备群众的意见书和提案,准备各地代表的发言。此外,中央责成江苏反帝代表特别准备关于全国反帝工作的总结,满洲,河北特别准备报告关于满洲日本帝国主义侵略的状况及华北劳苦群众与义勇军抗日的情形。

四、这次反帝大会定名为反法西斯蒂非战大会,各地党部必须把反对帝国主义战争与反对法西主义紧密的联系起来,根据《斗争》上关于反法西斯蒂的文件开展极大的反法西斯蒂运动,指出法西斯蒂是最疯狂的准备大战的前锋,反对德国法西斯蒂的白色恐怖,援助德国被法西斯蒂屠杀和逮捕的革命战士,反对日本的法西斯蒂——瓜分中国侵略中国的先锋,反对蒋介石领导之下中国法西斯蒂(蓝衣社),暴露他们施行白色恐怖,绑票暗杀的种种罪恶，指出中国法西斯蒂是出卖中国的卖国贼，屠杀反帝群众的刽子手。

五、这次反帝大会的进行，必须得到具体的组织上的收获，首先大会的结果应该产生永久的远东反法西斯蒂非战大同盟的执行委员会，下设各民族的委员会，各省各地应利用这一次运动成立永久的群众的反帝的机关。各地参加大会的党团应努力使这一任务实现。

最后，我们认为要使这次大会顺利的进行，必须对于敌人的白色恐怖加以严重的注意。党与代表的关系必须采取最审慎的办法，一切公开活动的同志绝对不可与党的秘密机关混淆。一切工作的进行，必须大胆的依靠下层统一战线，分配给同情的革命分子去做。要牢记着离开群众将一切工作集到少数人的身上，不仅工作无法进行，同时也就给了敌人以最好摧残的机会。

中　央

一九三三年八月二十一日

（《六大以来：党内秘密文件》上册，第420—421页）

37
国民经济建设大会拥护国际非战反帝大会

全国苏维埃区域的劳苦工农群众们：

白色区域的工农群众革命士兵们：

国际帝国主义者，正在疯狂般的进攻世界无产阶级的祖国——苏联，进行瓜分中国的强盗战争，指挥国民党来共同压迫的侵略中，引起了他们内部的尖锐的冲突。帝国主义进攻苏联的战争（主要的危险）与帝国主义自身的战争，正在疯狂地准备着，全世界无产阶级被压迫民族，正处在直接的战争危险的威胁之下，我们站在反战战线前线上的中国苏区工农正在进行坚决的民族革命战争，来回答帝国主义的强盗侵略并热烈地欢迎世界三十余国的反帝非战同盟大会到上海来开会。同志们看国际帝国主义怎样加紧瓜分中国。日本帝国主义已占领了我们四百多万里领土，奴役了六千多万中国民众，法国实际上统治了云南贵州，英国攫去了西藏进攻西康，其他帝国主义亦正在中国疯狂的扩张他们的势力范围，国民党无耻的卖国使全中国除苏区外，都处在完全殖民地化的威胁之下。

全国工农群众们：只有推翻帝国主义国民党统治，我们才有生路，只有苏维埃，才能挽救中国。工农自己的苏维埃政权已在事实上证明不仅是唯一的反帝政权，而且是唯一的发展中国经济的政权，他有伟大的力量来进行大规模的经济建设，加强革命战争的经济基础，扩大一百万铁的红军，更进一步的改善工农群众的生活，铁一般的巩固工农联盟，更迅速的粉碎帝国主义国民党的五次“围剿”，争取革命在全中国的胜利。

全国工农群众们：义勇军及其他革命士兵们，革命的知识分子们，一致起来，反对帝国主义大战，武装保护苏联，推翻帝国主义国民党的血腥统治，驱逐日本及一切帝国主义出中国，为完全独立自由领土完整的新中国而斗争呵！

（《红色中华》第104期，1933年8月22日）

38
中央给河北省委信

田夫同志阅转省委：

国际反战代表团业已抵沪，并已定于九月初（原定为九月三日，今展期一周，十一日当定能闭幕）召开大会。河北各群众团体所选出来的一百四十个代表必须迅速集中，即日南来。（最迟须于九月七日前到沪。）关于这一问题，提出下列几点，希望你们注意：

一、迅速将各代表集中，组成一整个河北代表团，分成若干小组，每组设一组长，在这个代表团中建立起秘密的党团，并将党团书记姓名告诉我们，约好与中央接头的关系口号等，以便中央就地领导河北代表团，这一约好的关系必须迅速的交交通送来。

二、代表团的党团负责人应准备河北大半年来反帝抗日工作的情形的报告及具体建议，关于前线的一般情形，尤须多多搜罗材料，以便经过大会向外宣扬。

三、代表之南下，须采取群众路线，万勿利用党的交通关系。但必须尽可能的经过党团告诉各代表遵守一般的对警狗秘密的原则，使代表不致在途中被敌人各个捕去。

四、代表南下，旅费自备，这里须要募捐，尤须动员各代表发动群众向各代表所在的组织或机关提出旅费津贴。以保证代表（140 人）全数南来，这将壮大大会的阵容而促成其完满的成功。

五、但如果万一旅费无着，各代表势不能完全南来，则省委必立刻动员反帝组织进行召集世界反战大会河北会议的工作，会议日期最好能与上海的世界反战大会开幕相近，地址由你们就近决定。

六、在这个会议上除中央此次紧急通知中各主要政治问题必须提出讨论外，你们务须对准着河北目前的形势更具体的讨论反帝工作问题。并用河北反战会议的名义发表告河北劳苦民众书及致电上海反战大会。

七、在上面这种情形之下，你们除以一切力量来完成河北反战会议的工作外，仍必须立刻进行在代表中选举河北代表团（名额最低十人）派遣来沪，参加此地大会的工作。中央特给你一百五十元帮助最必要的完全没有办法的代表来沪的旅费，此款决不能移作别用。

至工人代表南来，势必向厂方请假，不准，则自行脱工，这里必须动员工人群众拥护自己的代表，脱工期内，工资照给，及不准开除代表的工作。

八、你必须在各种刊物上，传单上，加紧宣传这次大会的意义与任务。与李顿调查团坚决对立起来，发动群众致电大会，表示欢迎庆贺。

中央，1933. 23/8

（中央档案馆藏）

39
拥护远东反战反法西斯代表大会!

军缩会议的失败,是军备竞赛的成功。经济会议的破产,是暴力决斗的警号。目前的国际局面,已走到万分紧张的地步,一种偶然的纠纷,一种微细的挑衅,都足以掀起人类史上最凶恶最凄惨的帝国主义战争与反苏联的武装干涉。伴着资本主义稳定之破坏而风靡一时的法西主义,对内则实现彻底的血腥的暴力统治,对外则发挥极端的侵略的冒险政策,更加速了这火燃眉尖的战祸的爆发。希特勒的德意志与拥护凡尔赛制度的国家之间,已经埋下了充分可以炸破地球的火药。莫索里尼的意大利与小协约国及其盟主法兰西,早到了摩拳擦掌弯弓待发的关头。英美的冲突,更是帝国主义最中心的冲突,虽然血战的总清算为期尚远,但这两强盗巨头间不可调解的对立,不仅造成了急剧的经济战争,而且早在南美一再酿成了局部的武装冲突。尤其东亚的日本帝国主义,在国际帝国主义的拥护之下,在国际联盟与第二国际的赞助之下,在中国军阀汉奸的不抵抗假抵抗之下,两年以来,占领了东北四省,轰炸了淞沪,共管了大上海,控制了平津;更进攻察哈尔,图谋内外蒙古,觊觎山东,为并吞全部华北张本;完成了进攻西北利亚[①]的根据地,在苏联与中国革命民众之间,凿下了一道深阔的鸿沟。英帝国主义占据西康,侵略青海,东出四川北扰新疆,企图造成西北傀儡国;在瓜分中国的暴行中,既攫得了肥厚的贮物,又可直接压迫中国腹地的革命运动和袭击苏联的土耳基斯坦。法帝国主义自然也不甘落后,不仅积极经营云贵,最近且强占了琼南九岛。金元帝国主义的美国,更恃其优越的经济势力,以棉麦、借款等等方式,企图攫出中国全部的经济命脉,消灭中国澎湃的自由运动,建立控制太平洋的霸权。

---

① 即西伯利亚。——本书编者注

半殖民地的中国，不仅首当英日美法争夺太平洋与重割世界大战之冲，不仅是资本主义进攻社会主义的决胜负的战争中所必须打碎的关键，不仅是帝国主义为维持其反动统治计所必须扑灭的一部分强有力的反帝主力，而且也是军阀混战与安内战争之下极端悲惨的牺牲品。

近年来，中国是一切反革命战争的大炮飞机毒瓦斯轰炸弹的赛[试]验场！一切反革命战争的毒箭猬集在中国民众瘦弱的残废的死里挣扎的病体上。围剿，轰炸，封锁，屠杀，枪决，监禁，拷打，暗杀，绑捕，检查，戒严，紧急法，剥削，压榨，失业，流亡，饥寒，疠疫，大水灾，大旱灾……这一切惨无人道的恐怖迫害，大批的，零碎的，公然的，暗地的，假借正义，人道，和平，治安的名义，来毁灭，啮食不论男女老幼的中国民众的肉和心灵！

灭绝人类的帝国主义大战与反苏联的武装干涉时时可以爆发；帝国主义强盗瓜分中国，共管中国，消灭中国革命运动的战争，已经延续至两年之久了！

如果一切反革命战争是人类进化的大障碍，则中国民众已被倒曳到最黑暗的中古时期！

如果帝国主义战争与法西斯血腥的统治是破坏一切人性的生活的恶魔，则中国民众已被这个恶魔破坏了任何人性的生活！

一切反革命战争加于中国民众身上的残暴最露骨，最狠毒，中国民众所身受的一切反革命战争的残暴也最迫切，最沉痛！

现在全世界劳动民众及一切进步分子反对帝国主义战争与法西主义的运动极蓬勃，极壮烈，中国的劳动民众及进步分子反战与反法西斯的要求更急迫——因而我们斗争的意志也该更坚决，我们斗争的行动也该更勇敢！

去年九月在荷兰阿姆斯特丹举行的国际反战大会与今年六月在巴黎举行的西欧反法西斯代表大会，正是欧洲数千万劳动群众，在帝国主义战祸的威胁与法西斯专政的蹂躏之下，统一的坚决的反抗行动的表现。他们派遣的代表团现在到上海了。他们在酷暑之下，跋涉万里，来到这日帝国主义所血洗的，欧美帝国主义所争噬的，世界大战最容易爆发的，国内外强盗所轰炸所窒息的中国，举行远东反战反法西斯代表大会，动员东亚一切被压迫被剥削被奴役的民众，来反对帝国主义战争及一切黑暗罪孽之制造者，进行者，准备者，鼓吹者。

这个马莱(巴比塞因病未能来华)代表团所代表的国际反战组织，是与中国民众同命运的劳动群众的革命组织，是真正反对一切反革命战争，尤其是反对帝国主义战争的组织，是真正反对法西主义——资产阶级最反动最黑暗的统治形态——的组织，是以劳动者的同情与国际主义，真正援助中国民众争取独立与自由的组织。这与去年代表帝国主义强盗机关的国际联盟来计划瓜分与共管中国的李顿调查团，在一切方面都根本相反。

因此这个代表团才遭受瓜分与共管中国的帝国主义者之阻挠与诬蔑。因此拥护这个反战大会的中国战士才遭受出卖中国的汉奸之迫害与逮捕。

我们不愿在一切反革命战争的轰炸下，帝国主义战争的轰炸下蜷伏不动！我们不愿在黑暗势力的恐怖下，屠毒下，蜷伏不动！我们不能让帝国主义肆无忌惮的灭亡中国！我们不能让为虎作伥的汉奸恣情任意将中国卖个净尽！

如果李顿调查团受了出卖中国者盛大的欢迎，受了一部分被迷惑被欺骗的民众的期望；那么，现在中国的全体民众，每个企求中国之独立统一与自由的人，每个仇视任何反革命战争的人，每个被掠夺被奴役的人，每个被剥夺了自由的人，每个事实上争取人类进化人类光明之康庄大道的人，每个工人，农民，劳力劳心的生产者，不分性别，种别及党派分别，都应该以更热烈的精神与更伟大的力量，来拥护并参加今年九月在上海举行的这个远东反战反法西斯代表大会！开群众会议！选举代表！提送议案！为代表大会募集款项！请外国代表出席群众会议报告！睁大眼睛，捏紧拳头，保障大会代表的安全，制止任何反动分子的捣乱和破坏！为代表大会争取广大的足以容纳数千人的公共会场！大会的成功，靠着我们民众的热忱和毅力。

我们特别邀请在业和失业的工人代表，工会和工人俱乐部的代表，农民团体的代表，各地国民党工会的代表，大学生，中学生及青年团体的代表，知识分子，著作家，艺术家及各文化团体的代表，反帝反日团体及排斥仇货团体的代表，手工业工人及学徒的代表，尤其是义勇军及反帝军队的代表，共同来进行并且完成这项伟大的，光荣的，艰巨的工作！

远东反战反法西斯代表大会总筹备委员会
上海民众欢迎远东反战反法西斯代表总筹备会 宣言

一九三三年八月二十三日

（《反战新闻》第 1 号，1933 年 8 月 29 日）

40
领导全中国劳动青年拥护国际反帝非战代表大会

团中央委员会给大会电

国际反帝非战大会全体同志们!

中国共产青年团中央委员会向全体代表致革命的敬礼,英勇奋斗的全体代表,不顾帝国主义法西斯蒂国民党的白色恐怖阻挠,终于在炮火连绵的中国,在日本血洗的上海举行反帝非战的代表大会,在全世界无产阶级的赞助,与中国劳动民众的拥护之下庆祝代表大会的成功。

帝国主义侵略中国的战争,以日本为首的还继续不断扩大,进攻苏联的战争正在疯狂的进行,在中国举行国际反帝非战大会就是全世界的无产阶级和劳苦群众对于苏联和中国民众的同情。

一个瓜分中的国际联盟,一个同情中国的国际反帝非战大会尖锐的对立,将更加要暴露希望国联与美〈国〉的援助是绝望的,只有民众的武装进行神圣的民族革命战争才能使中国解放。正如中国苏维埃红军在东北抗日义勇军所进行的神圣的民族革命战争,推翻国民党帝国主义的统治,为中国民族的与社会的解放而斗争,代表大会的成功即是中国民众为民族与社会解放而斗争的成功,代表大会的胜利即是中国民众对于帝国主义国民党的胜利,中国共产青年团正在领导着全国的劳动青年参加民族革命战争与击破帝国主义国民党对于红军的五次“围剿”来庆祝大会的成功与胜利,拥护国际反帝非战代表大会,国际反帝非战代表大会万岁!

中国共产青年团中央委员会　八月廿六日

(《红色中华》第106期,1933年8月31日)

41
全中国少年先锋队武装拥护大会的进行

国际反帝非战代表大会在帝国主义战争紧迫的时候，国际反帝非战大会在帝国主义战争的火药库上海举行，在火药库的东北方正在燃烧着中国的工人和劳苦群众正在进行违反国民党意志的神圣的民族革命战争。[①] 全世界的工人和被压迫的民众都在同情与帮助中国民众的这一行动，国际反帝非战大会就是表示着全世界工农和被压迫民众对中国的同情与帮助。国际反帝非战大会是全世界反对帝国主义战争的领导者。中国的民众与世界的工人和被压迫民众进行兄弟的联盟反对帝国主义进攻中国的战争，从“九一八”后，国际反帝非战同盟，正是为着这一伟大的目的而奋斗，在亚姆斯丹[②]大会后曾经决定派遣代表团来。因为法西斯蒂的阻挠而没有成功。在那时，国际帝国主义的强盗机关却派遣了以李顿为首的调查团来华，帮助着日本对中国的战争造成帝国主义瓜分中国的统一战线。国际的无产阶级和被压迫民众对于中国同情运动，不管帝国主义的白色恐怖，今年在中国举行反帝非战的代表大会，这个时候正是中国的苏维埃的发展，全中国的少年先锋队更应该踊跃的进行推翻国民党帝国主义的民族革命战争来庆祝代表大会的成功。向全体为反帝非战的代表致热烈的革命敬礼！

少年先锋中央总队部　八月廿八日

（《红色中华》第106期，1933年8月31日）

---

① 原文如此。——本书编者注
② 即阿姆斯特丹。——本书编者注

42
反战大会上海临时筹委会致马莱函[①]

亲爱的先生：

基督教青年会的洛克伍德先生发表了一项声明，否认他的组织曾就即将召开的会议的住宿问题与我们有过接触。这个消息使我们十分惊讶，无疑也使代表团的其他成员感到奇怪。

事实上，我们已与该基督教青年会的中国秘书达成了协议，双方规定并同意会议用房的租金是每天五十美元，我们还得到了一份关于房子何时有空的清单，剩下的事只是根据具体的会期分配房间了。

可能是基督教青年会的外国工作人员不经常同他们的中国同事联系。也有可能这一声明表明了这个位于Montigny大街的所谓的中国基督教青年会，没有一个中国人有权就谁能或谁不能使用青年会的房子并支付租金作出决定。然而，最大的可能是警方或其他势力的威吓，迫使基督教青年会拒绝执行原来已达成的协议。

你忠诚的

反战大会上海临时筹委会

一九三三年八月二十八日

（据上海宋庆龄故居纪念馆编：《宋庆龄来往书信选集》，上海人民出版社1995年版，第32—33页）

① 该函寄自上海莫利爱路29号(今上海香山路7号孙中山故居)，宋庆龄时任反战大会上海临时筹委会主席。——本书编者注

43
上海青年欢迎巴比塞调查团筹备会启事

世界反帝非战大同盟派遣来华的巴比塞调查团已于十八日到沪。本会站在保卫国土争取青年一切自由的立场对于被压迫民众求解放的该团应竭诚欢迎，欲求得该团之指示，故定于本月三十一日举行招待大会，谨请巴比塞及各代表到场演说，征求各社团暨个人热烈参加，请先至本会大沽路永庆里五十三号先行登记，领取代表证，以便入场招待。此启。

办公登记处大沽路永庆里五十三号

（《大美晚报》1933 年 8 月 30 日）

44
全世界无产阶级与被压迫民族联合起来!
中央政府给国际反帝非战代表大会电

国际反帝非战大会的代表们并转

全世界无产阶级劳苦群众与一切革命者!

世界资本主义恐慌的深入,战后资本主义暂时稳定的终结,使帝国主义的资产阶级更其疯狂般的向着他们本国的无产阶级与劳苦群众进攻,把经济危机的一切负担放在他们的身上,并且用最残酷的法西斯蒂的血腥的手段,来对付工人阶级的组织与一切革命行动。在德国,在意大利,在日本,以及在全世界各资本主义国家内,法西斯蒂的狂潮,正与全世界工人阶级与劳苦民众的革命运动死命的斗争着。

在对外方面,帝国主义各国正在准备以残酷的帝国主义战争,找求经济危机中的出路。它们对于苏联的进攻,对于殖民地的侵掠,是更其加强了。日本帝国主义首先在中国以强盗的战争,占领了中国东三省、热河、察哈尔与滦东的广大区域,把那里的五千余万劳苦民众放在日本帝国主义铁蹄践踏之下。英国帝国主义在中国西部正利用西藏的军队,攻占我们的西康四川等省。预备把中国西部完全变为英国的殖民地,其他法国、美国帝国主义也同样的竞争着瓜分中国的领土,拼命的与帝国主义的战争,来重新分割它们在中国的市场!

万恶的帝国主义资产阶级是全世界无产阶级与劳苦群众共同的敌人,它们与中国万恶的白色恐怖的国民党政府联合,以数万万金元枪炮、飞机、毒瓦斯弹,武装国民党的百万计的军队,来进攻中国革命的根据地,中国的苏维埃区域,企图以血腥屠杀来消灭中国革命运动,把中国完全变为帝国主义的殖民地。这样来维持它们的统治,来继续能够对于本国无产阶级的剥削与奴役。国民党政府这种在帝国主义帮助之下向中国苏维埃区域大规模的进攻，到现在已经是第五次了。

中华苏维埃共和国临时中央政府向全世界无产阶级与劳苦民众宣言，中华苏维埃共和国临时中央政府是全中国被压迫民众的代表者。中华苏维埃共和国过去是在反帝国主义的战争中，巩固与发展起来的，它现在对于帝国主义经过国民党进行的对于苏维埃区域的五次“围剿”将给以致命的打击，它否认帝国主义列强与中国国民党政府所订立的一切密约，而且它正在号召、动员与武装全中国的民众，以民族革命的战争，来反对帝国主义瓜分中国，根本推翻帝国主义在华的统治，建立全中国的苏维埃政权，来保持中国的独立统一与领土完整。它是全世界无产阶级与劳苦民众反帝国主义斗争中有力的同伴！

全世界的无产阶级劳苦群众与一切革命者！中华苏维埃共和国临时中央政府代表全中国被压迫的民众，号召你们同我们在一起，来打败世界工人劳苦民众与一切革命者的共同敌人——世界帝国主义的资产阶级！我们更要求你们用一切方法阻止各国帝国主义者以枪炮、飞机、毒瓦斯弹运来中国，屠杀中国的民众，并且去号召你们本国的士兵弟兄们，反对帝国主义对殖民地的侵略，拒绝为了帝国主义资产阶级的利益屠杀中国的劳苦群众！

全世界的无产阶级与被压迫民族联合起来！反对帝国主义的战争！反对帝国主义瓜分中国！打倒世界帝国主义！

中华苏维埃共和国临时中央政府
主　席　毛泽东
副主席　项　英
张国焘
八月卅日

（《红色中华》第106期，1933年8月31日）

45
欢迎国际反战代表团的新山歌
(1933年8月)[①]

大六月天热沉沉，做工做得汗淋淋，众位兄弟静一静，大家听我唱新闻。我唱新闻非为别，单唱那帝国主义起黑心，资本家都是吃人精，一张大口血淋淋，吃饱了自己国内工人和农民，又想来吃倍伲中国人，东洋人西洋人，花旗和大英，一班恶鬼商量定，要把中国来瓜分。东洋矮子充头阵，夺去仔倍伲东三省；大英人，西藏新疆来进兵；法兰西良心狠占去了琼崖九个岛，还是不称心；花旗人，棉花大麦借给宋子文，闹得农村大破产，种田百姓种田种勿成。这班帝国主义杀人精，新鲜花样多得紧，害来害去要害中国小百姓，永世奴隶不翻身；好让他，打翻中国格革命，还有苏联那个大本营。中国政府国民党，他是个汉奸卖国精，见仔东秦兵，摇摇尾巴就欢迎，不准百姓抗日本，华北停战签协定，拿仔东北送人情，买来飞机和大炮，专打自己小百姓。听仔这样格新闻，阿要叫人气得昏，可是跟前格情形，实在更加来吃紧，全世界，大战争，马上会到临，帝国主义动刀兵，要穷百姓杀穷百姓，想把苏联来打掉，想把中国来瓜分，好让他们万世基业得安心。可是世界劳苦兄弟不答应，团结起来反战争，去年国际开大会，今年代表到上海。巴比塞反战调查团，代表世界工人就要来，一心帮助倍伲中国人，大家起来反战争，起[②]革命推翻帝国主义国民党，打倒资本家，赶走外国兵，这个好主意，大家都赞成，要过好日子，快快去欢迎，开会议喊口号，欢迎旗子闹纷纷，叫帝国主义国民党，吓得屁滚又尿淋，看看倍伲工人格力量，看看倍伲世界劳苦兄弟团结心，各位兄弟请想想，你想

---

① 时间是本书编者判定的。
② 吴语方言“去”的译音。——本书编者注

开心勿开心。

中国共产党江苏省委宣传部

（中央档案馆藏）

46
中央政府庆祝国际反帝非战大会开幕电

(1933年8月)[①]

国际反帝非战大会代表们:

中华苏维埃共和国临时中央政府,代表全中国工农劳苦群众,向大会全体代表谨致无产阶级的革命敬礼!英勇的反帝战线的前卫们,你们不顾帝国主义国民党的白色恐怖,不顾法西斯蒂与巡警探子的恐吓阻止,毅然在国际帝国主义共管下的被日本强盗所炮毁过的上海,来召开全世界反帝非战大会,我们表示无限的钦佩与热望!

大会的开幕是国际工人阶级和一切劳苦群众在反帝的国际下层统一战线上获得了空前伟大的成功。我们坚信大会一定能够领导全世界反帝战士采取具体的步骤来反对不宣而战的企图把中国完全殖民地化的远东战争,反对正如火烧眉毛一般危急的国际帝国主义的反苏联的战争!

全中国劳苦民众完全深刻的理解李顿调查团与国际反帝非战代表团这两个组织的尖锐的对立。政治的经验告诉我们:前者是国际帝国主义强盗瓜分中国的计划者与组织者,而后者,就是你们呵,你们是全中国民众反对帝国主义的强盗侵略,争取中国的独立自由和解放的最有力的帮助者。我们希望你们把一切帝国主义在中国所造下的兽行、罪恶和阴谋的实情,揭露在全世界工农兄弟的面前,同时热烈的欢迎你们来参观苏维埃区域,把苏区内工农的革命热情和他们生活的改善,以及苏维埃政府的一切建设,和你们在帝国主义国民党统治区域内所见到的饥饿、死亡、失业和灾荒作成一个显著的对照表,传播到全世界工人农人与兵士中间去,激起他们的兴奋与同情!

---

① 时间是本书编者判定的。

现在中国是在两条道路——殖民地的道路与苏维埃的道路——的剧烈战争中。帝国主义国民党疯狂的进行对苏维埃红军的五次"围剿",正是要使中国走上完全的殖民地的道路,而我们也正集中一切力量来粉碎敌人的死命的大举进攻,竭力阻止帝国主义殖民地的道路,为争取独立自由的苏维埃中国的道路而斗争。我们相信大会是完全同情于我们,因此,大会的成功即是我们的成功,大会的胜利即是我们的胜利。我们领导全国工农和红军,一致拥护大会的顺利进行,为大会的伟大的前途,表示热诚的祝贺!

中华苏维埃共和国临时中央政府

主　席　毛泽东

副主席　项　英

张国焘

(《红色中华》第107期,1933年9月3日)

47
为号召全中国被压迫民众参加上海反战大会宣言

(1933年8月)[①]

全中国的工人们！一切被压迫的群众们！

整个世界资本主义的危机已四年多了；这期间，一切资产阶级国家企图牺牲劳苦群众的生命和精力来挽救自己垂死的运命，都证明是完全失败了。现在世界已处在资本主义没落期的帝国主义时代，生产力之向国际发展与民族限界的冲突，已成了当前不可解决的矛盾；苏联的存在和发展，殖民地民族解放运动的复兴，便加强了这个矛盾。这样，帝国主义要找寻新的出路不得不实行镇压世界革命——重新分割世界市场。因此，帝国主义强盗的掠夺战与反苏联的战争已是十分紧迫而实际的了！

德国在社会民主党叛贼出卖了工人利益放弃斗争与共产国际的错误政策领导之下，加速了希特勒的胜利，造成了法西斯的反动潮流；这样，在西方更巩固了反苏联的阵线！中国自反动的国民党出卖民族利益把东北四省拱手奉献给日本之后，又益以苏联政府少数领袖的软弱的外交政策，于是更促成了远东反苏联的军事堡垒的建立。中国民族现在已处于最悲惨的沦亡和覆灭的运命里，自日本帝国主义武力占领东北四省以后，法国随之占领小九岛，英国正在向西部准备推进；而反动的国民党共管的前途；中国民族将在国际帝国主义及其走狗国民党共同宰割之下趋于灭亡！

要挽救民族的沦亡与争得解放，首先就必需[须]反对帝国主义的瓜分殖民地与反苏联的战争，必须推翻法西斯化的国民党及其主人国际帝国主义的统治！

上海的反战会正在准备召集中了，在目前这种群众革命的集合与“统一

---

① 时间是本书编者判定的。

战线”是极端必要的！不管在会议的派别如何，只有他们不背反帝反法西斯化国民党统治的目标，不背革命的利益，我们左派共产主义者必需[须]站在最前线和公开地号召你们，全体动员来参加这次大会，选出你们积极和忠实的代表。但同时，你们必须了解，要根本消灭帝国主义的战争，就必须推翻全世界的资本主义制度！必须充实自己的力量，整顿自己的队伍，准备以阶级的革命战争来代替不可避免的帝国主义强盗的掠夺战争！你们必须相信自己的力量，不应迷信社会的上层分子，不应当把自己革命斗争的精神，溶解于小资产阶级的“和平主义”之中！“和平”是绝对必要的！但必需[须]准备自己的铁和血的斗争，准备一个革命的“进攻战”；在推翻法西斯化的国民党和国际帝国主义的统治之后，才可达到的！

你们必须参加这次大会，你们必须彻底了解反对帝国主义战争，反法西斯化的国民党之真实的意义！

我们左派共产主义者公开地和诚恳地向你们和大会提议：

① 立即筹备在反帝反法西斯化的国民党统治的“联合战线”之下建立一个全国性的为民族解放和民主斗争集中的总机关。

② 由东方一切被压迫民族建立一个强固的反帝联盟。

③ 要求苏联与中国建立一个远东反帝的军事和政治的攻守同盟。

最后我们高呼：

反对世界帝国主义战争！

打倒国际帝国主义及其走狗国民党！

保卫苏联！

全世界无产阶级和被压迫民族联合起来！

中国民族解放万岁！世界革命万岁！

中国共产党左派反对派（布尔什维克列宁派）

（《火花》第2卷第1期，1933年12月15日）

48
致国际反帝联盟代表团的公开信

(1933年8月)[①]

国际反帝联盟代表团：

听说你们准备最近在上海召集一个反帝国主义战争和反法西斯的大会。我们站在拥护中国彻底的民族民主革命的立场上；站在保卫苏联——无产阶级的国家，世界革命的大本营——的立场上；站在反对帝国主义瓜分殖民地的和反苏联的大战的立场上；站在反抗国际法西斯反动的进攻和准备推翻垂死的资本主义世界，从事国际无产阶级革命的立场上；都必需[须]同意这个会议。我们特地为这个会议准备了一篇宣言：公开地号召全中国广大的被压迫群众积极地参加这个会议；我们热诚地动员我们的一切组织，去推动这种工作，并防止革命的一切敌人：国际帝国主义及其走狗国民党等等对大会的破坏！我们也可以派正式的代表参加这个会议；但我们必须公开地郑重地声明：我们在会议中必需[须]保持我们的对于参加的一切党派的理论、政策、行动之讨论和批评的绝对自由！

最后我们向大会提议：

① 立即筹备在反帝反法西斯化的国民党统治的"联合战线"之下建立一个全国性的为民族解放和民主斗争集中的总机关。

② 由东方一切被压迫民族建立一个强固的反帝联盟。

③ 要求苏联与中国建立一个远东反帝的军事和政治的攻守同盟。

我们希望大会能够接受我们的提议。此致

---

① 时间是本书编者判定的。

革命的敬礼！

中国共产党左派反对派（布尔什维克列宁派）

（《火花》第2卷第1期，1933年12月15日）

49
寿县反帝非战大同盟为拥护国际反帝非战代表大会宣言

工农士兵学生兄弟们！一切被压迫的群众们！

全世界被压迫民众反对帝国主义，反对帝国主义战争，反对日本及一切帝国主义强盗瓜分中国的代表大会，决定今年八月在上海开会。这一大会对于我们中国的民众是有特殊的意义，因为他将实际的反对日本帝国主义占领东三省，反对一切帝国主义瓜分中国，反对帝国主义掠夺中国的强盗战争，反对帝国主义进攻苏联的战争危险，揭破帝国主义一切准备战争，牺牲劳苦群众利益的阴谋，以帮〈助〉中国的独立解放和自由。

参加这一大会的各国代表，在八月间就陆续动身到中国来，可是在本国就已受够了各帝国主义政府多方的为难，有些国家（如日本）公然禁止开会选举代表，各代表到了上海后，受尽了英日法美各强盗的工部局和中国当局的限制与监视，公开宣布不允许在上海租界或中国地界开会，帝国主义办的报纸，不时造谣中伤指这次大会为第三国际所领导的深带共产色彩的会议，以为这样，不仅巡捕房和上海市政府可一致联合起来禁止开会，而且可以任意逮捕代表，高丽的代表到上海后就被日本侦探用绑票手段捕去了。帝国主义者和其帮手中国当局对于反对他们的群众代表及其大会，加以刻意的压迫和摧残是不足为奇的。

再者，大会的领袖代表马来[①]爵士（Marley，英国工党议员）到日本，警察禁止登岸，故意搜查盘问，会期原定九月三日，现已无期延会，会址无着，有些国际代表不能顺利的到上海来，帝国主义者对于反帝群众的压迫真是无微不至。

---

① 即马莱。下同。——本书编者注

中国政府对于帝国主义强盗的国际联盟则尽量拥护，对于瓜分中国的先遣队李顿调查团则竭诚欢迎，而对于反帝国主义的代表大会和巴比塞调查团则任意攻击，压迫和监视。

一切被压迫而反抗帝国主义的群众们！我们只有自己坚固的团结起来！拥护反帝非战代表大会！各地选举代表参加代表大会！要求大会按期召集！绝对反对帝国主义者和中国当局压迫大会，限制代表的自由！欢迎巴比塞调查团来华的调查！反对强盗国际联盟！反对李顿调查团及其瓜分中国的报告书！打倒日本和一切帝国主义！反对第二次世界大战！反对帝国主义进攻被压迫民族的真正朋友苏联！自动武装起来，进行革命的民族战争，争取中国的自由解放！反对政府一切卖国条约，借款出卖民族利益，断送东三省热河及华北！

反对压迫反帝运动！

中国革命成功万岁！

寿县反帝非战大同盟

第一区分会执行委员会印

九月一日(1933)

（中央档案馆藏）

50
红军总司令部给世界反帝反战大会电

（1933年9月4日）

世界反帝反战代表，热烈庆祝代表大会并向全体代表致革命的敬礼。我们坚信全世界的反帝非战将在你们的领导之下，与瓜分中国、屠杀中国民众和疯狂般进攻苏联的帝国主义强盗作坚决的斗争。我们是中国工农的军队，是反帝的先锋，我们要与全世界反帝作一致的行动，以百战百胜的铁拳开展民族革命战争，彻底粉碎帝国主义和国民党的五次围剿，把帝国主义赶出中国去，反对帝国主义大战，武装保护全世界反帝的大本营，社会主义的苏联和独立自由领土完整的苏维埃。新中国工农红军万岁！独立自由的新中国万岁！中国工农红军总司令朱德、总政委周恩来及全体红色指战员。

（中央档案馆藏）

51
怎样去进行反战大会的鼓动

浪

反战反法西斯蒂的世界大会快要开幕了！虽然中央一再指示“广泛的开展宣传和拥护大会的运动”，但是，检查各地的，首先是上海的工作，我们认为关于拥护大会的鼓动，是完全不能令人满意的。传单、标语散发得不广，群众会议很少进行，而已经举行的集会也是很狭隘的，只是简单选举一些代表，没有把大会意义与任务和我们党的立场，作充分的鼓动与解释。对于拥护大会的鼓动所必需的演讲会完全没有进行。关于大会的刊物，除了《反帝前卫》和《反战新闻》以外，几乎没有旁的东西，就是上述的刊物，只出第一期。同时，这些刊物的质量与内容也是坏的：文字深奥，甚至应用文言（《反帝前卫》发刊词），这是第一；第二，大半是长篇大段的文章，很少实际的消息和拥护大会的群众斗争；第三，对于大会主要任务，特别是反对日本侵略中国与帝国主义瓜分中国的鼓动，没有充分注意（如《反帝前卫》上的《世界战争危机与反战代表大会》一文，完全不提这一问题，只是空谈“战争的危机”），关于“民众自动武装起来进行民族革命战争”的口号，没有提出；第四，对于国民党的投降出卖的事实，没有具体的揭破；第五，对于拥护大会有莫大的号召意义的苏区来电，没有发表，甚至附和反对派的污蔑，称红军为“共匪”（《反帝前卫》七页）；第六，没有把反法西主义的斗争看作是这次大会的主要任务之一，以进行反法西斯蒂蓝衣社的广大鼓动，《社会新闻》对大会的污蔑，狂吠与破坏，没有给予应有的打击，法西斯蒂的恐怖的罪恶没有加以揭穿，只说过一句“准备破坏与绑票”或“群众陆续被捕了二三十人”，但是这是什么意思呢？——没有说明；第七，最后，在《反战新闻》上提出“反对压迫民众的反战行动”的口号，这口号只能了解为：反战行动是“压迫民众”的，这是何等错误呵！

这就是关于反战大会的鼓动工作大概情形。我们认为这种情形，是不可容忍的，这样去进行鼓动是完全不行的。我们的工作所以处于如此浅重状态的原因，主要的在于江苏党对于大会的鼓动工作之消极与忽视，缺乏领导，此外，便无法可以说明。

反战反法西斯蒂大会已经迫在眼前了。我们绝对需要保障这次大会政治上的成功，要做到这一点，我们应当立即转变我们的鼓动工作，纠正这一工作中所有的缺点与错误，开展广泛的鼓动，这是江苏党一个最迫切的任务。

关于这次大会的鼓动所应看重的问题，在中央各次的通知中已经明白指出了，此地无须重复。在进行这些问题的鼓动时，可以利用不久以前《八一宣传大纲》，这个大纲对于反战反法西斯蒂的鼓动，基本上仍旧适时。现在我们只指出目前我们的鼓动所应特别注意的如下的问题：

一、在文字与口头的宣传鼓动中，向广大群众说明，我们是反对帝国主义战争与瓜分中国的，因此我们要进行民族革命战争，反对日本及其他帝国主义。

二、应该向群众明白指出，帝国主义瓜分中国已经完全公开的开始了，这不仅表现于日本并吞了满洲、热河、华北，法国侵略云贵和占据南海九小岛，英国占领康藏及进攻新疆、四川等等，而且表现于华北军阀——日本代理人，如黄郛辈之执政与活动，表现于英国支配广东政府，美国支配南京政府，国际联盟管理上海。

三、应把国民党一切派别，看作是出卖民族利益的政党，特别要指出他们的镇压反帝运动，反对苏区红军的战争——即反对中国民众的战争——是替帝国主义瓜分中国作清道夫的。

四、指出法西斯蒂蓝衣社是帝国主义强盗战争，反苏联的武装干涉和进攻中国红军与苏维埃的先锋，指出他们是卖国贼，他们破坏反战大会就是进行反革命战争与出卖民族利益的一个具体表现。同时进行反对德国法西主义的鼓动，扩大援助德国革命战士的运动。

五、鼓动群众反对禁止抵制日货，利用日货在华激增的事实，去号召组织工人和学生的抵制日货。

六、拿南京政府的所谓“外交政策转变”，蒋作宾复职日使，国民党卖国贼与日本强盗的“亲善”等等事实，鼓动群众反对国民党的新的卖国勾当与交易，要求立即与日本绝交，对日宣战。

以上这些问题应在广大的群众中作普遍的鼓动。为了这一目的，必须：(一) 举行各种群众会议，首先在厂内，车间里，工房里，学校机关及一切群众集中的地方，利用欧洲的代表在群众会议上作报告(用招待会，欢迎会名义等等均可)；(二) 出版工厂小报、壁报、昼报等，广大的散发宣言传单标语；(三) 保证《反帝前卫》与《反战新闻》的出版，并改善其内容，首先要写得通俗，生动，切实，政治面目鲜明(但不用党的口号)；(四) 经过选举会议和选出的代表，在群众中扩大鼓动工作，并号召群众拥护大会和大会的代表；(五) 组织和活跃宣传队、标语队、戏剧队等，以进行拥护大会的鼓动。

九月四日

(《斗争》第53期，1933年9月5日)

52
中国领土保障同盟会沪东分会宣言

（1933年9月）[①]

亲爱的劳苦群众们：

代表劳苦群众及被压迫民族谋解放的远东反战反法西斯代表大会将在上海开幕了！

在资本家高度的压迫和剥削下，在帝国主义无情的飞机枪炮屠杀下，在无耻的政府一次两次签订出卖民族利益的条约和不抵抗的决心下，在极残酷的白色恐怖威胁下，我们不仅历尽[经]失业饥饿不自由的苦痛，并且连性命都是吊在一丝危险的线上。我们除了反抗，就是等死，再没有第三条路好走。

数一数我们受过的痛苦，看一看，我们目前所处的情形，只有我们劳苦群众自己才知道自己的苦处，也只有自己才能替自己想办法，我们劳苦群众大家团结起来，就不怕任何的压迫，反战反法西斯大会是世界的劳苦群众联合起来谋自己的解放的会议。我们要最大的奋力争取这会的胜利！

我们要我们反帝国主义的侵略进攻殖民地的战争！我们要反对帝国主义进攻苏联屠杀劳苦群众的大战，我们要反对法西斯的恐怖，屠杀！我们要翻身，我们要以大众的力量推翻帝国主义，法西斯的恐怖统治！来！我们来参加反帝大会！

工人们！农民们！兵士们！学生们！小市民们！选举代表来参加国际反战会吧。送提案，意见书与报告到反战大会来！关车罢工，罢课，罢操，参加拥护反战会议大示威！

中国领土保障同盟会
沪东分会

（《反战新闻》第2号，1933年9月6日）

---

① 时间是本书编者判定的。

53
中国青年文艺团体欢迎反战代表团宣言

(1933 年 9 月)①

“九一八”、“一·二八”,日本帝国主义在我国的领土内造成空前的大屠杀,东北和上海染遍我们被压迫民族的鲜血,我们的文化也在几百磅的炸弹下大受摧残!把二十世纪的文明又重复回到中世纪的黑暗!我们当时以为号称所谓主持公道的国际联盟该要来给我们一些公道。不错,李顿调查团派到中国来了。本来他们从日内瓦到中国要不了几天,然而他们好像没有看见日本帝国主义正在疯狂屠杀似的,大摇大摆地从欧洲弯了一个大弯到美洲,又再到日本,到了我们中国的时候,时间差不多是半年,而我们的劳苦大众又已经尸积如山,血流成河了!然而我们还期待着,以为天地间总有一点公道的,李顿报告书宣布了。哦,原来那么长篇的报告书,是要把我们被〈压迫〉下的民族拿去共管瓜分!原来他们在半年之久绕道美洲,绕道日本,是在征求帝国主义共管瓜分我们的意见的。原来国际联盟就是这么一个分赃机关,当然,国际联盟并不能防止战争,相接[反]地是在助长战争。李顿报告书作成后,日本帝国主义的屠杀不但不曾中止,然而更摧[加]残酷地向我们民众进攻。这〈么〉大一个华北,这〈么〉大一个我们中国的领土,就这么被日本帝国主义强横地强占了去。整整的两年了,屠杀还在赶紧。

我们知道,李顿报告书给与我们民族只是“死”!同时在他们分赃不均的时候,也就增增[加]了帝国主义者之间的矛盾。在这资本主义经济恐恐[慌]深刻化,而殖民地的市场愈紧[加]缩小的时候,国际帝〈国〉主义者先要找寻恐慌的出路,就先要赶紧的瓜分我们中国,赶紧向我们中国民众进攻。在这次的世界经济会议中,德帝国主义的说帖,英帝国

---

① 时间是本书编者判定的。

主义的演说等等，完全揭破了国际帝国主义的阴谋。同时帝国主义者看到本国反帝反战的联盟运动的高涨，就自己无耻地振[揭]破了民主的假面具，而残酷地施行法西斯的政治，摧残劳苦群众，摧残人类文化。

（《反战新闻》第2号，1933年9月6日）

54
中国文总欢迎反战调查团宣言

(1933年9月)[①]

工友们！农人们！士兵们！学生们！和文化界的人们！

去年在阿姆斯特丹开过第一次大会的世界反帝非战大同盟，决定最近在上海开会了。它同时遣派反战调查团来华，调查日本帝国主义强占东北四省和屠杀中国民众的真相。现在，各国的反帝团体的代表和反战调查团，已陆续到了上海，准备开始工作。

全世界反帝非战大同盟之在上海开会，反战调查团之奉命来华，在目前是有异常重大的意义的。

大家都知道：目前正是帝国主义强盗战争异常迫近的时候。帝国主义间的矛盾，已尖锐到极点。资本主义为它自己所产生的经济恐慌所震撼，已整整届满四年；国际资产阶级已都准备着从战争中找出路。裁军会议，闹了一年有半，没有丝毫结果。世界经济会议开会月余，终于不欢而散。日美帝国主义已经公然开始建筑军舰的竞争。美国的所谓复兴计划，不外是一种扩张军事工业的掩饰。日本继续不断的进攻中国，正是帝国主义战争的开始。

因为帝国主义的经济恐慌日趋深刻，帝国主义间的矛盾无法调和，愈使帝国主义强盗们拼命结成反苏联的统一战线，企图正牺牲苏联——社会主义建设着着胜利的苏联，来解决它们中间的矛盾。所谓"四强公约"，主要的目的在于加强欧洲反苏联的战线，德国法西斯蒂代表胡根堡在世界经济会议公开向苏联挑衅，英国工程师破坏苏联电气厂的阴谋，日本在满洲建立了军事进攻苏联的阵地之后，强夺与破坏中东路，制造苏联将夺取满洲里的谣

---

① 时间是本书编者判定的。

言，中国一切反动派别继续不断的攻击苏联等等，无一不是加紧准备进攻苏联的表现。

同时，帝国主义强盗们，为了找自己的出路，为了镇压殖民地的革命，也为了便于进攻苏联，在另一方面，又加紧瓜分中国的阴谋。日本帝国主义在英法的公然同意之下，自“九一八”以来，陆续夺取东北四省，占领东北一大部分，最近又准备进[侵]略察哈尔，并藉口索取西原借款，进一步的夺取山东以及黄河以北的土地。英帝国主义进攻西藏及西康，法帝国主义进窥滇黔，准备染指四川，最近宣言占领西南九岛。美帝国主义则企图利用经济势力独占中国。英法又经由其御用机关——国际联盟以“技术合作”的名义来共管中国，等等，这些都是帝国主义加紧瓜分与共管中国的事实。

帝国主义的矛盾和企图，在中国反映出来，就成为军阀混战的酝酿和爆发。年来，滇黔的混战，四川两次的混战，新疆的相残，华北的争夺防地，西南的酝酿反蒋，等等，都是帝国主义在华利益冲突的反映。

大家都知道：帝国主义强盗们之进攻中国，是得到国民党各派军阀的积极内应与帮助的。国民党自“九一八”以后，就采取积极投降日本的政策。对于日本之进攻，始终不抵抗的依赖国联，压迫十九路军大兵撤退，签订出卖上海的停战协定。最近又签订塘沽协定，参加大连会议，把东北四省，华北一部，卖断给日本。对美二万万元的大借款，对英一万万元的大借款，对德的铁厂借款，对国联的“技术合作”等等，无一不是“大放盘”的出卖民族利益，以求各帝国主义的谅解。为的是可以由此获得大批军械与金钱，以便大规模的屠杀全国到处要求解放及已经得到解放的工农民众，以便取得帝国主义的欢心，以便维持其日趋崩溃的血腥的统治。

这就是目前国内外的形势。在这种形势底下，中国广大的工农劳苦大众，就日益陷入饥饿，失业，死亡及被屠杀的深渊。不但如是，不管帝国主义战争是采取帝国主义强盗们混战的形式，抑〈或〉是采取强盗们武装干涉苏联的形式，一旦战争爆发，中国的领土无疑的是要变成战场，以帝国主义目前的杀人武器的威力与数量，不难立即使中国大部分的地方化为一片焦土。

上海闸北的创痕，就是小小的榜样。所以，帝国主义及其走狗国民党，是全国广大的工农劳苦大众的死敌，只有反帝国主义的队伍，才是中国工农劳苦群众的朋友。

工友们！农人们！我们只有彻底推翻帝国主义在华的势力和为虎作伥的国民党的政权，才有出路，才能达到民族的生存与独立。而全世界反帝非战大同盟，正是全世界被压迫民众大联合的阵营，是反帝的伟大的力量，是帝国主义者没有一刻不想破坏的势力。它对于中国为争取民族的生存和独立的斗争将有很大的指导与帮助。它在目前内外形势这样紧张的时候，在上海开它的第二次大会，是有非常重大的意义的。

工友们！农人们！士兵们！学生们！和文化界的人们！

为了人类的和平与幸福，为了中华民族的生存与独立，一致在全世界反帝反战大同盟的旗帜之下团结起来！一致起来欢迎大会的代表及反战调查团，参加他们工作，拥护他们，共同争取这次反帝大会的胜利，争取反战调查团的报告的成功！不论任何派别的大众，都积极的起来参加吧！因为全世界反帝非战大同盟，本来就欢迎各种不同的政党和政治倾向的反帝的人们来参加的，去年的大会就是这样成功了的。工友们，你们负有伟大的历史使命，积极奋起，领导中国的广大的民众来参加大会的工作！学生们和一切文化界的人们，你们具有特殊的文化工具，积极奋起，负担反帝大会需要你们负担的工作！

反对帝国主义战争！反对帝国主义瓜分中国！反对帝国主义进攻苏联！拥护国际反帝反战代表大会！选派代表参加反帝非战大会！打倒出卖民族利益的国民党，争取言论出版集会结社一切自由！反对逮捕并惨杀反帝的思想家，著作家以及一切的反帝战士！以革命战争消灭帝国主义战争！全世界的工农劳苦大众联合起来！

中国左翼文化总同盟

（《反战新闻》第3号，1933年9月15日）

55
拥护国际反战大会宣言

随着经济恐慌之日益严重，全世界的战争空气愈见紧张，华北和南美，早已沉沦在大炮飞机枪林弹雨之下了！千百万饥饿的劳苦群众，天天躺在血泊里呻吟，辗转，死亡；然而残酷无情的帝国主义，还更进一步地准备作大规模的战争，用战争来解决经济恐慌以挽救它们自己危亡。

它们虽然这样热烈的准备战争，可是同时又千方百计地避免它们自己内部彼此间的矛盾，而集中所有的力量，来发动进攻苏联的干涉战争，与压迫中国革命瓜分中国的战争。它们企图把苏联无产阶级的政权推翻，将全球六分之一的土地，重新夺回作为资本主义的市场，把中国革命扑灭，将四万万劳苦群众永远来当它们的奴隶。

中国统治阶级，一贯的出卖民族利益，替帝国主义当走狗，清道夫，刽子手，屠杀中国的革命群众。它动员全国的军队不去抵抗日帝国主义侵略，而以之围剿反抗帝国主义的红军，最近又向英美德法意等国定购大批军火，来加紧其镇压中国革命的工作。

战争是爆发了，镇压中国革命的战争，进攻苏联的战争，帝国主义本身的战争，或迟或速地表现出来了。它们环绕着"满洲事变"而展开了，在这种危机之下，首先受牺牲的是各国的无产阶级，而中国劳苦群众所受的痛苦更不堪言。

上海这次非战大会的任务，就是要号召各国的无产阶级以及中国的劳苦群众，用自己本身的力量去制止这个将要爆发的战争，并且特别要把中国劳苦群众，从战争的恐怖之下解放出来，以[从]帝国主义国民党血腥统治之下解放出来。

劳苦群众们！参加大会的各国代表到齐了，会议即将开幕了，然而制造战争的帝国主义国民党及其他一切反动派别为着破坏这个伟大革命的行为，动员其所有的力量，在造谣着，中伤着，污蔑着，恐吓着，并逮捕了我们拥护这个会议〈的〉许多革命的群众，我们为争取这个斗争的完成和胜利，我们将继续不断地以斗争的力量来促其实现，〈以〉一切的力量来拥护这个会议，最后我们高呼：

反对帝国主义战争!!

反对帝国主义国民党压迫中国革命!!

反对帝国主义进攻苏联!!

反战大会胜利万岁!!

中国革命万岁!!

世界革命万岁!!

中国社会科学者联盟

九月六日

（《反战新闻》第3号，1933年9月15日）

56
河北省委给中央的信

中央：

31 号信所指示的关于反战会问题，我们决定召集河北反战大会，要各地派代表集中北平。至于河北代表团现在事实上在河北反战大会上选举是不可能，只能在能更迅速派代表的地方首先派来，即送中央，□日期已晚也要来的。现已决定的有北平四人、天津四人、唐山二人、京东二人，已通知各地，大概最早亦须廿号左右启程（带代表的那位交通迟回的原因，他很平安）。

在交通同志对于法西斯运动的通知以后，我们已注意广泛的宣传工作，决定进行党内外的募捐运动，领导互济会要开展反法西斯蒂斗争的群众运动，要把包围德使馆抗议德使馆和反对国民党法西斯蒂白色恐怖联系起来，并更具体的讨论这一运动的进行。

河北省委秘书处　10/9 写

（中央档案馆藏）

57
给德国总理希特勒的一封信

下面的决议案，是反对在你领导之下的国社党的野蛮的行动，出于他们狭陋的国家主义，以武力去压迫文学，科学和艺术。这希望你加以深深的考虑。

这个决议案在七月二号的我们的领袖思想家，作家，艺术家，科学家和新闻学家所召集的初次会议上已经一致地被采用了，他们在这次会议上，并于目前德国文化的状况，是自由地交换意见。

德国曾经在我们的艺术科学的领袖中是最有影响的一个，可是由于国社党的行动，把高的文化程度，弄得摧毁坠落，这一点，决不能不抗议地而放了过去。

我们一定要联合全世界的抗议，是抗议，是从一切的反对这样一种野蛮的行动的地方来的。

我们的初次会议已经扩张了，这可以在我们国内外形成一个为了科学，文学，艺术的自由和进步的组织。我们还等待着进一步的发展。

决议案

(在反抗国社党强暴行动的初度会议上通过)

我们承认国社党最近破坏科学文艺，压制自由反战的进步思想，这种猛烈的行动，不但是德国全部文化史上的一个污点，而且是对于文明世界的一种疯狂的挑战。目前的世界形势，反动的运动一天一天的扩张了势力，不止在我们国家，全世界都是一样，我们看到这一点，站在为求思想的自由，和科学文艺的进步的立场，在不能忍受的下面，抗议这样一种行动。

Gakagei Jiyn Domei

日本东京文艺科学自由联盟

(《反战新闻》第 3 号，1933 年 9 月 15 日)

58
给孙夫人宋庆龄的信

敬爱的夫人：

我们的为着文艺和科学的自由，反对全世界的反动的运动的组织已经成立了。同时我们还附了一个抗议和一封信给你，这些都是给德国总理希特勒的，是关于国社党的野蛮行动的。

文化是人类的遗产，为了这，我们已经在国内外组织了一个联合战线，反对野蛮的行动。

我们的组织准备作在上面的路线上种种活动的合作，欢迎同情和指示。

日本东京文艺科学自由联盟

（《反战新闻》第3号，1933年9月15日）

59
日本大阪工人致反战大会信

致远东反战大会诸君：

亲爱的男女同志们！

在上海反战大会开会之际，我们，大阪工会的会员们敬[谨]向你们——全世界人类和平的战士们致弟兄的衷心的敬意。我们日本工人们，已经完全知道"谁是为了那已经准备好了的而刚在开始的帝国主义战争而流血而牺牲命的"，我们极希望这大会成为有效的反对残暴的帝国主义者和军阀的大示威。我们知道我们的群众的参加大会是等于向帝国主义者——特别是日本帝国主义者投一颗炸弹，我们正努力为参加大会而斗争着。可是，不管我们的斗争如何激烈，我们还只能用这封简短的贺信表示我们的热诚。但是我们向你们发誓，我们的斗争不是一时的，而是要继续下去直到将来重要的决定的一日！

在我们国内，"远东和平之友会"在工农大众之间展开着它的斗争，反对统治阶级的压迫，反抗那些与统治者合作的社会民主党。我们的斗争是因为无产阶级国际的团结而更坚强了。

反战万岁！

我们的团结与统一战线万岁！

日本全劳统一全国会议关西地方协议会

大阪港南地区　一九三三，九月

（原文系世界语）

（《反战新闻》第5号，1933年9月22日）

60
日本普洛作家同盟给远东反战会的檄文[①]

上海远东反战会议的代表，同志诸君：

前年九月十八日由日本帝国主义者开始了的北中国侵略战争，正在一天一天地扩大。武力干涉苏联的危机正在一天一天深入。伟大的历史的任务已加到了各国工人农民底肩上。

上海远东反战会议的代表，同志诸君！

我们日本普洛作家同盟在第六次全国大会席上，一面对于我们当面的国际的国内的诸情势唤起特别的注意，一面规定了我们同盟底中心任务是反战的文学活动，而且认为为了使这样的斗争成功地做到，非彻底地实现把组织的启蒙的方针决定地向大众的斗争转换不可。而且和日本帝国主义战争准备直接结合的××制白色恐怖的猖獗——为了压抑同盟里指导的干部战动家底自由而施行的检举，拷问，下狱，对于我们出版物的连续的禁止和没收；虽然如此，广泛的大众底革命的高涨，支持我们，而且进而愿成为同盟底活动家同志，正在陆续集拥到同盟底周围。对于这种情形发抖的支配阶级，利用组织破坏者佐野，锅山，三田村等最恶的叛徒，想扰乱我们同盟和一切工人阶级的团体底内部。这样还不满足，已经开始要把治安维持法和出版法改得更利[厉]害，想把我们底文化——文学运动都打倒[到]地下室去，已经系统地开始了这样的策划。同志诸君，我们现在涌起了无限的仇恨和新的决意。我们决不屈服。这种决意，我们正在由加强反战的文学活动来具体地表示。

上海远东反战会议的代表，同志诸君！

我们日本普洛作家同盟送给诸君只有由斗争才能够交换的火一样的敬

---

① 该文多有文理不通之处，本书原文照录。——本书编者注

礼。诸君底会议内容,我们要使它成为我们活动底血肉,在企业村落里已经组织的或正在组织的大众文学团底活动里面,在我们底创作活动里面。同志诸君,我们底反战会议,不是一两天所能够完了的。我们底反战的文学斗争,是要继续到战争底危机从全世界消灭的那一天诸[的],即国际的无产阶级完全胜利那一天为止的。

同志的[诸]君,对于日本的文化反动,国粹主义,爱国主义,社会法西斯的文化——文学运动,我们用我们底无产阶级的文学运动底扩大强化来粉碎的。我们要和亚细亚革命运动底刽子手日本帝国主义决定[坚决]地斗争的。高喊中国侵略战争和与美国之间的战争有进步的意义的叛徒和在意识形态上与这些叛徒相结托的对于我们文学底党派性的抹杀者,对于他们,我们要斗争下去的。

反对内了[日本]准备战争所作的对于文化运动的压迫!

反对治安维持法和出版法的反恶[动]!

帝国战争绝对反对!

拥护苏联!

远东反战会议万岁!

国际革命作家同盟日本支部

日本普洛文化联盟组成团体之一

日本普洛作家同盟

常任中央委员

(《反战新闻》第6号,1933年9月29日)

61
上海青年欢迎巴比塞调查团委员会宣言[①]

全国的青年同胞们：

资本主义的社会到最后的挣扎各帝国主义经济政治危机的毕露时期，[②]他们因为各想急于解决这一问题，只是狂奔着向外求殖民地的解决，及夺取商品销〈售市〉场，然而他们各为了各的发展和解决，引起了他们的冲突矛盾，但他们的矛盾在最近想在经济会议上面来求解决，集中一切的力量去解决他们的问题：但是各帝国主义的矛盾并不能在这会议上面来求解决，弄到经济会议破产，这本是能预测的事实。资本主义已走到了末路，但是在理论上和实际上虽是这样的进程，然而各帝国主义更暴露他们最残酷的手段，加紧武器的准备，英日德法美，无一国不宣布军备的惊人增加，并且他们早已向着殖民地的中国进攻，占据土地，屠杀革命民众，事实在眼前告诉了我们，日帝国主义不是占据了整个的华北吗？法帝国主义不是占据了南沙九岛及增兵云南吗？英帝国主义不是在西藏青海四川武装的进攻吗？美帝国主义更是最技术的日日少数的[③]增向各要埠及港口吗？各帝国主义的军舰飞机不是自由的在内地出入吗？华北方面，欧洲方面不是在加紧准备向苏联挑战吗？同时在政府当局，我们更看见实行着长期不抵抗的政策，专门的来压迫制止反帝反日的运动，消灭义勇军，加紧这内战，捐粮税租，弄成四万万同胞流离失所无一有安身保命的可能。亲爱的青年同胞们！我们当更感受到特殊痛苦吧！一切无情的苦刑“开除”“杀戮”“监禁”“强制劳动”“减工”“封闭”特别来向我们进攻，呵！亲爱的青年同胞们！认清我们的敌

---

① 原标题为“上海青年欢迎巴比塞调查团委员会为招待巴比塞调查团纪念九三国际青年节号召全国青年参加上海国际反帝反法西斯代表大会及十月十一日巴黎国际青年反帝代表大会宣言”。——本书编者注

②③ 原文如此。——本书编者注

人，只有团结一致去回答这一切吧！

全国的青年同胞们，我们的敌人是应加紧的斗争，然而对我们的同情者和帮助者以及为真理而号召的许多伟大的事实，这我们应该怎样的拥护呵，纪念呵！特别我们又处在这严重的生死关头，现在来告诉你们这些伟大的事实吧！

在去年七月在巴黎成立的国际反帝非战大会，他们是为了被压迫的民众求解放所以得着全世界被压迫阶级的拥护，在今天他们派遣来华的巴比塞调查团已到上海了，他们的来，当然是帮助着我们反帝国主义的斗争，调查帝国主义侵略的情形，在本月十一日到码头那天，我们是去热烈的欢迎，但这样是不够的，想他们直接有一些指示所以我们决定了一个招待大会，将来他们的指示，再宣告给大家吧！

恰巧，在几天以后，就是“九三”的国际青年节，在这政治紧张的今天，这个纪念当比任何时期更有意义更伟大更重要，更应该是青年唯一的纪念，所以我们招待巴比塞调查团，更是要扩大举行我们的“九三”纪念哩！青年同胞们，热烈的参加吧！

青年同胞们：还有更伟大更应注意更应拥护的事情在眼前呀！就是由巴黎国际反帝大会来华号召的国际反帝，反法西斯蒂代表大会在这不久要开幕了，无疑地我们中国的千万青年群众，是应怎样的拥护参加呵！我们应该不让一个地方没有我们青年代表来参加，这重大的意义在上面所说的一切政治形势下面就会彻底明白了。青年同胞们，我们招待了巴比塞调查团，纪念了“九三”，更是要扩大的参加这个大会，这是我们唯一的任务呵！

青年同胞们：今天的十月十一日是全世界青年反帝代表大会在巴黎举行，更是特属我们青年的责任，我们在这一切号召之下在全国的青年代表，推选出真正代表，我们成千成万被压迫青年群众的代表去参加，将我们的一切材料告诉给全世界更得着全世界青年的帮助我们，①青年同胞们，我们加

---

① 原文如此。——本书编者注

紧的准备呵！

全国的青年同胞们：最后还有几句：我们不要畏惧一切困难，不要恐怕一切阻碍我们的，我们用最紧全的团集[结]精神来完成这伟大的任务。

拥护国际反帝反法西斯蒂代表大会

参加十月十一日巴黎国际青年代表大会

反对各帝国主义压迫国际反帝反法西斯蒂代表大会

组织青年北上敢死队

纪念九三国际青年节

欢迎为被压迫民族求解放的巴比塞调查团

救济失业失学青年

反对开除虐待青年童工

武装全国一年

反对滥借外债

反对帝国主义瓜分中国

反对麻醉青年的基督教及法西斯蒂

争取青年抗日反帝自由要求释放一切青年抗日反帝志士

中国青年反帝联合会印

（《反战新闻》第3号，1933年9月15日）

62
上海新人学社向大会提案

成立世界分[反]战同盟中国分盟
反对帝国主义瓜分中国
号召反法西斯蒂大示威
立刻停止围攻红军
援助东北义勇军
反对生产军事化

反战反法西斯蒂代表大会筹备委员会主席：

（1）我们眼看着帝国主义战争的危机一天天成熟了。中国将成为强盗们分赃的战场，中国的劳苦大众将受着帝国主义飞机大炮，毒瓦斯的轰杀，是我们可以预料得到的！所以中国的劳苦大众，为着保全中国的领土及一切的民族利益，已经组织起来反对以瓜分中国为中心的帝国主义战争了！所以本社特向大会提议：

设立世界反帝大同盟中国分盟。

可由大会指定几个到会的代表负责筹备，因为有了这个分盟，即可以加强中国反战运动的领导，俾中国的反战运动能成为消灭大战的主力！

（2）目前帝国主义除了实行武装瓜分中国以外，复更加紧对中国的经济侵略，一方面是英法帝国主义等通〈过〉国联，假借“技术合作”的名义，着手操纵中国的一切经济命脉，另一方面则是美帝国主义用贷款的形式来支配中国的财政。一句话，各帝国主义无非是进行着各种的方式来瓜分中国。因此本社提议：

用大会的名义发表宣言反对帝国主义瓜分中国，特别着重于反对目前的所谓“技术合作”政策！

（3）目前全世界都泛滥着法西斯蒂的浊流，半殖民地的中国，虽然没有什么产生法西主义的经济基础，但国民党也已在帝国主义指导之下开始法西斯蒂化，完全采取着法西斯蒂的白色恐怖手段来破坏中国革命运动，收买流氓即无〈产〉阶级的叛徒，实施暗杀，绑架等等卑劣的手段来对付无产阶级及其先锋队伍。但是，中国的法西主义的党徒不但不能和他国的法西斯蒂一样发挥其极端的国家主义，且完全投降帝国主义，不断地抽[出]卖民族利益，这就完全表现出中国法西斯蒂的最大特质！所以大会应特别注意到反中国法西斯蒂的工作。本社特提议：

用大会的名义号召一次反法西斯蒂的示威运动，到会的各国代表都要参加！

(4) 在日帝国主义不断武力瓜分中国的过程中，国民党及一切反革命的派别是完全出卖民族利益的，只有中国苏维埃政府及工农红军才是最坚决反抗帝国主义侵略的，工农红军在去年日军攻打上海的时候早〈已〉决〈定〉对日宣战，决定北上收复失地。但是走狗政府不单自己不敢抵抗，而红军对日宣战，也要用全力去阻碍。当红军对日宣战不久，马上调曾在上海抵抗〈日〉军的十九路军去围攻红军，另一方面则由南京蒋介石亲率白军一百万左右去加紧围攻红军。现在美帝国主义更借大批的款项(20 000 000 元)作围攻红军的费用。所以本社特向大会提议：

开[用]大会的名义电致南京国民党政府，要求立即撤退围攻红军的军队。并由到会的各代表负责募捐一架飞机给红军！

(5) 目前中国东北的民众义勇军，一方面受着日帝国主义的飞机大炮的轰炸，另一方面又受着国民党的压迫与破坏。国民党不但〈不〉予以丝毫的援助，且帮助日军进行消灭义勇军。因此，本社特向大会提议：

由大会议决到会的各国代表应将东北义勇军作战的情形向各国的无产阶级宣传，要求全世界的无产阶级起来援助东北义勇军，并接济之。

(6) 在战争危机极端成熟的现在，资产阶〈级〉一方面为着准备战争的费用，加紧剥削工人，另一方面则将生产军事化，加重工人的工作。即半殖民地的中国的资产阶级也在照样做。同时，各国的资产阶级又企图将大批大批的失业工人送到战场上去当炮灰，以解决它们的恐慌。所以大会应唤起全世界的无产阶级起来，一致反对生产军国主义化，拒绝制造一切军用品。并号召反对失业的斗争，向资产阶级的政府要工作！目前在中国方面则要号召工农劳苦大众起来要求将美棉美麦救济失业工人及水灾的农民！这也是本社的提案。

完了，此致

革命的敬礼！

上海新人学社启

九月十一日

（《反战新闻》第4号，1933年9月18日）

63
上海新人学社拥护远东反战反法西斯代表大会宣言

(1933年9月)[①]

资本主义稳定的终结,国际形势即随之而起了新的变化:(一)是由战债赔款与瓜分市场等等问题,引起了帝国主义相互间的矛盾底极端尖锐化,不但在无法开闭幕的军缩会议上各帝国主义国家要求扩张军备,即在最近夭折的世界经济会议上也成为短兵相接的战场!目前英日美等国军费的空前扩大,更明白表现出战争危机的成熟!各帝国主义都计划着将大批的工人送到战场上去当他们掠夺战争的炮灰!(二)是由各资本主义国家内的阶级斗争到了白热化的程度,迫得各国的资产阶级公开起用法西斯蒂,用一切最残酷的白色恐怖手段去对付无产阶级及其先锋队伍:如目前的德国及日本就是最标本的表现。(三)是由于帝国主义对于殖民地半殖民地加紧剥削与压迫的结果,全世界殖民地半殖民地的工农大众都普遍地起来参加民族解放的斗争,而中国的反帝斗争更与土地革命密切地联系着进展!工农的武装组织不但已表示出其足以消灭本国地主与资产阶级政权的势力,而且已表示出其足以推翻各帝国主义在华统治的力量!所以目前的情势是一方面帝国主义积极地瓜分中国领土(如日之占领东北四省及华北的一部分,英之进攻藏川,法之占领琼南九岛,美之用借款形式来攫取长江流域的统治)与走狗政府的尽量拍卖民族利益。另一方面则是中国无产阶级所领导的民族革命战争日益进展!这里表现出帝国主义与殖民地半殖民地的矛盾极端尖锐化的情势!(四)在另一方面则由于苏联第一届五年计划四年完成,经济建设的成功,不但已将苏联导入于社会主义的阶段,尤且增大了

① 时间是本书编者判定的。

苏联与资本主义国家分离而存在的可能性，将各帝国主义经济封锁的把戏再也没有玩弄的可能(如美国最近取消禁止苏联货物入口的命令及美国之要求订商约和赊货给苏联)！所以各帝国主义除了企图暗谋破坏苏联的经济建设以外，便积极地开始武装进攻苏联！在西方则由德国担任进攻的先锋队，在远东则由日本担任进攻的总司令！各帝国主义虽然都在争夺进攻苏联的领导权，但企图扑灭苏联却是一致的计划。这样就构成了国际的基本矛盾，开展了资本主义与社会主义两种制度的剧烈斗争！把全世界分成了两大营垒！以上所述各点，就是目前国际情形的特点，完全证明了国际无产组织集团的估计的正确：目前已导入了阶级与阶级，国家与国家空前大冲突的新周期！即是已到了两大营垒决胜负的前夜！

但是，国际的无产阶级自从受了第一次大战的屠杀以后，再也不能再〈被〉欺骗了，他们看穿了帝国主义战争的本质，尤且已有组织地起来反对帝国主义战争了！他们不单是不愿意自己去当炮灰，且更不愿意无产阶级的祖国——苏联——受到帝国主义任何方式的破坏！对于殖民地半殖民地的劳苦大众之受帝国的剥削与压迫，也表示着深切的同情！国际的无产阶级站在自卫，保护苏联及援助殖民地半殖民地革命运动的立场上，已准备着和全世界的资产阶级及其工具——法西斯蒂作残酷的斗争！不光是消极地反对战争，而〈且〉是积极地准备着用国内的阶级战争来消灭帝国主义的战争！

去年九月在荷兰阿姆斯特丹举行的国际反战大会和今年六月在法国巴黎举行的西欧反法西斯蒂大会，就是全世界工农大众统一的反抗行动！这次国际反战大同盟在上海召集远东反战反法西斯蒂代表大会，更有其特殊的意义，更表示出国际无产阶级与东方被压迫民族团结的伟大的力量！

但是，上海的帝国主义当局及国民党是要用尽各种方法来破坏这个大会的！他们将唆使着蓝衣团大施暗杀，绑架的手续[段]来对付到会的代表，或者将使用其他更卑鄙的手段也未可知！所以，我们要号召全上海的被压迫大众一致起来拥护这个大会，要用斗争来答复敌人的破坏！我们要在帝国主义国民党双重压迫之下组织全上海的示威运动，站在：

“反对帝国主义战争！

反对法西斯蒂！”

的旗帜之下斗争起来!!

（《反战新闻》第6号，1933年9月29日）

64
反战会议是什么
马莱爵士的播音演讲①

欧洲大战的时候，大部分有常识的人员，都清楚，战争不是解决国际纠纷有效的方法。很明显的，战争是回到野蛮去的道路。我们不应当说：较强的国就该在纠纷中占有优越的权利。武力不是解决问题的方法，武力仅能制造更难解决的问题。

战争所给与参战国家的，是日益增加的痛苦；这种痛苦连中立国也无法避免。而工人以及他们的家属，更是受战争恶果打击得最严重的人们。

最初反对战争的，是些个人和平主义者，良心反战者。也有些参加国联组合，拥护国与国会议的方法，以处决纠纷。不过这种方法，仅是想以了解帝国主义战争的焦点，出来消除战争。

无论什么战争，他的名义总是说为了防卫；但略加考察，我们便马上可以看出这名义是不合事实的。譬如，在欧洲大战中，德法都说他们是防卫。目前满洲纠纷中，日本也说它仅仅是在那里抵御中国的攻击，也是防卫。

实际上所有的一切战争者都怀着他们自己的经济根源。在过去，战争总有些藉口；不是宗教，就是民族光荣，或是开化落后民族，或是惩罚侮辱与伤害。但分析起来，这些藉口的原因，都是些欺骗人民，拥护战争的方法。而战争的真正目的，不是争市场，即是争原料，或扩充其他的经济势力，在过去，欺骗人民去参加战争，是用宗教做题目。在目前，是用政府的宣传。这种民族欺骗，是有达不到的地方。如在战壕里，事实上憎恨敌人的心理并不存在；即存在也非常微弱。同时敌对的战壕间，彼此都感到休戚同情，这都

① 马莱于1933年9月12日在上海XQHC电台以无线电广播演说，解述反战会议之目的。——本书编者注

是曾经参加过战壕生活的人们的普遍经验。

因此，我们必须在现在分布最广的民主统治之下，与发生战争的原因争斗。只有了解人民以及他们为使政府听到他们的呼吁而结成的组织，才能使不可避免战争的目前的经济制度改变过来。但是民主政治，只有在人民个别能了解他们的问题之下，才能充分运用，他们一定要从资本主义所加的思想桎梏下解脱出来。因为资本主义的思想桎梏，不论教育也好，报纸也好，无线电播音也好，都是以延续资本主义为目的之政策。

为这个目的，世界反帝战争委员会在一年之前成立了。拥护它的有大批作家，智识思想界领袖，及与这运动有关系的各团体的千百万工人。因为在资本主义之下，各国不能自己消费其资本主义的大量生产品；这些国家都经常各自在别国寻觅容纳其本国生产品的市场。帝国主义就是由于这种经济的结症而产生的。

最初各国力求改组生产，力求生产合理化，使用较少数目的工人可以生产较多的生产品；由是引起了失业问题。继之金融资本合并这些生产企业，并向国外求发展。于是世界的另一部分走向殖民地化。这种资本的扩张，受着民族主义的抗拒，于是可供剥削的土地，一天天缩小，而各国能瓜分这部分土地的方法便只有战争了。

中国是世界最后的大自由市场，因此远东便成了第二次世界大战的危险区。各大国反对反战会议的行动都在进展，因为每个大国都怕它的政策为反战大会所评[抨]击。这种普遍的罪恶自觉，可以从日本的反对看出来。日本深怕他的满洲政策成为大会最主要的指谪目的；法国反对，因为他怕他的金融扩张政策，以及他谋占云南的企图被暴露。至于怕人注意他以传教进行商业政策的美国，以及怕人注意他侵略西藏的英国，都一样地不欢迎这个会议。

俄国的态度则不同。一方面他的生产制度仅为适合他自己国内的需要，故此他没有帝国主义的野心，所以他不反对这会议，在另一方面，俄国并且拥护这个会议，因为日本用满洲国做根据向他进攻是很可能的事。

反对反战会议的主要武器是一种偏见，即广播各处的流言，称这个会议是第三国际所组织的，并且它的存在是专为宣传共产主义的观点。这一点既不公平，并且也不确实。不过共产党也要随同别的政党，工会，退职军人，智识分子，学生等一起参加这会[个]会议，确是实在的。如果这个会议没有这些工人组织，这个会议便要大大的失了价值。因此我曾坚决地抗议，为着要拥护这会议的许多人们，被称为共产党员，或因同情共产主义而被捕。至于对中国，我相信，只有所有工农的共同合作，才可以达到中国的复兴。

这个会议应当是为正直的男女人们所拥护，因为它可以帮助制止第二次大战。为求它的成功，这会议必须有各种工人组织的代表。这会议必须在人民当中举行一种教育的运动，使每个人都知道战争的原因。它应当帮助人民组织他们的有反战的意义群众表现。[①] 并赞助他们的不同于矛盾不公平的资本主义制度的建设的，经济发展的，有条理的制度。世界的大富源不应当为少数人的利益而开发，应为多数人的利益与物质享受而开发。这样，我们就可以提高各民族的生活标准，使每个人都得到有平等机会的环境。在这个领域内，人类爱好和平的欲望，及人类的精神欲望，才可以在世界上自由表现。

（《反战新闻》第5号，1933年9月22日）

① 原文如此。——本书编者注

65
纪念九一八！
拥护远东反战大会！！！

工人，农民，店员，学生及一切被压迫劳苦大众们！！

日本帝国主义暴力掠获东北，屠杀中国千百万大众的纪念日——九一八又到了！这是中国劳苦大众永不忘记的血腥的纪念日。九一八事件已经过去了二周年，但是帝国主义的屠杀掠夺可曾有一刻停止！？不，不仅没有一刻停止，而且一天天在加紧起来！帝国主义的走狗国民党法西斯蒂，出卖民族利益，屠杀监禁反帝大众的行动，也一天天变本加厉。

帝国主义的屠杀掠夺是没有止境的！他们都一刻不停地在进行一个瓜分中国，进攻苏联的大屠杀。要彻底地消灭帝国主义的掠夺屠杀，就只有联合世界被压迫的劳苦大众，一致地来反对帝国战争，打倒帝国主义，推翻法西斯蒂的恐怖统治！！

现在，“远东反战反法西斯代表大会”已在上海开幕了！这就是全世界被压迫大众团结在一条战线上，进行反帝反战反法西斯斗争的信号。一切被压迫的劳苦大众们！我们纪念九一八，就要坚决地团结起来，反对帝国主义的屠杀掠夺！反对国民党法西斯蒂出卖民族利益，压迫反帝运动！拥护“反战反法西斯代表大会”！参加“反战反法西斯代表大会”！武装保护反战反法西斯大会代表！以大众的力量争取反战反法西斯大会的胜利！参加纪念九一八庆祝反战反法西斯大会的大示威！！

上海民众欢迎反战代表团总筹备会

一九三三年九月十八日

（《反战新闻》第 4 号，1933 年 9 月 18 日）

66
在中国的法帝国主义

环音考脱[①]

(法共产党)

我们来到上海之后,得了极好的机会观察法帝国主义者与远东其他侵略的帝国主义者之间的整个狼狈相依的情形,并由此可以估计法帝国主义者对于帝国主义战争所负的重大责任。

法日二帝国主义者间的关系,谁都清楚,不用多来描述。日本在法国的大批订货(法代表西罗 M. Corot 正以旅行名义访日进行新的军械贸易)。法政府以各种掩护向日本的贷款;日本的收买法国报纸(尤其在近二年中)赞美鼓吹日本向华的帝国主义侵略;法国对于华俄道胜银行的利益;法国在以马赛礼 M. Marssenet 为代表的中东路利益;凡此一切都显露法国在帝国主义在华强盗的事业当中,与日本必然是最确定的同盟者合作者。

法国在远东占贸易不大重要的地位使它没有成为日本远东经济劲敌——比方如英国——的可能。另一方面,"东亚宪兵"创造瓜分中国新局面的日本正在华北企图获得新的驻足地位,并准备同意任法国自由在华南行动。谁都知道,代表滇越铁路利益的法帝国主义者,时常以安南边区的安全,剿匪,等等藉口,向云南作"合法"的进攻。一九三〇年商约的延不批准;一九三二年二月法五飞机之飞往昆明"巡视";以及以四十万元组织滇越交界既非中国正轨军又非中国警察的警备军;凡此等等皆增加了中国对云南形势的日感局促。

法国,与其他所有的帝国主义列强一样,采行了一种侵略的反共政策。关于这一点,凡资本主义国家在中国有利益有势力范围的已合力建立了一个周密的共同战线。这个政策可以分两方面来说。

① 即古久里。——本书编者注

第一就是反苏联的政策。不管一切外交上的交换是怎样的悦耳，法国仍在赞助日本的侵略，对满洲国持有友谊的态度，公然扶助白俄的军事组织，同时在上海，雇用白俄军人充巡捕充领事馆人员。

第二就是反中国苏维埃的政策。这个政策的表现是在法国以惯用的“保持和平”为藉口给予国民党以军事及警察的帮助。

与“国民”政府投降再三卖国成尖锐对抗的共产主义，现在帝国主义者看来是中国唯一真正的“危险”，因为中国的共产党已经能独立统一作战了。共产主义是能停止帝国主义维护“治安”勇士们在中国鼓动乱事的唯一出路，这是帝国主义者所怕的。

法国之有驻华海陆军其目的就在应付这种“威胁”。自然以保护输入仅1.3％的三百个法国商人，几个教士，是不足以表明法国何以需要经常驻相当的海陆军于中国。这连帝国主义者本身也是无法自圆的。

为要充分了解为什么反战会议不能在上海法租界举行，我们必须要知道，法国对华贸易从一九三〇年的二万万法郎已落到了去年的一万二千万法郎，但同时间中，法国对华军火输入从二千万法郎已增到了二千二百万法郎。这种军火贸易——正在开始的——已在日益扩张。现在又有价值一千二百万法郎的飞机贸易在非正式的谈判中。在这笔贸易中，西策德克利梭Shneider-Crensot(最著名的法国军火制造商——记者)，因其代表马强 M. Marehand 的活动，将占重大的部分。这里所谈的还没有包括化学药品，硝石，以及制造炸药的原料。

因此，非常的清楚，何以上海法租界官商人士(仅仅少数的几个流氓巡捕娼妓是例外)格外准备着——在现在军火贸易正发展的时候——反对远东的任何反战政策。

这些事实是很有用的，对于帮助法国群众(也可以帮助中国群众——记者)了解法政府官僚和平主义的谎言，并了解坚强反对瓜分中国进攻苏联的必要。

(《中国论坛》1933 年第 2 卷第 10 期，1933 年 9 月 18 日)

67
声讨国民党！

马都①博士

（第二国际比国工人党）

在参加反战代表团动身来华的时候，我并不相信我等到远东的考察会遇着许多困难。根据樊迪文（第二国际领袖——记者）游华返比的著作，根据前不久南京政府某大员游欧所正式确切应允我等的，我先以为南京政府至少会要欢迎这个代表团。自从最初我们与中国政治情形开始直接接触以来，这个幻想便消灭了。

以民族利益为重的民主国家政府不应当忽视反战代表团。反战代表团是中国人民的真正朋友。但国民党政府却正以全力与帝国主义者合作制止阻挠反战代表团的任务。很明显的，国民党的这种态度，不仅它无辞以自圆，而且也不能逃出任何人的视察。我们一定要将这些事实告诉欧洲以及全世界的工人。我自己也要返国后在比国工人之中以及我所属的第二国际之中专力于这个工作。

我们并不须要很久的时间来估量国民党民主政治的价值。但看大批的同情反战会议的被捕就可以知道。并且其中之一（《正路》月刊编者张耀华——记者）已被执行了死刑！

中国政府说这些人都是共产党！我不能接受中国政府这种罪恶的遁辞！

中国国民党统治的特点不仅在它对反战代表团的态度上看得出来。这还是在乎其次！它的“民族政策”的各方面都证实了它是帝国主义者——日本也在内——的助手。它的统治是同[用]机关枪作掩护的。多谢帝国主义

① 即马尔度。下同。——本书编者注

者的援助，它仍能继续围剿唯一能解放中国人民的武装。为答谢起见，国民党不日还会要参加至今尚未绝望的帝国主义者反苏联战争。它主要的希望就是维持自己并扩大它参加帝国主义者战线的范围与重要。

因此我们要声讨危及世界和平无产阶级死敌的国民党！拥护中国人民经由社会主义的解放！（按：马都博士不了解国民党政权是殖民地性的豪绅资产阶级专政。他更不了解，目前中国革命阶段是反帝反豪绅资产阶级的工农劳苦群众自己政权的争取。因此他的认为国民党是“民主政治”及喊出的经由“社会主义解放中国人民”都是不正确的。——记者）

（《中国论坛》1933 年第 2 卷第 10 期，1933 年 9 月 18 日）

68
巴比塞号召统一战线！

巴比塞

今天我想向一切与我们志同道合的你们作更进一步的号召！

全世界反对战争运动发起人向你们作第一声的警告号召你们联合作反战运动已是一年以前的事了。一年以前我们说："不再想要战争，反对准备制造战争的人们都来团结在我们周围！"世界上每个角上的人们，每个群众运动代表的人们，千千万万的都接受了我们的号召。我们有了更多的人了。不过我们得还要以更大的力量重复我们的号召。因为在这一年中，发生的流血恫吓的事情须要我们加紧工作。

在远东，日本仍继续死命的进攻，在精确的计划下进行有系统的征服的战争。在非洲，亚洲，海[大]洋洲，殖民地讨伐战事从没有停止过。南美洲的战事此仆彼起。这些战争都是直接根据于帝国主义的各原则，而这些原则所引起的凶的效果正是我们经常所切责的。

在欧洲，我们切责过凡尔赛条约的罪恶行为并这些行为引起冲突的必然。现在摆在我们面前的有不少产生这些条约的帝国主义政策的可怕的结果，德国已有了法西斯蒂！奥国也快有法西斯蒂了！这是以武断宣传狂暴的国家主义风浪所成就的，使欧洲又投回一九一三年大战以前的状态中了。在这些事变的纷乱中，国际联盟表现了我们不止一次指出来的无能。远东以及拉丁美洲的问题，如同裁军问题一样，构成了资本主义国家口头和平主义的无数可耻的失败。

这个口头的和平主义全线崩溃了。但在它的废址的对面，已树起了亚姆司特丹[①]有生气的反战运动：群众的集合，工人的统一；体力劳动者，脑力

---

① 即阿姆斯特丹。下同。——本书编者注

劳动者的统一；欧洲反战委员会的纲布；拉丁美洲为孟得付多[①]大会的反战力量集中；亚洲为上海大会的反战力量集中。

但是我们单认识这些，还是不够的。我们的运动并没有做到应当做得到的地步。在中欧，这个运动太迟了些。我们没有赶早克服工人间的分裂，这些分裂竟被法西斯蒂所利用了。我们还不能够建起战争怒潮所不能冲破的群众联合的壁垒。

我们必须更加努力。我们必须克服反战统一斗争的最后阻碍物。只有所有反战的人们根据统一斗争的行动——亚姆司特丹反战大会的主要口号——才能粉碎这类（以武力）修改凡尔赛条约不顾新的屠杀的反动。在这个历史的情势中，我们一定要善用已获的效果，号召所有的社会主义者，共产主义者，新提加[②]主义者，和平主义者，工人，农民，雇员，艺术家，学者，男，女，大小，都加入行列，都参加反战斗争，都要参加我们的这个组织，共同努力。凡我们的人们加倍努力起来！不要让任何不喜欢战争的人站在斗争之外！不要等他们走向你，但你伸出手邀他们来！

朋友们！同志们！我们不要做证人！我们要做法官！我们不要任历史的潮流冲击我们，但我们要引导历史的潮浪！行动！统一的行动！

（《中国论坛》1933年第2卷第10期，1933年9月18日）

---

① 即乌拉圭首都蒙德维的亚。——本书编者注
② 即辛迪加。——本书编者注

69
庆祝反战大会
（1933年9月）[①]

致世界反战反帝会议代表贺电

世界反战反帝会议代表钧鉴：

正当着国际帝国主义强盗瓜分中国，尤其是日帝国主义占领东四省，直接进攻中国革命，干涉苏联；帝国主义强盗企图殖民地之再分割与拼命扩张军备准备更残酷的第二次大战的时候，全世界的无产阶级与弱小民族的被压迫民众，予代表等以光荣之任务：开始于帝国主义角逐的中心——东方上海举行最伟大之世界反战反帝会议，敝会深信全世界及中国的劳苦民众在贵会领导之下以阶级战争粉碎帝国主义战争，世界永进于和平！敝会除选派代表（代表姓名另外附表）参加贵会共同讨论，仅[谨]先电达，并祝会议成功万岁！

中国反战反帝同盟江苏江湾分会

吴淞区铁路反帝分会的贺电

世界反战反帝代表：

自日帝国主义在中国开始了第二次大战，既侵占了东北四省，复又进攻上海与我们所在地吴淞。首当其冲的便是我们这些铁路工人遭着了巨量的牺牲，已死的既无抚恤，生者的生活更是异常困难，而中国的国民党是一贯的向帝国主义投降，和帝国主义一样的压迫我们，他们在日帝国主义战争中，所受的损失，拿刻[克]扣我们工人的薪水来补偿，因此我们的生活比战前更陷入到悲恶的境地。我们所以这样的痛苦都是由帝国主义所加予，我

① 时间是本书编者判定的。

们的出路只有打倒帝国主义，要求发给被难者抚恤金，要求增加工资。但这些解放斗争的方法，唯一的希望反战代表们能予以具体的解答，我们代表全体铁路工友们向大会代表致革命的敬礼！

吴淞区铁路反帝分会

吴淞区农民反帝分会的贺电

世界反战反帝代表：

在帝国主义国民党双重压迫下，年年军阀混战，造成了全国农村经济完全的破产，一般劳苦民众特别是我们农民们更是备受苦痛，苛捐杂税的压榨。地主剥削的加紧，真是过着非人的生活。特别从日帝国主义进攻吴淞时，我们所有的田庐在炮火下悉数炸毁，而地主们却压迫如故，更加剥削，我们要打倒帝国主义与国民党所代表的地主阶级，要求减租，反对捐税，要求在战争中所受的损失由地主赔偿，至于这些斗争的方法，当希反战诸代表加以讨论。此祝会议成功万岁！

吴淞区农民反帝分会

吴淞区士兵反帝分会的贺电

帝国主义企图在瓜分中国中来挽救他资本主义的灭亡，指使我国国民党军阀混战，驱使我们到战争的火坑中自己杀自己的弟兄，为他们少数军阀争权夺利。牺牲我们大多数，并且反动的长官还要叫我们服从命令，压迫我们，他们在劳苦群众身上所剥削捐税，都自己饱自己的私囊，对于我们的饷(款)总是克扣，我们的生活真是黑暗地域呵：希望反战代表在会议上要把我们的问题加以商讨，出我们于战争的火坑中，我们誓以不折不挠的精神在反战团的领导下作要求改良士兵待遇，反对克扣饷款一直到反对军阀混战与帝国主义战争，不达到胜利不止。此致

反战代表革命敬礼

吴淞区士兵反帝分会

吴淞区反帝分会的贺电

世界反帝反战会议代表钧鉴：

在国际资本主义与危机日益尖锐化的行程中，帝国主义战争是将不可避免的到来，而且已由日帝国主义者在中国的东北部开始了，牺牲的全世界劳苦群众，特别是我中国的劳苦群众是要首当其冲的遭逢到空前的残忍与巨量的牺牲，因此，打倒帝国主义与反对帝国主义战争这两个政治口号，已成为世界被压迫民族为中国的劳苦群众日益的迫切要求。抓紧这个要求来倡导反战反帝的斗争，就显出了你们代表团在世界上比任何一切都伟大。

亲爱的反战代表呵！你们不但是时代的言论家，而且是实际工作中的宣传队与组织员，你们一看到日帝国主义在中国开始了第二次世界大战，又决定了来中国开第二次反战会是有非常重大的意义，而远涉重洋的艰苦卓绝的精神，尤其使我国每个劳苦群众都十二万分的感激。

我国的劳苦群众是处在帝国主义国民党双重压迫之下，帝国主义为着要瓜分中国更拼命指使国民党各派军阀混战，造成了全国空前的大饥荒，而国民党更是甘心替帝国主义做走狗，为各帝国主义瓜分中国卖气力，对于国内的反帝运动极其压迫的能事，尤其是对于中国江西工农革命的苏维埃红军更是尽其所有海陆空军力量残毒的围剿，所以在中国要打倒帝国主义必须首先打倒其走狗——国民党。我们希望大会能把这些问题详细的加以讨论，就是怎要[样]能使中国早从帝国主义国民党铁蹄下解放出来。最后希望大会要本着不屈不挠的精神坚决的作我们的领导。我们愿意在世界反帝的统一战线上，向帝国主义冲锋前进！此祝

大会胜利万岁！

中国反帝大同盟江苏省吴淞区反帝分会

（《反战新闻》第6号，1933年9月29日）

70
工农大众的要求

江湾反帝分会的意见书

除了苏联社会主义国家外，弥漫着全世界资本主义的经济危机，正如暴风雨般的袭击各资本主义国家，由此反映到政治的危机，将引起巨大革命的爆发，加速资本主义总崩溃的过程。资本主义最后的阶段帝国主义，为挽救其垂危的命运，拼命扩张军备，加紧殖民地之榨取，与殖民地之再分割，以遂其在战争中寻求出路之企图，此种事实之表现，日帝国主义首先占领东四省，进一步干涉中国农民土地革命与向苏联及蒙古人民共和国进攻；最近世界经济会议之破产，更证明帝国主义之矛盾，决不能和平解决，反之帝国主义的繁荣仅在更悲惨的战争中相号召。

敝会地属江湾，去岁首先遭尝日帝国主义之屠杀，劳苦群众流离失所，与牺牲于日帝国主义炮火之下的头颅，鲜血，深印于我们的脑海底，我们深知道中国的军阀，地主资产阶级实为帝国主义之忠实奴仆，同样的是我们工农的敌人。我们深信要解除帝国束缚，挽救中国于危险，只有团结千千万万的工人农人在贵会领导之下，与世界被压迫的无产阶级共同联合，摧毁我们的敌人——国际帝国主义，敝会除推派代表参加大会外，敬提出以下的意见，贡献给全世界代表加以注意与讨论：

1. 组织世界永久的反帝联合战线，以被压迫工农为基础，不分祖国界限与其他派别，共同反对各该国帝国主义政策，及军阀地主，资本家的剥削，世界反帝代表会即为国际反帝之最高指挥机关。

2. 组织世界帝国主义国家重工业，交通，运输，化学工业工人，以总同盟罢工反对帝国主义的侵略战争。

3. 联络世界各革命政党及革命工人反对屠杀工农的刽子手——法西

斯蒂，特别是反对德国希特拉[①]领导下的国社党恐怖政策及意大利的法西斯发源地。

4. 援助世界被压迫民族及各殖民地，组织殖民地的民族革命战争，赞助朝鲜，印度等国独立运动，尤其反对远东日帝国主义占领东四省及干涉中国革命战争。

5. 收回帝国主义在华一切特权，无条件收回一切租借地，及东四省交还中国民众。

6. 反对各帝国资助中国军阀法西斯蒂金钱，军械进攻中国民众自己的军队——红军，与直接干涉中国革命，要求建立中国民众自己的独立与统一国家。

7. 要日帝国主义赔偿上海事变中，战区劳苦民众所受的损失，驱逐一切帝国主义海陆空军出境。

8. 敬告全世界反帝民众，援助中国反帝的民族革命战争。

9. 敬告全世界反帝民众举行接[援]助中国反帝运动周，罢工罢课罢商反对日本帝国主义侵略中国。

10. 援助中国民众反帝运动，反对中国地主资产阶级政府屠杀反帝人民，摧残反帝运动。

中国反帝同盟江苏省江湾分会

吴淞区上海大晚报反帝分会人意见书

工人等自前年在平津各报社作事，在十一月间忽然庸报社经理蒋光堂托人聘约，说“上海要办一份大晚报，主办人张竹平，在上海很有名望的，今次来电报约人去替他筹备大晚报，你们到了那里决不会欺骗你们的”，因此工人等咸皆将事辞卸，来时很为忙迫，所以未及订立合同，该经理蒋光堂，口头允许条件，及至我们工人等来到上海，大晚报房间一点东西均未置备，一

① 即希特勒。——本书编者注

无所有，我们工人代他们筹划置办家具等项，待了不多日子正赶上“一·二八”淞沪战事发生，工人在这样枪林弹雨之下，炮火横飞的时候，给他们赶做出《大晚报国难》特刊，那时方出半张，谁知大晚报趁此战事机会，就一跃千里的每天增加七八万份，工人看大晚报这样发达，我们暗自喜欢，总想我们饭碗万不能打破，讵料在八月七日经理陈耀柱对我们说“资方要节省经费，将大晚报归并时事新报代做，将我们的工人解雇三分之二，留下三分之一做零件”，我们听了这话，就好似晴天霹雳，想我们工人，苦费许多心血，耗许多精神，将大晚报创办到如此地位，资本家荷包装满了，我们穷苦的工人，心血白费了，不但没有奖赏，反到连饭〈碗〉都没有了，唉！资本家的心就这样毒辣呵！这样没有良心！我们到了这样压迫之下，不得不起来奋斗，遂推举代表向资本家请愿，请愿没有结果，又向社会局市党部请愿，仍然没有效，我们实在不能忍受，就组织“大晚报被迫解雇工友委员会”在八月九日齐集时事新报馆门口，阻止大晚报出报，谁知资本家已暗买下几个走狗，与捕房便衣探等，持手枪威吓，我们工人看看这种情形，觉得资本家太无人道了，大家一拥上前，将他们报纸撕毁了二千多份，一面又与他们所派的走狗互斗，结果他们倚仗洋势力的帝国主义武力压迫，将我们全体逮捕，后来资本家看我们前仆后继的奋斗精神恐怕引起其他工人同情，将事件扩大，于是方才允许河北同乡会调解，半为和缓我们气势，才表面上给我们做零活维持，暂时的地位，实际上仍然是将大晚报交给时事新报代印，资本家现在是这样欺骗我们，一面托故没有稿件，每天零件也没有，我们深知道资本家这些阴谋手段又中了他的新的欺骗了，于是自己团结起来，组织“大晚报工人自救会”准备为恢复工作，不准遂[随]意开除工人，增加工薪而奋斗。可是我们力量很薄弱；我们又没有参加黄色的报界工会，恐怕孤军奋斗，得不了一点结果，所以明然①再做准备工作。

我们经过这次斗争以后，深深觉悟帝国主义资本家毒辣，一方面竭诚欢

---

① 原文如此。——本书编者注

迎世界反战代表，站在工农方面和帝国主义资本家奋斗，一方面将我们的痛苦报告出来恳求各方面出席的代表们替我们想办法。我们身受着帝国主义资本家及其走狗国民党的压榨和法西斯蒂蓝衣社等之暴力的镇压威吓，使我们更坚决的更明了他们的毒辣，为了我们自己和全世界劳苦群众的解放，我们更要高呼：

1. 欢迎世界反帝反战全体代表！

2. 反对帝国主义瓜分中国及其清道夫国民党的轰炸和屠杀及其法西斯蒂蓝衣社等暴力压迫反帝运动！

吴淞区上海大晚报反帝分会出席反战反帝代表团

一九三三年九月十日

（《反战新闻》第6号，1933年9月29日）

71
闽省反帝大同盟为国际反帝大会召开告群众书

(1933年9月)①

亲爱的劳苦父老兄弟姊妹们!

帝国主义、为投降帝国主义的中国军阀国民党的飞机、大炮、坦克又大批的炸到南方的劳苦大众的头上来了！日、英、美、法、荷等帝国主义一再与十九路军阀蒋、蔡等开联席会议，专门商议以庞大的军舰和凶恶的毒瓦斯来屠杀闽省的老百姓。〈可〉恶的闽省军阀以反对南京政府与日妥协为名，进行其亲美政策。看啊，派请美人为省府顾问，借美帝国主义势力建筑漳龙铁路来剥削闽省民众。最近又以“剿匪”、建闽西公路为名与南京政府的棉麦借款来合办，欢迎帝国主义的技术合作来瓜分中国，其实他们都是帝国主义在中国的清道夫。我们要推翻一切帝国主义在中国的统治，我们就要打倒帝国主义的工具!

真正代表被压迫民族反对帝国主义的反帝代表大会，在最近几天就要在上海开幕了。闽南反帝大同盟号召全闽的劳苦大众们，都来选派自己的代表出席参加这次大会，并且代表全闽劳苦群众提出“反对十九路军阀勾结美帝国主义屠杀闽省群众”，“反对十九路军阀要美帝国主义在闽省扩大势力”，“〈反对〉十九路军阀用毒瓦斯来屠杀闽省群众”，“反对十九路军的苛捐什税”，“反对十九路军进攻工农红军游击队”。

劳苦的大众们！这次大会是我们劳苦群众得到解放的救星，大家都来团结一致的开群众大会，飞行集会，游行示威，通电拥护这次大会，保护这次大会的安全和得到成功，使全世界帝国主义都在这次大会前发抖，送帝国主义的终。最后我们高呼:

① 时间是本书编者判定的。

反对帝国主义瓜分中国、进攻中国革命！

反对帝国主义第二次世界大战！

反对出卖民族利益的国民党！

反对十九路军阀勾结帝国主义屠杀群众！

反对用毒瓦斯大炮来炸死我们老百姓！

武装拥护苏联，保护中国革命！

拥护国际反帝代表大会！

庆祝反帝会议成功万岁！

反帝代表万岁！

闽省反帝大同盟

（《福建革命历史文件汇集（群团文件）1928 年—1934 年》，中央档案馆、福建档案馆，1985 年 12 月编印，第 316—317 页）

72
上海反帝国主义战争大会开幕宣言

世界反帝国主义战争委员会所号召的远东大会终于在帝国主义者国民党当局千方压迫阻挠之下宣告开会了。国民党、英法日一切帝国主义者对大会的压迫阻挠,仅给予大会的见解更强有力的证实。

全世界加紧的经济恐慌,因此而生的帝国主义者间更严重的相互仇视,以及法西斯蒂的肆狂,都直接走向新的世界战争。在远东,战争早已在进行中。因日帝国主义者继续不断的武力攻略大陆中国,使整个帝国主义的冲突急遽形成迫切紧张的形势。以殖民地化中国为其主要的目的,各帝国主义者正集中军备。于太平洋四周,企图造成更大的帝国主义冲突,以瓜分中国,进攻苏联。

在中国,日帝国主义的进攻中国领土向苏联挑衅,正受着国民党的臂助。国民党拍卖了中国群众,将满热华北双手献给了日帝国主义,破坏了十九路军士兵的上海抗日战争与满洲义勇军的抗日游击战争,并极力摧残各种发动民族革命战争的运动。在执行这些卖国的任务中,国民党迄今仍不断的与中国人民作战,遣派大批以帝国主义的大炮军火武装的军队"围剿"中部中国的群众。它以无情的恐怖加诸革命的工农学生。千千万万为着解放中国人民脱离中外压迫者而斗争的战士受着了它的酷刑,囚系,与屠杀。

各帝国主义者间对于霸权领土虽有牢不可拔[破]的互相嫉视,但于剥削中国工农压迫中国群众的解放运动,是完全站在联合战线上的。国民党的作用就是帮助帝国主义执行这个任务。

因此帝国主义战争变像的国民党围剿中国中部群众正日趋凶残,[①]而进攻苏联的战争危机也日益迫切。

---

① 原文如此。——本书编者注

中国群众，工厂里的工人，田里的农人，中部中国的红军，满洲的义勇军正受着战争的袭击。在这个战争中帝国主义者与国民党形成了联合战线。各帝国主义者正希望以瓜分中国，进攻苏联，来达到它们间敌视形势的暂时和缓。日帝国主义者进占满热华北，就同时有英帝国主义者由西藏侵入中国西部的青海，新疆，川康，与法帝国主义者侵夺海南九岛加紧窥伺云南。

谁能谁要反抗这个帝国主义者的联合战线呢？国民党“诉”之于帝国主义分赃机关的国际联盟。而第二国际（第二国际对中国的见解可以见之于樊迪文的最近著作）也支持中国群众的叛徒屠夫国民党！

事实一天天明显，只有中国工农革命学生知识界的统一战线，才能够组织起反抗侵略，从帝国主义国民党统治下解放中国人民的力量。

各帝国主义国家，一个个的为世界危机所驱。日益走近到公开的法西斯蒂了。它们之是否能继续生存，更要依赖它们之是否能延长它们在殖民地与半殖民地的统治。

被压迫民族的解放运动，与宗主国工人阶级的革命行动连[联]系起来，是唯一的力量，足以永远葬送世界绝对多数群众所苦恼的，给予他们无止境的凄惨，剥夺，贫困的这种制度。

只有有组织的，觉悟到自己命运的，被压迫群众才能将全世界从迫近的野蛮主义时代，法西斯蒂的屠杀破坏，帝国主义战争的灾害，挽救转来。

因此大会号召，中国，日本帝国主义殖民地，远东一切殖民地半殖民地的被剥削压迫的人们都联合起来！大会号召这些联合起来的人们也与日本的被剥削工农，全世界的劳苦群众，在反帝国主义战争的斗争中，相〈互〉联合起来！

大会号召一切人民，团体，不分政治，思想区别，都联合起来反对帝国主义的劫掠，以及帝国主义战争的大批屠杀！大会宣言赞助中国人民反日反一切帝国主义的武装民族革命斗争！大会声讨国民党卑怯的作帝国主义内应，认为中国群众的解放完全要依靠组织一个真正工农的人民政府，并推翻其存在仅为服务帝国主义者利益的统御！

大会声讨国民党残害工农学生知识界的白色恐怖！声讨国民党对于工农红军的围勦，并号召一致反对迫在目前的国民党蒋介石在江西统率的第五次围勦！

大会延请凡准备参加斗争的都来拥护远东反帝国主义战争斗争委员会，并与能解救世界危亡，建立全世界广大群众脱离剥削的新社会，走向人类社会物质文化新生命的唯一力量携手起来！

一九三三年九月三十日

(《中国论坛》第 2 卷第 11 期，1933 年 10 月 4 日)

73
中国的自由与反战斗争
——在上海反战大会上的演词
(1933年9月30日)

宋庆龄

同志们和朋友们:

如果没有帝国主义者和国民党当局的恐怖和干涉,而我们能够公开举行一个会议的话,那就会有成千成万的代表,为中国亿万被剥削人民发出他们的呼声。虽然出席这个会议的代表人数为了明显的理由不得不受限制,可是这个较小的集会仍然充分地代表劳苦大众的利益,代表着他们抗议日本以及其他帝国主义者对中国人民的屠杀战争。

我不想笼统地、全面地讲那日益增长的战争危险。可以说,中国早就在战争中,而且侵略中国的战争发展成为世界大战的烈火,只不过是短暂的时间问题了。

目前是资本主义制度垂死的时代。资本主义正在不顾一切地寻求出路,解决自身的矛盾。资本主义者面前的唯一出路,就是加重对人民的剥削和压迫,并准备进行重新瓜分世界市场的新战争。资本主义制度陷入混乱中,越陷越深。日趋衰亡的资本主义的全部特征是:经济制度崩溃,帝国主义对立尖锐化,法西斯主义抬头,民族沙文主义的最野蛮的表现登峰造极,对劳苦大众及其领导者施用了最残酷的压迫、酷刑和残杀,文化与生产的进步停滞。

但是资本主义制度带来了毁灭它自己的阶级——无产阶级。无产阶级凭着它生产上所占的地位和明确的阶级利益,已经发展了自己的思想意识;而且今天已经取得了领导地位,领导着全世界被剥削和被压迫的人民——一切资本主义国家、殖民地和半殖民地国家里的工人和农民从事斗争。

因此,目前的时代标志了一个新的社会制度——社会主义——的诞生。因为资产阶级和地主的阶级利益与阶级势力妨碍了社会向更高的形式和平地发展,因为如果生产与分配的工具仍然掌握在少数剥削者手里,群众便不能生活下去,所以无产阶级革命便成为我们这一时代最迫切的社会需要了。

资本主义者在战争中寻求自己的生路,劳苦大众必须在革命中寻求自己的生路。

历史很明显地指示我们:战争的破坏性必然一次比一次厉害,战争所带来的灾难必然一次比一次惨重,战争中间相隔的时间必然一次比一次缩短。但同时战争并不能解决而只能加深资本主义制度的矛盾。随着一次次的战争,革命势力积聚了力量,壮大了自己,更加走近它们最后的胜利。

一八七〇—七一年的普法战争产生了巴黎公社;一九〇四—〇五年的日俄战争加速了俄国资产阶级民主革命的发展。一九一四—一八年的世界大战大大地推进了全世界的革命运动,而且使俄国工农革命获得胜利,奠定了大规模的社会主义建设的基础。

很明显的,以日本帝国主义为首的瓜分中国的运动,将加速整个亚洲、中国和整个资本主义世界的革命势力的发展。

我很想在这里说明我自己对于各种不同形式的战争的态度。战争是一种政治工具,是用以实施一种特定政策的工具。多数的战争是为了要征服土地和民族、占领新的市场以及夺取新的原料来源而发生的。所有这些战争都是反人民的。这些战争给终生勤劳的人民带来无穷的忧患和无比的苦痛。战争如不导向革命,便使工人农民遭受更深的奴役。这些战争以及战后的"和平条约"往往增加规模更大的新战争危机。因此,以自己全部的力量来反对这样的帝国主义战争,"把战争变成内战以推翻资产阶级",以摧毁统治阶级的政权,便成为广大群众的任务了。

现在,帝国主义者为了克服那分裂它们日益尖锐化的矛盾,正竭力企图以重新分割中国和发动反苏的干涉战争来取得暂时的妥协。侵略并不从日本对中国的强盗战争开始。远在日本夺取台湾以前,其他帝国主义国家早已控制了中国的一切战略要地，强迫中国人民吸食鸦片，支配中国的财政经济政策，阻碍中国的经济发展并利用中国的军阀和其他反动分子作他们的爪牙，来达到各帝国主义不同的目标。

孙中山谋求中国独立的努力已经被地主和大资产阶级的国民党所破坏。国民党背叛了一九二五—二七年的群众运动，并且自那时起，一贯地采取屠杀工农、敌视苏联、向帝国主义摇尾乞怜的政策。正因为国民党采取了这个政策，才使日本帝国主义能够顺利无阻地侵略中国，夺取东北，深入控制华北，而且现在正野心勃勃地向南窥伺，图谋攫取全中国。

也正是这种政策，鼓励并帮助了英帝国主义者窥伺川西边界。也正是这种政策，帮助了法帝国主义蓄意侵略云南。也正是这种政策，帮助了美国在中国建立财政和政治霸权，帮助了国际联盟（英国和法国）更进一步实施帝国主义共管中国的恶毒计谋。目前还看不到侵略的终结。这还不过是帝国主义在国民党继续不断的卖国行为的帮助下，从事中国历史上最大规模的掠夺的开始而已。如果人民大众不起来阻止帝国主义列强和他们的国民党傀儡的罪恶行为，中国一定会全部被瓜分，中国人民也将遭受更惨重的奴役。

不仅如此，帝国主义列强将来一定还要以中国人民为牺牲来从事彼此间的相互厮杀。战争将继续不断地发生，而在这些战争中，帝国主义列强将利用中国的人力和物力来实现他们自己的目的。今天，中国东北的人民已经在替日本帝国主义当炮灰了；将来，全中国的人民，在中国军阀、地主和资本家的帮助之下，将被迫给各帝国主义者充当炮灰。

日本帝国主义正在把东北建造成将来反苏战争的根据地。它并且在企图扩大它的根据地，想先控制黄河以北的土地，然后加以占领，再进一步侵略内蒙和蒙古人民共和国，最后征服全中国。至于英帝国主义，它和美国有尖锐的矛盾，和日本帝国主义在亚洲的冲突也在增加，对印度革命怀着畏惧，并对苏联怀抱仇恨；它正在拼命设法组织欧洲帝国主义者的反苏集团，以图延缓帝国主义强盗间不可避免的战争。

这是目前局势的真相。希望从任何帝国主义者或国际联盟那里取得帮助是犯了叛国之罪。希望从国民党的政策中获得生路,简直是愚蠢。国民党今天正在更有意识地、缜密地计划着向日本帝国主义及其他帝国主义作全部的、无条件的投降。国民党的领袖只有一个要求和希望,那就是,希望帝国主义者允许他们继续执掌政权,以便分得一份由蹂躏和榨取中国人民而得来的利益。

只有从人民大众本身才能获得帮助和生路。中国的亿万民众——在工人阶级领导下的广大农民群众——如果联合起来为粮食和土地而与帝国主义及国民党作斗争,那是不可抗拒的。

亿万工人和农民已经在进行这个斗争了。广大的苏维埃区域已经在中国存在了许多年,这个事实便是广大的中国人民将走上这同一条道路的希望、诺言和保证。

只有从这些斗争中才能发展出权力和力量,来解放中国,统一中国,驱逐帝国主义,收回东北和其他失地,给中国人民以土地、粮食和自由,并给各个民族以生存、发展的自由。

只有这些斗争,才能把中国从连年战争的无穷苦难与长期资本主义剥削的残暴行为之中解救出来。只有实现无产阶级革命、土地革命与反帝革命,才可以建立使中国将来发展到社会主义的基础。

帝国主义的支持者问我们:“你们既然反对帝国主义战争和白色恐怖,那么为什么不反对革命中使用武力呢?”

对于这一个问题,我们可以明白地回答,“革命阶级为反抗压迫而使用武力,是完全有理由的。被压迫人民为争取民族解放而使用武力,是完全正确的。在这两种情形之下,武装斗争是必需的。因为反动势力永远不会自动放弃它们的权力。”

帝国主义战争、军阀战争、干涉苏维埃中国或是干涉苏联的战争、对民众的压迫和恐怖行动,这一切都是为了反动的目的。反动的武力只能以革命的武力来对抗。只有在这样的立场上,我们才可以明了目前中国民族革命危机中我们的任务。我们并不是反对一切战争。如果是这样,那我们就会直接受帝国主义者的利用,帮助他们来解除中国人民在目前和将来的斗争中的武装。**我们是拥护中国的武装人民反对帝国主义的民族革命战争的**。

只有在人民千百万地奋起的时候,中国才能获得解放。法国人民在大革命中反对优势的外国侵略者的斗争,俄罗斯的工农击退一切帝国主义者的联合武力的斗争,这种历史的先例指示了中国人民的出路。

现在有句很流行的问话是:“中国被压迫的人民如何能够与这样强大的敌人作斗争而获得胜利呢?”可是,我们祖国的历史不是已经给我们一个回答了吗?北伐战争教导我们:革命的武力远胜于反动的武力,而且能够以寡胜众。中国的工农红军屡次与十倍于自己力量的军队作战,而且取得了胜利。武装不是唯一的决定因素;思想意识也有其作用的。

当然,有力的革命意识和精良的武装配合在一起,是战胜帝国主义和反动势力的最好保证。很明显的,东北英勇的义勇军长期间的抗日斗争现在还在继续,假如不是惨遭反动政权罪恶地加以破坏,早就达到更高的程度了。

除却蒋介石政府方面的破坏,还有另一个因素阻挠这运动的进展。抗日义勇军的领袖们畏惧群众,解除了群众的武装,只武装了以地主、豪绅和资本家的阶级观点看来认为“稳健”的分子。东北的工人农民不得不拿起武器来反对这些义勇军的领袖如马占山、李杜之流,同时与日本帝国主义者作战。在这样的情况之下,他们就不可能迅速成功了。

中国人民在击败日本以及其他帝国主义的强大的军事机构之前,首先便要从中国的军阀、地主和资本家的枷锁下解放出来。

国民党还在削弱我们广大劳动群众的抵抗力。国民党对于群众进行抗日斗争的任何形式的运动,都予以镇压。国民党以最残酷的方法镇压工人、农民、学生以及在它的统治区域里的义勇军。国民党动员了一切可用的武力,来大规模地进攻苏区。国民党和日本帝国主义者商谈秘密条件,将东北和华北奉送给日本，而把其余的中国领土贬为帝国主义的殖民地。国民党向外国乞求援助：金钱、武器和子弹，来和中国的人民作战，因此就更加完全依赖帝国主义者。这不是生路，这是中国民族的死路。

我们在进行着反日反帝的民族革命战争的同时，必须为建立真正的中国人民政府而斗争。这样的政府只能由工人农民自己来组织。中华苏维埃共和国临时中央政府给中国劳动人民指示了出路，苏维埃政府和工农红军愿与任何军队订立军事协定，抵抗日本帝国主义（附加的条件是武装人民和给人民以民主权利），这提议指明苏维埃政府准备与帝国主义作战的认真态度。这些呼吁虽然获得了群众和兵士的同情，但至今还没有得到任何有效的响应。这表明各军事单位的长官要不是亲帝的、国民党的工具，便是没有进行真正斗争的勇气。

总而言之，我们反对帝国主义战争，但是我们拥护武装人民的民族革命战争。只有这样的战争才能把中国从帝国主义的统治下解放出来；也只有在民众从国民党统治下解放出来，建立了自己的工农政府之后（像中国有些地方已经做到的），民族革命战争才能胜利完成。

我们坚决反对中国的军阀战争。各派军阀不断地为争夺地盘进行战争。国民党内的各系派不顾民众的利益，不断地为争权夺利而动武。帝国主义各集团利用军阀来扩张自身的利益，并削弱中国。这些战争给中国广大人民和兵士带来了无比深重的灾害。很明显的，这些依附国民党和帝国主义者的中国军阀，必须消灭净尽。

最后，我们对全体中国人民，对劳苦大众还有一个呼吁，呼吁大家在反对日本和其他帝国主义的斗争中，即在争取中国统一、独立和领土完整的斗争中，团结一致！让我们团结起来，向那些背叛国家，把我们的国土一省一省地出卖给帝国主义者的人们作斗争！让我们团结起来，用我们最大的力量来保卫那已经由帝国主义统治和封建剥削的羁绊中解放出来的中国工人和农民，他们现在正受着国民党军队第五次而且是最大规模的进攻。这次的进攻直接受到美国贷与蒋介石政府的五千万美元中一千六百万美元的帮助,受到美国的飞机、炸弹和飞行教练的帮助,受到日、意、美、法的军舰对国民党的全力帮助(如最近的闽变),受到帝国主义各色各样物质的与精神的帮助。

让我们联合起来保卫苏联,反对干涉苏联的战争!让我们在整个远东,尤其在中国,发动一个强有力的运动,反对帝国主义战争!

(《中国论坛》第2卷第11期,1933年10月4日)

74
中央苏区红军代表出席国际第二次反战大会的报告书

（1933年9月30日）

（一）中国工农红军是什么？

中国工农红军就是工人农民的儿子。因为中国工人农民反帝国主义国民党军阀地主豪绅资本家的压迫和剥削，他要解除痛苦就要暴动起来，组织他自己的武装——红军，来推翻帝国主义国民党军阀资本家地主豪绅阶级，为自己工农阶级求解放谋利益，建立苏维埃，实行土地革命。所以中国工农红军就是工人农民的儿子。他永远为工农利益奋斗到底，并且要进一步的求得社会主义的实现，帮助全世界无产阶级劳苦群众被压迫民族求得解放和自由。

（二）中国工农红军的成立和发展及其数年来斗争经过

一九二七年国民党完全背叛革命后，中国被压迫的工农劳苦群众，在江西南昌爆发了大的暴动——南昌暴动。以后在广东失败，由朱德同志领导一部分士兵在湘南领导农民暴动，毛泽东同志在湘东领导数县农民暴动，即秋收暴〈动〉，都成红军建立苏维埃，分配了土地给工人农民。一九二八年经敌人进攻，这两枝[支]红军汇合于江西湘南交界的井冈山，正式成立中国工农红军第四军，在井冈山的周围湘东湘南赣东赣南发动十余县劳苦工农实行土地革命，经过一年多的斗争，将江西杨池生杨如轩两师完全消灭，并消灭了湘南何饶的队伍一部分，同年，彭德怀同志又在湖南的平江浏阳领导两团士兵暴动，成立红军第五军，亦来井冈山汇合。这时候的红军合共不过五千余人，枪二千余支而已。

一九二九年井冈山湘赣边界十余县的工作，完全到红军第五军去领导，红军第四军则向赣南赣东闽西广东等地作大的发展，在赣南发动十余万广东的劳苦工农实行土地革命，消灭国民党军队刘士毅全部、赖世璜全部、金汉鼎一部分，以及所有的各地方武装。在闽西发展六七万劳苦工农群众实行土地革命，打死国民党军队的师长郭风鸣，消灭其全部，消灭卢新铭全部，消灭陈国辉全部，消灭张良一师大部，并消灭了许多地主武装，在东江消灭粤敌一部分及教导团一团。同时红军第五军在湘东赣西，亦大大的发展，屡次消灭何键许多部队。此时湖南江西闽西工农群众大大发动，苏区扩大，群众参加红军更加活跃，红军比前扩大数倍了。一九三〇年占领长沙的时候，能击溃国民党军队五六师之众，并且消灭他数团，能够占领长沙，建立湖南省苏维埃一月有余。此时红军第四军与第五军汇合成立红军第一方面军，以后放弃长沙继续占领江西吉安，向北发展进逼南昌、九江，离南昌仅百余里，使南京武汉震动。此时红军数量更加扩大，力量比前更强。同样的国民党军阀对苏区红军的进攻也比以前积极。一九三〇年冬开始用十余师兵力向红军作第一次大的进攻，当时红军集中力量与之应战，在永丰县龙冈区一战，将张辉瓒全部消灭，师长张辉赞活捉过来，继续又将谭道源师一师击溃，消灭其一部分。国民党第一次进攻红军的尝试，完全宣告失败。

一九三一年，国民党又向苏区红军作第二次进攻，用三四十万的兵将苏区红军紧紧围住，修筑很坚固工事，企图稳扎稳打，把红军长久围困起来，但是红军很快就用一部分兵力，首先进攻富田的公秉藩罗霖二师，将公秉藩全部消灭，击溃罗霖一师，公秉藩被活捉(他化装士兵，同俘虏兵逃脱了)。开始将敌的重围冲开，继续进攻永南之敌，将敌三师之众完全击溃，消灭敌大部分，向前进攻广禺城胡祖玉毛炳文二师之敌，半夜功夫将敌坚固的工事和城墙攻破，二师敌人完全击溃，师长兼总指挥被打死，贾兰罗进福东建等数人均投降，进攻半日，即将其全师四团人完全消灭，至此，国民党的三四十万大兵完全惨败，第二次进攻红军的计划又归失败。红军在这次战斗中，不到半月功夫，击溃敌人约八师，消灭敌人约六师，将由江西吉安起至福建建宁止，延长七八百里的敌人坚固工事堡垒完全踏平。国民党第二次大遭惨败之后，他更很迅速的向红军第三次进攻，用六七十万大兵分五路长驱直进，深入苏区内部，但红军运用很灵活的战术，第一仗在良村将上官云相等两三师完全消灭，第二仗在黄陂木上四点钟将毛炳文全师完全消灭，很快的回头向西将陈诚罗卓英蒋鼎文等数师击溃并消灭其一部分，又向北在兴国高兴圩与十九路军激战数日数夜，十九路军大受损失，逃回赣州，国民党费了九牛二虎之力的三次进攻红军，不到一月功夫又全将他击破，但国民党要作垂死的挣扎，死守吉安抚州赣州几个城市，再向帝国主义求得大的帮助，在帝国主义直接指挥之下，企图向苏区作第四次的进攻，当第三次战争结束时，国民党军队孙连仲部在江西宁都全体士兵两万多人暴动参加红军，成立红军第五军团，红军又增加了一枝[支]生力军，国民党三次进攻红军大败后的时候，正是一九三一年九一八满洲事变发生的时候，国民党一贯投降帝国主义，出卖中国，毫不与日本帝国主义作抵抗，反极力污蔑红军，欺骗群众，将所有军队用来作第四次大举进攻红军，单独进攻江西红军的有一百多万，但红军要开展中国民族革命运动，驱逐帝国主义出中国，必须向外发展，消灭国民党军队，推翻国民党统治，直接与帝国主义作战，与白区反帝群众和武装配合，扩大中国民族革命战争，所以红军行动更加积极化，首先向福建发展，在漳州把福建军阀张贞全师消灭，扩大闽西数县苏区，次之将赣南敌人赶出江西境外，并追至启东南雄水口等处与陈济棠军阀五六师激战日夜消灭他一部分，折转向北行动，在宜黄乐安消灭孙连仲残部两旅，连破毛炳文许尧祥李擎杰三师，包围抚州，在浒湾等处与国民党军四五师激战，结果消灭他数团，敌退进抚州城死守，不敢出来，红军则向南丰南城乐安宜黄黎川金溪资溪，闽北光潭邵武都宁将乐建宁发动广大群众斗争，开展土地革命，这时候国民党军阀乘机组成三个挺进队，由宜黄乐安向苏区进攻，红军回转头来把他迎头痛击，将蒋介石基本主力军队五十九师、五十四师、十一师三〈个〉师完全消灭，不剩一个走回，五十四师师长李明当场打死，十一师师长负伤逃脱，五十九师师长陈世骥被活捉，国民党第四次进攻，又被红军完全击破。但他要维持已死统治作最后挣扎，最近更向帝国主义求得经济上武器上更大的帮助，在帝国主义直接指挥之下，将北方军队并压迫北方反帝群众和士兵来南方进攻苏区和红军，成立新的军队数十团，组织各省各派军阀在一致反革命战线上作第五次进攻苏区红军，若没有帝国主义积极的帮助，则国民党的五次进攻是不可能的，但是红军在闽西连城，首先第一回又将十九路军区寿年全师消灭了，在闽北击溃卢兴印，发展到延平附近，这又是第五次战争，红军胜利的先声。

红军从前虽然是很少的部队，但他经过数年斗争经验和成绩，又有广大的劳苦群众参加和拥护，所以一年一年的很快的长大起来，尤其是最近几次斗争中消灭了国民党军队数十万，从白军手里夺过来许多的新枪械武器武装了自己，由此更加扩大和强壮起来，目前已成为中国革命中国苏维埃运动的柱石了。

（三）中国工农红军为什么英勇善战？

红军是工人农民自己的军队，他团结在自己的整个阶级下面，为自己的利益而奋斗，所以他每次作战，精神是团结一致，有牺牲的决心的。又加之有广大劳苦群众的拥护，和参加作战，因此他战无不胜，攻无不克，并且能以少数部队击溃数倍的敌人。一九二八年五六月间在井冈山时，江西的军阀杨如轩以三团人来进攻，红军以一团又一营人应战，与敌在宁冈之七级岭激战一日，结果红军将敌险峻高山隘口占领，将敌整团完全击溃，消灭他一团有余，师长杨如轩负伤潜逃，以后杨池生增加三团，红军之二十八团仅一团之众，夜袭永定城，将敌三团击溃，消灭他一团多，杨池生负伤越城逃跑。一九二八年十月间湖南军阀何键以二团人进攻井冈山，红军以一营人守住隘口，敌猛攻一天未下，以后红军一营兵力出击，追至五六十里，敌人人慌马乱，连夜退出二百里。一九二九年二三月间，红军进攻福建，汀州军阀郭凤鸣以一师人扼守长藕寨隘口，红军派一营冲锋，只有十多分钟即将敌完全冲溃，乘胜将敌一师人追散、缴械，师长郭凤鸣当场打死。一九三〇年红军与广东军阀在大广岭作战，这一天连打三仗跑一百二十里路（由江西大庆跑到广东南雄）消灭敌一团，但士兵一点不疲劳，不觉吃苦。一九三〇年攻长沙时，红军军团以三四团人攻击何键两师，消灭数团，占领长沙一月。第一次战争活捉张辉瓒，红军只有两连人，缴敌两旅人的械，第三次战争攻黄陂毛炳文军时，红军到了敌人还不知道，结果只费两三点钟时间，即将毛炳文一师人完全消灭，第四次战争时消灭五四、五九、十一三〈个〉师时也不过四五点钟的时间而已。四次战争中攻赣州之杀敌，以一团暗袭，我红五军团相隔不过半里远近了，我五军团派一营人什么武装也不带，只是手里一把大刀，出而应战，一枪未打，只是将大刀向敌人头上杀过去，结果没有两小时功夫，将这一团敌人砍得只剩三分之一回去。水口之役，与广东军阀作战时，也是一样组织一队大刀队，砍溃敌一师人。反动派的宣传说红军只能攻不能守，只能杀冲锋不能持久战，不会攻工事这些反动的武断宣传，被事实完全粉碎了。二次战争的时候敌人筑了数百里很坚固的工事，红军不费半月功夫完全把他攻破踏平了，红军以一团一营人守河风坑抵抗白军一师，相持两日夜，结果遂将敌人击溃，四次战争时攻宜黄乐安孙连仲残部时都是把敌人工事堡垒城墙攻破，才把敌完全消灭，打许[浒]湾的时候，红军以一营扼住阵地，能抵抗得住敌人两师，与十九路军作战时，能相持数日数夜。红军有他作战英勇牺牲决心，什么战争都会的。红军人数不比国民党军队多，武器不比国民党军队的好，但他〈有〉阶级觉悟、牺牲勇气，所以屡次作战总要把国民党军队消灭，并能以少胜多，他曾不畏惧国民党军队新式武器大炮飞机的，并且由于国民党军阀的士兵日益革命化，屡次与红军作战，总是不愿打的，红军一到则很快的将枪缴给红军去了，尤其是在目前反帝高潮中，表现得最明显。十九路军这次到福建时是蔡廷锴欺骗来的，士兵到了福建，听说不去打帝国主义，要去打红军，都不满意不愿打自己的工农红军，要回去打帝国主义，公开的向他们的长官请假，蔡廷锴曾在龙岩漳州等处明地暗地屠杀自己的反帝士兵数千人。

红军不但有击锐攻坚的能力，他并有吃苦耐劳的精神，为其他军队所不能及的，在井冈山斗争时物质生活是非常苦的，冬天无棉衣，饭食不完全，但红军指挥员战斗员精神团结一致，艰苦共尝，与敌搏斗毫无异志。一九二九年初到赣南工作时，后面有敌尾随，前面有敌进击，红军在崇山峻岭冰天雪地中天天长途行军，一天走百多里，整个走了一个月未休息，全体指挥员战斗员团结一条心，一样坚苦耐劳坚决到底，没有一个掉队和逃跑的，结果能将前后敌人一齐消灭，开展赣南闽西革命局面。一、二、三、四次战争中及现在扩大民族革命战争反帝运动中，被敌人长期围攻，经济封锁，物质生活是很困苦的，红军能吃苦耐劳，克服一切困苦，并能够在生活上每天尽量节省一切经费，以作革命战争经济上的辅助。

（四）中国工农红军的生活及与工农群众的关系

红军既是工农自己的军队，他的指挥员和战斗员都是工农成分都是一个阶级的人，没有阶级等级区别，废除了一切压迫和剥削，指挥员与战斗员中间生活上待遇上没有丝毫的分别，只是工作上指挥上的不同而已，在工作上指挥上，指挥员有绝对分配指挥赏罚之权，战斗员对指挥员是绝对的服从，在一切纪律上指挥员战斗员都站在阶级自觉上[①]遵守和服从上级，所有纪律，虽有规定，而犯纪律者是很少的，打骂肉刑是已老早废除了，没有打人骂人的事了。红军中指挥员战斗员一块有娱乐机关，每天大家可以开讨论会、讲演会、游艺会，表演各种戏剧，又有各种体育运动，并且有文化运动组织，每天可以读书看报写字，不会读的，有人教读，不会写的，有人教写，若当了一年红军就要学到许多革命理论，学会写字读书，所以红军的指挥员战斗员在红军中就同在自己家中过生活一样，甚至比在自己家中还要好一点。红军指挥员战斗员对工农群众是一个阶级的人，特别要表示亲爱，不能有军队与群众的区别，在操课工作以后闲暇的时间，红军常与群众做耕田种地及各种零星事务，如遇农事紧急时，特别组织耕田队到群众家里帮助耕种以增加农业生产。工农群众对红军也是一样非常亲爱，经常的帮助红军洗衣服、

① 原文如此。——本书编者注

缝补衣服、做草鞋,送蔬菜,慰劳红军,尤其苏维埃规定十余条优待红军条例,工农群众亦规定了礼拜六,每逢礼拜六即帮助红军家属耕田,或做其他的工作。这样红军与工农群众的关系是非常亲密的,并没有什么分别的,这是在苏区内的情形。至于在白区,红军对工农同样是非常亲密的,绝对不敢一点侮辱工农群众的,并且红军在政策上如分配地主豪绅的土地给他们,散发地主豪绅的家产衣物谷子给他们,取消国民党的一切苛捐杂税,这些都是对他们有利益的,所以红军到了白区,所有工农群众都非常欢喜,(我们在邵武新涂等县工作,工农群众很多的围住红军要土豪的东西,把红军的衣抓取了)相反的国民党军队所到之地,工农怕他拉夫[伕]子,修工事,群众都跑到高山上去了。

同时我在这里又要把国民党军队在苏区残酷烧杀的罪恶,也要宣布一下,国民党军队一、二、三、四次进攻苏区时到了苏区即以烧杀为能事,尤其是三次战争时,宁都的黄陂小埠东韶等处房屋,烧得一间不存,并杀了几百人,在永丰的君埠荐田等处房屋烧得一间不存,杀人数百,纵马将禾苗踏得精光,粮食抢得干净,在兴国良村等处将房屋烧尽,又用飞机放很重量的炸弹,到处乱炸工农群众的房屋,最近十九路军在福建闽西一带,白日明杀,夜里暗杀,所杀的工农劳苦群众达数千之多,又增许多苛捐杂税压迫剥削工农劳苦群众。

(五)中国工农红军目前重要的任务和反帝情形

红军目前最主要的任务,就是要扩大中国苏维埃运动,扩大中国民族革命运动,推翻国民党,推翻帝国主义在中国的统治,使中国民族永远得到解放与自由,所以现在除现有的主力红军外,还要扩大一百万铁的红军,积极向外行动,消灭围攻苏区的国民党军队,推翻国民党的统治,打南昌武汉,去准备与帝国主义直接作战。九一八事变后,红军总司令部曾发表对日宣言,又通电全国发表对日作战协定的宣言,这宣言的内容,第一要即刻退出进攻苏区红军的国民党军队,第二要武装各地反帝群众并准许群众言论出版等自由，第三，同意以上两项者无论任何军队，红军可与其共同对日本帝国主义作战。由此可以看出红军是站在反帝前线上的，红军中反帝拥苏同盟的组织各级都有的，每个红军战士都是同盟会员，他的工作从“九一八”事变与“一·二八”事变后更加积极了，当东北义勇军与日本帝国主义艰苦奋斗时，红军中每个红色战士都实行一个铜板的募捐，援助义勇军，募捐时非常踊跃，每个红色战士只要听见说向北发展打到南昌去与帝国主义作战，没有一个不兴奋的。

热河事变全体红军举行了示威大会，反对日本帝国主义侵占中国，塘沽协定时，全体红军举行了示威大会反对国民党的卖国行动，“九一八”与“一·二八”两天规定为国耻纪念日，每次进行纪念大会时红色战士对于反帝热情都是非常高涨的，今年“八一”纪念日中央苏区全体红军大举阅军，一方面对帝国主义示威，反对帝国主义侵占弱小民族及其更残酷的强盗战争；一方面检阅红军力量准备与帝国主义作战，晚上又与工农群众提灯游行，示威，群众到者非常热烈，这一天反帝空气高涨到万倍了。讲到这里，我们现在要反对帝国主义的侵占，救中国唯一的出路，就是苏维埃，中国工农红军是中国苏维埃运动推动者和执行者，所以红军的行动都包括了反帝的作用，中国苏维埃发展，红军胜利，即是中国民族对帝国主义的胜利，亦就是给帝国主义以致命的打击。

（六）我们应该怎样反帝非战？

苏联是社会主义建设成功的国家，是世界革命的大本营，是反帝的积极的先进者，现在帝国主义对苏联的武装干涉日益明显的表示出来了，我们应该极力保卫苏联，反对帝国主义进攻苏联。中国苏维埃和红军是唯一救中国，谋中国民族解放和自由的道路，中国苏维埃运动目前大大的发展，红军屡次大的胜利，使帝国主义受了致命的打击，现在帝国主义积极指挥国民党向苏区红军大举进攻，企图消灭中国的革命，我们应当反对帝国主义国民党进攻苏区和红军，保护中国革命完全胜利。世界工人阶级和弱小民族是最受帝国主义剥削和压迫的，帝国主义的强盗战争，即屠杀剥削和压迫广大的工人阶级和弱小民族的战争，我们应该与广大的工人阶级弱小民族联合起来，反对帝国主义的强盗战争。

〔附记〕我这报告是专讲中央苏区红军情形，至鄂豫皖、湘鄂西等各地红军情形不在此内。

（中央档案馆藏）

75
远东反战反法西斯大会对中国红军决议大会提案

（1933年9月30日）

中国工农红军为中国苏维埃的柱石，目前主要任务就是反帝，他的行动都是站在反帝非战的准线上，反对帝国主义的侵略和更残酷的强盗战争，必定要与世界无产阶级的祖国苏联、世界工人阶级和世界弱小民族携手前进，作为世界反帝非战大会的后盾，并且要求予以更大的帮助：

（一）希望大会阻止各帝国主义帮助中国国民党的经济和武器来进攻中国工农红军与苏区，反对帝国主义国民党进攻中国革命，保护中国苏维埃和红军。

（二）必须联合世界工人阶级以及被压迫民族，组织工人阶级广大的反帝非战运动，并且必须与世界无产阶级祖国联合，互相提携并进。

（三）希望大会组织参观团到苏区红军去参观，并且希望在世界工人阶级以及一切劳苦群众中作广泛的宣传，揭破帝国主义国民党对中国苏维埃红军的反动污蔑，组织世界工人阶级的拥护中国苏维埃和红军的广泛运动。

（完）

全世界劳动者与中国民众联合起来！

中国士兵与中国红军联合！

反对帝国主义强盗战争，反对瓜分中国，反对进攻中国红军！

中国英勇的工农红军万岁！

中国革命万岁！

远东反战反法西斯大会

（中央档案馆藏）

76
为反对帝国主义反苏联的武装干涉的挑衅的抗议书

反战大会认为随着资本主义世界危机的尖锐化，与苏联社会主义建设的伟大的胜利，五年计划四年完成以后，第二个五年计划顺利的执行，资本主义世界与苏联之间的力量对比，大大的改变而有利于建设社会主义国家，但国际帝国主义和一切反动势力疯狂的准备反苏联的战争企图在反苏联的武装干涉中，以牺牲苏联，来达到危机的出路。

日本帝国主义侵略中国与占领了满洲热河内蒙古与华北的一个主要目的是在这些地方造成反苏联的军事根据地。正因为这样，一切帝国主义者都拥护日本对中国的进攻，不管它们在瓜分中国的斗争中有如何的冲突。日本帝国主义者向苏联进行不断的挑衅，武装白俄去侵略苏联，利用其傀儡"满洲国"向苏联进攻。

破坏中东路，驱逐苏联公民，逮捕苏联在中东路的职工，并准备强夺中东路等，这显然是要挑起反苏联的战争的。其他帝国主义者也积极进行反苏联的冒险：英国保守党的反苏联的阴谋表现于莫斯科的英技师案里，英国政府不久以前对苏联宣布断绝通商，英国帝国主义者之努力组织《四强公约》，把法西斯蒂德国牵入反苏联的联盟，德国法西斯蒂在经济会议上要求苏联某些领土作为德国殖民地，最近又逮捕苏联塔斯社的记者及其他反苏联的攻击；帝国主义的走狗——中国军阀和一切反动派，曾经为了帝国主义的利益进行了反苏联的强盗战争（一九二九年），最近两年来又出卖了东三省、热河察哈尔、河北，以及西北西南许多地方，而乘着日本强盗正在准备强夺中东路的时候尽力攻击苏联，使中东路无代价的落到日本手里，对于日本和其他帝国主义在中国的掠夺及倾销，极力欢迎，而对于苏联的贸易，则企图加以限制，对于屠杀与宰割中国民众的日本及一切帝国主义者，不但不反抗，反而压迫民众的反抗，而实行与之亲善，对于始终援助中国的解放斗争和站在中国民众方面的苏联则无耻的诬蔑为“赤色帝国主义”——这些都证明帝国主义及其走狗反苏联的武装干涉的准备，是在用全力进行的。

因此，远东反战反法西大会认为反对帝国主义对苏联的武装干涉，是全世界劳动者的紧急义务。大会号召各国的工人、农民、劳动群众来反抗反苏联战争的准备，保证世界革命的大本营和世界劳动者的祖国——苏联，拥护苏联的和平政策，只有苏联是和平的唯一保障者，只有苏联才彻底为总的和平而斗争，只有苏联才主张立即全部解除武装和真正的军缩，主张经济休战，主张签订侵略国界说的公约，只有苏联才能为着世界劳动者的利益，为着社会主义的利益，彻底反对帝国主义的世界大屠杀，只有苏联才消灭了帝国主义战争的基础——资本主义与反动统治，才指出人类脱离战争惨状、危机、饥饿、失业、贫困的唯一的出路，才真正有力量保障劳动者的和平。

大会号召全世界的工人、农民、兵士、劳动者团结起来，反对帝国主义反苏联的战争，不运一兵一卒去进攻苏联，不造一枪一弹去进攻苏联，反对日本帝国主义掠夺中东路和侵略中国，反对白党盗匪，反对强盗战争的放火者法西斯蒂，反对帝国主义瓜分中国和进攻苏联的清道夫——中国军阀，拥护建设社会主义和一贯采取和平政策的苏联，为世界革命胜利而斗争！

全世界劳动者联合起来！

反对干涉苏联的战争！

粉碎帝国主义及其爪牙对于苏联的任何挑衅！

世界劳动者的祖国——苏联万岁！

远东反战反法西斯大会

一九三三年九月三十日

（《红色中华》第129期，1933年11月26日）

77
为反对帝国主义和中国军阀进攻中国红军的抗议书

听了中华苏维埃共和国代表苏区反帝斗争和红军伟大胜利的报告后，远东反战反法西斯大会致中国反帝先锋——英勇的工农红军以热烈的革命的敬礼，并一致坚决的反抗国际帝国主义及其走狗——中国军阀对中国苏维埃的进攻！

在中国无产阶级的政党领导之下，在全世界劳动者同情下，在全中国工农劳动群众直接拥护之下，英勇的中国工农红军在与数量上与技术上占绝大优势的内外敌人作战中获得了伟大的胜利，冲破了敌人四次“围剿”，大大的增强了自己的战斗力，成为百战百胜的革命军。现在红军占领了中国广大的地域，把中国数千万民众从帝国主义与中国地主豪绅军阀官僚资产阶级压迫之下解放出来，而成了苏维埃新中国的主人翁。

中国工农红军这种伟大的光荣的胜利，有莫大的世界意义。中国工农红军把数十年奴役中国民众的帝国主义者从苏维埃中国驱逐了出去，红军所到之地，帝国主义及其走狗势力已被肃清了。苏维埃中央政府与红军革命军事委员会已于一九三二年四月通电对日宣战了，又历次号召了以民族革命战争驱逐日本和一切帝国主义出中国，在一九三三年一月又发了宣言，在下列条件下，愿意与任何部队订立作战协定，去反对日本和一切帝国主义，这些条件就是：(一) 立即停止进攻苏区和红军；(二) 立即武装民众，并组织与援助抗日义勇军；(三) 立即保障集会结社言论出版等民主权利的实现。中国军阀对于红军苏维埃的号召的回答，就是更加用全力“围剿”唯一反帝到底的工农红军和已经解放了的苏区民众，最后出卖了满洲、热河与华北。中国军阀是帝国主义瓜分中国的清道夫。只有红军才是彻底的反帝的武装力量，只有红军的胜利才能保障中国民族的独立统一与领土完整，才能打倒远东强盗战争的罪魁——日本帝国主义，才能铲除世界大屠杀的原因——国际帝国主义。中国红军的胜利，又指出了一切殖民地的民众从帝国主义的枷锁与宰割之下解放出来的革命的道路。

中国苏维埃革命与红军的胜利，就是中国民众对军阀与反动统治的胜利，而且是对国际帝国主义的胜利。正因为这样，帝国主义加紧对中国民众压迫，从过去供给军火金钱与军事顾问给中国军阀的隐藏的干涉，变成公开的直接的干涉。日本帝国主义强盗，便是这种干涉的先锋队，从一九三一年九月十八日占领奉天以后，日本已并吞了满洲、热河、察哈尔和河北的一大部，现在加紧准备新的进攻，以便占领整个华北。同时，英帝国主义也占领了西康西藏和准备侵略四川与新疆等；法帝国主义实行侵略云南贵州，而且已经占领了南海九小岛；国际联盟在上海停战协定中得了管理上海的权力，最近又利用所谓“技术合作”而实行监督全中国。帝国主义者日益直接指挥与参加进攻红军和镇压苏维埃运动。英法帝国主义者炮轰了广州公社，法国强盗轰炸了广西龙州苏维埃，英美法日等帝国主义野兽镇压了岳州、长沙，和扬子江沿岸苏维埃；现在当中国军阀准备大举进攻红军的五次“围剿”的时候，日、美、英等军舰又集中福建的水面，准备进攻闽北苏区与红军。帝国主义者用一切力量去组织与指挥中国军阀去进行五次“围剿”，美棉麦借款，英镑与法郎的借款，美英德意的大批飞机军械的供给，德国法西斯蒂军事顾问的派遣来华，以及国联的“技术合作”等等，都是为了这个目的。帝国主义是中国民众的绞杀者，是中国军阀反动统治之支持者，是中国民众解放与苏维埃革命的死敌，不打倒帝国主义及其走狗，中国民众之民族与社会的解放，便不可能。

世界反帝大会的远东反战反法西斯大会号召中国和全世界劳动者起来反对帝国主义瓜分中国与屠杀中国民众，反对进攻中国红军与苏维埃。要求立即撤退帝国主义在华一切海陆空军，反对派遣军队枪械到中国进攻红军。号召各国士兵与中国红军一块儿反对帝国主义。号召中国士兵不打红军，和红军一致去打日本和一切帝国主义，反对帝国主义与中国军阀的五次

"围剿",拥护中国苏维埃和红军!

全世界劳动者与中国民众联合起来!

中国士兵与中国红军联合!

反对帝国主义强盗战争,反对瓜分中国!

反对进攻中国红军!

中国英勇的工农红军万岁!

中国革命万岁!

远东反战反法西斯大会

一九三三年九月三十日

(《红色中华》第129期,1933年11月26日)

78
反白色恐怖的抗议

大会抗议对中国工人农民知识分子的白色恐怖：成批拘捕，不加审问的监禁，酷刑、绑架，明的暗的屠杀。这种恐怖成为中国国民党存在的基础，助之者为帝国主义列强，或单独供给军火借款，或合力经由国际联盟的伪善协助。帝国主义者这种协助的例子，可见之于各租界警察的拘捕共产党员、革命同情者、反帝战士！

大会也抗议继续囚禁太平洋赤色工会秘书牛兰及其夫人。

远东反战反法西斯大会

一九三三，九，三〇。

（《红色中华》第129期，1933年11月26日）

79
反对帝国主义法西斯蒂恐怖的抗议

大会声讨蒋介石幕中的德国法西斯蒂军官，他们引用法西斯蒂方法加紧国民党的白色恐怖！

大会以极激烈的抗议反对希特勒政府所施于德国无产阶级的野蛮残酷的恐怖。

大会向革勒、地米屈罗夫、波波夫与但尼夫[①]，工人阶级刚毅的战士致敬。他们勇敢的将可怕的来不齐审问[②]转变成为世界群众意见的向法西斯蒂的审问。

大会宣告与力战国社党卑劣恐怖的德国工人，以及各处反法西斯蒂运动，反战争制造者的工人共同团结一起奋斗！

远东反战反法西斯大会

一九三三，九，三〇。

（《红色中华》第129期，1933年11月26日）

---

① 即在德国国会纵火案中被陷害的共产党员托尔格勒、季米特洛夫、波波夫和塔涅夫。——本书编者注

② 即莱比锡审判。——本书编者注

80
来华反战代表团的目的

(Gerald Hamilton)海密尔顿[①]作　容　若译

自从欧洲的统治者应用曾经有人告诉吾们这是他们所特有的智慧与先见，在吾们的目前诱发了战争，到现在差不多已有二十年了。诚然他们大多数已经在他们轻易燃烧起来的火焰中消灭过去了，但现在还存在着的少数人也必然不以所发生的景象为满意。

曾经有人告诉吾们说，欧洲大战是一次“终止战争的战争”，“安全世界之民主政治”，“消灭一切将来战争之危机”，但是困难即在于大多数人民都似乎置信于此种奇特的言论。撒拉雅伏[②]枪声的回声震动了文明世界的基础。吾们要看看吾们能否阻止远东同等性质而更震动回声，故吾人有此一行。

但是世界有何种保证能保证今日之各国政府将保障和平？一方面吾们有一班在欧战时对他们会员发施命令的善意而不合实际之和平主义者，成为良心上的反对者，他们抱着有人掴他的左颊，再转以右颊给他掴的主张，他们叹气说，上帝之道真是离奇莫测，上帝的神秘非凡人所能了解。在这种伪宗教哲学的死渊中吾们能够找出永久和平的胚芽来吗？吾难于作如是想。

当然在另一方面吾们有国联，这国联每年耗费了欧洲的纳税人数百万金镑，国联又是一班非常狡猾的政治家们所成立起来的，用以使群众认识所做的一切事情都是在保障世界和平。最近吾向新闻记者发表谈话，称国联为“互相标榜的团体”，这吾想是非常得当的。日内瓦那一班自作聪明的人

---

① 即汉密尔顿。——本书编者注
② 即萨拉热窝。——本书编者注

太谨慎小心了，太恭敬为礼了，甚至于最谦卑的，足以废除世界奴隶制，但是对于战争却只有置之不理了。

侵略满洲便是国联的一个酸性试验。国联干了点什么事？当日本军队侵略中国领土的时候(破坏国联盟约)国联大会与行政院都在开着全体会议。接到日本侵略中国的消息，国联大会便闭会了，行政院也便跟着闭。等到以后行政院再举行会议的时候，日本军队已经深入满洲。国联行政院便规定了一个日军撤退其占领领土内军队的日期，又闭会。行政院第三次开会的时候，日本就利用它休会期间更占据了满洲的其他部分，实际上已经在其开始发动处几百里外从事于短兵相接的战争了。行政院便迅速地忘记了它曾经决定过一个日本撤兵的日期，而开始郑重地讨论派遣调查团赴满调查日军占据整个满洲后的情况。这种工作完成后，在他们的报告书中他们幽默地称之为“保障和平”，接着行政院又闭了会，日本便得保住他新得的领土而无所挂碍。那班富于滑稽性的日本人一定要什样地[①]讪笑着。吾也承认吾也必同声一笑，可是因为国联的这种根本失败，忧愁把吾抑压住了。吾们的不信任这团体，不认之为世界和平的保障机关，能够归咎于吾们吗？

吾们的目标是要把全世界的和平主义者组织起来，组成一联合战线，来对付这一班以战争为专业者的进攻与阴谋。吾们希望以积极的手段而非消极的手段来达到吾们的目的，因为吾们深信消极的手段是不会有什么结果的。吾们希望把全世界的工人联合起来，因为力量只在他们的手中，虽然他们还不过刚刚认清此种事实，当阻止战争爆发的最后一刹那到来时，要他们与吾们合作，取一致行动。吾们的获得“布尔希维克”[②]的名号，当然是由于吾们此种废度无疑。事实上，吾们欢迎任何党派的人员加入吾们的联合阵线，事实上来华代表团中只有一人是××党员可恶的主××义者。吾们在

---

① 原文如此。——本书编者注
② 即布尔什维克。——本书编者注

阿姆斯特坦[①]的就职大会中，××分子参加很多。吾们欢迎得到任何方面的援助，以达到吾们的目的——正如吾们的仇敌武器阶级有机会在世界的人类中撒下战争的种子——藉此增加他们利益的收获，一样地欢迎。

吾们所最希望有所成就的，便是获得远东各民族间的一个友好关系的基础，因为吾们觉得中日间的许多问题，惟中日间实际的直接交涉始得解决……代表团的任务并非为任何特种现状辩护，或为一帝国主义国家反对另一帝国主义国家辩护，代表团的任务是观察研究事实之现状，找出将来冲突的原因。中日战争与满洲国之既成事实非只为一帝国主义国家侵掠他国的典型，亦且足以危害未来之和平。假使吾们能够有助于树立远东之和平，则吾人之努力不致虚掷。吾们都感觉到要树立远东永久和平基础的需要，吾没有充分有力的字句足以表示之。吾们感觉到这并不是一件不可能的工作，也许比较在欧洲更容易一点。吾们知道吾们是起来反对一次新的燎原大火发生时那些藉此有益无损的人们。吾们希望这次大火能够避免。任何战争都不曾有过好结果来。征服者与被征服者都一般破坏了。化学家们告诉吾们！第二次战争将比以前设想的更为伤心惨目，吾们希望不要再听见兵士的呼叫，伤者的号恸，以及母亲们的惨哭——那种含着泪，凄惶的冗长的祈祷。

（《生存月刊》1933年第4卷第6期，第75—78页）

① 即阿姆斯特丹。——本书编者注

81
欢送国际反战代表宣言
(1933年10月)[①]

国际反战代表为着传达欧洲数千万劳苦兄弟反帝国主义战争的意志，为着团结扩大远东反战反法西斯的力量，为着巩固欧洲工人兄弟和远东工农劳苦大众的阶级战线，而到中国来，举行远东反战反法西斯会议。时光快得很，到现在已经四十多天了。在这四十多天中，全中国尤其是上海的劳苦兄弟，在讨论会上，在欢迎会上，在(编者按：原件字迹不清，此处脱落十余字)都充满一种兴奋的情绪。在这四十多天中，国际代表向我们报告，和我们谈话，和我们握手，和我们拥抱，和我们一同高呼！他们给与我们阶级爱和战斗情绪，是推动反战反法西斯战争的伟大的原动力。在这四十多天中，我们损失了许多勇敢的可爱的兄弟，国际代表也受了帝国主义和反动无耻的国民党许多侮辱、妨碍，和压迫。然而，反战会议终于在重重压迫之下开成功了。

现在，国际代表要离开我们回去了。因为欧洲的兄弟正在等着他们，等着他们的报告和消息，等着由他们口中听到我们东方兄弟的斗争状况，等着他们回到他们原来的岗位。我们除了从心底里感谢诸代表的劳苦以外，特向他们致一个阶级的临别的敬礼。

帝国主义一天一天地疯狂了，进攻苏联，压死中国革命的最后决战已经到了我们的目前。这一反动战争只有在牺牲他们本国工人阶级的条件下才能够实现的帝国主义是处在一个一不做二不休的命运之下，所以凡是欧美“民主主义”的国家都已经或正在被法西斯蒂乌云所吞噬。在中国，在日本，在印度，在安南……劳苦大众的命运是枪弹和牢狱，劳苦大众中的先进分子

① 时间是本书编者判定的。

每天都是用生命来摧残，而这种命运，欧美的兄弟也已经快要在同样的程度之下受到了，在这种状况之下来欢送国际反战代表，心里是充满着满腔悲壮的热血！

国际代表要和远东的劳苦兄弟分别了，然而，从现在起，我们的工作是一个更大的开始。东方的劳苦兄弟要集中一切革命的力量来实现我们的任务和西方的劳苦兄弟底斗争相呼应。因此，现在将东方兄弟的斗争状况带给西方兄弟，正是国际代表的伟大使命！我们除由心底里祝诸位一路平安以外，还要大家联合起来，庆祝反战大会的成功。（编者按：此处脱落几个字）反帝反战反法西斯的经验！

全世界反帝反战反法西斯的大众团结起来!!!

远东反战反法西斯大会胜利万岁!!!

远东反战反法西斯同盟万岁!!!

国际反战代表团万岁!!!

（《纪念与研究》第3辑，上海鲁迅纪念馆1980年12月编印，第30—31页）

82
埃韦特给皮亚特尼茨基的第8号报告

1933年10月1日[①]于上海　　　　绝密

驻上海代表[②]发来的第8号报告
致米哈伊尔[③]

随这次邮班给你们寄去关于军事形势的报告和几份文件。请注意十九路军采取的措施以及我们在8月初下达的关于准备起义的指示(从对张家口以前的形势和我们的方针评价角度看,这些指示是不寻常的,但在那个时候根据收到的指示把它们取消了)。

1. 在一般政治方面,对最近一次报告没有多少东西可补充的。国民党向日本全面投降的倾向在加强,恐怕不能怀疑,在最近的将来,日本不仅要在北方采取进一步的步骤,而且还试图使南京在表面上依附于它。

至今国民党集团得以把内部矛盾控制在一定的范围内。南京向广州作出了让步,如果广州保证积极参加即将对红军的讨伐,南京同意把国民党代表大会[④]延期到1934年召开,并答应提供从美国获得的一部分贷款。[⑤] 当然,说联合那是错误的,但有可能,在财政上遇到很大困难的广州,为换取财政援助,不得不作出暂时的让步,这会造成彼此协商一致全面谅解的印象,并会大大加重江西苏区的困难。

---

① 共产国际执行委员会收到文件的日期是1933年10月22日。在文件的俄文译稿上有批注:“2份,归机密中国文件。1份送别尔津,1份送洛佐夫斯基。1933年10月25日,П.米夫”。(见全宗514,目录1,卷宗759,第141—147页)

② A.埃韦特。

③ И.A.皮亚特尼茨基。

④ 指国民党第五次代表大会。

⑤ 1933年美国向南京政府提供5 000万美元贷款,用于购买棉花和小麦。

目前，只有我们同蒋介石的斗争取得一些重大胜利的情况下，它们的矛盾才会迅速暴露出来。

2. 即将到来的军事进攻。对它的评估，你们将会在军事报告中看到。我们应该意识到，中央苏区最艰难的时期还在后面。敌人的军事实力是很强大的，他们同我们作斗争的经验大大丰富了。并且在其他地区，对于敌人来说，出现了比较平静的局面，于是他们决定先整顿江西，而不考虑在另一些地区对他们不利的形势。暂时丧失土地，也始终意味着摧毁农村、毁灭收成、带走未被消灭的老百姓，等等。何况敌人还控制着河流和重要交通干线，这给诱敌深入造成了困难。

如果说我们置所有这一切于不顾，不陷入悲观主义，那首先是因为我们中央苏区有相当强有力的政治领导和政治工作；是因为我们不仅从质量上而且从数量上大大加强了党和军队；今天，除了我们同志在军事方面有丰富的经验外，还作了比以前多得多的军事斗争任务的协调工作，并协同完成了作战任务。

3. 同蔡廷锴(福建十九路军)的谈判。既然从寄来的文件中可以看出谈判的方针，那我们就只谈了几点意见了。不久前，你们已预先告诫我们不要同蔡〈廷锴〉联系。现在我们关心的是：

我们击溃了十九路军很大一部分部队，并深入到福建腹地，之所以这样做首先是为了更做好迎接蒋介石进攻的准备。在最近几个月，我们不打算继续进攻十九路军，若是它真要向前推进的话，我们也只好放弃大部分重新占领的土地，因为我们没有相当数量的兵力来进行保卫。

所以我们对同十九路军停战感兴趣。我们对停战感兴趣的第二个原因带有较为一般的性质：十九路军和红军之间停战会给国民党士兵留下很深的印象等等。在政治上我们只会赢得好评。不言而喻，这绝不意味着我们真的要达成协议。当然，我们考虑到欺骗的可能，但这没使我们感到出乎意料，而在军事方面，与以前状况相比没有任何变化。

把十九路军向我们发出的呼吁只看作是欺骗，这不是解决问题的做法。

十九路军中沽名钓誉的"现代"军阀,愿意成为将来发展中国的有力因素。这支军队在上海战役后被调到福建,处在蒋介石和陈济棠之间及苏区和海洋(日本)之间,〈在政治方面〉也受到压制。最初,福建人民欢迎十九路军,将其视为解放者,现在则憎恨这支军队。因此我们把这支军队的领导试图同我们达成协议的行为看作是软弱的表现,当然,同时也看作是克服这种软弱性的尝试。

我们将尽一切可能加深十九路军、蒋介石和广东三者之间的矛盾。红军将在停战基础上进行谈判(不排除提出政治要求),而党因此能始终保持着行动自由。

如果蒋介石战胜我们,取得一些胜利,那么十九路军也会毫不迟疑地起来反对我们。如果胜利在我们方面,那么谈判的结果可能形成对我们很有利的局面。

4. 中国北方。在北平,由于逮捕行动,我们遭到了惨重损失,给我们的联系造成了致命的影响。同张家口的联系完全中断。让接受我们影响的部队起义并撤到晋冀边区建立新苏维埃根据地的方针取消后,事态发展更加混乱了。首先是能够吸引怀有不满情绪的、变得激进的士兵和志愿兵的中心没有了。局部分化开始了。敌人赢得了很多时间来准备采取行动,解除这些部队的武装。

我们应该意识到,一些军官肯定是直接的或间接的日本代理人。但对士兵和志愿兵作这种推测,那是错误的。我们的工作应该是使他们接受我们的影响,并排除我们的部队去反对解除武装(不过早打出红旗)。现在完成这项任务肯定比以前更困难。在后方有日本人,而前面有国民党军队,我们有被击溃的危险。

我们的工作在继续。成立了由 7 人组成的革命军事委员会。早就同我们合作的吉鸿昌军长也在其中。恰恰是在他的部队中我们有主要影响。我们在方振武部队中的影响比较弱,方可能是日本的代理人。

根据最近在一些部队中的统计,在我们直接领导之下的有:

第十八步兵师中有800名战士、450支枪；

第三骑兵师中有300名战士、200支枪；

第五步兵师中有800名战士、300支枪；

第二步兵师中有1 000名战士、700支枪。

现在张家口的工作是秘密进行的。工作很薄弱，因为大部分同志都离开了这座城市。

5. 上海。正如常有的这种情况一样，由于几个月前发生的对省委主要领导人的逮捕和用弱得多的同志取代他们，工作变得更差了。同一系列支部的联系中断了，因此组织的数量大大减少。我不认为，现在在城里有2 000多名党员，虽然准确的数字难以取得。

上海的罢工斗争相当频繁。党的影响很大，但在多数情况下，是在斗争爆发之后才表现出来。8月份的官方统计数字是这样的：

地　　区	罢工次数	罢工人数	损失日数/人
外国租界	6	244	1 121
中国领地	5	8 585	54 254
总　　计	11	8 829	55 375
1932年8月	10	2 357	2 171

关于罢工的详细材料（包括在上海范围以外发生的罢工），现在定期在《中国论坛》杂志上发表，这份杂志你们现在能按时收到。

在码头工人当中，我们成立了组建工会的筹备委员会。

6. 领导同志向我们通报说，斯特拉霍夫[①]在党的机关刊物《斗争》上采取了错误的机会主义方针。由于编辑的纵容，没有预先防止发生这种行为。我们还没有看到译稿。根据口头的通报，对我们的方针进行了以下的严重歪曲：

① 瞿秋白。

(1) 在中国,决定的因素是军阀战争。

(2) 国民党反对我们的主要手段是封锁。

(3) 从物质上说[①],国民党可以在三个月内消灭苏维埃,但它不冒同我们进行武装斗争的风险。

(4) 美国提供的贷款,没有规定用于进攻。已经采取措施反击这些观点[②]。

7. 简单谈谈反战会议[③]。代表团糟糕的人员组成简直不可想象。这在我们的人也可以合法地发表演讲的国度里,或许是可以容忍的,但在这里造成了极为恶劣的后果,带来的益处与付出的努力不相符。马尔利[④]把更多的注意力用到了对资产阶级分子的"教育"上。他的发言是自由资产阶级的发言,而加米尔顿[⑤]讲了愚蠢的和有害的东西。另一些人都很消极,瓦扬-古久里[⑥]除外。当然,我们加强了鼓动工作,但代表团在会上未给我们带来多大好处。我不指责瓦扬-古久里,因为鸟类市场难以控制。作出更多的努力可能在一些场合会堵住某些演讲者的嘴,也会造成难堪。我们成功地举行了规模不大的秘密代表会议,有来自国内各地的60位代表参加。发言稿、决议、号召书等将由瓦扬-古久里带给你们。最重要的材料我们将大量出版,并开展进一步的工作[⑦]。

但是需要注意一下情况。国际反战委员会应该派人到上海来做合法的鼓动工作。瓦扬-古久里举行一些会议,有听众一千到四千人。这里完全有可能由一位同志在较长的时间里进行鼓动工作,就像艾萨克斯在出版方面

---

① 原文如此。意思是:从力量对比角度看。

② 指1933年9月22日(中共临时)中央关于狄康(瞿秋白)同志的错误的决定。在瞿秋白的《我对于错误的认识》一文(载《斗争》第56期,1933年10月15日)中说,他在1933年7至8月间出版的《斗争》杂志第49—52期上发表一些短评,其中阐述了指控他的那些观点。

③ 指远东反战反法西斯大会。

④ 即马莱。——本书编者注

⑤ 即汉密尔顿。——本书编者注

⑥ 即伐扬-古久里。下同。——本书编者注

⑦ 《远东反战反法西斯蒂大会会刊》,上海1934年版。

所进行的那种鼓动工作。若最终能把人派出来,那也不会发生什么更严重的事情。在我看来,最好的条件是以下几点:

(1) 此人应是党员,最好是法共党员,有知名度,可以合法旅行和发表演讲;

(2) 他将以国际〈反战〉委员会代表和"使者"身份来这里,并且是很好的鼓动家;

(3) 他有充分的准备来根据这里的情况正确地提出战争问题;

(4) 他可以同宋庆龄和中国反帝人士保持联系,还可以在组织方面给他们提出建议,并且不时去印度支那。

这是个建议,你们应该讨论一下实施这个建议的可能性。不言而喻,需要严格分担我们的工作和这类活动。请告你们对此的意见。

代　表

全宗 514,目录 1,卷宗 759,第 162—164 页。
德文打字稿,原件。

(《联共(布)、共产国际与中国苏维埃运动(1931—1937)》第 13 卷,第 521—527 页)

83
国际反战代表团会成告别远东群众辞

远东反战反法西斯蒂大会终能胜利地举行，完成了一切使命。现在各代表东方的，西方的，都已启程准备将大会各种决议交与各地千千万万的群众去执行。现在我们的口号是：

以全世界革命劳苦群众的力量粉碎帝国主义战争！

工人不给帝国主义者造运军火！

兵士反对给帝国主义者做炮灰！

反对帝国主义者遣派海陆空军往殖民地，撤回驻华海陆军！

反对美帝国主义者镇压古巴革命！反对帝国主义进攻世界革命根据地——苏联！

反对日帝国主义攫夺中东路！反对帝国主义瓜分中国！反对日帝国主义占据东北热河华北！

反对国民党帝国主义五次围剿中国工农红军！反对军火输华！反对“棉麦借款”！反对国联技术合作！

中国工农兵劳苦群众以自己的力量粉碎国民党帝国主义的五次围剿！

全世界工人兵士殖民地劳苦群众极力援助中国民族革命战争，拥护中国苏维埃政府！

武装中国工农群众！中国士兵不打红军！中国士兵与红军联合起来北上与日帝国主义侵略作战！援助东北热河、察哈尔义勇军！收复失地！

反对中国蓝色恐怖、德国褐色恐怖、意大利黑色恐怖、日本法西斯蒂恐怖以及一切各国的法西斯蒂恐怖！援助德国被压迫的工人！

打倒帝国主义国民党在中国的统治！驱逐帝国主义者！

远东各殖民地劳苦群众与日本工农兵群众为反对远东战争而携手！打倒日本帝国主义及远东一切帝国主义者！

全世界工人兵士殖民地劳苦群众联合起来，为新社会而斗争！消灭国际帝国主义！

马莱　古久烈　马都　哈弥登　波比[①]

十月二日

（中央档案馆藏）

① 即马莱、古久里、马尔度、汉密尔顿、波比。——本书编者注

84
庆祝远东反法西斯代表大会的胜利!

(1933年10月)[①]

在国际帝国主义与国民党最无耻最野蛮的压迫与破坏之下,远东反战反法西斯代表大会赖上海及全国民众之热烈拥护与积极参加,筹备委员会与国际代表团之努力,冲破了一切的,任何障碍与阻挠,胜利地完成了这项十分重要的工作!大会工作之胜利的完成,无疑地在推动远东革命运动与抵制太平洋帝国主义战争上,将占有不容忽视的作用。

大会的第一特色,是中国各重要区域的群众领袖与大量的产业工人的直接参加,这是劳动者大会。是真正需要和平而且能够制止战争与——万一帝国主义战争竟至爆发——变反动战争为革命战争的群众的大会。

大会的第二特色,是全体群众的代表看破了而且识清了帝国主义及其一切工具——国际联盟,第二国际,黄色工会,国民党等等的任何欺骗,坚决地愿以全力来反对这些战争的制造者,准备者,鼓吹者。这个为人类为民众的真正和平而斗争的大会,揭破了一切和平主义者的幻想,彻底地提出了以革命反对战争的真理:以革命武力来打破反动暴力,以革命来消灭战争。

大会的第三特色,是一切决议案抗议书等的正确与具体,配做群众反战反法西斯斗争的指针,这是毫不足怪的;那本来是国际与中国真正革命的领袖与久经战争的群众之实际经验的结晶。尤其在反对日本及一切帝国主义压迫与剥削的斗争上,反对国民党汉奸政权出卖民族利益与镇压革命运动的斗争上,反对国民党强盗式流氓式的血腥统治的斗争上,中国工人阶级及一切劳心劳力的生产者,一切为人类幸福为文化提高而努力的人士,获得了一件锐利的新武器。

---

① 时间是本书编者判定的。

大会的第四特色，是革命群众代表工作的具体与切实，斗争意志的统一，国际劳动群众代表与中国民众代表的亲切与同情。这并不是那些自私自利，各怀鬼胎的帝国主义者的任何裁军会议，经济会议或国民党各派"统一作恶，和平分赃"的任何勾结所可比拟的。从这里也可看出世界劳动者之铁一般的国际主义，是克服旧世界旧势力的一个历史的保证。

这次远东反战反法西斯代表大会是一个充满了斗争精神的会议。虽然太平洋其他各国的革命组织的代表，受了本国反动统治的阻碍，形式上不能参加，虽然中国许多重要地域的群众代表，因为国民党白色恐怖的破坏与交通不便，未得亲身出席，但他们热〈烈〉的拥护与具体的赞助，在他们大量的贺电书面报告与提案中，得到了充分的证明与利用。

然而这次会议，只是远东反战反法西斯运动第一步的完成，只〈是〉胜利的开始。伟大的最后的胜利的完成，是消灭帝国主义及其走狗国民党的反动统治。中国及一切远东帝国主义国家的劳动群众与殖民地半殖民地的民众，——是最后队秋[①]的收获者。他们的艰巨的英勇的斗争——是取得最后胜利的唯一道路。

远东及中国的工人农民兵士，学生们！让我们继续以全部的努力，来进一步完成远东反战反法西斯代表大会所开始的工作！

远东反战反法西斯代表大会总筹备会

（中央档案馆藏）

① 原文如此。——本书编者注

85
远东反战反法西斯代表大会工作经过报告

(1933年10月)[①]

本报告的中心内容系1933年9月30日代表大会的本身。但为便于评价这次具有历史意义的反战工作起见,对于各方面的准备,也该有个简短的叙述。因为我自始就参加这番工作,所以愿意把个人的一些批评意见连带写出来——自然是对于全部工作中我所参加的那一部分——做今后反战工作的参考。

觉

(一) 我们的准备工作

显然是很不充分的。虽说中央对于此次工作十分重视,很早就通知各级机关及组织加紧准备,省委于八月初(我看到的是十二月三日的文件)就给了许多很具体的指示,党的和群众组织(我接近的是文化组织)也一再提出这番工作是那时最中心的工作,但事实上,一般的群众团体对于这点并不切实了解,说的多,做的少。文化方面的很少的发动,只是临时拉拢几个名人,没有具体的有系统的布置;广大的工人和学生中间,没有我们的工作,没有采取公开的群众性的方式进行工作,没有把反战反法西斯的任务具体地和眼前国际的尤其中国的事变有机地结为一体,没有把它和群众的日常斗争打成一片,而只是零星地、抽象地、没气力地、偷偷摸摸地提出几个简单的政治口号来,而这些口号(和上面说的一样,主要是指的左翼文化团体)又未曾深入群众,群众未能了解等等。所以表现在左翼团体内的,是群众参加工作的不踊跃,是经过多次的要求,依然不愿意或不曾供给干部,是各方面准

① 时间是本书编者判定的。

备工作的临时组织，如文化方面的筹备会之类，自始至终地流会：执行委员会不要说了，连常委也召集不起来。我记得八月初有一次文化界筹备会常委召集的大会，预计要到八十人左右，实际到的只有十来个人，而召集者的常委只有一个总务出席。所以这番真正的群众工作，本该动员群众参加和积极担负的，实际上只由最少数的几个我们的同志来支持，而且并不是每个被指定参加工作的同志都能认真工作，很多也依然是挂名而已。自然国际代表团来华的一再拖延，这在宣传和动员上减少了许多效力；然而最重要的原因，是我们左翼团体的指导同志只是口头上接受上级的指示，实际上并未了解，或了解而不具体执行这些指示。自己缺少政治的认识和工作的勇气，过于看重了敌人的力量，低估了群众的情绪和斗争要求，不信任群众，因而不敢和不愿深入群众，以最少数的上层的不充分的工作，来代替广大群众的工作。

（二）国际代表团的薄弱

世界反战组织如果能于"一·二八"期间或今春华北开战时派遣代表团前来，便能充分利用国际的和中国的政治局面，一切敌人便不能和不敢这样容易地压迫和破坏我们的反战运动，因为在那种局面下，我们的运动的迫切和需要，更容易获得一般广大群众的了解和拥护。

代表团到的人太迟了，这不仅是一个技术问题，实在是一个严重的政治估计的错误。而代表团构成分子的弱小和不通俗，也是不能开展工作的一个原因。

……

而这五人中没有一个对于中国群众具着号召的能力——像巴比塞，罗曼·罗兰，托曼这一类在国际上具着盛名，或在中国运动中留过痕迹。

这不能不说，选派代表时，世界反战组织的负责人有些敷衍塞责。

（三）由上层活动过渡到群众工作

我们筹备会方面的工作，不论是文化团体的或领土保障同盟会的，八月上旬以前，大体上是敷衍了事，没有整个的具体布置和计划。经过上级机关的督责和筹备工作的改组，虽然很快地决定了具体计划，可是刚刚着手执行时，大部分负责同志便遭受了严重的打击，这正是代表团到岸的前夜。改组和补充耗费了一星期的时间，左翼文化团体不了解工作的急迫和严重性，实际上不提供所绝对需要的干部分子，使工作的实施上感着本来很容易克服的困难。

如果八月底以前，上海的一切革命群众组织不曾积极为反战大会去动员群众，那么国际代表团在马莱与马投[①]在由日返华以后，只是专门向租界及中国当局进行请愿式的妥协，这样已经迁延到九月初了。我曾在代表团会议上对国际代表下了极无情的批评，要求他们改换新的工作方式，出席工厂和学校的群众集会，停止对上海及南京当局的请求，反转过来揭发他们的压迫和破坏反战会议的罪恶，真正来动员群众以斗争方式争取会议的公开和可能，电请巴黎总部催促太平洋重要国家代表赶快来华出席等等。同时我们的群众工作也已经开始积极；虽说在最初组织的群众会议中表现着多样的缺点，可是很快就有了很大的进步。在群众的直接影响之下，代表团的情绪也明显地提高了，工作积极性加强了。这是反战会议工作中一个重要的转变。

但从这时起一直到工作结束止，还有两个极重要的缺点。一是经济问题没有好好在群众工作中注意（国外寄来了一千份捐册和筹备会补印了两千份捐册，可以说不曾募到一文钱。因而我怀疑捐册是否发到群众中去，很成问题）；二是《反战新闻》的出版延期与翻译团的能力弱小，这主要是因为工作人员缺乏，文化组织担负最大责任。

在这几个和其它许多技术问题上，我们本来应该而且绝对能够做得比较好些。我们惟此应该知道技术工作不仅具着单纯技术的意义。

在这里我必须说明一句的，是宋庆龄先生在工作中表现得异常积极，和

---

① 即马尔度。——本书编者注

她的政治见解的对于革命的忠实。

(四) 代表大会的前夜

现在开始大会本身的报告。

大会的本身虽然不免有些缺点,但大体上是成功的。

议事日程的决定:没有遇着值得说的困难。惟在决议草案的准备上,马莱给了我们不少的周折。一个广泛群众会议的文件固然须得措辞柔和些和形式宽泛些,但革命的主要内容,同样不能向敌人妥协,对群众唤起误会成幻想,反之,必须明确地指出具体的斗争方针,揭示假革命的敌人的反动作用,打破群众,尤其政治上不积极或阶级性上□□动摇的群众的任何幻想。在这里,我们曾和马莱争执过三番五次,经过几次的起草和修改,得到马莱的同意了,可是到了二十九日那一夜,他又重新翻案,和我们——主要和我同华阳-枯屠尔野[①]——咬文嚼字地歪缠到十一时半。他草好了一个小决议案——一般反战反法西斯的;及中国白色恐怖的(后来实际只采用了□□)同时中国苏维埃政权形式的。所以在第二日大会上我对他用了,然令他不满意的手段。

关于代表会议的警备工作,另外当日有报告,这里用不着我多说。大体上做得十分好。中间虽然有几次小争执,那是因为警备主任罗同志[②]有点性急,唯一经简短地劝说便把秩序恢复了。

在这段报告中,我想把我个人的工作顺序嵌进去,因为组织委给了我政治上的责任。

我于二十九日中午到达会所后,便即刻召集了已经指定的党团的会议。当晚国际代表到后,除对决议案讨论外,重新规定了议事日程和翌晨同宋庆龄商定了主席团及名誉主席团的名单。各项重要报告都是事先准备好了

---

① 即伐扬-古久里。——本书编者注
② 即黄霖,原名罗永正。——本书编者注

的。马、宋二人报告和宣言，中国反战反法西斯斗争的决议案也都分类印好，开会□□发给了代表们。在代表中间，已由党团会议决定的小组活动分子分组进行政治教育训练，解释大会的中心工作和代表散会后急待进行的任务。在这里应该指出的，是一部〈分〉上海代表的临时拉拢，这在三个女工代表刚到便哭闹着要走便可证明。上海代表未经过群众会议选举的，或许不只这几个出席的女工，不过因为这几个是没有经过斗争的十五六岁的女孩子，胆量小，所以才把选举代表工作做得太不充分暴露出来罢了。

（五）代表会议的经过

会场的布置很简易，因为必要的手续已经准备就绪。大家推举我以筹备会代表的名义宣布开会。提到了白色恐怖的压迫，六七年来在革命中牺牲的战士不讲，单是这次参加反战工作的积极分子已经被捕去了五十人左右。大会为被捕同志致敬，并当积极奋斗，安慰在狱的反抗者。提到了国际的与中国的战祸，法西斯主义的披猖，与同时群众运动的难苦伟大的斗争。与瓜分中国的事实，尤其帝国主义国民党对苏维埃政府大规模的五次进攻。指明了一切战争对于群众的牺牲，与反战反法西斯的必要与迫切等等。接着提出了主席团和名誉主席团的名单，通过了议事日程。提出了马莱的正式主席和议事日程上第一项的报告。在马莱绅士式□的国际反战反法西斯斗争报告之后，经过一再的鼓励，会场依然没有人参加讨论。我开始讨论，批评了“国际反战组织的任务是解释战争发生的原因”的说法之不充分与不正确，提出了动员、组织、领导与实际进行斗争的必要，末后又提议宋庆龄报告中国反帝反法西斯斗争后，两个主题的讨论合并进行，以图挽救会场的情绪。在中午休息时间内，我更详细解释发言的必要，尤其请男女工人代表起来述说自己斗争的经验、厂主的压迫和剥削、斗争的失败和胜利的情形。下午一时半会议开始时，果然有很多代表说话，工人代表尤形踊跃，就中尤以平绥路工人代表及上海码头工人代表说得最好。红军代表的报告，原定二十分钟，因为说话技能不很好，又拖长到一小时以上，弄得会场情绪有些松懈。我接着以组织民族革命战争来反对帝国主义在华战争,发动群众日常的经济和政治斗争,援助义勇军等等来冲破国民党的第五次进攻,说明法西斯的国际现象与对苏联干涉准备的加紧,接着提出:反对帝国主义和国民党的进攻苏区,反对帝国主义的干涉苏联的准备,反对国民党的白色恐怖与反对德国法西斯四项抗议,并当场全体通过准备好的四项抗议书与两个反战决议案。这时会场的空气十分紧张。法国代表华阳更以极简单明了的演说,提高了群众的愤慨。马莱的短短的结束,也比以前多了些斗争性。最后,我提出了两个组织问题:世界反帝大同盟负责在各处组织"中国民众之友"协会,和远东反帝大同盟分会的正式成立。我在闭会辞中,要求代表回去后进行反战反法西斯的斗争,并请上海代表即刻准备欢送国际代表团,以广大的公开群众集合来补充并扩大秘密的代表会议的效力。在极热烈的空气中,四时一刻散会。

在政治方面,大体上算是十分成功,上级的一切指示在预定的时间内完全执行了。华阳于散会后对我和宋说:他前些时感觉中国同志所组织的群众会议缺点很多,但当日议事日程进行的顺利、充实与有组织,是他在欧洲许多公开的会上也很少遇到的。除马莱因他袋里的几个决议草案未被采用少[稍]觉颓丧外,各代表都十分满意。

这里最大的遗憾,是远东反帝大同盟执委名单未能提出。关于执委的条件,我曾得到原则上的指示。但当日出席代表缺少了许多重要区域;出席的几个代表又未知能否参加反帝工作,在当日下午二时半以前,各代表没有很好的表现,我们很难决定他们是否有担负指导反帝工作的能力;除到会的代表外,我们又不知别的名字;我的帮助决定名单的请求(三时左右送出的)于闭会时又未得到答复;二时后,六时半一切同志须离开会场——因此,我只得提出"除出席各团体单位为一当然执行委员,并请赶速提供该委员姓名外,将来由更多的未出席的代表会议的革命组织共同来补充执委"。我那时是感觉着许多群众组织的选举执行机关(尤其在这次准备反战工作中),每每事前是潦草塞责,实际上没有执行工作的能力,总是事后一再改组,反而不美。可是当天六时半又接到通知，说是大会代表可以留至十二时半，并特别提到为反帝执委的问题，可是已经太晚了，留下的只有警备、国际代表、宋、伊罗生和我几个人。一切代表都由警备委员会决定选出了。而我和外国代表正商量会后的声明书的问题。虽然我和宋事后又在一封正式给国际代表用的信中也提到远东反帝同盟常委负责人鲁迅、宋、我的事，请他们于动身前在报纸上公布，但终未能发表出来。

*　*　*　*　*

这个报告十分简略：一则因为已有大会记录和其他已印就的文件可供参考；二则我会后即得伤风，精神太疲倦，又催得急。不过以后反帝工作须紧接着进行，我想，必要时，我还可提供一些具体的意见。

报告中已经参[掺]杂了许多批评。结论，请你们参酌其他的报告和文件来做好了。

这一报告既无很好的内容，又无很好的来源，完全是东扯西拉，无所不有的一个垃圾堆，并其中有些非常错误的地方。因此改起来十分困难。现已将几个错误处改了，其余布局与文字方面很难以整个加以修改。如果苏区的两个代表只准备一个人说话时，那我的意见是让另一个代表讲话吧！

水审阅后附志

（中央档案馆藏）

86
国际反战大同盟第二次世界大会胜利的总结

省委[1]常委会上讨论的总结

光荣壮大的国际反战反法西大会是在帝国主义炮火之下的中国胜利的完成了！大会正根据了目前日益增涨着的战争的危险，唤起并团结全世界的劳苦群众共同在反对帝国主义战争，反对干涉苏联，反对准备战争的先锋——法西斯蒂，反对帝国主义瓜分中国及一切殖民地的立场上形成功广大的统一的战线，高举着反战之旗，激荡着正处于战争和革命火焰中的中国劳苦群众，汹涌蓬勃的开展着英勇的反战反法西斗争。

大会是在布尔什维克党正确的领导之下胜利的完成了，从这次大会胜利的总结中，我们可以得到许多宝贵的经验与教训。因此，对于这个总结的研究，应该动员党的各级组织，开展广大深入的讨论，把每个支部同志动员起来，并深入到广大的群众中去争取新的更伟大的胜利。

大会前夜的群众运动

欢迎巴比塞代表团来沪的运动，在十八日前的动员和号召是非常狭小而不开展的，争取公开的群众的活动，被限制在极小的范围当中，同时因了宣传鼓动工作的薄弱，省委在领导上的不具体，结果，在江岸的欢迎会上只到了三百多人的群众，在这次行动中，群众是非常积极的。铁路工人拥着威风凛烈的大旗和青年团员雄壮的音乐队，把军警侦狗叛奸等的戒备森严全都在群众热烈欢迎的鞭炮声中破碎了，群众在党的领导之下喊出要打杀叛奸！而叛奸们只好隐在巡捕之后，“瞻前顾后”！可是迎巴工作的薄弱，在江岸行动中却暴露出省委工作中严重现象的铁一般的事实。

---

[1] 即中共江苏省委。——本书编者注

拥护大会的选举运动

各区选举出席大会代表的运动，是在八月廿一日开始，在开始的初期，不仅进行得非常迟缓，并且没有按照车间和学校去动员，选举运动的范围也狭小，三个人的群众会上，推选出两个同志，一个群众的代表，这可以看出对于大会意义的不了解，代表责任的模糊。至于代表出席大会应有的意见书、提议等以及怎样保证代表能够出席大会等工作，虽曾有过省委的指示，结果在行动中并没有争取到实现。

争取开展选举运动的群众性，首先就是利用国际代表团的参观和举行群众大会，欢迎讲演等等。这在选举运动中才算进到广大的群众中去。首先，是上海青年反战代表三十余人，在青年会的欢迎和招待，这个会议虽然没有进行选举，同时还有别的缺点，可是在开始转变来争取群众上，还是成功的会议，这是开展群众工作的第一个关键，在这会议上，青年代表们热烈的英勇的奋斗，给了国际反战代表团以最好的影响，国际代表在答词中不仅深深的佩服青年代表们在帝国主义国民党残酷压迫之下英勇的战斗，并热烈的表示对于中国革命是非常诚恳而坚决的拥护，拥护中国工农，出路只有布尔什维克党领导之下的苏维埃道路，这更兴奋着青年代表们在选举运动中加倍努力的活动。接着是法南区美专百余人的群众欢迎会。这个会议的成功，虽经学校法西斯蒂的造谣破坏，学校当局再三的阻挠，结果，在校内外群众积极的拥护与斗争之下，会议是胜利的进行了。接着是上海群众拥护反战大会猛烈的开展，复旦六百余人群众大会欢迎国际代表演讲反战，恒丰四次群众大会的举行(每次四五百人，中间因为总会关系不好，代表未到)，和九月十五日草棚劳苦群众四千余人轰轰烈烈的欢迎大会，草棚劳苦群众都能扶老携幼的在反战反法西斯蒂的旗帜之下，团结起来热烈的拥护大会，自动的发起募捐，用他们血汗换来的洋钱，买了许多鞭炮，更在草棚一带贴满了拥护大会、打倒帝国主义国民党的标语。在“万头转[攒]动”之上，迎风招展着反战的大旗，大会是胜利的成功，敌人戒备是被群众斗争的铁拳吓退了。这些壮大的成功的群众运动，在如潮水般的在大会前夜涌着，在上海完成了五百卅个出席大会的代表。[①]

同时，在大会前夜更开展着国际和全中国的运动。安南、日本代表虽因了法、日帝国主义的逮捕和囚禁未能出席，而安南、日本劳苦群众中的选举运动还是不断的高涨，在中国更有河北、四川、满洲、福建和工农已得到解放摧毁了地主资产阶级统治的苏区，都进行着非常壮大的拥护反战大会、选举代表运动的怒潮，这都是大会胜利完成的保证。

热烈庄严的国际反战大会

国际反战反法西大同盟的第二次世界大会的开幕，正是在帝国主义国民党残酷的白色镇压、疯狂的进行对真正反战反法西的工农武装——中国苏维埃红军作绝望的五次"围剿"和这样壮大的群众斗争、革命危机日益深入的时候。出席大会的代表们，正和前线的红军战士一样，充满着战斗的精神，刚毅而英勇的带来成千百万劳苦群众反战的热情与坚决担负着全世界劳苦群众一致团结起来，反对战争、反对法西斯蒂的这个光荣伟大的重担，大会也就在这样庄严壮大的反战群众的铁拳捍卫之下，胜利的成功！

出席大会代表，在中国方面有各省各企业的代表，这不仅在争取反战统一战线上进了一步，并且还有强大的无产阶级的骨干和领导。出席代表共五十九人，代表了四十三个单位，代表中除外省外县共十二人外，上海出席四十七人（由各区共五百卅七个代表中复选出来的首席代表）。

中国方面出席代表地区的分布：外省九人，外县三人，计：满洲一人，察哈尔二人，张家口一人，厦门二人，福州一人，苏区二人，无锡三人。

上海首席代表共四十七人，其地区分布如下：齐东[②]十五人，齐西一人，浦东一人，闸北十人，沪中八人，码头四人，江湾、吴淞〈各〉四人。

党、团、工会共同动员的代表，计：党二十七人，团十八人，工联五人。

---

①② 原文如此。——本书编者注

出席代表中男女比例：女代表九人，占百分之十五（九人中计学生六人，女工三人）。

代表的成分如下：

代表的社会成分：			党团成分：		
职　业	人　数	百分比	组　织	人　数	百分比
工人	三六	六一	党	一四	二三．七
学生	一六	二七	团	六	一〇．一
士兵	四	六	工会	五	八．四
农民	三	五	群众	三四	五七．六
合计	五九		合计	五九	

很明显的，从上面的统计中可以看出大会代表在政治上有极重大的意义，这在争取无产阶级大多数上给了我们以最初步的基本的保证，给予党以开展工作中的凭依和最必要而顺利的条件，这更证明了布尔什维克党对目前形势分析，认为党在群众中政治影响在日益扩大的估计之正确。

九月卅日大会在上海正式开幕，开会时由国际代表马莱宣布后，全场起立致敬三分钟以纪念国际反战斗争中牺牲的战士们，接着即通过大会主席团和名誉主席团的名单，大会主席为马莱、宋庆龄、环应古提①（法）、周××（苏区代表）、刘××（满洲）、袁××（察哈尔）、王××（纱厂）、陈××（丝厂女工），名誉主席团为朱德、毛泽东、片山潜、巴比塞、罗曼·罗兰、纪德、马□、台尔曼、汤姆②、高尔基、鲁迅、德莱塞、莫洛托夫等。并在大会上正式宣读各地来信、贺电、祝词，和各地代表们携来的提案等。

这些文件中包含有安南、四川、纬通、英美等代表的来信和沪东青年反帝同盟、江西工农反帝同盟、福州反帝同盟、保联水电分会、育青教联、苏区

---

①　即古久里。——本书编者注

②　即汤姆·曼（Tom Mann，1856—1941），英国工人运动领袖，是英国独立工党的创始人之一。——本书编者注

贺电、闽南反帝同盟、申新、纬通对大会的祝词、贺电以及察哈尔反日会、苏区红军代表、满洲代表、真茹文艺社、海员、码头反日会等的提案。

大会日程为：(一) 马莱代表国际反战反法西大同盟总部的报告；(二) 宋庆龄报告两年来中国的反帝运动；(三) 苏区代表和红军代表的报告；(四) 满洲代表、察哈尔代表和抗日义勇军代表的发言；(五) 上海出席代表的发言，有失业工人、码头工人、纱厂工人、丝厂女工等代表的发言，以及法国代表发言之后，都得到大会代表们热烈的拥护。在一致拥护之下，大会上通过了决议、宣言，对帝国主义国民党进攻红军的抗议书、对进攻苏联的抗议书、反对白色恐怖的决议、反对德国法西恐怖的决议、远东反战大同盟的组织大纲与组织中国民众之友的决议，最后进行了执委的选举。

大会中的报告和发言，兴奋了代表们热烈的拥护，积极要求发言的代表，差不多占了出席代表的半数以上，充分的紧张着战斗的热情。特别是苏区代表和红军代表的报告中关于红军英勇善战，粉碎敌人四次“围剿”中，摧毁了白军六十个师以上的兵力，开拓了极广大的新苏区和苏维埃政府的新建设，苏区工农生活的改善，以及满洲和察哈尔代表关于日本帝国主义在东北、华北进行的殖民地化，和国民党一贯出卖投降帝国主义者是怎样的用借口改编剿匪来消灭抗日民众的义勇军，与不接济子弹粮秣，把全国民众募捐抗日的大款用去进攻红军，更揭露出国民党所执行的彻底的清道夫作用，用屠杀与冻饿来帮助日本帝国主义消灭满洲华北的抗日义勇军和镇压全国民众的抗日战争，更加激起了大会代表们对帝国主义国民党的忿怒、对苏维埃和红军义勇军的绝大同情。同时还有码头工人在大会上的号召，号召全国码头工人战斗的起来进行没收军火的斗争，来粉碎帝国主义国民党所正在进行的五次“围剿”。而在法国代表的发言中，首先就肯定大会是国际劳苦群众反战的联合，大会上正反映出加紧组织我们的阶级力量去反对统治阶级所进行的疯狂的战争，并号召国际无产阶级和广大的劳苦群众战斗的团结起来，援助中国革命，争取苏维埃的道路，组织反抗帝国主义各国借款和军械给国民党去进攻红军的斗争，并动员各国工人拒绝运输军火等。大会就在这样热烈鼓舞中胜利的成功。大会正给了我们以更加严重的战斗！

胜利的总结

远东，首先是中国，正处于帝国主义战争、干涉苏联的战争、帝国主义瓜分中国的战争之白热化的中心，同时，帝国主义及其清道夫的国民党，正加紧用逮捕和屠杀来镇压广大劳苦群众反战、抗日斗争的时候，而国际反战反法西大同盟的第二次世界大会争取了胜利的完成，无疑的，这对于帝国主义国民党的疯狂备战和法西斯蒂及一切反动派别的污蔑与破坏正给了迎头的痛击。党对大会的工作，虽然有了不少的弱点与错误，而大会的胜利，在政治上和组织上是获得了很大的成功，这个成功正表现于(一) 正确的执行党的路线，保证了政治上的成功。在事先有了广大的群众运动，在大会中通过了重大的决定，并在执行党的路线之下克服了敌人和党内机会主义分子的污蔑；(二) 各地群众运动的开展。拥护大会的选举运动，扩大到全中国，包含有满洲、察哈尔、张家口、厦门、福州、四川、江西、江苏和上海，包含全国无产阶级中心的骨干，抗日义勇军和真正反战反法西的工农武装——苏维埃红军以及数千百万的劳苦群众；(三) 政治上组织上的争取，正代表了各省各企业的多数群众，这在争取统一战线的群众运动上是进了一步；(四) 大会的成功，正处在战争火焰之下，帝国主义国民党开始绝望的五次"围剿"的时候，这对于敌人疯狂的进攻，正给以严重的打击，因此，大会的胜利正等于英勇善战的红军在战线上所夺获的胜利一样，谁要是把大会当作只是狭小秘密的，这完全是抹杀大会的群众性和战斗性的机会主义的了解，应以坚决的打击，而大会的成功是更加证明了党中央对五次"围剿"决定的正确，给了党以很大的可能来开展更广大的斗争；(五) 大会的成功是广大的提高了积极性，[①]更加学会了布尔什维克党的具体的领导。所以大会的成功也正是

---

① 原文如此。——本书编者注

中央领导的反官僚主义的斗争所得的收获，在群众运动开展的过程中表现得最清楚，这正是反官僚主义斗争中的灯塔，省委应该抓紧这个基础，动员各级党的组织来开展党的和群众的工作，并把它广泛的深入到支部和广大的群众中去。

工作中主要的弱点

但是，大会虽然成功，而党在进行大会工作中却暴露出许多的弱点，因此在研究大会的成功中，布尔什维克党的立场，应该是不仅看见成功，更应该用绝大的战斗来揭发弱点和错误，从错误与缺点中学习更多更大的经验与教训来争取将来工作中的新的伟大的胜利。

大会工作中最主要的弱点：（一）群众工作的薄弱，特别是厂内工作的薄弱和统一战线的不够。在选举运动中没有取到更快的速度和更广大的群众，而对于敌人影响下的群众还未争取得，使出席大会的代表中，竟无一个黄色工会下的群众。（二）对于群众日常斗争的联系不好，没有抓住群众的要求来组织并领导斗争。如草棚、大晚报、恒丰的斗争，都没有更大的行动起来，使得选举运动更加壮大，来争取更公开的、更群众性的大会，这在目前的形势和党的工作中是完全可能的。要是以为处在敌人镇压之下只能争取秘密召集的话，这完全是机会主义的观点。因为这个立场，正减轻了党在争取群众工作中的战斗，不能给党工作的转变以明确而真实的方向，把决定胜负的种子掩盖起来，这只会使得目前江苏省委工作中的严重现象更加扩大。（三）在组织和巩固群众的积极性上，没有在领导上迅速的加强起来。这表现选举大会代表的运动中是非常的明显，许多群众大会的成功，往往没有能争取到组织上壮大的收获来实现更多的代表，以及代表选出之后，听其自流的不去组织他在群众中去开展更大的活动和工作，以及吸收来扩大总会的工作，使总会成为真正的群众的组织与领导的机关，以致总筹会处在旁边。正因为对代表们的教育和组织的不够，形成功大会开幕前工作中的不少的混乱与苦难。（四）组织上成功的薄弱，形成功非常严重的现象，以致在大会完结之后，失了领导的机关，把大会所给的任务无人委托，甚至在大会上通过的“出席代表成为当然委员”的决议，也没有即时的把总会形成，并开展广大的斗争，从各区的群众大会上使之完成。（五）在领导上缺乏具体的有系统的领导和切实的检查工作，结果形成功对大会工作的自流。大会党团没有很好的形成，党团书记对大会工作是忽视的，没有领导党团讨论省委的指示来具体的健强工作，形成大会在组织上成功的薄弱，并且在大会组织的问题上犯了极严重的政治错误，和对出席大会代表的污蔑，同时，省委对党团的领导上还保存着官僚主义的方式，以致大会还有更大收获的可能而没有获得。（六）出席代表还没有争取到直接威胁战争的交通和重要的产业部门：如铁路、兵工厂、运兵的轮船。（七）没有深入白军的士兵工作，使到会代表除红军和义勇军代表外只有两人，而省委对士兵工作直到今天也还没有把旧有基础恢复和健强起来，这都是瓦解敌人，破坏敌人后方，最能打击敌人，直接能帮助粉碎五次“围剿”的战斗。（八）农村中的工作不够，没有把农民对于战争的仇恨和反抗的积极性组织领导起来，这次大会中反映得非常明显，出席大会的农民代表还仅限于江湾、吴淞，而广大农民和农村破产出来的灾民难民都没有代表。（九）在大会工作中更加暴露了省委对区委的领导上的严重，及缺乏实际工作的和行动上的联系与对区的深入的了解。同时，在工作上还缺乏集体的领导，还没有克服工作中以“希望代替把握”，忽视艰苦工作的严重现象。（十）尤其对于秘密工作的忽视，在大会工作中还继续的重复着，这在巩固党的组织上，形成最大的威胁。省委正应根据这次的教训，加紧开展更广大的斗争，把秘密工作提到最高的限度，动员党的一切组织来作坚决无情的斗争，认为破坏秘密工作，就等于向敌人告密。更坚决的打击其自然的自由主义，他的罪恶使破坏党秘密工作的行动不遭受制裁，实际上正助长了这种现象的扩大与严重，更要打击那些以“工作忙，非跑不可”的借口来对立布尔什维克党的工作与秘密工作，以及借口“秘密工作”而不去进行工作的机会主义者的立场。这才能在巩固组织上增强党对工农革命的领导，团结成千百万的群众在党领导之下争取中国革命伟大的胜利。

目前的任务与具体工作

根据胜利的总结中所指示的经验与教训,来加紧开展党的和群众的工作,这些摆在省委面前的主要任务和工作是:

(一)把大会的总结和粉碎五次“围剿”的决议联系起来深入到群众去。开展广大的斗争来争取这次成功的扩大,把出席大会的代表经过区委马上动员到全区去活动,向代表团报告并召集区的代表大会,报告大会的胜利的成功。在区的代表会议上选举区分会的执委四人,常委三人,并选举最积极的代表三人参加总会。在这个运动中,区委要根据省委的总结和大纲联系到中央粉碎五次“围剿”的决议与省委的指示、来开展最广泛而深入的讨论,传达到党团的支部、工会的赤色小组和工厂、学校、兵营的群众中去讨论,并利用庆祝红军胜利,拥护大会对五次“围剿”的抗议书。在各区进行对反对五次“围剿”的群众大会,通过宣言和通电,进行援助红军的募捐和建立“红军之友”的工作。

(二)完成总会的组织,利用大会的一切文件和材料去进行广大的宣传鼓动去争取各区代表的选举来完成总会,马上把总筹会中工作的干部部分的吸收到总会中工作,同时加紧争取各区的群众基础,准备将来扩大执委会建立远东的组织,吸收日本、高丽,完成各民族委员会的组织,并在总会之下首先成立白军士兵委员会、农民运动委员会和码头工人中的筹备委员会、义勇军后援会。

(三)建立各单位中的基本小组,以建立工厂、学校、兵营、农村等群众的小组去巩固总会的基础,并使小组有极健强的生活。首先是着重和各单位的日常斗争紧密的联系起来,在小组中讨论斗争,准备斗争,要知道每一个斗争这都是对帝国主义国民党五次“围剿”的打击,对苏维埃红军争取胜利的帮助;在小组中抓住庆祝红军的胜利和敌人的军事行动来组织并开展斗争,举行示威、飞行集会与罢工来回答敌人。因此各单位小组的建立是目前最基本的中心工作。这些小组的建立，首先在码头、报馆、草棚和电力。各级党的组织应该了解这是最艰苦的工作，用战斗的精神与速度去争取，来保证严格的检查。

（四）加紧争取统一战线的建立。依据各单位的小组和总会常委直接对区的领导，把中心工作放到区和小组，坚决的争取公开的群众的路线，以《反对五次“围剿”的抗议书》、《反对白色恐怖的决议》、《反对法西斯蒂的决议》以及总会反战斗争的纲领，来号召各色各派影响下的群众，来建立下层的统一战线。不管他是任何宗派和信仰的群众，只要是赞成纲领的某一部分或某一行动，就可以争取来建立斗争的统一行动，首先要向黄色工会影响下的群众去突击。

（五）建立和国际与外省外县的联系。总会应马上召集尚未离沪的外地的代表等的讨论，关于大会的总结和今后的任务与工作，以及将来外地和总会的联系，并经过总部留沪代表来建立和总部的联系，并即印发告日本劳苦群众书，来建立共同反战反法西，首先是反日帝国主义的统一战线。

（六）建立强固的党团。省委应深刻的研究过去党团的工作和干部，应保证参加总会的主席团为新的积极的群众，不能再犯过去以党团代表替主席团的错误，多吸收在业的积极工人群众来扩大领导和区的工作。省委应调得力干部来建立党团的领导，并保证经常的对党团的领导，同时，各区委应负责领导并检查分会中负责同志的工作，并在区委常委和支部干事会议上讨论。

（七）出版定期的刊物。把《反战新闻》改为总会的定期刊物，按期出版，并改善其内容，在《反战新闻》之外更出一种图画小报，一同深入到广大群众中去，首先是工厂、学校、兵营、农村、轮船、火车，省委编委统统应负责检查并给以经常的具体的指导。

（八）发展布尔什维克的组织。各区应抓紧这次出席的代表和被选出来的五百余代表作为工作的对象，进行广大深入的宣传与鼓动，把积极的工农学生群众大批的吸收到党里来，为十月份发展一倍党、团、工会会员而斗争，每区委和产总的组织部应根据省委组织部征收工作的指示，并定出自己具体进行工作的计划，发动支部和小组的讨论，并执行严格的检查来保证这个战斗的完成。

（九）坚决的打击各种倾向，为党的路线而斗争，在大会工作中和胜利的总结大会上，在一部分的同志中间表现出几种不正确的观点，是大会党团书记的××同志那种污蔑代表，说这都由于党对选举运动的“敷衍塞责”（?!）使得出席代表们都是“草包”（?!）若是举行托委选举，“在当选后都是不能胜任的”，所以“毛遂自荐”的说“我来一个，你（指甲）来一个，她（指乙）也来一个”，这仿佛是只有像他这样的“绅士”之流（!）堂皇的“读书人”才能担当“巨艰任重”。这完全是阶级异己分子的观点。《社会新闻》之流的立场，和阶级敌人对中国布尔什维克党所领导的反战斗争之污蔑，不仅是“异曲同功[工]”而且是“同曲同功[工]”。他完全戴着阶级异己分子的黑眼镜，看不见群众的积极性，斗争的英勇与坚决。这不仅在大会上、在大会之后，更涌现于庆祝和欢送大会、各区代表会议和群众行动中，处处都显出无产阶级创造之伟力，真正是劳苦群众斗争中的领袖，在他们周围围绕着成千百万的英勇的反战斗争的群众。×××同志的估计，完全是反无产阶级的、反党的，省委应号召同志们起来与之作坚决无情的斗争。同时，在大会胜利的总结中，有的同志表示疲倦，从胜利的高兴中放松了“趁热打铁”的目前更加紧要的工作，要在这个胜利的基础上开展党的工作，而各区代表会议和组织的建立，首先是粉碎五次“围剿”所应进行的战斗，都要求党以更大的努力，用布尔什维克战斗与速度来执行，这种以成功自满，是解除自己武装的危险，脱离党路线的倾向。而另一种的表现，就是投降困难，认为工作太难，“吃不消”，不愿干，以及口头允诺，把工作停留在纸上，口头，用敷衍来拖延党的工作，以致形成功大会在胜利的总结之后，转而消沉起来，不去争取对群众积极性的组织与领导，成为目前最严重的现象。这些都是不正确的倾向，反党的立场，省委应动员党一切的力量与其作无情的斗争，这和狄康①同志所犯错误，是走了同样的立场。同志们，克服这些反党的倾向与机会主义的错误，这正是粉碎五次“围剿”保证胜利的先决条件。帝国主义国民党的五次“围剿”已经开始了，同志们，用布尔什维克战斗与进展来粉碎敌人绝望的五次“围剿”！争取一省和数省首先胜利完全的可能！

同志们！我们的工作并没有因大会的总结而结束，却正在大会的总结之后由党提出了异常迫切而迅速的战斗。因此，大会的胜利，不是工作的完结，而正是战斗的开始！

十月十二日

（中央档案馆藏）

① 即瞿秋白。——本书编者注

87
建立反战反法西斯蒂分会小组与苏维埃二次代表大会选举运动工作大纲

反战反法西的大会是成功了，但是我们的任务并没有完结，摆在江苏党，首先是上海各区每个支部的同志面前的工作是非常之多的，据大会成功之经验与教训，大会工作的群众基础，全党应该立刻战斗的动员，趁热打铁以全力来组织与领导群众的积极性，胜利的来完成各区的反战反法西的分会，真正的去建立工厂中、学校中、兵营、码头等群众的分会小组，并且紧紧的接连着苏维埃二次代表会的选举运动，在全国无产阶级首都的上海选出大批的代表来，去参加全国苏维埃的第二次代表大会。胜利的完成这些任务，这是我们粉碎帝国主义国民党五次"围剿"有力的回答。

(甲) 怎样去建立反战反法西分会小组

大会闭幕两个多礼拜了，可是我们还没有把大会的成功传布到群众中去，似乎是大会开了，我们也就没有什么事了，这是最坏的与最要不得的现象，这是许多运动不能持续下去，不能获得组织上收获的重要原因，因此，我们必须立刻进行以下的工作，切实的来建立反战反法西的分会与小组。

(一) 庆祝大会的成功，把大会成功的具体事实，政治上严重的意义，在群众中造成热烈的空气，首先把大会的决议，苏区红军满洲等处的报告，大会的抗议书等向群众宣传鼓动解释。第二，庆祝大会成功的宣言传单、标语画报等，必须广泛而深入的真正的散布到群众中去。第三，召集群众会议，群众的车间会，露天会，报告大会的内容，及其意义。第四，在厂门口，工人上下工的时候放鞭炮，进行飞行会，庆祝大会的成功。

(二) 抓紧参加大会的代表，区委负责同志无论如何要把参加大会的代表召集拢来，和他们讨论怎样召集群众会议，怎样向群众作报告，报告的内容，把他们参加大会后的热情尽量的发挥，参加大会的代表作报告不仅限于他们自己的厂自己的车间或者自己的学校，而且要求他们到其他厂、其他车间、其他学校中去，特别是重要的厂，爆发或组织着斗争的厂，着重的说一句，区委不能够失掉一个参加大会的代表，不能使一个参加大会的代表不积极的在群众中活动。

（三）虽然我们已经选出了五百多代表，但是还不够得很，应该还要用更多最大的力量，选举出更多的代表，特别要在重要产业中，码头与兵营中。

（四）立刻召集已经选举出来的代表，举行代表会。环境的不允许，不能召集全区所有的代表在一起开会，可以从各厂各学校、草棚、马路分别进行会议，选出首席代表，再由各单位的首席代表开区的代表会，成立区的分会。区的代表会必须保证参加大会的代表出席□□□，选出分会的执行委员与常务委员，真正的去执行反战反法西的工作。

（五）马上要在各厂、各学校、草棚、农村、兵营中建立有群众的小组，首先是我们已经进行过工作选举出来了代表与□□的产业，□战争的危害，这些地方，如恒丰老怡和，草棚，码头，复旦，美专，铁路，驳船，海员，日本纱厂，江湾吴淞的农村等地开始建立我们的小组。特别要在厂内广泛的建立。

（六）进行选举，建立分会小组的工作，必须与斗争密切的联系起来，失业工人的，草棚的，电力，丝厂，纱厂，风灾水灾，这些灾民难民们已经爆发和酝酿着的斗争，应很好的联系起来，广泛的运用下层统一战线，提出群众最迫切的要求与反战反法西紧密的连[联]系起来，同时选出来的代表，也就可以领导群众的斗争，成立群众的斗争委员会。

（七）已经选举出来的代表，已经建立起来的分会或小组必须保证区委与之发生密切的联系与系统的领导。代表会上选出的执委与常委的姓名、籍贯、职业、政治派别、详细的履历、住址，区委应该了如指掌。分会或小组一定要建立起党团或党小组。党经过党团对他们的领导,同时应尽量吸收群众的积极分子参加工作,绝对免除党员的包办,执委常委的负责人,党员不能超过三分之一的数量。

（八）好好的把组织巩固起来,使秘密工作与公开工作很好的密切的连[联]系起来,绝对不要使组织又形成被动的现象。健强的小组的生活,充实小组反战反法西的工作。把最好最积极的分子送到总会去做工作,健强总会的组织与工作,总会应以自己的公开路线坚决的深入到下层群众中去,进行建立分会小组的工作。

(乙) 苏维埃二次代表大会的选举运动

（一）苏代选举运动应与建立反战反法西的分会小组的工作密切的联系起来进行。这:首先把反战大会通过的反对帝国主义国民党五次"围剿"的抗议书,普遍的向群众宣传解释,把苏维埃代表大会在群众中提出,发动群众推出自己的代表去参加苏维埃第二次代表大会。

（二）把中央五次"围剿"的决议具体化,通俗化,发动赤色群众的讨论,直到一般的群众都能够懂得五次"围剿"这个问题。反五次"围剿"的积极任务,应该提到群众面前,使群众能够热烈的拥护我们的战斗任务,如帝国主义怎样在经济上、军事上、军械武装方面(棉麦借款、英镑借款、什么国联技术合作、大批的军事顾问、飞机、军火等不断的输入)帮助国民党。经过国民党完全殖民地化中国,国民党更露骨的无耻的出卖整个的中国,彻底执行帝国主义瓜分中国清道夫的任务,一方面施行疯狂的法西斯蒂的白色恐怖,压迫摧残反帝运动,另方面却以全力进行五次"围剿",在这种讨论中发动群众推选自己的代表。

（三）应该系统的宣传苏维埃红军新的胜利,苏区的建设,工农生活的改善,每个区委必须在选举运动中建立起自己的小报,沪东海委法南首先应建立起来,以最大的篇幅宣传苏维埃与红军,反映选举运动的实际情形,中心支部要系统的出壁报,区委支部的宣传队实际的建立起来。

（四）与建立“红军之友”，苏区参观团，征调工作，募捐运动，上海无产阶级团，警备委员会，这些拥护苏维埃红军的工作，密切的联系起来。同样的也要和斗争很好的连[联]系起来。

（五）至少选出三百以上的代表，保证工人占百分之六十五，农民百分之十五，学生百分之十五，士兵百分之五，其中要有青年妇女。代表的姓名、职业、籍贯、住址、什么厂、什么车间、什么政治派别、社会关系等，必须弄得清楚，代表要组织纱厂工人代表团，市政代表团，农民代表团，学生代表团，各代表团推举出自己的首席代表，代表要分组，由组长负责经常召集会议，更广大的扩大选举运动。代表的企业必须由码头、海员、铁路，及与军事工业有关的工人选出。

（丙）保证完成我们工作的先决条件

坚决的和下列倾向作斗争，是保证我们工作胜利完成的先决条件。首先（一）要和对大会污蔑的代表阶级异己分子立场的倾向作斗争，他否认大会的成功，看不见无产阶级伟大的力量，抹杀布尔什维克的领导，认为大会代表没有能力，办不了事，执委没法产生。（二）要和以为大会开了，什么任务都完结了，疲倦、休眠的状态等作无情的斗争。（三）也必须与那种乐观的空谈分子作坚决的斗争，因为这会使我们解除武装，使我们的工作不能持续下去，乘火[趁热]打铁的去组织群众的积极性。（四）对于反对五次“围剿”的不正确的观点，如忽视两个政权的尖锐对立，轻视敌人的力量，对于争取粉碎“围剿”的胜利没有信心以及袖手旁观的态度，都必须严厉的与之斗争。（五）加紧巩固组织的工作来保证战斗的指挥，坚决的打击忽视秘密工作的观点与行动，提高阶级的警惕性，把秘密工作提到最高的限度，应该认为对秘密工作的破坏，就等于是向敌人告密来开展斗争，并打击对破坏秘密工作取放任的自由主义，真正的在各区建立起工人自卫的武装来打击叛奸，消灭敌人进行的白色恐怖。这样才能争取选举运动伟大的胜利，只有这样才能使我们的工作顺利的完成。其次，党、团、工会要争取一致的动员，在厂内取得共同一致的活动，才能使我们更有力的取得工作上的胜利。

同时使这些工作与这些运动要和十月革命纪念联系起来。

中共江苏省委

一九三三，十月十二日

（中央档案馆藏）

88
工人农民店员学生及一切反战反法西斯的大众们!

(1933年11月)[①]

国际帝国主义瓜分中国,已经一天天加紧起来了!国民党政府不单是不抵抗,而且和日本帝国主义签订卖国条约,向英美帝国主义大借款几千万元,又请了国际联盟的瓜分殖民地老手来“技术合作”;这一切事实都是国民党政府勾结帝国主义,出卖民族国家的铁证!工农红军是全国被压迫的劳苦大众自己的好军队,是反对帝国主义的先锋,所以帝国主义和他的走狗国民党要用一切方法来消灭他。工农红军在全国劳苦大众的拥护之下,已经把帝国主义国民党的四次围攻打得粉碎。现在,狗子们又开始五次围攻了!勇敢的工农红军始终节节胜利,立刻就可以把狗子们的联合队伍打得落花流水。我们大家都要团结起来!庆祝苏维埃红军的胜利!打倒瓜分中国的帝国主义!打倒勾结帝国主义的内奸国民党!打倒帝国主义的走狗法西斯蒂,拥护援助中国民族解放的苏联!反对帝国主义进攻苏联!粉碎帝国主义国民党的五次围攻!中国苏维埃红军胜利万岁!

远东反战反法西斯大同盟

(中央档案馆藏)

---

① 时间是本书编者判定的。

89
王明在共产国际执行委员会政治书记处政治委员会会议上的发言[①]

1933年11月3日于莫斯科

王明：我们认为，上海反战大会不仅对于反战工作的进一步开展而且对于远东都具有很大的意义。例如，我们现在从日本同志那里得知，在上海反战大会的影响下，日本爆发了保卫[②]这次大会和反战方面的大规模运动。这次大会对于保卫苏维埃中国也具有很大的意义。实际上这表明，如果说帝国主义者帮助国民党，那我们的朋友来到上海，表明他们帮助中国苏维埃、中国人民反对日本的进攻。因此这将便于我们反对国民党向日本的投降行为等等。尽管存在代表团所遇到的种种困难，但我们还是知道，代表团，特别是我们的法国同志（他们实际上是这个代表团的领导人），善于在所有代表当中切实地实行统一战线，一致地做工作。

还应该指出，我们党善于把代表团的秘密活动和合法活动结合起来[③]。因此我们得以虽然不是同全国最广大的工人群众，但还是同上海广大的学生和知识界取得联系。我看了报纸[④]，虽然只是一期，但那里说，许多过去没有联系的工人组织，现在都参加了这次大会。铁路工人、军工厂工人、电力公司工人都参加了这次反战大会，还参加了示威游行，并在上海欢迎代表团。这表明，反战大会帮助了我们在工人当中所做的工会工作。这对于我

① 远东反战反法西斯代表会议结果问题在共产国际执行委员会政治书记处政治委员会1933年11月3日会议上作了研究（见全宗495，目录4，卷宗269，第1页）。
② 原文如此。意思是：声援。
③ 除了公开会议，代表大会还举行了秘密会议。
④ 即《反战新闻》第1号，上海1933年8月29日。

们以后在上海和全国工人当中的工作具有很大的意义。因此，我们可以认为，代表团在反战大会上提出的这个任务，在代表团和我们党组织的协助和积极活动情况下完成了。

贝拉·库恩：这是在中国。要注意其他国家有什么情况。

王明：我认为，我们的第一个不足是巴比塞[①]同志没有来。在大会召开之前，那里众多的知识分子组织成立了很多欢迎巴比塞的委员会和协会，因为他在中国知识界很有名气，中国报刊作了很多关于巴比塞、关于他的生平和关于他的活动的报道，说巴比塞很快就会到来。而事实上他没有来。这有点伤害知识界和新闻界的心情，因为他们很想迎接巴比塞。

其次，在会议上没有日本和美国的代表团。这是在远东和在中国活动的两个很重要的方面。如果说日本代表没有出席是因为迫害和恐怖，那么美国代表缺席则是很大的不足。说明美国党在这方面做工作不够。

第三，我认为，我们、我们党组织和代表团同黄色工会中的工人群众联系不够。例如，在上海，有一个很大的黄色邮电工会组织。他们有合法出版物、合法报刊等。如果我们打算同他们取得联系，召开会议或举行大会，这可能是可以做得到的。那里有我们的革命工会反对派党团，并且工人情绪高涨。如果同这些工人取得联系，这会对暂时还参加国民党黄色工会的工人具有更大的意义。根据我们的材料和瓦扬-古久里同志的报告[②]可以看出，我们在这方面不够注意吸引黄色工会的工人。以后要纠正这些不足之处，并要更加深入到工人中间去，把他们吸引到这个运动中来，揭露国民党的卖国政策和黄色工会的伪善。

还有一个不足，这就是我们尝试同帝国主义驻上海的军事力量建立某种联系不够。这不是很难的事。因为我知道，外国海军陆战队、海员，每天晚上有很多人上街，光顾茶馆、饭厅和小吃店，如果我们去咖啡店，就可以见

---

① 安里·巴比塞，法国作家。

② 文件没有找到（见全宗 495，目录 4，卷宗 269，第 2—17 页）。

到他们,同他们交谈和举行小型群众会议。这是可以做得到的,因为在上海有专门的外国咖啡店。那里每晚都有外国水兵、海员在跳舞。但是,看来这项工作,要么没有做,要么做得很少。这些不足,我们在以后的工作中要克服。

我们的具体建议,即我们以后在这方面应该做的是什么呢?

第一,我认为,在中国方面,我们应该通过以下途径巩固我们的成绩。我们应该加强我们在上海的反战委员会,除了吸引地下的和诸如宋庆龄等半地下的人士参加外,还要吸引广大公开的人士、新闻记者、教授、教师、学生等参加,以便使我们的委员会以后在行动中有更多合法的或半合法的机会。

第二,我们建议世界反战委员会①向上海派常驻代表。这位代表应来自合法国家,②最好是法国或美国的同志。他在那里可以公开活动并同公开的和半公开的人士建立联系。

第三,我们建议在上海创办固定的机关刊物。一方面使用英文,另一方面使用中文。③ 这位代表应该是这个机关刊物的正式领导人。与此同时,还应挑选一些同志,他们应该一起工作。

第四,我们建议,在阿姆斯特丹和巴黎反战委员会的协助下,不仅同上海的反战组织而且同中国所有其他城市的反战组织建立更多的联系,以便从中国内部和外部一起采取行动,在这些城市的工人、知识分子和学生当中建立反战委员会,使我们的活动能够在全国展开,首先是在那些我们有很大可能做这方面工作的地区。

我们还建议效仿美国建立中国人民之友协会。现在我知道,在美国已经开始组织这样的协会。我们建议世界反战委员会掌握这件事,以便在所

---

① 指1932年成立的反对帝国主义战争的国际委员会。
② 原文如此。意思是来自西方国家。
③ 原文如此。意思是用英文和中文出版。

有国家,特别是在帝国主义国家建立这些协会。

我们已经谈到,我们现在就建议代表团立即发表告参加这个大会的所有人士和组织书,向他们和中国人民表示敬意,对做了很好接待工作的人表示感谢,与此相联系,要从自己方面说明今后在欧洲和美洲的行动,还要说明自己关于反战委员会和参加这个委员会的所有组织今后行动的愿望,以便扩大自己在中国的活动。这(从代表团方面)将对中国反战组织、对上海和其他城市的反战人士具有进一步的影响。我们应该全力帮助代表团起草这样一个正式报告,收集系统的资料、具体的数据和事实,以使报告比李顿的报告①更有说服力。最好在我们的同志协助下,马尔利②和所有社会民主党代表以自己名义撰写关于苏维埃中国和满洲抗日战争的文章和小册子,以驳斥对苏维埃中国和满洲游击运动的谎言和诬蔑。这对美洲和欧洲的社会民主党工人和自由资产阶级报刊将具有很大意义。

我们还表示希望,今后要让我们参加这项工作的法国同志回国,继续做这方面的工作。法国党应该给有经验的瓦扬-古久里同志时间,使他能更多地同国外的所有中国人士取得联系,使我们的工作变成经常性的、系统的,而不是暂时的、突击性的。

全宗495,目录4,卷宗269,第18—22页。
打字稿,未经校对的速记记录。

(《联共(布)、共产国际与中国苏维埃运动(1931—1937)》第13卷,第586—590页)

---

① 为了研究中日在满洲的冲突,国际联盟理事会于1931年12月10日成立以李顿爵士为首的(调查)委员会。委员会的报告于1933年10月2日公布于众。见《国际政治和国际法文件汇编》,莫斯科1933年版,第157—169页。

② 英国自由党人士。

90
共产国际执行委员会政治书记处政治委员会会议第343(Б)号记录

（摘录）

1933年11月15日于莫斯科

机密

听取：17(5419)——贝拉·库恩同志关于上海反战大会成果和评价的决议草案。

决定：17.——给野坂参三和王明同志看决议草案，然后交由王明、野坂参三、贝拉·库恩和皮亚特尼茨基审定。①

共产国际执行委员会书记：皮亚特尼茨基

[**附录**]

机密

关于上海反战大会成果和评价的决议

1. 上海反战大会的积极成果是：开展了广泛的工人、知识分子和学生运动，不仅包括工人阶级的进步阶层，而且也包括工人阶级的落后阶层，特别是在上海，渗透到一系列企业中，这以前我们的运动完全没有在这里出现过，或者很少出现；吸引和动员了广大小资产阶级知识分子人士，以前他们与反战运动没有任何关系。特别需要强调指出的是，围绕反战大会开展的运动不只是局限于上海，而且传播到许多遥远的省份。大会的准备工作和大会本身清楚地向中国民众显示了国际团结精神；大会促进了对苏维埃中

① 对决定第17款的批注："今天已送皮亚特尼茨基。[1933年]11月19日。贝拉·库恩。"

国的宣传，而在选举大会代表过程中实行了比较广泛的统一战线。必须强调指出，中共机关在组织大会时表现得很积极。

在日本，成立了统一的反战委员会，有共产党拥护者和社会民主党成员以及改良主义工会成员参加；在大会筹备过程中，除了其他工作，还第一次公开举行了反战群众大会。会议筹备过程向左翼改良主义工会的渗透进行得特别顺利。为筹备会议在工人和知识分子中间举行的募捐活动采取了相当大的规模。

2. 虽然筹备会议的总的政治方针是正确的，但是必须说，委员会在巴黎和在上海所做的会议筹备工作是不够的。

作为特别的不足，必须指出这种情况：无论是日本代表还是美国代表都没有参加大会工作。会议对华北和满洲的影响也很小。国民党的拥护者，特别是国民党工会成员只有很少量的代表。筹备工作很明显的弱点还有，报刊宣传运动在中国开展得很晚。印度支那代表团的工作做得不够。代表团不想同在华的帝国主义军队和水兵接触。

3. 为了评价大会在远东以及在欧洲和美洲国家的效果，国际反战反法西斯委员会执行局的共产党党团应当在以下方面进行活动：

(1) 上海民族委员会在全国各地广泛开展的作报告运动，要特别重视华北和边境苏区以及十九路军占领的地区。作报告运动应追求的目的是：筹备省和地区反战运动代表会议，建立常设委员会，吸收来自工人、知识分子、学生、城乡贫民队伍当中的广泛反帝斗士参加。

(2) 必须根据发表的大会材料在日本组织作报告运动。在日本一定要建立反战运动民族委员会，吸收所有反对日本好战派准备进行帝国主义战争的人士参加。

必须在美国、加拿大、中美洲和南美洲广泛宣传会议的成果。

(3) 在澳大利亚、荷属印度①、印度支那和菲律宾，近期必须建立民族委员会，作为将来在这些国家进行工作的牢固支柱。

---

① 印度尼西亚。

国际委员会必须同所有这些民族委员会保持经常的和积极的联系。最好在上海用英文和中文出版远东反战委员会的公开刊物。

(4) 在英国、法国、西班牙、比利时，以及在其他欧洲国家，代表团应在报刊上和会议上组织广泛的宣传运动，而且在运动期间，应在国际委员会的监督下最有效地利用代表团中的社会民主党成员，吸引社会民主党工人和和平主义人士参加保卫中国，使之免遭帝国主义瓜分的运动和特别是保卫苏维埃中国，使之免遭反革命干涉的运动。

4. 远东的整个鼓动工作，应该在太平洋地区劳动人民联合起来反对帝国主义战争、反对瓜分中国、保卫苏维埃中国使之免遭干涉、反对日本帝国主义在苏联远东准备反革命战争等口号下进行。需要很清楚地说明国际联盟在支持蒋介石方面的作用。在广泛宣传上海会议决定的同时，还必须认真宣传日本共产党人的反战活动。凡有可能的地方，都要在国际委员会和其民族委员会的领导下成立中国之友组织。鼓动工作应首先针对日本帝国主义，针对它的远东宪兵角色和对苏联的反革命战争发动者角色，但同时还必须指出日本和美国军事工业之间的联系。

5. 国际委员会应以通常的方式向议会提出要求，调查军事化学工业从日本向国民党的供货中获取的利润。国际委员会共产党党团应该仔细研究代表团的报告。国际委员会应该保证散发报告，特别是在日本。为此需要尽快发表日文报告。除报告外，还必须尽快发表瓦扬-古久里和英国代表汉密尔顿的报告。

6. 大会决议应用三种语言(法语、英语、德语)在《世界战线》杂志[①]特刊号上发表。其他群众组织的报刊也应积极支持这场宣传运动。

7. 必须根据这些指示，在同〈共产国际执行委员会〉英美书记处和东方书记处协商后，给美国共产党和上海下达特别的指示，以便按照贝拉·库恩

---

① 期刊没有找到。

委员会[①]的方针开展宣传运动。

全宗495,目录4,卷宗270,第6、9—13页。

记录为德文打字稿,原件,亲笔签字;附录为有校对手迹的德文打字稿,原件。

(《联共(布)、共产国际与中国苏维埃运动(1931—1937)》第13卷,第619—622页)

① 指反战反第二国际和反法西斯委员会。

91
出席国际反帝反战代表大会的苏区红军代表回来的报告书①

（一）为什么要开国际反帝反战代表大会？

因为帝国主义积极准备战争，加紧侵掠殖民地，尤其是日本帝国主义及各帝国主义积极进行瓜分中国，所以全世界无产阶级被压迫群众，要联合起来反对帝国主义。

帝国主义为要镇压世界革命，疯狂般的向苏联进攻，帮助中国国民党进攻中国革命，尤其是向苏区红军进行五次"围剿"，并且帝国主义国民党法西斯蒂用残酷的白色恐怖来镇压世界革命运动，逮捕和屠杀工农群众和革命领袖。所以全世界无产阶级与被压迫民族要联合起来反对帝国主义。反帝反战代表大会，就是要联合全世界无产阶级，劳苦工农及一切被压迫民族，在反对帝国主义更残酷的屠杀工农群众的世界二次大战，反对帝国主义侵掠殖民地，尤其是反对日本及一切帝国主义积极瓜分中国，反对帝国主义进攻苏联，反对帝国主义国民党向苏区红军的五次"围剿"和镇压中国民族革命运动，反对帝国主义国民党法西斯蒂的白色恐怖等口号的下面，团结在一个战线上来反对帝国主义和国民党。

（二）大会的成功和经过

帝国主义国民党镇压和破坏大会情形

要是大会能够公开的在上海开幕的时候，国际代表，东方各弱小民族代表，以及中国各省各地千千万万被压迫的劳苦工农群众选举出来的代表，至

① 该文部分内容曾刊登在1933年10月21日发行的《斗争》第31期上。详见本书"新闻报道"栏第145篇。——本书编者注

少有八百个到上海来开会。但是帝国主义国民党是绝对禁止大会开会的，用着法西斯蒂最残酷的扑杀手段来镇压和破坏。中国的山东、北京代表在公开选举的时候，即被捉去，四川、湖南、湖北、安徽、河北、广东、广西等地代表，或在本省，或在上海，或在半路，都被国民党逮捕阻止，不能到会。东方弱小民族的安南、台湾、朝鲜代表，被帝国主义阻止半路转回，朝鲜有个代表一到上海，即被日本帝国主义捕去，不知生死如何。德国两个代表，被德国法西斯蒂捕去，严刑拷打。听说判决死刑了，总共被帝国主义国民党逮捕的外国和中国的代表有六十个，现在还在帝国主义国民党的牢狱内。

国际代表团马来（英国人）环音考托[①]（法国人）波比（比国人）宋庆龄（中国人）初到上海的时候，即向各国领事及中国国民党当局交涉大会在租界或中国地界内开会，但是帝国主义国民党完全拒绝了，并且帝国主义国民党还派了许多侦探和蓝衫社员（即中国法西斯蒂的组织）把国际代表包围监视，代表所住的房子有侦探蓝衫社员不分日夜在周围巡察，代表吃饭行路都有侦探蓝衫社员跟着后面，尤其是对宋庆龄的房子和本人的行动监视更为严密。

上海工人对大会拥护和斗争情绪的热烈

国际代表初到上海的时候，上海工人数千人打起红旗，高喊口号，游行示威，到轮船码头上去欢迎，国际代表到上海许多工厂，如恒丰纱厂女工，瑞镕铁工厂工人召集的三百五百工人大会去讲演，尤其是沪东草棚贫民召集两千多群众挂起红旗开会，请国际代表讲演，各群众并自由登台讲演，反对帝国主义国民党禁止开反帝反战大会，革命空气非常紧张热烈。

不但工人如此，上海学生对大会拥护非常激烈，复旦大学和美术专门学校的学生，都召集全校学生请国际代表演讲。

在艰苦奋斗中大会终归开成功了

大会在广大工人群众基础上，同时有共产党的正确领导，它能够艰苦

① 即古久里。下同。——本书编者注

奋斗，克服许多困难，冲破帝国主义国民党极严重的白色恐怖，终于九月三十日在上海开成功了。大会是在秘密条件底下开的，国际代表到会极其困难，事先在街上跑了一晚，把后面跟从追随的侦探拿[甩]脱了，才敢到会。中国代表也是一个一个秘密到会。但是各国代表虽然受了许多困苦，他们的精神还是兴奋热烈的，全场革命空气非常紧张，能使大会很完善的宣告伟大成功，这就是证明工农群众革命力量的伟大，最后胜利终归是我们的。

到会代表人数及成分

到会代表有上海各工厂工人代表，满洲义勇军，察哈尔义勇军，平绥铁路工人，十九路军士兵，河北、福建、江苏、吴淞及苏区红军代表，加上国际代表团马来(英国)环音考托(法国)波比(比国)共六十五人(内九个妇女代表，三个是女工)。代表成分，白军士兵三人，农民四人，苏区和红军代表二人，知识分子及学生九人，其余都是工人。

大会主席团

大会推举马来、环音考托、波比、宋庆龄、满洲代表一人、东北义勇军一人、平绥铁路工人代表一人、察哈尔义勇军一人，和苏区代表一人，共九人为主席团。并推举毛泽东、朱德、片山潜、鲁迅、高尔基、巴比塞、台尔曼等为名誉主席。

大会三个重要报告

大会开幕，首先由宋庆龄致开会词后，第一个报告，是马来报告国际反帝反战情形，痛斥帝国主义国民党法西斯蒂镇压世界革命屠杀工人和革命领袖的无耻行为。不过他这一报告内，没有指出帝国主义国民党进攻苏联和进攻中国苏维埃和红军的具体事实，当时即有满洲代表及法国代表环音考托指出他这个错误。第二个报告，是宋庆龄报告中国反帝情形，大骂国民党一贯投降帝国主义，出卖中国民族利益。并说中国革命只有苏维埃道路，中国工农及被压迫群众应该一致团结起来拥护中国反帝主力红军。在法律上应该承认中国苏维埃政权。第三个报告，是苏区红军代表报告苏区工农群众生活斗争情况，和苏区群众热情，以及拥护红军，参加红军，慰问红军等情形。各代表听得苏区红军代表报告后，非常兴奋。全体一片欢呼鼓掌声突然大作，革命空气紧张到了极点。

大会代表热烈发言通过五大提案

马来、宋庆龄、红军代表报告后，即有满洲代表、十九路军士兵，及上海工人自动发言，发表拥护中国苏维埃和红军的许多重要意见：（一）海员工人码头运输工人铁路工人不帮帝国主义运送枪炮给中国国民党来进攻苏区红军，（二）没收帝国主义送给国民党的枪炮来武装东北义勇军去打日本帝国主义，（三）兵工厂的工人不替帝国主义造枪炮来进攻苏区红军，（四）反对国民党对苏区的经济封锁，（五）白军士兵不到前线上去打工农自己的红军等等提议，都经全场代表很热烈的拥护通过了。

大会通过的宣言通电及决议

（一）反对帝国主义战争反法西斯蒂的决议及宣言。

（二）反对白色恐怖的决议。

（三）反对帝国主义进攻苏联红军的抗议书。

（四）反对帝国主义国民党对苏区红军的五次“围剿”的抗议书。

最后成立远东反帝反战同盟中国分同盟。并选举宋庆龄为主席，到会的代表都是执行委员。

各代表对苏区和红军代表的亲热

国际代表和中国各省代表上海工人等对苏区红军代表特别亲热，总是问苏区工农生活，和红军胜利的情形。苏区红军代表自然把苏区贫苦工农解除剥削压迫以后生活改善的状况，以及贫苦工农都分得田地，工人实行劳动法，分得房屋，红五月参加红军的工农群众有两万多，购买公债，退回公债，帮助红军作战，以及红军几年来击溃国民党军阀的进攻，捉师长，缴枪炮许多伟大胜利的消息，详详细细告诉他们后，他们代表情绪兴奋热烈已到极点。尤其是上海工人听说苏区妇女许多能参加生产，每个都能做草鞋去慰问红军，欢喜的手舞足蹈。散会之后各代表都互相执手，舍不得分别，尤其是国际代表抱住红军代表在身上狂烈接吻。国际代表和中国代表听了苏区红军代表的报告和谈话，他们回到各国各省能将苏区工农斗争和生活情形，以及红军许多胜利消息，负责用文字和口头的在全世界全中国工农被压迫群众中作广泛的宣传，由此，全世界和全中国各省广大劳苦工农群众对中国苏维埃和红军更加深刻认识，更有力能够把帝国主义国民党的污蔑苏维埃的反动宣传完全揭破。

（三）大会闭幕后的影响

大会闭幕第二天，上海各报纸（如《大美晚报》、《申报》、《中国论坛》）即将大会开会情形以及几个通电、宣言、决议，详细登载出来了，各群众争先购阅，兴奋已极。帝国主义国民党看了亦不得不惊讶发抖。上海工人代表如恒丰纱厂女工，瑞镕铁厂工人，沪东草棚贫民等，散会后，回到工厂去马上召集全体工人开会，报告大会经过，以及苏区情形红军胜利消息，募捐买花圈红旗送国际代表，国际代表回国特组织了两千工人打红旗到码头上去欢送。中国各省代表回去后即进行组织中国各省各地反帝反战分同盟，积极进行反帝工作。

（四）我们怎样来拥护反帝反战大会的成功？

（一）加紧苏区和红军反帝拥苏力量，没有加入反帝拥苏的劳苦工农群众，应该积极加入。

（二）拥护二次全苏大会，参加苏维埃经济建设工作。

（三）劳苦工农积极加入红军。扩大一百万铁的红军！巩固红军！

（四）劳苦工农很勇敢的加入红军，到前线去夺取中心城市，实现江西首先胜利，配合和领导白区千百万劳苦工农群众反对帝国主义进攻苏联，反对帝国主义瓜分中国，反对法西斯蒂白色恐怖。以战斗动员来粉碎帝国主义国民党的五次“围剿”！

十一月廿日

(《红色中华》第129期，1933年11月26日)

92
中央关于检查江苏党工作的决议

一

中央细心的检查了江苏党半年来(自六月至十一月)的工作,看到了工作中个别的成绩:在大破坏后的困难环境中进行了一些恢复组织的工作,领导了一些小的群众斗争,帮助了反战大会的举行,但是,江苏的党还没有学习把党在群众中的工作适合革命斗争扩大与生长的要求。党在组织上来巩固自己的影响的工作是异常不够,党还不能与广大的群众组织实际的日常联系,不能在工人罢工运动中负担领导作用,没能在各工业中心——首先是在上海建立无产阶级的群众组织,没能领导江苏的农民运动。因为这种原因,所以全国和江苏虽存在与日益开展的革命形势,但江苏党不能在全省——首先是上海领导一个伟大的运动有力的开展,反对帝国主义国民党军阀的进攻苏区的斗争。

江苏省委自大破坏后至今已经工作了半年,在中央直接领导与具体帮助之下,依靠着下层同志的积极性,本有开展工作的一切可能,然而终仍造成目前之严重局面的基本原因,不能不归咎于××[①]同志领导之下省委的官僚主义的领导和对中央的指示采取阳奉阴违的两面派的态度的结果。

二

这一官僚主义的领导,更加强了我们落后于客观事变的严重状态,阻碍着征服我们在发展中的困难以及在全线上开展布尔什维克的进攻。

这首先表现于反帝反战的工作。

① 即袁孟超,又名袁家镛、宋三。——本书编者注

民族危机日趋险恶，引起了全国反帝的群众运动的开展。上海广大劳苦群众正是这个运动中的一个巨流；反对塘沽停战的运动，在民众救国御侮会的周围生起的反帝积极性，热烈的欢迎中国人民之友的苏联大使的运动，拥护反战大会的呼声及大会前后的群众积极〈性〉（选举了数百个代表，东区数千人的群众反战大会，码头上的群众集会，在有些工厂和学校里的会谈，作了一些抗议五次"围剿"的工作……），在这方面江苏的党是得到了一些成绩和开创了新的局面。九月卅日在上海胜利的完成了的反战大会，应该是江苏党转变反帝反战工作的起点，但亦以官僚主义的领导和对中央关于这一问题的具体指示之怠工与有意的搪塞，使大会后的反帝反战工作反趋于无形的停顿，环绕在这大会周围的群众热情很罪过的任其冷淡下去。这种消极的放任政策的结果便是：（一）由群众选举出来的三百多个代表，大部分被我们失掉，没有即刻组织起来，成为开展反帝反战工作的骨干力量。（二）大会前的群众工作是极不充分的，大会后就应该动员一切力量来克服这个极大的弱点，在一切工厂，学校和一切群众组织召集群众会议，报告和讨论反战大会的总结，以建立反帝运动的下层群众组织基础。但省委没有动员支部及群众组织来进行这一艰苦的组织群众的工作，却向中央报告许多似是而非的事实——将赤色小组或支部用改头换面的办法称为反战团以塞责。反战大会的政治影响因此没能在组织上巩固起来。（三）大会后，没有注意召集各区的代表会议，选举区的反帝非战分会及把他们变成开展工作的武器。（四）由于不正确的领导，在大会上没有很好地选出执行委员会，而补救的办法是应该在各区的代表会议上分别选举，然这一工作既无任何进展，因此反战总会始终未能形成起来——就是执行总会日常事务的几个党员同志都没有形成有力的核心的领导。（五）新的组织没有及时创立，而旧有的群众组织如保联，救国御侮会等又因"迎新"而大大削弱下去，这样，使党在反帝运动中的组织基础不但未能扩大而反加削弱。（六）反帝非战的宣传鼓动工作是狭隘得无以复加，即反战大会特刊至今亦未能出版，省委所发的

“反战大会的总结”[①]在党的区委和支部会议上都没有切实的讨论和规定具体的任务。工作是削弱了，反战大会的成绩没有巩固起来。中央虽一再的向省委敲着警钟，但省委本身初则是充满着凯旋和复员的情绪，不计划着今后的工作，继则躲避艰苦的顽强的工作而终于放弃。另一方面对反战大会意义估计不足与极端不信任无产阶级的创造力，而公然诬反战会的工人代表为“草包”，不足以与闻反帝的工作，种种反无产阶级的意识没有与之作坚决的斗争，这都表示着省委的政治领导是到了极端严重的程度！没有真正了解中央论反帝运动中统一战线问题的信[②]中的全部指示。在《列宁生活》上把这封信的基本立场加以机会主义的曲解的事实，决不是偶然！

中央认为这封信中的基本指示依旧全部有效，并号召江苏党立即以这封信为根据来讨论目前党在反帝反战工作中的错误与弱点，抓紧每一个帝国主义侵略与国民党卖国的事实（如最近之中日直接交涉等），进行广泛的群众鼓动，揭破国民党一切武断宣传，开展反帝和国民党的斗争。为此，中央责成江苏省委和每一个党员在最近必须执行下列的几个工作：

（一）在开展群众运动的基础上来建立各工厂学校的下层反帝非战组织，区的分会，省委应帮助区委，支部来筹备各工厂各学校的群众会议及区的代表大会，并动员团，工会来共同进行这一工作。

（二）立即成立远东反战大会总会办事处，团结各地的反战代表并吸收大会选出的执行委员参加工作。省委应保证派遣得力的干部，以便在总会内形成强有力的党团。总执行委员会及其主席团正式形成后，办事处即解散，其工作人员转入总会继续工作。

（三）省委应帮助办事处立即起草反帝非战的总的行动纲领，并分发至外地及首先保证在上海各区对于这一纲领之广泛的讨论。

（四）党，团，工会应在准备着将上海码头工人代表大会上提出组织警

---

① 详见本书“档案文献”栏第86篇。——本书编者注

② 详见本书“档案文献”栏第11篇。——本书编者注

备委员会的问题及在纱厂丝厂工人代表大会上通过加入远东反战总会的提案。

（五）反战与反对法西斯蒂是不可分离的。近来蓝衣社的盗匪们更加疯狂的蠢动起来，江苏党必须用一切力量来揭破法西斯蒂的真面目，揭破他们所主张的“文化统制”等，来团结广大群众反法西斯蒂的统一战线，到处组织反法西斯蒂大同盟。

（六）白区党工作的主要目标（为达到这一目标，党必须用尽一切努力）在（去）组织强大的群众运动保护苏区，有力的帮助粉碎国民党对于工农红军的“围剿”（见共产国际执委主席团的决议）。在这里，要极端反对把反战反帝的工作与冲破五次“围剿”的任务隔离起来，省委本身对这些工作的相互联系既自承认没有“了解”，而下层的同志根据东区巡视员的报告则更是“顾此失彼”，抓不到主要的一环——组织群众，领导他们的日常斗争。江苏的党应克服这个最大的弱点来开展拥苏的群众运动，特别是发动抗议五次“围剿”的工作。

江苏党应该了解，在整个反帝的土地革命中建立和巩固无产阶级的领导权，对于处在这一个全国无产阶级的首都——上海的布尔什维克负有特殊的使命，他在夺取工人阶级大多数事业中的每一成功都将增加着整个中国无产阶级对中国革命的领导作用。

要完成这一光荣的任务，首先就要依靠党的领导怎样领导全体党员和赤色工会面向企业来进行工会工作。在这一点上，中央认为正是江苏党最大的弱点。在这方面也正是江苏党今后转变自己全盘工作的起点，这是考察江苏党面目的主要尺度。

中央认为江苏省委没有推动每一个党的组织来注意工会工作，而把工会工作只认为是工联的工作，对于工联的工作又不给与有系统的具体的领导，这使我们不能抓着目前工人斗争之有利的客观形势来推进革命的职工运动。

上海的工会工作，大半年是陷于削弱的状态。直到最近才开始走上轨道，得到了一些初步的成绩：(一) 十月份较九月份原有会员是发展了一倍；(二) 纱总已由七个单位增至廿几个单位；(三) 开始夺取一些新的阵地(在××里和××上的工作)，成立丝总筹备会与码总筹备会，在其他工业部门中工人要求"老工会"的领导，自动脱离黄色工会，加入赤色工会；(四) 开始恢复失业的工作，成立了东区失业委员会；(五) 在业的非党的工人积极分子是加多了；(六) 工联及纱总的本身比较健全起来，造成了转变工会工作的一个前提；(七) 进行了一些政治鼓动工作，选举了几十个苏大会的代表。这些成绩是十分微弱的。工会工作还没有取得基本的转变。争取这个转变是整个江苏党的任务。

目前工会工作的严重现象表现于：(一) 没有抓紧和领导一个大的工人斗争，独立的革命领导这个问题很迫切摆在我们的面前；(二) 对各厂的情形没有充分的了解，与厂内的联系仍非常薄弱；(三) 组织上的发展与政治的影响之间的距离依旧相差甚远，全上海仅有××赤色会员，不到全体工人××分之一；(四) 下层的组织如赤色小组与各产总的分会没有很好的生活，大都还没有成为厂内工人斗争的组织者，在赤色小组里没有形成党，团小组，在党，团的产业支部会上很少讨论工会的工作；(五) 厂内的附属组织没能多多地建立，没有一个在我们领导之下的群众斗争委员会，工厂委员会，女工代表会等，这是没有执行广大的下层的统一战线的结果；(六) 失业工作仅仅开始，党，团的组织，没有进行失业的工作，因此到现在没能建立一个失业的群众组织，在东区茅联[①]的工作虽一度紧张，但始终没有把它更大的加强起来；(七) 许多重要的阵地至今没能恢复(沪西纱厂，××烟三厂，××报馆)，市政工作至今未能整顿起来，铁路工作还未开始；(八) 在国民党黄色工会里的工作也还停留在决议上，没有建立一个革命反对派；(九) 工会组织，首先是团没有认真的去进行青工童工的工作，江苏团省委没有动员全团的组织来彻底执行中央九月一日关于江苏团工作的决议，将

---

① 原文如此，疑有误。

青工的工作交给经斗部，而经斗部对实际工作又极不负责，使团与青工群众联系的问题成了非常严重的状态，广大女工中的工作更是无多大成绩可言。

中央认为必须依循下列的方向来转变上海工会的工作，争取我们的伟大成功。

（一）必须改变工会工作在整个党的工作系统中的地位，自支部，区委以至省委必须将工会工作视为主要的工作。法南区委公然将工会工作放弃而专做学生运动的现象应该停止。“谁不愿作[做]工会工作，谁就不是革命家”的口号，应该非常尖锐提到每一组织，每一个党员的面前。

（二）把我们工作重心放到最受资本进攻，与战争直接相关的产业部门。这在上海就是纱厂，丝厂，烟厂和主要的码头及两条铁路，同时要采取有力的步骤恢复和加强我们在市政工人中的工作与创立几个重工业中的工作基础；这所谓重心不是写在决议上，挂在口头上，而是要在党的力量的分布中，在整个的工作计划中具体的实现出来。

（三）以企业为基础来改造党，团，工会的工作，把最大的注意力放到建立工厂小组，“这是特别重要的组织。一切主要的运动力量，就在乎大工厂中组织工人，因为大工厂不仅是数目多，而且影响，发展，与斗争能力，在全工人阶级中也占着优势。每个工厂应当是我们的堡垒”（《列宁全集》第四卷××页[①]）。为此，必须建立工厂的巡视制度，来组织厂内的通讯网，有系统的切实的帮助厂内的工作。

（四）有系统的和坚决的反对工人状况极小的恶化，反对各种方式的对群众生活程度的减低，反对一切政治上的压迫与进攻，坚强的争取对于工人的经济的政治的罢工的领导，在目前尤应抓紧冬荒年关的斗争。须要比以前更周密的和完善的准备经济斗争，必须严格的和彻底的实行独立领导经济斗争的路线。

---

① 参见列宁：《给一个同志的信，谈谈我们的组织任务》，见《列宁全集》第六卷，人民出版社1959年版，第213页。

（五）在上海现有的赤色工会组织没有一个是从厂内广大群众中选举出来的。应该开展工会的德谟克拉西，勇敢发展自己的组织，这必须推动下层的自发性，残酷的反对数目字的摊派的官僚方法。应该了解“不经常的和有系统的征收会员，对参加革命职工运动工人不加以思想上和组织上的巩固，就不能加强和扩张我们的阵地，不能消灭会员的流动性和成为无产阶级斗争中强有力的因素”（职工国际八次全会的提纲）。在这里，纱总削弱和烟总完全瓦解的教训是值得特别研究，目前纱总老怡和分会的情形，是值得我们特别警惕的。

（六）“必须在群众中进行有系统的教育工作和准备思想上坚定的干部。革命的职工运动，应该注意非常[党]积极分子思想上的教育，不造成这部分积极分子就不会成为群众的运动”（见提纲第八段）。在上海，旧的职工干部已经不多，最近已提拔了一些新的工人积极分子，对他们的教育是非常迫切。要锻炼大批新的力量，才能完成新的任务。

在最近的时期里，这些新的具体任务是：

（一）在组织和领导纱厂工人反对减工关厂和生活恶化的斗争的基础上更大的开展纱总的工作，恢复沪西纱厂的阵地，加强东，西区纱总办事处的工作，立即开始准备召集上海第二次纱厂工人代表大会来补选或改选纱总执委，使纱总执委内能包括各主要纱厂的和各派的代表及通过纱厂工人的斗争纲领。

（二）发动码头工人的斗争，将正在工作着的码总筹备会经过群众代表大会的选举变为上海码头工人总工会，海上，沪东及浦东各区应在所属的码头上用一切力量开辟和加强党的工会的工作，省委应帮助海委及工联制定码头工人斗争纲领和码总组织章程。在大会开幕前必须分头召集各码头的工人群众大会，开展最广泛的群众工作。

（三）上海百余家丝厂除十四家外均已停工，江苏党，团，工会应立即经过现有的丝总筹备会及厂内的赤色小组进行广泛的群众工作，反对关厂及要求资方，市政府救济的斗争。在这个斗争中我们来扩大建立丝厂总工会的运动，首先是扩大赤色小组并在这一基础上来建立各厂的分会。此外，必须成立反对停厂的群众斗争委员会。

（四）加强东区失业委员会的工作，创立西区和浦东失业委员会，来广泛的在失业工人群众中组织要工作，要救济的斗争，特别是要准备冬荒的斗争。在这些斗争中才能建立包括最广泛的群众的失业组织。

（五）应动员一切力量，首先是闸北区委来建立铁路工作，最迟亦须于十二月初首先成立京沪铁路工作委员会。着手恢复市政的工作，利用在烟厂中现有的关系和力量，扩大烟厂的工作，争取烟厂工作委员会的建立，把英美烟三厂的阵地恢复起来。

（六）向工联青工部与团省委建议，必须加强在青工群众中的工作，首先筹备纱厂青工代表会，实现少共国际关于青工工作致中国少共中央的信中的全部指示。

（七）切实的开始在黄色工会中的工作，首先在邮务，烟厂建立强有力的反对派，恢复新闻报馆的阵地，成立黄色报界工会里的反对派。

这些任务的完成对于在基本上转变工会工作有决定的意义。而整个党的工作之面向企业便是完成这些任务的保证。目前省委的领导是没有向这方面前进一步，甚至非经中央的屡次督促，便不讨论工会工作的问题，而对于工人斗争（最近的电力斗争，英美厂的斗争等）是敷衍了事，没有任何争取领导的决心与准备。这种现象虽早经中央一再指出，而省委的领导则仍行其所实[是]，这使中央不能不得出目前省委的领导是不能保证工会工作这一坚决转变的结论。

最后，中央认为必须指出江苏党的本身情形，她的政治的和组织的状况。这是一个最重要的问题。江苏省委应该为哪些组织的任务而斗争呢？

很明显的，在大破获之后的第一个组织任务，就是用一切力量恢复组织——首先就是恢复大产业支部。在这方面江苏省委也做了一些艰苦的工作，但基本上是没有能够完成这个任务：（一）许多重要阵地没有恢复，(二) 在破获后已经有过关系的个别的但是重要的堡垒重新失去，(三) 这些产业组织的丧失是大大的打击了工会工作，(四) 未将在有些厂内的个别同志组织起来成立支部，(五) 许多外县党的关系至今没有恢复起来，对于外县的工作一般的是隔膜的，不能给中央任何具体的材料来检查工作。

第二个组织任务便是巩固现有的支部——首先是产业支部，并在这一基础上来夺取新的堡垒。但是目前(一) 江苏党在产业中的组织基础不但没有扩大，反加缩小；(二) 产业支部的工作没有摆在中心的地位，中央关于产支的决议至今不仅没有具体的实现出来，即自上而下，自下而上的讨论，都没有切实的举行，省委对产支的检查，只是写在计划上；(三) 产支没有被推动起来，注意工会工作；(四) 征收的工作没有经常的有计划的进行；(五) 支部的政治教育工作薄弱，这是支部中流动现象依然存在的一个原因。

第三个组织任务，就是巩固区与健全区的领导。

但是省委对区的领导与具体帮助是十分不够的，在很长久的一个时期省委常委不与区〈委〉书〈记〉发生关系，专靠巡视员去指挥区的工作，对各区的工作从省委方面没能有计划的加以检查与在常会上专门加以具体的讨论，特别是对于区之不重视工会工作没有予以有力的纠正。这便造成了各区目前严重的情形。

第四个组织任务与巩固产业支部和区有直接关系的就是建立区的和产支的巡视工作。但是这个工作在十月里才开始。正因为没有切实的巡视工作，使省委更加与下层情形隔膜，无法实行具体的灵活的领导。但另一方面，也正因为省委的官僚主义领导才不去注意建立巡视的工作。

第五个组织任务就是在组织上来巩固党的政治影响，勇敢的发展组织。但在完成这个任务方面我们应该指出江苏党所表现的：(一) 不是数目字的摊派方法，来一个冲锋，便是根本放弃；(二) 征收的工作始终没有成为每一支部的日常工作；(三) 征收入党后，不立刻划交支部，予以党的训练，因此形成不断的流动性。在今年十月节前后共仅发展不到××新党员,[①]这种生长的速度的迟缓的主要原因,就是党脱离了群众的斗争,没有艰苦的在企业中的工作。

第六个组织任务就是巩固和扩大群众的组织。省委对群众组织内的党团没有好的领导,群众组织是党与广大群众联系的皮带,群众组织的削弱,使党更加隔离起来,得不到群众的掩护,而一切运动之来,便只得动员先锋队去打头阵,后面没有广大的援军,这也就是江苏党不能发动一个胜利的群众运动的原因。

第七个组织任务就是巩固党的组织为党的存在与生长而斗争。这包含(一)改善党的秘密工作,严密自己的组织;(二)开展反叛徒内奸的斗争;(三)动员广大群众反对白色恐怖。这个任务是执行得非常微弱,区的组织和省委本身的机关不止一次地受到破获,甚至在省委个别负责的同志中表现出极不可容忍的自由主义,国民党法西斯的内奸能够打进我们的产业支部——这一捍卫党的第一道防线,这些事实都证明江苏党的阶级警惕性之不充分与没有把巩固党的组织与开展群众反白色恐怖及其他运动联系起来。中央认为巩固和稳定党的组织——首先是党的领导机关是今后更顺利开展全盘工作的基本条件。现在法西斯蒂的恐怖配合着五次"围剿"是更加凶猛起来,我们应该动员群众团结成广大的反法西斯的统一战线。

应该理解:我们党之能生存与发展就要与群众结〈合〉在一起而又领导群众。最后如干部的问题,党的政治教育工作,都非常迫切的摆在江苏党的面前。宣传鼓动工作非常微弱,《列宁生活》不能经常出版,各区大半没有自己的报纸——没有一个真正的工厂小报,党支部小组的政治生活都需要大加改善。这些工作在提高每一党员的政治水平与工作能力和因此而提高整个党的战斗力是具有非常重要的意义。

---

① 1933年11月23日《中央致党江苏省委的信》中,此句为"在今年十月节前后共仅发展不到一百个新党员"。

应该了解：在目前猛烈开展着的革命形势与两个中国进行决胜负战的时候，党和革命之所要求于江苏党者至高且大。不提高党的水平，是万难完成这些伟大的迫切任务。这使思想上组织上更进一步布尔什维克化的问题，很尖锐的摆在江苏党的前面。

中央认为上面的各种组织任务是要求新的省委来动员江苏党继续用力的去完成：这就是（一）不使大破获后的一个失掉的组织和党员再不恢复起来，而这一工作是有一切可能完成的，抓紧各区要求恢复的积极性很迅速的去建立关系，这是非常重要的。同时对于外县的工作省委必须采取一切办法来恢复和加强领导。（二）真正的检查几个产业支部，从这些检查中得出整顿其他产业支部所必需的教训，产支的巡视工作应立即开始。（三）调动江苏党最好的力量去巩固区，争取沪西，沪中，闸北工作更大的成功，特别注重烟，纱，码头所在的各区的工作，保证于最近期内选择十个得力的区的巡视员，改善省委常委管区的方法与内容。（四）勇敢的以企业以支部为主干的开始征收党员的工作，提出至明年春为要能恢复主要的阵地，增加数倍党员而斗争的任务。（五）动员全党来创立和扩大群众组织：在工会方面要为创立群众的纱总和码总的组织而斗争，青年团应该在开展青工斗争的基础之上为恢复旧有团员和新的发展而斗争。（六）加强党的马克思主义列宁主义的教育，不使没有一个支部，没有党校，没有支部的壁报，使每一个党员都成为群众的领袖。（七）大胆的提拔在斗争中检验过的工人积极分子参加党的工会的领导工作，培养大批新的干部。

三

江苏党目前的工作是很严重的，摆在江苏党面前的任务是伟大而艰巨，我们用什么方法来纠正我们的错误和弱点，发展我们共产主义者的创造精神来执行这些任务呢？

中央认为首先必须开展反对官僚主义的领导与两面派的斗争。

江苏省委在××同志领导之下正是陷入了这一官僚主义的泥坑，虽经中央无数次的指示与督促，而终莫能彻底的转变。这一官僚主义领导表现于：（一）不深入下层，与实际情形隔离（不愿意直接管理区的工作，不切实了解一个产支的情形等），因此不能实现具体的灵活的领导，这就不能抓紧生活中的一切事变和变动着的情形来脚踏实地的把工作推往前进；（二）既不愿意去了解实际情形，艰苦的去进行工作，便走上了便宜的道路，一切都是命令，用数目字来代替具体的领导；（三）不负责任的敷衍，决议上的夸大，口头上的允诺；（四）没有一点自动性，对工作既不认真，又无责任心，因此不能自动的先一着的提出许多问题，自加警惕；（五）对工作和实际情形既没有深入的了解与各方面的打算，便不能规定工作的计划，看到一定的前途，而是件件应付，潦潦草率，省委常委本身就没有好好的过着有计划性的生活，催得紧了，便定出一个包罗万象代替了一切组织的计划，失去了党的中心的领导作用，束缚了下层组织和其他群众组织的自动性，这成了包办"计划"，不是领导整个工作；（六）官僚主义的领导束缚群众的积极性，不听取同志的意见，这就不能团结党的干部来集体推进工作，省委的集体领导至今并未好好的形成起来；（七）没有开展正确的自我批评（中央一再指示要把反官僚主义的问题提到全党及其他群众组织讨论，但至今并没有进行，虽然下层同志已感觉到省委的领导非常严重而且正在积极起来批评，但省委不去领导和组织：这一积极性……）和用各种武断的方法来拒绝批评；（八）官僚主义者为了政治上的应付，把两条战线的斗争变成条文，变成口头禅，在××同志领导之下的省委没有真正抓住一个机会主义者，开展反机会主义的斗争，甚至已经揭出的机会主义的观点，省委也没有给以严重的打击。

由于这种官僚主义的领导，对于中央的指示便采取两面派的态度，××同志每次都在口头上同意和拥护中央的路线及一切指示，但在实际上则阳奉阴违不去执行，××同志曾给中央许多好听的允许，但没有一件实现，甚至采取撒谎的方法，以避自我批评。

中央认为江苏党是中国党的第一个重要的组织，在中国党的发展史上写下了许多光荣的页子，他现在仍然是党一个最大的支柱，他有一切可能来转变自己的工作，比现在能够取得更多更伟大的成功。而官僚主义的两面派的领导正是障碍着江苏党走上胜利的大道。中央引为非常欣慰的便是在江苏党员队伍的中间已经开始起来反对这一官僚主义的两面派的领导，而且这种积极性将更加增长，这是江苏党走到转变的重要因素。中央认为在省委里反官僚主义方式的领导斗争是不充分的，但中央确信省委的大多数委员已经有了这个决心，表示他们对党的总路线的忠实！

中央认为目前江苏省委的领导是不能保证执行党的总路线，须加以改组，××同志的书记职务即予撤消，以××①同志担任，及吸收大批新的工人同志参加省委的工作。中央坚决相信江苏新的省委会能团结江苏党的队伍，把反对官僚主义两面派及各种机会主义动摇的斗争正确的开展和深入到各部门的实际工作中去，以领导和组织江苏千百万工农劳苦群众——首先是英勇的上海无产阶级的斗争来冲破五次“围剿”，来争取苏维埃在全中国的胜利！

中　央

一九三三年十一月二十三日

（《六大以来：党内秘密文件》上册，第474—482页）

① 即孔二，又名孟庆发、孟庆祥、赵霖、赵林、赵英。——本书编者注

93
关于一年来白区反帝运动的意见
——上海中央局为五中全会所准备的材料
（1933年12月26日）

（略）

（四）反帝运动的状况

最近一年来，日本和其他帝国主义瓜分中国与侵略中国的加紧，国民党更无耻更公开的出卖，引起了民众对帝国主义国民党的极大的愤激与反抗。无论国民党怎样残酷的镇压与反动派的一切的欺骗，反日反帝斗争是在继续发展与高涨的。这表现于：

（1）前线的士兵与民众自动的进行英勇的抗日战争，如今年长城各口的丁(缺一字)春、孙殿英、宋哲元的士兵之顽强抵抗日本强盗及其走狗，不下于上海的抗日战争。热河、察哈尔的民众自动组织抗日义勇军、同盟军及武装抗日，给了日本帝国主义莫大的抵抗与打击。

（2）满洲义勇军游击队在极端困难条件之下，不断的与日本及其满洲傀儡作坚决的斗争，他们的影响与力量，日益扩大，击破了敌人多次的进攻，首先是(缺字)人民革命军第一军独立师的成立，及根据地的扩大，成为反日战争中最坚强的力量。

（3）工人的反日反帝斗争与罢工的发展如上海(缺一字)轮海员的拒绝运军火，福州日船华工罢工，汕头码头小工不卸日货，北宁路工人的反帝斗争，平绥工人的成立武装纠察队，举行一千余人的大会，积极参加反日斗争、哈尔滨电车工人的反日行动等等。

（4）士兵反对国民党的不抵抗与出卖。如“剿共”前线的兵士，（三十师)伤兵及国民党前线撤退的士兵(长城各口)激烈国民党的投降,[1]而自动继续抗日(张家口,京东)。“满洲国”的士兵不打游击队,哗变到游击队方面来等等。

(5) 学生青年反帝的积极,自动参加义勇军(北平),举行反帝的罢工(如“九一八”二周年,太原各校红五月三原各校等),示威(八一厦门,蒲城等),组织学生抗日会,要求北上抗日(河南、陕西等)进行反帝的鼓动等。

(6) 抵货运动的发展,如上海码头工人曾有二百五十人的不买日货十人团,驳船工人加入不买日货十人团的曾有一千人,七个外洋船上,建立了三百人的不买日货十人团。福州民众二千余人于“三一八”纪念节自动检查日货,捣毁了日货商店,烧了日货。

(7) 远东反战大会的成功,上海、河北、满洲、福州、厦门等地数百代表的选出,各地盼群众会议,示威,欢迎代表等的群众运动。广大群众热烈的拥护这次大会,在反帝运动中有莫大的意义。这次大会的成功,是反帝反法西斯蒂统一战线的胜利。同时,扩大了反帝斗争的群众基础,加强了国际无产阶级的团结,提高了群众拥苏拥红的热情。

(8) 红军冲破了敌人的四次进攻,现在正在粉碎着帝国主义、国民党的五次“围剿”。苏维埃运动扩大到新的区域,走到发展的更高程度,这不仅是苏维埃对国民党的胜利,而且是整个中国民众对帝国主义的胜利。

“无疑的,反帝运动是在更扩大与深入,更多带着群众性质,而成为丰富的革命源泉,是根本推翻帝国主义、国民党统治的有力的支流”(中央关于五次“围剿”的决议)。

目前,反帝运动的特点(也就是弱点)就在于:一、大半还是自发的,还没有完全团结在革命领导之下,首先没有强有力的无产阶级的领导与骨干。二、组织性团结性不够。没有形成强固的反帝统一战线,反日反帝的组织不广泛,没有深入到工厂中,学校中,士兵中,没有包括最大的民众阶层,尤其

---

① 原件如此。

在农村中，除了满洲和河北外，几乎没有反帝组织。三、国民党和反动派的面目，没有充分揭破，许多的运动（如“航空救国”义勇军募捐等）还在它们的控制与包办之下，群众对它们的幻想，部分的还是存在的。（甚至在满洲义勇军中）对于国民党的屠杀与镇压，还没有坚决的反抗。四、在各个区域与省份之间，还带着明显的不平衡性质。

这一方面是国民党残酷的白色恐怖，但是主要的是我们的群众工作的薄弱。对反帝斗争领导的不够。

（五）我们对于反帝运动的领导

最近一年，是民族危机最严重的一年，在这一年中，我们遇到了山海关事变、热河事变、华北事变等，我们遇到国民党最大的出卖，我们处〈在〉了最负责的历史关头。在这一年，我们党站在战斗的阵地，作了最艰苦最顽强的工作，为党的路线而斗争。因此，我们在反帝斗争中，获得了许多成绩，对于反帝运动的领导，也有了很大的进步。主要的就是：

第一，由于我们的主张与红军抗日作战协定的宣言的传播，统一战线策略的努力鼓动，坚决执行，我们在群众中的政治影响是更加扩大了，我们努力揭破了国民党和反动派关于我们障碍抗日战争的武断宣传与诬蔑，使广大的群众日益明白，共产党是反日反帝的唯一的组织与领导者。

第二，在义勇军与游击队中，我们的影响和力量加强了，如满洲的磐石、汤原、绥宁、珠河、东满、海龙一带，我们有很大的基础，我们进行了和领导了反日反满的最英勇的战斗。今年“九一八”二周年纪念，在我们党领导之下，成立了满洲人民革命军并开了各地盛大的庆祝大会，有数千人参加。在长城各口的战争中和张家口的事变中，我们争取了许多义勇军战士。

第三，在前线作战的士兵中，开展了很大的工作，积极参加与领导抗日战争，有数千士兵在我们直接影响之下。虽然由于前线右派的反革命的破坏与领导的错误，及冯、方、吉等军阀的背叛出卖，但是在京东和内蒙，我们还有很大的力量。

第四，反帝组织的建立，如上海的自救会曾有一万会员。包含许多工人成分，在几个工厂中建立了很大的分会。在满洲反日会员，共有五万七千余人，河北、平绥路、张家口、福州、厦门等地，也有反帝的群众组织。

第五，领导了一些抵货斗争，主要的在上海、福建。

第六，领导了一些反日罢工、示威、集会等。（见第三节）

第七，领导与组织了远东反战大会，在各地进行了许多群众工作并努力准备成立远东反战分会的领导机关和建立各地分会。在上海吸收了五六百新的会员，福建、满洲、河北等地，正在成立分会和进行大会胜利的鼓动。

第八，我们正确的提出了反帝统一战线策略，为执行这个策略而作了最大的斗争。从一月二十六日给满洲的信起，至六月关于统一战线的信，在察哈尔的事变中，给前线的许多指示，在上海由御侮自救会，领土保障同盟，以至反战大会的运动中，在最近的福建事变中我们坚决的采取了反帝统一战线策略。在这一策略的应用上，我们得了最丰富的经验与教训。在满洲，由红军游击队，红三十二军到人民革命军，我们关于抗日反满的作战协定的号召，都是统一战线的应用。正因为这样，我们能够在满洲团结与影响更多的群众；在察哈尔曾争取公开活动的机会，张家口的工人阶级与许多士兵站在我们方面，使当时有一切可能把暴动问题提到议事日程上，在上海的反战大会过程中，动员了各种群众，扩大了党的活动范围与基础；在这次的闽变中，我们正在争取着公开或半公开活动的一切可能，以进行广大的反日反蒋的革命斗争。所有这些，都说明反帝统一战线策略的正确与必要。我们必须努力贯彻这个策略。

这就是党在反帝运动所得到的成绩，而这些成绩，是由我们党执行了正确路线而获得的。但是我们认为这些成绩，是非常不够的。整个的说，我们党在白区反帝斗争的领导，还是远落于反帝运动发展之后，我们还没有充分利用一切有利的条件，来彻底执行民族革命战争的任务。在反帝斗争中，我们还有许多弱点与缺点：

(1) 虽然党提出了一些基本口号，但不能抓住每一时期的环境，具体事件用具体口号来动员群众，参加民族革命战争，组织具体行动，如上海电力公司的斗争，黄色工会作了许多民族的武断宣传，而我们却未把这与反帝联系起来。白俄的工贼作用，引起了工人群众极大的仇视，我们没有充分利用这一事实去动员群众反对白俄，此外如自来水公司的断水，日本在虹口筑了大营房，我们亦没有很好的利用，以进行反日反帝斗争，我们还没有深入到最广泛的群众中去。我们的政治口号，还没有在大多数群众中通俗化。

(2) 没有充分利用公开与半公开的活动，运用下层统一战线，来动员广大群众去进行反日反帝斗争，关门主义还在我们队伍中存在着，我们虽然在统一战线的策略上，得了一些成功，但是就在这里，我们的许多地方组织，犯了许多错误，满洲人民革命军政治影响虽大，但它至今只有三百余人，甚至曾经枪多于人。对于许多的游击队，不与之联合作战，民间武装甚至在我们领导之下的(如磐石)，还没有吸引到人民革命军方面，对于干部提拔，对于扩大武装，对于不觉悟的而一时表示动摇的战士，采取不可容许的关门主义。在上海的反战大会中，由于江苏省过去官僚主义的领导，没有坚决去发动广大群众，如在选举代表中，往往以少数同志来代替群众选举，对群众的革命性估计不足。在这次福建事变中，我们的福州组织仍然表示着关门主义不会利用有利条件。另一方面，往往有用上层的勾结，来代替真正群众的下层统一战线，如在察哈尔，张金刃之徒，主张联日反蒋的反革命策略，我们的领导，前线的组织，未能充分利用公开的可能，组织更广大的群众，我们不能争取先一着来打击敌人，放松士兵中、农民中的工作，平绥路工会改为招兵处，引起工人的不满，没有在必要时与反动领袖分裂。

(3) 没有用最大的力量到工厂中、兵士中、义勇军中去建立下层组织，在许多地方，只限于一部分学生中，对于反日罢工，与在日本和其他帝国主义企业中的工作，没有获得可观的成绩，没有把无产阶级的领导与骨干更大的强大起来。甚至《列宁生活》上，把工人斗争与反帝斗争完全分离和对立起来，而否认了无产阶级的领导作用。

(4) 在满洲、华北，广大的义勇军与士兵中的工作，还是非常薄弱。我们不但没有成为左右一切的力量，而且还未成为主要的力量。满洲的党还没有把组织义勇军与争取义勇军的领导，真正组织反帝群众武装放在最中心的地位，没有坚决执行中央一月间的指示，同时，我们还没把东北义勇军的工作，作为全党的战斗任务。

(5) 没有经常的进行反对反动派别的斗争，没有彻底揭穿他们的一切武断宣传，首先对于西南的“抗日”的欺骗，和所谓在野反动派的欺骗没有积极去揭破。同时，对于法西斯蒂兰[蓝]衣社最无耻投降帝国主义，摧残反帝斗争，与反苏联的阴谋，没有彻底揭穿。我们还没有把最广大的群众从国民党和其他反动派别影响之下完全解放出来。

(6) 许多自发的斗争与群众运动，我们往往没有去参加和夺取领导。如“航空救国”对义勇军的捐款与慰劳等，我们时常站在外面，使这些运动在国民党和其他反动派的控制与包办之下，使他们得以破坏这些运动而达到他的反革命的目的(如把飞机捐等，用为反对红军)。抵制日货，没收日货，做得太少。没有将这个运动，成为最广泛的群众运动。

(7) 反帝组织，在大多数情形之下，还限制于狭隘的秘密范围内，没有包括最广的群众，不会和没有努力去争取公开与半公开的活动，有许多地方没有反帝组织，或者只是几个人，几十人，不注意扩大反帝会员。我们已有的反帝组织，还没有巩固起来，如御侮自救会的瓦解，反战大会的代表，失掉关系。反帝组织，没有深入到工厂中，学校中，兵营中与农村中。领导机关，往往由党包办，不相信群众，害怕群众，而不去吸引群众的积极分子来参加领导工作。反帝团体的活动方式常常是和党的一样。反帝的宣传鼓动非常不够，除了上海有《反战新闻》外，其他地方，没有反帝的报纸。

(8) 没有在少数民族中，进行有系统的工作。把它和反帝工作联系起来。这一工作的薄弱与忽视，在目前是特别严重的，不可容许的。日本的强盗掠夺，又利用韩国的反动派与一切不觉悟的分子作工具。同时它最无耻的实行所谓“民族自决”的武断宣传，去欺骗满蒙、新疆、台湾等地的少数民族。英法等帝国主义也利用西北、西南的回民、苗、猺[瑶]、藏人、安南人等来进攻中国。国民党卖国贼一方面实行其“大汉”民族主义去加紧对少数民族的掠夺与压迫，而引起他们的反抗与仇视。另一方面，却进一步的出卖一切边疆给帝国主义，使少数民族更在帝国主义奴役之下，利用这些民族来反对中国革命与进攻苏联。但是我们的党，首先是与少数民族共居的区域的党，对于在这些少数民族中的工作，表示了消极。四川的党对于康、藏与四川境内的少数民族除了一些宣言以外，没有丝毛工作可言。满洲的党虽然有许多的韩国同志，而在巩固中韩民族的抗日统一战线做得非常不够。甚至有些同志认为要使满洲党和人民革命军中国化。反对这些大汉民族主义的倾向，是应该进行坚决的斗争的。

所有这些弱点与缺点，都障碍了和妨害着我们在反帝斗争取得很大的进步，使我们未能把反帝运动引到更高的阶段，与红军苏维埃的胜利配合起来。反帝工作中这些严重现象，是由于我们队伍中存在着对反帝迫切任务表示各种机会主义的消极，忽视对于两条战线的斗争不深入来解释的。[①]

四川党在最近一年来的反帝工作，没有丝毛转变，没有得到任何的成绩。这首先由于我们队伍中存在着各种对党的路线的机会主义的曲解。一时表现出反日反帝先后之争，一时表现出反战重要反帝不重要的机会主义观点（见《四川晓报》），一时表现出“群众只要拥护红军，不要反帝”（潼川、顺庆），而对于反对帝国主义的真正群众斗争，特别是反对英国之进攻康、藏和四川，反对英帝国主义侵略与进攻川陕苏区的群众斗争，没有任何积极的行动。同时，由于反帝与拥苏的对立，结果就是拥护红军与苏区的工作，也做得很差，这不是偶然的。河南党的反帝工作，也没有成绩，这虽由于党的破坏而影响到全部工作，但是，至今没有克服所谓“农村中不能进行反帝工作”的机会主义的见解，是最重要的原因。河北前线的工作，曾获得最有利的工作条件（原稿一字不清）在反革命进攻之下，遭受到许多严重的打击，这首先就是没有坚决反对张金刃这些反革命的投降主义，没有坚决执行党的正确

① 原文如此。——本书编者注

路线的缘故。满洲党在东北民众联合反日义勇军中,为什么没有争得我们的领导,人民革命军,还是没有更加强大起来,海龙游击队,遭了极大的损失等等,就是因为曲解了我们的统一战线的策略,不做下层工作,没有坚决执行中央的正确指示。江苏党没有把反战大会的成绩,巩固起来。首先由于过去省委的官僚主义的领导。福州的党对于闽变没有好的准备,未能利用有利形势,开展最广大的反日反蒋的群众斗争,最初只采取捣乱的策略,不去夺取被十九路军欺骗下的群众与士兵。关门主义是主要的危险。同时,有些地方表示出对"人民政府"欺骗作用的揭破的忽视,不注意我们的独立的领导,把我们的主张和"人民政府"对立起来。这也是非常有害的。诸如此类等等。因此,不开展布尔什维克的两条战线的斗争,是无法转变我们的反帝工作的。

(六)我们的任务

日本和一切帝国主义对中国的进攻,走入公开瓜分中国的新的阶段,国民党和一切军阀的更无耻的出卖,将推动更广大的群众坚决的进行反帝反国民党的革命斗争。不管国民党怎样的白色恐怖,不管一切反动派怎样的武断宣传,群众一天天脱离国民党和其他反动派的影响,而走到革命方面来。满洲义勇军英勇的与日本及其傀儡作不断的血战,河北京东抗日同盟军脱离着反动领导而在日本与国民党双方夹攻之下保存很大的力量,正在积极活动着,各地工农群众反日反帝怒潮的汹涌,尤其是反帝先锋——工农红军,正在粉碎着五次"围剿"——所有这些,都证明我们有莫大的顺利的条件。清楚的估计目前的反帝运动的形势,利用一切有利的条件,克服我们工作中的一切弱点与错误,坚决执行党的路线,开展最广泛的群众的反帝斗争。这是我们的任务。

在反帝运动中我们的中心口号是:以武装民众的民族革命战争,求中国的独立、统一与领土完整。驱逐日本及一切帝国主义出中国,打倒帝国主义瓜分中国的清道夫——国民党。

为完成这一任务，必须加强党在义勇军、士兵、游击队中的工作与领导。在满洲应当扩大人民革命军，加强汤原、珠河、绥宁、东满、海龙等地的工作，争取义勇军游击队群众在我们领导之下，坚决的执行本年一月中央的指示。河北党应当以最大力量团结京东抗日同盟军的力量，无情的反对反动长官与右派的投降政策，保证布尔什维克的领导，把抗日士兵与广大群众结成密切的联系。同时，应把满洲与华北的义勇军与游击队的工作，当作全党的工作。在各地进行广大的援助与同情的工作，动员群众到满洲、华北去，参加抗日战争。

在反帝运动中，无产阶级的领导有决定的作用。必须坚决的发动与领导反日反帝罢工，首先是满洲的铁路、交通、兵工厂、军事工业，以及天津、上海、青岛等地的日本和其他帝国主义企业中的罢工与斗争。同时，反对国民党借口国难而增加对工人的压迫与剥削，所谓“努力生产”、“劳资合作”的欺骗，应当完全揭破。把反帝斗争与反对资本进攻联系起来。把反帝工作与组织深入到工人群众中，建立在工厂内、企业中。把反帝斗争与工人的日常的经济的斗争联系起来。

坚决的反对所谓“农村中不能进行反帝工作”的机会主义见解。组织农民群众的反日反帝组织，把农民抗捐抗税，抢粮分粮与为土地的斗争和反帝斗争联系起来。首先以农民群众最易了解的事实，如日本在满洲直接的掠夺土地，不准种高粱，限制使用农具，飞机轰炸，活埋，驱逐等，帝国主义倾销所引起的农民生产品的销路的惨落，手工业的破产，教会的压迫，去鼓动与组织农民进行反日反帝斗争。

在广大的学生群众中，开展反帝工作有极大的意义。如果我们责备许多地方的组织，把反帝工作，只限于少数的学生中，那末，这不是说我们看轻了学生群众的革命作用吗？不是的。我们认为大多数学生青年，特别是贫苦学生在反帝斗争中还有很大的作用，虽然他们之中有许多动摇的，但是，我们应当把他们的革命性用完。我们过去就在学生中的反帝工作也做得极坏。在学生中反动派别的影响还很大，主要的是由于我们工作的薄弱。我们应把他们从反动派别的影响之下解放出来，团结他们在反帝的旗帜之下，在我们领导之下。我们应当利用革命学生到农村中、兵营中、工厂中进行反帝的鼓动与工作，把学生运动与工农劳苦群众斗争联系起来，并在无产阶级的领导之下。

为实现民族革命战争，必须反对帝国主义国民党的对红军苏区的五次“围剿”。我们应向群众说明，五次“围剿”是帝国主义经过国民党来实现他完全瓜分中国，将中国变为殖民地的计划。我们要用一切力量去发动群众斗争，来粉碎五次“围剿”，拥护红军的胜利。并说明这个胜利，就是中国民众对帝国主义的胜利。普遍红军苏维埃的对日宣战通电与抗日作战协定宣言，号召一切士兵和劳苦群众拥护红军的通电与宣言，反对进攻红军，把全国军队去和日本与一切帝国主义作战。

我们必须指出，帝国主义瓜分中国与国民党的投降出卖是与帝国主义反苏联大战的准备，有不可分离的联系。日本在满洲的不断的向苏联挑衅，英日在新疆、蒙古和西北的积极侵略，国民党和一切反动派对苏联的狂吠与攻击，都说明反苏联战争的威迫。我们必须号召广大群众拥护中国革命的唯一的同盟者——苏联。反对帝国主义的进攻中国，与反苏联战争的阴谋。反对国民党投降帝国主义及其反苏联的勾当，为巩固中国民众与苏联的兄弟联盟而斗争。

鉴于帝国主义加紧利用因国民党对少数民族的压迫而起的反抗运动，来分裂被压迫民族的解放斗争，来进攻中国，我们的党必须比任何时候都要加强在少数民族中的工作，特别在韩人、蒙人、回人、藏人、苗、瑶、台人、安南人等中的工作，以结成和他们的反帝统一战线。

（略）

为执行上述的任务，为开展反帝运动，必须坚决采取下层统一战线的策略，把广大的工农士兵劳苦群众与革命学生团结在反帝斗争中，组织与扩大各种反帝组织，首先巩固反战大会的胜利，在各地成立分会，在最近期间把远东分盟建立起来，并在 1934 年召集分盟扩大会议或代表大会。争取公开与半公开的活动，反对国民党白色恐怖与法西斯蒂的摧残，把反对法西斯蒂的斗争，开展到一切民众阶层中，说明法西斯主义的蓝衣社，是最无耻的卖国贼，帝国主义最忠实的走狗。反对一切反动派别的武断宣传。在这个我们的整个组织，必须坚决执行中央关于反帝统一战线的全部指示，与一切机会主义的动摇作斗争，特别反对以上层勾结来代替下层统一战线的右倾，同时反对关门主义的"左"倾空谈。布尔什维克的两条战线斗争，保证反帝运动中的党的坚决的领导，就是反帝反国民党斗争胜利的先决条件。

为正确的执行反帝统一战线策略，必须仔细研究与利用本年我们这方面所得到的丰富经验与教训，把中央所提出的行动纲领最广泛的普遍到一切群众中去，使它成为群众自己的战斗纲领。

除了上述的共同的任务之外，满洲、河北、江苏、四川、福州的党，必须明了自己在反帝斗争所处的特殊地位，所负的特殊的重大的任务。领会过去的经验与教训，坚决转变反帝工作，开展民族革命战争。

满洲的党应把组织与领导抗日反满的群众的武装斗争放在党的工作第一位。本年一月中央的指示，现在完全有效。满洲的党应采用一切办法，以保证抗日民族统一战线的实现。这里首先要纠正人民革命军所犯的关门主义错误，与一切抗日的游击队义勇军武装部队订立抗日作战协定，尽量扩大人民革命军，尽量吸收工人、农民、士兵及义勇军游击战士，把民间武装，首先是农民协会反日会中的武装组织到人民革命军中去。勇敢的提拔与训练干部，加强对战士的政治教育，保证党的正确领导，巩固与扩大自己的根据地，采取这样的发展方向，使能与几个大的游击区域配合行动，并能经常打破日本的军事行动。这不但是为民族革命，而且为拥护苏联所必要的步骤。这个任务的执行，不但能顺利的保护中国革命，而且保护世界革命中心——苏联。同时，党应以最大力量去发动工农劳苦群众的斗争，来配合人民革命军与游击队的行动。首先是组织铁路、交通、兵工厂、军事工业等的工人的罢工与斗争，领导农民灾民的抗捐税等的斗争，发动满洲国士兵为改良待遇的斗争，反对解除武装，反对进攻人民革命军，号召他们的哗变，在反日斗争中，加强韩国劳苦群众的工作，巩固中韩民族反日联线，反对“大汉”民族主义。这些任务的解决，将保证满洲党在满洲顺利的建立民众政权。

河北的党应当抓住察哈尔事变的经验与教训，来开展反帝工作。坚决的纠正在这一事变中所犯的错误，正确的运用反帝统一战线。党虽然受了很大的打击，但是我们的基础仍旧保持着，我们还有莫大的力量。在日本帝国主义对察哈尔与华北的新的进攻，国民党更公开的出卖，群众生活更加恶化。推动着广大群众走向反帝反国民党的斗争新的发展，创立北方苏区的形势仍旧存在着。河北的党必须认清这一形势来执行摆在自己面前的任务：（一）立即恢复张家口与平绥路的工作，加强对于察绥驻军的士兵中工作，以我们所能动员的数千力量为基础，去进行反日战争。平绥路的工会组织，立刻恢复起来，坚决反对变工会为招兵委员会的取消主义。（二）把京东已有的力量团结起来，准备脱离日伪和国民党包围的环境，而按着中央过去的指示的方面去发展。（三）在直南沿平汉路开展游击战争，以创造苏维埃根据地。

江苏的党应当巩固与扩大反战大会的胜利。立即恢复上海失去的大会代表，完成上海各区的反帝代表大会，负责成立强固的远东分会的领导机关，并准备明年召集远东代表大会，保证反帝刊物的出版，加强与各国反帝团体的联系。

四川党在反帝运动中，目前处〈在〉了特别重要的地位。这不但因为英帝国主义加紧侵略康藏，而且首先是因为刘湘六路大军进攻川陕苏区是在英国全权代表兰浦森之计划之下进行的。现在英法等帝国主义的军舰，已经集中在四川水面，不但替国民党送械运兵，而且时时准备着轰炸红军，英国帝国主义公开主张用宪兵恢复长江秩序，国民党又在派员入藏“宣慰”的名义之下进一步出卖西藏给英国。在这种情形之下，在四川开展反帝斗争，是特别迫切的。这里，必须坚决打击“只要拥红，不要反帝”的观点。殊不知拥红与反帝是分不开的，四川党应当利用英国对康藏的新的进攻，国民党的新的投降，刘湘向英国的大借款和卖国密约，帝国主义军舰之集中四川等等事实，来发动广大的群众反英反帝的斗争，要求把一切军队派到西康和西藏去和英国及其工具作战。驱逐帝国主义出四川和中国，反对帝国主义国民党进攻川陕苏区。党应当打入抗捐军的队伍中去夺取其领导，把抗捐军成为反帝的武装，党应当用一切力量去恢复与加强重庆、自流井，下来的工作，发动成都兵工厂、木船工人的斗争，农民的抗捐抗税的斗争。立即纠正过去忽视少数民族的工作，应坚决的去号召与组织四川境内的少数民族和藏民夷[彝]民共同去进行反英反国民党的斗争，同时使这些民族的劳动群众在达赖、班禅等统治者的影响之下解放出来，承认他们的民族自决。

福建的党应当利用目前有利的条件，去进行反日反蒋的斗争，努力争取公开或半公开的活动。我们的任务，不仅在于揭破"人民政府"的欺骗，而且要用统一战线的策略，争取广大群众到我们方面，去参加反日反蒋的斗争。成立吸收广大工农群众与革命知识分子参加的反日会、抗日义勇军以及各种各色的民众别动队，并且要求"人民政府"发给武装，联合革命士兵群众与日本和其他帝国主义作战，开展抵制日货运动，没收日货，救济失业工人、灾民、难民、贫民，由群众的力量要求"人民政府"立刻与苏维埃政府和红军订立抗日作战协定，去进攻日本和其他帝国主义以及帝国主义走狗国民党，首先是以蒋介石为首的南京政府。在这些斗争中必须在一举一动，揭破"人民政府"的欺骗、妥协与投降的任何企图，使群众不致对"人民政府"发生幻想。福建党必须在台湾民族的劳苦群众中进行坚[艰]苦的工作，吸引他们和中国民众来反对共同的敌人——日本帝国主义，并极力援助台湾的民族解放斗争。

（《中共中央抗日民族统一战线文件选编》上，档案出版社 1984 年版，第 155—173 页）

新闻报道

1
宋庆龄将赴欧参与国际非战及反日运动

昨据宋庆龄女士声称，渠接欧洲来电，请其赴欧参与国际非战及反对日本对中国之侵略大会，该会定期七月二十八日在日内瓦召集，其目的乃在规定国际运动计划，以反对日本侵略中国，反对瓜分中国，并反对对俄开战，已一致选举为筹备委员会与大会执行委员会之委员，请代表中国出席云云。筹备委员会有各国名员甚多，俄国大著作家高尔基，亦居其一。宋女士复电，愿任该大会中央执行委员会之委员，至是否能代表中国出席，全恃牛兰夫妇之生命存亡为定云。

（《申报》1932年4月28日）

2
国际非战大会定八月一日在日内瓦召集
总理夫人亦为发起人之一

国民社二十二日巴黎电 国际非战大会，已定八月一日在日内瓦召集，其执行委员会今日已吁请全世界表同情之士女，不论属何政派，一致予该大会以充分之赞助，其发出之请求书中，有一节称，“现在远东已发生战争，日本已向中国侵略，将来结果之将对于苏俄加以干涉，或成为泛滥全世界之洪流，端赖本会之事业如何转移世界舆论为定”云云。非战大会请求书之连署者，为孙中山夫人，爱因斯坦教授，罗兰，特莱苏尔①，巴尔波塞②，高尔基，辛

① 即德莱塞。下同。——本书编者注
② 即巴比塞。——本书编者注

克莱，曼恩，及许多世界闻名之著作家科学家。

哈瓦斯二十二日伦敦电　大科学家德国爱因斯坦教授，寓居牛津，已历数星期之久，顷偕国际非战大会会长庞松备勋爵，为保护和平正义共往日内瓦，车站月台上送行者多为大会会员，爱因斯坦教授不善操英语，乃由庞氏代向报界作宣言，略称，吾人以私人名义前往日内瓦，盖民众目光，当较军缩会议各国代表为准确也。吾人目的，不仅在于察悉一切事务如何进行而已，截至目前，军缩会议之工作于其谓为谋永弥战备，不如谓共谋避免战争，全球舆论望军缩会议之成功，如大旱之望云霓，会议一旦失败，在舆论上将有不祥效果，爱因斯坦教授将先彻底研究此问题，然后提出切实议案，渠在日内瓦勾留后，仍返英国云。

（《申报》1932 年 5 月 24 日）

3
反对世界大战！！！
反战会定八月一日在日内瓦召集

国民社二十二日巴黎电　国际反战大会，已定于八月一日在日内瓦召集。其执行委员会，今日已吁请全世界表同情之士女，不论属何政派，一致予该大会以充分之赞助。其发出之请求书中，有一节称："现在远东已发生战事，日本已向中国侵略，将来结果之将对于苏俄，加以干涉，或成为泛滥全世界之洪流，端赖本会之事业如何转移全世舆论为定"云云。反战大会请求书之连署者，有孙中山夫人、爱因斯坦、罗兰、特莱苏尔、巴比塞、高尔基、辛克莱、曼恩，及许多世界闻名之著作家、科学家。

（《文艺新闻》第 57 期，1932 年 5 月 30 日）

4
巴黎著作家与科学家发起万国反战大会
通告世界各民族八月一日在日内瓦举行

巴黎电　现在有多数著作家与科学家，已联各[名]发表一公文，通告全世界民族，在本年八月一日，在日内瓦举行一万国反战大会，全世界男女无论其等级，均可参与此会，一经召集后，现在之东方战事，既已发生，但其能否扩大，加入苏俄，当视此会之结果而定云。

（《甘肃教育公报》第1期，1932年5月30日）

5
国际非战大会开幕
到三十五国代表千五百余人
俄代表团被拒入荷境未出席

国民社二十七日阿姆斯特丹电　国际反对帝国主义战争大会，今日在此间最大会议厅开幕，到三十五国代表一千五百余人。该会系法国著名和平著作家罗兰与巴尔布士①等发起召集。各国著名人士如中国孙中山夫人、德国爱因斯坦教授、英国大文豪萧氏、俄大小说家哥基②等，为执行委员。惟哥基领袖之俄代表团，因荷兰当局拒绝入境，未能出席大会。

哈瓦斯二十七日荷京电　全世界非战运动大会，于今晨举行开幕，出席者二千人，代表三十五国，德国代表五百人，其中有国会中之女议员多人，惟

① 即巴比塞。——本书编者注
② 即高尔基。——本书编者注

共产党著名女议员柴德金[1]，闻未出席，英国代表七十人，以独立工党党员勃列支曼领袖，全印大会会长巴台尔，则代表英属印度出席大会，因法文学家罗曼·罗兰未到，由巴比塞任大会开幕式之主席。

（《申报》1932年8月29日）

6
反帝战大会第二日

哈瓦斯二十九日荷京电 反对帝国主义战争大会今日继续开会，丹麦代表谓各国法西斯蒂主义渐露头角，渠表示反抗，渠认大会为反对战争之一种方法。第二国际之法国革命少数党代表，宣言法国社会主义之少数党，对帝国主义战争甚为反对。大会旋组织一种委员会，担任实行大会决定之计划，法国之巴尔比斯及嘎善、印度之巴隆克，及日本之卡阿亚那（译音）均当选为会员。巴加蒙对于法国之帝国主义表示抗议，法国代表嘎善以为如欲反对帝国主义战争，必须成立国际联合阵线，仅恃开会讨论，不能得到实际和平。嘎善又谓帝国主义满口和平，实则暗中准备战争。其时有日本代表数人系反对其本国之帝国主义者，嘎善氏特向其致敬。大会工作昨日仍继续进行。

（《申报》1932年8月30日）

① 即克拉拉·蔡特金。——本书编者注

7
反帝战大会闭幕

成立永久委〈员〉会继续大会工作
总理夫人被推为委员之一

塔斯社三十一日荷京电 世界反帝国战争大会今日闭幕，最后通过之一议案，为成立一永久之非战委员会，继续进行大会之工作。闭幕前，大会代表又通过一告世界劳动者之宣言，大意为唤起劳动者对于战机迫近之注意，并促其准备破坏帝国主义之战争阴谋。被选于永久委员会之代表，有苏联之高尔基、希伐尼克，及斯太苏伐夫人，法国之巴比塞、罗曼·罗兰，德国之爱因斯坦及柴脱金，英国之唐梅恩，美国之特兰散、巴塞斯及达郎，中国之孙中山夫人，日本之片山潜，波兰之波古施伏斯基，及意匈、捷克、斯干的那维亚①、非洲、巴尔干等国家与法、德工农团体之代表。医学者非战会议亦选彭海姆为代表，参与大会之永久委员会。

（《申报》1932 年 9 月 1 日）

8
反帝战大会宣言 反对瓜分中国

塔斯社一日阿姆斯德丹②电 国际反帝国战争大会通过之宣言，将印多种文字，印成数百万份，散发于全世界之人民。宣言指出在目前之政治状态下，任何帝国主义战争，结果必牵动全世界。又谓帝国主义各政府认苏联

① 即斯堪的纳维亚。——本书编者注
② 即阿姆斯特丹。——本书编者注

为必须消灭之一共同仇敌，此种态度，自过去之联合武装干涉，及继续以军火接济欧美之白俄分子，以至故意破坏或造谣中伤苏联，均可见之。宣言同时称，苏联始终有系统的维持其和平之政策，并辟除帝国主义者所捏造之“赤色帝国主义”之谣言，以为此种谣言，实际仅能作为攻击苏联之藉口而已。宣言指所有帝国主义国家，尤以英法意等国为最，皆在热狂中准备战争，而法国则执组织战争者之牛耳。盖法国曾切望联合欧洲之国家，成一反苏联集团，而听其指挥也。继云，在此种现象下，唯一防止世界爆炸之法，为工农知识界与所有被压迫民族共同联合，作反对之行动。宣言又警告如国联一类之官样机关，谓彼等口头虽主张和平，实际为帝国主义者进行战争阴谋中之一种武器。宣言最后唤起大众以不息之奋斗精神，反对帝国主义战争，保障从事社会主义建设之苏联，反对瓜分中国，及援助与帝国主义奋斗之殖民地人民。宣言由到会之二一九五代表签字，并加与附言，谓签字者将尽其力量，唤起民众之反帝国主义战争热忱。据大会出席代表职业及党派之分析，有一八六五人为工人，七二人为农民，余为智识分子；就党派而言，有八三〇人为共党，二九一人为社民党，二四人为德国及荷兰之工人社会主义党，另三五人为各种资产阶级政党之代表，余者则无党派云。

（《申报》1932年9月2日）

9
国际反帝国主义大会开幕

在荷兰京城举行

到三十五国代表

反对进攻苏联

反对瓜分中国

世界反帝国主义大会于八月二十七日在荷兰京城开幕，出席者二千一百九十五人，代表三十五国，由巴比塞任大会开幕式之主席，开会时各代表都痛陈帝国主义的罪恶。

二十九日继续开会，丹麦代表谓各国法西斯蒂主义渐露头角，表示反抗，认大会为反对帝国主义战争之一种方法，法代表宣言，对帝国主义战争甚为反对，大会旋即组织一种委员会，担任实行大会决定之计划，法国、印度、日本等代表当选为会员。巴加蒙对于法国的帝国主义表示抗议，法代表嘎善以为如欲反对帝国主义战争，必须成立国际联合阵线，仅恃开会讨论，不能达到和平，其时有日本代表数人表示反对本国之帝国主义者，嘎善特向其致敬。

大会三十一日闭幕，最后通过之一议案，成立一永久反帝国主义战争委员会，设总办事处于巴黎，继续进行大会之工作，后选举为永久委员会之会员者，有苏联、法国、德国、英国、中国、日本、波兰、非洲、巴尔干等国，大会闭幕前，大会代表又通过一告世界劳动者的宣言，将以多种文字，印成数百万份，散发于全世界之人民，宣言略谓，任何帝国主义战争，结果牵动全世界，又谓帝国主义各政府视苏联为必须消灭之共同仇敌，此种态度，自过去之联合武装干涉，及继续以军火接济欧美之白俄分子，以至故意破坏或造谣中伤苏联，均可言之，宣言同时称，苏联始终有系统的维持其和平之政策，并痛诋帝国主义者所捏造之“赤色帝国主义”之谣言，以为此种谣言，实际仅能作为攻击苏联之藉口而已，宣言中所指有帝国主义国家，其中尤以英法意等国家为最，皆在热狂中〈准〉备战争，而法国帝国主义则执组织战争者之牛耳，盖法国曾切望合欧洲之国家，成一反苏联集团，而听其指挥也，继云，在此种现象下，唯一防止世界爆炸之法，为工农、知识界与所有被压迫民族共同联合，作反对之行动，宣言又警告如国联一类之官僚机关，谓彼等口头虽主张和平，实际为帝国主义者进行战争阴谋中之〈一〉种武器，宣言最后叫起劳苦群众以不息之奋斗精神，反对帝国主义战争，保障从事社会主义建设的苏联，反对瓜分中国，及援助与帝国主义奋斗之殖民地人民。宣言由到会之二千一百九十五代表签字，并加与附言，谓签字者将尽其力量，唤起民众之反帝国主义战争热忱。

（《红色中华》第 34 期，1932 年 9 月 20 日）

10
世界非战大会自动派员调查满案
俾制成李顿报告书对案
拟在上海设立分会

柏林　阿姆斯特丹非战大会，已决定自派调查委员会往远东，调查中日争执，冀作成李顿报告书之对案，闻此项决议系该会常设在巴黎之主干委员会议决定，将来委员团到远东后，并拟树立亚洲非战大会之基础，其会所或将设在上海，并闻法国著名新闻记者及著作家巴尔布斯，将为调查委员之一。此外人选则正敦劝英国自由党著名人物罗素及美国某著名教授担任云。**（二十七日国民社电）**

（《申报》1932 年 12 月 28 日）

11
世界反帝大同盟组视察团将来华
宋庆龄已致电欢迎
目的在调查“满洲国”

全世界各国学者所组织之“满洲国”调查团，不日将继国联关［调］查团之后而出发来华，视察东北。今日报载该项视察团之组织乃系世界非战大会所发起，据本报记者调查之结果，实系全世界反帝国主义大同盟之误，该会当日军占据满洲时，即倡言反对，在欧洲方面时时散布反对日军阀侵略中国之宣传品，而从事于“不侵略中国”之运动，引起欧洲人士广大之同情。兹该会认为因国联调查团所撰制之报告书，其间论列，颇多袒护日本之处，故决定自动组织一含有国际性质之调查团，前往东省，实地调查，一待调查结果，或将绕道来沪，撰制报告书，公诸全世。此项运动，现已引起全中国各界之注意，孙夫人宋庆龄女士，亦为该会名誉会长之一，现已致电欢迎，并已筹备届时之招待手续。据杨杏佛语记者，反帝国主义大同盟会之组织，除欧美各大国外，一切被压迫民族国家，亦多加入，其中领袖，均为各国工党社会党之名人及有名之小说家科学家，故其一举一动，实可左右全世界之舆论。现该团之视察人数，尚未决定，确实人名，亦属尚未宣布，惟届时果出发东省，深信所谓“满洲国”，决不敢加以拒绝也。

（《大美晚报》1933 年 2 月 6 日）

12
杨杏佛说明反帝国大同盟组织
并称在平视察监狱情形

昨据国民社巴黎电，世界名流所缔结之非战会，将组调查团来华，前往东北调查云云。孙夫人宋庆龄女士，且已去电欢迎。新声社记者，昨特往中央研究院，面晤副院长杨杏佛氏，据询内容，同时并记录在平视察监狱情形如下。

反帝国大同盟　据杨氏称，该项组织，实名“反帝国主义大同盟”，孙夫人为该同盟名誉会长之一，参加国家，欧美及中印等国或有之，重要分子，系包括社会党与工党等，以站于左倾方向者居多，其中皆属世界有名著作家及科学家，均极有地位而有权力者，虽其名现尚未能宣布，其目的在反对任何一国，以武力侵略其他国家，如日本此次之以暴力侵略我华北是也。尤其是反对帝国主义者联合一线，以压迫弱小国家，是以当“一·二八”淞沪战争之时，该同盟曾有极长宣言，痛斥日本之非，惟我国当时因未曾译出，故未经披露，最近该同盟会曾举行重要会议，计划“不侵略中国问题”，并因李顿调查团报告书，系出于帝国主义集团之手，颇多不忠实之处，遂决意自组调查团来华调查，另缮一报告书，以真实情形，昭告于全世界人士，惟其来华日期，因尚未接其电告，故不深悉，惟孙夫人等已准备届时招待云云。

（以下略）

（《申报》1933 年 2 月 7 日）

13
世界反帝同盟组调查团将来沪
日阻止代表与会

世界新闻社长崎讯　日长崎县外务科及水警署查证官，探析世界反帝同盟干部组织调查团，将于三月中旬由柏林东来调查满洲情形，国际反帝国主义同盟名誉会长宋女士，拟在沪招待，举行国家反帝会议，已向印度菲岛南非及日本反帝国团体发出请柬，请派代表出席，但日当局于最近通知内务省及横滨神户门司各警署，严重监视，勿使日代表潜入上海与会云。

（《大美晚报》1933 年 3 月 9 日）

14
日本反战同盟会声援上海反战大会

世界新闻社长崎讯　国际反战同盟本月上旬在上海于反对战争目标之下，开上海反战大会，结果决派远东调查团至各地调查，据传闻日本反战同盟为该同盟呼应起见，拟派遣代表在上海设一反战大会后援会，至彼等目的，在利用满洲事变，进行促起殖民地独立运动计划，长崎县警察部特高科为此通牒各署，严密取缔由长崎开往上海之日本反战同盟会会员。

（《国际周报》第4卷第4期，1933年5月1日）

15
巴黎举行反法西斯会议

塔斯社五日巴黎电　昨日此间举行一国际反法西斯蒂之会议，与会代表三千人以上，由劳动联盟秘书拉兹蒙主持开会，参与会议者有各项联合阵线、失业人员组合、反帝同盟、妇女国际和平联盟、各国职工会、各社会主义者组织、劳动知识分子组合等。总之，均为痛恨法西斯蒂主义而准备与之作抗争者。该会主席团人选为德共产党泰尔曼①及托尔克拉，保加利亚之第米脱罗夫②，法议院中共党代表加兴及法名作家季特③。开会时有人报告德国、波兰及意大利之反法西运动，该会拟向全世界劳动者发表宣言，并对于行将未到之帝国主义战争作一决议。该会复将选举一全欧反法西联盟之中央委员会。会议时由主席之提议，决议先派一代表团将该会对于阿尔通那

---

① 即台尔曼。——本书编者注

② 即季米特洛夫。——本书编者注

③ 即纪德。——本书编者注

及凯姆尼兹两处六个德国工人判处死刑之抗议送达德国大使署。法国著名作家巴比塞氏已于去年八月在阿姆斯脱达姆组织之国际反帝国主义战争委员会之名义，向大会申请，在“保证无产阶级胜利之群众斗争之联合战线”一口号下，将反法西斗争及反帝国主义战争之斗争联结在一起云。

（《申报》1933年6月7日）

16
欢迎巴比塞调查团
昨开筹备会议

本埠欢迎巴比塞调查团各界代表大会筹备会，昨日下午二时，在威海卫路中社，开筹备会议，讨论筹备欢迎巴比塞调查团来华之一切事宜。到会者有平津后援会、新华文学社、春令文艺社、中国论坛社、电灯厂、三三剧社、民权保障同盟等，各派代表参加讨论。巴氏系法国文学家，此次领导同来者，共有十一人，约七月三四日即可抵沪。

（《申报》1933年6月23日）

17
国际反帝会议本月中旬在沪召开
英代表启程来上海

路透社

伦敦六日——英国上院工党马莱勋爵今日由此启程前往中国，将出席在上海举行太平洋团体反对战争之国际会议，日本加拿大与美国之代表皆将参与此会，英代表团中有韦金生女士，其人曾为国会议员，乃英国劳工运动中最著名女子之一。

宋庆龄为华代表

此国际会议之召开实为去年在荷京反帝大同盟年会时所决议，当时并有组织调查团之议，中国之代表为孙中山夫人宋庆龄女士也。

法左翼作家来沪

法国左翼文学家巴比塞氏于前数日秘密抵沪，随员计十一人，据本埠日文上海日报之消息，巴氏东来，实为参加国际反帝会议，而此项会议则由反帝中国支部新人学社所召集，本定于六月底在沪开会，乃因负责筹备之宋庆龄蔡元培等未能将会场接洽就绪，故延至本月中旬，预计十四十五日左右，将有大批左翼作家抵沪，伊等包括远东各地以及欧美之地下运动者，数目约达一百五十人左右，并有《亚美利加之悲哀》作者等著名作家。至于会议期间，为时约一周，先则公开讨论，继则秘密进行。其重要议题，除例行之反帝实行方法、各国事情之报告以外，日本最近共党思想家佐野、锅山等思想转变，亦将加以讨论。但据日文上海日报之推测，因最近远东方面，在中国、日本、台湾、朝鲜各处，民族主义非常活跃，反帝阵营有破裂之虞，故该会议此次亦将讨论防止之方法云。

（《大美晚报》1933 年 7 月 6 日）

18

英议员马莱由英来沪

将主席反对战争国际会议

路透社六日伦敦电云，英国上院工党议员马莱勋爵，今日由此启程，前往中国，将主席于在上海举行太平洋团体反对战争之国际会议，日本加拿大与美国之代表，皆将参与此会，英代表团中有韦金生女士，其人曾为国会议员，乃英国劳工运动中最著名女子之一。

（《申报》1933年7月7日）

19
世界反帝会议八月一日开会
领土保证[障]同盟欢迎参加代表
会议完成后调查团视察华北

世界反帝会议决于八月一日世界反帝及反军国主义纪念日在上海法租界开会，现中国各急进团体已在积极筹备，而英美法各国代表则早已分别首途来沪。据日文上海日报之消息，该会闭幕后，巴比塞调查团将往华北考察。

中国反帝系各团体所组织之领土保证[障]同盟，即此次对外负责召集会议者，为欢迎前来参加会议各国代表，特发表宣言，并欢迎巴比塞氏所领导之东方调查团，该宣言内容以制止第二次世界大战相嘱望于会议，并谓东方民众对伊等之行动表示欣慰云。

闻此次会议地点，本拟在华界开会，但恐右翼团体之破坏，故改在法租界举行，将来法租界当局可予以保护，因法国若干左翼人物曾力向政府当局要来也。

最初日本报纸关于世界反帝会议之记载，谓系宋庆龄女士与蔡元培先生等所主持，大美晚报记者曾以此消息询诸蔡先生。时蔡适卧病拒见宾客，对于反帝议事则谓未有所闻云云。

（《大美晚报》1933年7月13日）

20
世界反帝会主席启程东来
代表多人同行

路透社马赛十四日电　世界反战委员会主席马莱勋爵今日由此乘安特里本号邮船赴沪，同行者有各国出席将在横滨举行之世界反战大会代表多人，马莱将为该大会之主席。

(《大美晚报》1933年7月15日)

21
反战会主席由法启程来沪

路透社马赛十四日电　世界反战委员会主席马莱勋爵，今日由此乘安特里本号邮船赴沪，同行者有各国出席将在上海举行之世界反战大会代表多人，马莱将为该大会之主席。

(《申报》1933年7月16日)

22
世界反帝会议因各代表延缓到沪
展至八月下旬开会

原定八月一日开会之世界反帝会议，现因各国代表延缓到沪，不得不因而展期，大约须八月下旬方能举行。

该会议长英参院议员马莱义氏、美代表托泰托露沙氏及英代表乌伊露凯沙女士已定八月十八日乘法船阿托拉爱夫号到沪。

会场尚未决定，将来或在华界或在法租界中国青年会，俟名誉会长宋庆龄女士在开会前决定。

（《大美晚报》1933 年 7 月 18 日）

23
远东空前国际大会反帝会议九月举行
代表二百余国籍遍全球
日人亦出席将调查东北

将于本埠方面举行之国际反帝会，其会期原定八月一日国际反帝纪念日举行者，兹已因各国参加代表行程关系，闻已展期至九月初矣。此会之召集者，乃为国际反帝同盟之中国方面主席宋庆龄与蔡元培等所发起，现下宋氏虽积极筹备一切，但蔡元培氏或已中途退出，故对该会进行系如何，亦诿称为不知也。

参加该会之各国代表，闻将达二百余人之多，有已抵沪者，有在途中或正在准备启程者。该会代表中大部分为欧美各国之左翼作家及东方被压迫民族之代表，故此会议之举行，实富有国际性质。何况此次所讨论之议题特别注重于日政府之武力占据东省，且该会将组织一赴"满"之调查团以撰制与李顿报告书性质相同而实质不同之报告书，其为世人所注意也，讵不宜哉。

该会中之若干有名人物，如曾著《美利坚悲剧》之美国大作家德莱赛、英国大会领袖高西伯、法国左翼文学家巴比塞、德国和平主义者舒内赫、劳农党领袖蒙逊培、英国国会议员妇女运动领袖韦金逊女士、上院工党议院[员]马莱，此外更有最值得注意之日本代表德永、高田、坂本等三人，其他方面如印度、朝鲜、加拿大、南洋群岛各族暨苏俄等均有代表参加。闻此会之国籍综达卅余，实为东方历来未有之国际会议也。

关于该会参加各代表之行踪，有谓法代表巴比塞业已抵沪者，但个中人则加否认。至于美代表德莱赛，业已启程来沪。将任本届大会主席之美[英]代表马莱勋爵等五人，亦已东行，闻马莱等之行程，约可于八月十八日抵埠，其原定八月一日召集之会期所以展缓者，实与此有关。该会召集之地点，大约将在法租界方面，其地址有谓将在八仙桥青年会，但未决定。至法租界当局有制止之说，则不但宋庆龄氏已在疏通中，即旅沪之法国侨民，亦向法领署表示竭力反对。

该会此次之讨论范围，除特别注重于东北问题外，对于国际法西斯蒂之膨胀，亦在讨论之列。其会期预订为一星期，但临时可以延长。议题之主要者：（一）各国情势报告；（二）如何使亚洲各地反帝运动扩大与强健化以及反帝运动之方针；（三）亚洲殖民地运动问题；（四）满蒙问题；（五）对抗国际法西斯蒂运动；（六）保障言论结社集会等自由问题；（七）宣传反战及实行方针等一切问题。

该会并将于终了后组织一含有国际性质之调查团，即外传之巴比塞调查团，但届时巴比塞氏是否参加，现尚不可知。该会系调查日本武力占据东北后之一切真相者，调查完成，当须具缮报告书，以昭告于全世界各国，故日本政府对此甚为注意，而驻沪日本总领事署对于日本方面出席之三代表，会严密调查其行踪云。

（《大美晚报》1933 年 7 月 20 日）

24
国际反战大会

沪讯　世界反战大会已决于八月间在沪法租界八仙桥青年会举行，参加者有美作家特莱赛[1],英工党领袖高西伯,法作家巴比塞,德和平主义者匈那赫……以及日本苏联与远东各被压迫民族代表二百余人,约三十余国。大会主席马莱勋爵偕英美代表将于八月中旬到沪。大会议题,计有(一)各国政治情势报告;(二)反帝运动方针;(三)远东民族革命运动问题;(四)满洲问题;(五)反国际法西斯主义问题;(六)保障言论集会结社等自由问题;(七)反战的战术与策略。今〈会〉后将组织一东省调查团云。

(《科学新闻》第3号,1933年7月22日)

25
领土保障同盟讨论欢迎国际废战会主席
召集各团体联席会议

中国领土保障同盟会,昨日下午二时,假威海卫路中社,召集各团体联席会议,讨论筹备欢迎国际废战会主席巴比塞调查团事宜。到二十余文化团体,主席夏葛衣,报告毕,当即议决推民权保障同盟会、文化学术会等十一团体为筹备委员,对于欢迎事,概交该会负责筹备云。

(《申报》1933年7月23日)

26
青年学生筹备欢迎巴比塞调查团

世界反帝非战会主席巴比塞调查团,行将到沪。兹悉上海青年学生及

---

① 即德莱塞。下同。——本书编者注

剧社等十余青年团体，发起筹备欢迎，定名上海青年欢迎巴比塞调查团代表会筹备会，设临时办公处于新闸大沽路永庆里五十三号，欢迎个人参加。昨（二十三）日午后二时，开上海青年欢迎巴比塞调查团代表大会，学生与戏剧两界到者甚众，议定欢迎办法，推定筹备员负责筹备云。

（《申报》1933 年 7 月 24 日）

27
反帝会中止

某方拘捕三代表
巴比塞仍将来沪

世界各著作家及非战主义者等准备来华举行世界反帝大会说，据极可靠方面消息现已决定暂为中止举行，因环境不许之关系故也。惟左翼文豪巴比塞所组织之调查团，则仍照预定计划，于八月五六日可抵沪，前往东北调查暴日侵华之真相。又闻朝鲜台湾出席反帝大会代表先后已有五人于日前来沪，其中有三人，已为某方拘捕，余二人则行踪不明。此事即予活动召开反帝大会者一大打击，但究竟如何，尚有待于证实也。

（《大美晚报》1933 年 7 月 26 日）

28
国际反帝非战同盟代表团启程来华

马赛外洋社十五日电　国际反帝非战同盟决定今年九月初在中国上海

举行代表大会。他们的代表团俱系世界著名之文学家，科学家，艺术家，如巴比塞，高尔基，罗素等。现他们的代表团已乘今日邮船“来邦”号启程赴华。

（《红色中华》第96期，1933年7月26日）

29
反帝会未中止

全世界反帝大会昨传有中止举行之说，兹据某方消息称，此说不确，现仍在筹备中，关于开会地点及议题，在今后二三日内即可发表云。

（《大美晚报》1933年7月27日）

30
全世界反战会议
准九月在沪开会

筹委会主席宋庆龄发宣言

欢迎工学作家各团体参加

全世界反帝会议决于九月中在沪开会之消息，已于今晨由该会临时筹备委员会主席孙中山夫人宋庆龄女士证实，前传该会因地点问题而中止及宋女士已退出等谣传均属不确，宋女士并发表宣言一篇，请各届[界]参加会议。

该会系由世界反帝大同盟之常务委员会主召，该会主席亨利波比塞①

① 即巴比塞。当时并未来沪参加会议。——本书编者注

君已首途来沪，该常委会系于去岁八月在荷京所举出，宋女士亦为委员之一。

各国出席该会之代表现正在来沪途中，除参加会议外，尚将调查远东情形。代表中英方为摩莱[①]勋爵，法国为环伦考铁利[②]君，比国为琴恩摩铁[③]君，其他各国均有代表出席。致[至]会期之确日及会场之地点，均须俟代表到齐后再决定云。

兹将宋女士今晨发表之宣言录之如下：

“在西方各帝国主义者正不断的开会商议以觅取世界危机之出路，然其结果徒见危机日益深入各个帝国主义者间的矛盾冲突日趋明显，所谓世界经济会议，自开会迄今，屡屡失败，其不仅不能和缓争斗，且更扩大纠纷，实已昭然，以目前情形观之，整个资本主义世界正陷于经济战争肉搏中，此种货币关税的战争瞬息间行将一变而成毒瓦斯、炸轰[弹]、重炮的战争。

“在远东方面帝国主义者继续武力侵略，破坏城市村野，屠杀大批人类，制造灾难已历二年之久，尤其日帝国主义者除已夺取广大的中国土地外更在肆力争前企图于瓜分中国奴隶化中国人民的竞争中夺得各帝国主义者的领导，各帝国主义者深知一切国际的会议无补于纠纷，而且一切危机与冲突必将最后诉诸武力，故始终未尝一日或忘扩充其军备，现各帝国主义者的军备其数量之庞大，摧毁人类生命效力之坚强实为自有历史以来所未曾闻。此外德国法西斯蒂已攫得政权，进攻苏联之四强公约亦已签字，美国方公然高唱‘回[恢]复’国家主义政策，进行大海军计划，狂热于合纵连横——凡此拔剑张弩以待厮杀、屠杀、破坏均为目前时局的特点。

“美国除极力建造军舰以夺取海上霸权外，更在运用通货膨胀政策企图和缓其国内危机，英国则位于美日二国竞夺其前此所独占之海外市场之夹

---

① 即马莱。下同。——本书编者注
② 即古久里。——本书编者注
③ 即马尔度。——本书编者注

攻中，以及于整个帝国陷于经济矛盾之恫吓中，正竭力倡导各帝国主义者之海陆军联盟进攻苏联，欲以之避免帝国主义者间内在冲突突破其勾心斗角之外交表面，而爆发至于不可收拾。

“法国为保持凡尔赛条约正苦心奔走于各方面之间，一方面联络小协约国并与波兰勾结，另一方面则造成反苏联团结（四强公约），纳德国法西斯蒂于帝国主义舞台，虽时刻仍对之怀疑不信任，至德国法西斯蒂仅能以武力高压工人近且努力企图驱驶[使]工人效命疆场，而此疆场，实即整个资本主义制度之最后葬身地。

“在远东之日本正于其夺自中国之疆土上建筑军备，且有计划的制造衅端之达到其最后不可避免进攻苏联，各帝国主义者之间虽具有其内在的矛盾，英美对于日本之迈进虽不胜疑惧，然日本此种进攻苏联之工作固为各帝国主义者所公然赞助。

“当此矛盾冲突之纷乱中，一方面成千成万人群陷于饥馑，另一方面五谷食品溢出食库，一方面成千成万人群寒冷无衣，另一方面生产工厂纷纷停闭。资本主义正挟此世界日益趋近于新的血坑中，此血坑所启示死亡之悲惨将为从来历史任何冲突所未经历，此种推进于死亡破坏之逐渐进展正相辅以世界上各资本主义国家的战争宣传运动。

“统治阶级所掌握的各种利器，广大便利的报纸、无线电、电影、学校等等都在激起盲目男女人们憎恨好杀的本能，使之与如他们一样莫知其究竟而随着各自统治阶级指引的另外一群男女人们厮杀。

“此种运动必须制止之，为反对此种运动世界工人阶级与所有的劳苦群众，唯一能制止帝国主义列强战争企图之人群，必须整饬其战斗力，只有全世界群众联合起来才能制止阻碍未来的屠杀。现在遍及全世界已经有一种运动正在进展中，唤醒群众使之了解迫在眼前的恶运，并点悟饥饿的人们使之了解他们自己的能力，联合起来的能力，可以决定他们自己的定数，以及将跟着他们走的广大人群的前途。

“此种反战运动队伍之即为世界反帝战争委员会，一种国际的组织，产生自一九三二年八月在荷兰亚姆斯德丹[①]所举行的反战会议。当该次反帝会议集合组织反对迫在眉睫之帝国主义战争的斗争时，参加的国有三十个，出席者两千人，代表世界上三千万工人。现在反帝战争委员会鉴于日本帝国主义贪求无已，而中国统治阶级以及国民党犹复接力消除中国群众抵抗侵略之努力，特遣派代表团来远帮[东]帮同团结此地之反战运动。

"反帝战事委员会在国际声援之下，决于九月中在上海联合积极准备参加反战斗争分子举行反战会议。此次上海反战会议并非政党路线之组织，它欢迎一切准备参加阻止第二次世界屠杀，第二次帝国主义战争的斗争的人们报名出席。

"我们希望凡愿加入这运动的人群都遣派代表出席这次九月在上海举行的会议，我们尤欢迎工厂工人，失业工人，工会，支部，各大中学，青年团体，知识分子，作家，艺术家，文化团体，反帝反日团体，抵货会，义勇军，各行会，各种团体，凡愿参加这斗争的，都遣派代表出席。

上海反战会议临时筹备委员会主席宋庆龄"

（《大美晚报》1933年7月28日）

31
反帝拥苏总同盟拥护国际反帝非战大会

国际反帝大同盟与国际非战大同盟决定于今年九月间在上海召集代表大会，这个大会在帝国主义世界大战武装进攻苏联危险紧迫万分的时候来

---

① 即阿姆斯特丹。——本书编者注

举行，这是具有非常之伟大的意义的。特别是正当着日本帝国主义积极武力侵略中国，进攻中国革命，国民党更无耻出卖中国的时候，在中国的上海举行对中国更有特殊意义。

因此反帝拥苏同盟决定号召全体盟员，用战斗的动员——实行全体武装起来加入红军，迅速完成创造一百万铁的红军，加入粮食合作社，踊跃购买经济建设公债，加紧经济动员，迅速完成扩大六十万盟员，加紧募捐援助东北义勇军等工作，来欢迎与拥护国际反帝非战大会云。　　（牧）

（《红色中华》第97期，1933年7月29日）

32
明日反战纪念
保土同盟发表宣言
欢迎巴比塞调查团

明日为反帝战争日，本埠新大沽路永庆坊五十三号中国领土保证[障]同盟会将发表宣言，以志纪念，并欢迎巴比塞调查团。兹据由邮寄来宣言印刷品，首段大致为反抗帝国主义者之侵略，争取被压迫者之自由；次对政府抗日事加以批评，并述及四川、新疆之混战及察哈尔内战将启幕，惟对于苏俄出卖中东路之事，则谓为“为了消灭帝国主义战争……”，促“全上海的民众起来，参加国际反战代表大会，参加中国领土保障同盟会”。

（《大美晚报》1933年7月31日）

33
世界反战会议各国代表陆续来沪
朝鲜代表二人遭秘密逮捕

世界反帝战争大同盟，本届筹备在沪举行大会，传之已久。刻闻正积极进行，太平洋沿岸代表到者，已有日本二人，朝鲜三人，美国代表亦已有一人抵沪。惟朝鲜代表团，中途为某当局所注意，致有二人已被秘密逮捕，下落如何，迄无消息。抵沪各代表姓名，各方咸绝对秘密，故未详。中国代表据多方探询，尚未闻正式推定。法国代表巴比塞氏，闻已启程来华。本埠方面，已有为之筹备欢迎，开会日期据悉已定于九月初云。

（《申报》1933年7月31日）

34
欢迎巴比塞调查团昨日招待新闻界

日日社云，本市各界欢迎巴比塞调查团筹备委员会，为筹备欢迎事宜及纪念“八一”[①]，于昨日下午二时，在大沽路永庆坊五十三号该会会所，招待新闻记者，报告筹备经过，并述该会要求：（一）各团体各个人即刻来参加我们的筹备会，来筹备欢迎工作；（二）在经费上及其他方面，援助本筹备会的进行；（三）每个人把帝国主义侵略中国的事实，自己的意见，各地反帝运动的状况等等，写交本会，以便搜交巴比塞调查团；（四）各公团邀请巴比塞调查团，派人前往演讲，藉此可由广大民众，直接与巴比塞调查团陈述意见；（五）发动广大民众拥护巴比塞调查团，在中国召集国际反帝反

① 即国际反战纪念日。——本书编者注

战大会云。

（《申报》1933年8月1日）

35
世界反帝反战大会最近进展真相

开会地点日期尚未完全决定

反对帝国主义战争牺牲群众

报名者已达三百余人

关于世界反战大会，传说纷纭，莫衷一是，记者为明了个中情形，特访昨由某方面抵沪之某国代表，探悉其详情，兹述之如后。

开会日期地点

世界反战大会，原定于本年三月，在上海开会，筹备大会之本部在阿姆斯特丹，负责人物多系德国人士。本年一月以来，德国方面，希脱莱①领导下之法西斯国社党积极压迫反战团体，因之筹备事宜，迁延半年之久。阿姆斯特丹筹备处，始于六月一日通告各国反战团体，定于八月或九月中，在上海召集会议。因未予以充分准备期间，各国代表未能如期会集上海，因之迁延至今日。至于开会日期及地点，俟各国代表到齐后决定日期，大约在九月中旬，地点择定法租界，惟中国政府允许在华界开会，则在华界举行。

反战会议由来

关于反战会议，外间颇多不明了者，最初发起世界反帝及反战大会之领袖，为行将抵沪之法国著名作家巴比塞，德国和平主义哲学家黑内舒，及左

---

① 即希特勒。——本书编者注

派领袖蒙逊培等诸人，会名为世界被压迫民众联盟，召集会议之主体，仍系被压迫民众联盟，反帝国主义大会与反对战争大会系通用名词，因反战，即反对帝国主义战争故也。第一次反战大会，于去年八月在阿姆斯特丹开会，参加大会之代表达三千余人，以国籍计，共有三十余国。当时对南美两国小国之交战，及美国之从中活动，要求立即停止，关于远东方面日本之侵略，认为重大问题，议决于本年在远东召开特别大会，决定制裁办法，此即在上海召开第二次反战大会之由来也。

各国参加人物

参加本届大会之各国人士众多，如巴比塞夫妇，英国上院议员马莱勋爵，国会议员韦金生女士，美国著名文人特里塞，德国舒内黑，日本木村毅、秋田雨雀，其他各国代表报名参加者已达三百余人。日本方面在军警严重压迫之下，踊跃准备参加，木村毅、加藤勘十、秋田雨雀等最近组织“远东平和之友人会”，□□集合反帝各团体参加大会。全国劳动统一会议，劳动总评议会，关西消费组合联盟，佛教社会主义同盟，日本排酒联盟，日本反宗教联盟等三十余进步团体，已一致议决参加。印度，朝鲜方面，亦续派代表来沪，印度方面甘地决派重要代表参加。

巴比塞调查团

参加反战大会之各国代表，组有远东调查团，巴比塞，即系该团领导人物。该团主要任务，在于视察调查远东各殖民地民众运动，对于满洲及中国问题，尤极重视，拟作一调查报告书，向世界民众发表，指示解决途径。此项报告书，将阐明中国民众之权利及其自由独立，排斥侵略者之一切干涉与虚伪援助云。

（《大晚报》1933年8月2日）

36
国际反帝运动的活跃
反帝非战同盟发表申明书

路透社上海七月二十八日电　国际反帝非战大同盟发表申明书，决于九月间在上海召集大会，该会宋庆龄女士最近宣称，各帝国主义正准备着第二次世界大战，同时工人阶级的痛苦更其加深，现在全世界工人阶级必须联合起来反对帝国主义。宋女士又谓此次大会的召集，是去年八月间在亚姆斯丹①决定的，到会代表将达二千人，他们代表三十个国家的三万万工人。宋女士最后鼓励工人、失业者、学生、作家、艺术家及抗日义勇军等来参加大会。

（《红色中华》第 99 期，1933 年 8 月 4 日）

37
反帝战争大会筹备委员会消息
号召群众代表参加九月举行之大会

各种关于行将开幕之反帝战争大会的谣言，今日悉为该大会筹备委员会主席孙夫人宋庆龄女士发表的宣言所驳斥。依照目前计划，该大会可望于九月中间举行。

孙夫人以反帝战争大会筹备委员会主席名义，今日发表了宣言，邀请各工会，各工人团体，各学生文化团体，推选代表参加大会，宣言略述及日趋直接引起新战争的世界现势，并称上海大会的目的，在于动员远东反帝战争斗争力量，以与全世界反帝战争运动相配合。

---

① 即阿姆斯特丹。下同。——本书编者注

大会将于反帝战争委员会号召之下举行。此委员会为一永久组织，产生于去年八月，三十国三千万工人的二千代表所举行的荷兰亚姆司德丹[①]反战大会。孙夫人即为该世界委员会的中国代表。

该世界委员会所特派的代表团已在来沪途中，除参加九月上海大会外，还要调查远东各地情形。代表团中一部分人士为英之马莱(Lord Marley)，法之康突尔[②](M. Vaillant-Couturier)，比之马都[③](M. Jean Martean)，波兰之赖裘世基(M. Lajewsky)等。闻大会举行日期以及旁种布置须待该代表团到后始能决定。兹将大会筹备委员会宣言抄录如下：

(略)[④]

(《中国论坛》第2卷第9期，1933年8月6日)

38

伊罗生昨日东渡　反帝会有移日说

日报谓伊氏将被押送出境
伊行前谓或将被暗中监视

中国论坛主笔美国人伊罗生于昨日上午九时乘日轮长崎丸赴日本。伊此行目的据日文报揣测，谓因最近拟在上海开幕之世界反帝会议日本代表尚未选出，故赴日有所商议，并谓该会议现因遭受许多困难，或将移至日本举行亦未可知。驻沪日本领事馆于长崎丸启碇后，即致电日本报告，视其结果如何，或将押送出境。

---

① 即阿姆斯特丹。——本书编者注
② 即古久里。——本书编者注
③ 即马尔度。——本书编者注
④ 即宋庆龄于1933年7月28日发表的《反对帝国主义战争！》。——本书编者注

据伊罗生氏未曾离沪前曾语友人，谓渠上次偕妻赴日，决定已久，并非突然启行，因近来身体欠佳，拟赴日休息避暑也。渠又谓最近在沪招待美籍黑人诗家休士氏夫妇，休士氏于七月二十五日因政治主张，被日当局驱逐出境，此次渠在沪款待之，恐日当局不慊，但渠有美国正式护照，经上海日领馆正式签证，必能入日境，惟日领署必电告日本政府，故抵境后至多或受日警探之查询及暗中监视而已。

（《大美晚报》1933 年 8 月 8 日）

39
拥护国际反帝非战大会

国际反帝同盟的代表团——巴比赛[①]，杜威，高尔基等，于八月半就要到上海了，并准备九月初在上海开国际反帝非战大会。上海各革命团体，正式成立筹备委员会，推举宋庆龄女士为主席，现已发表宣言，号召广大群众热烈参加这一大会。帝国主义国民党用尽各种方法，企图阻碍这一大会的举行，但广大群众是热烈拥护这一大会的成功的！

现在苏区各革命团体，已开始动员苏区广大的工农劳苦群众，热烈的拥护国际反帝非战大会。总政治部亦已发出训令，准备在今年“国际青年节”，举行红军反帝拥苏代表大会并号召红军各部队加紧反帝拥苏工作，在国际青年节举行武装示威，拥护国际反帝非战大会。

（《红星报》第 2 期，1933 年 8 月 13 日）

---

① 即巴比塞。——本书编者注

40
日人崛江夫妇密谋赤化日本
本埠日警发觉即加逮捕
并捕同文书院学生多人

本埠日警于星期一在环龙路某号逮捕日教授崛江夫妻后，继续逮捕同文书院学生多人并搜得大批赤化秘密文书，案情颇为重大，较诸前年同文学生赤化日海军案，范围尤广。日本当局对本案严守秘密，继续侦查连累犯人，兹将其详情述之如次。

失职来沪　密谋活动

崛江系东京帝大出身，历任东京各大学教授职，以研究马克思学说著名。自去年日政府实行肃清赤化教员以来，崛江乃失职，于本年三月间，秘密来沪，以日本共产党代表资格活动，联络本埠同文书院日学生及其友人，组织秘密机关。

赤色机关　得有协助

以崛江夫妻为中心之沪上日共党，得第三国际驻沪秘书局之协助，进行赤化驻沪日海军运动，印发各种反动传单及宣传文，分发各日舰。日共党之赤化方针，注重军队赤化工作，组有海上赤化机关。崛江奉日共党中央部密令开办此种机关，并联络各日轮海员组织赤色交通组合。

准备参加　反帝大会

崛江系参加反帝大会之日方首席代表，并任筹备委员职，此次被捕原因，似在联络日本左翼团体准备参加反帝大会，日警当局决将潜伏沪上日共党分子一网打尽，继续活动，崛江等各犯，现仍拘押于日领署监狱中。

（《时事新报》1933年8月14日）

41
反帝大会定本月内举行
故在日开会说不确

世界反帝非战大同盟，拟在沪举行第二次代表大会，及法国著名作家巴比塞，启程来沪各节，均迭志本报。记者昨赴大沽路领土保障同盟会，探寻关于该项会议之筹备情形，晤该会宋锡凡。记者叩以我国参加该会工作者何人，宋君云，如宋庆龄等均在该会执行重要职务。问开会地点，有移日本说，是否确实？答决在沪召集。问代表到沪几何？答美、日、英、法、德、印、土、菲、韩，均有代表派来，约近百人。问开会有期否？答现尚未定，大概不出本月云。

（《时事新报》1933 年 8 月 15 日）

42
巴比塞明午抵沪

轰传已久之巴比塞调查团，将于明日上午十一时半乘法邮船安得烈力朋号到沪，该轮现决停泊于招商局中栈码头，本埠著作人等所组织之欢迎巴比塞代表团筹备处所属各公私团体代表届时均将赴轮埠欢迎，至于巴氏抵沪后，究竟下榻何处，截至今午止，尚在严守秘密中。

（《大美晚报》1933 年 8 月 17 日）

43
世界反战会主席马莱等今晨抵沪

宋庆龄等一百余人往码头欢迎
马须赴日一行九月初回沪开会

英文大美晚报讯　世界反战会议主席英国代表马莱爵士等五人，自上月十四日搭乘法邮船安特里本号启程后，业于本日上午十时驶抵招商局中栈码头靠岸，于十一时许在该处登陆，当即赴南京路华懋饭店下榻，本日在码头欢迎者，有孙夫人宋庆龄妇女协会杨女士等一百余人，法日籍人廿余人。

全体代表共五人，其略历(一) 英主席马莱勋爵，在麦唐纳时代曾任陆军总长，曩时并曾加入海军服务，凡十九年，所得勋章颇多；(二) 法国代表柯都利亚[①]，为法国人道日报主笔；(三) 比国代表马度[②]，曾一度在比京代理市长；(四) 英国代表汉莱尔登[③]，前曾任伦敦泰晤士报驻德记者，生于上海，三月后即回英，其母为英国好莱宝望族，其族人在沪曾设有洋行；(五) 法代表波比夫妇，波比氏为法国名著作家。

码头情形除戒备森严外，各团体咸以红绸白布，横书欢迎字样，同时当该轮驶近码头时，燃放炮竹鞭炮，嗣又有人站立演说，又大呼口号，并散发中英两种传单。迨孙夫人偕同马莱等下轮登(以下缺页——本书编者注)

(《大美晚报》1933年8月18日)

---

① 即古久里。下同。——本书编者注
② 即马尔度。下同。——本书编者注
③ 即汉密尔顿。下同。——本书编者注

44
欢迎国际反帝非战代表团于本月十八日到上海

上海十三日电　国际反帝非战代表团准于本月十八日来沪，并准于九月间在上海举行国际反帝非战大会，现上海各反帝团体，广大反帝群众，俱极力准备于十八日这一天盛大的热烈的前往码头欢迎这一代表团云。

苏区的广大群众们！大家也都来以最实际的行动来欢迎反帝非战代表团来华呵！

（《红色中华》第103期，1933年8月19日）

45
反战会议代表马莱等昨莅沪

一行共五人寓华懋饭店

往东北调查将最后决定

出席世界反战会议巴比塞调查团，一行共五人，昨晨十时四十分，乘法邮船安德莱门轮抵沪，在招商局中栈码头登陆，分乘汽车至华懋饭店休息。

五代表略历

昨日到沪之五代表：（一）为英国代表反战会主席马莱勋爵，马氏在劳工党麦唐纳组阁时代，曾任陆军总长，并在海军届[界]服务十九年之久；（二）英国代表哈密尔登[①]，曾任伦敦泰晤士报驻德代表，渠在上海生

① 即汉密尔顿。下同。——本书编者注

长，生甫三阅月，即离沪返英，十九岁时复来沪一次，故对华极感兴趣；（三）法国代表柯脱利亚[①]，为著名法国报纸之主笔；（四）法国代表巴比[②]，为法国有名著作家；（五）比国代表马铁克丝[③]，曾一度任比京白鲁萨尔[④]市长。此外尚有法代表柯脱利亚夫人，则系来华观光者，并无何项任务。

马莱氏谈话

反战会主席马莱勋爵，昨在轮次晤本报记者，本人会毕，拟赴日一行。巴比塞调查团是否往东北调查，现在亦未决定，但全团意见均愿前往观察。各国参加大会代表计已确定者，有英、美、法、比、奥、加拿大。德国本派有代表二名，一被捕，一在病中，能出席与否，尚有问题云云。马氏等一行五人，均寓华懋饭店，闻在沪须作三阅月之勾留也。

（《申报》1933年8月19日）

46
反战会议主席马莱等昨晨抵埠
将赴日一行再返沪

世界反战会议主席英国代表马莱爵士等五人，自上月十四日搭乘法邮船安特里本号启程后，业于昨日上午十时驶抵招商局中栈码头靠岸，于十一时在该处登陆，当即赴南京路华懋饭店下榻。本日在码头欢迎者，有中外士女一百余人。兹将情形，分志如下。

---

① 即古久里。下同。——本书编者注
② 即波比。——本书编者注
③ 即马尔度。——本书编者注
④ 即布鲁塞尔。——本书编者注

抵沪情形

昨晨码头除戒备森严外，某团体咸以红绸白布横书欢迎字样，同时当该轮驶进码头时，燃放炮竹鞭炮，嗣又有人站立演说，又大呼口号，并散发中英两种传单。迨马莱等下轮登车后，复追随后面奏乐，并沿途散发传单。

马氏谈话

马等至外滩华懋饭店下榻，彼等准备在沪居留三阅月。在码头时，有某外报记者叩以离沪后将作东北之视察否，据称现尚未定，但希望能去一观当地情形，继谈为反战会之发起，尚于一年前在荷兰京城所组织成功。此次集会，凡沿太平洋岸各国均有代表参加，就此俾各国代表发表意见，以防止战争之发生。现已前来参与会议者有英、美、法、比、澳洲、加拿大等国代表；德国希望其亦能莅会，不过德国以前原有二代表，一人因抱病终止，一人已被国社党闻知参加反战会，加以拘捕，故至今尚无人来；美国亦有代表，为名著作家都司沙斯①，惟不知其何时可到沪；末谓本人及比代表马梯兑氏②，将于一二星期后乘大来公司轮船赴日，然后再回开会。

代表略历

全体代表共五人，其略历（一）英主席马莱勋爵，在麦唐纳时代曾任陆军总长，曩时并曾加入海军服务，凡十九年，所得勋章颇多。（二）法国代表柯都利亚，为法国人道日报主笔。（三）比国代表马度，曾一度在比京代理市长。（四）英国代表汉莱尔登，前曾任伦敦泰晤士报驻德记者，生于上海，三月后即回英，其母为英国好莱宝望族，其族人在沪曾设有洋行。（五）法

① 即德莱塞。下同。——本书编者注

② 即马尔度。——本书编者注

代表波比夫妇，波比氏为法国名著作家。

（《时事新报》1933年8月19日）

47
反战调查团之作家

世界反战同盟，将于九月初于上海开国际反帝大会。届时参加的各国代表，将达二百余人，其中有三个世界闻名的文学家，即巴比塞，罗曼·罗兰和得利赛[①]。他们将组织一反战调查团，实地调查中国劳苦大众的奋斗情形，以及满洲在日本帝国主义铁蹄下的真正状况，作一与国际调查团李顿所作的报告书绝对不同的报告书，是以颇为世界人士所注目。

巴比塞作有《炮火》、《光明》等书，积极为反战斗争宣传，一九二七年曾赴苏联庆祝革命十周年纪念，去年与罗曼·罗兰等发起反战大会，反对世界二次大战。罗曼·罗兰的作品有《七月十四日》、《亚尔》、《但东》，均取材于法国大革命。得利赛作品多悲剧气味，有《金融家》、《巨人》、《美国的悲剧》等。他以为他懂得了美国，但自去年他参观过宾息耳法尼亚及活海欧两省罢工煤矿区以后，方才转变了过来。

他们为我们带来了新的光明和希望。我们且等待着吧。

（《摄影画报》第404期，1933年8月19日）

---

① 即德莱塞。下同。——本书编者注

48
世界反帝会九月三日起开会
有择定青年会说

世界反帝会议自主席马莱勋爵昨晨到沪后，即与孙中山夫人宋庆龄女士积极筹备进行事宜。兹据今日大陆报载称，该会会期已定九月三日至五日，地点亦择定法租界八仙桥中国青年会，并经法租界当局核准云。

但据青年会负责人称，截至今日止，尚未有人前来接洽租赁会场。

马莱勋爵于今日乘柯立芝总统号赴日本接洽事务，将于九月三日前返沪主持开会。

（《大美晚报》1933年8月19日）

49
法租界当局准开反战会议
马莱昨乘轮赴日
三号前来沪主席

大美晚报云，世界反战会主席马莱勋爵，昨日（十八）抵沪后，今日（十九）即乘柯立芝总统轮赴横滨，将与日本各地自由主义分子会商一切，然后于下月三日以前回沪，主席会议，至该会开会地点，决定在八仙桥中国青年会，已得法租界当局之许可，会期三日，由九月三日至五日云。

（《申报》1933年8月20日）

50
马莱准登岸
决意不赴横滨
候船即返上海

日联社　神户二十二日——二十一日由上海抵神户之反战大会英国马莱与比国代表马尔度昨日由兵库县警察部禁止登岸，然后与外务省折冲之结果，被许登岸，但两人决意不赴横滨，下午三时下榻东亚旅馆，俟次班船到即返上海。

（《大美晚报》1933年8月22日）

51
反战会主席日本禁阻登陆

◎神户　将在上海举行之世界反战大会英代表马莱今日抵此，为警察阻其登陆。闻马氏此来乃劝日代表赴沪出席会议，又比代表马陀[①]博士亦被禁登陆。**（二十一日路透社电）**

（《申报》1933年8月22日）

52
好战日　欲杀反战代表

生产党员往旅馆求见（华联社二十三日东京电）　昨日大阪生产党员前

---

① 即马尔度。——本书编者注

往旅馆，欲求见反战会议英法代表者，因来势太凶，似欲杀反战代表。旅馆不准接近代表，马莱等亦拒绝接见，始能保其安全无事。

（《大晚报》1933 年 8 月 23 日）

53
马莱星期五返沪　将访费信惇解释
并设法要求准许如期开会
英代表否认宣传品被没收

闻反战会议主席马莱勋爵将于本星期五乘“意利亚斯”号由日本返沪，同来者有比国代表玛托[①]博士，又闻马莱勋爵返沪后，将与本埠工部局总裁费信惇氏举行谈话会，以解释当局对反战会议之误会，并设法要求当局准该会议按期举行。大美晚报记者今晨往访英代表汉弥尔登[②]氏，询以会议是否将延期。据云，延期开会事并未有任何决定，如最近无通告发表，则仍将于九月三日起开会。汉氏对目前所取办法，不愿在马莱勋爵返沪前表示，但否认会议所发行之宣传品并未为工部局捕房没收。法代表现居霞飞路亚尔培路西华达公寓。

（《大美晚报》1933 年 8 月 23 日）

---

① 即马尔度。——本书编者注
② 即汉密尔顿。——本书编者注

54
马莱等抵日 交涉后准登岸
中止赴横滨　候船即返沪

◎神户　二十一日由上海抵神户之反战大会英国马莱与比国代表马尔度,昨日由兵库县警察部禁止登岸,然后与外务省折冲之结果,被许登岸,但两人决意不赴横滨,下午三时下榻东亚旅馆,俟次班船到即返上海。**(二十二日日联电)**

东京　外务省当局谈曰,禁止马莱等登岸,并非因于个人的反对意见,反战会议为与日本国体不相容之第三国际所主持,当局不愿该会议代表在日本国内旅行,因此拒绝旅行而已。**(二十二日日联电)**

(《申报》1933年8月23日)

55
英反战协会之愤慨

伦敦　东京政府拒绝远东反战大会主席英国代表马莱勋爵入日本境内一事,立时引起伦敦方面之影响。马莱勋爵原系英国反对战争协会代表,以出席于远东反对战争大会。英国反对战争协会现宣称,将向驻英日本大使馆提出抗议,并谓马莱担任重要公职,为上议院中工党要人,故东京政府之行动,实属故意〈反〉对英国有组织之劳工云。**(二十二日哈瓦斯电)**

(《申报》1933年8月23日)

56
反战会尚未觅到会场
八仙桥青年会系属误传

大陆报云，出席反战会议之英代表哈密尔敦[①]，昨（二十一）夜在本埠某旅馆中语记者，日前马莱勋爵宣称，将在八仙桥青年会开会之说，系属出于误会，盖马莱抵沪后，孙夫人宋庆龄女士告以业已商借中国青年会为会场，并得法租界捕房之允许，故马莱据以发表，其实孙夫人亦出于他人之误告，并非确讯云。

（《申报》1933年8月23日）

57
反帝会英比代表日警已准其登岸
惟须候乘下次轮船返沪
赴日系与普罗作家晤面
英伦反帝协会将对日提抗议

路透神户廿二日电　反帝会英代表马莱前乘柯立芝总统号游船由上海抵此，被警察拒绝登岸，现时日警已准其登岸，俾乘下次轮船返沪。比利时代表马尔度，现时亦准登岸候船返沪。闻马莱等来日之目的，系与日本著名著作家加藤晤面云。

哈瓦斯伦敦廿二日电　东京政府拒绝远东反对战争大会主席英国代表摩莱勋爵，入日本境内一事，立时引起伦敦方面之影响。摩莱勋爵原系英国反对战争协会代表，以出席于远东反对战争大会。英国反对战争协会现宣

① 即汉密尔顿。——本书编者注

称，将向驻英日本大使馆提出抗议，并谓摩莱担任重要公职为上议院中工党要人，故东京政府之行动，实属故意反对英国有组织之劳工云。

（《时事新报》1933年8月23日）

58
反战会议主席马莱明日由日返沪
英代表哈密尔敦称
会议日期并无更改

大美晚报云，上海反战会议代表马莱勋爵偕比代表马尔度博士，在日乘蓝烟囱公司爱尼亚斯轮船回沪，将于星期五抵埠，料马莱回沪后，将会晤工部局总裁费信惇，坦直交换意见，藉以释除对于反战会议之误会。记者近日（二十二）访问英代表哈密尔敦，据称，会议日期并无更改，苟非领袖代表有切实更改声明，当仍按照前此发表之九月三日开幕也。哈氏对于目前计划，在马莱回沪以前不愿有所发表，但否认捕房所搜获之传单与该会议之活动有关云。

（《申报》1933年8月24日）

59
巴比塞不来沪
马莱勋爵今日下午抵埠
世界反战会地点未确定

反战会议主席马莱勋爵，将于今日下午搭德国轮“意利亚斯”号抵沪，与马氏偕同抵沪者，尚有比国代表玛讬[①]博士。今晨各国来沪之反战会议代表已在筹备欢迎手续，俾届时可以搭乘小轮至"意利亚斯"号畔亲迎马氏。

捕房方面，今晨已在码头四周派出特别警察多人，从事戒备，而在码头守候欢迎马莱勋爵等之学生亦已有多人集于浦滨。今晨大美晚报记者曾晤该会美[英]代表汉弥尔登君，彼对该会开会地点，指中国领土保障同盟会所称定在八仙桥青年会举行之说为不确，谓此事在马莱勋爵未抵沪前，不能决定也。

又该会已向工部局要求准许开会之说，亦属不确。该会并无人现作此请求也。汉弥尔登君又指正关于外传该会之各种不实消息，谓美[英]工党议员韦金逊女士，此次并无来沪出席之举，彼不过曾随马莱勋爵同轮至西班牙之玛德里[②]耳。至于法代表巴比塞君，此次亦不来沪，彼曾于三日前在法国列维亚拉晤及巴比塞君，时彼之身体极弱，故此次亦不来沪。又外传日代表片山现在日之说，亦非确辞。盖片山之行踪，现仍在欧洲某地也。

（《大美晚报》1933 年 8 月 25 日）

60
马莱今晤见裴尔等　反战会举行须考虑
日人以备战避免责难系错误的
礼拜一将继访吴铁城与法总领

马莱勋爵今晨谒见公共租界工董裴尔暨总裁费信惇氏，辞出回华懋饭店，语大美晚报记者。马谓今次访谒是非正式的系社交性质的，晤谈结果，

① 即马尔度。——本书编者注
② 即马德里。——本书编者注

觉得裴尔对于反战目的与态度，非常明白与公开，裴尔对于反战会在公共租界境内举行，未有准许之决定，仅谓对于办法，尚须加以考虑。

又谓余以此问题，各方有数种考虑：（一）中国方面对大会所抱为何态度；（二）会议性质与态度；（三）对参加各国代表之态度。综此问题，余拟于礼拜一将访见法总领事与沪市长吴铁城相互商洽，最后尚须至南京观察中国政府对此意见。今公共租界对反战会举行，固防有不测之困难须加考虑，但裴尔对大会原则曾表同情，故余等不得不谢谢当局对余等此来在心身上获得甚多安逸。中国山东济南齐鲁大学今曾来函，将派代表参加，现已去函欢迎矣。

世界反战会主席马莱勋爵前偕法代表马度赴日抵神户后，因日当局不容其登岸，于是遂搭德轮恩尼亚斯号轮折返来沪，已于昨日抵埠。据马莱在轮埠对本埠各报记者作简谈，略谓余与马度此行到日，惟感觉得一桩事，即日本在现下正在积极备战中，日本之经济社会与政治等事，无不处于紧张地位云云。当时因轮埠不便详谈，遂约定晚间在旅邸接见。

晚间各报记者趋晤马莱勋爵，当作详细谈话，略谓余等于本月廿一日上午七时半抵神户，其时日本外务省内务省以及东京方面报馆通讯社等代表记者均莅止[至]探听消息，并为余等摄影，登岸后与余等作访问，自晨间八时起直至午后一时半方止。谈约四小时之久，且每一问题所谈结果，即以长途电话报知东京并请示，此足见日人对余等防卫之严密也。

彼日人晤余第一句先问余此来欲访何人，当答以欲一晤英国驻日公使，又问在神户登陆后横滨拟前往否，到东京欲晤谁氏，余答以神户将不久停，横滨拟一行，若到东京，余拟访谒贵国陆相荒木与其他各国公使，并希望英使介绍与荒木会见。

嗣又问余，汝晤陆相有何任务，余答欲其准我此次反战会之举行能有日代表之参加，继又问余认得哥多（KATO）否，且此人现在沪否，余答以此人曾闻其名，但未知其现住何处，苟在沪则甚佳，至此各问者无言，乃提出他种题目相询。

嗣问余曾加入共党与曾协助共党并信仰共产主义否，当时余答余非共党，亦并未加入共党为党员，惟余觉得其共产主义，在一国所能成功，而他国所不能实现者。余作此说，并不反对共产主义，因余以共产主义目标，甚表同情，况本人为一社会学家，苟有人说共产主义为社会之最后一步，则余亦殊欢迎，莫不反对无此说。同时余之对待相信共产主义与待别个政党人员一样，并无任何轩轾存乎其间也。

旋日人又问余在沪曾晤见孙逸仙夫人宋庆龄否，余答晤见，又问从前曾认得否，余答从前素昧平生，又问余欲打电话至使馆否，余答不用，最后询余反战会究为何物，当时余即将反战非战种种情形，详细阐明，词甚冗长。

马莱又谓此长时间谈话达四小时，直至午后一时四十五分方毕，每一问题见询后，均电话东京报知，但结果神户当局未容余等上陆，仅因国际上优待关系，准许留神户二天，等候日轮乘返上海。同时出一纸令余与马度签字，纸上说明留二天，并不许往晤欲见诸人。当时余即提抗议，并答称假使欲余卧诸街头，而余亦俯首听从乎。于是当局不得已，即在命令二字上再加上合理二字，当时余继续声明，余既如此，余走可也。旋余拟电话至英国驻神户领事，日当局闻之大起不安，即派甚多警士宪兵，来余等住处包围。余于下午五时又电话英使斐列普，其时斐不在，至十时半又去电话，奈东京当局不许余等与英使晤谈，故终不得要领而罢。

马氏又谓当余去日时，讲定行装不受检查，但抵神户时，彼未遵守约言，将余书籍拆开，其中有伏而太与宝卡所著书籍，以及田中奏折等书，一并取去。但日人始终未用强横手段与恐吓对余。至余签字者，实因不上岸势必原轮随至檀香山，故当时余即声明此点理由故即签字其上也。

日本工会势力，非常利[厉]害，工人对警士毫不畏惧。当余抵神户时，有二工人晤余被阻，见工人即与警士大相辩论，结果仍未得上船。日本对英美国人士之前往者，防预颇严。此次阻余上岸目的，实当局不欲余等宣传非战，因日正预备大战也，且由此可观得日人备战尚未有十分把握，否则备战自备战，宣传自宣传，亦不致拒绝登陆。

又谓日工业原料甚少，对国内销路亦甚低，加以经济政治社会种种问题，在此时期，均颇严重，所以日政府谋积极备战，其意唯战争失业者有工做，唯战争使人民能忘记眼前痛苦，唯战争能得到原料，能获得国际市场，实则此解决方法系错误的。盖今日日本种种问题，系社会问题，仅有社会主义方得解决，矧社会主义可以取消帝国主义之侵略，唯社会主义方能使一个国家稳固，不受他国之侵略云云。

昨晚有人叩马莱氏，然则日将有代表前来参与非战会否，据答神户将有二代表前来，美国亦有代表前来，谅不久均可到沪。

（《大美晚报》1933 年 8 月 26 日）

61
反战会马莱等昨回沪
据谓日将有代表派来
马氏并拟赴北平一行

世界反战会主席马莱勋爵，前偕比代表赴日，现已乘德轮恩尼亚斯号回沪，于昨日下午三时半抵埠。马氏等至下午五时许，始由江汉关码头上岸。据语新声社记者谓，抵日后曾与日文化团体接洽，请彼等派代表来沪，现渠得到官方消息，日本将有代表派来，但有几人派来，及所派何人，均尚不得而知。马氏未言在日被拒登岸事，至美国对该会之态度，谓渠尚无机会与美接洽，故美方态度如何，不得而知。马氏又谓渠希望不久赴北平一行，至上海开会之日期及地点，将俟彼等开会讨论后再发表。

大美晚报云，本埠方面曾盛传英国前工党议员韦金生女士亦欲来沪，参加反战会议，今日（二十五）英代表哈密尔敦否认此说，谓韦金生女士实未尝有来沪意，此说由来，大约因韦女士曾偕马莱勋爵往玛德里，英报遂揣想两人将同往中国，其实马莱勋爵在玛德里与韦女士作别后，独赴马赛，与诸代表会合而来上海。至巴比塞则因身体不健，未能来沪。渠曾于三月间至里维拉之米拉玛尔地方访问巴比塞，见其体弱多病，对于出席会议，已成问题。又关于片山之种种误会消息，因马莱勋爵将于今日乘爱尼亚斯轮船回沪，当由马氏发一声明，渠未便作答，惟片山行踪，渠信月[目]下并不在日，仍居欧洲。至中国保境会所称将在八仙桥中国青年会举行预备会议一节，就渠所知，绝非事实。又关于向公共租界当局声请准在界内举行会议一事，亦须待马莱勋爵回沪后办理，目下尚未声请。马莱勋爵将于今日下午抵埠，在沪各代表已准备乘渡轮往迓，工部局并将派特别巡捕照料，以防过度热心之学生有游行示威举动云。

（《申报》1933年8月26日）

62
反战会议主席马莱等昨日回沪
据谓日将有代表派来
巴比塞因病不来沪

世界反战会主席马莱勋爵，前偕比代表赴日，现已乘德轮恩尼亚斯号回沪，于昨日下午三时半抵埠，马氏等至下午五时许，始由江关码头上岸。据语记者，抵日后曾与日本文化团体接洽，请彼等派代表来沪，现渠得到官方消息，日本将有代表派来，但有几人派来，及所派何人，均尚不得而知。马氏未言在日被拒登岸事。至美国对该会之态度，谓渠尚无机会与美接洽，故美方态度如何，不得而知。马氏又谓希望不久赴北平一行，至开会之日期及地点，将俟彼等会议后再发表。又据外报载，英代表哈密尔登谈，巴比塞因病不来沪，英代表威金逊女士来沪，亦系误传。女士虽于马赛同船出发，但伊赴西班牙京城马德里。

（《时事新报》1933年8月26日）

63
反战会马莱返沪后接洽开会地点
畅谈游日印象

华东社云，世界反战会主席前英国军政副部长马莱勋爵（Lord Marley）最近偕欧洲反战会五代表抵沪，旋即与法代表马尔都[①]博士（D. P. Marteaux）赴日，冀彼邦能派代表莅会，共消世界战云。不料马氏一抵神户，即受日军警当局监视，盘诘四小时之久，且禁彼会晤荒木陆相，暨驻日英使领，限日返沪。盘诘之时，仍频以电话由神户通知东京，以便再发问。虽未受恐吓，究不堪其扰，二氏竟于前日悄然返沪，入华懋饭店。华东社记者，昨特向该会探悉种种消息，兹分志如下。

日方盘诘　据马氏语人，彼于八月二十一日抵神户，彼时即有大批日外务省军警、当局代表暨新闻界，相与交谈，自早八时至午后一时，讯问者连续而来。于答问之间，马氏即云，彼非共产党员，共产在一国可实行，在别国则不能实行，端视情形如何；彼来日之目的，为欲向英使馆转请日当局暨荒木陆相，允许日人代表出席反战会。当时日人即告以能同情于反战会者，有日人加藤（Kanju Kato）现居于上海云。

严搜行箧　马氏在日，始终未能与驻日英使领谈话，多数工业暨劳工界代表来见，亦被禁止，其皮箱中留存书籍数册，多被扣留，其中一册为《田中

① 即马尔度。——本书编者注

积极侵满奏章》，乃马氏备为反战会参考者，竟亦被搜去。

积极备战　马氏对积极备战情形，作肯定的发言。彼云："日当局畏我侪入境，盖彼邦已知反战运动之重要及影响，现在虽在积极备战，同时又不得不彷徨也。且彼邦工业已甚发达，生货之供给告乏，国内市场又太小，故全国情形，极形动摇而紧张，由战争寻出路，盖意中事也。"马氏复谓，日本既在备战，故排外甚烈，尤以英美人为甚，一入其境，未有不受严厉的监视，故反对帝国主义及战争为当务之急云云。

外报纪载　大美晚报云，反战会议代表领袖马莱勋爵今日（二十六）造访工部局总董裴尔与总裁费信惇。事后，据马莱语新闻记者云，本日之访问，系属酬酢性质，不过作普通谈话。据渠所得印象，工部局总董之态度，对于该会宗旨，可谓绝无成见。渠曾告裴尔，关于请求在公共租界开会一层，各代表犹未决定，因非将有关系之各要素，如中国政府对于会议之态度，与参加会议人数，及会议之大概性质等，再加考虑后，不能决定开会之地点。马莱述至此，并云，渠将于下星期初访问法总领事及上海市长吴铁城，其日期或者即在星期一，惟此种访问将为今日之访问裴尔同样性质。嗣马莱续谓，裴尔曾声称，工部局一方面对于会议固表同情，但另一方面关于发生纷扰之可能性，亦必须加以考虑。最后渠乃向裴尔致谢工部局关于各代表之安全而别。按马莱昨自日本返沪后，公共租界捕房即允渠之请，派二探特别保护，至关于出席代表方面，闻最近又有济南齐鲁大学请派代表赴会，业由英代表哈密尔敦复电欢迎云。

（《申报》1933年8月27日）

64
世界反战会主席马莱谈在日遭遇

不容于日本故悄然返沪
日本决于战争中求出路

世界反战会主席前英国军政副部长马莱勋爵，最近偕欧洲反战会五代表抵沪，旋即与代表麦多[①]博士赴日，冀彼邦能派代表莅会，共消世界战云。不料马氏一抵神户，即受日军警当局监视，讯问四小时之久，并勒限返沪。讯问之时，频以电话请示于东京，马麦二氏，虽未受恐吓，究不堪其扰，即于日前，悄然返沪，入华懋饭店。记者昨特向该会探悉种种消息，慈[兹]分志如下。

日方盘诘

据马氏语人，彼于八月二十一日抵神户，当时即有大批日外务省军警当局代表暨新闻界相与交谈，自早八时至午后一时，讯问者联袂而来，于答问之间，马氏即云，彼非共产党员，共产在一国可实行，在别国则不能实行，端视情形如何。彼来日之目的，为欲向英使馆转请日当局暨荒木陆相，允许日人代表出席反战会，当时日人即告以能同情于反战会者，有日人加藤勘十，现居于上海。

严搜行箧

马氏终不能与日英使领谈话，多数工业暨劳工界代表来见，亦被禁止，其皮箱中留存书籍数册，多被扣留，其中一册，为《田中积极侵满奏章》，乃马氏备为反战会参考者，竟亦被搜去。

---

① 即马尔度。——本书编者注

积极备战

马氏对日本积极备战之情形，作肯定的发言曰："日当局畏我侪入境，盖彼邦已知反战运动之重要影响，现在虽在积极备战，同时又不得不彷徨也。且彼邦工业，已甚发达，生货之供给告乏，国内市场又太小，故全国情形，极形摇动而紧张，由战争寻出路，盖意中事也。"马氏复谓日本既在备战，故排外甚烈，尤以英美人为甚，一入其境，未有不受严密的监视者。故反对帝国主义及战争为当务之急云云。

(《时事新闻》1933年8月27日)

65
日本反战者开会被扰乱

华联社二十六日东京电　为欲选出参加上海反战会议代表，日文艺家自由同盟上村进、铃木茂三郎、大矢省三、金子降文、加藤勘十、藤森成吉等八十余人，昨夜六时在日比谷公园东洋轩酒家开会。日警临场，禁止提起与反战会议有关之议事，不得已改开远东和平友亲会。未几建国会及国粹大众党员等法西斯派团员，冲入会场，施以捣乱，痛打参加会议之会员，散布传单，呼号绝对反对召开反战会议，大闹会场约半小时，到会者受伤甚众。日警仅捕凶手三人，表示其不负保护人权之责，友亲会因而终止。

(《时事新闻》1933年8月27日)

66
秋田为代表 被警厅监视

华联社东京通讯 日本法西斯粉碎同盟(即打倒法西斯联盟)及文艺家自由同盟之领袖,以藤森成吉、长谷川如是闲、神近市子,及加藤勘十等为中心,劝诱各宗教团教及妇人团体参加,组织日本反战联盟。闻加入者已逾一百多人,以[于]二十五日下午六时召开远东和平友亲会,并决定上海反战会议之日本代表。闻大会将推秋田雨雀为首席代表,日警现因反战运动,而使军部所鼓吹之好战思想,渐趋冷淡,致不能对华继行其武力侵略政策,闻已监禁秋田,并禁止日本之反战代表赴沪。

(《时事新报》1933年8月27日)

67
马来[①]在沪行踪
访工部局当轴

马氏昨晨往访工部局总董贝尔及总裁费信惇二氏,旋于下午四时发表谈话。据语记者云,此次拜会,完全为社交性质,渠尚未正式向贝、费二氏请求允许开会,不过于谈话时曾略提为何须开会,其目的及其理由,并与何人接洽耳。对开会之日期及地点,均尚未能确定。盖彼等尚须等候其他代表之来前也。马氏曾否认报载宋庆龄将在该会主席,及该会拟在法租界青年会开会说,马氏谓任该会主席者,实即余本人,在青年会开会,实为不确。来沪各代表等在沪逗留几月,亦不能确定,盖因彼等来沪之前,上海并无人代

① 即马莱。下同。——本书编者注

为筹备开会也。今到沪后，各事均须自行筹备，故非有两三个月，不能成功。马又谓渠将往访市长吴铁城，并拟赴南京一行云。

（《时事新报》1933年8月27日）

68
反战会主席马莱对新闻界谈话

此会绝无共产色彩

开会日期地点未定

大陆报云，反战会议主席马莱勋爵昨日（二十六）下午在旅馆接见新闻记者时，对于外间所具此次反对战争联合阵线大会出于第三国际发起主持之印象，力加否认，谓此会绝非共产色彩，各代表乃一坚固单位，决意推行一种主义，即反对战争是。至择在上海开会者，因此间一隅最有战争危险之故。昨晨渠会访工部局总董裴尔与总裁费信惇，但仅属普通访问，尚未提出准许开会之请求。此会原定自九月三日至五日间集议三日，现已无定期展延，因其日期及地点，俱非俟确知赴会人数后，不能决定。至赴会人数，少或二十人，多至二千人，亦未可知。马氏又否认筹备委员会主席宋庆龄女士将为大会主席，谓渠将主席大会，并表示日内将访问吴市长及各国领事，且拟晋京一行，分访中国政府要人，劝其勿作妨碍在华开会之行动，并谓吾辈第一着，必须试图消释各方对于会议之偏见，仅此一事，或须经一二月始克有成云。

（《申报》1933年8月28日）

69
马莱访吴铁城

据英文大美晚报消息，反战会议主席马莱勋爵今晨往访市长吴铁城。

（《大美晚报》1933 年 8 月 28 日）

70
满洲河北四川等省代表百五十人到上海了！

满洲与河北是日本帝国主义直接屠杀与威胁的地方，满洲与河北的民众反帝国主义战争的热情特别高涨。他们底代表带着报告提案到了上海了。

四川是军阀混战最厉害的地方，目前成为英帝国主义进攻中国领土的第一个目标。

四川民众受榨取迫害比任何地方都厉害，他们反军阀混战的斗争一天一天地猛烈，一年来红军的发展吓破了地主军阀官僚们底胆。现在，他们的代表也带着报告和提案到了上海了。

这些代表们到了上海以后，远东反战反法西斯大会筹备大会招待着他们，热烈地请他们参加了一切工作。

（《反战新闻》第 1 号，1933 年 8 月 29 日）

71
苏区民众亦派代表来　苏维埃政府资助反战大会

苏区民众闻上海反战会议即将举行，认为这是解放中国的伟大斗争，即举行数万人的群众大会，派一代表来上海参加，并报告苏区民众反帝工作与苏区民众的英勇的战争情形与成绩。闻此代表现在安然到了上海。又闻苏维埃政府极端拥护此次上海反战会议，曾致电国际代表团表示热忱，反对白区当局与上海租界对代表团之造谣污蔑与阻挠及破坏，并欢迎代表团于大会完后去参观苏区，又特托来沪代表带来五百元钱，以资助大会之费用云。

（《反战新闻》第1号，1933年8月29日）

72
上海民众热烈地进行着选举运动

上海近一百的工农民众团体与文化团体，在上海欢迎国际反战代表国际筹备会与远东反战反法西斯大会临时筹备委员会的领导之下，热烈地进行着欢迎运动与拥护大会运动，虽然受着帝国主义国民党的白色恐怖的压迫与威吓，例如从二星期以来〈已〉经被捕了二十余人，他们却依然只是加紧着斗争。总筹备会在十八日曾动员各区的团体，迎着大旗到码头上欢迎，一星期来并不断的在各区举行飞行集会，演讲会，散发传单，公演，使上海空气忽然紧张起来了。目下，上海各区民众团体正在举行选举运动，总会并定这一星期为选举周，将有三四百的工人学生的代表产生去参加大会，闻沪东恒丰纱厂与英美烟厂（正在作怠工斗争）及三友失业工人团等均已于昨日举行选举大会，当场讨论报告与提案，选出了代表多人；法南的交专，新华，交大，以及绸厂工人亦继沪东于今日开选举大会；沪西内外棉厂等及闸北丝厂和铁路，浦东的码头工人，还有在左翼文总领导下的文化界等等，亦将各于今明日举行选举大会。详细情形将陆续在本刊登载。

又息：此次大会甚为中国当局所惧忌，不但公然下令各报不准刊载消息，并秘密下令蓝衣团动员，准备破坏与绑票，但上海民众早已听见消息，因此亦加紧了纠察队与打狗队之组织，如果蓝衣团敢来破坏，则给以致命之打击云。

（《反战新闻》第1号，1933年8月29日）

73
马莱昨访吴市长
声明非战会宗旨

世界非战同盟远东大会主席英国代表马莱爵士，自日本拒绝入境返沪后，历访公共租界工部局总董裴尔及总裁费信惇，昨日（二十八日）上午十二时，又往市政府，拜访吴市长，当蒙吴市长接见。闻马莱爵士除拜访外，并探询市政府对于非战会议所取之态度，吴市长以中国素尚和平，对于非战宗旨，无人反对，但最近屡接各方报告，谓本埠共产党企图利用非战大会开会之机会，为共产党本身之活动，而吾人现在尚不能确定第三国际有无支配非战会议之实际，且上海市战后，损失甚巨，亟待恢复战前状况，经不起再有社会不安之纷扰，故市政府唯一之责任，在维持地方治安，保障人民之和平生活秩序。马莱爵士亦深以为然，同时声明，非战会议并不受第三国际之支配，虽有劳工代表参加，其间如遇共产党乘机活动，则可立即闭会，以明态度云云，谈毕辞出。闻马莱爵士，仍希望在公共租界或法租界择一相当地点开会，惟以美国代表尚未来沪，故尚有待云。

（《申报》1933年8月29日）

74
非战大会在沪开会　日本反对甚力
两租界当局因此或亦将拒绝开会

大陆报云，昨日下午世界非战同盟远东大会主席英国代表马莱爵士，往访驻沪英国代理总领事台维森，知日本现反对非战大会在沪开会甚力，故公共租界与法租界当道，或将因此拒绝该会在界内举行会议。据台维森声称，日本曾表示愿两租界当道勿准非战大会在界内开会，租界当道前于淞沪战争之际，时与日本发生争执，故殊不欲复因非战大会事而引起龃龉云。闻马莱爵士不日拟入京拜访政府诸要人，探询彼等之意旨。

（《申报》1933年8月30日）

75
反战会无期延会
日本反对派将来沪活动
马莱希望下月底可举行

反战会主席马莱勋爵到沪后，虽向各方奔波解释，仍归无效。今日据马氏对往访者宣称，其预定于九月三日在沪举行之反战大会，将不能如期开会，而趋于无定期延会矣。今马氏虽尚在希望会期于九月底或能开成，但彼时将视出席代表人数为定。

现在北平方面，闻此会举行，本亦有人员预备前来出席，但恐不能成为事实。

反对派来沪活动

日人璧经平，曾力倡退出国联之说，并著《世界与日本敌对》之小册子，以鼓吹国家主义，近又用“国家主义东亚联盟会”名义，拟于九月一日来沪，从事反对反战会议之活动。

平学生移送法院

路透社北平二十九日电　前数星期为当局捕获之共产嫌疑犯清华大学学生二人，及燕京大学职员一人，已供认为共党，现公安局将三犯移地方法院审判。又闻北平艺术专门学校，因开会援助反战会议被捕之学生十一人，亦移交法院审判。

（《大美晚报》1933年8月30日）

76
反战会代表被捕

中国官方谓林张实为共党
马莱将赴京探寻政府意见

世界反战会议现已无定期延会，其主因据马莱勋爵谓为有多数代表被捕，当马莱抵沪时，有欢迎代表三十二人被捕，后经交涉，第一批释放十七人，第二批释放十三人，现尚有二人在押。一系正风文学院教授林某，一系律师张某，此外如北平亦有数代表被捕。

官方谓实系共产党

据中国官方国民新闻社本埠消息谓，上海有数报载林文慕（以下均为译音）教授及张越华律师二人，因参加欢迎马莱勋爵来沪举行反战会议，被中国警察逮捕，上海市政府发言人对此消息谓系不确，并称该二人实名林天慕及张友光，为中国共产党党员，其破坏政府之阴谋久为当局所闻，早欲加以逮捕，但该二人行踪秘密，知道最近始为公安局所获。其被捕理由不为欢迎反战会议代表，而为有危害政府之行动。

马莱欢迎各党参加

关于上述各节，今晨马莱勋爵对英文大美晚报记者谓渠曾设法使此二人为当局所释放。此二人之为共党与否，与渠反对当局之逮捕并无影响，因此二人参加反战会议，苟加以逮捕，则人皆疑反战会议为共党活动之机关，盖反战会议并非为共党机关，再者此二人之逮捕，使共产党党员疑彼等不能参加反战会议，盖反战会议欢迎各种政党党员参加讨论也，再者此二人在反战会议代表来沪之日而被捕，实属不幸。

马莱勋爵又谓北平市公安局曾逮捕拟参加反战会议之中国学生，渠现在设法援救使被捕学生释放，如有必要，渠或将赴北平办理援救事项。渠又希望在上海会晤中国若干官员，下星期中或将赴南京探询中国政府对反战会议之意见。

移地开会正加考虑

大美晚报记者又询马莱勋爵以反战会议是否可能移至别处开会，据答曰，然，曾有多人提议，现在正在考虑中，盖如移至他处开会，其最要者为赴会代表是否便利耳。

外交部招待汉密登①

英代表汉密登氏今晨由京乘德和轮返沪，据谓渠此行，系为“送信”，盖彼携有伦敦中国公使馆之介绍信致外交部也。渠又谓此行非常满意，对中国官方予以种种便利甚表感谢，尤其是外交部派员导游京城，并参谒孙中山

① 即汉密尔顿。下同。——本书编者注

陵墓。渠并希望中国官方对于反战会议之误会已为消除。

(《大美晚报》1933年8月31日)

77
国际反帝非战大会代表抵沪盛况
九月三日大会开幕

上海通讯 世界反战代表团已于十八日上午十时许抵沪,群众欢迎者约二三百人,皆手持白字红底之红旗,并在码头上演讲,散发了多量的中英文传单,高呼各种口号,并有军队奏乐放鞭炮。代表团于群〈众〉热烈欢迎中,炮声与军乐悠扬中含笑下船,并定于九月三日在沪开会。

(《红色中华》第106期,1933年8月31日)

78
拥护国际反帝非战大会
红校在积极的动员中

红校反帝拥苏同盟,正在号召全体盟员积极的来拥护国际反帝非战代表大会,以连为单位,派了得力的同志去作了报告,将这个大会的意义传达到每个盟员中去了。并发动全体盟员每人做了一张墙报,并通电。现在又决定□号举行拥护这个大会的晚会,以加紧学习提高军事技术,创造铁的干部,迅速的来粉碎敌人五次"围剿",准备与帝国主义直接作战争取苏维埃新

中国的胜利，来实际的拥护大会。（刘德新）

（《红色中华》第106期，1933年8月31日）

79
反对德国法西斯蒂野兽行为！上海工人反法西斯蒂的英勇斗争

▲援助德国革命政治犯并向德法西斯蒂提出抗议

上海专电　援助德国政治犯在恒丰场已开了十一人的群众会，通过反法西斯蒂的通电，并游行募捐，十二日在申新七厂也开过，到九人，上海反帝大同盟到六人，都通过了通电，在十二日更举行东区反法西斯蒂代表会，共到十八人，代表十一个厂。连日这一向德法西斯蒂抗议的运动是在继续的普遍到各个工厂内，在十四日又举行了一个八人的会，通过了通电，进行了募捐。十三日海关巡船召集了一个廿三人的群众会议，通过了抗议和通电，沪东的三星厂亦于十四日举行了一个飞行集会，到二十二人，当报告人报告了法西斯蒂刽子手在德压迫屠杀革命群众的暴行后，即一致的通过了通电，全体二十二人都踊跃捐助，在闸北又募了十个人共二十枚，并且都署了名，他们都是丝厂工人，木场的一个三人的会议也有通电发出，该三人并都在上面签了名。

▲沪东区反法西斯蒂后援代表大会致德法西政府的抗议

上海专电　在我们上海党的领导下，已经成立了反法西后援代表大会，日前沪东区反法西后援代表大会，致电驻沪德领转告德国法西斯蒂政府，德国的工农无产阶级为反对德帝国主义的血腥统治，争取自身解放，为反对帝国主义强盗战争，武装保护苏联社会主义彻底胜利，为反对德帝国主义借贷款项，德送军火，派遣军事顾问到中国援助国民党进攻中国红军。德国工人为保护中国革命，表示剧烈反对，即惨遭法西斯蒂的德国政府的逮捕暗杀，我们沪东区十多万工人劳苦群众通电全世界工人无产阶级一致的坚决的反对德国法西斯蒂的这种惨恶行为。我们决定以暴力战斗，回答德国法西斯蒂的恐怖政策等语。

（《红色中华》第106期，1933年8月31日）

80
非战会议将展期
各方代表多遭拘捕
下月底可希望开成

世界非战会议，各国代表，业已陆续来华，本定于下月三日在沪举行大会，兹悉此项会议，又将展期。据该会主席马莱爵士昨日宣称，大会希望展至下月底可以开成，惟确切日期，尚待东行决定；至延期原因，则以阻碍横生，如澳洲劳工团体之被迫解散，代表亦被扣留，不能如期与会；至各方被拘之代表十五人，截至昨日止，已释出十三人，其他二人，亦正在谋设法营救中。北平方面，亦因选举出席代表被拘多人，将解至特别法庭审讯云。

（《时事新报》1933年8月31日）

81
各团体筹备欢迎反战远东调查团

本报创刊号所介绍之反战同盟之远东调查团已首途来华，将于上海登岸，然后到东三省作实际调查。各地已筹备作大规模之欢迎，上海各文化团体各学校已成立欢迎筹备会，并将于九月一日召开远东反战会议。天津正在筹备热烈欢迎。北平方面闻除各文艺团体已作有计划之欢迎外，各大学学生会同时已筹备热烈欢迎。闻发起者有清华大学，燕京大学，师范大学，北京大学等校。中国受帝国主义之压迫日甚一日，大众无不切实感受战争之惨祸，故反战调查团之来华，无人不欣幸云。

（《文艺月报》第1卷第2期，1933年8月）

82
国际反帝非战大同盟讯

盛传已久之国际反帝非战大同盟拟于八月在上海开会，嗣以各方阻碍，遂致延误。其代表一部分虽于八月十四日来沪，而渴望一时之巴比塞氏并不同来，与文学方面有关系者亦惟巴黎人道报主编，法国左翼作家伐扬·古久列[①]及其夫人，现寓华懋饭店。其所筹开之会议尚不知何时始能实现云。（波）

（《新垒》第2卷第3期，1933年8月）

83
马莱将分访京平

日期尚未定下星期可成行

明日广播演说讲题未宣布

反战会议主席马莱勋爵今晨语英文大美晚报记者，谓渠决前往北平，但

① 即伐扬-古久里。下同。——本书编者注

日期尚未定，约在下星期中，如反战会议最近开会，则渠将于开会后赴平，居平期之久暂，现不能决定。又谓渠伦敦之事务极多，开会后将设法速返，并决经美国返英，渠最近或将赴南京晤政府官员，下星期二马莱勋爵将借XQHC中国广播电台演说，并有人将其英语译成华语，讲题在播出前不发表。

扶轮总会昨午邀宴

上海扶轮总会昨午在江西路都城饭店宴请反战会议主席马莱勋爵，马莱勋爵席间演说，题为“解述反战会议”，谓中国在远东占有重要地位，又为世界和平之危险发生地，因中国为世界之公开市场，其国际经济及商业竞争，极为激烈，结果必引起战争，因已往之战争，均为经济竞争所致。但战争绝不能解决各种问题，故此种残忍之事，在文明世界必须取消。世界各国之商业大领袖均知战争不能根本解决国际问题，而每次战争□损失最大者为劳工。兴盛时工人期待较大工资，但因经济竞争而发生战争，则工人必□失业而蒙损失。

马莱勋爵又谓欧战时曾任英国陆军军官。以私人言，并非为“和平主义者”，故苟世界能有一次以远大公开为目的之战争，得以消除以后种种之战争，则渠对此举动表示兴趣，求世界和平不能借各国政府之努力，而须求诸各国有知识人民，“和平主义”家仅有仁慈之心及常祈祷，故无促成世界和平之能力。各国战争时，均自称为正当防御，而为被动者如欧战时，英德均自称为“抵抗之战”，希望上帝助之，最近日本攻华，亦称中国为“罪恶之邦”。

痛斥报纸鼓励战争

马莱勋爵又谓，渠最为反对世界各国所有之“资本主义报纸”常载鼓励人民为国家、君主、民族荣誉而战争之新闻，以激起人民之爱国心，此为最恶毒之政策，以使此国人民厌恨他国人民，均不为人民之本心。欧战时常有德军及联军常感互相杀戮之无理智而在战场相好，可以为证。因战场之军士，无机会受报纸之恶毒宣传也。

马莱勋爵又谓战争之原因，均为经济问题，表面上似为民族荣此誉及抵抗外侮或宗教问题，但实并非其故，世界工人应设法详悉国际之大势，反战会议即因此而设。现有赞助者三千万人，多数闻名著作家，均参加反战会工作，著文指示工人。此次开会，因上海为远东重要城市，亦为将来战争之发源地，故决在中国举行。因中国为世界之公开市场，竞争颇烈，必引起战争，反战会议之目的为使中国工人知将来之危险，故各劳工团体均应参加会议，即共产党亦应加入。

被捕者达六十余人

演说毕，扶轮社社员询问中国参加会议者为何人，马莱勋爵谓不能奉告，因在过去数星期中有共产嫌疑而赞助反战会议者六十人被当局逮捕(多半已释放)。后又有人问苏联之言论自由情形如何，马莱勋爵谓渠不熟悉苏俄情形，但渠二次赴俄时，常闻报纸批评政府，苏俄无国外市场者，因俄国出产现尚不能供给俄国本身之用也。

参加扶轮社午宴者有前美国驻华公使休门博士，美国驻沪总领事克银汉，德国驻华公使都特门博士，英国驻沪领事韦特慕氏，日本使馆员及上海工部局日本董事岗村。

(《大美晚报》1933年9月1日)

84
反战会议代表五人来沪

出席世界反战会议巴比塞调查团，一行共五人，于八月十九日上午一时半，乘法轮安特莱朋号抵沪，在招商局中栈码头登岸，上海各文艺团体曾往欢迎，英国代表反战会主席马莱于轮次谈话云：“巴比塞因病重滞法，此次未同来，反战会代表在德曾被捕多人，惟前谣传已被杀之路易稜现已释出，本人于上海开会毕，拟赴日本，惟调查团是否往满洲调查，尚未定，但全国意见均愿前往观察……”。此次抵沪之五代表，为（一）英国代表马莱，反战会主席，马氏为麦唐纳组阁时代，曾任陆军总长。（二）英国代表哈密尔登，曾任伦敦泰晤士报驻德代表，十九岁时，曾来沪一次。（三）法国代表比皮[①]，为著作家。（四）法国代表古丢里叶[②]，为著名巴黎人道报主编。（五）比国代表摩梯克斯[③]，曾一度任比京白鲁苏尔[④]市长。马氏等一行五人登陆后，均寓华懋饭店。旋马莱与比国代表行装甫停，即乘船至日本，作某种观察，于八月二十一日抵神户，不料为日本库县警察部禁止登岸，后与外务省交涉后，遂准登岸，后在大阪时，又险为大阪生产党员所杀，故二人即遣返上海，闻在上海将有三月之勾留。

（《出版消息》第19期，1933年9月1日）

85
反战会代表由京返沪
接洽会务结果尚佳
决使大会得以开成

上海泰晤士报云，反战大会英代表哈密尔顿[⑤]，上星期六日，曾由沪赴

---

① 即波比。——本书编者注
② 即古久里。——本书编者注
③ 即马尔度。——本书编者注
④ 即布鲁塞尔。——本书编者注
⑤ 即汉密尔顿。下同。——本书编者注

京，兹已归来。据称，此行乃以私人资格往，携伦敦中国使署之介绍函投外交部，而未在该处谈及大会问题，惟与某某会员会晤时，曾涉及会务，得将误会消释，京中当道，对于大会可谓为以中立态度云。马莱勋爵昨(三十一)未发言论，仅谓渠对于哈密尔顿京行之结果，殊为欣慰，又称，各代表决使大会得以开成，其地点如不在上海，则即在上海之附近云。

大美晚报云，反战大会主席马莱勋爵今晨声称，渠决计北上一游中国旧都，如大会开会之期已预定，而有余暇，则拟于下星期内首途，否则俟开幕后启程，游期之短长，视启程之早迟定之。盖伦敦尚有事务急需归理也。南京之行，或将作罢，因渠希望在沪接晤政府官员若干人，下星期二日，勋爵将作播音演讲，且将译成华文，其题须临时宣布。昨日(三十一)正午，勋爵在本埠扶轮社聚餐演说，题为反战大会。略称，每一战争发生，当局者俱称为自卫战争，要知欧战发生之始，德英两国均同此口吻云云。昨日扶轮社之会，与会者有前驻华美使舒尔曼，驻沪美总领事克宁瀚，驻华德使陶德曼，及其他各国人士。

(《申报》1933年9月2日)

86

反战会主席马莱讲反战会议

谓非共党特不反对之耳

反战大同盟会主席马莱，昨日应本部扶轮社之请，在福州路江西路都城饭店，演讲此次在上海召集之反战会议，到中外名流甚多，极一时之盛。马氏演词，诙谐动听，记者特略志如次。

到会人物　昨日到会人物，计有美领克银汉，德驻华大使，及工部局日领署代表等数十人。

演讲记要　马氏首称反战会成立时，正欧战进行方酣，民众深恶战争之残暴，以为制止战争之唯一工具，厥为群众力量，过去之每一战争，必美其名曰自卫，现在英德日等国，均有此种声明。

鼓动战争　但事实上告诉吾人，战争之动机，无非系为其国家争光荣争土地。即各国报纸，亦莫不勉其国人，为国家奋斗，以杀敌人等一派言论，但战争之起因，并不在此，实在于经济之纠纷。

并非共党　马氏继续称反战会现已有会员三百万，其主旨并非共党，但亦不反对共党，如共党能参加此次会议，亦任欢迎。扶轮社请余演讲，足见该社为爱护和平之一分子云。

（《时事新报》1933年9月2日）

87
中国青年反帝联合会启事

（一）本会前为青年欢迎巴比塞调查团筹备会，兹于八月三十一日招待调查团会上宣告成立。兹定于九月一日正式开始办公，各界如有咨询，请即向大沽路永庆坊五十三号接洽可也。

（二）九月三日为国际青年节，本会特于是日下午举行庆祝大会，并为日帝国主义侵占东北及进攻福州，特于是日号召上海青年向日本领事质问，希各民众踊跃参加为要。此启。

（《大美晚报》1933年9月2日）

88
红军反帝拥苏代表大会开幕

红军反帝拥苏代表大会已经于二号上午在红军学校俱乐部正式开幕。上午八时各代表和嘉宾均精神奕奕的到达会场，会场中各团体赠送的匾联满挂，充满了战斗的紧张空气，在壮烈的军乐与国际歌声中，总政治部的代表李弼廷同志登台宣布开会，接着通过了大会的主席团，并通过以史达林[①]，台尔曼，波罗希洛夫[②]，片山潜，哥尔基[③]，周恩来，朱德，张国焘，毛泽东，项英等同志为大会名誉主席，又通过了大会的议事日程：一、洛甫同志的政治报告；二、李弼廷同志的红军反帝拥苏的任务的报告与总同盟的反帝拥苏工作报告；三、三个报告的分组讨论与总的讨论和结论；四、通过大会决议。

接着是各团体代表的演说，给了大会以许多的任务和希望，大会的代表则以不断的掌声来表示他们接受的诚意，最后一致通过了大会的几个通电：（一）致国际反帝非战大会电；（二）致苏联红军和无产阶级电；（三）致德国共产党和无产阶级电；（四）致东北抗日义勇军电；（五）告全国民众书等文件，便散会了。

下午二时，洛甫同志开始做政治报告，他以通俗的言语和实际的材料来说明目前时局的内容，更兴奋了大会代表反帝拥苏的战斗情绪。

晚间举行了反帝拥苏总同盟全体执行局互济会等团体欢迎代表的宴会。

大会的第一天在紧张的生活中过去了。

（《红星报》第5期，1933年9月3日）

---

① 即斯大林。——本书编者注
② 即伏罗希洛夫。——本书编者注
③ 即高尔基。——本书编者注

89
九月三日在上海举行国际反帝非战大会

上海通讯 世界反战代表团已于十八日上午十时许抵沪,群众欢迎者约二三百人,皆手持白字红底之红旗,并在码头上演讲,散发了多量的中英文传单,高呼各种口号,并有军乐队奏乐放鞭炮。代表团于群众热烈欢迎中,炮声与军乐悠扬中含笑下船,并定于九月三日在上海开国际反帝非战代表大会。

(《红星报》第5期,1933年9月3日)

90
马莱赴日经过

远东反战大会主席马莱勋爵于八月十八日抵沪后,次日及[即]偕同马度博士搭柯立支总统号赴日,与日方代表有所接洽,惟马莱勋爵与马度博士抵日后,日当局即拒绝彼等留日,两氏乃于廿五日返沪,据马莱在轮埠对新闻记者谈话,略谓:"吾人于八月二十一日晨七时三十分抵神户,当时已〈有〉东京外务省内务省政府新闻界代表多人以及许多翻译员等在迎候,吾人在海关检查时,即被摄影。"

查问四小时

马莱勋爵谓渠于当时被日人官员查问者,自上午八时起至下午一时计四小时,并在每组问题问毕时,该日人官员即电致东京报告答案与应再询之问题。

马莱勋爵称日官员第一组查询其之问答如下:

问：汝在日本拟会见何人？

答：英国驻日公使。

问：汝在神户拟上陆否？

答：不。

问：汝须赴横滨否？

答：是。

问：汝拟会见东京政府官员否？

答：是，余拟访晤荒木陆相及其他政府重要官员，至于会见一切手续将由英公使馆办理。

问：汝欲会见荒木陆相，为何？

答：为请求允许日代表参加反战大会。

问：汝须会见加藤否？

答：余对彼未有所闻。

问：汝知加藤现在上海否？

答：不知，但如属实，则甚佳。

日官员诘问其第二组之问答如下。

问：汝为一共产党员否？汝拥护共产主义否？汝相信共产主义否？

答：予并非为一共产主义者，亦并非为一共产党员，予相信一国家所采用的共产主义之方法，另一国家未必适用，但予并不反对共产主义，予对于共产主义之目标，深表同情，予乃一个社会主义者，假使有人说共产主义为社会主义之第二步，则让其抱此种见解，予希望与共产主义者及其他政党党员合作。

以下又是马莱勋爵所被查问之问答。

问：汝在上海曾会见孙逸仙夫人否？

答：是，予曾会见孙逸仙夫人。

问：以前汝知道孙逸仙夫人否？

答：不知道。

问：汝已电致英公使馆否？

答：不，此并无必要。

问：反战会议是什么？

马莱勋爵即对于反战会议之目的与概念，详加解释。

允许上陆

马莱勋爵继谓："日官员此等查问，约达四小时之久，至下〈午〉一时四十五分，另外一群日本官员前来通知吾人，称日本政府断然决定不准吾人在日本上陆，唯为特别对吾人优待起见，勉强准吾人在神户上陆，并只得勾留两日，即须乘日轮返沪。"

马莱勋爵续称日人所谓如此之特别优待，尚有一条件，即令渠等签一宣言，允许不见任何〈欲〉见渠等之人，并须服从警察之命令。

当时马莱勋爵即向日本官员提出不能服从警察之命令，渠并向日本官员诘问："假使警察命令予卧于街上余亦俯首听从乎？"最后日本官员乃对于"服从警察命令"之意义，加以解释。

马莱勋爵续谓："当时予继续声明，既如此，予走可也。予乃图与神户驻英总领事相见，但此立刻〈惊〉动日本政界，日人侦探即将吾人包围。"

"至下午五时，予打电话至英领事馆，适值总领事外出，晚上十时三十分，日人命令禁止予与神户领事馆来往。"

又据马莱勋爵谈话，其一只藏有书籍之箱子，被海关当局擅自开验，并搜去田中奏章等书籍数册。马莱勋爵又谓："吾人在日并未受到任何特别威胁，但假使予不签该日本官员所备之宣言，则吾人断不能在神户上陆，或必致搭柯立支总统号赴檀香山。"马莱勋爵对于日本之现状，谓日本政府现陷于极度紧张之状态，日本政府对于异邦人民，至为憎恶，而尤对英美人为然，凡欧人在进口时，非特须备受检验，且一举一动皆有人监视。马莱勋爵续谓："日本政府惧怕准许吾人上陆，因彼等深信反战运动影响之重大，盖日本政府决心要完成战争准备之故，惟此足以证明日本政府之胆怯，与其基础之不甚稳固。”

（《反战新闻》第2号，1933年9月6日）

91
马莱声明大会性质

马莱由日〈返〉沪时曾在轮埠声明，反战会日当局称之为共党会议，实则并非共党会议，而为包括一切组织的会议，共产主义者包括在内。马氏旋又于廿七日向新闻记者谈话时发表同样之声明，云释外界之疑云。

（《反战新闻》第2号，1933年9月6日）

92
沪东反战大会选出代表五十余人

沪东各重要产业工厂及失业工人区，各草棚等，为欢迎国际反战代表，拥护上海反战会议，已分别举行群众大会，选出代表五十余人，准备参加会议。昨该当选代表等，特举行代表团首先代表联合会的，讨论进行宣传，行大选举运动及对大会之意见及报告提案多起，当解决及组织沪东代表办事处，以利进行云。

（《反战新闻》第2号，1933年9月6日）

93
上海青年欢迎国际反战代表团

上海青年界所组织之欢迎国际代表团筹备会，兹定三十一日下〈午〉，举行招待会，参加招待者，闻将有八十余青年团体之代表，代表团方面，闻将由法国代表戈××出席。想届时必有一番盛况也。

（《反战新闻》第2号，1933年9月6日）

94
法南工人学生飞行集会拥护反战大会

二十七日晚八时，法界太平桥，聚集工人学生等百余人，举行集会。先由主席报告，说明大众应当拥护反战大会，反对帝国主义国民党内一切暴力压迫。接着，民众即大放鞭炮，散发传单，高呼口号。大家十分热烈。

又法南各工人学生反帝救国团体正在赶紧推选出反战代表，现已选出三十余人。

（《反战新闻》第2号，1933年9月6日）

95
反战会秘密集会

公开会议能否开会难预测

法籍代表发长文解释误会

世界反战会议举行，因受日本对上海租界之威胁，虽由主席团马莱勋爵等往各方疏通，要求谅解，但公开会议能否举行，尚难确定。惟据日文上海日日新闻今日刊登消息，则该会于一星期以前，由法比两代表在法租界亚尔培路附近之某所筹设秘密办事处，日来曾继续作二日夜之秘密会议，并有中国共产党代表二人，日本共产党代表一人参加。该项会议将继续至十日，公开会议之应否召集当取决于此。

更据日文上海日日新闻宣称，反战会议之法代表柯都利亚，乃法国共产党之创办人，并为人道报主笔，故抵沪后颇受法当局之注意。柯氏乃于四日发表长文，用以扫除一切误解。

今日上午十一时有自称国际反战会议被捕代表后援会代表之青年持函前来大美晚报，请代发布该会致马莱爵士、哈密尔敦博士、波比先生及其夫人，以及孙中山夫人宋庆龄女士函，暨该会之告各界书。

（《大美晚报》1933 年 9 月 8 日）

96
反战会难免流产　法租界禁止开会

马莱决向公共租界正式要求

希望获得同意准在界内举行

反战会议因法租界及中国政府当局禁止在界内举行，几经交涉，终未获得谅解。现在唯一希望只在能求得公共租界当局之允准，否则惟有流产。

马莱爵士昨日对本埠新闻界宣称，该会将正式向公共租界工部局要求准予在租界内开会，因法租界警务处及法总领事正式反对该会在法租界举行，谓界内不准任何有政治色彩之集会也。

法租界之禁止开会命令，系十一日午后五时，法总领事与法租界警务处之协商结果。当即颁下布告，略谓法租界内禁止一切集会，世界反战会议自不能在界内举行云。但据另一方面消息，反战会议曾疑于"九一八"在亚尔培路中央研究院举行，今受此打击，当不果实行矣。

至于中国政府方面，似亦难同意此项集会，而今后该会之命运如何，殊难预料，因各殖民地之代表上陆发生问题，即秘密会议恐难实现也。

马莱勋爵昨日又谓法领之反对实出于意料之外，因反战会在巴黎及安南之西贡均有分会，亦常举行会议。又关于日文报上海日日新闻谓反战会宣传反日及反德主义事，马莱勋爵谓反战与反泛击完全为不同之主义。救济希特拉[①]主义下牺牲者国际委员会之名誉会长爱因斯坦博士，马莱勋爵为该委员会之主席及英国分会之主席，鲁弗特为美国分会主席，但此项组织与反战会议毫无关系。

马莱勋爵又谓，反战会议并不攻击任何一国，又对日日新闻所称马莱勋爵受英国政府之指挥，以贯彻英国之反日政策事，马莱勋爵谓渠之反战运动与英政府毫无关系，而英政府对日并无反日之政策。

英国国会将于十一月七日举行会议，故马莱勋爵在沪之奋斗期间，将截至十月中旬，经美返国，因马氏为上院之反政府领袖也。并拟于返国之前赴杭一行，则系游览性质云。

今日本埠英文报登载广告，谓马莱勋爵今晚八时四十分在 XQHC(即

---

① 即希特勒。——本书编者注

XCBL)中国广播电台广播演说,该台电波为一·三○○。

(《大美晚报》1933年9月12日)

97
世界反战会议有“九一八”举行说

各国代表到沪者达百余人

开会地点仍在向各方接洽

申时社本埠讯　世界反战会议,自主席马莱爵士抵沪后,即进行开会事宜,积极向各方接洽,未能有圆满结果,已志本报。兹闻各国代表络续抵沪者,已达百余人。惟因接洽开会地点,以某种问题,尚未接洽圆满,致召集大会日期,迟迟未能决定。记者从另一面闻悉,该会有决定于“九一八”开会说,地点问题,现仍在分别向各方积极设法中云。

(《时事新报》1933年9月12日)

98
法租界当局禁非战会开会

马莱驳日文报新闻

字林报云,法租界当道不允非战大会在界内开会,法总领事梅礼霭昨(十一)已函复马莱勋爵,声明法租界内对于一切政治集会,不问性质如何,概在禁止之列,故马莱勋爵现将请求公共租界当局准其在界内开会。至南京国民政府态度,据马莱言,犹在未定之天,渠曾致函国民政府,刻正静待复音。马莱又辟日文报上海日日新闻所称，目前非战运动，从事排德排日之说，谓非战运动与反对国家社会主义运动完全为两种组织，绝对无关。各大国此时皆有救济国家社会主义下难民委员会之设立，该委员会与非战大会绝无关系。至于非战运动之活动，并非专对一国，更非反对日本，日文报之说，绝对无稽。再关于日文报所称，英国利用非战运动进行排日政策一节，马莱声称，非战运动虽得工党多数议员之拥护，但渠未尝获得英政府之赞助，即英国是否果有排日政策，亦属疑问云云。

（《申报》1933 年 9 月 13 日）

99
马莱讲反战目的

“战争为野蛮之举动　武力反足引起纠纷”

反战会议主席马莱勋爵昨日在 XQHC 电台以无线电广播演说，解述反战会议之目的，其演辞如下：

“欧战时若干人民均明了战争不能解决国际问题，战争为野蛮之举动，武力并不能代表真理，故反足引起无限之纠纷，而各交战国人民均感受痛苦，即中立国亦为波及，工人之家属受患尤深，故有国际联盟之组织，以消弭战争。但各国战争均自谓被动者，如日本攻满洲，竟公然诿为抵抗中国之攻击。古今战争之实在原因均为经济纠纷，然政府鼓励人民战争，则借口保全土地，民族荣誉，宗教问题，故未受政府宣传之人民均不仇视敌人。吾人欲消弭战争，必先消弭战争之原因，现在之帝国主义及资本主义具有修改之必要，否则因经济之需要而侵占他国土地不成者，则失业问题发生。中国为世界货物之公开市场，故竞争足以引起远东战争及各国互相猜忌。各国反对日本占领满洲，亦为自惧不及，实则法侵云南，美藉传教而增进对华商业，英觊觎西藏,故各国均不赞成反战会议。苏俄不反对反战会议,因苏俄尚不能自给,无帝国主义之野心,又惧日本攻俄。各当局反对反战会议之工具,为利用谣言谓,反战会议宣传共产及为第三国际之机关,此实不确。因反战会议〈不〉仅准共产党员参加,不歧视之,会议有信仰各种政党之工人代表参加,故无偏于任何政见之嫌疑。

余信改造中国,端赖全国工人农人之合作努力,反战会议欲教导中国工人反对战争及为民族谋幸福,并不准资本家利用工人,反战会议又提倡中国工人之生活程度,使工人得受教育及获得较好之环境。”

(《大美晚报》1933 年 9 月 13 日)

100
美专举行反战讲会
比国代表演讲　到会群众百余人

酝酿了四天更改了几次时间的美专学生欢迎反战代表来校演讲会,终于十一日下午三时在学校当局的禁止和压迫和同学们热烈的要求和拥护中开成了。

自十日晚决定明日下午三时请代表来校以后,同学即派代表重复向校方交涉,要求在学校礼堂开会演讲,学校当局无理由拒绝,坚持不允。一面又将同学们所贴通知全体同学前来听讲之时间的布告撕毁。但同学们情绪很高,都希望今天的演讲会成功。直至下午二时半同学代表将比国反战代表及翻译请来了,在学校大略参观一周,就到会客室坐下。这时会客室渐次挤满着本校同学和其他学校知道这消息的学生。一个个眼睛里闪着热烈的希望之光,在期待反战代表的演讲。这时同学们又另派代表去和学校当局交涉,请求开教室门,让大家进去,但当局终于不允许。并派一位穿着大绸长衫的先生来会客室见反战代表,他用那高等华人常用以自傲的英语想和代表攀谈，可惜代表不大会讲英语，他没法，只得和那位翻译说话。首先，查问了代表的履历，然后说明学校因还没开学，所以不开演讲会，教室因此也不能开门。最后还承他客气地说以后再欢迎这位先生(代表)来校演讲。这时代表就说此来并不要做什么，不过看看校，并想和同学们讲几句话而已。"那末，"那位大绸长衫先生说，"要讲话，就在这儿讲吧。"同学中就有一位出来说明，今天不只是本校同学，还有别的团体同来听讲，所以要请借一个比较大的地方。"不成，"那先生说，"校长吩咐不准借地方，实在没法答应。"大家看这情形很难了，就请代表在会客室演讲。这时人已经挤得很多，且继续增加着。每个人都沉默了，每一张脸显露着兴奋注意的表情，每一只眼睛里闪着希望之光。在这刹那沉寂中，反战代表从沙发上稍有坐出一点，直起身子，用一种坚定的声音开始演说了。略谓：

"帝国主义为了要解决自身的矛盾，加紧殖民地的侵略和压迫；为了利益的争夺，各个帝国主义者间互相敌对起来。各自竭力制造杀人的利器以侵服殖民地，和对付争夺者。他们都发狂似的准备战争，准备来一个全世界的大屠杀，以达到他们贪婪的目的。这样，第二次世界大战的危急就压迫在目前，然而，这凶残的战争只是为了少数的帝国主义的利益，来屠杀劳苦大众。所以欧洲的劳苦群众反对战争，并和爱好和平的人组织了全世界反战同盟。此次派代表到上海来调查，并举行远东反战大会。因为目前中国是各帝国主义共同侵略的目的物，他们想瓜分中国，取得中国之一部分。因此，帝国主义冲突，在这儿更尖锐，对中国民众的压迫也就更利[厉]害。反战代表的任务，就是要调查帝国主义在中国的暴行，报告于欧美及全世界民众，使他们都知道真相，大家联合起来，打倒那班预谋杀人的凶手——帝国主义。"

讲到后来，因为人太多了，代表更兴奋地站起来演说，这时临街窗口，显露着大批的群众的脸，工人劳动者的脸，情绪紧张地眼睛凝望着窗里，注意静听反战代表的演说。而宣言和传单也就在这时飞到每个人的手中，又飞出窗外飞到劳动者的手中。代表的演说完毕，跟着一阵鼓掌的合奏。突然，那位大绸长衫先生又跑上前来了，他向同学们说："诸位同学，今天反战代表在校演说的消息，不要传到外面报章上去。”

“为什么不要？”一位女同学问，“说出去是美专的光荣。”

“学校要不要这光荣还是一个问题。”长衫先生说。

“为什么？”那位女同学眼光射着他，厉声说，“难道反对战争是不应该？难道美专不爱和平？难道美专欢迎帝国主义战争吗？”

“也不是……”长衫先生含糊地说不下去了。接着那位女同学就向代表有所询问，略谓“中国民众在帝国主义压迫下奋斗，希望和欧洲劳动大众，大家联合起来”等语，代表答谓，“调查团当唤起欧洲人民和中国民众团结起来。彼此虽因地域之隔离，但仍可携手前进”。最后，代表说“希望中国大众和欧洲人民间有通信的连[联]系，以便互相了解，使团结更坚固的阵线，必能粉碎帝国主义战争!!”云。

（《反战新闻》第3号，1933年9月15日）

101
马莱接见被捕代表家属　表示竭力营救被捕代表

前以欢迎反战会主席马莱及各国反战代表而被捕代表多人，后经马莱之营救，一部分已获释放。惟尚有数人则不特未释，且已解往南京备讯。该被捕代表等均有家室，上有父母下有妻孥。自知其家人被捕后，一家老小，啼啼哭哭，情形极为凄惨。后以长此束手无策，究非办法。爰集议组织被捕代表家属会，竭力进行营救，并推某代表之妻某氏持函往谒马莱以求帮助。某氏乃于前日携其幼子赴外滩华懋饭店求见马莱。当蒙即行延见。某氏除以家属会之函面呈外，并口述代表等被捕之经过，解往南京之消息，及家属等惶惶不安之痛苦，并求援助之意。马莱当以极亲切之态度抚慰有加，并悲切表示当竭力设法营救，务使为反战运动而努力之代表重获自由。马氏且以该代表幼子可怜，特赠以糖果费二元以示爱护之意。该氏当即感谢辞出。马莱且亲自殷勤送出，直送至大门口云。

(《反战新闻》第3号，1933年9月15日)

102
电影界欢宴国际反战代表记

这回欧洲反战代表到上海后，各界民众得到了很大的兴奋，就是素来和民众运动比较疏远的电影界，也热烈地表示拥护并参加反战会议。

席设某大酒楼，记者到时，国际反战代表马莱、古久列[①]二氏已到，约有三四十人和马、古二氏热烈地谈话。每到一人，必经翻译介绍，与马、古二氏握手道好。马、古二氏精神非常焕发，间或杂以笑谈，满堂哄然。二氏穿极朴素之帆布西服，古氏且穿的是橡皮球鞋，不晓得的人一定不知道一个是曾经做过陆军总长的大英帝国爵士，一个是法国左翼文坛巨[匠]和法国国会议员也。

开席前，共到有六七十人左右，除各公司的经理，导演，男女明星等，尚有十余名著名的著作家出席作陪。开席前拍过两三次照。先是某有名男明星替马、古二氏拍，二氏挺胸鼓眼，做极雄壮之姿式[势]。后来大家合拍，古、马二氏在中，某有名的女明星站在二氏前面，其余的人围成一马蹄形，白光一闪，欢声四发。

席间首由某公司导演陈君起立发词，略谓：我们今天的欢迎会有特别的意义，因为我们不是欢迎外国的名士而是欢迎和中国民众站在一条战线上的同志。现在战争的黑影罩在全世界上面，远东之一角的中国，将为这次战争的俎上物，所以反对战争是中国民众最迫切的要求，五位国际代表远道

① 即古久里。下同。——本书编者注

而来，代表欧美数十万劳苦大众来鼓励中国民众，其功绩，其为正义而奋斗的人格，使我们感到无上的钦佩。因此次国际反战会议之经验，我们可以知道，东方和西方并不像英国诗人吉伯林所说，永远不能联合，事实上已经紧紧地联合在一起，因为无论东方西方，最多数的人民都是被压迫的劳苦大众，云云。接着有数人致欢迎词，大意相同，其中某公司导演卜君提到：中国文化工作并没有自由，因为帝国主义者和支配阶级用各种手段来压迫妨害，要中国文化发展只有反对帝国主义及其走狗一条路云云。

接着由马、古二氏致答词。马氏演词大意：诸君盛大之欢迎，并非欢迎我们个人，乃欢迎世界劳苦大众所带给中国民众之好意。现在战争危机甚深，中国一角危险性尤大，望中国人士须追求战争之原因。反战会议的使命虽大，但它的困难很多，望诸君与[予]以援助，云云。古氏演词中谈到法国民众反战情绪之高涨，及氏本人在人道报发表反战言论被政府监禁之事实，及反战运动付于全世界劳苦民众之意义。

二氏演说时挥拳擦掌，热情现于声色，满座为之动容。除二氏演说时分别拍照外，席间某有名画家替二氏画有速写，神情毕肖。二氏阅之非常高兴，提笔签名，再签上才学习的中国译名，有点像篆字又有点像图画，满座传观。

最后，有人向马氏提出两个质问。一个是，马氏初为陆军总长，为一“军阀”，现在却为反战运动的主帅，这“放下屠刀”的动机是什么？马氏答：欧战中彼亲赴前线考察，知道兵士绝对不愿战争，战争不过是特权阶级为自己的利益驱逐劳苦大众去作牺牲而已。所以他深切地明白了战争的罪恶，以为非反对不可云。其次是：马氏对于反战影片有何感想？马氏答：他所有〈看到〉的欧美影片中并没有什么可注意的反战影片，只有一片叫做《翼》(*Wings*)的，但也不十分好。目前看到的明星公司陈步高先生导演的反战漫画，十分佩服。希望回欧洲能把中国影片带去，介绍给欧洲劳苦大众，云云。

最后，马莱提出一质问：他在马路上看见巡捕打黄包车夫，把黄包车夫不当人看待。若在欧洲，巡捕必吃官司，但中国人却视为当然，不加反抗，为什么？席上公推某公司著名导演郑君回答：这原因是数十年来帝国主义用不平〈等〉条约束缚中国人民的结果。中国人民并非没有反抗，如震动全世界的五卅运动，就是反抗帝国主义压迫中国人民的很伟大的表示。近年来中国人民先仆后继，无非是想推翻帝国主义的统治，要铲除帝国主义把中国人不当人的现象，只有根本打倒帝国主义才得实现云云。

散会时已十一时，宾主畅谈，约四小时之久。散会时都满怀兴奋。

（《反战新闻》第3号，1933年9月15日）

103
马莱爵士私信被拆
质问日日新闻要求解释
并否认曾致函李维诺夫

反战会主席马莱爵士来沪，颇为一般人注意，最近又为马莱发觉一离奇拆信案，足见日人报纸与日本邮政当局具有连带关系。其事之起源，盖于本星期有上海日日新闻报记者克拉恩三人同至华懋饭店，访问马莱爵士，所询即关于马氏此后行踪问题。当时又由克拉恩语马氏曰：余有三点已探悉，（一）某日马曾致函一上海本地人，其信寄给谁氏及何时发出，尽已知悉；（二）马于某日由沪致函给一美籍妇人，信内所书谓余想于十月间到西伯利亚比洛必建地方，彼时必能晤汝；（三）尚有一函致苏俄外交委员会长李维诺夫，现其原函亦已摄成照片云云。

否认曾致函俄外长

谓马莱爵士阅此，勃然大怒。据马在当时称第一第二两国[个]确为渠书，第三致李维诺夫函，并无此事，必系冒发无疑。马氏又感觉到私人信件之无保障，遂作书致日日新闻社严厉要求解释该二信内容所得之来处。

昨马氏邀上海邮政局邮务长却泊兰说明此事，并由马氏推测而得有三点，被人偷拆信札可疑，(一) 由华懋茶房；(二) 上海邮局；(三) 邮袋寄苏联西伯利亚经海参崴时被日人偷拆。对于第一点马氏曾向华懋查明，决不有此；第二点亦向上海邮务长却泊兰查问，据称中国邮政办理之佳与信用良好，亦不致有人偷拆；惟第三点今克拉恩代表日日新闻，同时信中内容亦仅为日日新闻社中人所悉，故推测该信之泄漏因有邮件经日时被人偷拆，实有可能，故马氏现已正式缮函致日本日日新闻社长严厉要求解释矣。

致函日日新闻社质问

马氏致日日新闻社长函内容，大意谓余于十三号发出之信内容，即贵社记者克拉恩所讲事实，盖为探听我此后之行踪也。惟余曾邀上海邮务长加以研究泄漏原因，却泊兰当时绝对声明，决不会从上海邮局方面泄漏，且由华懋茶役，上海邮局及邮件经日赴苏途中三点推测，于第三点经日时偷拆，似有可能，总之，如何泄漏，可暂置不谈，但贵社代表克拉恩知悉函中原诿[委]，彼必知其来处，从何得到余有函致西伯利亚美国妇人，今不能以贵社欲得消息，拆人私函，况私拆人函为法律所不许，故此事务必立即答复，至于将来应付，此余现尚在考虑中云云。

马氏以严厉态度处理此事后，所谓日日新闻代表克拉恩昨由马氏邀至旅寓，再加讯问时，则克氏忽又否认，谓该三函内容非彼所语，但被[彼]时在马寓其他代表均谓克氏确作此语，故此事实生疑问。上海邮局方面据却泊兰语马莱，自愿合作调查此函之泄漏云。

日报又传暗杀企图

据今日日文报上海日报载新闻一则称，自华人方面得消息，谓马莱勋爵曾得苏俄第三国际资助八百万元，并与上海最近之政治暗杀如马绍武之被刺有关，故中国当局决不准反战会议在中国举行云。

英文大美晚报记者今晨走访马莱勋爵询问此事，马莱勋爵大笑，谓此说荒谬绝伦，渠一生从未有暗杀之企图，又谓关于渠之私信为人偷拆事，今晨又与邮务司研究，觉拆信事与反对反战会议有关。

（《大美晚报》1933 年 9 月 15 日）

104
世界反帝非战大会在白色恐怖下被迫延会

上海电　世界反帝非战大会本定九月三日开会，但美法帝国主义的租界皆不允许其开会，虽经马来多方奔走，终属无效，日本帝国主义反对尤力，并派反对派来沪活动，以破坏，因此大会已无形延会。前日马来赴日时，日本帝国主义拒绝登陆，并备受日本侦探式的新闻记者之包围与监视，马来每一举动与言语，他们都以电话告知日当局，马来所带之田中奏折等书，也被日当局搜去没收，同时有数日本工人代表往晤马来，亦遭警察驱逐，当时警察曾与工人发生冲突。

（《红色中华》第 109 期，1933 年 9 月 15 日）

105
反战会开会问题

法租界已明白表示拒绝
公共租界有允许之可能

反战会议在沪开会事，法租界当道，已经法总领事于日前明白表示，不能容许该会在法租界内开会集议。故该会主席马莱爵士曾拟向公共租界工部局要求在界内开会，昨悉马莱爵士曾于日前以拜会性质，往访工部局当局，惟尚未正式提出该项要求，记者昨自有关方面探悉，公共租界工部局对反战会开会问题，已有考虑，且闻有允准在界内开会之可能云。

（《时事新报》1933年9月15日）

106
马莱与日日新闻代表谈判
查询私函来源

字林报云，本埠日文报纸上海日日新闻，探悉反战会议领袖代表马莱勋爵私函一层，昨晨复经马莱与日日新闻代表克雷恩，在华懋饭店寓所，加以讨论，上海邮务司乍配林亦在座。马氏重述克雷恩前此所称，该报当局获有八月三十一日马莱致西伯利亚某美国女士函抄本，及马莱致李维诺夫函照片，又有柏林施美德莱寄沪函之抄本等语。克氏否认曾有关于致李维诺夫函一语，但立为在座他人所驳，谓当时亲闻其言。马莱嗣出致美国女士函纸稿，内容系希望十月间能在皮罗弼扬地方相晤，马莱并说明此函所指，系关于波兰与苏俄之犹太殖民事，因前经约定会晤故也，旋乍配林说明中国邮政局内，关防严密，对于泄露信函内容，几属不可能事。马莱又出华懋饭店经理函，否认饭店西崽有私拆信函之可能，并指出此项信件，常经由日本转送至西伯利亚，其后马莱即当本报记者之面草拟一备忘录，作为再行致函日日新闻主笔之根据，并谓保留续有行动权利，倘将来有法律行动，中国邮政当道，亦愿参加在内，而乍配林亦将向日日新闻方面调查，以明真相，此外马莱又否认曾致函李维诺夫，最后马莱乃致函日日新闻主笔，请其说明所得渠致美女士函之来源。

（《申报》1933年9月16日）

107
留英学会宴马莱

席间演说否认受第三国际资助
赴复旦大学演说听者六百余人

昨晚本埠留英同学会在北京路二十七号宴请反战会议主席马莱勋爵，由该同学会会长卢兴源主践，席间马莱勋爵演说略谓本埠日文报称渠与最近在沪谋杀中国反共要员三人有关，并受第三国际资助八百万元。苟详查渠与本埠汇丰银行来往之账目，即可悉此事之不确。若干人对渠怀有不良之成见，系属不幸，即本埠英文报亦反对其主张，盖渠此次来华负有和平之使命，并无其他企图。关于资本主义，渠意能使国家卷入战争旋涡，故应加以纠正，就观察所得，上海之西人确有歧视华人之心理，但马莱勋爵谓英国人士并未皆如是之恶劣也。昨日莅会者有留英同学会员六十人。

又昨日下午，马莱勋爵在江湾复旦大学演说，听讲者有学生六百人。

新华艺专制止开会

昨日上午九时，打浦桥南华界之新华艺术专门学校，有学生以路灯剧社名义，开会欢迎巴比塞调查团，因未得学校当局允许，被报告附近警察分驻所派警制止，发生纠纷，由警察捕去嫌疑分子三名，而另有一部分学生则另行集会，以对学校当局不满，并以被开除同学后援会之名义散发传单。

日传运动释放牛兰

又日文上海每日新闻今载称，反战会英代表汉密尔敦①氏于十二日下午三时秘密赴京，十三日夜返沪，渠此行系为营救被判无期徒刑现正在押之牛兰夫妇。渠并与牛兰夫妇晤面，深信牛兰妻之释放有八九分把握。

---

①　即汉密尔顿。下同。——本书编者注

拆信事日人作狡辩

关于马莱勋爵诋责日日新闻谓偷拆私人信件事，今晨英文大美晚报记者向本埠日本驻华某外交官询问，据答称，此为马莱与该报之私人关系，又有某日人谓马莱所提出之三点，其中第一点之答案为马莱何以可证明其私人信件不在中国邮政机关管理时为人偷拆，中国邮政之办理邮件虽极可靠，但中国军政当局常派人检查拆开信件，二年前有一外国使馆之公文惊为检查者所拆；第二点之答案为马莱谓其信必在经过日本境时被拆，何以马莱不疑其信在抵海参崴后在俄地被拆；第三点之答案为其信是否经过日域，其信之被拆在中日俄各地均有其机会也。马莱不应专指责日人。

（《大美晚报》1933 年 9 月 16 日）

108
沪东草棚贫民欢迎反战代表大会

第一日到会三千余人
第二日到会六千余人
马莱接连讲二次
古久列亲吻大旗

沪东杨树浦草棚贫民二千五百余户群众，于十四日下午五时，在广州路空场举行欢迎国际反战代表团大会，到会三千余人，男女老幼都有出席，大家都万分热烈，大家自动捐出三千余元，购买鞭炮。当场选出远东反战大会代表三十人，并决议"要求'反战会援助贫民斗争'"！捕房虽派来了大队巡捕，想要武力解散，但是群众过分众多，而且十分激昂，都不敢声响，悄悄而退。后来因为国际代表出席其他会议，赶不及到这里来，于是宣布散会，定次日再开。大家高呼口号而散。

十五日下午五时，先由群众五十余人，展开二三丈长的大布旗，站在原场所，旗上写着“沪东草棚联合会欢迎反战代表”这些大字。空场上已搭好了讲台。到五时二十分钟光景，国际代表马莱，古久列及比国代表到场，群众即鸣放鞭炮，临[邻]近各草棚内的住民，一听到鞭炮，就不论男女老幼，都拥到空场上来，不到十分钟，已聚集了四千多人，群众还是不断的从各方面拥来。于是主席团即登位，宣布开会，先请马莱演讲，接着，古久列和比国代表也依次演讲。群众集呼：

拥护远东反战大会！

反对拆草棚！

反对禁止养猪！

等口号，呼声震动一里之外。马莱等在群众狂热的拥护之下，兴奋得几乎流下泪来；马莱于是再跳到台前，热烈地演讲一次，群众间又是一阵震天的掌声。马莱讲毕，古久列要求和大旗亲吻，表示对群众的亲热；在群众的狂热的鼓掌声中，他沉着地和大旗亲了一个吻。接着群众中有四五人，陆续登台演讲，都是穿着破短衣的工人苦力。最后由全体通过提案十余项，有一项是“成立反战反法西斯大会沪东草棚分会”。同时，“远东反战代表大会临时筹备委员会”和“上海民众欢迎反战调查团总筹备会”的传单，也像雪片一般飞到群众的手里。《反战新闻》也有数百份在会场中分送，但一刹那立刻分完；拿到的快乐得手舞足蹈，没有拿到的都想抢上前去拿一张。到七点钟左右方才散会。

（《反战新闻》第4号，1933年9月18日）

109
青年大众欢迎反战代表

十三个青年团体代表到会
法国代表古氏热烈演说
成立青年反帝联合会
筹备会提案五项

八月三十一日下午二时，青年工人，店员，学生及儿童等十六团体，假座四川路青年会，举行欢迎国际反战代表团的大会。到会团体代表及个人共四十余人。主席致开会辞后，即由法国反战代表古久列演说。他先说了感谢大众的欢迎，之后就讲到诸帝国主义准备战争的猛烈；各国反战代表到上海来，受了多少压迫和阻挠。最后说到：真正打倒帝国主义，粉碎帝国主义战争的力量，只有全世界的工农劳苦大众，中国要从帝国主义及其走狗的压榨下解放出来，只有劳苦大众全力斗争。讲时非常热烈激昂，听众都十分兴奋，掌声像放鞭炮一般。演讲之后，即宣读英美烟工厂工人的一封信。然后，由到会团体代表提议，把旧“欢迎巴比塞调查团筹备会”改组为“青年反帝联合会”，当即全体通过，选出七团体代表为反帝联合会常委。最后，由旧“筹备会”提出书面提案五项，面交法代表，请他转交“反战代表团”。提案内容如下：

1. 拥护远东反帝反法西斯蒂代表大会。
2. 反对帝国主义压迫反战大会。
3. 参加十月十一日巴黎国际青年反帝代表大会。
4. 纪念九三国际青年节。
5. 反对帝国主义瓜分中国。

（《反战新闻》第4号，1933年9月18日）

110
四面八方一片欢迎声
外国语研究会“欢迎”
到会百余人

非战会议的主席马莱爵士和法国代表古久列十二日下午二时半在上海外国语研究会的欢迎会上演讲《未来的战争和中国的关系》。

外国语研究会上海研究英法德俄日世界语的青年所组织的团体，是日在北四川路某学校内开欢迎会。会〈场〉里热烈亲挚的空气使在场的百余青年和演讲者都感觉到十分的满足。

先由该会会员温君致欢迎词，后由冯君翻译英语略谓“东方不久将陷于战争的暴风雨中”。“在这暴风雨中的中国命运定是不由自主的在帝国主义的炮火下受分割。中国的民众万不能束手等待牺牲。我们应该在世界的被压迫民众和无产阶级队伍里寻求我们的朋友。我们欢迎马莱爵士和各国的代表，不但是欢迎他们的个人，是欢迎他们背后的世界被压迫的民众……”

马莱爵士起立演说，说：“第一次的世界战争已经将世界上的殖民地分配完了。第二次的世界战争结果是瓜分中国。英国帝国主义的眼光向着中国，法国帝国主义的眼光是向着中国，日本帝国主义的眼光是对着中国，美国帝国主义的眼光也是对着中国。中国是帝国主义寻求解决资本主义制度危机方法的唯一出路。”

马莱爵士又说：“帝国主义者也知资本主义制度非改变不可。意大利以及德国都说是将资本主义制度改变过去，但是他们的改变已救济了资本主义吗？不，他们不但不能解决资本主义制度的危机，反而加倍催促资本主义制度的崩溃。惟有苏维埃俄罗斯才是把资本〈主义〉制度改变了。俄罗斯在国内建立它的社会主义制度，它不是唯一以寻出[求]世界市场为目的。所以，惟有俄罗斯才不需要战争。”

这演讲者末后说：“世界上其他的任何国家都恐惧这个反战会议。日本帝国主义恐惧这个会议因为它恐惧这会议攻击它的占领东三省。英国的政府恐惧这个会议,因为它恐惧这会议反对它对东方的经济侵略。法国政府也以同样的原因恐惧这会议。中国政府也恐惧这会议,因为它恐惧失却帝国主义的欢心。……但是中国民众不会恐惧这会议。你们需要这会议,所以你们要拥护它,要派代表参加这会议。"

第二由法国代表古久列演说法国政府和日本政府的勾结,说:"法国一方面以军械供给日本政府攻打中国,一方面又以军火卖给中国政府。在这里法国政府做了很大的买卖。法国还以借款借给日本来开发东三省。法国在东三省事件之中是坐收利益的渔人,它当然不会帮助中国。"

讲完之后,全体鼓掌,大家都热烈万分。

文化界"欢迎"!!!
到会八十余人

十六日下午上海文化界在四马路大西洋西菜社招〈待〉反战代表,到会者电影与著作界八十余人。代表到者有马莱爵士,巴比及其夫人。首为主席致开会词,述说反战意义。次即马莱代表发言,略谓此次来沪,受各界之热烈欢迎,见中国人对于反战情绪之热烈。彼将带一最快乐之消息回国去。

次有曾某女士致言代表夫人云:彼为代表数千万之劳动妇女,来出席此次反战代表大会,望代表夫人略言彼国之妇女,尤其劳动妇女对于反战工作情形;并此次来华,对于中国妇女反战运动之观感如何。夫人答言法国妇女运动颇为进步,即多数之小资产阶级妇女近皆能转变,与劳动妇女一致参加反战运动。至于中国虽参加反战运动之妇女人数较少,然先进之妇女,俱能积极参加,表现热烈情绪。莅会诸人皆情绪热烈,对于帝国主义战争,尤其对于最近暴日之侵略表示愤恨。最后有多人对该会有积极工作之提议。

马莱因七时须赴他会,故先去,该会到八时余始散。

留英学会“欢迎”!!!
到会二十余人

英国留学生会昨晚设宴欢迎马莱爵士，到者不下六十人，地址在北京路二十七号。到者马莱爵士，咸米尔顿[①]，普皮[②]三人，由卢兴源主席。

在介绍是晚演讲者的时候，卢说该会得英国名人的马莱爵士同聚一堂，实在万分兴幸。

马莱爵士起立致词表示感谢，说卢不应称他为“名人”，应该称他为“歹人”，因上海一日本报纸诋他为沪上三位反赤华人被杀案的负责者。

同一的日本报控他曾领受第三国际八百万元，马说“他存在汇丰银行的存款即可以证明这个控词为不实在”。

马莱又说：“人们将我们描写为有两只角一根尾的东西，而又说我们属于第三国际了。”

反战会议的主席对于人们的偏见表示悲痛！人们的偏见，他说，早已经不断地将思想僵化而拒绝将社会主义与共产主义下一无偏无颇的试验，这两东西在他看来实在没有什么极大的分歧。

马莱说这里对于反战会议在租界开会的一片反对论调实非他和他的同寅所料及。他对于英报的反对表示遗憾。

他又说，这代表之来华为求和平，但反不能容于中国。

说到资本主义，马莱爵士说资本主义造出的境境[③]，只使残酷，自私，不忠实的人们才有成就的可能。资本主义国家间的冲突势必引到战争方面去。

临末这演讲者说在他居留上海的几个星期内他深深感觉着那所谓“上

---

① 即汉密尔顿。——本书编者注
② 即波比。——本书编者注
③ 原文如此。——本书编者注

海思想”(Shanghai Mind),他希望这里的人们不要以为一切英国的人民都是和来这个城市的人一样坏云。

复旦大学欢迎
到会七八百人

十五日下午,江湾复旦大学举行欢迎反战代表演讲会。马莱到会演讲。听众七八百人,大家都兴奋万分。

(《反战新闻》第 4 号,1933 年 9 月 18 日)

111
马莱惊叹“怒吼吧,中国!”
黄金今日映　最后一天

戏剧协社于十六日起假黄金大戏院表演世界反帝名剧“怒吼吧,中国!”一时轰动全市,每场观众异常拥挤,世界反战会主席英代表马莱爵士特于昨日偕同法代表久古烈①氏夫妇等人联袂往观。戏毕,中外新闻记者特请马莱氏批评该戏演出,据马氏发表谈话云:“此次该剧之演出,虽因经济困难及剧院关系,而舞台成绩殊属惊人。表演技巧优良非凡,而尤以小饭店一景最佳。余意故事本身可谓事实公允之写图,解述剥削中华民族之外人的瞭望。由于全剧所得之教训主要者在使工人明了剥削之意义,与认识资本主义剥削必随之以残酷,霸道与战争也。余未必可断言该剧中所表现之工人精神代表一般工人之感觉与认识,但无论如何其为民众反抗残酷与霸道则无疑。彼等除组织外几无可为。故余欲观众感觉之教训即无教育与组织,必不能

① 即古久里。——本书编者注

阻抑帝国主义者对华侵略，不平等条约与治外法权，及租界制度也。”

（《大美晚报》1933年9月18日）

112
反战会议力抗帝国主义的阻碍！

反战大会在上海开会的问题现在正遭着英日法帝国主义及国民党联合战线的阻碍。

以“民族工党”麦唐纳任首相的英国是日内瓦裁军会议的原动力。然而以英国占绝对势力的上海公共租界截至今日止，仍竭力拒绝大会在该界内举行。

白里安“和平主义”乡土的法国，哈瓦斯通信社时常称的世界唯一须要“和平”的法国，经过它的上海法租界当局，也严峻拒绝大会在上海法租界内举行。

日本呢！以“维持东亚和平”为己务的日本呢！它扣留了反战代表团的马莱爵士与马都博士，不许在神户登陆，并于次日遣送他们回上海。同情反战会议的日本人士也大批被它捕捉下牢。

国民党呢！中国的“民族主义”政党呢！中国的“民族利益”战士（以不抵抗，投降，积极帮助帝国主义来达到这目的）的国民党呢！它与反战会议有不共戴天的仇，它至少捕捉了五十个同情反战会议的人们，其中之一的张耀华——正路编者——据说已经被处死刑了。

反战代表团系于八月十八日由英工党马莱爵士率领到达上海。其中人士有法共党的环音考托，比工党（第二国际）的马都博士，英的汉黑顿[①]，法社会党的波比。

① 即汉密尔顿。——本书编者注

第二星期马莱与马都曾赴日本，被阻于神户，第二日即被遣回上海。在神户旅馆内的一夜，日本警察重重监视不许日本工人代表与之接近。

代表团继即进行与上海华法英当局接洽开会地点。据目前所知华法当局已正式拒绝。同时全中国各地代表据报已云集上海正迫待大会举行。代表团连日已参与许多工人学生的小会议，并在热烈的会议中通过了许多反战提案，虽警察的恐怖四周都是。

自然帝国主义的报纸对于反战会议是异常的忿怒的。尤其英帝国主义的字林西报在百无聊赖当中只好说"大会不过又是共产党的深谋狡计想以绕道的方法推翻已存在的秩序"。日帝国主义的报纸甚至于说马莱爵士对于最近几个国民党密探的被暗杀也有关系。

把大会加一个共产党的帽子，于是乎各当局对于拒绝开会都振振有辞了。对于这种借辞的拒绝，法代表环音考托曾于九月四日有所声辩，但全上海的报纸都不予登载。

这位法共产党领袖的答辩中有："自然反战代表团的每件事都不是能依照帝国主义者的意思的。它的任务是公开的，它的目的是明白指出了的！至于共产党员呢，反战任务不过是他们的最起码的任务，他们也加入这个会议。不过证明他们很愿意与不论哪一派政见的人们，只要他们诚意想以有效的方法反战，联合在同一的团体之内。"

"共产主义不过是现在世界上成千成万的人们所依附的主义，北欧亚一万六千万人民所奉以鼓舞的信条。"

"最令人〈吃〉惊的就是凡反战的，凡要诚心帮助中国自由统一的，几无不被称为共产党……是不是我等应当了解，只有共产主义里面，统治者才看见有帝国主义战争有效的敌人呢！"

（《中国论坛》第2卷第10期，1933年9月18日）

113
危害反战会议的恐怖！张耀华被害！楼适夷被绑！

残酷的警察恐怖已在各方面追猎所有反战大会的同情者。不依正式“法律”手续的逮捕现在已经有将近五十个人。青年作家张耀华已在南京被处死刑。楼适夷，另外一位落入蓝衣社流氓手中的牺牲品也失踪了。公共租界巡捕房与市公安局合作干的这些逮捕。八月十八日欢迎反战代表团的十五个示威者，经公共租界逮捕之后不到三个小时就被引渡给市公安局了，连普通应有的法院过堂的引渡手续都没有经过。

这次的逮捕开始于八月十七日，反战代表团到沪的先一日。在当日上午九时，市公安局遣派大批武装探警往施高塔路四达里五十六号正路月刊主编张耀华家中将张捕去。逮捕的时候并无正式传票，纯系硬绑。这位作家的作品散见《东方杂志》，《申报月刊》，《现象杂志》，并编有国际政治经济问题小册子多种。被捕后，他即被解往南京，为国民党所害了。

张的罪状，仅系渠曾列名欢迎巴比塞反战调查团启事！

警探守候在张的家里，又捕去了两个访张的友人。同日上午狄司威路有数处被搜查，共捕去十七人，其中有几个青年女子，都是参加反战大会筹备委员的群众团体分子。

在十八日反战代表团抵沪的时候，有许多工人学生手执红旗在码头上示威欢迎。巡捕先抢去了旗帜，及至代表团离开了码头的时候，又捕去了十五个人，其中还有几个青年女子。这次的逮捕是在当日午后二时在公共租界境内由英籍巡捕执行的。但这些犯人都解往南市公安局去了！公共租界不再高兴要麻烦的引渡手续！

一星期之后，一个青年女子被开释了。又过了两星期，又有两个女子被开释了。大约在八月二十八日那天，有二十五个囚犯被解往南京。现在市公安局内约还锁着二十名。这些数目字不一定正确，但一定是最低的可能，因为逮捕的精确数目我们一时查不到。

吴市长曾经告诉马莱爵士说这批被捕的都已经释放了。这是扯谎!

楼适夷,一位青年的小说诗论文小册子作家,左翼作家联盟的活动分子,在上星期六(九月十六日)夜五时被绑去了。楼最近对于反战大会非常热心,并帮助反战大会的《反战新闻》出版事宜。

楼于当日午后离开了狄司威路友人家往访住在法租界的友人。他在快到五时的时候离开法租界的友人家。自此而后他便音踪不明了。他的青年的妻子找他不到。星期日上午两个蓝衣社密探跑到他家里,幸好他的家里已经没有一个人在那里了。

毫无疑问的,楼又是成了上海野蛮蓝衣社恐怖的牺牲品。从各方面的消息所指示的,他一定在马路上被绑去了。他的命运不会和丁玲——已被害了或仍要关在黑牢里——一样吗?

(《中国论坛》第2卷第10期,1933年9月18日)

114
工部局董事将考虑准否开非战会
中国当局尚未答复

上海泰晤士报云,反战大会英代表领袖马莱勋爵,已向公共租界工部局,正式申请,准其在界内开会。闻各董事将立加考虑,而于数日内答复。又据华人方面消息,马莱勋爵曾向中国当道作同样申请,但迄今尚未得复。

(《申报》1933年9月18日)

115
上海青工招待反帝非战大会代表

上海十三日电　日前上海青年工人招待反帝代表法国人道报主笔，及《中国论坛》主笔，计划青工代表三十余人，最先由反帝代表们演讲，略谓久闻中国白色恐怖的严重，现在是亲眼看见了，中国工人们在这样严重的白色恐怖下进行英勇的斗争，实在令人钦佩。他们又说“中国唯一的出路是苏维埃与红军”，这引起群众大鼓掌。后来工人代表又将各意见书授予法代表，正在茶点时，巡捕来了，问开会为何不报告，群众即答非开会，是请外国朋友吃茶点，此时法代表早将意见书纳入袋中，故巡捕一无所获，亦无捕人云。

（《红色中华》第110期，1933年9月18日）

116
反战会议将流产

工部局昨晚函复马莱勋爵

疑难准许在公共租界举行

世界反战会议因上海华租界当局制止，将宣告流产，公共租界工部局已正式通知该会主席马莱勋爵，碍难准许该会在界内举行会议。马莱勋爵昨晚接得工部局秘书钟斯署名之公函如下：前接得阁下九月十二日来函，请求在租界内举行反战会议，本董事会详加考虑，按照现在情形，举行会议一事，碍难照准等语。据马莱勋爵昨晚语人，谓此本在意料之中，此后会议究竟如何办理，尚无决定。

反战会议原拟在法租界举行，但未获法租界当局核准，而中国官厅亦与租界当局取同一步骤，故最后一线希望在能得公共租界当局之准许，但现又绝望矣。

（《大美晚报》1933年9月20日）

117
公共租界工部局前晚函复马莱
未允反战会在界内开会

反战大会代表领袖马莱勋爵，日前致函公共租界工部局正式声请，准在界内举行反战大会后，昨闻工部局业于星期二晚间函复马莱声称，台函所请在公共租界开会一节，业经工部局审慎考虑，以种种环境关系，未便应允云云。

字林报云，记者昨晚晤与马莱同来之某代表，据称，工部局之复函，并非出于意外，各代表现方讨论今后应取之第二步骤，但尚未有所决定云。

（《申报》1933年9月21日）

118
反战会泛舟集会
马莱爵士正在慎重考虑中
易地或中止将取决于巴黎

反战会议主席马莱勋爵因中国及租界当局不准其在中国境内举行反战会议事，今晨语人，谓当局虽反对，但仍能在中国境内举行，因政府某闻名之官员曾提议何不在船上举行，故渠对此言现加以慎重考虑。马莱勋爵又谓已有人表示愿以其船只供开会之用。并云，如上海河港当局反对，则可将船驶至中国领海之外，不必向任何当局要求准许开会。

马莱勋爵现俟巴黎反战总会之复电，闻总会或将命各代表即日返欧。马莱勋爵又谓反战会议美国代表等均为美国知名之士。并表示美国政府或不反对该会议在美境举行，并提议在旧金山或檀香山举行。

又据今日字林报载称，反战会议先后经中国及英法两租界当局禁止举行，将来是否因此流产，抑或别作良图，现尚未悉。

据该会英代表汉密尔敦昨告报界称，该会筹备委员会代表已商决将经过情形暨各代表之意见致电巴黎总会并请示今后行止，闻一周后即可得复。

汉密尔敦又谓巴黎总会或将主张此次远东会议不在中国境内举行，而改在太平洋沿岸其它任何地方开会，或竟令暂时停止在远东开会而召各代表返国。但无论如何，各代表必留沪至九月底。渠并谓中国政府对反战会议正式请求在华界开会事尚未有答复。

闻马莱勋爵返国时，将在比洛比得小作逗留，因马莱欲视察该地之犹太人集团。

（《大美晚报》1933 年 9 月 21 日）

119
沪东码头工人欢迎反战代表
外国爵士：进阁楼挑麻担

本月十七日上午十时，码头工人四百余人在浦东老白渡开欢迎反战代表会。马莱爵士到会后，即开始演讲。这时候，浦东警察多人来禁止开会，工人大众高呼“不停止开会！”“警察滚蛋！”结果，马莱对警察签字负责不发生意外，警察见群众声势赫赫，没有办法，只得让大家继续开会。马莱演讲完后,群众即开始提案。除了关于拥护反战会的提案之外,还提出“不准拆草棚!”马莱笑着对群众说:“不必不准他们拆草棚呀,他们拆了草棚,就要南京政府造起砖瓦屋子给工人住!”工人都齐呼“好!好!”后来还提出“争出二八制!”“要求增加工资!”等关系工人切身利益的提案,都经全体鼓掌通过。接着,工人就推举参加反战会的代表。

散会之后,群众仍旧蜂拥在马莱后面,马莱走到一间工人住的破屋前面,就走了进去,爬到阁楼里去看看,说:“你们住的地方怎么这样坏!在中国的资本家剥削真厉害!”他随即在身边摸出一块钱给房子里的孩子。后来走到路上,遇到一个挑麻担的,马莱又来试挑一下。大众一直送他到码头,方才鼓掌而散。

(《反战新闻》第5号,1933年9月22日)

120
沪东区草棚联合会举行欢迎反战代表大会

英德法比各国代表相继演说

到会群众六千余人

一九三三年九月十五日下午五时。

在沪东眉州路圣心医院后的广场上,召集欢迎反帝反法西斯大会。会场中央布置桌子一张,八尺大旗一面,上书:

“沪东草棚联合会欢迎反战反法西斯代表团!”

用竹竿二根,插在桌子前面,凌空招展。群众络络续续的来了六千多人。情绪高涨,仰头鹄立,等候代表们惠临。不久有汽车二部,从西向会场开来。群众大呼:

“来了!”

“来了！”

随即鞭炮声也大起，群众愈集愈多，情绪愈加高涨狂呼：

“欢迎反战代表！”

“欢迎反法西斯代表！”

无论年幼的孩子，年老的妇人，面部都流露狂欢的情感，兴奋的精神，纠察队也在这时动员，守卫会场，宣传队也动员，分发传单报纸。群众有未得到者大呼：

“我也要！”

“我还没有！”

举手如林，向宣传队争阅，数千份传单，没有一刻功夫即行发完。

四个代表，就在这样的群众情绪高涨之中，走下汽车，向群众演讲。

第一位，是德国代表，他略谓：

“各国帝国主义，为要解除自身矛盾，加紧侵略，压迫殖民地，争取远东市场，瓜分中国，进攻苏联。但各帝国主义，为了利益，互相争夺，一天一天的利[厉]害起来，他们互相间对敌，一天一天的利[厉]害起来，因此第二次世界大战，必然要爆发的。可是这是帝国主义战争，为少数帝国主义的利益，而屠杀劳苦大众的战争！所以我们全世界的劳苦大众，都要起来，反对这个战争，不但要反对帝国主义战争，并且还要进一步，打倒这个帝国主义战争，消灭这个帝国主义战争！这才是我们大众的任务！

我们这次到中国来调查，来举行远东反战反法西斯大会，被各帝国主义虽然用种种恐吓的方法，以及卑劣的手段，阻碍我们，但我们为了正义，为了和平，是不怕艰难，到这里来和诸位相见的。

我们德国，虽然布满法西斯的白色恐怖，可是我们国内的劳苦大众，不但不被白色恐怖吓怕，相反的，我们更努力的冲破这白色恐怖与各国的劳苦大众站在一条战线上来，一致的反对帝国主义战争，打倒帝国主义战争，消灭帝国主义战争！”

继由英国，比国代表演讲。大意略同。最后法国代表演讲。他第一句就说：

“我是法国的代表，代表法国民众向中国大众致敬！”随后说及法国民众反战的情绪，与全世界劳苦大众站在一条战线上来打倒帝国主义战争云云。

各国代表演讲毕后，群众鼓掌如雷，欢声大作。后由草棚联合会代表二人，相继演说。略谓：

“各国代表的演讲，大家都听得了吧！

我们在这样困苦的环境中，受到帝国主义的侵略，受到帝国主义的走狗——××党的压迫屠杀。现在帝国主义的租界当局，要拆毁我们的草棚了。要我们露天住宿，无家可归！我们受到这样的压迫，我们大家起来极力的反对！极力的反抗！

还有，不要脸的××党，出卖了华北，出卖了上海，还要出卖整个的中国。各帝国主义制造了第二次世界大战来屠杀我们劳苦大众，这样的痛苦，我们受得住吗?！我们受不住！我们惟有团结起来，反对帝国主义战争，打倒帝国主义战争，才是我们的生路！”

二代表演讲毕。群众大声的提出四个提案：

（一）拥护反战反法西斯大会！

（二）加入中国领土保障同盟会！

（三）反对帝国主义的租界当局拆毁草棚及一切无理的压迫！

（四）反对禁止租界养猪！

最后大呼口号：

拥护反战反法西斯大会！

反对白色恐怖！

打倒帝国主义！

打倒帝国主义走狗国民党！

各国代表在临走时要求群众将大旗送给他们带去作为纪念。

就这样的把大旗送进了汽车。

大会虽已结束,但群众情绪的发展,这是开始。

群众围住汽车与代表们欢呼着。

“哈!哈!哈!”

大家望着代表们的汽车向西开去了,又一阵一阵的欢呼着……

(《反战新闻》第5号,1933年9月22日)

121

马莱说:我们是代表世界各国的劳苦大众
诸君是为大众努力的智识劳动者
巴比说:国民党帝国主义都有些法西斯化

文化界欢迎反战代表补记

九月十六日下午六时,全沪文化界——著作家,戏剧家,电影界——在四马路大西洋西菜社举行欢宴反战代表大会。共到九十余人。反战代表计到有马莱勋爵,波比,及波比夫人等五人。已志上期本报。兹将主席的欢迎词及马莱的演讲略记如下。

主席的欢迎词:

“(上略)……九一八事件之爆发,日本完全占领东三省,我们都明白的知道:这已经是瓜分中国的开始。帝国主义者欲将中国的半殖民地化为纯粹的殖民地。因为世界各国的经济恐慌已经到了最尖锐的时候,都找不到一条相当的出路,这不只是日本。在日本未占领东三省以前,世界各帝国主义都已抱着同样瓜分中国的目的。中国被瓜分的形势已经更加严重了。马莱勋爵曾经告诉过我们,上海是最容易引起世界战争的一角。

“帝国主义者在中国的压迫已经有八十多年,这八十多年中,帝国主义者勾结反动政权对中国民众的压迫，是无时无刻不在加重。这，我们可以拿八十多年的历史和全中国的经济恐慌来作证明。现在，各帝国主义者还以为不够，还要商量进一步的来瓜分中国。因此，就酝酿着二次世界大战的危机。这危机，中国劳苦大众并非没有感到，尤其是九一八事变之后，中国劳苦大众都已经深切的感到了这一层。知道大战已经迫在眉尖了。中国文化界同人也都深切的感到。九一八事变以来，中国文化界同人，亦曾为反战做过许多工作。但我们都已知道，帝国主义者的战争是不断的向殖民地进攻的。反帝一点，不仅是应当拥护苏联，而且更应发动广大的劳苦群众来争斗。文化界同人更应当深切的向劳苦大众去解释反战的意义！(1) 说明欧洲各国代表到上海开反战会，是在各国劳苦大众拥护之下执行的。(2) 说明去年在阿姆斯特丹所开的反战大会，有伟大的力量，各代表将传达给我们。(3) 马莱勋爵及各代表到上海来，我们这样热烈的欢迎他们，并不是为了马莱勋爵个人，而是欢迎各国反帝反战的劳苦大众。(4) 说明反战会是全世界劳苦大众所促成的，也就是说：反战工作便是全中国劳苦大众自己的工作等等。

“今后，文化界同人，更应当为反战大会而努力，为劳苦大众而服务。今天的欢迎也就表示着文化界同人都有参加这会议的决心，并非是置身于反帝战线之外。

“现在各代表都是初到东方来的，有许多事情需要我们奔走商榷。如有询问，希望各代表随即提出来。我们同人中如有意见，亦请代表诸君提出讨论。”

马莱的演讲：

“我今天代表反战会议的全体代表，对诸位的招待表示深重的谢意。诸位都知道：我们是代表世界各国的劳苦大众而来的；因为他们都愿意联合起来，为世界和平而工作。在诸位的面前，我用不着再提及引起战争的原因和反战的原因，因为诸位通通是智识分子。我非常的感激，中国文化界的各团体能如此一致的联络到反战旗帜之下来。并且我还得感谢当局，今天竟能破格的和我们合作。至于我们是否能在上海开成反战大会，那是事实问题，现在还估量不到。不过，我希望诸位能在今天这样的合作精神之下，将反战的意义，迅速的传布到全中国劳苦人民间。因为没有什么能再比今天这一团更有力量：就是文学作家，戏剧家，电影家的一团。并且你们已经表示同全中国劳苦群众——劳力和智力——完全一致了。

“我今天所要贡献给诸君的只有一点，就是：诸君应当知道，诸君并不是安闲的知识阶级，而是为大众去努力的智识劳动者。

“最后，我觉得非常荣幸，我回欧洲之后，也一定将你们的反战情况，告诉给全世界的劳苦大众们。”

席中提出问题询问反战代表。

波比代表发表了下列的意见：

“我觉得到上海后，即有许多人包围，说话发言，都非常不便当，都要受监视。”“我觉得国民党和租界帝国主义都有些法西斯蒂化。因为我们在全世界都能自由演说，独有中国不能，真是太奇怪了。”“我现在才明白，上海租界完全是在帝国主义者压制之下，一切都要受帝国主义者的管束，……本人根本反对上海有租界。”“我非常明白，今天在坐[座]诸君，一定也有很多话不能说出口来的。”接着有某女士提议：“请波比夫人将法国妇女反战情况告诉一些给我们。”波比夫人就说：“法妇女现有二组织，由一个叫做汪斯妥坦的团体组织领导的。她们一方面解决自身诸问题，一方面做反帝反战工作。此组织先前是资产阶级领导的，现在转变了。”

波比代表接下去说：“英国有一个牛津大学，原本极崇拜英帝国主义及英皇的，现在也居然转变了。”

最后，某君等提议：“我们应当将今天的会议作一个决议，大家回去，都应当立刻负起促成反战会议实现的责任来。”大家都鼓掌赞成。

（《反战新闻》第 5 号，1933 年 9 月 22 日）

122
反战会静候巴黎复电
决定是否开会

上海泰晤士报云，据马莱勋爵所率之代表团昨日声称，反战会自接到工部局复函，拒绝在公共租界举行会议后，将于昨夜或今晨电巴黎世界反战委员会总部请示，各代表是否将在太平洋其他口岸开会，抑即此作罢，束装回国，将取决于巴黎复电。复电大约十日内可到，如会议果不举行，各代表个人或联合之行动，今尚未决定。惟问马莱将赴西比利亚阅视犹太人殖民地，其地为苏俄所给，凡各国犹太人因政治上或经济上之原因不能生活者，均可由一世界联合会资助移居该地，马莱亦该会会员之一也。

（《申报》1933 年 9 月 22 日）

123
上海女工欢迎反战大会代表

上海报　九月十六上海□□导的妇女协进会招待反战代表马莱等。共到妇女代表一百四十余人，有许多丝厂女工代表关于反对后又和欢迎各代表等的演说[①]并集资六元买汽水等给马莱等，当时大家都异常兴奋。

（《红色中华》第 112 期，1933 年 9 月 24 日）

---

① 原文如此。——本书编者注

124
马莱演说谈留学

昨日上海国际教育会，在博物院路亚洲文会举行年会，由黎照寰主席，邀请反战会议主席马莱勋爵演说。马莱勋爵主张中国学生应尽量往外国留学，但云中国学生之往外国者，应实事求是，除读书外不应有其他外务，如是则学成返国，以贡献其所得于社会。又谓美国教育注意指导学生建设大厦，设备精良之工具，及成财富之聚集；英国教育则费用浩大，仅富有者可以得高深之教育。但马莱勋爵仍信中国学生如有能力，应往英国求学。

（《大美晚报》1933 年 9 月 26 日）

125
宋庆龄与反战团

宋庆龄女士，为反战团中国代表主力分子，此次马莱爵士来华，宋亲自赴埠欢迎与招待。最近巴比塞反战团在沪颇为活动，并拟在各校作公开讲演，由宋亲笔致函各校当局，介绍该团派代表前来演讲，如新华、美专、法政等校，均接到此项来函。各校当局恐发生意外，故均婉辞相拒，该团人员颇为抑郁云。

（《社会新闻》第 4 卷第 26 期，1933 年 9 月 26 日）

126
反战会暗中活动

据日文报昨载称，反战会议被华租两界当局所禁止后，表面上虽无何等具体行动，但暗中在本地之反帝同盟支持下，最近已在数处开会，根据因马莱勋爵来沪刊行之反战新闻所载，该会代表等之活动如左：

（一）九月十一日，在四川路青年会，上海新人学会与反战会议代表一行，开大会之预备会议，决议反对帝国主义、反对法西斯蒂、援助东北义勇军、反对日本帝国主义侵略华北等六项大会提案。

（二）同月十二日，外国语研究会在北四川路某校，所主开之欢迎会内，马莱勋爵及克特留[①]氏相继演说，谓日本帝国主义之侵略中国迄今日完全发展至相互勾结之阶段。

（三）同月十四日，沪东杨树浦贫民二千五百余名出席欢迎反战代表之野外大会，中途被巡警解散，翌日再开。该处参加者有工人、贫民六千余名，决议提案十余，散发激烈之煽惑传单，声势甚盛。

（四）同日午后在江湾复旦大学，各代表在八百余名之学生前，演说反战大会之由来，及国际帝国瓜分中国。

（五）十六日，上海文化会员八十余名，集合于四马路大西洋西菜社，以宋庆龄女士为主席，开恳谈会。

（六）十七日夜，在沪留英学生六十余名，招待反战各代表于北京路二十七号，探听反战大会筹备工作之经纬，及协商各种对策云。

（《大美晚报》1933年9月28日）

---

①　即古久里。——本书编者注

127
反战声中上海印刷工友的大联合

一　成立反战会

上海印刷和报界工友经过"一·二八"日本帝国主义强盗的轰炸的教训，早已深深的了解了，帝国主义对中国的进攻，最受痛苦的，只有一切的工农劳苦大众！他们更看清楚了当帝国主义公开来轰炸的时候，国民党军阀豪绅地主资产阶级和一切所谓教授们一直到流氓小毕[瘪]三，都一齐投降了帝国主义；而能坚决的团结起来反抗的，也只有一切的工农劳苦大众！因此，当世界反战代表到上海的时候，他们首先就响应反战的号召——几十个报馆的和印刷馆的工友们，在四马路一个大茶楼上开拥护反战会议的会时，轰轰烈烈的成立了一个自己的上海印刷工友反战会！

二　热烈的作宣传工作

反战会成立后，他们曾坚决的组织了两个宣传散发队，他们不知道什么叫恐怖，他们克服了一切胆小鬼！他们曾在蓬莱市场，南京路，北京路，福建路和泥城桥等地方去开明作过宣传，所散的传单，总〈数〉在五千份以上！他们现在都得意的讲，要是在筹备总会还拿得到传单的话，他们就还要散发五万份！他们现在已经准备着拿到传单，马上就打进工厂去号召。

三　轰轰烈烈招待外国代表讲演反战运动

在最先，他们没有想着要招待外国代表，因为他们没有钱又没有地方来招待；他们都很气愤的说："我们受压迫，没有开会的会场；我们没有钱，不能招待到西菜馆去。妈的！我们应该想个什么办法才好?!"你一句，我一句的就闹个"不亦乐乎"！忽然内中有一个大叫起来了！说："好了，有办法了！外国代表是为反对进攻苏联的战争而来的，反对进攻中国革命而来的；到中国来开反战大会，为的是，主要的是要唤醒中国的工农劳苦大众，是要同中国的工农劳苦大众携起手来，所以，我想，无论我们请他们到什么地方，他们都会来的；虽然我们没有大菜招待他们，但是我们总可以给他们一次最诚恳而又野蛮的握手礼，这一次握手礼，他们将要带到全世界去，告诉全世界的工农劳苦大众！‘我们中国工农劳苦大众十分的愿意要同全世界的工农劳苦大众携起手来。’大家想〈想〉看，这样伟大的礼，未必还不比吃大菜好得多吗？！”于是，大家都热烈的嚷着：“好！好！赞成！干！就干！快写信去！……”结果，大家推举马三麻子照着上面的意思就把信写好，时间就定在九月十六日晚上七时，地点在浙江路同乐茶楼，信写好后，信封上写着：“送呈法界莫利爱路廿九号反战筹备会主席宋庆龄转交马莱主席台启”。

结果，十五号信送去，十六号下午外国代表就来请印刷工友代表到旅馆去见面，并致谢招待的美意！

印刷工友反战会写了信以后，又印发了两大张紧急通告，号告[召]各报馆各印刷馆的工友都来参加！同时，又个别的去找各人的所有的朋友来参加，他们又把主席团和纪录决定了；并且，决定了两队宣传队和大批的招待员，茶点和纸花更一一都准备了！

十六日晚七时数十个工友先到了同乐茶楼，接着外国代表就来了，还带了一个女翻译去，工友们真高兴极了，大家都去行热烈的握手礼同时又是鼓掌声，——就是这一握手礼和鼓掌声，就把一切的恐怖心理都消灭了！并把楼上楼下的人们都号召起来了！

主席宣布开会了，首先就请外国代表讲演，兹将其讲演词简单记述于下：

“亲爱的中国的工友们！今天承蒙你们这样热烈的招待，我是十万分的感激！同时，我一定要把你们的盛意和英勇的反战精神，报告给我们全世界工农劳苦大众！并且，还要要求全世界的工农劳苦大众一致的同英勇的中国工农劳苦大众坚决的团结起来！反对战争！反对将要屠杀千千万万的工农劳苦大众的进攻苏联的战争，帝国主义强盗间的战争！

工友们！日本帝国主义在'九一八'开始的轰炸，就是进攻苏联的第一炮！同时，也就是进攻中国民众革命的第一炮！这一个屠杀民众的战争，只有我们所有的工农劳苦大众都团结起来反抗的时候，才会打得粉碎，才会转变为革命的战争！这一革命的战争，将要把吃人的资本主义社会根本推翻！将要求得真正的中国的独立与统一，真正的民族的解放与自由！也就是将要求得整个工农劳苦大众的生活与幸福！

工友们！战争已经迫在目前了！而且就在远东的地方，特别是在中国的地方！

工友们！欧洲大战的结果，被屠杀的，就是我们千千万万的工农劳苦大众！我们已经知道了所以我们要坚决拼命的反对强盗战争！

工友们！亲爱的印刷工友们！我们希望你们热烈的参加世界反战大会！更希望你们英勇的领导整个上海工友来参加世界反战大会！

我们一齐都团结起来！

反对屠杀民众的强盗大战！"

大众在听讲演的时候，个个的血都在沸腾着，讲演毕，鼓掌声欢呼声更有如雷动。

其次，大家都嚷着："我们要推举代表参加世界反战大会！"结果，推举了四个代表：一个是申报馆的，一个是大美报的，一个是华文印刷所的，一个是某印刷厂的。

最后，他们散传单，呼口号，欢送外国代表去后而散。这一次的招待会才完全揭[激]发了上海印刷工友最热烈的反战情绪！开创了上海工友招待外国代表的先例！而且，上海印刷工友反对世界大战的呼声，必然的将要传遍到全中国和全世界的工农劳苦弟兄面前去，而且更会热烈的坚固的团结起来，反对战争！

（《反战新闻》第6号，1933年9月29日）

128
反战代表演讲忙
法西斯蒂给群众打了下去
马莱主张工人要有自己的工会

九月××日马莱在复旦演说，曾提出五个关于反战的提案，叫学生表决。会场中法西斯蒂立起反对，大发反对反战的言论，结果被群众打出去。

九月六日马莱在同乐茶园向七十余印刷工人演说，态度甚为激昂。大致谓汝等工人乃被压迫阶级，要用[有]奋斗之决心，全世界工人皆与汝等在同一战线，共同奋斗。

九月十七日马莱代表在浦东工人区演讲，讲海员问题，到工人七百余人。演讲地本为工人住宅，因被火烧去，工人搭一茅蓬[棚]居住。演说中工人情绪热烈，后有工人向马莱说，现公司欲将工人驱出茅蓬[棚]，另造新屋给我等居住，但须每月每人缴洋三元，我等无力付此巨数。现正在反抗中。马莱说：你们工人应当组织自己的工会，向市政府要求，免纳工人住宅费。最后工人请马莱代写信至市政府，闻已为写信送去。

（《反战新闻》第6号，1933年9月29日）

129
马莱痛论英国政情
（外论社译自泰晤士报）

一九二九年英国工党政府要员及现充反战代表团主席马莱勋爵，昨晚在外国青年会发表惊人演说，当时到会人数极众，马莱略述近来英国政治史，叙述现有形势，并对最近之将来作一预言。

马氏以一九二九年之工党政府，或为英国近世各届政府中最恶劣之政府之一，盖工党政府之措施，至恶劣而进至更恶劣之阶段，当然不免寿终正寝。一九三一年之选举，具有各项特点，在政府退职前，麦唐纳召集各部大臣于唐宁街十号，宣布麦氏与当时控制英国之美国银行家间之往来电讯内容，英格兰银行——一纯粹私人机关，为股东谋股息而经营——不得不向美国借入八八〇〇〇〇〇〇〇金镑，此项借款之条件，据纽约电告，即英国必须平衡其预算，并在失业保险基金上减少不利差额，而英国内阁五巨头之秘密委员会即同意此项条件，从此即发生剧烈争论矣。

马氏称，一九三一年之选举，为一早经预定之结果，其理由凡二，一即工党在上次选举之胜利，并不由于工党获得多数选票，而在保守党与自理[由]党之竞争；另一理由，即一般人并不了解此项问题，不过根据报载，以其邮政储金处于危境。实际上工党候选人，所得总票数与一九二九年选举时无异，惟以保守自由两党之合作故，工党仅获五十席，较之一九二九年之二八七席相差远甚。现在英国国会中反对党仅占五十席，其势力薄弱异常，而其中仅三十席为安全席。反对党之主要工作，由精[筋]疲力尽之议员十余人担任之，如此薄弱之反对党，自不能控制百分之九十之保守党员。一小部分为假工党自由党之国民政府麦唐纳对于鲍尔温贡献极大，渠医治若干保守党员之躁急病，此种躁急分子实为保守党之最大危机。结果政府在实际上一无事事，但在现状之下，现政府之形式或即为最佳形式，盖在资本主义制度下之国家，须一至少信仰资本主义之政府。

马氏继谓，此种情形仍然存留于今日。马氏以下次选举——或在一九三四年底——保守党将占大多数，得一百席，延续现有保守党式之政府。

工党现状颇为不稳，实际上工党中分为三党，即含有不少冷淡分子而自称为社会主义者之工党，独立工党即共产党是也。独立工党分子试以平衡其他二者之势力，工党有力量，共党有知识。

马氏并信除现有无所事事之政府外，其他仅有两种政府可得成立，愤激之中间阶级男女，或将不能容忍为放弃现有议会制度，起而成立一法西斯蒂之政府，但将予千百万人以不利，盖在获得位置之竞争者，工人将一无所得。另一办法即一积极的联合的社会主义运动。其坚决与剧烈一如法西斯蒂，改造国家之经济制度，并为大多数人民谋人生幸福中之应得部分。

问题在现有之议会制度，是否尚能发生作用。上议院必须废除，盖上院仅值得保存于博物院中矣。至于下院，已将其不少权转至政府。上海工部局当然任务极大，但无论如何，工部局已设法将其不少任务委之其永久要员。

有人向马莱勋爵提出问题，马氏答称，从工人之立场上面论，则渠不能赞同意大利之法西斯主义，并以剧烈辞句反对德国现政府，并引述德政府暴举，称之为“非文明国家所为”云。

（《大美晚报》1933年9月30日）

130
上海群众热烈欢迎反帝代表团

上海电　自国际反帝非战代表团来沪后，本地的广大劳苦群众都表示了热烈的欢迎，最近九月十七日在上海码头方面有一个三百多人的群众大会，请反战代表去演讲；在复旦大学同日也开了一个群众大会，请了反战代表团的主席马来去讲演，到会群众六百多人，情形极热烈，特别是十五日下午在沪东草棚（工人苦力的集会所）开了一个四千多人的群众大会，国际代表全体被请到会，均轮流讲演，群众亦自动热烈参加演讲，鼓掌声，鞭炮声，口号声，震天动地，传达数里，马来兴奋得讲演两次，与群众一起欢呼，并与群众的大旗接吻。

（《红色中华》第114期，1933年9月30日）

131
国际反战代表团五代表的略历

八月廿五日上海通讯　这次国际反战代表团到沪的第一批，计其五人，这五人的略历如下：

马莱——英国反战的代表，国际反战代表团主席。以前他曾加入过英国工党。

哈密尔登——英国代表。他以前曾当过伦敦泰晤士报驻德国的记者。他是在上海生长的，十九岁时又来过中国。

柯脱利亚——法国代表。法国一个著名报纸的主笔。

巴比赛①——法国有名的左翼文学家，国际革命文学协会的委员。

马铁克斯②——比国代表，以前当过比国京城白鲁萨尔的市长。

（《红色中华》第114期，1933年9月30日）

132
反战会议决定停止　马莱即离沪
定于四日离沪返国
拟在美另召集会议

国际反战会议代表马莱勋爵等五人，于上月十八日抵沪后，向华租界当局，极力交涉，在沪召集远东反战大会事宜，各方一致拒绝。迨至九月廿日，代表团致电巴黎本部请示一切，前日接巴黎本部复电，停止在远东召集会议。

---

①　误。应为波比。——本书编者注

②　即马尔度。——本书编者注

昨日(三十日)代表团在礼查饭查[店]会议,结果决定于本月四日马莱勋爵及哈密尔顿两人,乘诺威商轮离沪,经过海参崴,由西伯里亚铁路返国,途中视察平津及满洲各地。其他各代表决取道日本赴美,联络美国方面反战会员,在美国召开反战会议,马莱勋爵于昨日赴京,定于明日返沪准备离沪云。

(《大晚报》1933年10月1日)

133
世界反战会放弃在沪开会
已接巴黎总部训令
代表决定本周离沪

字林报云,世界反对战争委员会远东代表中之外国代表,因开会地点未能获得本埠各当道之同意,已切实放弃在沪召集反战大会计划,将于数日内束装回欧。昨日,英代表哈密尔敦曾代表马莱勋爵发一声明,说明此项决议,系前日接奉巴黎总部回电后决定,当十日前,工部局拒绝该会在公共租界开会后,上海分委员会,即行电告巴黎总部,请命进止,前日接巴黎训令,悉听在沪各代表酌量办理,于是在沪各代表乃与上海分委员会华委员立即集议,决定罢辍召集反战大会之举。嗣哈密尔敦又向记者声称,吾辈旅费,均归巴黎总部支付,故当遵从其训令。吾辈皆信逗留此间,或再向太平洋滨其他口岸试图开会,皆属徒耗金钱,无益于事,故在下星期中间或迟至周末,悉将离沪。马莱勋爵决计取道西伯利亚,往皮罗弼扬地方,一观新建德国被难犹太人移殖地,其他代表或有数人偕马莱同行,因取道西伯利亚,与取道美国,其旅费相若,而取道西伯利亚则为时较短也。如取道西伯利亚,则将乘挪威轮至海参崴,再换乘火车,不经满洲,因不知彼间是否欢迎余辈过境也。中途经皮罗弼扬时,仅马莱勋爵勾留数日,一观犹太人移殖地状况,此辈皆系逃避德国希特勒派而亡走波兰者，窘困万分，故遣送西伯利亚移殖。现各代表希望回抵巴黎后，再行最后集议一次，作成在远东活动报告。吾辈此次在沪，虽被禁开会，并不失望。吾辈曾作各种小集议多次，且与各界人物接触，马莱勋爵处曾接中外人士同情信函不少，余每顾信囊，辄惊异竟能得如许英人荷兰人丹麦人及其士女对吾侪表示甚大之注意与同情也。马莱勋爵现将取消北平与南京之行，此后一时之间，谅亦未必再谋在远东举行较大之反战会议。各代表行期大约明日可以决定。按各代表尚系八月十八日乘法邮安得来朋轮船抵沪，除马莱与哈密尔敦两英代表外，尚有法代表居都利爱与浦伯二氏及比代表马都博士云。

（《申报》1933年10月2日）

134
反战会秘密召开
九月三十日假某住宅举行
马莱宋庆龄及各代表参加

据今晨消息，各方对马莱勋爵拟在上海举行之反战会议，叠[迭]受各方之阻止，不得开会，已宣称将返英，并放弃开会之计划，认为马莱此行完全失败。但反战会议实已于九月三十日（星期六）在上海某住宅内举行秘密会议，到者有察哈尔、东三省、四川、河北、江苏、广东、广西等省中国代表及马莱勋爵暨英法等国代表共六十人，该会共历时一日，讨论消弭世界战争及组织反战会远东分会等问题，会议间由宋庆龄女士演说，马莱勋爵曾致开会辞，报告远东情形。

又有东北义勇军代表之报告，本埠各丝厂棉厂铁厂海员码头工会代表各作报告，又有察哈尔铁路工人报告。

宋庆龄女士又谓资本主义以战争为生命线，但劳动者则以革命为出路，以历史眼光视察，战争为毁坏之事，并不能解决资本主义之问题。对于反战会议之事，宋女士谓如帝国主义者不禁止集会，则参加反战会议者必有代表数千人以为中国贫苦数百万人民声诉其痛苦。上次会议受环境之支配，但仍有若干方面派代表参加，以发表其反对日本及其他侵略中国之帝国主义国家之意见，中国现已有战争，不久世界大战将爆发，资本主义即将失败，其自救办法，为继续国际战争以分配世界之经济市场。

该会宣言为英法日帝国主义虽非决阻止反战会议之举行，[①]但会议仍能举行，此足证帝国主义者之自饰其丑也。

（《大美晚报》1933年10月2日）

135
工部局拒绝开会后反战代表将离沪

马莱请示总部由沪代表裁决
放弃在沪集会取道俄境返欧

申时社本埠讯　反战会各代表，于八月十八日相继莅沪，当即与吾国及租界接洽，举行反战大会，未有结果。闻赴日本拟请该国派一代表出席大会，亦被拒绝登岸，又复返沪，经再度与各当局磋商，仍不得要领。工部局并正式通知该会，不准在租界开会，市政府及法租界当局，闻亦取同样态度。该会主席马莱爵士，即电巴黎反战总部请示，现已得复，谓一切由在沪各代表裁决。马莱爵士，前在理[礼]查饭店，召集各代表会议，闻已决定放弃在沪举行会议计划，日内即离沪返欧矣。

---

①　原文如此。——本书编者注

马莱下周离沪　据该会英国代表汉密登氏语记者云，现各代表，认为已无留沪必要，决定下星期中离沪。该会将不再在任何太平洋商埠举行会议。马莱爵士，已决定取道西伯利亚返国，俾得一游犹太各新殖民地“必罗必得强”，其他代表大多数亦将同时由该道返国。

避免经过伪国　汉氏继谓，各代表为避免经过伪满洲国起见，将先乘脑威[①]轮至海参崴，到达海参崴后，将乘西伯利亚国际车返国。待到巴黎后，各代表将再召集会议，草一报告书，详述此次在远东活动经过，俾向总部报告。

在沪尚称满意　汉氏末谈，此次在沪，虽未能举行大会，然得与各方接触，及举行小组会议，尚觉满意。马莱爵士自到沪后，屡接中外人士来函，表示同情。外人中以英丹等国男女居多数，对于各英报对该会公正之言论，汉氏表示谢意，并希舆论界能督促该会进步。马莱现已将北上之行取消，在最近期内，恐不再在远东各地举行反战会云。

（《时事新报》1933年10月2日）

136
反战会开会记

大美晚报云，今晨（二日）探悉上海各当道虽未允反战大会举行公开会议，而该会仍于上星期六（上月卅日）在本埠某私人住宅悄然集议，外埠方面曾到有察哈尔、满洲、四川、河北、江苏、广东、江西等处代表六十余人，由马莱勋爵主席，对于切实有效反对帝国主义战争问题，讨论终日，决定组织世界反对战争委员会之远东分委员会。当马莱勋爵宣告开会，并对远东时局作总报告后，即由宋庆龄女士演说，继以满洲总代表详细报告满洲现状，缕

① 即挪威。——本书编者注

述义勇军之活动，与二省境内反日革命潮勃[流]与情形，上海纱、丝、铁厂与运输工人代表及失业海员等，分别报告各该业工作状况。察哈尔代表为一京绥路工人，报告最近北方工人活动，及铁路工人奋斗情形。嗣乃发表远东反战大会总宣言，并通过决议案数条。至宋庆龄女士演说，为是日会中主要演说，极力痛斥帝国主义之战争云。

（《申报》1933年10月3日）

137
马莱日内离沪
往西伯利亚视察犹族殖民地
反战会系在上海市区内举行

反战会议主席马莱勋爵等一行，将于日内离沪，马氏等今晨在其寓邸，作来沪后最末次之接见新闻记者。当时大美晚报记者以外传上星期六反战会之秘密会议系在寓居大西路之欧洲佛教信徒照空家中举行，故曾询其确否。马氏于此，未即回答，而英代表汉弥尔登氏则谓余殊不能否认，只能谓会议之地点，乃在市政府范围内举行耳，其地址则未宣布。此事本埠之警务当局，曾竭力侦查，迄于今日，犹未得详报也。记者旋又询马莱勋爵等以开会之情形，马氏亦不答复，只谓惟此日到会之百余代表，现下大部业经遍返矣。马莱勋爵等归途将搭何轮，亦不允宣布，惟谓所搭者乃挪威小轮，中途经西伯利亚将视察犹太人殖民地，然后再返伦敦云。

（《大美晚报》1933年10月4日）

138
反战大会终于在帝国主义国民党压迫下开成功了！

正当国民党公共租界法租界当局互相庆幸压迫反战大会未使实现，反战大会突于八月三十日[①]在上海某处顺利的开成了会议，从江西苏区，满洲，察哈尔，福建，广东，江苏，上海等处到的五十五个代表都集会了，听到了各方面的报告，并组织了世界反战委员会的远东永久分会！

宋庆龄作了一个极重要的报告（演词另刊），马莱也对于一般的形势作了一个报告，并充大会总主席。主席团为马莱，宋庆龄，环音考托，马都，波比，苏区代表，满洲代表，上海丝厂女工某，上海纱厂青年女工某。大会推举了毛泽东，朱德，片山潜（日本），罗曼·罗兰，吉德[②]，巴比塞（法），德里塞[③]（美），高尔基（苏联），伏鲁希罗夫（苏联人民军事委员长），慢·托革勒（德），地米屈鲁夫（布加利亚）[④]为大会名誉主席团。

五十五个代表系由全国各地八百代表复选出来的。因为帝国主义国民党的压迫使大会公开举行困难，故决定在联合的警捕眼目不及的地方举行一个较小规模的集会。这个计划完全成功了。

各方面来的贺电，除日本朝鲜方面的已详于《反战新闻》一二三期，尚有安南西贡中国各地的都在大会之前宣读了。宋庆龄先以筹备委员会主席名义宣告开会后即由马莱继之为主席，马莱的报告述及一般世界情势，远东帝国主义侵略情势以及亚姆斯特丹反战运动的情势。

继之即为宋庆龄的演辞。福建代表报告最近各帝国主义战舰云集福建海口图镇压前进的红军。满洲代表报告东北义勇军活动情形及日帝国主义者阴谋备战进攻苏联。上海纱厂工人，失业海员，码头工人等报告上海工人

---

① 应为9月30日。——本书编者注
② 即纪德。——本书编者注
③ 即德莱塞。——本书编者注
④ 即季米特洛夫（保加利亚）。——本书编者注

生活苦状，以及上海工人迫切需要打倒国民党与帝国主义者。

（《中国论坛》第2卷第11期，1933年10月4日）

139
参加反战会议的代表成分与数量

代表如在公开的会议形式下至少中国的部分就有八百人，其中上海有四百人，河北有一百六十人，满洲有三十人，察哈尔五十人，厦门五十人，广东三十人，四川二十人，其余各处数人十数人不等。

因为地下会议不能容许太多的会众，所以许多许多的代表不能出席。在全体复选的五十五个代表中，上海占四十人，满洲三人，江西苏区二人，察哈尔三人，福建三人，江苏二人，广东二人。社会成分的分布为，男工人三十三名，女工人九名，农人二名，东北义勇军二名，政府军队士兵二名，红军战斗员一名，学生二名，知识分子四名。

五十五名代表的数目虽少，然而他们所代表的群众至少有一千五百万人。自然全国各苏区的工农群众就超过一千万人。上海参加选举的工人约五万余人，满洲义勇军参加选举的也约为三四万人，此外就是散在全国各处的革命群众了。

这里要指明的就是在白色恐怖之下，日本高丽台湾的代表都在会议之前被捕了。他们所代表的日本工农群众高丽台湾的被压迫群众自然没有算进去。此外中国方面还有为白色恐怖所阻不能集会选代表的群众还不知有若干。

（《中国论坛》第2卷第11期，1933年10月4日）

140
反战会代表离沪

将赴海参崴转西伯利亚返欧
会议决案将至巴黎后始发表

世界反战会主席马莱勋爵，偕各国代表来沪开会，虽未能依照原定计划，公开举行，但已开一秘密会议，议决各项要案等甚多。现马氏等已因会毕，于昨晨八时许，偕同来之英法比诸代表，乘中东铁路公司驻沪办事处所租用之挪威货轮阿斯壹尔登号离沪，直放海参崴。记者曾于反战会代表团离沪之前，向之询问上次秘密会开会地点，是否大西路奥籍和尚林肯氏（法号照空）之住宅，据英代表哈密尔登氏答称，"渠不能否认之"。至马莱勋爵，则于临行前不愿多发表谈话，但表示所有在沪所讨论决定之议案，将于回抵法京巴黎后，再行发表。闻马莱勋爵等准予[于]本月九日抵海参崴，然后经西伯利亚返欧。马莱所乘之货轮，系直放海参崴者，并不在日本任何海岸停留，抵海参崴后，马莱氏或将顺道视察黑龙江边境，俄日两方军队暗中对峙之危机，以及西伯利亚之犹太人移殖区域，然后经莫斯科返巴黎云。

（《时事新报》1933年10月5日）

141
国际反帝大会成功了

九月卅日开了一整天的会
到会代表兴奋得不可言喻
正式成立远东反战大同盟

上海专电　国际反帝非战大会虽经帝国主义国民党用尽严厉的白色恐

怖来禁止，但由于上海各群众团体的积极准备，与广大劳苦群众的热烈拥护，已于九月卅日胜利的开成了。

在大会未开以前，各地已经选举了八百多代表，并开了很多次群众会议，请西欧代表去演讲，上海较大的会议有沪东的四千人的大会，复旦的六百人大会，闸北丝厂女工二百人的各会议等。卅日的大会，因租界禁止不能大规模来开，所以就从代表当中选出六十余人，加上外国代表共七十余人，开了一整天。到会的代表有满洲，张家口，厦门，广东，福州，苏区，上海等地。其中工人占百分之八十以上，此外有农民，士兵，义勇军，学生，及科学家，还有女工童工，共产党员与团员占约十余人。大会会场的空气极热烈，欧美各大国代表完全到齐，宋庆龄与中国论坛主笔亦到席。各代表均有激烈之演说，尤其是中国工农红军代表说了一点钟，最受大会欢迎，结果通过宣言，决议，及拥护苏联与中国苏区决议书。并正式成立远东反战大同盟，选举了全体的出席代表为执行委员，所有代表兴奋不可言喻互相握手不忍分离。

散会后昨日即有女工铁工向群众报告，举行募捐援助红军，现外国代表已于三日离沪，上海各革命团体开了欢送大会，这次大会无论在政治上组织上均有很大的成功，因此反动的帝国主义的大美晚报亦不能不表示惊讶，大会决定巩固和扩大这一运动，不日即将大会经过编成专刊发到各地。大会并拟在苏区中亦发动群众组织苏区的反战分盟云。

（《红色中华》第117期，1933年10月9日）

142
华东共和国坚决抗日　密函马莱表示欢迎

东北民众两年以来遭受日人之压迫蹂躏，已达极度，然反抗运动始终未已，并于本年六月一日宣布成立华东共和国，继续奋斗，以示否认伪“满洲国”及日人统治之决心。月前巴比塞调查团抵沪时，更派专员携带公函南来，托中国领土保障同盟会转交马莱博士。该项公函钤有华东国玺，并附英法文译本，此外更有华东共和国对外宣言、约法、疆域图解、国旗图解各一件。兹觅得该函原文如次，想亦为关心东北问题者所乐闻也。

巴比塞调查团公鉴，华东共和国于本年六月一日成立之始，即正式通告世界各友邦以建立本国之旨趣，以目前国际间之政治外交，处处常采取顾虑态度，华东共和国处强权压迫下而反抗之新兴国家，复无力向友邦民众作广播之宣传，则此项通告，是否已邀得各友邦民众之认识及同情，殊未敢必，今幸贵团以正义人道精神，来远东调查，故得以诚恳报告，派专人送达左右，藉明远东事件真相。

一九三一年九月十八日，日本军阀为实行帝国主义侵略手段，忽以重兵压迫中华民国之东北地区，驱逐守土之军队，而获得各重要都市，假造伪民意成立所谓“满洲国”。中华东北民众之得脱出于日本军警监视之下者，乃与各守土之军队联合，藉辽宁吉林黑龙江各省区东边山林之险地，以与日本帝国主义之军队对抗。我方军队仅携出不精良之武器，民众仅持其平日防匪之枪械，人多于械，于是古代之长矛大刀，亦充武器，甚至农荷其锄，工举其锤，商散其贷，士运其智，与携有最新式杀人利器之暴日，抵抗凡二十逾月，为争正义人道而牺牲者，不知其几十万人，在世界民族革命史中，占空前之篇幅，惟以内部无传达消息之机关，日人复力为弥缝，而使此种悲壮之惨史，无由传播于我世界酷爱和平之民众。

去年国际联盟派员调查，行止仅及于日人把持下之各都会，我民众虽曾叠[迭]请调查团亲临日本军事势力范围外之地点，一[以]视察实际状况，而公布真相于世界。只以目前国际间之政治外交，处处常采取顾虑态度，终未能达我民众热烈之希望。我民众欲为国际调查团敷陈较翔实之报告，亦为日军警逮捕而处死刑者甚众，终于用种种方法，传达少许。复因目前国际间之政治外交，处处常采取顾虑态度，于是莱顿[①]博士报告书之结论，仍含糊其辞，毫无公正之论断。

日本军阀既以重兵迫我民众之军事领袖马占山、苏炳文、李杜诸将军出离国境，即宣传我民众之义勇军悉已消灭，实则诸将军所率领出国之军队，仅其自身卫队之一部，其在内地与日军继续相抗者，尚拥有广大之土地，团结多数之民众，不绝奋斗，为正义人道而与日本帝国主义者作殊死战。以中国巨量之国军，在华北仅月余即为武器精良之日军所败，而在东北为时已将近二年，日本尚不能肃清我民众反帝之军队，使傀儡之“满洲国”安定如朝鲜或琉球，即可证明我民众团结之精神，及其范围之广大也。惟以我中华之民族，拥有数千年光荣之历史，为世界最酷爱和平之民族，虽我民众避处穷山，食尽弹绝，不能向友邦传达消息，不能向祖国接受助援，然犹继续奋斗，一切外交政治，仍期祖国政府作通盘之计划，庶不致使广大之领土仳离。

迩来以日本帝国主义之极端压迫，复感于祖国中华民国目前之孱弱，无力收复此广大之失土，爰于一九三三年六月一日，由全体民众公意，成立华东共和国，订定约法，实行民治，本民族独立之精神，解决远东国际之纠纷，完成世界和平之使命。刻下日在军事期中，然已逐步建设，政治之整饬，教育之普遍，产业之展达，民众之训练，三年计划，使无帝国主义之意外摧残，必使完成。

贵团为世界民众仰望之明星，深盼此次当以正义人道及大无畏精神，来本国境内作实地之调查，宣传于国际民众，俾明了华东共和国成立之经过及现状，并请促各友邦迅速正式承认，而使远东和平早得有完善保障。谨派人携密函专达，且表欢迎之意。华东共和国全体人民公陈。

华东共和国元年七月二十日

（《大美晚报》1933年10月13日）

---

① 即李顿。——本书编者注

143
国际反帝非战大会完满成功

国际反帝非战大会的意义

世界反帝大同盟(一九二七年成立的),和世界非战大同盟[①](一九三二年成立的),都是在反对帝国主义强盗战争,反对帝国主义进攻苏联的实际口号之下组织起来的。他的任务是:团结全世界广大群众的反帝力量,环绕在这些口号的周围而战斗。所以他在推动世界革命运动的前进上,有着非常伟大的意义。每次世界反帝非战大会,都有许多国家的代表,而且还有许多革命的科学家哲学家文学家也来参加。

今年大会定在上海举行

七月十五日电报:国际反帝非战同盟决定今年九月初在中国上海举行代表大会,他们的代表团,俱系世界著名之文学家,科学家,艺术家,如巴比塞,高尔基,罗素等。

这次大会正当着帝国主义加紧瓜分中国与进攻苏联的时期,帝国主义大战和帝国主义干涉苏联的战争如火烧眉睫一般的紧张,所以这次大会不但在开展世界反帝非战拥护苏联的战线上,而且在推动中国反帝反国民党的民族革命运动之猛烈前进上,都具有非常重大的意义。

代表还未到,先发声明书

国际反帝非战大同盟先于七月二十八日[②]发表声明书,说明这次大会的召开,是去年八月间在亚姆斯丹决定的,与会代表数达二千人,他们代表

---

① 即世界反对帝国主义战争委员会。——本书编者注

② 即宋庆龄于1933年7月28日以世界反对帝国主义战争委员会中国代表的名义发表的声明。详见本书“档案文献”栏第17篇。——本书编者注

卅个国家的三万[千]万工人,他们指出,现在全世界工人阶级必须联合起来反对帝国主义。同时号召中国工人,失业者,学生,作家,艺术家及抗日义勇军前来参加大会。

一片欢迎声,苏区民众更为热烈

在代表未到上海前,全国工农劳苦群众和一切反帝革命分子,听到运动消息,非常兴奋,莫不热烈表示欢迎,准备派代表参加大会,尤其表示得热烈的是苏区和红军,在"八一"那天,一百万示威的群众通过了许多的通电决议来拥护反帝非战大会,派了代表参加大会;中央政府,军事委员会,都有通电发出,欢迎代表来华并庆祝大会成功。

大会代表在上海的盛况

八月十八日上午十时,大会代表团到达了上海,虽在帝国主义国民党军队侦探的严厉监视压迫之下,还有二三百民众,手持白纸红底之红旗,到码头欢迎,并在码头演讲,散发传单,高呼口号,奏军乐,放鞭炮,各代表于群众热烈欢迎中,含笑下船,准备于九月三日(即国际青年节)在上海正式开会。

帝国主义国民党用卑污的手段企图阻止大会开幕

这次代表大会的召集,骇得帝国主义胆战心惊,所以不惜用最卑污的手段,来阻止大会的进行,禁止大会在租界开会,德国法西斯蒂无理逮捕出席大会代表,加以毒刑;日本政府积极消灭反帝运动,禁止反帝团体派代表参加反帝会议,拘捕朝鲜台湾代表,甚至有一个退伍海军发表反战意见也被拘禁;法国用种种办法阻挡高尔基等出席大会。同时帝国主义指使中国国民党政府,用法西斯蒂的手段来破坏大会,监视各个代表的行动,不准在中国地界开会,不准反帝民众推举代表参加,不准开会欢迎,北平欢迎反帝非战大会也被禁止,共有十九人被捕。

因了这些原因，以致大会不能按期(九月三日)开幕，但这种无耻的手段，并不能破坏大会的举行，反而更增加全中国全世界无产阶级和一切被压迫民族的忿怒!

上海工人学生不断举行欢迎大会

上海的工人学生，在共产党青年团的领导之下，虽受白色恐怖的极端压迫，还开了许多的群众会议，来欢迎大会代表。最大的有：九月初上海青工代表三十余人招待大会代表，并向大会提出了自己的意见书；十七日在上海码头方面，有一个三百多人的群众大会，请反战代表去演讲，在复旦大学同日也开了群众大会，请了反战代表团的主席马莱去演说。到会群众六百多人，情绪极热烈；特别是十五日下午在沪东草棚(工人苦力的集合所)，开了一个四千多人的群众大会，国际代表全体到会，均轮流演说，群众亦自动热烈参加演讲，鼓掌声，鞭炮声，口号声，震天动地，传连数里，马莱兴奋得演讲两次，与群众一起欢呼，并与群众的大旗接吻；闸北丝厂女工，也开了二百余人的大会。

大会终于在广大群众拥护之下，得到伟大的胜利

帝国主义国民党虽用尽严厉的白色恐怖来禁止，但由于上海各群众团体的积极准备，与广大群众的热烈拥护，国际反帝非战大会终于九月卅日胜利的开成。

本来各地已经选举了八百多代表，但因租界禁止，不能大规模的来开，故从代表中复选出六十余人，加上外国代表共七十余人，开了一整天的会，到会的代表有满洲，张家口，厦门，广东，福州，苏区，上海等地，其中工人占百分之八十以上，此外还有农民，士兵，义勇军，学生及科学家，还有女工，童工，共产党与团员占约十余人。大会会场空气极热烈，欧美各大国代表完全到齐，宋庆龄与中国论坛主笔亦列席，各代表均有激烈之演说，尤其是中国工农红军代表说了一点多钟最受大会欢迎，结果通过宣言决议，及拥护苏联

与中国苏区决议书，并正式成立远东反战大同盟，选举了全体的出席代表为执行委员，所有代表兴奋得不可言喻，互相握手，不忍分离。

大会的影响渗透于广大群众中

大会散会后之第五日，即有女工铁工向群众报告，举行募捐援助红军，现外国代表已于三日离沪，上海各革命团体开了欢送大会。这次大会无论在政治上组织上都有很大的成功，因此反动的帝国主义的报纸，亦不得不表示惊讶，大会决定巩固和扩大这一运动，不日即将大会经过编成专刊印发各地，大会的影响，无疑的将渗透于全世界的工人阶级和一切反帝群众的心坎之中，激发他们的革命热情，为消灭帝国主义战争为保卫苏联保卫中国革命而战斗！

（《红星报》第 11 期，1933 年 10 月 15 日）

144
国际反战大会中的片段

国际反战大会在上月三十日成功了。在这一个大会中，讨论了关于反帝非战的诸多实际问题，通过了拥护苏联拥护中国革命的许多决议，同时也造成了下面这些有趣的故事。

手被握肿了

在那样处处弥漫着白色恐怖的环境中，在那样险恶腥臭的空气里，然而现在却忽然有了这样一个机会——六十多不同的国度或不同的地域的反帝战士聚到了一处，谈着，笑着，大家互相称呼着："同志！""同志！"这该是如何使人兴奋啊！于是你伸出手来，我也伸出手，两只手——不，两双手紧紧的握着，握着……于是最受欢迎的国际代表及苏区代表的手便被握肿了。

大家都好像疯狂了

大会开始发言了，首先是马来的致词，接着就是宋庆龄的报告。第三项，便是苏区代表的发言。当苏区代表开始说“现在我代表一百万余的红军和几千万苏区群众来发言”时，立刻掌声、欢呼声都响成一片了，拍呀，拍呀，叫呀，叫呀……大家好像都疯狂了。

外国代表都这样积极

柯蒂列夫[①]发言了，他讲了大会的成功，讲了如何反战，如何拥护苏联拥护中国革命的具体方法，在他讲完了以后，大家都疯狂般的兴奋起来了，特别某一些工人同志们，他们都在暗暗的想着：外国代表都这样，积极的反对帝国主义，而我们受帝国主义压迫得最重的还不起来反对帝国主义吗?他们都激动的鼓着掌。

饿着肚子开会

因为是处在秘密的环境中，买食物都受着限制不能一律的买齐，因此，当中午的时候各代表虽然都饥肠辘辘了，但是食物都还没买来，大家仍然还是开会发表意见，——后来过了好久，那个二次出去买东西的同志依旧还没回来，而大家的肚子却更吱吱的叫起来了，于是有人提议凡是那些饿得实在忍耐不住的同志可以先吃那第一次买来的食物。但是哪个连这点艰苦还忍耐不住呢！所以仍然没有一个肯先吃的。你饿着，我饿着，然而大家都是兴奋紧张的。

---

① 即古久里。下同。——本书编者注

不愿意分离

宣布散会了，大家迟疑的站起来，一种不愿意分离的表情表现在每一个人的脸上。于是彼此的手对手紧紧的握起来了，友爱之情，在周围交流着。

铁锤和旗子

大家终于分散了，于是各自回去向没到会的同志报告去了，当慎昌的工人听了代表的报告后，马上大家便决定送一个自造的铁锤给国际代表带回去打帝国主义，又有一个女工代表回去也立刻召开了一个一百多个群众的大会报告开会经过，报告后群众便纷纷自动的捐款预备买红布做旗子给国际代表。——至于国际代表怎样呢？当然的，国际代表对于中国的广大的反帝战士也表示了十二万分的友爱，他们准备了三面旗子：一面赠给东北义勇军，一面赠给英勇的红军，一面赠给上海的工人……

（《红色中华》第 119 期，1933 年 10 月 18 日）

145
国际反帝反战代表大会的成功与经过

（上海通讯）

一　大会的成功

国际反帝反战大会在极端严重的白色恐怖下，在帝国主义国民党一致的用全力来镇压与破坏中，因为坚决执行党的正确路线，依据着广大的群众基础，大会终于在九月三十日在上海胜利的开成了。这是一个非常伟大的成功，特别是在帝国主义战争紧张的现在，疯狂的进攻苏联与瓜分中国的今日，更有着重大的意义！

二 大会的代表及成分

在上海方面本来选出了数百代表，因环境的限制又从代表中推选了数十代表参加会。到会代表共五十九人（加上国际代表与宋庆龄等则达六十五人），其中有外省（满洲，察哈尔，福建，厦门等）来九人，青年团动员十八人，党动员廿七人，工联动员五人。代表的成分，工人占百分之六一，学生占百分之二七，士兵占百分之六，农民占百分之三。有女代表九人，三个是女工，而且代表中包含了许多重要产业部门的工人，如满洲义勇军，平绥路工人，上海水电，英电，自来水，铁厂，码头，海员，日华纱厂，恒丰纱厂，新老怡和纱厂等工人，十九路军退伍士兵与张家口士兵。在江苏代表中党团员只有二十人，其余皆群众，大会主席为马来，柯蒂列夫，宋庆龄及满洲，苏区，张家口，恒丰纱厂等代表。名誉主席毛泽东，朱德，片山潜，巴比塞，高尔基，台尔曼，鲁迅等。

三 大会热烈的经过

会场中充满热烈，紧张，兴奋，特别是各国际代表，苏区及红军代表的手都被大家握肿了。首由马来致辞及报告，继由宋庆龄报告，后即由苏区及红军代表报告，当代表发言谓代表一百万铁的红军及数十万苏区群众讲话时，各代表是疯狂的欢呼，掌声继续了许久，柯蒂列夫的发言，更是每一句都深深的印入每个代表的脑海，使每个代表更绝大的兴奋与紧张。他首先讲到大会的伟大的成功及它的意义，他声明这样的会议，在他生平仅是第二次的参加，这在纽约伦敦巴黎等处是找不到的。并痛斥对大会成功估计不足的观点与表现。继续说到如何来反对帝国主义战争，拥护苏联和苏区红军，认为中国出路只有苏维埃道路……等等。代表们在热烈的鼓掌中简直兴奋得发狂了，每个代表，特别是工人代表，都感觉外国代表都这样积极的反对帝国主义，我们这样受帝国主义压迫，还不起来反对帝国主义吗？外国代表都说要拥护红军苏维埃，我们还不更加应该拥护中国苏维埃与红军吗？一致认为中国一切劳苦群众，要立刻起来为苏维埃而斗争。后当通过反对五次“围剿”的抗议书时，群众一致的热烈通过，各代表并统统在抗议书上签名，表示反对五次“围剿”与拥护红军苏区的决心，其他各地代表都有热烈的发言。

四　大会的决议

大会共通过以下的决议：（一）反对帝国主义战争，反法西斯蒂的决议及宣言；（二）反对白色恐怖的决议；（三）反对进攻苏联的抗议书；（四）反对五次“围剿”的抗议书；（五）远东反帝反战同盟组织大纲及中国分盟组织决议。最后选举了远东反帝反战执委。

五　各代表忍饥挨饿的开会

在会议中各代表都忍受饥饿继续开会。因为帝国主义国民党白色恐怖的压迫，买食物都受到限制，不能一起买齐，所以在各代表已经饥肠辘辘时，而二次去买食物的人尚未回来，因此有人提议实在饿不了的先吃，可忍耐的稍缓，但大家一致举手表示都愿意等待，这也充分的说明了各代表忍耐刻苦的积极精神。

六　大会后群众的热狂

至下午五时闭会，大会进行共历八小时，每个代表都怀着一颗热烈兴奋的心出了会场，以舞蹈式的步伐跑回去。向着选举他的群众报告开会经过。草棚的代表回到草棚时，大声的呼喊：现在好了！全世界无产阶级已经都联合起来反对帝国主义了，大家起来！慎昌铁厂的工人们在听了代表的报告后，工人提议送一个自造的铁锤，赠给国际代表带回去打倒帝国主义。一个女工代表回去后，立即召集了一百多群众，报告开会经过，报告了两个钟头，群众当即捐了十数元大洋，买红布绣旗子，送给国际代表及其他远地代表，都极兴奋，准备立即回各地去向广大群众宣传大会的成功与经过。这一切都表明了群众的热烈的兴奋。

七　举行示威游行欢送国际代表

在会议第二日，为了庆祝大会成功，及欢送国际代表，举行了群众的示威游行，赠送的旗子，堆如小山。

八　国际代表也赠旗给英勇的红军

国际代表准备了三面旗子，一面赠东北义勇军，一面赠英勇的红军，一面则赠上海的工人！

编者按：各级党部看到这个反帝反战大会经过的材料后，应当立即传达到下层去，发动支部，动员各群众组织，——尤其反帝拥苏与互济会等组织，深入群众，做广泛的宣传鼓动，与粉碎五次“围剿”的动员，联系起来。

（《斗争》第31期，1933年10月21日）

146
反帝非战大会赠旗给中国红军

上海讯　此次国际反帝非战大会，当苏区及红军代表报告，谓代表一百万余的红军及数百万苏区群众讲话时，全体代表是疯狂的欢呼，掌声继续了许久。同时，大会通过反对五次“围剿”的抗议书，国际代表并准备了三面旗子：一面赠给英勇的中国工农红军；一面赠东北义勇军；一面赠上海工人。

（《红星报》第12期，1933年10月22日）

147
反战代表团抵俄

塔斯社 诺伏西比儿司克二十四日——上海反战大会欧洲代表一行，在其由华赴欧道程中，已抵诺伏西比儿司克，内有马莱勋爵，法国共党人道报主笔古都里①，及勃卢色尔市长马尔多②。

（《大美晚报》1933 年 10 月 26 日）

① 即古久里。——本书编者注
② 即布鲁塞尔市长马尔度。——本书编者注

时评
舆论

1
反帝同盟的非战主张

无 名

日人这一次侵入上海，焚烧毁炸，无所不用其极，不仅是对上海局部宣战，也不仅是对中国一国宣战，乃是对世界的人类宣战，所以世界爱好和平的人士，凡无别种利害背景的，莫不痛斥日人之暴行，现在反帝国主义大同盟柏林总部有电致该同盟名誉主席宋庆龄，电文由该同盟秘书处署名，说：先生所提出之要求，本同盟业已知悉，本同盟对于日本之强盗战争已唤起国际反抗行动，而先生之要求正足以促进国际反抗行动之急激发展，本同盟决凭吾人最大力量，矢忠实行，且推进先生所提出之原则，以反抗日本之盗匪行为，先生之战斗的要求，已引为本同盟自身之要求，并已作为国际行动之张本。第一，撤退在东北及中国其它各地之日本军队。第二，努力进行"反对侵犯中国"之运动。第三，打倒帝国主义战争。第四，卫护中国之工农群众。

反帝大同盟的四条主张，可谓彻底，我们基督徒不必以国民的资格，即以国际团体的立场，也应该反对这种强盗的战争，与反帝大同盟一类的团体，共同携手，以促进世界的和平。

（《兴华》1932年第29卷第6－8期合刊，第1页）

2
国际反战大会与巴比塞调查团来华

李剑华

据申报二月七日国民社巴黎电：

“世界名流所组织之非战会将组织调查团来华，前往东北调查。孙夫人宋庆龄女士且已去电欢迎。”

又据该报同日发表中央研究院杨杏佛副院长对新声社记者谈话：

“最近该盟会举行重要会议，讨论不侵略中国问题，并因李顿调查团报告书，系出于帝国主义集团之手，颇多不忠实之处，遂决意自组调查团来华调查，另缮一报告书，以真实情形昭告于全世界人士。”

查巴黎电所指的非战会，即国际反战同盟。巴比塞，罗曼·罗兰，爱因斯坦，高尔基，及孙夫人宋庆龄女士等，都是发起人。

去年(一九三二年)七月二十八日，国际反战同盟原预定在日内瓦召集一国际反战大会，因被瑞士政府所禁止，开不成会。由于广大的劳苦群众的热烈支持与乎大会筹备委员会的努力，好容易才在荷兰的亚姆斯塔达姆[①]开成了大会。

会期凡三日，从八月二十七日到二十九日。

会议并不是那样顺利地进行的，荷兰政府禁止苏联代表入国，所以苏联代表事实上不曾出席。

在大会中，各代表都有一场慷慨淋漓的演说，为说明上的方便，不妨举出巴比塞和片山潜的演辞的大要。

巴比塞说：

“代表各种各样的国际势力之反战大会，于许多平和会议平和大会之

① 即阿姆斯特丹。下同。——本书编者注

后，在这儿开会了。会场上一致喊出了‘反对帝国主义战争’的口号。有二千三百名以上之代表参加的反战大会，传达着几百万劳动者的意志。像这样代表多数的团体及个人的反战大会的召集，我们可以说，这是有史以来的第一次。……为反战大会的战争，渐次发展了。在各工厂中，在各区域中，都继续创造了反战思想家的核心。而且在创造这些核心的人们之间，他们在事前并没有多大的联络。无论大会的敌人怎样造谣中伤与妨害，然而真正的反对战争的战线——结合各种各样的社会层和党派的统一战线，终于创立了起来。如工会，国际赤色救援会，国际劳动者救援会那样的劳动者大众组织，如私营企业使用人的组织，如官公吏，出征军人，废兵，教授，教员，大学生，中小学生的组织，都来归了我们。又由妇女构成的‘平和自由获得斗争联盟’，‘人权拥护联盟’，‘拥护被压迫民族联盟’，‘手工业者斗争同盟’，‘兵役反对者联盟’，‘自由思想家同盟’等组织，都来归了我们。劳动者与农民，都手挽手来集中在我们的领导之下了。”

巴比塞很明快地揭穿了法西斯主义，社会法西斯主义的欺骗，为防止日本帝国主义对中国的侵略，为绝灭反苏联战争的危险，体无完肤地暴露了不成东西的国际联盟，他说：

“如果说有表扬日内瓦的各种平和宣言的真正的价值的必要，我们便当指摘出瑞士政府拒绝在日内瓦开反战大会的事实。因为这是在国际联盟直接压迫之下而行的。”

巴比塞向着会众强调了亚姆斯塔达姆大会，是在许多“平和”会议，“军缩会议”的废墟之上举行了的，说明大会的目的，不仅在于示威，而且在于实践地使其能够成为积极的有效的行动之国际设施。

片山潜的演辞是这样：

“……同志诸君！世界战争，正迫切着。日本帝国主义又准备了对于苏联的攻击。这攻击，只有苏联的断然的平和政策可以打退它。反帝国主义战争的运动，现在正扩张在全世界。这个大会，必须转化为对于帝国主义者之白色恐怖，对于国际普罗列塔利亚之血滴滴的迫害的强力的抗议。我们必须宣言以革命战争对帝国主义战争，而我们要求把帝国主义战争转化成内战。……我深知道濒于饿死的失业者，要叫他们拒绝对于日本的武器输送，是一件非常困难的事。然而诸君不要忘去，向各帝国主义国家输送武器，便是援助自己的阶级的同志之杀害，同时又是准备对于苏联的攻击。……”

关于反战大会的结果，一九三二年八月三十日的*Pravda*①，有如次的社论：

“国际反战大会之最大的政治意义，在于那是代表具有反对战争之决心的几百万劳动者（就中知识劳动者）的真正的大众的大会。大会虽然包含了复杂的政治的倾向之代表者，但普罗列塔利亚实取得思想上的领导权，在这被结合于唯一的共同目标——对于帝国主义战争的斗争——之点上，可以说是一个完全的整体。

大会中，证明了小布尔乔亚与知识阶级之最广泛层，知道平和主义的誓言的无用，证明了革命的普罗列塔利亚把中间层，尤其是把知识阶级远从布尔乔亚隔离开，已有显著的成功。在这意义上，普罗列塔利亚对于好战的帝国主义者之战争与干涉之政治的准备，将造成很大的障害。又证明了布尔乔亚将不能像第一次帝国主义当时那样的可以愚弄大众。

亚姆斯塔达姆的反战大会，便是这几个月展开了的大运动的决算。召集反战大会的消息，使世界上任何国家，都强化了劳动者的反战斗争。……

帝国主义者妨害大会之召集的企图与第二国际之可鄙的怠工，失败完了。不怕第二国际的指导者们怎样妨害，然而超过三百名社会民主主义系劳动者——那更是被数千名的社会民主主义系劳动者所选举出来的——出席于大会了。这教训，对于广泛的大众，是很伟大的。到底谁在反对帝国主义，谁在支持帝国主义，他们会辨别得清楚吧。

当举行着反战大会时，我们发现这样的征候，即继续到一年以上的远东

① Pravda是联共（布）的党报，俄语为Правда。——本书编者注

的军事行动，帝国主义的对立，特别是英美对立的激化，法意，德波，德法对立的强化。正如剑[箭]在弦上一样的战争切迫的征候，比其他任何时候都浓厚，因此，各对于本国的支配阶级本国的军国主义者的万国劳动者的共同斗争，带来了异常重大的意义。

苏联便是在反对战争的战线上最强悍的部队。苏联的劳动大众，对于大会，给与了最深刻的意义。想凭入国禁止令来把苏联代表从反战大会隔离开的帝国主义者的尝试，无非是把反战大会的群众更坚决地团结于拥护苏联的口号之下而已。苏联人民，飞过了阴险的社会民主主义与荷兰政府之头上而与反战大会相呼应。莫斯科与列宁格勒的群众集会，表示了苏联的劳动大众之拥护社会主义祖国，反对帝国主义战争，是有如何的斩钉截铁的决意。

为反对帝国主义战争，为对抗帝国主义之反苏联的阴谋而形成的万国劳动者的强力的统一战线，正成长着。亚姆斯塔达姆的反战大会，证明了这一战线，一天比一天巩固，在普罗列塔利亚领导的下面不容布尔乔亚随便点燃新世界战争之火的力量，一天比一天成熟。假如布尔乔亚可以点燃新世界战争之火，则勤劳大众，将在普罗列塔利亚指导之下，把资本主义体制，及帝国主义战争之源泉，毁灭在这战火的当中。"

由上所述，可知国际反战同盟与国际联盟，由国际反战同盟所派来的巴比塞调查团与由帝国主义的强盗机关国际联盟所钦命的李顿调查团，不但在组织上，作用上，任务上，目的上有本质的不同，而且在阶级上也是对立的。

自"九一八"事件发生，中国政府便死心塌地依赖国际联盟，及李顿调查团来，我们的政府，上流人，乃至夫人，小姐，献花，致颂辞，陪跳舞，飨之以荤菜，虑其不合口味，又飨之以素菜。然而李顿调查团报告书写些什么呢？不是说中日争端起于"中国内部分裂"，和"抵货"，"排外"等原因，日本为保障其合法的"经济利益"起见，不得不武力占领东北吗？不是建议把满洲变成一个国际共管区域使中国徒有其名吗？不是更进一步主张以"国际合作”——即国际共管，促进中国之“内部建设”吗？不是一方面谨慎地掩饰实际之帝国主义冲突，一方面则佯称日本与苏联间颇有危险，奉劝日本帝国主义勿过分结怨于中国人民，留下反苏联战争之地步吗？不是满心希望消灭帝国主义间的敌对，而转向对苏联的统一的联合战线吗？不是想使日本放弃以满洲为帝国主义间战争地盘的企图，而暗示其只能用为对苏联作战之根据地吗？……

像这样“以怨报德”的瓜分中国，镇压中国一切社会运动，进攻苏联的报告书，只有丧心病狂如胡适博士一类的上流人，才会叩头称谢吧。

所以我们单说李顿报告书“颇多不忠实之处”，是不够的。

现在巴比塞调查团，要到中国来了。

巴比塞调查团诸君到中国，将看见帝国主义在中国是如何的横霸，将看见中国民众的言论、思想、结社、结会是如何的不自由，将看见中国民众的贫穷、失业、流离、饥饿，是如何的普遍而深刻，将看见……将为中国民众指示出一条解放的正路。

自然，巴比塞调查团到中国，是要“另缮一报告书，以真实情形昭告于全世界人士”，如杨杏佛副院长所谈的。然而这报告书，岂止白纸上写黑字，岂止“以真实情形昭告于全世界人士”而“已焉哉”了的吗？

（《现象月刊》1933年第1卷第1期，第1—6页）

3
反战的意义

景

九月十三日字林报所载世界反战会议欧洲代表团领袖马莱勋爵于十二日晚间在XQHC广播电台广播说辞，其中有一段说：

“当各国生产制度之变革及其国有化后，故能以少数工人生产大量货物；但同时因此即有失业发生，于是金融资本许多生产企业，亦必须在海外各国追寻出路，是以在世界其他部分，有所谓殖民地之发展；惟此种资本之扩张，为国家主义之势力所抵制，故待开拓之领土减少，而各国能分得此领土之唯一方法，只有战争。”

其言论闻以解释帝国主义间争夺战与大帝国主义者向外发展的掠夺战，都很精确，所以他说：“消灭掠夺战争，殊属必要”应为我们所赞同。

马莱根据上述的理论，从而全称肯定的说实际上所有战争之原因，厥为经济，若非有意囿于偏见，则其陷于逻辑上之错误无疑。“一·二八”之淞沪战役，日本帝国主义是侵略者，固然为的是经济，十九路军的抵抗，分明是为求民族生存而奋斗，经济乎何有？他又说：“所有战争常以‘自己之防卫’为口实，但吾人只稍加考虑，即可知其为矛盾。”此种说法，也只能用以解释帝国主义者向外发展的掠夺战及帝国主义者间的争夺战，不能普遍用于解释一般的现象。如果说淞沪战役的十九路军为民族自卫而奋斗是矛盾的，那末矛盾究竟在哪里呢？非再请马莱勋爵给我们加以解释不可了！

马莱勋〈爵〉说：“吾人须知武力不能解决问题，而反足以造成更难解决之问题。”我们就不晓得他的说话对象是什么。他对帝国主义者说的吧？无异乎说猫伯伯不应该捕老鼠，又何愚蠢乃尔？他对弱小民族说的吧？连抵抗自卫的武力都不许他们有，未免太残酷了！

马莱也晓得“中国为世界最大之自由市场，因此，远东为第二次大战之危险地带”，那末，要消弭第二次世界大战自非先事着手消弭大战之原因不可，换言之，中国目前所急急需要者为复兴中华民族，发展国家经济，决不是空喊反战口号自缚抵抗外侮的手足所可求生存。

总括的说，反对帝国主义是我们全世界弱小民族一致的目标，向帝国主义者反抗与进攻以所采行的自卫战争及革命战争是被压迫民族自求解放所必要的有效手段。

（《新路线月刊》1933年第1卷第1期，第6—7页）

4
巴比塞来华

郑伯奇

当热河失守,平津危急,帝国主义加紧了瓜分中国阴谋的现在,"反帝"作家巴比塞,受了"反帝同盟"的委托,要和其他委员们一路来到中国,实地调查日帝国主义侵略中国的真相,这是中国的著作家,乃至爱好文学的人们,应该注意的一件事。

自"九一八"事变以来,日本毫无阻碍地扩大战事,美国的旁观,国联的调停,英法的捉摸不定的态度,这一连的事实,完全暴露了帝国主义对华的联合战线。劳动大众早已感觉到帝国主义和中国民族独立运动的绝对对立。在暴日的炮火声中,掀起了东亚大陆的反帝运动的巨响。

帝国主义国际,为维持他们的威信,为实现瓜分中国的阴谋,曾由国际联盟派遣李顿等七个军人和政治家来华调查。这国际调查团的报告,并不主张日本撤兵,而只赤裸裸地把瓜分中国的计划和步骤,描画出来。除过胡适一类的高等华人以外,谁都表示坚决反对。但是帝国主义的列强并不因此而稍和缓其瓜分中国的计划。现在热河失守,平津告急,而东交民巷的太上皇,又在暗中活跃。全国的民众正在忧虑,焦急,愤激的当儿,而巴比塞等要来华了!

巴比塞及其同行一团来华的任务,也正如李顿等调查团一样,调查"九一八"事变以来日本帝国主义的种种暴行。但是,他们的立场却完全两样。他们是反对帝国主义的,他们决不会为暴日隐蔽。他们是反对帝国主义的,他们决不会提倡瓜分或共管的毒计,不,更进一步,他们也和我们一样坚决地反对瓜分共管。他们是反对帝国主义的,他们一定赞助我们反帝的高潮。

这样看来,巴比塞及其同行的一团,完全是我们的友人。我们不应该表示欢迎吗?

(《申报·自由谈》,1933年3月22日)

5
世界反帝大同盟调查团快来华了

黎教之

世界反帝大同盟，是世界革命分子和被压迫大众，为保障自己的生存与自由，共同起来，结成一条反帝联合战线的运动。它的唯一任务是在根本推翻杀人不见血的国际帝国主义，使全世界十多万万度着地狱生活的被压迫者，从铁链中解放出来。帝国主义要镇压工农民众，弱小民族的反抗，要争夺市场，殖民地，常常造成可怖的惨酷屠杀，令到许多工农民众，弱小民族牺牲在他们的刀尖与炮火之下，所以世界反帝大同盟更特别反对帝国主义一切强盗式杀人放火的战争。

去年世界反帝大同盟要在日内瓦开会，帝国主义加以种种阻难，要迁到荷兰去，荷兰也不允许，经过几多艰难奋斗之后，这会才能开成，而苏联籍的世界文豪高尔基氏也卒被威胁不得出席。这可见世界反帝大同盟真正是帝国主义的敌对者，也真正是世界被压迫者同一营垒中兄弟的手足了。

当李顿等调查团冲着国联使命来华的时候，稍有眼光的人们，便料到这班家伙只是想来趁火打劫，对于中国，决不会有什么好处，后来等到他们的报告书发表之后，果然不出所料，他们竟以满洲恢复"九一八"以前状态为不可能，而要让他们设置"宪兵"，设置"外国顾问"，"以国际合作促进中国内部之建设"。满洲是中国领土的一部分，中国自己有权解决一切，何必要劳动到国联强盗们费心去设"宪兵"，设"洋顾问"，"以国际合作"，来"促进中国内部之建设"？这还不明白吗？这就是趁火打劫，要乘中日争持的时候，把我们的东三省抢了去。自然的，谁会睁开眼睛把国联从头到脚端详过，谁就懂得终归会有这么一回事。

李顿等调查团所作成的报告书，是一部分赃计划，自然博得强盗的帝国主义们欢呼，喝彩；中国的无耻的内奸们，也都喜得眉开眼笑，摇头摆尾去称赞李顿等费尽“苦心”完成这“艰巨工作”，表示“感谢”，并且承认这样的“解决的原则”；只有中国的民众们痛愤到咬牙切齿，摩拳擦掌，要和这些狼心狗肺的强盗及其工具们拼命。

中国是一块肥肉，无论怎样地呼冤叫屈，豺狼虎豹的帝国主义只是张开血盆的口在抢着吞噬，永远不会发现良心，停爪息牙的，就想把事态的真像[相]，揭露出来，让全世界人去看个清楚，也不可能，只看李顿调查团报告书，和不久以前十九国委员起草的报告书是在怎样地强词夺理，硬要共管中国，便可明白了。世界反帝大同盟不满意于李顿等调查团之颠倒是非，扶强抑弱，特组织调查团到东北调查，将满洲事件的真像[相]，忠实地揭露出来，使这些妖魔们受到全世界革命国家，革命民众及一切被压迫者最后的审判与制裁。这种意志与行动，是何等的高尚，伟大啊！

正在被虎群狼队追逐啃噬的中国民众，一方面固然要自己下决心作艰苦的长期奋斗，另一方面也要与全世界反帝的国家，民众，密切联合起来，使反帝的阵线更开展而有力，这是中国今日死里求生的唯一途径。

现在全世界反帝大同盟调查团快到华了，我们上海以及全中国的民众，应该一致准备作极盛大热烈的欢迎。

六月十四日

（《抗争》第2卷第6期，1933年6月17日）

6
从世界反战会议说到中国

何文毅

在世界经济会议完全破产，帝国主义从货币关税，“旦平”的经济战争转变到飞机，炸弹，毒气，重炮，军舰，坦克车的武装战争途中；在法西斯蒂的猖狂，横暴，屠杀，白色恐怖的血腥中；在四川军阀混战的扩大，滇黔军阀火并的爆发，西南反×运动的酝酿，华北与察哈尔的剑拔弩张中；在日本帝国主义的飞机大炮向吉林辽宁边境的义勇军及察哈尔蒙边的民众轰炸，英帝国主义者进攻西康，美帝国主义者企图独占中国市场，国际联盟对中国——“技术合作”帝国主义瓜分中国直接压迫中国革命的战争风云源漫中；宋庆龄女士竟以上海反战会议筹备委员会主席名义发表一篇针对时局形势的宣言，真像晴天霹雳，我们安能缄默无言。

宋氏的宣言虽然没有如罗斯福的“和平(?)声请书”，麦唐纳的谈话，汪精卫蒋介石庐山会议后的对时局通电那样给全世界统治者御用的报纸所宣扬，然而宋氏的宣言却叫出了全世界反对帝国主义的战争，屠杀，与重重压迫；反对法西斯蒂的疯狂，野蛮，与种种无道；反对帝国主义进攻苏联，反对帝国主义压迫殖民地半殖民地，特别是中国的革命运动中，要求解放的民众所要说的话。宋氏的宣言是有全世界的千百万劳动群众和被压迫大众在围绕着，拥护着，参加着和实行着她所指示的途径的。

我们没有忘记：一九一五年的八月一日以后的四整年间，无数的都市，城镇，乡村变成了废墟；无数的建筑，生产机关，运输工具变成了灰烬；二千万以上的劳苦大众在流血，死亡；使五千万以上的被压迫群众失业，饥饿，破产，贫困，流离失所；制造了一万万以上孤儿寡妇！这为的是什么？这为的是争取帝国主义强盗们的利益，为的是解决帝国主义强盗们的矛盾，为的是替帝国主义强盗们再分割世界宰割全世界的劳苦大众，为的是维持帝国主义强盗们的反动统治！

然而，这第一次帝国主义的“全武行”不独没有解决他们的矛盾，巩固他们的反动统治，而且促进了全世界劳动者与压迫大众的觉悟。在全世界劳动者与压迫大众的热烈拥护与声援之下，俄国的工农大众在全世界六分之一的版图之上首先争得了世界革命的胜利，推翻了沙皇的统治，粉碎了资本主义的锁链，建立了工农兵的苏维埃政权，掀起了全世界劳动者与被压迫民族的革命战争，震撼了全世界帝国主义的根基！一九二九年以后，两个世界——社会主义和资本主义世界的对立已日益尖锐：社会主义世界从复兴巩固而走上建设的坦途，朝着向上突飞猛进；资本主义从失业洪水，物价暴落，生产急降，金利低跌，……的经济恐慌走上一般的政治危机，朝着向下线急速没落！世界一切殖民地半殖民地反帝国主义反资本主义的革命勃发，特别是中国革命大运动，因此帝国主义为争取世界霸权，重新分割世界，解决资本主义危机的强盗战争，进攻社会主义苏联，镇压殖民地半殖民地特别是中国的革命运动的战争，一九二九年以后反变成全世界帝国主义的唯一命题了。于是，全世界的劳动者被压迫大众乃自一九二九年起，以世界帝国主义爆发第一次强盗战争的八月一日为反帝国主义的强盗战争，反对帝国主义武装进攻苏联，反对帝国主义压迫中国以及一切被压迫民族的革命运动，检阅自己的革命力量，向帝国主义示威的“国际反帝战争日”。

目前，我们正迎接着第五年的“国际反帝战争日”。

在这四年中，不论在世界不论在中国，在一切方面都有着正相反对的动向：一是衰败的没落，一是发展成长；在力的比重上有着很明显的转变。

国际帝国主义者虽然竭尽他们的智能，绞干他们的脑汁，用尽一切手段来克服这日益加深的恐慌，和缓这日益尖锐的矛盾，散布幻想和扩大欺骗；然而自凡尔赛会议至最近才休会的世界经济会议正和他们的一切努力及预期相反地走到惨败的极端！资本主义危机的尖锐化和深刻化日益引帝国主义到世界大屠杀的道路了，国际帝国主义者都拼命要在世界大屠杀中来找寻他们的出路。各国武备上的疯狂竞争，军事工业之特殊地空前繁荣，军国主义,法西斯蒂之猖獗,各国外交之纵横捭阖,明争暗斗在在都是准备和进行帝国主义的相互战争,而日本对中国的进攻更是帝国主义战争的序幕!这一战争,无论在杀人的技术上或范围上都不知要比第一次更残酷多少倍,更广泛多少倍!

同时,因为苏联社会主义建设伟大的成功,第一个五年计划之在四年完成,第二个五年计划之蓬勃的开始。国际帝国主义者更想以消灭社会主义的苏联来解决他们本身间的矛盾,和缓他们本身间的冲突,欧洲《四强公约》之签订,德国法西斯蒂对苏联的挑衅,英国技师在莫斯科的阴谋,日本之在满洲建立反苏联军事根据地,武装白俄,强夺与破坏中东路,以及其他一切反苏联的行动与宣传,都是武装进攻苏联的准备,反苏联的战争危险包围着全苏联的国境!

帝国主义者为要把危机的负担转嫁在殖民地半殖民地特别是中国民众身上,瓜分中国压迫中国革命的帝国主义强盗战争正愈演愈烈,在中国现统治一贯的要协[挟]依赖政策之下,日本帝国主义并吞了满洲,热河和河北的一部分土地,英国进窥西康,国联企图共管中国——而反映帝国主义列强在中国的利益。军阀混战又在酝酿和爆发;帝国主义与其在华的工具又用其全力镇压中国革命民众之抬头。

在这严重的战争前夜,特别是在日本帝国主义贪求无已的时候,在上海召开第二次国际反战大会实在有深长与重要的意义。反战大会是世界反帝的革命战士的大联合,是“反对迫在眉睫的帝国主义战争”的总兵部。它将暴露帝国主义战争的凶相,揭破帝国主义武装进攻苏联的阴谋,指出帝国主义侵略被压迫民族压迫中国革命的事实,它将统一全世界的反帝战线,团结全世界和被压迫的勤劳大众,决定反帝国主义的战术与策略,领导全世界的反帝斗争。

全世界的帝国主义和其代理人都已在“八一国际反帝示威日”面前,在第二次国际反战大会面前发抖,着慌,手忙脚乱,而疯狂了!他们在造谣,中伤,挑拨,离间,企图拆散全世界的反帝战线,同时利用一切机会伸出他们的高压的魔手。德国法西斯蒂的政府逮捕了出席反战大会的代表；日本帝国主义者在上海疯狂似的搜捕日本和朝鲜的出席大会代表，公然拘捕了三人；中国的统治者禁借会场，妨害会议的召集，裁断了大会和革命群众的连络。同时，为了"八一"，特别加紧戒严。

然而，我们全体被压迫的劳苦群众是会以全力来拥护第二次国际反帝大会的。世界帝国主义和他们的代理人虽然都要在强盗战争中求出路，然而我们被压迫者劳动民众却要在革命战争中求出路。只有革命战争才能消灭一切反革命的强盗战争！

我们不会忘记团结我们自己，武装我们自己，自动的参加国际反帝大会，拥护国际反帝大会，用民族革命战争回答帝国主义强盗战争，用反帝的革命斗争来回答帝国主义强盗战争，回答帝国主义瓜分中国，回答军阀混战，回答向我们革命民众武装的进攻！

（《抗争》1933年第2卷第13期）

7
欢迎国际反战大会

李碧慕

自军缩会议变为列强扩充军备会议以后，伦敦的经济会议又陷于僵局，此后国际间无疑的要走到残酷的战争道路。战争，是骗工农走上屠场，战争的意义，是把工农血肉去救资本主义的死亡，不论是帝国主义相互间的战争，抑或是帝国主义联合对社会主义的战争，工农都是一样遭殃。惟有以社会主义的建设去促资本主义的崩溃，才是工农的和平。所以国际反战运动，在目前是非常需要的。

世界反帝同盟召集的国际反战大会，现决在上海举行，领导这一大会的是法国左翼作家亨利·巴比塞，参加的有美国悲剧作家特勒沙①，英国上院议员玛列②，及东方各国左翼的名流学者。这次会议的中心，是反对太平洋二次世界大战，其内容包括反帝运动方针，亚洲民族解放纲领，满洲问题，对国际法西斯蒂的对策等等。

帝国主义势力笼罩下的中国，反帝运动成功，就是中国的出路，亚洲殖民地被帝国主义的蹂躏，而中国在亚洲占最重要的地位，各殖民地民众联合阵线的牢固，便是给予帝国主义有力的打击。日本占据满洲，是预备太平洋大战的张本，同时又为进攻苏联的行动。李顿调查团欲置满洲于共同管理，亦是决心以中国为战场，进行法西斯蒂的争战，更明显地是活吞工农的势力统治之发展。这些这些，在中国民众中都是急待解答的救死问题。所以我们对于反战大会来华开会，是极为热烈欢迎的。我们所欢迎的是光明的正义，绝不像大人先生们之欢迎李顿调查团，因为那是

---

① 即德莱塞。——本书编者注

② 即马莱。——本书编者注

认贼作父。

（《抗争》第2卷第10期，1933年7月15日）

8
反战调查团来华

S. M.

关于“反战调查团”之来华，有二个消息：

（一）已经到了上海。

（二）还在路上。

巴比塞，罗曼·罗兰，得利赛等所代表底世界反战同盟所组织的反战调查团，这次到中国来，将调查帝国主义铁蹄下之中国劳苦大众之奋斗情形，将揭露帝国主义者战争的丑恶，将鼓动中国大众加紧的反帝争斗，积极的同帝国主义作殊死战，才是消灭战争的永久办法，所以，我们现在要提出这句口号：

“以革命的战争来消灭帝国主义的强盗战争！”

罗曼·罗兰高喊着：

“反对战争，追着那些杀人犯！”

“为被攻击的中国，为被威胁的苏联，为全世界的民众，为亚洲被压迫的人种之觉醒与无产阶级的俄国之英雄的改造在我们心灵中所激起的和它所维护的那些人类的盛大希望，我高喊：‘救助！追着那些杀人犯！’”

现在，他们为了“追着那些杀人犯”而来华了！

我们为了被压迫阶级的光明，为了人类的和平，谨在这里，向反战调查团诸君致诚挚的敬礼并热烈的欢迎！

介绍调查团的三个人

这次世界反帝战争同盟所选派之“反战调查团”之人物，都是世界著名的左翼文学家与政治家。领袖人物为巴比塞，罗曼·罗兰与得利赛三人。非白君在《冰流》半月刊(北平出版)第四期中叙得很好，兹略加增删转载介绍如下：

巴比塞最初是一个Salon里的诗人。彼之第一部诗集，为《哭泣人》（*Pleureuses*），成于十八岁至二十岁之间，后来因看到前世纪末资本主义组织内在的矛盾及社会的不合理，于是我们的诗人不得不跳出了华贵的Salon，跑到社会上去观察人生。这时期的重要作品，为一九〇八年所作之《地狱》（*Lenfer*）。这部书的内容，就是他观察人生百态后的结果。但因他那时的观察人生，还是在书斋内的观察，所以使他仍不懂得人生的真谛。

不久，世界帝国主义火并的第一次大屠杀爆发了。巴比塞那时是个和平主义者，他以为这次大战可以实现以战消战的理想，于是他亲临前线，参加战争，但立即便使他完全失望了。他说："战争是大众的——但又不是大众的。有另一种人，拿着操纵大众线索的人，在制御大众的手，在使大众冲前后退的……这些人远住在首府，住在宫殿。有最高法律，有比人还强的机关。"他这时才亲切[①]地感觉到战争的痛苦，认识了战争的意义。于是作《炮火》（*Le feu*），《光明》（*Clarte'*），来描写帝国主义战争的残酷，极端作非战论的宣传。

巴比塞在作了《光明》以后，作品渐少，而奔跑各处，作和平运动工作。一九二七年曾到苏联庆祝革命十周年纪念，并参加国际革命文学局第一次大会。后归国积极地提倡革命文学。一九二六年以后之重要作品，有《耶稣》（*Jesus*）和一九二八出版之《种种事件》（*Faits Divers*）小说集。去年为反对世界第二次大战，曾与罗兰等发起反战大会。最近被反帝战争委员会派组调查团来华。

罗曼·罗兰（Romain Roland，1866—　　）。

罗兰初为提倡"民众艺术"之戏剧家。他初期之作品为《亚尔》，《七月十四日》，《但东》，《狼之群》，《理性之胜利》等剧本，皆取材于法国大革命，为民众呼吁。彼后又努力于音乐及美术之批评。曾作《裴多芬传》与其名著《约

---

①　原文如此，即"亲身真切地"意思。——本书编者注

翰·克利斯杜夫》(*Jean Christophe*)。此小说主人翁亦为裴多芬。欧战时,他住在瑞士,彼为救济那将毁灭的欧洲文化,独自反对这次战争,曾受到不少的诽谤。他那时还是一个人道主义者,对于现实虽不满,但不能作实际斗争,仅是悲观与愤怒。但是,现在我们罗兰,已被世界的革命的怒潮激起了。去年之反战大会,彼亦为发起人之一。

得利赛(Theodore Dreiser)。

"一直向前,踏倒他路上的一切东西,随便什么也不能够引诱他走到旁边去。"

这是辛克莱批评得利赛的话。的确,这位老作家是时时刻刻地在揭穿着美国资产阶级的黑幕,无论怎么遭受着资产阶级的人文派的攻击,都不能使他屈服的。他的处女作,为一九〇〇年出版之《开丽妹妹》(*Sister Carrie*),是描写一个落魄的小市民的流浪生活。一九一二——一九一五年之间,发表了三个长篇小说,《金融家》(*Financier*),《巨人》(*The Titan*)和《天才》(*Talent*)。《金融家》是描写实业家的成功与失败,将卑贱的商人骂得淋漓尽致。《巨人》是描写群众生活的。《天才》是述说一个插画画家,当进到广告业界,出版业界之际,在必要着什么人物的援助。一九二五年,他又出版了使他名震全球的《美国的悲剧》(*An American Tragedy*),这个长篇巨著中,是把美国整个社会的烦闷与悲哀暴露出来。最中[终]出版的是两大卷的《妇人展览会》(*A Gallery of Woman*)。这部中是暴露美国各式各样的妇女们的灵魂。

得利赛以上的作品,虽然都进[尽]了暴露资本主义社会罪恶的责任,但都是充满了一种悲观气味。所以他也曾被辛克莱嘲笑,是一个被社会的囚袭力打败了的个人无力的宿命论者。但是,他最近思想上突然又活泼起来。去年七月间,他曾托[拖]着六十余岁的老躯,去到正在罢工潮中的美国宾息尔法尼亚省(Pennsylvania)和沃海欧省(Ohio)的炭坑地方去实地调查。他在那里,亲眼看见矿工们的痛苦生活,和他们家(此处缺一字)的苦诉。又和工头,警察,兵士,审判官谈过许多话。所以当他回来时,曾很沉痛写出"我观察了美国几十年,我自己以为很知道美国。可是,我错了——我并不知道美国!"

现在得利赛,是不会再悲观了,再孤立了,他已经开始了新的斗争。

(《出版消息》1933 年第 16 期,1933 年 7 月 16 日)

9
欢迎国际反帝非战大同盟代表团来中国

然　之

国际反帝非战大同盟，是反对帝国主义强盗战争的国际组织，是国际工人阶级和一切劳苦群众团结起来反对帝国主义的最有力的武器。

正当着今年的“八一”反帝战争斗争日，国际反帝非战大同盟的代表团已经快要到达上海，准备在九月间开世界反帝大会来了。这次他们来中国开会的任务，主要的是为了集中国际无产阶级的力量，开展反帝战争斗争的国际统一战线，采取具体的步骤来反对不宣而战的企图把中国完全殖民地化的远东战争，反对正如火烧眉毛一般危急的国际帝国主义的反苏联战争。

对于他们，我们不仅要致以无产阶级的欢迎的敬礼，尤其应该加紧反对帝国主义战争的宣传鼓动工作，号召并组织广大的工农劳苦群众来欢迎他们。把他们的来中国与过去国际帝国主义强盗瓜分中国的国联李顿调查团尖锐的对立起来，在广大群众中间严重的指出中国民族危机的继续加深与帝国主义瓜分中国的紧逼，集中火力，反对最近国际联盟新设的瓜分中国的强盗组织——“对华技术合作调协委员会”，反对日本帝国主义最近反苏联的一切造谣污蔑与挑衅，反对帝国主义国民党对苏区红军的第五次“围剿”！

为着热烈拥护世界反帝大会，汇合白区和国际的反帝斗争的洪流，抓住“八一”纪念，我们应该立刻开始宣传这一大会的重要及其任务；争取最广大的群众上反帝火线来，坚决执行党中央决定的建立广大的反帝的下层统一战线，因为只有这一战线才能够拯救中国，才能反抗帝国主义的一切侵略！

战斗的欢迎国际反帝非战大同盟的代表团，派代表去参加世界反帝大会呵！我们的主要任务是领导工人农民及一切劳苦群众保护中国和中国革命,保护工人祖国的苏联,反对帝国主义的强盗侵略,反对日益逼近的武装干涉,反对新的帝国主义大战！

(《红色中华》第96期,1933年7月29日)

10 欢迎反战代表团来华记

梓　人

群众像潮水一样的涌进了中栈码头。顶着各种各样的旗帜。怀抱里挟着传单、鞭炮。靠江边站住了。眼睛都仰望着那只巨大的邮船。

“欢迎我们的和平使者啊!”

“欢迎出席反战会议的各代表啊!”

先是喧哗的声音,渐渐地,渐渐地变成喊叫了:

“打倒帝国主义!”

“拥护巴比塞调查团!”

声音愈喊愈高。帝国主义者和他的奴卒都一个个地吓得发抖,巡捕和包探的颈子都缩着躲得远远地;活像一群衰狗。

三层船楼上的反帝代表们都出来了,群众们便是一阵狂烈的呼叫:

“反对第二次世界大战!”

“反对帝国主义者瓜分中国!”

“反对进攻苏联!”

“欢迎反战会议的出席代表!”

群众越挤越多。突然地,有几十个工人群众将一面大大的红旗帜举了起来。随即便有一位女工跳在一个石头上演说着:

“亲爱的同胞们!帝国主义者正加紧着瓜分中国和进攻苏联!第二次世界大战马上就要爆发。中国国民党军阀只知道摇尾乞怜,做帝国主义者的忠实走狗。甘心出卖民族利益,现在世界反战反法西斯大会的代表们已经来华了。我们应表示诚挚的敬意与欢迎,并且要促成反帝会议的早日实现!打倒帝国主义,打倒出卖民族利益的……”

于是群众们又都叫:

“打倒帝国主义者!”

“反对帝国主义战争!”

随即便拍起掌来！放着鞭炮！辟辟拍拍辟辟拍拍地,军乐队也吹奏起来了。

红绿的传单飞着,飞着！……

代表们同宋庆龄女士下来了,群众们的喊声差不多震破了。代表们走着,群众们跟着。最前面的是一面:“欢迎巴比塞调查团来华”的大旗帜。接着是军乐队,是各团体的小旗帜,是群众……

吹着,打着,喝着,喊着！群众们那欢喜得发疯似的。

由中栈码头向南,过白渡桥,向中区而去了。

远远地,还可听到狂烈的呼喊声。

帝国主义者和他的奴卒探狗们都吓得没有一点儿办法。只能远远地望着,缩着头颈骨儿发抖。

(《反战新闻》第1号,1933年9月29日)

11
不论任何派别的一切民众！！！
在反帝反战反法西斯的战线上联合起来！！！

无 名

帝国主义战争，法西斯恐怖统治，这已不仅仅是一个名词，一个概念，而是摆在我们眼前的血腥腥的事实！从“九一八”以来，东北，热河，华北民众所遭受的，在“一·二八”上海，全国各地民众所遭受的，炮火的扫荡，飞机爆［炮］弹的轰炸，城市与农村化成废墟，骨肉的生命横遭蹂躏，这一切，无一不是帝国主义强盗直接或间接的对我们中国民众的侵略战争的结果。在这种种强盗战争的牺牲底下，中国的领土已丧失了四分之一，而新疆，西藏，南海的九小岛和八小岛，又无一不在帝国主义的明抢暗夺之中，遭受宰割，与东北四省，同沦为完全的殖民地。在这些土地中的中国同胞，都已被系上了奴隶的锁链，陷入于最黑暗最悲惨的命运中了。

在这帝国主义强盗的争夺瓜分之中，全［整］个中国，全体中国的民众，都正受着恐怖阴谋的迫胁，中国政府与帝国主义间一切公开的和秘密的条约，借款，所谓国联技术合作，棉麦大借款，对日缓和外交等等，也无一不是要使中国更殖民地化，使中国民众更加重锁枷的担负。我们所遭逢的恶运，还不是就此为止的，因为帝国主义与帝国主义之间的利害冲突，分赃不匀，因为帝国主义要更加紧的向社会主义国〈家〉苏联进攻，毁灭全球的第二次世界大战，已在各帝国主义的摩拳擦掌，积极布置之中，纽约伦敦的高帽子的绅士先生们，知道开会吃请茶的方法已经无法挽救经济恐慌和革命危机，他们要剥下燕尾服来一套拼个你死我活的全武行了。毫无疑〈问〉地，整个中国的大陆，将会变成帝国主义的战场，而且在对苏联的武装干涉中，他们要把中国当他们后方的军事根据地。

亲爱的中国民众们，你们已经遭受了一切的掠夺和榨取，你们已经遭受了一切的灾难与迫害，你们还能遭受这个更大更重的痛苦与牺牲吗？

帝国主义者为着积极地布置这个全人类的大屠杀，驱使失业饥饿的劳苦大众去作互相残杀的勾当，在政治上便日益法西斯化，意大利莫索里尼[①]的专制统治，以及新上台的德国希特拉[②]的暴力恐怖政治，已经告诉我们，这种野兽一样的行为，是全人类文明人道的死敌，但是不仅意德，一切帝国主义者，都是在进行这种恐怖政策，来对付要求生存要求自由的民众；中国国民党军阀，也以极大的力量，组织蓝衣社等绑票杀人的机关，布置其所谓独裁政治，以图消灭他们出卖中国的障碍。人民应该享有的言语出版集会结社的自由，都遭受了摧残，甚至民众已失却了爱国，反帝，抵货等一切的自由，反对出卖民族利益的，主张革命民族战争的，都被加了“反动”的罪名，随地随时有被绑票，被暗杀，或〈被〉公开逮捕，投狱，枪毙的危险。在中国，这“法西斯蒂”的行为，已经具体的告诉我们，“法西斯统治”，便是勾结帝国主义，出卖民族利益的“汉奸统治”。

亲爱的中国民众们，你能够忍受这种“法西斯蒂”的大汉奸统治吗？

假使你不甘心做帝国主义的万世奴隶，假使你是不愿使中国永沦为殖民地，假使你主张人类应该有生存的自由，假使你以为中国必须求得真正的独立与统一，那末，不管你的政治派别是怎样——你应该起来，站在反帝反战反法西斯的联合战线上，共同斗争去！

全世界以及中国革命的劳苦大众，已经勇敢地起来组织了反帝反战反法西斯的联合战线，这次到上海来的国际反战代表团，便是代表了各国反帝反战反法西斯的无数千万的劳苦兄弟，为着这共同战线来和我们远东民众携手的。

远东已经是第二次世界大战的火药库，中国民众正处在火线的最前哨，这次国际反战大会在上海举行，是有着最大的国际意义的。

---

① 即墨索里尼。——本书编者注

② 即希特勒。——本书编者注

亲爱的中国民众们，你已经亲眼看见中国的豪绅地主资本家买办军阀官僚怎样地替帝国主义做了汉奸，你就会相信在帝国主义国内，许多被经济恐慌劳动压榨失了业，饿了肚子的劳苦兄弟，也同我们一样地热烈干着反帝反战反法西斯的斗争。他们和我们一样地要求生存和自由，要求面包和和平，不愿意被资本家赶到战场去做杀人放火的勾当。他们知道要消灭战争的惨祸，必须根本地颠覆帝国主义法西斯的统治，和全世界被压迫被侵略的民族紧紧的携起手来。同样的，我们中国被压迫被侵略的民众，也必须同全世界劳苦兄弟联合起来，才能彻底的反帝反战与反法西斯蒂！

建立强固的国际的战线!! 你不是已经看见帝国主义国民党的反动的屠杀民众的国际战线吗？只有反帝反战反法西斯的国际战线，才能攻破他们反动的国际战线！这次在上海举行的反战代表大会，便是这国际战线的军旗。

帝国主义国民党一切反动统治，正在以全力破坏民众的联合，他们用反动的欺骗宣传，造谣，诬蔑，以图阻止这国际民众的大联合，他们说，反帝要靠自己的力量，使我们不去和世界劳苦兄弟联合；他们说反战大会是共产国际包办的，使别的许多群众徘徊不前。但事实告诉我们，他们阻止我们和世界劳苦兄弟去联合，正表示这联合的力量是他们的致命伤，而且我们知道，国际反战大会去年八月第一次在荷兰亚姆斯丹①召集，代表五千余国②的三千代表，共产党员所占的席数是很少的，而社会民主党，工党，以及其他党派或无党派的代表，占了大多数。同样的，我们这一次在远东召集的国际反战第二次大会，也必须由最大多数的群众去热烈的拥护和参加。

不管你是国民党的党员，黄色工会的会员，以及各种工会，商会，同业会，农会，市民联合会，地方协会，各种救国团体如抵货会除奸团等，或是没

---

① 即阿姆斯特丹。下同。——本书编者注

② “五千余国”明显有误。根据本书其他资料记载，参加1932年8月阿姆斯特丹会议的各国代表约三千人，所代表的国家是30个左右。——本书编者注

有组织的市民，都应该拥护和参加这个会议，推出你们自己的代表，在会议中提出你们的主张，共同图谋反帝反战反法西斯斗争的胜利。

这个会议的胜利，将是我们反帝反战反法西斯斗争胜利的先声！我们民众生存自由民族独立统一的重要的保障！

你应该向自己所属的团体，要求参加这个反战大会，你要号召你属团的群众，无论是在工厂，车间，工房，农村，街道，学校……中的，告诉他们反战大会的伟大的意义，立刻举行会议，共同讨论，推派代表，提出意见，筹募经费，积极的来参加大会!!

这是放在眼前的，每个人应该做，而且能够做的工作。

（《反战新闻》第2号，1933年9月6日）

12
为什么在上海召集反战会议

飞　飞

为什么在上海召集反战反法西斯会议?

马莱勋爵被日本帝国主义挡驾回上海后,曾在接见新闻记者的谈话中谈到过,因为这一隅是战争最容易爆发的地方。

为什么上海(中国)是战争最容易爆发的地方呢?可以分作三方面来说明。

第一,因为帝国主义要瓜分中国。各国的资本家,在国内榨取工人农民来培养成了巨大的资本。但现在工人农民被榨取枯了,连日常的生活品都买不起,消费力大减,弄成了所谓经济恐慌。这样一来资本家和资本家的政府都慌了,因为资本家是不剥削别人就不能过活的。最好的办法之一是加强地去剥削殖民的民众,把半殖民地化成殖民地,好剥削一个痛快。然而,诸位想,世界上最大最好的殖民地不就是我们中国吗?所以,一切帝国主义都想完全强占去,分不成赃,就摩拳擦掌地预备杀过七进七出。日本帝国主义最狡猾,先下手为强,不是把东北四省轻轻地拿去了吗?当然,他们彼此之间是经过不少的讨论商量,想不讨麻烦地和平地分了算事,但这可做不到。大家都不想让。于是,只有厮杀之一途了。英国也要动手了,美国也要动手了,法国也要动手了……

第二,为了压迫中国民众反帝国主义运动。老百姓在帝国主义压迫之下,一天苦似一天了。吃尽苦中苦,老百姓终于懂得了,他们所以这样苦,是被帝国主义剥削够了的原故。于是,"打倒帝国主义!"十几年来有了整齐阵容的反帝国主义运动,该句口〈号〉,在世界是鼎鼎有名的。当然,这个运动还没有完全成功,成功的一天就是帝国主义寿终正寝的一天。帝国主义并不是傻子,看清楚了的这一着,所以拼命地来压迫,凶猛得像魔鬼。然而,

“民心所向”，压迫得住吗？果然两三年来，中国苏区和红军的发展，真是一日千里，使日本天皇美国总统英国皇帝都发了急。于是乎，打，用兵舰飞机大炮毒瓦斯去打。你也要带头打，我也要带头打，你也想把打出来的天下全吞，我也一样，所以，他们彼此之间是可以为了地盘火拼的，但是，主要的还是对付〈我〉们中国老百姓，还是为了压迫咱们老百姓的反帝国主义运动。否则，他们并不是发了疯，为什么要这样干呢？

第三，因为中国支配阶级压迫反帝国主义战争运动非常出力，拼命地替帝国主义战争当清道夫，当哨兵。中国地主阶级的军阀官僚，晓得他们这种吃老百姓底血肉的生活，只有靠着帝国主义才有一点把握。为了维持他们暴君的统治，就拼命替帝国主义压迫民众，使帝国主义瓜分中国容易成功，使帝国主义战争容易实现。这为达到了目的，就更利[厉]害地压迫中国民众。诸位想，近来法西斯蒂的疯狂的政策，把帝国主义的工人农民青年学生，杀得血流成河，不就是铁一样的证据吗？

所以，上海（中国）是战争爆发性最大的地方。日本帝国主义者已开始了第一幕，正本①战快要开始，〈咱〉们老百姓都是罩在战争的黑影下面。

反战会议在上海开，就是要团结远东的反战势力，要发动远东一切民众来参加这个战线，使全世界反帝国主义之一部的远东民众势力加强加大。这样才能够摧毁帝国主义阵线，冲破法西斯蒂的围剿。

（《反战新闻》第2号，1933年9月6日）

---

① 原文如此。——本书编者注

13
冲破帝国主义国民党的恐怖与封锁！扩大反战反法西斯斗争的战线！

修　文

据八月三十日上海各报揭载，英法租界当局因日本反对反战会议甚力，或因此不准远东反战反法西斯代表大会在租界内举行云云。

这充分揭破了一切帝国主义强盗协以谋我的真相！

欧美帝国主义者凶恶歹毒，决不下于日帝国主义者。在瓜分我领土，凌迟我民众，支持中国反动势力，以镇压中国民众任何自由运动上，他们完全是一个娘胎生下来的孽种。他们全是新的世界大战的制造者，主谋者；反战会议的敌人决不只是远东的日本强盗，欧美的帝国主义的恶煞原该也以全力来破坏反战大会的工作。

而最无耻的是中国的统治阶级。真个"牢卒狠似狱官"！前天上海市长竟有脸对反战大会主席马莱说，中国政府酷爱和平，惟因中国当此内战急剧之际，反战会议恐引起上海治安之妨害云云。

不错，国民党政府确实"酷爱和平"！在济南惨案中，在"九一八"，"一·二八"事变中，在日本不宣而战的节节进攻中，在英国的侵略西康川边中，在英日的捣乱新疆中，在法国的占据琼南九岛中，简言之，在一切帝国主义的暴力袭击中，只见暴敌长驱直捣，如入无人之境，国民党政府果然是不抵抗，假抵抗，"安内先于攘外"，"安内即是攘外"，这只帝国主义的走狗真是驯驯顺顺，服服帖帖，天生的一只专讨主人欢喜的哈巴狗儿。

然而，国民党政府决不"酷爱和平"！我们睁眼看！在五次围剿中，全国的陆海空军密集在赣，湘，闽，粤，豫，鄂，皖，川的腹地，配上德国八十余名法西斯的军事顾问，德法捷克的枪炮军火，英法美德的轰炸机驱逐机战斗机，由宋子文一手捧来的五千万美金和一手捧来的国际共管计划（名曰

“国际技术合作计划”),日里夜里来屠杀中国反帝反战争取自由的民众。这时,这只帝国主义的走狗比一条癞瘈犬还要恶毒。逢人便噬,它决不酷爱和平”!

“冤有头,债有主。”中国全体辛勤劳苦的民众想想!自从一九二七年中国大革命遭受挫折后,是谁在屠杀革命民众?是谁勾结封建势力投降帝国主义,因而招致了帝国主义公然的瓜分和共管?是谁以全力屠杀工农,破坏中国的生产?是谁使你们饥寒交迫,妻子冻馁?是谁使你们破产失业,颠沛流离?是谁横征暴敛,拉伕拉役,勒逼公债,举借外债,以全国收入百分之八十作为屠杀民众的军费,因而造成了百业凋零,教育破产,江河泛滥,断丧了中国民众生活的命脉?是谁剥夺了民众任何集会结社言论出版的自由?是谁豢养着大批的流氓地痞,纵横披猖,暗杀绑劫,闹得鸡犬不宁,而名之曰维持治安?……

这正是无恶不作,恶贯满盈的,地主资产阶级反革命的集团——国民党!这个内战的罪魁祸首,在最近两周以内,已竟暗地逮捕了五十名以上的为反战大会努力的男女青年,竟有脸以“酷爱和平”自命!

在帝国主义侵略战争下,在国民党屠杀民众的内战下饱受痛苦的同胞们,不论是工人,农民,店员,学生,劳力的,劳心的,事变吹散了烟幕,我们现在该中[以]切身的经历,认清我们的敌人。我们唯一的敌人是帝国主义者及其走狗国民党。他们是战争的祸首。反对战争,便是反对他们。我们一个个各自为战是没有力量的。我们团结起来,便能战胜一切敌人,任何敌人。

陆续由各省出席反战反法西斯大会的代表,到上海的已有数百人。他们代表着成千成万的勇敢的战士。这已经证明反战反法西斯的大会适合着广大民众迫切的需要,获得了他们热烈的同情与拥护。但这还不够!我们必须展开我们的战线,大量加增我们的队伍,才能保证大会的胜利。

我们目前最大的任务,是以群众的斗争力量,强迫中外当局供给反战反法西斯代表大会以广大的开会场所，而这不是和平请求可以做到的。

上海的民众，不要辱没我们过去的光荣史！加紧一切群众工作，冲破帝国主义与国民党的恐怖与封锁，来完成我们反战大会的工作！

（《反战新闻》第3号，1933年9月15日）

14
广州反战运动近讯

布　落

在广州努力文化运动的有三个团体：广州无产作者联盟，广州普罗文化同盟，新文艺评论社。他们工作的步骤很不一致，组织亦不完善，方法也不统一，不过抱着一种青年的热诚，向光明之途走去的一种目的，是同一的。

在他们各个过去的出版物里，有着不少零碎的，关于反战的文字，无聊办的《广州文艺周报》里面文字，完全用广州大众日常在口头里讲的广州白话写的，曾译载关于亚姆斯脱当①反战大会的文字两篇；普同②一部分人从前办的刊物《一般文化》上面也零碎地登载过一些关于拥护××③反对帝国主义战争的文字。

反战大会决定在上海举行以后，消息传到广东，广州的大众立刻起了一种热烈的骚动，三个领导的团体，也预备用适当的方法传达出广州劳苦大众对反战大会的呼喊和企望，但是因为没有得到很好的指导，和本地的白色禁压非常凶暴的原故，除了抗日剧社有一点反帝公演，和新文艺评论社出了一个叫做“欢迎巴比塞，罗曼·罗兰，特里赛④专号”的刊物以外，没有表现出什么已被公开出来的成绩，大概他们另一方面紧张地进行着的工作，是援助太古轮船海员罢工。

九月一日，一九三三。

（《反战新闻》第3号，1933年9月15日）

---

① 即阿姆斯特丹。——本书编者注
② 原文如此。——本书编者注
③ 原文如此。——本书编者注
④ 即德莱塞。——本书编者注

15
揭破一切阴谋和欺骗

逸　君

七月十八日的社会新闻上堂堂皇皇的发表了这一篇《关于反帝运动》的文章。

这篇文章主要的是对于世界反战同盟的态度。他们说:“我们不反对反帝运动的本身,而是怀疑世界反帝大同盟的组织。”说:“反帝运动有两种,一种是民族主义的反帝运动,一种是共产主义的反帝运动。前者是被压迫民族希图从帝国主义的压迫中解放出来的运动,后者是苏联想推倒帝国主义的运动,所以对于后者,与其说是共产主义的运动,〈毋〉宁说是苏联的反帝运动。”后来说:我们应该参加前一种——民族主义的——反帝运动,不应该参加后一种。世界反帝同盟不是前一种的立场,即是说:不是民族主义的立场,而是共产主义的苏联立场,所以我们不应该参加。

以上是这文章的内容。他们的结论是:开会,发宣言,作积极的运动是没有用处的,会“麻醉”了民众。

很明显的,这完全是民族主义者法西斯蒂的巧妙的欺骗!谁都知道目前反帝运动,是国际的阶级的运动,而不是民族主义的运动了。中国的民族资产阶级——国民党政府早已投降了帝国主义,做了帝国主义的走狗,他们的反帝运动,只是割让东北,放弃满洲,派宋子文到欧洲借款,承认伦敦会议的瓜分中国的计划。

因此,我[他]们用尽了一切造谣和欺骗来破坏国际劳动大众反帝运动的战线,说什么反帝同盟是共产主义的,是苏联的。要知道,反帝同盟是完全不被哪一党,哪一派,哪一国所支配的;他是站在反对战争,反对帝国主义,反对法西斯蒂的立场上,团结广大的大众来共同斗争的团体。不分党派,不分主义,不分国家的;一切被压迫者及真正反帝反战反法西斯的大众都应当参加世界反帝同盟所领导的这个广泛的反帝运动。国民党民族主义者反对开会，宣言，通过决议案种种的活动，这无疑地是为着拥护帝国主义，替帝国主义者作挡令牌，“禁止一切反帝集会，言论出版的自由”！这就是民族主义立场的反帝运动！我们要以大众的力量，拥护世界反帝同盟！参加“远东反战大会”！揭破帝国主义国民党的一切阴谋和欺骗！

（《反战新闻》第3号，1933年9月15日）

16
压迫与造谣都阻止不了反战会议

无　名

在这国际帝国主义者正摩拳擦掌，准备掀动瓜分中国和进攻苏联的战争的时候，远东反战大会将在上海举行！它会受到了帝国主义者及其走狗的一切压迫与破坏，是意料中的事；但他们明白单是压迫还不够，会引起大众的反抗，于是加之以造谣与中伤。

他们的造谣与中伤最主要的有二种：一种是社会新闻所用的，它说要反对帝国主义战争，光是开开会是没有用的，所以它反对反战会议。这话说得多漂亮，多彻底，但我们要请教，既然开开会没有什么大意义，为什么帝国主义者要那样地害怕而加以压迫呢？为什么帝国主义的走狗要逮捕反战代表呢？还有一种是说反战会议是在第三国际操纵下的，是共产会议，所以它一定开不成。九月八日中文大美晚报上关于反战会的那则新闻就是属于后一种的造谣。那则新闻说："世界反战会议举行，因受日本对上海租界之威胁，虽由主席团马莱勋爵等往各方疏通，要求谅解，但公开会议能否举行，尚难确定。惟据日文上海日日新闻今日刊登消息，则该会于一星期以前，由法比两代表在法租界亚尔培路附近之某所筹设秘密办事处，日来曾继续作二日夜之秘密会议，并有中国共产党代表二人，日本共产党代表一人参加。该项会议将继续至十日，公开会议之应否召集当取决于此。"这新闻给读者以二种印象，一是公开的反战会议开不成，一是反战会议完全是在共产党支配之下。"反战会议开不成了！"这消息一传出去，民众反战的情绪必然会冷下去，于是不必讨论什么提案了。也不必选举什么代表了。因此反战会议真的开不成，帝国主义者将欣喜它们的造谣政策成功。后一种印象是使人觉得反战会议是共产党所包办的，把反战会议看作很危险的东西。因而胆小的人不敢参加了，共产党人以外的人不愿参加了。这样，反战会议又开不成了,帝国主义者消灭反战运动的鬼[诡]计胜利了。

但是事实胜于造谣。事实告诉我们反战会议不是某党某派所包办的,它是不问政治宗教的派别的一切反战的群众会议,只要反对战争,谁都可以参加这会议。它既然是广大群众的会议,它的开不开当取决于群众的意志,不是帝国主义者所能禁止,更不是少数共产党所能秘密决定的。

自然,反战会议是千千万万民众反战意志的表现,对于在准备中的第二次帝国主义战争是一极大的威胁,它的受到帝国主义的压迫是必然的。但群众的力量是伟大的,群众有充分的自信,它一定可以用自己的力量实现它所要做的!所以,反战会议,在广大群众的拥护之下,热烈参加之下,是一定可以冲破一切的困难开成的,谁都禁止不了它!!

(《反战新闻》第3号,1933年9月15日)

17
请看帝国主义者的下流无耻

无 名

制造战争的国际帝国主义者的破坏远东反战反法西斯运动，真是无所不至，而其中尤以日本帝国主义者为最卑鄙、最龌龊。它不但逮捕了日本朝鲜的反战代表，极度压迫日本国内的反战运动，阻止马莱上陆，不准日本代表出席，而且用了极不堪的手段中伤反战会议。最近报上披露的马莱私信的被拆，以及上海日文报纸诬载马莱与最近暗杀探狗案有关，并受第三国际津贴八百万元等都是日本帝国主义与中国的汉奸有计划的阴谋与造谣。

我们知道，即使按照资产阶级的所谓法律，人民是有通信秘密的自由的。但中外反动统治阶级为了破坏反战会议，竟不惜自打嘴巴，偷拆了一个旅居邻国的友邦侨民。这且不说。而它在偷拆了二封真信以后，竟又伪造了一封什么马莱致苏联外交委员长李维诺夫的信。自从一九二四年英国保守党伪造季诺维也夫信以后，这种假货不仅充斥了近十年来的历史市场，而且丝毫的号召力也没有了。这蠢如鹿豕的伎俩只不过是要说："你们看，反战会的主席在和苏联的外交委员长通信，这不是反战会在和苏联互通声气吗？这不是反战会议是在共产党操纵之下的好证据吗？"经过马莱即时的坚决否认，这种下流手段自然不能再去骗一个三岁小孩子。可笑的，是亚洲人确比欧洲人落后，没落的日本资产阶级便是造谣，也只会抄袭没落的英国资产阶级的旧文章！

而第二种造谣更恶毒。说马莱拿了第三国际的钱，到上海来谋杀中国的密探，这是叫中国民众认马莱为一种和法西斯蒂一样的只知〈中〉饱私囊的杀人强盗，是使中国政府及上海租界当局有所藉口，好来禁止反战会议。

我们应该知道，反战运动是一种广大的群众运动，它是要藉群众的力量来反对帝国主义战争，谁也晓得最近被暗杀的几个密探，这些绑劫逮捕屠杀反帝反战民众的刽子手,这些吃喝嫖赌的地痞流氓,都是争风吃醋分赃不均,一窝里自相残杀的。从事反战运动的人决不会用个人恐怖手段来对付这群疯狗的。因为从事反战运动的人认识得很清楚,他们的敌人是整个帝国主义及其代理人,暗杀几个刽子手,别的刽子手〈还〉会来的,又有什么用?而且个人恐怖那种方法,是穷途的帝国主义者及其走狗所乐用的,反帝反战的民众对这种鬼鬼祟祟的手段毫无兴趣,他们是只知道用自己集团的力量来达到他们的目的。

至于八百万元云云,更是帝国主义者惯用的造谣政策,狗血喷人,不值识者一笑。

这些事实证明帝国主义者——尤其是日本的破坏反战会议是无微不至,而同时也证明广大群众的反战运动已多么使帝国主义者手足无措,可见社会新闻所说光是开开会的反战运动没有用,完全是无稽之谈,完全是替帝国主义者说话!

但是帝国主义者的一切阴谋造谣不会有什么用处,它们只会加强千万群众的愤怒,提高群众拥护反战运动的热情!广大的群众将以更坚毅的力量来回答这些阴谋与造谣!

(《反战新闻》第5号,1933年9月22日)

18
用群众的力量争取反战反法西斯大会的胜利!!!
用群众的力量冲破帝国主义国民党的压迫!!!

无　名

国际帝国主义一方面疯狂地准备着进攻苏联,瓜分中国的战争,同时更加紧指挥着他们的走狗国民党加紧进攻中国苏维埃工农红军,逮捕屠杀我们反战反法西斯的革命群众。我们中国的劳苦大众要找出自己的出路,就只有英勇地起来反帝反战反法西斯蒂,进行民族革命的战争。这次我们上海的劳苦大众冲破一切的压迫,热烈地欢迎国际反战代表(在本报前五期已陆续登载)。这证明了我们劳苦大众反帝反战反法西斯的力量。这一力量更加深了帝国主义的动摇和战栗,当然地帝国主义决不会容许反战反法西斯大会的举行,而要残酷地无耻地加以压迫的。最近英法帝国主义租界当局,以及帝国主义走狗国民党的市政府已经公开宣布禁止反战反法西斯大会开会了,而且还加以种种的造谣诬蔑。这个反战反法西斯的革命运动,是全世界劳苦大众的革命运动,我们早已明白,这是为帝国主义及其走狗国民党所仇视的,现在的禁止开会,也是必然的结果。但是我们决不因此稍为松懈,只有更积极地用我们劳苦大众斗争的力量来争取这反战反法西斯大会的胜利。现在大会已经快要开幕了!我们一定要用我们所有的力量争取这一大会的胜利。

劳苦大众们,武装起来夺取会场,保护反战反法西斯大会的代表!大家来参加反战反法西斯大会!用群众的力量来冲破帝国主义国民党的压迫!

打倒帝国主义及其走狗!

反对帝国主义战争!

反对法西斯蒂!

拥护远东反战反法西斯代表大会!

(《反战新闻》第6号,1933年9月29日)

19
给反战会脱帽子

张　李

张：喔，难得难得！今天难得有空请过来，请坐，请坐！

李：别客气！今天拜望你老兄，不为别的，想请你破点儿钞。

张：破什么钞呀？不是不抗日了吗？怎么又闹起募捐来了？而且这几天正闹着清查爱国捐，我看省得将来再清查，不如现在就干脆不捐。

李：不得了！你老兄竟贴起“前账未清，免开尊口”条子来了。

张：正是，对这些捐，老实说我有点不敢领教，我看老兄也算了吧。这么大热天，何苦来？镇[整]日价跑腿，赔笑脸，到头来只落得几位委员老爷发财，于国家于民众丝毫无益。

李：老兄说的对，对于这些包办的募捐，我也看穿了？[！]不过我这一次募捐，与以前的不同。这一次完全是我们自己几个熟人发起的，募来捐给远东反战会做经费的，我知道你老兄向来热心，所以特地来……

张：反战会？不是报上登着的，什么英国人做主席的那个反战会？你老兄近来怎么也参加起政治活动来了？

李：什么政治活动？反战会完全是一种民众运动，没有什么政治派别的。

张：不是大家都说反战会是由第三国际召集的。由共产党主持的。反对战争，我极端赞成。但是，共产党这名词可有点受不了。我看你老兄也谨慎些为是。反战反出是非来才要你好看呢！

李：是的，起初我也以为反战会一定是一种赤化运动。但经我一番研究与调查，觉得这话是靠不住的。我们只要看：去年在亚姆斯旦达①开的反

---

①　即阿姆斯特丹。——本书编者注

战会，出席的人有二千多，各种各样的人都有。固然有共产主义者，却也有社会民主党，无政府主义者，工团主义者，人道主义者，自然主义者。再看这次远东反战大会吧：主席是英国的勋爵马莱，他既不是共产党，也与第三国际无关；临时筹备会主席宋庆龄，则谁都知道她不是共产党。而且反战会的目的是要唤起全世界的人民，反对迫在眉睫的第二次世界大战。所以这次反战运动可以说是一切反战人民的大团结，反战力量的总汇合。随便什么人，不管他的政治信仰怎样，只要他是反战的，都可以，而且都应战[该]参加。不是说在日本，甚至佛教青年会，基督教青年会等团体也都选出了代表来参加吗？

张：照你的说法，反战会是由第三国际召集的这句话是无稽的了。

李：我想这话一定是那些反对反战的人——帝国主义者啰，帝国主义的奸细啰，以及那些想靠战争发横财的人造的谣。因为反对战争这口号，实在喊到了每个人的心坎里，所以帝国主义者，即使要禁止反战，也不敢明目张胆的做。因此他们掉了个枪花，给反战会议戴上顶红帽子，好让人家害怕，不敢去参加，叫它开不成。这法子突[实]在怪巧妙，而又突[实]在怪毒的。你老兄也不是中了他们的计吗？

张：的确，不经你这一番解释，我委实不明白……好吧，算我二块钱！有便还请给报个名，我要出席反战大会。

（《反战新闻》第6号，1933年9月29日）

20
反战会所预备好了

缘

世界反战会议，预定在上海举行。这个会议值得我们欢迎，不是因为出席代表有许多世界的名人，而是因为他是代表世界的反帝国主义势力。

上海，这里不是世界帝国主义的大本营吗？黄浦江里无数兵舰，舰上一排一排的大炮，口对着你和我，岸上成群的水兵，陆战队身上佩的刀，肩上荷的枪，预备着有一天给你和我尝尝味道儿，请问二十世纪的文明强盗，有哪一股没有在上海设立一个机关，陈列一些杀人的器械？

上海既是帝国主义的天下，那么，这个反帝主义的会议，能否在上海开得成会，自是问题。帝国主义不愿意反帝国主义的会议在上海举行，这是二加二为四的道理，我们毫不奇怪。我们所不了解的是受帝国主义压迫的中国，除宋庆龄女士及一极小部分智识分子外，对于这些反帝的代表，竟然欢迎的电报也不打一个。平时一个洋流氓，无名记者，来到中国，各团体欢迎不暇，政府招待不暇。其实于中国何补？前次李顿调查团到中国来调查，我们费了几十万招待费，当做天使一般招待，结果徒然赚得一个共管满洲的建议。

自然这世界已经大变了，从前打倒帝国主义，如今欢迎帝国主义。因此任何人反帝国主义，已非打倒不可。哪里说得到欢迎？听说有几位青年因编辑欢迎反战会刊物已被捕去，放在监狱里。监狱，这原来就是当今反帝的人们的招待所。

（《自由言论》1933 年第 1 卷第 15 期）

21
反战调查团与李顿调查团

刘涅夫

世界的一隅，亚东大陆的一角，广袤三百余万哩，人口二千四百余万的满洲（东四省），始自一六九六年已成为帝俄与日本明争暗斗的目的物，及至一九一七年俄国大革命告成后，形势一变，即苏联虽是根本推翻了沙皇夺取满洲的帝国主义之特权，但满蒙却因这种变更而变成世界帝国主义干涉苏联的东方根据地，同时又成为日帝国主义与英美帝国主义为榨取殖民地的斗争策源地了。这个矛盾——世界帝国主义相互间的矛盾——露骨的表现于一九一八年帝国主义出兵西伯利亚武装干涉苏联的事实中。英美帝国主义者为防预日帝国在进攻苏联的口实之下独占西伯利亚和满蒙，在出兵西伯利亚的当时，首先规定每国出兵不得超过七千军队以上，但日帝国竟陆续的出到七万有奇了。一九二〇年冬英美帝国主义的军队开始撤兵，而日帝国的军队延至次年，对于撤兵依然了无诚意，因此美帝国主义者在华盛顿会议上对日则大加非难。这儿表明了国际帝国主义干涉苏联和日帝国的大陆政策的矛盾。

惯于把捉时机的日帝国主义者之欲乘第一次大战前后，以对华的二十一条及利用干涉苏联的机会夺取满蒙，建设大陆帝国的野望，既因帝国主义相互间的矛盾和冲突，未能遂成其目的，而为帝国主义自身的利益计，自然也不能一日或忘。一九二九年的世界经济恐慌的汹涛自繁荣过剩的美帝国向世界各国汎滥起来了，同时反苏联的法西斯蒂也为资本主义作最后的挣扎而勃兴了。于是，日帝国主义者又鉴于内外的形势，即利用国内布尔乔亚须要独占殖民地的呼声和欧美帝国主义者无暇外顾的时机，更在法西斯蒂的支持之下，断然进占了满洲。

广泛的满洲虽在法西斯蒂同情的条件之下由日帝国武装占领了，但在各帝国主义孜孜争夺殖民地的世界形势之下，日帝国主义者决难安然自在，瓜分赃物的国际联盟为维持其瓜分公平的强盗威颜，自不能不组织名为“李顿调查团”实地调查，策划公平瓜分的界线，估量进攻苏联的战线。

该调查团备受辛苦，历八月之久，走遍东亚南北，而同时因中日当局者深盼李顿伯爵等说句有利的话，也享受了不少的物质优待。调查的结果，用婉妙的文句作了一册共分十章的报告书，最后两章作为该调查对国联本部建议。建议书中，确实顾到国际的利益，主张以国际合作促进中国的建设，真是多情感激之至！中国现当局者也已蒙其情而与国联技术委员会实际合作了，这更是中国的大幸哟！然而，支配中国的外国顾问，虽遭到满洲国之拒绝，但因中国的当局的决心，毕竟延为国府的上宾，不过建议书中的“宪兵团”尚未组织就绪。这个武装瓜分中国的“宪兵团”在我们人民看来，应该誓死反对。

李顿调查团本着国联本部的意志，对于各方面确实关顾得周到，一面“由外国教练官的协助，组织特别宪兵，作为东三省境内的唯一武装实力”（参见该报告书的第十章），掌握满洲的军政权。是则既可夺取满洲的日本军政领导权，同时更可巩固对苏俄的军事行动。又为缓和日帝国主义者的空气起见，更不惜将满洲部署的经济利益送给日帝国主义，而为维持国联本部的和平主旨计，蒙情将满洲的宗主权归还中国，但是，既有“宪兵团”的军事组织，及自治行政机关的外国顾问组织，为中国国民者却不明中国宗主权何在也？

诚如李顿报告书中所说，“满洲非他地可概切比拟者也”，但在进攻苏联这点上，却可与钳制苏联西部的罗马尼亚比拟。至于日帝国主义者则肯定满洲为朝鲜第二，不认为满洲为非他地可比拟的地方，同时她（日本）又不但没有否认满洲具有作为进攻苏联的东方根据地之特点，且利用这点，遂达其独占满洲，建设大陆帝国的野心。大陆帝国对于世界帝国主义干涉苏联的一点，虽说有利，但是对于欧美帝国主义者对华的怀抱，却给与一大打击。进行中的大陆帝国将来若能告成，且可夺去欧美在华的既成利益，独占整个的老中华，危哉大陆帝国！于是，帝国主义者的利害冲突和矛盾，又在对俄战争的发展中表现出来了。即欧美帝国主义者虽是痛感有武装干涉苏联的必要，同时对于大陆帝国之建设者却也不能不预问，对俄的干涉战争与帝国主义者的混战，在并行发展的矛盾中。目下的形势已由勾心斗角进到盘马弯弓了。

“李顿调查团”的结果，说明了帝国主义的利害冲突，二次大战地益发迫近了。世界勤劳群众，自然不希望惨酷的二次大战勃发，为少数富有者牺牲自己的生命。于是，“反战调查团”则在大众朝夕盼切的希望之下产生出来了。

巴比塞根据五一节“反战大会”巴黎书记局的指令，会同罗曼·罗兰(ROMAIN ROLAND)及特利赛[①](THEODORE DREISER)组成这个“反战调查团”。他们都是世界著名的左翼作家；巴比塞是从第一次大战的战线中逃出来的人，深知道战争对于劳苦群众的惨酷，他说：“战争是大众的，但又不是大众的，另外有种操纵大众线索的人，在制御着大众的手，命令大众向前冲……这种人住在远远的首府，宫殿内，他们有最高的法律，有比人更强的机关。”罗曼·罗兰及特利赛二人都是从悲观的人生观中走上积极斗争的斗士，著有很多的反战的书籍，“反战大会”就是他们的产物。

“反战调查团”的结果，固难逆料，但是，根据该调查团之指导者的思想和行事，及“反战大会”的宗旨，我们也不难推知一二。他们反对瓜分殖民地的强盗战争，反对虐杀劳苦大众的干涉战争，但是他们未尝或忘阶级斗争是劳苦大众的唯一的出路，与其说他们是酷好和平者，毋宁说他们是阶级斗争的英勇的斗士。这一点与“李顿调查团”迥乎不同，即完全相反。李顿伯爵等是强次[盗]战争的支配者，干涉战争的领导者，同时更是压抑反抗的阶级斗争者。

二次大战无论始自日美或日苏，抑或其他，而中国群众总难免为牺牲

---

① 即德莱塞。下同。——本书编者注

品，老大中华终难免成为焦土。这点仅就日帝国在战时须要中国的原料供给及要中国的土地作为她的防线和阵地，就可想而知了。是则中国群众应为“反战调查团”的后盾呢？或为“李顿调查团”的牺牲品呢？中国的劳苦大众们，我们应当用理智的头脑，来认清我们的敌人和朋友啊！在此我们敬以全盘的热诚，祝“反战调查团”顺利的进行他们工作！同时更十二万分的希望将届的“反战大会”能给与我们次殖民地大众多多的教训！

（《生存月刊》1933年第4卷第4期，第7—11页）

22
两个阵营

无　名

我们这个世界，分着两大阵营，一方面是帝国主义统治者的阵营，一方面是全世界被压迫民众的联合阵营。因为有了这帝国主义的阵营，所以也有了被压迫民众的联合阵营。他们所要求的是和平，面包，合理的社会生活。被压迫民众中间，自然有一部分是给统治者的反动教育宣传所麻醉了。可是他们一旦有了自觉，便毫不犹豫地加入这反帝阵营。这反帝阵营虽然没有炮舰，没有轰炸机，没有坦克炮车，可是他们的声势，却是一天天膨大着。帝国主义的经济恐慌，对殖民地进攻，侵略战争，十分有效地促成被压迫民众的自觉，反帝阵营的扩大和坚固。

一年以前，在阿姆斯特丹举行的全世界反帝战争大会，便是这被压迫民众的联合阵营的有力的表现。在那里聚集三十余国工农的代表，中间包含着各种不同的政党和政治倾向，一致联合起来，对于帝国主义和正在进行及酝酿中的帝国主义战争，作广大的抗议和示威。

现在这反帝战争大会，根据主干部的决议，将于最近在上海开会了。各国的反帝团体的代表，中间包含全世界文化界的权威，都已陆续来到了上海——帝国主义直接宰制下的上海。在日本帝国主义武力占领东北，英法帝国主义进窥川康新疆西南海岛，国际帝国主义密谋共管瓜分中国的今日，全世界反帝大会在远东开会，不能说是没有意义的。即使这大会只是一种表示，这表示也是很重要的，因为这便是全世界反帝阵线扩大的表现，被压迫民众联合斗争的凭证。

中国民众的反帝的自觉，已不是最近的事了。一九二六——一九二七的革命狂潮，也曾经震慑了帝国主义的魂胆。最近几年，因帝国主义的联合反攻，反帝阵营表面上仿佛是暂时退却了。反帝这个口号，已经不为统治者所喜悦了。孙中山先生"联合平等待我之民族"、"废除不平等条约"的遗嘱，也不再被人们重视了。帝国主义正倾全力以谋处分中国市场，准备二次大战。在这时间，在这空间，反帝阵线是会四面八方遭敌人的袭击。所以反帝大会，是不是能够公开地举行，民众是不是能够自由地去参加，却是一个大疑问。

可是帝国主义者可以压迫反帝大会，却不能摧毁日益膨大的反帝阵线，可以取消人民的反帝的自由，却不能消灭全世界的反帝思潮。事实放在眼前，现世界正分割成帝国主义与反帝国主义的两大阵营，中国民众不得不在两个阵营中，选择一个。谁都知道，而民众的选择，却是最有力量的。

（《生活》周刊第8卷第31期，1933年8月5日）

23
欢迎巴比塞调查团

徐懋庸

巴比塞调查团将来华调查“暴日侵华之真相”的消息，宣传了已有好几个月了，但是总不见来，谣言却很多，说已秘密地来了的也有，说他们其实已经在欧洲被捕的也有。现在，申报上居然有了“据极可靠方面”的消息了，说是他们“仍照预定计划，于八月五六日来沪”。但准备在华举行的“世界反帝大会”，则“现已决定暂为中止举行，因环境不许之关系故也”。

申报上所说的“不许”的“环境”，一定更广大，不限于中国。但中国一定也在内。倘是几年前，在中国举行“反帝大会”，是最合式[适]不过的。还可以省一点写印“打倒帝国主义”的标语之劳，因为那时候的中国的角角落落，就已满布着这样的标语，然而时移势异，今日的中国，正和国联在“合作”了。

世界反帝大会虽然开不成，但巴比塞调查团仍将来华的消息，也够使我们欣慰。我想，他们莅华以后的言论，必将为黑暗中摸索已久的中国人发聋震[振]聩罢。

我在拙译罗曼·罗兰的《托尔斯泰传》的“校后附记”上说过下文那样的一些话：

“于校阅中，得到一个消息：本书著者将偕巴比塞(H. Barbusse)，特莱散[①](T. Dreiser)，路易朗(L. Renn)诸人来华，乃是衔了世界反帝大同盟之使命，来调查满洲事件的。记得‘李顿调查团’来华时，国人曾视为公理正义的使者，热烈地欢迎过一番，那么，对于这一次真正衔了公理正义面而来的世界反帝大同盟的‘满洲调查团’，必有更盛大的欢迎罢？

本书著者对于中日事件，早下过正确的批判。译者曾译过他的一篇论

---

① 即德莱塞。——本书编者注

中日纷争的文章,载在去年的社会与教育上。现在原文与译文都不在手头,只记得那结论的大意,是叫中日的劳动大众起来,首先各自打倒本国的军阀,然后彼此握手,组织生产劳动者的大同盟,并且主张在欧美也要同样地干。他大声疾呼:'要实现国际和平,必先革命!'

我猜想著者的意见,不至于有大改变的罢,在他们的一行调查了满洲事件之后。我又想调查团中其他的团员意见,也不至于与著者很歧异罢。

运命的奇异的讽示呵,对于中国,在'李顿调查团'走后,来了一个'反帝'的调查团。运命的巧妙的拉合呵,对于我,当著者来华之际,能将这个译本当做欢迎的读物。"

现在就将这些话,移作对于巴比塞调查团的欢迎辞罢。

一九三三,七,卅,在黄岩。

(《申报·自由谈》,1933年8月6日)

24
反战代表到沪

刘桦良

本月十八日，世界反战会议主席马莱，及法比各国一行五人抵沪了。这不但是全上海人所注目的事，而且是全中国，全世界的人都注目的事。

我们知道，帝国主义的中间的矛盾日益尖锐化，世界二次大战的危机随处都在潜伏着，爆发仅是时间上的一个问题吧[罢]了。全世界的爱好和平的劳苦大众，在欧洲第一次已经受过了炮火与鲜血的洗礼，他们厌恶战争，他们反对战争——帝国主义的战争，而且他们知道唯有以战争来回答战争，方是最有效的反战的手段！

在上海举行的反战大会，讨论的重要议题，将为（一）国际的政治情势报告。（二）反战运动方针。（三）远东民族革命问题。（四）满洲问题。（五）反国际法西斯蒂主义问题。（六）保障言论集会结社的自由问题。（七）反战的战术策略等等。大会将于九月中旬开幕，凡太平洋沿岸的国家，均有代表参加，参加人数约在二百五十以上，是全世界少有的胜[盛]会。大会闭幕之后，巴比塞（现未到沪）反战调查团即启程赴满洲调查，再经日本，历南洋，而完成此行任务。完了反战调查团还要作一与国联调查团极端相反的报告书，揭发日本帝国主义在满洲的暴行，为满洲的二千五百万同胞请命，呼援。这件事尤其是值得我们重视的。

当大会主席马莱一行五人，乘法船安得烈力朋号驶抵码头时，沪上各团体曾前往欢迎，并由宋庆龄夫人，亲自上船迎接。当时并有人燃放爆竹，演说，呼口号，散发中英两种传单，嗣为捕房巡捕冲散。马氏下船径赴外滩华懋饭店下榻，据云三星期后，尚须往日本一行，然后回沪开会。此项消息，经当局事前通知，是以中文报纸，鲜有登载者。

（《摄影画报》第404期，1933年8月19日）

25
国际反战调查团来华

漂　浮

在去年,(一九三二)七月二十八日,"国际反战同盟"原定在日内瓦召集一个反战大会,但是,不幸却被瑞士政府禁止,未成事实。复改于八月二十七日,在荷兰的亚姆斯塔达姆①,才开成了大会。苏联代表高尔基因荷兰政府的禁止入国,以致不曾列席,于是,大会便在艰难困苦中进行了。

各国的代表,在这次大会席上,都是很激昂的演说,发挥他们的意见,巴比塞说:"代表各种各样的国际势力的反战大会,于许多平和会议,平和大会之后,在这儿开会了。会场上一致喊出了反对帝国主义战争的口号,有二千三百名以上的代表参加的反战大会,传达着几百万群众的意志,像这样多数的团体,以及个人的反战大会的召集,我们可以说是有史以来的第一次,……为反战大会斗争,渐次发展了。在各工厂,在各区域中,都继续创造了反战思想家的核心。而且在创造这些核心的人们之间,他们在事前并没有什么多大的联络,无论遭受多少被压迫和造谣与妨害,然而真正反帝战争的战线,结合各种社会层和党派的统一战线,终于创立了起来:如'工会','国际赤色救援会','国际劳动者救援会',那样的劳动者大众的组织;再如私营企业使用人的组织,如官公吏,出征军人,废兵,教授,教员,大学生,中小学生的组织,都来归了我们。又由妇女构成的'和平自由获得斗争联盟','人种拥护联盟','被压迫民族联盟','手工业斗争联盟','兵役反对者联盟','自由思想家联盟'等等组织,都来归了我们,劳动者和多数的农民,市民,都手挽手的来集中在我们的领导之下了。"

在当场,巴比塞等更揭穿了帝国主义的欺骗和阴谋,尤其是对于中日事

---

① 即阿姆斯特丹。下同。——本书编者注

件加以极正确与极严重的解释，并体无完肤的给国际联盟一个迎头痛击。他说："如果日内瓦的和平会议真正为了和平非战时，我们可以指摘出瑞士政府拒绝反战大会在日内瓦举行的事实，他在国际联盟的指挥之下而行的；这显见，他们是不准我们为和平非战开会的。"

巴比塞用着坚强的语气向会众说明，亚姆斯塔达姆大会是在许多"和平会议"，"军缩会议"的废墟上举行的，说明大会的目的，不仅在于示威，而且在于实践的使其能够成为积极的有效的行动的国际设施。

此外，日本代表片山潜在大会席上，说了这样的话："……二次的，世界战争，已迫近眉睫，日本帝国主义又准备远东的战争，只有苏联的和平政策才可以将这横暴打退。反帝国主义的战争运动，现在正扩张于全世界，……我们必须宣言以革命战争对待帝国主义战争，更要求把帝国主义战争转化为内战……"

关于这个大会，一九三二年八月三十日的 *Pravda* 的社论上，说是代表具有反对战争的决心的几百万勤劳者的真正大会，在这当中虽然代表们是包含着极复杂的政治倾向，但是却都有一个共同的目标，即反对帝国主义的一点上，可以说是完全的一个整体。

由于国际的这一个非战联盟组织，大会上决议：为将日本帝国主义的侵占东四省，和它们的凶残狰狞面目暴露给世界反战的人们，为揭穿国际联盟的无能，和平会议的欺罔，为将日本及一切帝国主义的暴行和阴谋昭示给全世界，并对于李顿等由国际联盟派遣的国联调查团，关于中日事件不正确的报告，予以正确的打击。在反战大会上，由大家推举，世界著名的作家巴比塞，特莱塞①，罗曼・罗兰，路德维希稜等一行人，组织了"国际反战调查团"，来远东了。

既是由国际反战同盟派遣来的，据说他们所负的使命是站在被压迫者一方面，是要积极的反对帝国主义的侵略的。他们一行人等来华的目的，是

---

① 即德莱塞。下同。——本书编者注

要对于李顿调查团的报告书，在他们调查清楚之后，予以严格的批判，进而把日本及一切帝国主义者在中国的阴谋和暴行宣布给全世界，使一切被压迫阶级都一致起来反对帝国主义的世界大战。这个调查团，因为他们的目的是“反战”的，至少，是和李顿调查团的使命是相反的。

记得在几个月以前，上海申报有国民社的巴黎电：“世界著名文学家等所组织之反战调查团来华，前往东北调查，孙夫人宋庆龄女士且已去电欢迎。”同时，当时中央研究院副院长杨杏佛对新声社记者谈：“最后该盟（指国际反战联盟）曾举行重要会议，讨论不侵略中国问题，并因李顿报告书系出于帝国主义集团之手，颇有不忠实之处，遂决意自行组织调查团来华，另缮一报告书，以真实情形昭告于全世界人士。”

这次选派的人员，其中还有英工会领袖高雪泼，德国的莫胜堡和甸那赫，当莫氏与甸氏正要起身来华时，在德国被逮捕入狱。

现在反战会主席马莱勋爵及巴比塞等五人已于本月十八日赶到上海，定下月三日在[再]邀各国代表开反战大会，并且九月中旬左右是要来华北的。为着我们对这些以“反战”号召的作家有一个认识和了解，兹将巴比塞，特莱塞，罗曼·罗兰，路德维希稜等分别介绍于此。虽然是不详尽的，我想：在可能里它要帮助读者认清这些“是什么人”？“是怎样的人？”就很够了。对于这些作家，作者个人是不写什么意见的。

巴比塞（Henri Barbusse，1875—　　）是一个法国作家，而且是一个多产的作家，他与现在各国的许多作家一样，前后的倾向，完全是迥然相异的。最初，因为他受自然主义的影响是一个在 Salon 内追求妇女的象征诗人，所以他最初问世的作品，自然是题名为《哭泣人》（*Pleureuses*）的一部诗集。这部诗集的作品内面，系多作自十八岁与二十岁之间，在诗人济济的法国诗坛上，自然算不得是占重心的作品。

以后的巴比塞，已经不是诗人了，在他创造《哭泣人》的前后，正是前世纪末法国喧闹 Dreyfus 将军卖国事件的时候。这个有名的事件，使得法国的文坛也沸腾为两派，左拉（Emile Zola）起来告发，法郎士（Anatole France）

也起来喧叫正义。当时一般思想者，虽然是无意识的，但已有许多开始感觉资本主义社会组织的矛盾，及社会的不合理而憎恨战争了。

这个时候，青年的巴比塞，他的动机，虽不一定是为这个事件，说来他是逃不出当时的客观环境的影响。由一个 Salon 里的诗人，渐次把眼光放射在社会上去，对于人生，起了极端的怀疑。在这个时期，代表作就是一九〇八年所作的《地狱》(*L'Enfer*)，在这部作品内面，他详细的观察了人生百态，但他还是只见得个人的内部，如恋爱通奸，生死，艺术，宗教，丑与美等；虽然他是相当的观察了人生，但却不曾走出书房一步，没有走到左右人生的社会上去观察，是一个缺陷。

到了欧洲大战，因分割殖民地不均，帝国主义之间的战争爆发，巴比塞有了走出书斋而观察社会的机会来了。欧战刚爆发，他的本身是一个衷心的相信帝国主义战争是"正义"的战争，是民主主义对军国主义(他以为其唯一的代表者是德意志)的战争，而去当一个志愿兵以参加战争了。及其参加战争后，巴比塞在这个厮杀的原野上，一面又得了他在其最初的战斗作品《炮火》(*Le Feu*)中所说的李卜克纳西之英勇的行动影响，他遂从社会主义的言辞，和民主主义的爱国主义上醒转过来了。在这篇《炮火》上是把战争的恐怖事实描写出来，极端作非战论的宣传。因为他亲身去参加大战，更因为他去参加过去出于"炮火"之下[①]，才知道了社会的机构，知道了近代国家，知道了祖国。与雷马克的《西线无战事》一样，同是站在反战争的立场上来描写帝国主义战争之残酷的。这部书，是激励了时代的青年。

"艺术是被赤血浸渍了。法国的血，德国的血，都是人类的悲哀！"在欧战后，罗曼·罗兰评巴比塞的《炮火》与《光明》，曾经说过这样的话。

《光明》(*Clarté*) 在紧接着《炮火》出世不久，也出版了。这部书，也是轰动世界的巨作，书中他曾说："战争是大众的，——但又不是大众的。有另外一种人，拿着操纵大众的线索的人，远住在首府，住在宫殿，有最高的法律，

---

① 原文如此。——本书编者注

有比人还强的机关。”这是他体验的结晶，是站在新写实主义的立场，用着新时代的眼光来看一切事物的。巴比塞是把握了“存在来规定意识”的这个原理，所以他描写的人物，并不是出马就喊热烈的口号，而必到了周围环境成熟时，才发出充分的内心呐喊来。

因了大战，巴比塞氏觉醒了，也就可以是说转变了。在大战以前，他所作的诗与长篇及短篇等，毫无革命的意义，也非社会主义的东西，即从形式的意味上说来，他也不在法国的诗形之发展上代表着何等的新阶级。

在《炮火》上面，以完善的战争画和战壕的战[场]面为背景，而描写出作者的（不特是他一人的而是许多人的）渐次觉醒，这种觉醒竟由他们公然的宣言这是帝国主义的战争而达到最高点了。继续本书，重版了许多次而翻译为各国文字了的作品而出者，即是《光明》，在此时叙述着战争的插话，兵士们对战争之不满的成长和主人公——小市民——的苏生为共产主义革命之经过。不过，这个时候的心理苏生，主要是以意识形态的牺牲之形式——抽象的纲领的姿态来叙述，并不曾以艺术的溶[融]合了的形象之姿态来表现出来。

其次，巴比塞表示人类的历史，直到现在都是少数者榨取多数劳动者的历史为目的而作的小说《锁链》（*Les enchainements*）中，也是启蒙和政论的要素，占着优位。为一位不知疲倦的热烈的宣传家和煽动家，赤色战士同盟及作家们组合的“光明会”（最初由国际和平主义的代表者们，后来由法国的共产党员，第三国际的党员等所组成）的组织者巴比塞，现在是用心理来构成他的共产主义的意识形态，但还不能将这种从心理上溶解了的意识形态包于与之相适应的艺术形象中；这事件于他最近的作品《耶稣》（*Jesus*）中，也可以看得出来。他将耶稣，一面根据历史的事实，用一种科学的态度来处理的。

巴比塞最近的作品，我们知道的是一九二八年出版的《种种事件》（*Fait divers*），这是一个短篇小说集，全书共分三部。第一部为战争，第二部为白色恐怖，第三部为其余。据著者自己说，这些短篇的材料和形式，都是他所亲见的事实和他搜集的真实事件，不过采之小说化罢了。

近两三年来的巴比塞，确是在东奔西走，或与匈牙利的亡命客相识，或去调查意大利的黑暗监狱，屡次对于意大利的法西斯蒂党提出公开的诘责，努力于争斗。在这些短篇之中，我们可以看得出战争时代的残酷，上官的复仇，用机关枪来将自己的兵士扫射；又可见得出监狱中的黑暗，对于革命者的施刑的残酷。正如巴比塞所说：二十世纪是金钱的时代，钢铁的时代，爵士班（*Jazz Band*）的时代，但尤其可以称为是血的时代！这些短篇，都是异常纯朴，巴比塞好为玄学议论的僻气，在这里是看不出的。

巴比塞也曾写了许多理论，尤其是近年来，关于论苏联的。

关于特来塞（Theodore Dreiser, 1871—　　）一般人都知道他是美国多写关于男女两性心理的小说的一个作家，近来带有社会主义的倾向的。他的第一本书 *Sister Carrie*，于一九〇〇年问世，但并不引起世人怎样的注意，而一般旧式的批判者，又只攻击他的肆意描写性欲，不知其真价值。十一年之后，他方才出版第二本书，其中以《银行家》（*The Financier*, 1912）与《巨人》（*The Titan*, 1914）等，尤为人所称道。

世界大战爆发，他也是自身历于大战的屠杀中，亲眼看到了大战的实况，并且深深的了解战争并不是多数人有什么好处的，乃是少数人的利益冲突。一九一八年出版的《自由与其他》（*Free and other stories*），是将他感到的认识的都写在上边，是得到了许多美誉。他的文笔虽很散乱，但态度却极严肃。

他的成名是很晚的，为人所注意不过近些年来的事。美国的资产阶级一向自以为"荣华富贵"，了不得的文明国家，对于特莱塞这种只会揭穿他们黑幕的作家，老实说是有点讨厌的。但是，特莱塞却自己从不去追求什么声望，然而他的天才，像太白金星似的放射着无穷的光彩，终始不是美国式的市侩所掩没得了的。现在，大家都不能够不承认他是描写资本主义的美国生活的极伟大的作家。他的一部《美国悲剧》小说，曾被摄制成了电影片子，甚至中国的上海天津也于年内放映过，自然，美国的电影早已经把他的作品修改得不成样子了。

苏联曾招待他游俄，他著有《目睹的苏俄》，是一点也不虚伪的，写出苏俄一切建设与真相，虽然许多人是反对他的，但他个人却承认苏俄是人类的未来归宿，是幸福的。

关于他，有一件骚动全美国，吓了世界一跳的事情，就是他竟打了一九三〇年文学的诺贝尔奖的辛克莱·刘易士(Sinclair Lewis)两记耳光。刘易士和他遇见在招待苏俄同路人小说家皮尔涅克(Boris Pilniak)的宴会上，刘易士像煞有介事的发表了许多讽刺的言谈，特莱塞当时用极忠实的朋友态度对刘易士说："你的创作态度，应该完全改变，不然的话，只取悦于奴隶文学的奖金会，将来你是没有出路的。"但是，刘易士得意忘形，完全用一种轻蔑的不接受忠告，表示很圆滑的态度，引起了特莱塞的愤怒，便打了他的耳光，造谣的新闻记者说特莱塞是嫉妒刘易士获得诺贝尔奖金，但是明眼人，却都知道，根本不是那么一回子事！

特莱塞，像一只老象，它在树林里走着，"一直向前，踏倒它路上的一切东西，随便什么也不能够引诱它走到旁边去"。这是辛克莱说的。现在特莱塞是个六十岁的婴儿，他的斗争不是孤立的了，已经是在一个新的立场上了，他的勇往直前的勇气，比以前更加坚强了。

路德维希稜(Ludwig Renn)是一个生在德国贵族家庭里的孩子，他的母亲是在莫斯科生长的，所以他从小就爱好俄国的言语和俄国的一切。幼小的时候，他身体很坏，而且发育也不十分完全，因此，竟被校医禁止入学的通知，到了十一岁时，虽勉强入了高等学校，但是校长却看不起他，说他是蠢的，不及中学程度。等到几年之后，他自己感觉别人对他藐视，只是藐视而已，因了他生理的迅速发育，开始他感觉到自己并不像别人所说的那么蠢，教师和他父亲的意见敢情是不对的。

之后，他便开始了知识生活，镇[整]天价和一位朋友在山林里散着步闲谈，辩论，并写关于恋爱的诗文。不久为了要锻炼身体，他得了父亲的同意，跑到军队里去。虽然军队生活，不消说是很苦的，但他为着能有了机会和一般士兵接近,可以看到兵士的生活和思想,不肯马上离开军队生活,然而不久,世界大战便在一九一四年爆发了。

在战争中,他遭受了许多痛苦,尤其是精神上的。也彻底觉悟了战争的究竟,对于教会的憎恶,对于长官的痛恨,对于士兵的同情,终于使他和革命者接近;因为憎恨战争,也就使他想铲除这种为少数人利益的战争,更进一步的,他和战争的造成者资本主义制度和帝国主义越发对立起来。

一九二〇年的秋,他脱离了军队生活,服务于萨克森警察局。此后,和军队里服务的年限相加一共十年。后来,他辞职去了。便研究法律,政治经济学,俄文。甚至经营商业,后来又跑到农场上去,运肥料,种洋薯,割禾。又徒步旅行到埃及去,回来又研究艺术史。但是依旧找不到安定,依旧找不到出路。不久,他又经历了警察局屠杀饥饿的民众,以及压迫和剥削的惨剧,虽然出发于人道主义立场,他是愤怒的,但依旧没有办法。过后不久,他读了约翰里德《震动全球的十日》一书,于是,他才明白出路原来摆在面前,是这样的:以大众的出路为出路,大众出路没有他个人出路也是没有的。

自此,他下了最后决心,出版了《战争》,但是他的态度却一些也不明显。但接着他又出版了另一本书,是《战后》,他的态度很明显的露出来,也就是一部左翼的小说。他指出了每一个为真理而战的人,每一个脱离了自己的阶级而与大众连结在一起了的人,所必须经过的道路。他说:“……整整七个年头,我的生活没有立脚点,也没有前途,直到最后我才找着了出路是向共产的。”

罗曼·罗兰(Romain Rolland, 1866—　　)的一生中,前五十年是在无声无息而几乎孤独之苦心研究中过去的。五十年以后,他的名字才变成了欧洲狂涛般的议论的中心。将近那默示的一年(指一九一四年欧战爆发),我们同时代的艺术家还是少有像他那样在完全的退隐中埋头工作而不被世人所认识。

从那一年后,没有一个艺术家曾变成如此纷扰的争论的题目,他的根本思想是被决定着要到全世界都武装起来,浸浸乎要毁灭他们的时候,才自暴露于天下的。

罗曼·罗兰生于一八六六年一月二十九日，在一个生活朴素，人事简单，古气磅礴之乡，他们家里素为城中资望极好的中等阶级，他的父亲是律师，亦即城中闻人之一。他的母亲，一个信教甚笃而心思周密的女子，注她全付[副]精神在两个孩子身上，是他和他的妹妹。据日常生活的环境看，那空气是平静的；但是在父母两方的血质中藏着法兰西有史以来的不曾完全调和过的冲突。在父系一方，他的祖先都是议会的战将，革命的热血儿，流血以殉信仰的不在少数。从他母亲的家族中，他却传袭了姜孙的精神，考察者的心性。所以从他父母方面虽是同样受了热烈信仰的倾向，而所信仰的却是相反的两个理想。在法国这种信仰与革命，爱宗教与自由中间拆分，已经有好几世纪了。他的种子，命定着要在艺术家身中开出花来。

幼年的时候，他的热情是被莎士比亚和裴多芬所唤起，少年从童期，成人再从少年期，将这个对伟大的热烈的赞美，传袭下去。在中学的时候，他是一个感觉敏锐的少年，想作一个艺术家，兼诗歌与音乐，但他跑进了大学之后，是在一个尼院似的闭关生活中过去了，学校是要免得学生分心，所以和世界全然隔绝，要他们懂得历史的生活，所以和〈现〉实生活是相离得很远的。在这个时期，罗兰一方面主要兴趣在哲学方面，另一方面以地理历史作他主要课目。这种选择，将来他艺术生活的成就实基于此。

学校生活过去，虽然科学是可以致富，他选择职业却倾向于文学和音乐；但是人生所要求的却像是一些有秩序的东西，是规律而不是自由，是饭碗而不是传道生活，这时他才不过二十二岁。这时他受了托尔斯太[①]的影响，知道了他自己的需要，知道了他应该把帮助别人〈看作〉是艺术家的第一道德义务，从这时期起，也就是开始了他全生事业成为大扶助者，诗歌在他是一种神圣的事业，他的创作，全为要在人道的路上作一个勇往直前的战士。

---

① 即托尔斯泰。——本书编者注

恰巧有机会使他到罗马去,漂流在意大利和许多别的城市,文艺复兴时代的遗念触发起他的热烈感情,这时,他勃勃然不可遏止,用诗的形式来改写历史,随手著了许多剧本,就像莎士比亚一样。在意大利,他结识一个年迈的老妇,两人在满腔热忱中,同样感着同样的理想主义,她领了他进精神的自由世界,据他自己说,走进充分觉悟到艺术和人生的重要,是靠她的提契[携]的。

在这意大利的几年居留中,像哥德[①]的当年一般,他意志的冲突已在南方景物的高洁空气中调和了下来。他初到罗马时,还是萦迴不决的,论天才,他是一个音乐家;论倾向,是诗人;问处境,是一个历史学者。慢慢的,诗和音乐中间,奇幻的相结合了。在他最初的剧本中,词句中都饱和着音律,同时,在那些有翼的字句后边,他的历史意识又从过去的丰富色料中建造出一个伟大的场面。他的论文《歌剧起源论》(*Histoire de L'opera en Europe Avant Lully et Scarlatte*)和 *Des causes de la Décadence de la Peinture italienne* 发表之后,他常在著作及评论上居于近代文界的第一线。对于音乐的造诣,为现代的第一人,在美术上也很有地位。著作有 *Millet*(1902)、*Beethoven*(1903)、*Michel-Ange*(1906)等之研究。一九〇二年与波多里诗等创立民众剧创设委员会而为一员。又著有《民众剧场》(*Le Theatre du Peuple*,一九〇三)以阐明其意义,并作了许多为民众剧上演的剧本,如《圣路易》,《理性的胜利》,《狼》,《丹东》,《七月十四日》,《爱与死之戏》等;时候正是 Dreyfus 将军卖国的时候。在这时期,他牺牲他的能力去帮助别人的努力,但是他从不曾盲从别人的脚印的。但不论什么他和别人一同企图的创造工作,都变成了失望;他的民众戏院被妒嫉心毁坏了,他为民众所著的剧本,也遭受了失败,在这许多打击之下,他在孤寂中发展自己,一切不问的度了十年孤独生涯,著成了《约翰克里斯都斐》[②] *Jean Christophe (1904—*

---

① 即歌德。——本书编者注

② 即《约翰·克利斯朵夫》。——本书编者注

1912)一部蕴藏着一代青年的活信仰,在伦理的意义上讲,比现实更真确的著作。是写一个德国音乐家。因了这本十册的书,不但造成了他的名誉,而且因此有了许多倾心的读者。顷刻之间,罗兰热像洪水似的泛滥了全世界,这时候他已快登王秩了。一九一二年他还是无所闻见的;一九一四年他已经享了大名。一般青年发了一声惊异的喊,认识了他们的指导者,欧洲也有才晓得欧洲的新精神,已有了第一批的收获。

从多年的忍受同和力学[①],他已经成熟。但是,大屠杀的世界大战也成熟地爆发了,这时,他不复当初少年感情的气慨[概],对于眼前大屠杀的世界,杀气腾腾的,由于许多活生生存在的事实,使他看透了,战争的本质,是与大众没有好处的,敌情不过是少数人掠夺殖民地,为少数利润的战争而已,十八世纪的法国革命箴言的"博爱",实际上变成了无穷尽的掠夺战。大量的群众,被虚伪的"为和平而战"的皮鞭,鞭向残酷的战场上去供了牺牲。罗兰彻底的了解了这一点,便作了一本《超越了战争》,大唱反战主义,反对穷兵黩武;因此竟被当局驱逐出国而居于瑞士,但是他仍不屈不挠而继续他的反战运动,为正义和人道而奋斗。欧洲是将他所理想的一切热情现象都毁灭了,他看到社会是那么样子,人们又是那么样子,怎么会不使他奋慨!对于畸形的世界一切现象,都将他过去的种种浪漫幻想消灭了。巴比塞说他过去是理想主义者,现在也毅然改正过去沉溺于精神活动的错误了。

战争停后,他又于一九一八〈年〉著 *Colas Branguon*,一九一九〈年〉著 *Les Précurseurs* 等,他憎恨了这个世界,希望有一个真正和平的世界出现,然而和平世界在哪里呢?但是他的理想却成了现实,近年来,他承认并相信了苏俄。从欧战之后到现在,这许多年,他尽了全力为被压迫的人类服务,"肉体固然比较孱弱,但却有着不折不挠的精神","要在这无知的罪恶的黑夜中创造光明"(引他寄与高尔基的话);虽然是艰苦的工程,但他却吃苦的作下来。

---

① 原文如此。——本书编者注

此外，国际反战调查团还有许多人，一时因缺乏参考材料，也没有什么特别可记述的了。想到欧战，千万的人命是牺牲了，万万的资产化为乌有了，全世界都为战争所震动；帝国主义者，因了利益的冲突而火并起来，在爱国的口号下驱使着民众效死拼命，结果在人类史上遗留着一片血腥的污渍而外，大多数人得到什么呢？这是我们已经得到的结论和教训！也就是巴比塞，特来塞，路德维希稜，罗曼·罗兰等伟大作家深切的感着，而大声疾呼的。由于一九一四〈年〉分割世界市场的认识，反对二次大战的意识，已经反映到文学里边去，巴比塞的作品可说是代表了。许多反战主张的人，如爱因斯坦，高尔基，宋庆龄，和上述作家和民众等是越发多起来！

眼看一九一四〈年〉的大战，在历史上将重复的演出，装着和平的样子的军缩，另外是秘密扩充军备和积极备战。呵呵，可怕的人类屠杀又要来了，无边际的战场上，可怜的无边际青年又要冲锋陷阵，从震撼天地的炮声里，人类又要牺牲了，恐怖呵，经过了上一次战争的经验，对于这个即来的战争，我们该怎么认识呢？同时，该怎么样来消灭这种可怖的惨暴呢？对于“国际反战调查团”怎样观察呢？——可惜，这不是这篇短小的文章里可以解答的了。

最后再说一句，在帝国主义的大战之前，这许多作家他们都与一般革命性相隔离，只不过是非政治的耽美家，热情的理想主义者而已，但是都在世界大战的影响下走到反帝反战运动的路上来了，他们的事业自然也是负着很严重的使命，是有意义的！

八月十八日·天津

（《国闻周报》第10卷第34期，1933年8月28日）

26
反战声中应有的努力

吴　牛

反战会议的代表——巴比塞之一团,已经在东方被压迫民族的欢呼期待中,先后到达上海了!

在抵岸的那天——八月十八号,全上海的群众——工人,学生,文化界,各种私人及革命团体,都跑到码头上去欢迎。虽然气势汹汹的中外包打听巡捕在黄浦滩布满着,可是也威吓不了群众对真理的热情!音乐队在唱奏着,宣传队在讲演着,传单在雪片般散发着。并没有因巡捕的驱逐殴打而致涣散!

这是多么有深刻意义的一件大事哟!

被压迫民族的我们,受了帝国主义八九十年代的蹂躏,残杀;加以帝国主义内身陷入第三期恐慌的现在,越是疯狂般的向被压迫民族的我们进攻,占取!其中尤以日本帝国主义来得更是面目狰狞!

原因是只有产业落后民族的市场独占,领土的重新割夺才可以解决资本主义内在的矛盾!

可是,其他的帝国主义也不会睁着白眼让日本帝国主义独享这不抵抗主义赋予的恩泽的。于是日美,日英的冲突日趋迫切着!

但是否定既存政治关系的真理正义的信心与结合,也随了帝国主义残酷的进展而生长了!国际反战会议的每年召集举行,就是这种表现之有力的一环。

这是沟通所有被压迫者同一拥抱的,同一行动的领导机能!通过它,可以不断检阅着反帝国主义战争的力量,敲破帝国主义国家的丑脸!引人类走向共存共荣,协作互助的社会主义的新路上去!

其中主要的人物,如巴比塞,罗曼·罗兰,德理塞①等皆为国际文坛上

---

① 即德莱塞。——本书编者注

享有盛名的作家。

为了中国在帝国主义第二次大战中的严重性，特别不辞幸[辛]苦地跑来开会，有的且因此遭受本国帝国主义者的拘捕（如德国的代表）。他们这种为真理的精神，站在被压迫民族地位的同情心，真是值得我们中国文学家的人所钦佩与敬礼！

不过，我们不仅是欢迎他，应该也豪迈地拿出文化及行动的成果来扩大他们反战的意义才行。

记得过去帝国主义所派遣来调查〈的〉人——李顿等，来上海的时候，不是引起了许多“官许”的文人学者的欢迎吗？可是结果是什么呢？

而这次真正反帝国主义，结合全世界被压迫民族，被压迫阶级的实力，来击破帝国主义的阴谋及行为的会议，则我国真正从事民族革命战——反帝国主义战的文学家应当怎样去努力呢？

我们认为以下的问题，值得向所有的从事文化工作的朋友们提出来加以讨论，热烈的真诚的讨论！并通过诸作家的笔，创作为大众周知的文艺，以提高反帝国主义的狂潮！

第一，应该抓住这次反战会议的意义与精神，扩大成为文坛上的大波澜，与政治的波澜相融合着，唤起社会上的广大的观众！可是目前这样作品还是不够，即有，也很是无力的！

第二，应该把战争的底因，借了作品传述着，指出它是资本主义制度必然的产物！只有资本主义被社会主义替代了，人类根本没有了自私自利的竞争，仇视，歧异，那战争的恐怖与残忍才会在历史上成为陈迹！

第三，反对帝国主义战争，不是和平祈祷，也不是厌弃任何的武力与战争。而是用群众自己的武力，来消灭帝国主义为争夺市场，剥削被压迫民族的强盗战！因此我们底作品应该暴露帝国主义把各国工农大众趋[驱]入屠场的强盗战争底残酷，应该表现大众底反战热情及所受战争底摧残的惨状和对统治阶级的英勇的斗争。

第四，应该把我们底作品送到各国的与劳苦大众相同的士兵中去。唤起不要用枪口对准别国的弟兄，因为他们都是和自己是同一运命的！应该把枪口对准真正的敌人——本国的统治者。

我们希望一切作家们来适应政治的现实和要求！不要做时代的尾巴主义者！要做一个前进的喇叭手，战士！

（《十日文学》第28号，1933年8月31日）

27
国际反战会议

翼 之

不管新闻封锁是怎样的严密,但我们的注意,总不能不集中于最近到达上海的国际反战代表团,及其所号召的远东反战会议,在停战协定,棉麦借款,技术合作,“外交变更”等种种声浪中,帝国主义战争炮火的侵凌,不仅没有一天停止过,而且更重大的威胁,正一天更比一天地迫近我们的头上。新疆变局,康藏乱事,南海九小岛与八小岛的横被侵占,正告诉着我们,纵使把东北四省完全放弃了,瓜分全中国,沦全中国为完全殖民地的帝国主义战争的危机,还是在加紧着的。像“九一八”后东北民众所遭受的,像“一·二八”时上海闸北民众所遭受的,炮火的洗荡,飞机炸弹坦克车的击袭,比这更悲惨千百倍的运命,是迟早要临到我们每个百姓的头上的。

在这样严重情势下的国际反战代表团的到来,在这样严重的情势下的远东反战大会的举行,是不能不使我们每一条神经末梢都感觉到兴奋的。

也许有人会说,所谓“国际的正义”,我们已经领教过了,在“九一八”以后,我们哭诉过国际联盟,在“一·二八”以后,我们欢迎过李顿调查团,他们曾经干了些什么好事,可叫我们死也不会忘记!

但国际反战代表团毕竟是什么呢?他果真是值得我们期待的吗?

我们知道全世界资本主义各国,正激荡在经济恐慌的狂潮之中,资本主义体制已面对着不可挽救的崩溃的危机;为着从不可挽救中挽救这危机,一切的努力都证明了无用,现在,只有一条路摆在他们的面前:便是战争,从战争中,他们可以互相争夺赃物的分配;从战争中,他们可以用爱国之类的名义,驱使失业与饥饿的群众,去自相残杀,可以用军事的铁腕,暂时地控制无政府状态的资本主义生产;从战争中,他们可以更野蛮的掠夺殖民地与半殖民地;从战争中,他们可以扑灭永远的死敌,社会主义苏联;要延续资本主义的最后的残喘，这些条件是必要的，因之，战争在资本主义也就是必要的。假使因遭了某一资本主义国的强暴，而要求其他资本主义国的“正义的声援”，当然除了失望幻灭是不会有别的结果的。但这决不是如国家民族主义者所说，国际的声援是绝对无望的。

国际的资本家地主政客军队固然在狂热着准备战争以图挽救资本主义体制的危机，但是这体制，对于除了铁索与饥饿以外并无所得的国际劳苦大众，却是并没有什么留恋的，在他们，战争的意义只是更重苦的劳动榨取，更剧烈的饥饿，流汗与死亡。一九一四——一九一八年的事实已经教训了他们，当他们的妻儿成了孤寡，当他们的肉体变成残废之后，他们所得到的依旧是榨取，他们为着“祖国”牺牲了一切，而“祖国”是什么也没有给他们，除了照旧的铁索与饥饿。谁能说，从他们的决心中所呼出的反战的意志，不是殖民地半殖民地民众的最真挚的战友的声音呢？

国际反战代表团，便是为传达这声音而来的。有人说，这国际反战代表团，是带着赤色国际的使命来的，我们还是敬而远之的好；反战在原则上我们可以赞成，但“捣乱”却不敢欢迎。这话果真是对的吗？让我们来探讨这事实的真相。

我们知道这次国际反战代表团的来华，是根据了去年十二月，国际反战委员会在巴黎会议的决议，在这决议中，准备在远东，南美，巴尔干，斯干特维亚[①]等各地，分别举行反战大会；特别是在帝国主义战第一道火线口的远东，应首先举行。国际反战委员会，是由去年八月二十七日至二十九日在荷兰亚姆斯丹达[②]举行的国际反战大会内所产生的。那末，我们来看这次大会吧。

这大会是由法国作家巴比塞与罗曼·罗兰所发起，本预备在去年六月间举行于瑞士的日内瓦，但遭备战正急之各资本主义国政府的嫉视，直到八

① 即斯堪的纳维亚。——本书编者注

② 即阿姆斯特丹。下同。——本书编者注

月下旬才在荷兰亚姆斯丹达觅到开会的地点，但苏联的以高尔基为首席代表的代表团，遭受荷兰政府的拒绝入境。其他参加这大会的五千代表（其中因旅费及政府阻碍等原因，能直接出席者实数是二千一百九十六人），是由三十余国家的三千万以上的劳苦民众，在自己的工场，农舍，街头，学校，兵营中自己推派出来的。其中最多数是德国代表团七百五十九人，法国五百八十五人，荷兰四百五十八人，英国七十八，捷克五十五，比国四十二，美国三十七，意国三十五，丹麦，挪威各十一，波兰日本各八……等，其中中国代表亦有八人。从那些到会代表的政党及工会派别中，我们可以明白，这会议是纯粹反战意志的结合，决不是由某一党派包办组成的：

（政党别）	无党派，急进主义者民族革命家等	一〇四一
	共产党员	八三〇
	社会民主党员	二九一
	独立社会党员	二四
	托洛茨基派	一〇
（工会别）	无所属	一一八二
	赤色工会会员	六〇二
	改良主义，自立工会，独立工会会员	四一二
（职业别）	工人，女工，雇员，教师，官吏等	一八六五
	智识阶级自由职业者	二四九
	农民	七二
	不属以上部类者	一〇
（性　别）	男	一八六五
	女	二四九

从上表中我们知道共产党员所占的席数仅只百分之三十五，而且在这次大会以后，据社会党的代表巴比[①]（现任来华代表团中之比[法]国代表）

① 即波比。——本书编者注

说：参加大会的社会民主主义者，直接间接均没有受到何等的压迫，他们有完全的自由，能够照自己的意志发言和行动，他们参加这反战大会，完全是为了高尚的廉耻心和对社会的真诚。同时在这大会的主席台上，述说了种种式式的意见，如印度国民会议主席白德，说了甘地的否定一切暴力的无抵抗主义，人权同盟的代表，主张抽象的人权论，拥护共和制度者，反对一切战争者，托洛茨基派，共产主义者，大家都有同样发言的自由。可是这大会也决不因集合了众多的派别，而变了一个杂乱的垃圾堆。因为派送代表的大众，有着一致的要求，要求反战的具体行动，而接触到具体行动问题的时候，空口的和平主义者就显得无力，谁能够最明确最有力地举出反战具体方针，谁的意志便成了大会的意志，而被拥护于全场一致的欢声中了。

这便是被诬为某一党派包办的反战大会的真相，也即是产生了现在到华的国际反战代表团的亚姆斯丹达大会的实际。亚姆斯丹达的大会已震栗了全世界的帝国主义者，使他们明白大众已不像一九一四年那样的驯顺；然则立刻要在我们眼前举行的，正受着包围与威胁的远东反战大会，它将带来了什么结果呢?

不用说，这将使帝国主义明白民众势力的存在，而不敢轻易鼓动战争。这将使帝国主义有所忌惮，而不敢对殖民地和半殖民地施行最蛮横的掠夺行为。而最重要的是这将使全世界被压迫民众，增强他们中间的联络团结，以加入反帝反战的共同战争。

站在中国民众的立场，站在全世界劳苦大众的立场，站在反帝，和平，正义的立场，不论我们的政治派别，主义思想，阶级地位怎样，我们都得欢迎这一次在远东举行的国际反战大会。

九月六日

(《生活》周刊第8卷第37期，1938年8月25日)

28
即时释放筹备反战大会的群众！

因为各国参加反战会议的代表陆续到了上海，中国民众反战的情绪更加高涨了。反对瓜分中国的帝国主义战争，反对压迫中国民族解放的战争，反对驱逐各国穷苦大众去做炮灰的战争，中国民众的热情，中国民众的斗争方向，目前都集中在促成上海反战及法西斯大会这一个工作上面了。然而无耻的帝国主义者，阻碍这个会议的实现，无耻的国民党蓝衣社，用尽了一切手段来造谣中伤，阴谋破坏。从十八号到现在，热烈地参加筹备反战大会的群众陆续地被捕了二三十个。全中国全上海的民众们，日本帝国主义公然用战争的手段夺去了东北四省，炮击了上海，反对这种战争也有罪吗？各帝国主义正在摩拳擦掌，预备大大的屠杀中国民众，反对这种战争也有罪吗？全中国全上海的民众们，反对租界当局和国民党这种魔鬼式压迫！现在各国代表要向租界当局和南京政府抗议了。全上海以及各地的民众们，马上向租界当局上海市政府南京国民政府抗议，要求即时释放被捕的一切反战民众！动员周围的广大群众到市公安局去套[讨]回我们的兄弟来！

反对逮捕民众！

反对帝国主义战争！

反对压迫民众底反战行动！

拥护上海反战反法西斯会议！

（《反战新闻》第1号，1933年8月19日）

29
反战调查团来华后之日人面面观

（日本通讯）

有岛田一郎

《生存》的编者：

读完贵刊二三四期，觉得在中国汗牛充栋的出版界[物]中，有如此严正的态度，正确的意识，尚未多见，虽然在色调上尚欠统一。

就中关于欢迎反战调查团的文章，占了二四两期相当的篇幅，字里行间，充满了贵国被压迫阶级的苦痛与愤激的血泪，可见李顿调查团与反战调查团在对比上贵团的被压迫阶级是很正确认识谁是敌友了。

我虽生在"大日本帝国"版图中，但同是和你们一样是被压迫阶级中之一个，所不同者惟形式耳。现值你们正欢迎和全世界被压迫民族和阶级所欢迎而独被帝国主义，军阀所仇视所害怕的巴比塞领导的调查团和反战会代表莅临上海的时候，你们最凶的敌人——日本的统治阶级，和你们邻近的战友——日本的反帝群众的态度和企图，谅你们是很急切地需要知道的吧。现在让我简略地陈述于下：

世界是很明显地给历史划分两个对峙的坚强壁垒，因此同受"帝国保护"的日本臣民，对反战会和调查团的观感也是矛盾的对立：一方是民政，政友两党与其他右翼的政党及与政党冲突的军阀，自"九一八"直到现在，一贯地保持迷恋战争的狂热，虽然也有稳健与急进之分，但那不过是相互间利害的关系。他们企图中的战争分两种，一是对中国的侵略，一是对美俄防御（因为现时尚不能甘为戎首），因为这样，所以疯狂地举行航空演习和海军会操，而军费预算案的膨胀，则凌驾一切行政费用之上，在这种潮势汹涌的当头，自然对反战会和调查团极端地痛恶了。他们反对的计划是多方面的，第一是造谣，说反战会和调查团是第三国际的侦探，企图赤化远东，是苏俄想夺取满蒙和进而独吞中国的先遣队，这儿有他的几个作用：一是怂恿而兼威吓各帝国主义监视各该国的反战代表及禁止在上海租界内集会，并藉以欺骗日本的动摇的群众；其次是对本国的反帝的群众，取着极度的血刃政策：对不稳的分子加以检举，对本国的及殖民地反战代表加以捕禁；再其次对中国是威胁与引诱并用，翘望中国的统治阶级，从山河破碎，不共戴天的仇怨中尚能站到反反战会和调查团的阵营里来。最近有吉明与黄郛的聚谈，这也是主要的资料。在他们的策略展布中，除日本觉悟的民众未入圈套外，其余如上海及中国各地禁止反战会的开会暨中国的统治阶级对李顿调查团的热烈和对巴比塞调查团的冷淡并加紧对反帝民众之高压，已充分证明日本的统治阶级的企图实现了。另一方面是反帝的战士，尤其在“九一八”以后，他们工作更紧张，他们的运动更高涨，他们总动员的到军队中去，到农村中去，到学校中去，到工厂中去，由暗中组织而进为明里骚动，他们被捕的有一千八百余人，被杀的更不知其确数，著名的作家如小林多喜〈二〉之被杀，藤森成吉之被捕，东京帝大诸教授之被逐，这都是举世共知的事实。但他们并未屈服，并未停止他们的运动，反之，他们正在进行着更大的更彻底的总的爆发，因此，他们对中国的反帝战士，是具有白热的同情，对反战会热烈地拥护，对调查团，希望他们赶快到满蒙去，并且希望反战会和调查团的代表到东京去。

我是贵刊的爱护者，同时又是反帝的同情者，所以冒昧地写了这一段文字。如果不嫌浅薄，下次当作有系统的报告。匆此，祝

编祺！

一九三三年，八，十八于东京帝大。

编者按：反战会主席马莱爵士，不久以前，到过东京，日本的反战群众，已举行了盛大的欢迎，并遭过日本的统治者极大的虐杀，一切详情，只好留待有岛君下一次来报告读者。

（《生存月刊》第4卷第5号，1933年9月1日）

30
反帝非战大会

罗　罗

传闻已久的“全世界反帝国主义战争大会”，将于下月间在上海开会了。这个代表全世界民众的反帝非战组织，曾于去年八月在阿姆斯德丹[①]召集了第一次大会。后来由大会所产出的常设委员会决定，于今年在上海举行第二次大会。依照目前的环境，他们这次在上海开会是否能够顺利地进行，虽然还是一个疑问，但是无论如何，他们在远东举行的反帝非战大会，对于国际与中国，都有重大的意义，这却是不能否认的。

自然，帝国主义无时不在准备着战争，但是在目前这个时期——在军缩与经济会议破裂后的时期——准备战争，却达到最高度的狂热。日内瓦的谈判因帝国主义对立关系的尖锐化，而成为流产。伦敦会议以后，各国间经济的暂时妥协的一线希望，也已断绝了。在这时期，恐怕只有战争，只有帝国主义内部战争和反苏联战争，方足以解决帝国主义的严重危机。帝国主义的统治者已公然地宣布国家主义的经济政策，同时疯狂一般地扩张军备。而这扩张军备，又是以远东为其假想的战场。美国的大规模的海军建造程序，日本的海军扩张计划与防空设计，法国对于南洋小岛的掠取，英国在印度和中国的实力准备，都足以证明太平洋风云的紧张。中国这一块富厚广大的市场，是帝国主义最后一息的续命汤，因此目前疯狂般的战争准备，自然也以夺取中国领土市场为其主要的目的。

因此，在远东帝国主义最大根据地的上海，举行反对帝国主义战争大会，是对于帝国主义准备战争，准备瓜分中国的诡计阴谋，不啻提出直接的示威与抗议。只有全世界民众集中注意于远东时局，以民众的压迫，使帝国

---

① 即阿姆斯特丹。——本书编者注

主义“把中国放开手”，使中国和东方被压迫民族，获得自由解放，这才是消灭帝国主义战争的彻底的急切的办法。我们相信他们这次在上海举行的大会，可以动员全世界真正的民意，以达到消弭远东战祸的目的。

其次，应该注意的，这次大会使中国民众和世界的被压迫民众，获得第一次的直接接触。反战大会，是全世界三千万劳动大众的结合。这次被派来上海的代表，中间有着法国的巴比塞，美国的德莱赛①，英国的摩莱②勋爵，比国的琴恩摩铁③，有的是国际文化界的前驱，有的是反抗压迫的斗士。因此，这次大会，可以说是真正代表全世界民众的集会。在伦敦，我们看到一些诡谲技[伎]俩的外交家和政客，在日内瓦，我们看到一些参谋部代表和军火商人在玩弄把戏。但只有在这反帝战争大会中，我们才能和全世界诚实的民众，亲切地握手。且也只有国际的劳苦大众的亲密的结合，才能增加中国民众斗争的勇气，保证民族解放运动的成功。因此我们对于这次的非战大会的性质有认识的必要。

（《申报月刊》1933年第2卷第8期）

---

① 即德莱塞。——本书编者注

② 即马莱。——本书编者注

③ 比利时代表的名字应为马尔度。——本书编者注

31
世界反战会来华开会

秉 仁

世界反战会是国际被压迫民众反对帝国主义战争的组织，第一次大会原定去年七月举行于日内瓦，因瑞士政府在国际联盟指挥之下加以禁阻，以致未成事实，至八月间才在荷京亚姆斯达旦[①]开成，到会的有三十多国的工、农代表，前进的学者，共计二千三百多人。经济会委员会的决议，第二次大会，定本年在我国的上海举行，该会主席马莱勋爵等已于八月十八日在全沪革命民众热烈的欢迎声中登陆了。

这次的大会本已定于九月三日开始，但马莱等抵沪以后，为了开会地点的问题，与上海法租界、公共租界当局，市政府当局以及南京中央当局，似已经过若干度的接洽，然而一直到今天(九月十日)还不见有明白的结果，会议是在无期延会的状态中。这样看来，这次会议的能否公开而顺利地举行已成疑问了。但无论如何，反帝国主义战争运动的意义的重大，决不会因而减弱的！

自战后世界第三期严重的经济恐慌发生以来，各帝国主义国家，用尽了种种政策企图把它克服，但终不能收效，他们最后所能走的，只有爆发大战去重新分割全世界这一条路，所以到了最近，我们每天在报纸的国际新闻栏里所见到的，几乎全部是帝国主义间钩心斗角竞争扩张军备与鼓吹战争的消息，第二次大战的降临可说已迫在眉睫。然而每一次帝国主义战争的爆发，受到战争的最惨酷的毁灭的灾殃的，决不是上层的统治阶级而是下层的广大的劳动大众，而且这无论是战胜国或战败国，都不会有例外，因此全世界的劳动大众为自救计，在这时号召同伴联合起来向帝国主义者抗议示威，

① 即阿姆斯特丹。——本书编者注

反对战争，是十分正当而且切要的事。

目前的中国，正在国际帝国主义共同宰割之下；“九一八”沈阳事变以来，东三省、热河以至华北，已先后入于日帝国主义之掌握，法帝国主义已公然占领华南九小岛，英帝国主义则正在积极布置，企图在西南康藏一带建立第二“满洲国”，美帝国主义则欲藉其金元力量控制中枢以与各国相抗衡。各帝国主义国家，在宰割我国的过程中，随时有因分赃不匀而爆发战争的可能。又因我国与社会主义国家的苏联有数千里的接壤，如果帝国主义国家的矛盾竟能得着暂时的妥协而联合向苏联进攻时，中国也必然要成为他们的远东阵线的后方根据地。第一次世界大战爆发前有人拟巴尔干半岛为国际火山的喷火口，在第二次世界大战将爆发的今日，有人目远东为国际的火药库，是同样恰当不过的。在这样的情势之下，世界反战会到远东的上海来开会，用以警告并号召全世界，尤其是远东的劳动大众，起来注意远东的严重的情势，不能不认为具有重大的意义。

世界反战会来华开会的意义有如上述。最后，我们尚有不能已[止]于言的：第一，帝国主义国家间在争夺市场时，是互相矛盾的，但在镇压国内以及国际的被压迫阶级的革命运动上，其行动却常完全一致。帝国主义有联合的战线，国际被压迫阶级的反帝国主义运动，也非有联合的阵线不可，否则便绝无取胜的希望；世界反战会，就是全世界被压迫阶级联合阵线的一种表现。第二，反帝国主义战争运动，决不是举行几次会议与喊出几个口号就能成功，和平的乞怜的方式，是不能制止帝国主义的行动的，只有把全世界各地被压迫阶级组织起在统一的领导之下，与帝国主义势力相对抗，才能获胜。第三，残酷的战争，是帝国主义经济体制下的必然产物，帝国主义的根株不除，战争断然不能在人间绝迹，所以要反对战争，同时必须反对帝国主义，直到国际帝国主义全部崩溃为止！

（《中学生》第38期，1933年9月10日）

32
欢迎反战代表席上

斯　人

在霞飞路上遇见老王，他说，今天晚上七点钟我们在东亚欢迎反战代表，电影界和戏剧界的重要分子都要到场，你假如高兴不妨也来参加。

我说，我既不是电影界，又不是戏剧界，可以来吗？

老王拍拍我的肩膀，笑着说，不要紧的，随便来玩玩，反正大家不过是那样一回事而已。

听了他的话，壮着胆子，七点钟，走到东亚，问着了“浣花厅”的所在，推门进去，没有电灯，模模糊糊的辨得出满房都是人，而且有两个外国人，大家都站着不动，好像正在做祷告一样。

我好奇怪，心想：敢不是因为上海租界是帝国主义的势力范围，反战会议的进行不顺利，所以即使是在东亚酒楼而堂皇的请客，也要将电灯熄了，以表示环境的黑暗？

光明！光明！

即使是小布尔的我，这时也不禁涌上了满膛热潮，从心里这样豪昂的呼了起来。

呼声未了，灵验已来，突然砰的一声，电光一闪，几乎亮得眼睛都张不开。“该不是炸弹吧？”心里这样想着我几乎要钻到桌子底下去，可是满房却充满了笑声。

“好了好了，这一张一定拍得不差。”

我才知道是拍照用镁光，炸弹，那是自己的意识不正确而已。

电灯次第的亮了，从镁光的模糊的烟雾之中，我慢慢的辨出了满房的人物：

马莱勋爵，古久列[1]同志，金焰陛下，蝴[胡]蝶皇后，野猫王人美，老枪郑正秋，南国之王田汉，以及卜万苍，程步高，沈端先，周剑云：数不清的导演，名明星，名舞台人。

这真是极盛一时，我心里想，古久列同志和马莱勋爵在巴黎和伦敦一定找不出这许多光荣的同志的。

因为没有认识的人，而且又怕被人认识，自己就选了一个隐僻[蔽]的坐[座]位，躲躲藏藏的坐下了。

怎样开始反战呢？怎样开始欢迎反战呢？我心里这样打算着——

"诸位同志"：田汉先生，不是，陈瑜先生突然站了起来，这样举起了啤酒杯说今天难得有诸位同志，皇帝皇后到场，我们先干一杯，欢迎 Lord 马莱和 Comrade 古久列，然后请老前辈郑正秋先生代表致欢迎辞。

一阵拍掌声，大家站了起来，古久列同志和马莱勋爵也跟着站了起来，杯子的碰击声。我想，一定消耗了一打 U. B. 。

用着雾遮月的声调，于是郑正秋先生站了起来慢慢的说：

"今天……我们……欢迎……二位……代表……因为……帝国……主义……又要……打仗……我们……中国……民众……感到……"

两个字一两句，〈两〉个字一〈两〉句，郑先生这样说了有一刻钟。

怎样翻译给两位外国同志，不，一位同志一位 Lord 知道呢？我心里在替两位当翻译的同志着急。直译？意译？鲁迅先生的硬译？还是赵景深先生的糊涂译呢？

一位穿西装的同志向马莱勋爵嘀咕了一阵，马莱勋爵也低声的嘀咕了几句，笑着。

我想，大约是要致答辞了，可是那位翻译同志站起来却说：马莱勋爵因为对于"作为文化工作"的电影艺术特别感到兴趣，希望要和我们的电影皇后胡蝶小姐认识。

---

① 即古久里。下同。——本书编者注

一阵笑声。

胡蝶小姐扭扭捏捏的走出席来，被马莱勋爵的大毛手握住，抖了几下。

野猫坐在一旁默默不响，满脸不高兴的神色，马莱勋爵走过去时，将一只手装出了猫脚爪的姿势，在野猫的肩上抓了一下。

“Oh, Miss Cat!”

野猫喜欢得格格的笑了。

庆祝我们的皇后与马莱勋爵认识!

不知是谁从老远的一角这样喊着，一唱百和，大家举起杯子站了起来。

即使反战会议开不成功，不，即使真来他娘一次世界第二次大战，今晚这欢迎大会的意义总算有了。

这样想着，因为报馆里有事，我便乘着他们碰杯子的笑声中，悄悄的溜了出来。

（《十日谈》第4期，1933年9月10日）

33
反战会议开不成功

董之学

宣传了很久的上海反战反帝的国际会议，恐怕是开不成功了，除非民众们自动地起来，冲破一切难关，拼命拥护这一会议。我们不能说开了反战会议，就可以高枕无忧没有战争了，但是在战争迫切的当儿，唤起一般人注意战争的危险以及如何阻止这个危险是绝对必须的。同时，日本与租界当局以及其他方面，都不欢迎反战会议，都不许可他开会，这反证明战争的威胁是很紧张的了。

战争空气越是紧迫，反战越是需要，只有那盘踞政府与指挥军队上火线送死，而自己欲安闲自在的人，因为战争于他们有百利而无一害，才会绝对不反战争。我们在报纸上当见到各国军事工业资本家，尤其是美国的，在日内瓦军缩会议花了不少铜钿（钱）来做到军缩的失败，以期维持他们从军事工业榨取得来的巨大利润。

我想这个说法不很适合事实。第一，希望从战争中维持资本主义的命运的，绝不止军事工业资本家，而是整个的资产阶级，这个阶级的奴婢，也是非常赞成马上爆发一个战争来解决资本主义的危机。在这里，他们的目的，并不是像他们嘴巴里所宣传的，要给工人吃饱饭，而是要加速以战争的方法来加速一部分的资本家消灭另一部分的资本家的过程，这样，他们自家的主人（资本家）发了横财，他们也可以傍神享福，分得横财的一部分。

第一次世界大战的结果，果然战胜国的资产阶级，尤其美国日本的，都比从前肥胖多了，日美两国也一跃而变成了天字号的帝国主义家。现在各国的资产阶级都受了这个榜样的刺激，加紧备战，单看近一两个月来日美英三国的军备竞赛，便感觉大战的快要到来。单只军事工业家，决没有这样伟大的力量来推进大规模战争的准备。

其次，各国的军事工业资本家，在积极备战的过程中，越加提高了自己的地位，越加有力量来影响与支配政府关于军备增加的行动与方针。他们只须对自己的政府做个暗示或建议，便可使军缩归于流产，何必远远地走到日内瓦来花费许多不必花的铜钿。他们更可利用整个资产阶级备战的心理以及小资产阶级的过分爱国主义，便能获得伟大的成效，确实没有到日内瓦花钱的必要。

讲到目前的远东，不仅受大战憧憬的威胁，而且大规模的与小规模的战争，闹了足有两年。这个战争的蹂躏的地方，不仅是满洲，而且有上海及其他的城市。我们饱尝了战争的痛苦。我们固然反对以我国为鱼肉的未来世界大战，但同时却要积极备战。我们积极备战，不要误会了，决不是参加帝国主义大战，来替帝国主义当炮灰，如参加第一次世界大战一样。那次参加战争的结果，除几个军阀因借外款发财，引起了直皖战争以外，只是加深了帝国主义对我国的奴役。

刚才说过，我们要积极备战，这和我们反对世界大战的理论与观点不独没有矛盾，而且反对帝国主义战争的主张，必然逻辑地归结到弱小民〈族〉的备战。我们准备的是民族革命的战争，是打倒帝国主义的支配与解放中华民族的战争。这个战争在原则上根本和帝国主义战争不同。换句话说，帝国主义战争是瓜分世界与奴役殖民地的，而民族革命战争是争取被压〈迫〉民众的独立的。

站在这两个战争原则的对立的观点上，就能明白我们的为什么一面反战而另一面又要备战了。我们要拿血与肉，来摧毁帝国主义的铁的统治。实际上，弱小民族的血肉的力量，确比帝国主义的钢弹毒气的力量伟大些。你不[没]看见印度民众的血肉，已经使英国统治印度的地位日趋没落了吗？甘地的请愿自治的运动，向英政府作揖，恳求给予印度的自治地位，结果，英国和他〈开〉玩笑，公开侮辱他的人格，今天把他关在监狱里，明天高兴起来又把他放了出去。究竟有什么益处呢？

在帝国主义与其走狗的压迫底下，上海的反战国际会议，也许是开不成功的。这证明帝国主义者已经是开足马力,向战争的目标狂奔,悬崖勒马是绝对不可能了。但是民众反战的情绪决不会消解下去,而我们准备民族革命的企图反可以积极起来。反战与要战,恰恰是一个铗子,来钳制帝国主义的死命。各弱小民族的解放运动与各资本主义国家的劳工运动的怒潮,要淹毙帝国主义的生命。

(《新社会半月刊》第6期,1933年9月16日)

34
军备竞赛的复活与反战大会

良　辅

最近报纸上竞载着二件重要的事情，一件是帝国主义国家军备竞赛的复活，一件是英国前陆军大臣马莱勋爵(Lord Marley)所领导下的反帝国主义战争大会之将在上海举行。这二件事情是极端相反的，可是却同在最有战争危险的远东出现，这是更值〈得〉人注意的。

帝国主义军备竞赛的复活是表示世界大冲突的即将到来。自从伦敦经济会议失败后，经济的国家主义势力更弥漫全世界，而为这国家主义之后盾的就是帝国主义者的武装，所以现在各国都竞相扩充军备以准备第二次的大屠杀。美国在产业复兴计划的掩护下，预备于三年内建造战舰三十七艘，日本海军省之明年度，预算增至七亿六千万元，以作第二次海军大补充之用，同时更举行大规模之海空大检阅，英国亦继续美日二国之后，急起直追，预备扩充其海军力量。帝国主义国家的武装竞赛已经回复到华盛顿与伦敦海军会议前的情形，最近又益以日本与欧美竞夺东方市场冲突的〈尖〉锐化，远东方面已满天战云，大战的爆发是不能避免的事了。而为这斗争之目的物者则为我们这萎靡不振的中国。

在这杀气腾天的空气中，一个反帝国主义战争的大会却预备于九月中在上海举行。这个大会是由世界著名学者如爱恩斯坦①，巴比塞，罗曼·罗兰与各革命团体组织而成，于去年秋间在荷京阿姆斯特丹开第一次会议，以反对帝国主义的第二次大战，废除军备与维持世界和平为他们的目次[的]。第二次反战大会之所以选定上海为会议处所者，正因为远东是杀气腾天，战云弥漫，与最有战争危险的地带，在这危险地带中，反战运动是更显得需要

---

① 即爱因斯坦。——本书编者注

与迫切。但这在积极备战的帝国主义者看来，自然要视为眼中钉，他们所需要者为战争，战争是帝国主义者的粮食，而现在反战会议却想在这战云弥漫的区域中造成非战的空气与心理，这无怪帝国主义者要严予压迫了。马莱勋爵之被侵略成性的日本帝国主义者拒绝登岸以及大会之尚未允许在上海租界中开会，当然是可想象到的。但为日本帝国主义侵略战争所牺牲的中国，以及将来仍免不了为世界大冲突之牺牲者的中国，却也怀疑非战大会的企图，那真是想不透的事了。

（《东方杂志》1933年9月19日）

35
关于反战大会

郑宏述

“争地以战,杀人盈野;争城以战,杀人盈城。”“繁为攻伐,实天下之巨害也。”二千多年前的咱们思想家与政治家的孟轲和墨翟,虽然他们俩互相非议,互相排斥,然而对于反战的见地倒是完全一致的。假如,假如反战大会能够在那时召集的话,也许,也许他俩会暂时抛弃了宿见,连袂参加呢!

据说:受了孟轲墨翟等的影响,我国的民族到现在还是酷爱和平的;这在事实上也不能否认,除了内战的小节外,对于国际间刀来枪往应酬式的战争,我们的确定是以第一者和平对付的,如二周年前,“九一八”时张少帅所发明的无抵抗主义,这种为整个世界谋和平而个人则蒙重大损失牺牲的创举,实在是应该得到诺贝尔和平奖金的,后来出于意料之外,却被胡佛得去了,真是匪夷所思,使真心拥护世界和平者扼腕!

谁都知道,帝国主义是整个资本制度崩溃前必然的阶段,法西斯蒂更是毁灭前刹那的回光返照。电讯频传中的美国产业复兴都只是欺人之谈,他们帝国主义者要维持短期的生命,暂时的繁荣,唯一的出路就只有损人利己,择肥而噬的战争。在竞争军备的明枪暗斗中,第二次世界大战的狰狞面目已经显然地映在我们的眼前,这是铁一样的事实,决不是隔膜的造像,神经的错觉。

谁都知道,拥有三五百万方里的肥沃之土的中国是帝国主义者最后的尾闾,这次积极筹备中的二次世界市场分割战,列强的目光所集中的就只是这一大块肥肉。谁都在垂涎欲滴,想单独地占有,单独地狼吞虎咽!“九一八”与“一·二八”的日帝国主义就饰着这急先锋的一角!太平洋一带随处都飘着火药硫磺的气息,光只等待着药线的引动,准备有素的劈劈拍拍的声音就会闹得整[震]天价响!

根据了主观的要求，根据了客观的环境，去年十二月国际反战委员会在巴黎开会议决，准备今年首先在帝国主义战争第一道火线口的上海，召集举行一次反战大会，这种决议，其谁曰不宜！

然而，这宜之又宜的反战大会却出乎意料之外地难产，帝国主义者的一致拒绝不消说得，连我国当局都表示远避；弄得领导的马莱勋爵到处碰壁，寻思无计。真所谓时耶？命耶？岂亦与张少帅之不得和平奖金遭同样的命运乎？

（《晨光》第16期，1933年9月）

36
上海文化界欢宴反战代表

张兆榕

编者：

贵刊是拥护反战运动的，九月十六日午后六时上海文化界举行了一个非常盛大的欢宴世界反战同盟的代表马莱等大会，我也忝陪末座，现在把会场所得的，约略记述下来，在“反战”的意义尚未普及于中国广大的劳苦大众及此次上海集会尚因开会地址的问题有所为难，人皆讳言拥护及参加这种伟大运动的今日，不能不说是有非常意义在。

是日欢宴会上，虽然充满的是一种严肃而略带沉闷的气压下空气，虽然到会的人因着某种顾虑未能快畅的吐出他们胸怀的意见，会场中对反战进行也没有具体的讨论，热烈的争辩，只是沉默，沉默，但到会人士的踊跃，精神的凝集，由沉默透露出的愤怒，已被法代表首先就感觉到了。最后乃有人提出上海文化工人当前的任务，要求小说家，诗人，戏剧家，教育者及同愿望的中外新闻记者各用他们特殊的职能，用他们的天才以及武器去广播反战的意义到大众中去，使广大群众团结到反战大会旗帜的周围，打破目前开会的种种困难，使亚洲大会能在上海完成他的使命，以这艰难的斗争来酬答世界代表们不远万里的来华的劳瘁；共同建造世界反战阵线全线的巩固，开始向正在酝酿中的野蛮的战争作全线的回击。这种任务提出后，并要求作成决议及组织反战后援会，开始积极工作，在酒阑人散前，这提案居然的全场一致默认的通过，这也是在今日沉闷的气压中一件具有非常意义的事。

但是上海文化界人士在退出这欢宴席后将作如何的兴灭；怎样来举行这一决议；怎样来克服当前的各种障碍呢？

我叙述以后，顺便贡献一点意见与当日与会的作家及有同样愿望的全国文化工人们使促成上海大会完成这一目标而开始实际的斗争。

第一，我们要完成这一任务，只有发动广大的群众团结在我们的周围，只有群众醒觉的起来作此反战的要求，才能加强上海大会开会的可能性。非战大会才能正确的作出合于实践的一切决议。我们的努力才不致成为空洞的说教。

第二，我们要求全国作家及同愿望的人们自动的引导及组织自己的周围的一切纯洁人们到工厂，作坊，农村，学校，街头去宣传反战的福音，“不要把任何一个工人的，工团的及爱护真正和平主义的团体放弃在我们动员之外”，“不要把任何一个男子，一个妇人，一个青年放弃在旁边”。尽量扩大反战的舆论，扩大反战后援会之类的运动，造成全国一致的要求，加强克服阻挠我们行动的压力的力的对比。

第三，各职业团体及各个同愿望的人们从速坚决的选派代表或亲自到上海参加大会，在大会未开会前，直接参加大会促成的工作。

第四，继续不断的，用文字，色彩，音符，语言等手段去帮助，启发劳苦大众觉察他们自己底力，指出大众反帝的民族战线，描写反抗战争的斗争的途径与方法，揭破一切空挂反帝旗帜投降帝国主义者的假面具，正确昭示大众当前的任务。

总之，上海文化的工人，在目下实负有非常重大的使命。促成当前大会的完成，是最光荣的战斗的任务。这虽然是我个人的意见，但自信总有若干可以供文化界同人采择的，更希望编者加以指示！

九，一六。

（《抗争》第2卷第20期，1933年9月27日）

37
关于"反战大会"

英　彦

各国反战代表的莅临，全上海，全中国的民众都以最高的热情，欢呼鼓舞，敬祝他们的平安和健全，敬祝他们的伟大使命的完成！然而一切帝国主义及其仆从们，即惊惶万状地以莫大的愤恨和敌意，咒诅反战代表。这当然不是什么"怪事"，不同的阶级立场，当然就有不同的利害的企图。他们的滚水浇头的愤怒，正是我们反战者的光荣和胜利。

大家都知道，目前帝国主义准备战争的风声鹤唳，正在一天天地紧张起来。各帝国主义，为了解决经济危机，为了争夺市场，为了挣扎自己的统治，为了剥削国内民众，都在急忙地调兵遣将，发狂似地增加海陆空军预算，准备非常残忍的大屠杀。特别是太平洋上的恶涛骇浪，更是咄咄迫人。美帝国主义已经从金元力量的迷梦惊醒，开始实行空前未有的大海军计划，建造战舰三十七艘，最新式飞机六百余架，并重新修造太平洋海军根据地；日本帝国主义在美帝国主义这种大海军计划的威胁之下，为确保其东洋海军的优势，在明年度的预算案，特别扩张海军军费，其数达六亿八千万日金，并拟于三年内，建筑航空母舰，巡洋舰，驱逐舰，潜水艇等三十三艘，还有航空队八队。随着日美帝国主义准备战争的新形势，当然也要引起英帝国主义所谓条约以外的补充造舰计划，同时，不消说更要招致伦敦海约局外的法意帝国主义者的不安。虽然法意帝国主义冲突的焦点，在于欧洲大陆的霸权，而法帝国主义的视线，正未曾忽略太平洋的险恶风云，粤海九岛的掠夺，正是基于海军根据地的需求。

欧陆的形势，同样地也是战云密布。德国法西斯蒂政府，极力充实内部的力量，要求军备平等，高呼整顿航空，在其接受英帝国主义的领导，竭力进行反苏联战争的准备。德奥的冲突，形成意奥的亲善，招引了法西斯蒂兄弟国家德意的仇隙，同时更加深法意的仇恶。意大利法西斯蒂飞行队的远征，给予法帝国主义的航空巨擘的骄傲以抗议，德国的军事演习，防空演习，法国总理兼陆军部长达拉第氏的巡视国境要塞，及巴黎空军演习的夸耀，正是针锋相对地，预示明日战争的到来。

各帝国主义都在发狂了，甚至战时经济的组织，也开始着手了。

然而帝国主义者的大臣，外交官们，却正在那里张大嗓子，称颂和平，叫闹着亲善。我们对这些大臣外交官们，欺骗民众，迷惑民众的眉飞目笑和甜言蜜语，当然毫不为之吃惊。记得当一九一四年世界大战前夕，英国首相路易乔治在其旅行德国，及其接待威廉二世皇帝的专使的时候，他都极口赞称大日耳曼民族的文化，祝颂英德邦交的悠久；而另一方面，他正在加紧兵工厂的工作，制造着刺杀德国人的枪械，于和平之神的庙前，磨着锋利的宝剑。目前各帝国主义大臣外交官们的聪明，正不亚〈于〉路易乔治的才智。帝国主义的准备战争而讳言战争，正是其天然的本领。为蒙蔽他的臣民们的眼睛，为更容易驱策千百万奴隶民众去当炮灰的阴谋。

这就没有丝毫疑义了，为揭发帝国主义战争的企图，公开号召反帝民众起来反对帝国主义战争的各国反战代表，当然要遭受帝国主义的嫉视，甚至加以逮捕监禁，不惜用尽各种各样的阴谋，阻挠反战大会的公开举行。德国代表为希特勒政府所捕拿，日本朝鲜代表为日本政治警察所绑劫，大会主席马莱被日本帝国主义禁止登陆，……这都是意料中事。

但是，从这里正可以看出一切帝国主义者是怎样的战栗和惶恐。目前一切帝国主义者的血眼，正集中在太平洋上的周围，剑拔弩张，怒目相向，而国际反战代表恰恰群集于太平洋西岸的沪滨，并且是曾经发动“五卅”“一·二八”两大反帝战斗的群众的沪滨，无疑地，他将最有力地表现其伟大的反战力量，暴露帝国主义的原形，而登高一呼，唤起东方被压迫民族，和世界的一切被压迫民族，以及各帝国主义国内的被压迫民众，站在反帝反战的统一斗争，伸出平民的铁手，给与一切帝国主义最直接的威胁，令其在反战大会的面前发抖。要之，全中国全世界的民众们，将因此震天动地的巨炮的声响，拨开帝国主义及其走狗所施放的烟幕弹，而透切地目睹真理，为真理而决斗。

这也就是聪明的帝国主义所以压迫反战大会，拘捕反战代表与反战群众的缘由。

但是，尽管帝国主义，怎样百般的阴谋，恐怖，决不能消灭或阻挠伟大的反战力量。反战委员会是建立在帝国主义压迫下的十二万万五千万民众的基础之上，民众的力量，必将冲破一切恐怖，扫荡渣滓，而使反战大会胜利的开幕，圆满的闭会。也只有民众的力量，才能保障反战大会的终结。

然而反对帝国主义战争，决不是向帝国主义，作犹太接吻；叩头哭求其"放下屠刀"，痴想其"立地成佛"。要是谁这样想法，那末也就犯了不可宽恕的罪恶。根本上，在于帝国主义战争是不可避免的，是客观的必然的；因此，反对帝国主义战争，不能是以和平代替战争；而是以战争消灭战争，以革命战争消灭反革命战争。只有推翻了帝国主义统治，毁灭了资本主义制度才算是完成反对帝国主义战争的任务，才能真正地实现和平之王国。第二国际的破产，就在于没有转变帝国主义战争，而站到"狭隘的爱国主义"的泥坑。在帝国主义当进行战争的时候，其以殖民地政策及掠夺赃物的希冀，来诱惑民众分润桌下的一根骨头，正是为的压制全世界民众的团结，企图打破国际反战的力量。所以反对帝国主义战争的任务，还须从理论上及实践上，指摘社会爱国派的反动性，更须揭开民众的眼睛，透视帝国主义的甜言蜜语的阴谋。自然，战争的本身，也就教训了民众自身，使他们明白，彻底反对战争的利益。

反对帝国主义战争，尤预[须]例举一九一四年世界大战的情形，加强民众对帝国主义战争的反感，加强民众对帝国主义统治的憎恶。

而解释上一次大战的悲惨，一定要联[连]带到根基于资本主义社会制度的罪恶，这样才能促使民众对资本主义社会的扬弃，为覆灭资本主义社会而斗争，为实现社会主义而斗争。"对民众解释上一次大战的形势是怎样，为什么那种形势是不可避免的，解释得愈具体愈好，这是最重要最重要的事。”

反战的估计，不仅要指出帝国主义的公开准备战争，公开增加军事预算；还须指出其一切秘密的计划。唯有揭发他的秘密，才能更加把捉帝国主义战争的危机，更加暴露帝国主义的野蛮，更加提醒被压迫民众的自觉，加紧反帝反战运动。例如日本国内造船厂，秘密制造潜水艇的零件，一旦战争爆发，立刻可以配成加倍的潜艇；在太平洋代管岛，秘密修筑航空根据地。又如美帝国主义者在菲律宾利用无期徒刑的罪犯，大规模建设巩固的要塞等等。“我们必须告诉民众关于各国政府作战计划的深奥秘密的一切真实的事实。”

反战的另一意义，亦即主要的意义，不仅仅是反对各帝国主义者相互间的战争，而〈且〉是反对帝国主义者企图形成反苏联的统一战线，爆发进攻苏联的战争。因为苏联并不需要掠夺的战争，苏联不是资本主义制度，根本上就没有帝国主义的政治经济的危机，更不会有压迫弱小民族，武装争夺殖民地的企图，没有原因，当然就没有结果。然而在帝国主义者这方面，恰恰是相反。帝国主义者的阴谋进攻苏联，不但是垂涎着苏联这块世界六分之一的广大的市场，和一万万五千万人口的足资剥削；而〈且〉是根本上两个社会制度的尖锐对立，苏联的存在就是帝国主义政治经济危机的一个因素，苏联的强大更加反衬了资本主义国家的没落。由于世界民众同情苏联的加深，同时也就增加对于资本主义制度的憎恶，这样就促使帝国主义者日益加紧地企图进攻苏联，颠覆苏联。虽然帝国主义者间内在的矛盾，及在苏联的和平外交政策的打击之下，使帝国主义形成反苏联统一战线比较地困难起来；但是在共同的目标之下，帝国主义的进攻苏联的危机是时刻地存在的，并且是时刻地生长着的。这在过去的史实，就是铁的证明。然而站在反战的观点，不是从战争的一般意义，如人道主义者那种反对帝国主义进攻苏联战争的态度。现世界最有名的科学家，相对论的发明者爱因斯坦氏说得好：假如一旦帝国主义和苏联发生战争，在我个人的态度，我一定是拼着老命参加苏联的红军，反对帝国主义的。（大概是一九三一年吧？美国某著名杂志社，发信征求世界名人对于帝国主义和苏联战争的态度，得到的答复，十之八九都是说要帮助苏联的，爱因斯坦就是其中的一个，原文字句一时无从参考，其大意是如此。）

末了，目前中国民族革命的危机，国际帝国主义武装瓜分中国的逼迫，就使[是]三岁小孩子，也是知道的。因此，在这样朝夕不保的形势之下，欢迎反战代表的光临，已不能是口头上的，而必须是实践上的。我们郑重地再三再四的提出民族革命战争的口号，立刻发动并扩大起来，在民众自己的领导之下，进行反帝国主义战争，直抵民族革命的彻底完成。驱逐一切帝国主义出境，反对帝国主义直接间接进行对中国民族革命势力的屠杀！用这一切实际工作来欢迎反战代表呀！

"九一八"二周年纪念于上海

（《文化界》第 2 期，1933 年 10 月 1 日）

38
赠反战代表

王独清

这次反战代表在“冬[秋]雨秋风”中来到上海，怀着很大的希望想举行反战会议，然而终没有达到目的。该会主席向各方面的疏通和奔走，也终于无效。尽管以一个戴着“爵士”头衔的主席，再四声明说反战会议是没有什么背景，不是为宣传什么主义，然而还是开不成，开不成，第三个开不成！听说代表们不久便要离开上海，这事实是：这次来中国的任务眼看就要被帝国主义者压迫得没有办法可以完成，将要这样没有结束地结束了。

我们可以想象得出当事人底愤激和所有同情于这个会议者底不平，我们为了和平，为了人类底和平，在绝对地拥护这个会议的立场上，决然反对这种加于这个会议及它底代表的压迫！这至少是中国底一种耻辱：在主张将满洲交给日本的国联代表到中国时可以得到盛大的欢迎，而直接反战的代表来到中国却连集会的自由也没有！担负这责任的固然是租界上的主人翁，然而，我们这样大的一个中国(虽然已经失掉了四省)，竟不能使这几位代表放弃上海而径到内地任何一处去作他们为和平的工作。我们且不要说租界上的主人翁俨然镇压着我们底全国，只说我们对于这几位抱着极端热忱来为我们呼吁的远来的客人几乎没有一点保护和接待的表示，这已经是失了人情上的义务，已经是暴露了我们底刻薄，无能，和其他更坏的作恶！

反复地说，这是中国底耻辱！

不过，我们在自责和痛心之余，不能不对于这几位负着重大使命的代表献几句赠言。为了拥护这个会议，应该有权利表示自己底意见，同时也应该有义务表示自己底意见，这总该不至于是无故的饶舌。

意见如下。

一

反战会议虽然是一种公开的集会，然而它底任务中是不可否认地含着严重的历史意义。目前庞大的侵略战争底开展和世界大战底逼近，决不是偶然燃起的纸炮，而是由过去种种事迹所造成的后果。在中国，日本底暴行便产生于过去革命涂炭的以后，这是有目共睹的事。关于过去失败原因的了解是一个最重要的急务。为了这个，曾经引起革命阵营中分裂的悲剧，也就是形成帝国主义更加猖狂的悲剧。要是反战代表不仅仅做简单的表面工作，不在“自然生长性”的理论之下工作，那就应该彻底（我故意用“彻底”两个字）地去了解过去失散[败]的原因，并且在号召反战群众的工作中同时应该把那种原因彻底（我故意用“彻底”两个字）地宣布给革命队伍知道。这决不是反战以外的工作，而是反战工作中重要的一部分。这将能使反战的工作得到有把握的步骤，而且要这样，才能使这工作不至于陷于表面的和仅做上层分子甚至“官僚化”的活动。

二

中东路问题是目前远东底一个重大的问题。关于这个，已经有过代表两种政治的论辩，为了自己底不抵抗而产生了“满洲国”却去责成苏联以忍受牺牲的代价给保存中东路，这理论我们是只有反驳。但是，站在苏联底政策上说，无论如何，出卖中东路的谈判是太过软弱，太过让步了。这将助长日本帝国主义的气焰，同时会使中国底民众迷惑，反战代表这次到中国来，始终便没有见正式地恳切地将帝国主义进攻苏联这一紧急事实用特别的警号叫出（虽然亚姆斯达旦底宣言是已经有了说明），这不能不说是一种缺欠。而对于中东路的问题，反战代表更是没有说过一句。这种态度是最不应当的，若是反战的工作是需要连[联]系在每个重大的问题上时，即眼前的中东路问题便不能这样放过，而应该很彻底（我再用“彻底”两个字）地发表一番意见。

三

帝国主义压迫这一会议底召集，这是预料中的事体。然而，我以为我们底代表却也还没有充分地做尽本身应做的工作。目前，只有广大的民主斗争才可以使这工作发生壮烈的效果而这就是说：除了劳苦民众的主力以外，必须要尽量地扩大反战的联合战线。反战代表应该自动地召集各派联合的大会，只有用群众底力量来争取，才有实现的可能。并且还应该说：假使最后仍不能达到目的，在代表们离开上海以前，应该有一种表示，应该把经过的情形用书面公布给全中国民众知道。在任何方面，代表们都决不能够在受了这样的压迫之后却悄悄地溜走。

四

我再说一句，我们底代表还没有充分地做尽本身应做的工作，不管是为的是目前，还是为的久远，要使反战运动有最高的发展，必须当事人能去真正的和民众打成一片才可以得到成功。我们底代表在这一点上至少还应该有更进一步的努力。我希望我们底代表不要把几处觥筹交错的宴会和几处上层团体的欢迎会便认为是有力量的群众之活动的表现，这次来到中国即使部分的筹划失败，然而，团结远东今后决斗的队伍都是必须完成的任务中之任务。

以上是我简单的意见。

我知道，我底话尽有许多不周到的地方，不过我相信大体是没有什么错误。在这"秋雨秋风"中，对于我们奔走呼号的反战代表不投送一些欢迎的或欢送的形式的颂词，而是把一些几乎是批评的意见直率地说出来呈献他们，这或者会引起别一方面底非难。但是，我敢说：要这样，才是真正对于斗士们的敬礼！

九月二十八日

（《时事新报》1933年10月1日）

39
反战运动何尝失败！

蔡予淑

远东大战的酝酿，是谁都不能否认的事实。〈这〉种残暴的战争，是屠杀工农士兵的行为，又是谁都可以认识的。中国的广场，到了战争的爆发，无疑的成为一个危险的火力点。反战会议之跑来上海集会，自然有深重的意义，民众之热烈拥护这一会议，不仅是拥护自身利益，而且是反对帝国主义有力的表示。但是，宋庆龄女士说过了，“资本主义以战争为生命线，劳动者则以革命为出路”。在两个对立的阵容中，所以帝国主义及其工具对反战会议必多方破坏。这是不足怪异的。

可是，自马莱及各代表来到沪后，反战的意义，已广泛地打入大群劳动者的脑海，劳动者及思想前进分子，都不约而同的起来扩大这一运动，在工厂中，学校中，作坊中，草棚的贫民窟中，都不少自动的起来集会，起来选举代表准备参加会议，起来宣传募捐援助被捕的代表，起来揭发统治者阻挠会议的阴谋。在这里，就可以证明反战反帝是大群民众迫切的需求。反转过来，更足以证明统治者一切政策都与民众相对立，所有各种“为国为民”，“酷爱和平”的口头禅，都属于虚伪的欺骗。

我们还没有忘掉，当李顿调查团抵沪之际，要人，资产阶级，名流，学者，一致竖起其先天带来的一副媚骨，欢呼狂叫，趋前仕[侍]奉，整个儿倒到李顿爵士的怀抱里以乞求其梦想的“和平”与“公理”，结果是获得一篇共管满洲的报告书。反战代表的来临，我们不独不像对李顿一样欢迎，而且广布密探，监视各国代表的行动，大捕欢迎反战会议的群众代表，禁闭反战运动的消息，用其污蔑无耻的手段，企图把民众与反战大会相间离，以讨帝国主义之欢心。立脚点之不同，又是何等明显啊！

虽然反战会议未能按照原定计划举行，但据报纸所载，中国各省，各劳动团体，文化团体，仍在战神环伺中作竟日的集会以讨论反战运动的进行。固然，因统治者的阻挠，致大群劳动民众不能围绕于大会之旁，而代表们之克服艰困的精神与反战反帝的决心，是永久留驻在我们群众中了。帝国主义者及其工具，充其量只能破坏反战会议，而反战运动则决不会因会议的破坏而停止，相反的，正日〈益〉在开展中。

反战代表归去矣，在远东的反战任务，只有远东之劳苦民众共同完成，尤其是灾难相逼之中国人。

（《抗争》第2卷第22期，1933年10月7日）

40
世界反战运动

万里宾

一　战争危险与世界反战运动之形成

一九一八年即距今恰恰十五年前之十一月十一日十一点钟，欧洲全部战线的号兵一致传达同样的命令："停火！停火！……"这样，时期经过一千五百六十七日，人口死伤三千四百万，物质上直接间接损失三千四百万万美金的大屠杀终于停止了。于是，战胜诸国居然喊出"世界永久的和平"来。侥幸列于战胜方面的中国，在北京，那时候的首都，还举行过盛大的提灯游行帮同庆祝。但是到了十五年后的今日，只有傻子才会相信那是世界永久的和平！

诚然，一九三〇年以前，国际间许多重要问题还能用和平方式获得或多或少的解决。凡尔赛和约之签订，国际联盟之成立，华盛顿会议，赔偿问题中之道威斯计划与杨格计划，洛迦诺保安公约，伦敦海军军缩会议，资本主义列强与苏联先后通商复交等等，不管后来结果如何，在当时总算收了相等的成效。然而一九三一年以来，在远东，日本帝国主义横行无忌继续侵占中国广大的土地，卒至退出国联，而自称"努力于不恃武力以维护世界和平"的国联对此简直毫无办法。在南美，巴拉圭与玻利维亚之战，秘鲁与可伦比亚[①]之战，都在水深火热之中。在欧洲，法西主义的狂潮迅速扩大，自希特勒掌握德国政权之后，国与国间的恶感与仇视日益增加。加之，世界经济会议之失败，证明国际经济战争无法解决；军缩会议之失败，证明外交方式之无能；最近日美之加紧海军准备，日苏关系之紧张与李维诺夫之赴美，德国之退出国联与退出军缩会议，证明东西两洋的战争危险都有一触即发之势。

① 即哥伦比亚。——本书编者注

所以只要稍有常识的人都知道世界战争决不是有无的问题，而是迟早的问题。但是第一次世界大战对于一般人民有什么利益？死，伤，贫乏，家庭破坏……此外一无所得。大多数民众是一样受人剥削，一样受人压迫。真正从战争中得到利益的只有一部分大资本家，只有大资产阶级。现在当着第二次世界大屠杀危险紧迫前来的时候，一般民众难道还要坐以待毙吗？就在这一点意义上，全世界各国无数民众都蕴藏着反对战争的心理。也就在这一点意义上，有些世界上忧时之士便登高一呼，提倡反对战争及反对战争罪魁的斗争运动。

一九三二年之六，七，八月之间，法国两大文豪巴比塞与罗兰连续发出对世界民众的号召，提议组织世界的反战运动。果然，欧，亚，非，美各州跟着便成立了许多反战运动发起委员会，到处响应起来。而反帝国主义战争世界大会经过了许多困难，卒于去年八月二十七日至二十九日举行于荷兰之亚姆斯达旦。预定参加大会的代表五千人，因受各国资本主义政府之妨害及其他困难问题（例如苏联以高尔基为首的代表团，便受荷兰政府拒绝入境），实际出席人数为二千一百九十六名，代表着二十九国三万团体二千余万的体力劳动者与精神劳动者。

出席代表最多的为德国，七百五十九人，次为法国，五百八十五人，荷兰四百五十八人，英国七十八人，捷克斯拉夫五十五人，比利时四十二人，美国三十七人，意大利三十五人，丹麦与挪威各十一人，波兰，中国，日本各八人……等等。

从出席代表之政治倾向分之，二千一百九十六人中，共产党员八百三十人，社会民主党员二百九十人，独立社会党员二十四人，托洛斯基派十人，其余之一千零四十一人则为无党籍者，自由思想者，急进主义者及民族革命者。

从出席代表之社会成分分之，工人，雇员，教师，公务人员等占一千八百六十五名，智识分子与自由职业者占二百四十九名，农民占七十二名，其他占十名。

这次大会集合了全世界反对战争的共同意志，开会时间共经三日，讨论了许多于[与]战争危险及反战运动有关的重要问题，通过了一篇极为重要的宣言（见附录一），组织了一个经常的反帝国主义战争世界委员会，决定了在世界各国各地成立一级一级的反战斗争委员会以发动广大的群众反战运动。自后全世界反战运动便迅速发展起来。

二　反战运动阵线之扩展

世界反战运动固然是迅速发展，但是亚姆斯达旦大会之后，国际情势发生了紧急变化，最重要的便是由于希特勒之执政而法西主义大大抬头，益促使战争危险之加重与迫近。反对法西主义，原系亚姆斯达旦大会任务之一，大会宣言亦曾有“反对法西主义，它是帝国主义的警卫队，它企图〈发动〉帝国主义的战争并组织国内的战争”这个誓言之规定。因此，希特勒上台之后，各国反战委员会亦积极作反法西主义之斗争运动。本年三月间，巴比塞亦以世界斗争委员会名义发出反对战争及其工具法西主义的号召，声言“法西主义占据了德国而且准备占据奥国，最凶暴的反动伴着惑人的爱国主义狂潮把欧洲急激地引回一九一三年时代的局面”，并“请求所有社会主义者，共产主义者，各派工团主义者，和平主义者，工人，农民，职员，艺术家，学者——男子，妇人及青年一齐整列队伍，一齐团结反战的斗争运动，一齐参加我们正在进行共同组织的新努力以便把法西主义从那些广大的国土内驱除净尽”。随后，巴比塞且曾以私人名义召集各国思想进步的名人数十，讨论德国国社党执政后的国际情势，并通过反对战争与法西主义之决议。

然而反法西主义在亚姆斯达旦运动中尚没有获得与反战运动同样重要的地位。因此，跟着法西主义之抬头，欧洲发生了一种专门的反法西主义运动。这个运动自从三四月间即已盛行于欧洲许多国里，同时且一致进行欧洲反法西主义之统一。经过许多困难，欧洲反法西主义大会卒于本年六月四日至六日举行于巴黎之布勒耶大厅(La Sall Pleyel)。出席代表三千四百人，包含有法，德，英，意，比，波兰及欧洲其他各国国籍，有共产党员，社会民主党员，无政府党员，共和派党员及一千二百名以上无党籍的人们。大会除表决反法西主义及其屠杀狂潮之坚决意志外，并组织了欧洲反法西主义中央委员会及执行局以指导全欧洲反法西主义之斗争。

两个各有系统的运动平[并]列地进行着，并且在实际的行动上都是友善地合作。但是双方都一样感觉两个运动之不可分离的性质，而在广大的群众中又只觉得两个运动之一而二二而一，看不出彼此的区分。因此双方指导机关认为无论在原则上及在行动上两个运动不仅有合作的必要而且必须完全合并起来。这样，不断地经过上层的努力与下层的催促，两种运动在国际上经过双方执行局的联席会议便决定从上到下合并起来，成为反战反法西主义之统一的运动。

两执行局的联席会议是一九三三年八月二十日在巴黎举行的。合并了的反战反法西主义国际斗争执行局发表一篇重要宣言(见附录二)。而为处理日常工作的需要，并即选出一个新的秘书处。秘书处包括秘书十一人，即法人巴比塞(Henri Barbusse)，杜先(Gabrielle Duchene)，谢兰(Guy Jerrem)，叔丹(Francis Jourdain)，马拉特(H. Mallarte)，卢放施(Rouffianges)，德人明曾伯(W. Muenzenberg)，舒尔慈(B. Schultz)，意人耶可博(I. Jacopo)，波兰人高斯基(Gorski)，捷克人乌利喜(Jan Ulrich)。这样，两种各自独立的运动此后便在组织上完全合并起来，变为一种运动之两面，成为一种运动之分工。以统一的力量对付共同的敌人，毫无疑义地可以获得更大的成绩，可以完成更大的任务。

三　反战运动之国际的具体任务

一九三二年八月之反帝国主义战争世界大会虽然决定了反战的纲领，实际的任务却交由大会产生的世界斗争委员会担负计划之责，然真实工作机关则在委员会中之执行局。执行局经过多方考虑，卒于去年十二月二十一日至二十三日之会议始将国际的目前具体任务完全决定。这次会议之决定，在反战运动中极为重要，因为国际上的反战运动从此才走上实际的具体的阶段。下面便是那次会议之重要决定：

（一）在世界委员会直接隶属之下附设一监视委员会，其任务纯为研究与监视法，德，波兰三国间的关系，德国重整军备的方式，外交上及军事上之足以加紧欧洲战争危险之结合及阴谋的各种事件；

（二）派遣远东调查团于一九三三年二月前往远东；

（三）在上海或远东其他重要地点举行亚洲反战大会；

（四）派遣南美调查团前往该地，并积极参加预定于一九三三年在乌拉圭京城蒙得维多[①]举行之南美反战大会；

（五）一九三三年三月举行英国全国反战大会；

（六）筹备组织荷兰全国反战大会；

（七）一九三三年正月在丹麦京城哥平哈经[②]举行反战会议，藉以讨论斯干的那维亚半岛[③]各国局势并组织反战运动于半岛各国；

（八）一九三三年正月在拉脱维亚京城举行反战会议，藉以组织波罗的海沿岸诸国之反战运动；

（九）在巴尔干半岛举行反战会议，藉以组织半岛各国的反战运动；

（十）于一九三三年夏季举行世界青年反战大会；为促成该大会之实现，执行局须设立一个发起委员会。

除此之外，这次执行局会议还决定在世界委员会直属之下设立一个工会专门委员会以研究工会内及工厂内工人之反战宣传工作；训令各国反战委员会积极扩大各界特别反战委员会，如妇女，医生，教师，学生，工程师，著作家，艺术家等等各界委员会，决定发行定期刊物作世界反战运动之向导，募集一百万法郎捐款作为南美，远东两调查团及世界委员会本身各种费用。

所有上面执行局的决定，此后即分头着着[手]进行。据现在所知，其中

---

① 即蒙得维的亚。——本书编者注
② 即哥本哈根。——本书编者注
③ 即斯堪的纳维亚半岛。——本书编者注

虽有尚未实行或未能依照原定计划实行之处，但重要各项如远东及南美调查团，南美，远东，英国，斯干的那维亚半岛各地大会等等均已先后做到。而尤其重要的世界青年反战大会，据闻亦已于本年九月下旬在巴黎举行。另外尚有为该项执行局未能预先规定而为亚姆斯达旦运动本身之绝大进展的，便是反战运动与反法西主义运动之合并，使两种运动成为一种更有力更广大的运动。本文第二节已经说及，此处不赘。此处所要说的是统一后之国际执行局所决定的最近四个月内的行动纲领。这种直接任务含有三种庞大的宣传运动：（一）积极参加世界青年反战大会之筹备，这种任务现已完成；（二）极力帮助德国之反法西主义的斗争，援救德国被难同志，首先对于国会被焚案在来比锡之审判，须引起广大的同情运动，这种任务亦在不断工作之中，褐皮书之刊行，尤其轰动了全世界的耳目；（三）对付直接战争危险如德奥间之冲突，摩洛哥，南美，远东之战争，须发动群众的斗争行动，十一月十一日停战纪念日更应实行全世界各国民众的大示威。

这些都是国际的任务和一般的任务，亦是具体的直接的斗争任务。至于各国特有的任务，国际执行局是不代庖的，全由各国依照特殊情形而决定。以下各节当分别述之。

四　反战运动在欧洲

（略）

五　反战运动在美洲

（略）

六　反战运动在亚洲——上海反战大会

一九三一年“九一八”沈阳事变以来，远东实际已经踏上战争的阶段。日本帝国主义一方面先一步抢劫了中国的广大土地，以便尽情剥削中国民众，镇压中国一切反帝国主义的革命势力；另一方面即筑起日本帝国主义进攻苏联之根据地，一俟时机成熟即实行进攻，同时亦即加强日本帝国主义对任何其他帝国主义特别是美国战争之力量。然而这样的武力侵略，当头即遭打击的便是中国民众。所以在东北，在去年的上海，都有过对日之英勇的抗战，而东北的义勇军至今犹在不断地血战。其次，受着日本帝国主义武力侵略的直接打击的便是日本民众。因为军费之增加，日本民众担负着更重的捐税，遭受更深的剥削；因为要屠杀中国民众，日本民众便被驱迫到战场之上为资产阶级的利益去活活送死。所以，不管日本统治阶级如何诱惑，如何欺骗，如何施用恐怖的手段，日本一部分进步的工人，农民即进行反抗进攻中国的运动。尤重要的，在日本海陆军中也有过不少英勇的反战斗争发生。去年上海之战，日军中的许多兵士因拒绝射击中国民众而被整批的押送回日；在满洲，一个师团中二百兵士叛变起来，不幸尽遭枪决，而在另一师团中二百余名兵士之叛变，居然驱除了他们的长官，占领了辎重储藏所，在军营中支持到整个星期之久。这类反战斗争行动，实际上不知多少，只被日本政府所掩藏无从探得。但是就这几件事实已足证明在反对共同敌人的斗争中，中日两国民众不仅应该联合起来，而且能够联合起来。进一步说，也只有远东民众的联合才能抵抗远东凶暴的压迫与庞大的屠杀。

所以去年年底，反帝国主义战争世界委员会便决定今年在上海召开远东反战大会，藉以统一远东各国民众之反战力量。同时决定组织远东调查团前来远东，出发时期本定本年二月，原想使中国民众早日将其与国联之李顿调查团两相比较，看出谁才是中国民众真正之友。世界委员会对于远东反战运动认为有竭力扩大之必要，曾发出对中，日，高丽，满洲各地民众之号召，曾发出对各国反战委员会及民众之号召。跟着，中国及日本两方都有过公开集会，宣言，筹备，表示欢迎世界反战代表团之东来及拥护远东反战大会。但因远东各国在严重压迫下筹备工作之困难，及世界委员会方面关于代表团人员之决定须与各国委员会详细磋商以及经费等等问题之不易解决，卒至延迟半年之久。

本年七月世界斗争委员会始将代表团名单完全确定。代表团人数有六，即马莱（Lord Marley，曾任英国海军军官十九年，大战时任参谋总长，现任英国上议院副议长），古久烈[①]（Paul Vaillant-Couturier，曾任法国众议院议员，现任巴黎《人道报》总编辑），马多[②]（Dr . Marteaux，比利时下议院议员），汉米敦[③]（Gerald Hamilton，英国新闻记者），布比[④]（Georges Poupy，法国工程师），史墨莱[⑤]（Agnes Smedley，美国女新闻记者）。代表团以马莱为主席代表。除史墨莱女士经先在沪外，其余五代表一同于七月中旬由马赛启程东来。

代表团途经西贡时，人权同盟安南支部曾组织公开欢迎大会，到会者七百余人。各代表演说一致希望在西贡能有反战运动委员会之设立。马莱且谓在安南之法人能同情反战代表团，这是一件有重要意义的事情。欢迎会并通过一议决案，即声明“会众赞同反战代表团之意见，在西贡进行反战委员会之组织，不分党籍，不分种族界限以共同反对战争”。这会在宾主两方，都可谓尽欢而散。但是代表团到上海后所遇的困难，却不是他们到安南时所曾预料，观于当时马莱演说辞中的语气，可以知之。

世界反战代表团于八月十八日到上海。在公共租界上岸时，他们劈头所见的便是警察干涉，并逮捕码头上之工人，学生，教授及其他自由职业者之欢迎群众。随后，马莱与马多两代表同往日本，原意在设法使日本方面亦能派出反战代表，同来参加上海之远东反战大会。讵知日本政府竟拒绝两代表登岸入境，并禁其与日本人民作任何接洽。自然，这样一来，日本的监狱里立即增加不少反战分子，而马莱与马多两代表也不能不折回上海了。代表团在上海颇受工人，学生，教授，著作家，艺术家等各界之欢迎，然对于正式反战大会，则两租界当局及中国当局都一致严禁举行。于是远东反战大会便走入秘

① 即古久里。——本书编者注
② 即马尔度。——本书编者注
③ 即汉密尔顿。——本书编者注
④ 即波比。——本书编者注
⑤ 即史沫特莱，她已于1933年5月离开中国，并未参加远东反战会议。——本书编者注

密举行之路,亦即因此,开会详情无从探得。现特据中外报章所载,略述如次。

远东反战大会自经华租两界当局禁止举行之后,一般推测均认为世界反战代表即将掩[偃]旗息鼓而去,但是出乎意料,反战大会突于八[九]月三十日在上海之某处秘密举行。出席者五十五人,均〈系〉由上海,江苏,广东,福建,察哈尔,满洲,江西等地派来的代表。世界代表团主席马莱与远东反战运动筹备会主席宋庆龄均有详细报告。报告大意着重目前世界紧张情势,远东战争危险,民众之反战反法西思潮,情绪及实际力量等等。据宋庆龄之意,帝国主义列强将来一定在不断发展的战争中,牺牲中国的人民与物质,来达到他们自己的目的。所以中国人民必须起来反抗以争取人民本身的利益。也只有在千百万人民奋起时候,中国才能够成为自由的国家。法国人民在大革命中反对优势的外国侵略者的斗争,苏联工农击退一切帝国主义国家联合武力的斗争,这些例子指示了中国人民的出路。反战运动反对帝国主义战争,反对军阀内战,反对帝国主义与军阀互相勾结,反对一切欺压人民之军事势力和政权。但主张全国革命的民众,以拥护人民利益的战争来反对牺牲人民利益的战争。

反战大会经过马莱与宋庆龄两报告之后,并通过好几个反对战争与反对法西主义的决案。同时还组织了世界反战委员会之远东分会。大会闭会后,各代表则于十月三日离沪回欧。

七　世界青年反战运动

(略)

八　世界反战运动的性质

(略)

(摘自万里宾:《世界反战运动》,时事问题丛刊(14),1933 年 11 月 11 日初版,上海陶尔斐司路生活书店发行)

时人回忆

1
宋庆龄谈反战大会(之一)

我想把1933年9月间我们在上海为和平而斗争的情况，和各位简单谈一下。

那时候，日本已经强占了中国的东北，而且准备用它作为基地向我们全面进攻，然后向亚洲及太平洋区域发动进攻。这种海盗式的掠夺与暴行，对世界和平是一种极其严重的威胁。因此它引起了全世界的政治家、国际团体、工会和一般男女的忿怒指责。当时的和平组织，反帝大同盟，特别加以谴责。反帝大同盟是一个成员很广泛的组织，它正在竭尽全力进行斗争，来制止侵略者在30年代中显然已准备着的向世界人民的空前大进攻。日本进犯中国是向亚洲及太平洋区域人民进攻的开始。反帝大同盟正确地认识到它的严重性，因此决定派遣一个代表团到中国来。

虽然中国当时的形势极端紧张，但是反帝大同盟中国支部却热诚地欢迎这个决定。当时我们不仅要抵抗日本侵略者，而且还要对国内的敌人作斗争。反动政府在帝国主义国家支持之下，实际上是在怂恿着侵略者。同时它已对中国南部的人民解放区发动内战，并且向全国其他地区的人民施行白色恐怖。

你们可以想象，在那时候，谁要主张国内团结，一致抵抗外敌，谋求中国人民内部的和平与世界的和平，实际上就得冒生命的危险。但是尽管面对着这种危险，我们依然按照我们的计划进行工作，欢迎代表团，并且动员舆论制止侵略。反动当局一开始就对我们仇恨万分，从各方面向我们进行迫害，恐吓，阻挠和诽谤。我们请求来与我们合作的人，许多都被吓走了。没有人敢把会场租给我们。反动当局不准反帝大同盟的代表们登陆。我本人不得不违抗禁令，到船上去欢迎这些欧洲来的反帝的和平战士。

我们决不能使这些朋友长途跋涉而一无所获，我们决定召开一次会议。

我们既然被迫放弃公开会议，就准备举行秘密会议。由于我们正处于严密监视之下，我们就必须严守秘密。连我自己都不晓得举行会议的地点在哪里，直到一天早晨的黎明时候，我被带到上海工厂区的一幢阴暗凄凉的房子里。代表们只能一个一个地单独前往。甚至还有一部分人是在深夜里偷偷地到那里去的。当我到达时，每一个人，连外宾在内，都坐在地板上，因为房间里唯一的家具是供秘书用的一张小桌子。我们实际上是在低声耳语之中进行报告和讨论的。这就是我们在1933年讨论和平的情况。

（宋庆龄：《动员起来！为亚洲、太平洋区域与全世界的和平而斗争——在亚洲及太平洋区域和平会议开幕式上的开幕词》，载《人民日报》1952年10月3日）

2
宋庆龄谈反战大会(之二)

郑育之同志:

十二月十四日写给宋副委员长的信已经转到。宋副委员长阅信后,让转告:(一)按照回忆,当时的会议是在杨树浦路或者北四川路半西式的房子里召开的。被引往会议地点的时候是午夜,因此,看不清被你陪到何地。(二)参加会议的外国人有英国马利[1]爵士(Lord Marley),法国 Vaillant-Couturier(法国共产党的领导),和一位比利时同志(老年人),不记得他的姓名了。(三)是在早餐后开会的(简单的早餐,只有面包和牛油)。当时就地而坐,进早餐开会,好几个钟头坐在地上。宋副委员长第一个发言,然后是其他人发言。这次会议名称是"反帝同盟会"(The Anti-imperialist League Gathering)。

宋副委员长不记得在这次会议上遇到鲁迅先生。她说,遗憾的是在抗日战争时期日本侵略者破坏了她的铁箱,掳走一切,包括记录本和著作等。因此,手头无资料可查,不能专凭记忆力所及的事。

(四)宋副委员长说:"我记得那时你是一位小姑娘,在午夜引路带我去开会。希望你很好。"

遵示转告。　　　　此致

敬礼

宋庆龄副委员长住宅秘书室(印章)

一九七七年十二月廿九日

---

① 即马莱。——本书编者注

附录一：郑育之致宋庆龄信（根据草稿打印）

宋副委员长：

我这个人您是在世界反帝反战大同盟秘密在上海开会的会址上见过面。但是，年代久了，而且会议人数多，可能在您的记忆中，早已消失了，这是很可能的。

在世界反帝反战会议在上海秘密召开的时候，我奉组织之命，参加掩护与保卫这次会议的任务，所以在闭会前，和到过您家的梁文若，到楼上会场旁听了一会。三位外国人我也见到了，会议的情景也看到了，会议结束后，我们就是完成送客任务。

这个会议在中国秘密召开，国际上影响是很大的，近年来，许多人都来向我了解当时情况，昨天又有上海鲁迅纪念馆、华东师范大学、延边师范大学派了人来，向我了解会场的所在地，我们一起也确实去寻找了一番，但失望了，按我记忆的路线方向，参考冯雪峰同志的回忆，是〈到〉大连湾路一带去找，还没有找到，估计还要努力。同时，交谈中还有些问题，与我记忆还有出入，所以请廖梦醒大姐将我需要解决的问题（列另纸）转请您帮忙，当然这是很冒昧的，但我为了完成一项有益于国际反帝反战事业，有益于研究当时地下党的活动，有益于研究伟大的鲁迅先生参加政治活动的情况，我只能麻烦您了，因我再找不到第三人可以帮助我，纠正我回忆错的地方。

不胜麻烦之至！　　　　　　　　此致

敬礼

通讯处：

家住：上海长宁路625号

工作单位：长宁区党委组织组转

1. 秘密召开的会议是叫世界反帝反战同盟远东会议还是世界反对帝国主义战争委员会远东反战会议。

2. 到上海召开国际反帝反战大同盟会议的有四个国际代表，除宋〈副〉委员长外，有英国马莱爵士，法国古久里，还有一位是谁？（这人比古久里矮，胖瘦与马莱差不多。）

3. 宋〈副〉委员长是开会那一天黎明前到会址的，马莱爵士等是开会前夕晚上近十二点左右到会址的。但夏衍同志说，是他送马莱爵士等人到沪东一个地方，由宋〈副〉委员长接了，一同到会址来的，哪一种回忆正确，希予以指示。

4. 秘密开会的地址在何处？是据有三层的楼房，还是四层楼房子。

5. 隔壁侦察头子叫什么。

附录二：郑育之致廖梦醒信（根据草稿打印）

廖大姐：

我在五月份到旅馆去看您，恰巧您又出去了，不久，我为了寻找鲁迅先生给周文[①]同志的信，到杭州转绍兴，住了两个多月，回到上海，您已经回北京去了，我们没有再见一面，都怪我腿不勤，不常到您处走动，不知您回到北京身体可好？参加工作了没有？

我在十月五日到北京瞻仰毛主席遗容。当日就得回到上海，所以赶不上去看您，只就近到阿曾[②]同志处，她在睡觉，我也未看到她，这都是很遗憾的。以后再创造条件到北京时，再来看您。

兹拜托您一件事：因为我参加国际反帝反战大同盟在上海秘密召开会议的掩护与保卫工作，现在有些情况与别人讲的有出入，所以要请宋庆龄〈副〉委员长加以指正，因我不知道她现住何处，所以只好请您帮帮忙，把附上的信转给她，麻烦她回忆，赐复。不知意〈下〉如何？如有不当之处，希予指示。

---

① 周文，郑育之的丈夫，中共党员，左翼成员，作家。——本书编者注

② 即曾宪植。时任全国妇联副主席，郑育之在全国妇联工作时的领导人。——本书编者注

近日我的身体比您在沪时差多了，因胆、心脏、胃三个病一起大发作了一次，所以人也懒多了，我的二姐[①]自回杭后，也病了两次，没有在京时那么精神了，但胡尘同志非常关心她常去看望她，也常帮我做她的思想工作。我这次到绍兴，也是胡尘同志帮了大忙，我们姐妹能遇到这样一位朋友也不容易啊！这都是托了您的福了！由于我近来身体较差，懒于执笔，未能与胡尘同志多联系。这点她会原谅我的。

（郑育之女儿周七康提供）

① 郑玉颜，中共党员，时任上海总工会杭州屏风山疗养院副院长。曾在何香凝组织的妇女抗敌战士慰劳会里任职，得到何香凝的好评与信任。——本书编者注

3
冯雪峰谈反战大会

一

关于〈19〉33年上海“远东反战会议”及刘芝明等被捕的参考材料

(一)

〈19〉33年下半年，“世界反战委员会”(“世界反对帝国主义战争委员会”，国际统战组织)决定在中国上海召开远东反战会议，派来代表三人，于8月间到上海。这三个代表，一个是英国马莱爵士，大概是工党中人；一个是法国伐扬古久里[①]，著名作家，当时法共机关报《人道报》的主笔；一个是比利时人，名字我已忘记，是社会民主党中人。

远东反战会议的目的是要讨论有关反对日本帝国主义侵略中国和争取国际和平等问题。本来是准备在上海公开举行的。但帝国主义和国民党相互勾结，竭力加以阻碍和进行破坏；不论在租界和非租界都公然禁止举行这次会议。后来只得转为秘密举行，于9月间才得开成。

准备公开举行的时候，是由当时上海中央局负责，通过宋庆龄等人公开关系进行筹备事项的。后来决定秘密举行，则交给江苏省委进行布置秘密会场等等筹备工作。

(秘密会场在沪东大连路或大连湾路，是临时租的一幢房子。宋庆龄出席了会议并被举为主席；鲁迅虽未到会，也被举为主席团的名誉主席。三个外国代表，也都出席了会议。上海工人和各界群众的代表出席会议的有三四十人。苏区也有两个代表到上海来出席了会议。当时帝国主义和国民党特务是集中力量寻觅这个秘密会场的，但会议开了一整天，完成了预定的议

① 即伐扬-古久里。——本书编者注

程，未被破坏。代表们也都在当晚安全地走出了会场。三个国际代表回去后也都作了报告，进行宣传。）

（二）

所谓筹备欢迎巴比塞的事情，是由于三个代表到上海之前，曾说巴比塞也是“世界反战委员会”派出的代表之一而起的，因为在当时巴比塞是世界著名作家，用“欢迎巴比塞”的名义更能号召和公开进行运动，扩大反对帝国主义战争的宣传影响。实际上“欢迎巴比塞”运动，就是欢迎“世界反战委员会代表”的运动。后来到上海来的代表中没有巴比塞，但欢迎“世界反战委员会”代表的运动仍是一样进行，只是由于帝国主义和国民党的压迫和破坏，进行得很困难罢了。

用“欢迎巴比塞”名义只在开始时，后来知道巴比塞不来，就用“欢迎世界反战委员会代表”名义。这个欢迎运动是在上海左翼文化界策动的，准备开一个欢迎大会，发一个有广泛的人签名的宣言。筹备委员会在代表到来之前的七八月之间成立，开始时由刘芝明（当时“上反”的党团书记）负责，记得左联方面有叶以群参加，社联方面有张耀华（张凌青）参加，其他参加的人我确实记不得了。筹委会人数大概是五个人，至多不会超过七个人。在8月间刘芝明被捕后，楼适夷接替刘芝明去做“上反”党团书记，这个筹委会是否也由楼适夷负责，我已记不清楚。马莱等三个代表到上海后，记得在8月下半月或9月初，上海左翼文化界举行过一次欢迎的茶话会。宣言有没有发我已经记不得，但拥护反战会议的传单和标语是散发过几次和张贴得很多的，标语中有用英文等外文写的欢迎国际代表和拥护反战会议的标语。

这些工作，由当时上反领导，文委（当时文委书记是阳翰笙）和文总也参加领导，而总的领导是江苏省委的宣传部（当时宣传部长是我）。但筹委会开过几次会，开会地点，以及怎样进行工作的具体情况，我确实都已经记不起来。

当时上海文化界进行欢迎国际代表和拥护反战会议的情况，除刘芝明、张耀华（张凌青）、楼适夷等人当能了解得更具体一些之外，夏衍、阳翰笙、吴觉先(武剑西)等,也一定了解一些,因为他们当时也参加活动的。

(三)

刘芝明、张耀华(张凌青)等被捕,好像是在8月初或8月上半月。被捕的原因可能是被特务盯梢,当时未听说过由于叛徒告密出卖等事情,但究竟由于什么原因,我现在总追忆不起清楚的印象来。被捕的地点,我现在也说不上来。还有同他们同时或先后被捕的人,究竟有几个,什么名字,当时我是一定听说过的,但现在我也总追忆不起清楚的印象来。说当时敌人曾在被捕的人身上搜出欢迎国际代表的宣言签名的名单,是最近几个月前上海方面来向我了解情况的同志说的,我已忘记曾否真有这件事,几个月来竭力回忆也仍然追忆不起这件事。

刘芝明、张耀华(张凌青)被捕后在狱中关了多少时候,什么时候出狱,因为我在〈19〉33年11月即离开江苏省委,12月即离开上海,以后没有听说,我不了解。

1967年12月11日　冯雪峰

提纲:

1. 〈19〉33年什么时间开始筹备欢迎巴比塞的大会?参加筹备的有哪些单位和人?谁领导这个工作?筹备机构。

2. 欢迎巴比塞都做了哪些准备工作?开了几次会?在什么地方开会?参加的人?

3. 筹备了多长时间?筹备过程中发生了什么事情?

4. 张凌青、刘芝明怎么被捕的?原因、时间、地点?一起被捕的都有谁?关了多长时间?什么时候出来的?

星期一下午5:00左右来取。①

---

① 提纲部分,是材料中夹的一张便笺,非冯雪峰笔迹。——冯烈注

二

有关“远东反战会议”情况的补充交代

一、经过12月20日你们对我的帮助，和我两晚一天继续竭力追忆之后，关于周扬在〈19〉33年8月间参与上海左翼文化界欢迎世界反战委员会代表的筹备工作的事情，具体的情况我仍然追忆不起来，但我可以负责地说，周扬当时参与了筹备工作是完全可以肯定的，左联方面的动员就由他周扬负责，而叶以群则多负责奔走和具体工作，这也是可以肯定的。周扬可能还是宣言的负责起草人之一。在筹备的过程中，我同周扬、同张耀华、同刘芝明、同吴觉先等，几次碰头谈话，到过周扬的家、到过张耀华的家，这也都可以肯定的。我参加过筹备工作的几个负责人的小型会议，也是可以肯定的。只是我确实追忆不起具体的经过情况，例如周扬的家在哪里，张耀华的家在哪里，同他们碰过几次头，谈话的内容，在什么地方开会，等等，我确实追忆不起来。这追忆不起来，完全由于我的记忆力不好，完全应该由我自己负责，不能因我自己记忆不起来就否认客观的可以肯定的事实——我在追忆中根据当时情况而肯定的上述的事实。(我的记忆力不好，追忆不起具体的经过情况，也确实是事实；我一定再继续竭力回忆。)

二、我在昨晚的追忆中，脑中突然浮起一个印象：好像在当时法租界蒲石路(?)兰心大戏院旁边白俄出租(门外挂着所谓“Room to let”牌子的)的带家具的房间里我去找过吴觉先，好像他(吴)曾临时租住在那里。我浮起这个印象，却不能肯定是否就是〈19〉33年8月间为“远东反战会议”事情去找吴觉先的。你们是否可以问问吴觉先，曾否有过这样的事，以帮助我继续回忆。

三、当时曾准备发宣言和广泛签名是完全可以肯定的。但宣言是否发表过，究竟哪些人签了名，我继续回忆之后仍然追忆不起来。如果宣言公开发表过，当时上海各报当然不肯登；但当时美国人伊罗生在上海办的“中国论坛”上就可能发表过。当时“中国论坛”上也一定会有关于“远东反战会议”的文章。这是一个线索，可能会发现一些有关的材料。又左联领导的《文艺新闻》，〈19〉33 年八九月间是否还出版，我已经记不起来；如果还出版，它上面也可能有同“远东反战会议”有关的东西，可能从中找到一些材料。不知图书馆中能找到《文艺新闻》否。

四、关于刘芝明、张耀华被捕的原因、地点等，我仍然追忆不起新的材料来，仍如 12 月 11 日的材料中所交代的。我一定继续回忆。

五、〈19〉33 年八九月间有一批人被日本驱逐出境回上海，其中有左联东京分会中人。这批人到上海时，文总和左联曾发动一些人到码头上去欢迎过。这批人回上海时是在“远东反战会议”之前或之后，我记不清楚。

任白戈可能就在这时回国的这批人之中。我同他不熟，在〈19〉33 年间和〈19〉36 年间有没有同他见过面我也记不清楚。除了知道他在〈19〉35 年接替周扬做过左联党团书记，〈19〉36 年写过坚决拥护“国防文学”口号、猖狂地反对鲁迅的文章之外，我对他不了解。

1967 年 12 月 22 日　冯雪峰

三

交代同〈19〉33 年“远东反战会议”有关的三个问题

一、关于〈19〉33 年七八月间，我同周扬见过几次面、说过几次话、他的家在哪里、我到过他的家几次，等，我多次回忆总是追忆不起具体的印象来。这三天中又竭力反复回忆，也仍然追忆不起来。

这期间我为了筹备欢迎“世界反战委员会”代表的事情，同周扬见过几次面，谈过几次话，是完全可以肯定的。有一次我想调他去做“上反”党团书记，找他谈过（而他不同意），我还记得这件事，但我同他在什么地方谈（在他家里还是在别的什么地方），我也总是追忆不起来。

〈19〉31 年下半年我到过周扬的家，那时他住在北四川路狄思威路口以西一点的路南的一个里（乐安里?）中，好像住的是一间东厢房（楼下），这我还留有印象。但〈19〉33 年七八月间他住在什么地方，我总是追忆不起一点印象来。

我于〈19〉33年10月底或11月间离开江苏省委工作，于12月离开上海。在离开上海前我同周扬的最后一次见面可能是在9月间；但为什么事情同他见面以及在什么地方见面，我总是追忆不起一点印象来。

二、〈19〉33年七八月间以及在这之前，除鲁迅和茅盾住在施高塔路的大陆新邨之外，有谁住在施高塔路，我从去年（〈19〉67年）8月初以来，多次回忆也总是追忆不起一点印象来。去年8月初上海（什么单位不清楚）有两个同志来调查张耀华（张凌青）〈19〉33年七八月间情况，说过张耀华那时住在施高塔路的话。从我听了这话之后，一次一次的回忆，也总是追忆不起当时我曾知道张耀华住在施高塔路和我到过他的家的印象来。同时也追忆不起别的人住在施高塔路的印象来。这三天中又一次一次回忆，仍然追忆不起一点印象。

三、〈19〉33年9月间在上海秘密举行的"远东反战会议"（秘密会场在沪东大连路或大连湾路），参加会议的群众代表是全部都在头一天晚上送进去的。宋庆龄是在开会当天一早由她的女秘书带进去的。三个国际代表（对他们的招待和住处的安排，从开始到最后都不由当时的江苏省委负责，我也没有参与过），也是开会当天一早送进去的。送三个国际代表进会场的事前布置，我记得是这样：头一天晚上三个国际代表借故离开所住的饭店（华懋饭店?），以摆脱包打听之类的监视（但这个晚上他们三人住在什么地方，我现在确实说不上来，这件事我没有参与或布置），第二天（即开会那天）一早约好在什么地点（究竟在什么地点我现在也确实说不上来）由人去带他们进会场。由谁去带，我记得是由我布置的——我记得清楚，头天晚上七八点钟我到大世界对面的一家菜馆里找到了田汉（那时好像戏剧界有不少人在那里聚餐或宴会），同田汉约好要他第二天一早去送一个国际代表（可以肯定就是马莱）进会场，田汉满口答应；可是第二天（即开会那天）一早田汉到郊外去了（记得好像是说去拍摄外景去了）。我很着急，于是就找到夏衍，由夏衍送这个国际代表（可以肯定是马莱）去进会场。夏衍送过一个国际代表(可以肯定就是马莱)是完全确实的;我还留有这样的印象:当天一早我曾在会场(大连路或大连湾路)附近的地方,远远地站着看,曾看到夏衍和那个国际代表(可以肯定是马莱)从小汽车上下来,把小汽车打发回去,而后两人向会场的方向走去(这都是事前布置的)。

但我总是追忆不起当天一早我怎么能一下子就找到夏衍的经过来。经过这三天回忆,我觉得有十分可能的是:夏衍也就是我头一天约好他来负责送国际代表进会场的,所以当天一早就能碰到他。再者,我这几天回忆后,又确实追忆起了这样的印象:当天一早伐扬古久里和那个比利时人好像是同坐一个小汽车,特别是好像就是我自己送他们两人进会场的。根据我这个印象,那末,我头一天就是约好夏衍负责送伐扬古久里和那个比利时人,而同时要田汉负责送马莱的。到了第二天(即开会那天)一早找不到田汉的时候,就由夏衍去送马莱,而由我自己去送伐扬古久里和那个比利时人。因此,根据我这个印象,夏衍送的是马莱,是完全可以肯定的。当时的情况一定是我送伐扬古久里和那个比利时人的小汽车在先,待他们两人进会场后,我就留在附近看夏衍同马莱是否安全地到来,于是就看到了上面所说的夏衍和马莱的小汽车在附近停下,两人从小汽车上下来的情形。

(上面说的伐扬古久里和那个比利时人同坐一个小汽车并由我自己送他们的事情,我这几天一次一次回忆,确实有这样的印象。其次我当天一早在会场附近远远站着看,看见了夏衍同一个国际代表从小汽车上下来的情形,是我一向留下的比较清楚的印象。因此,夏衍送的就是马莱,我觉得是完全可靠的。只是这一天一早我同夏衍在什么地方碰头,以及到什么地方去接三个国际代表,我总是追忆不起来。)

1968年1月23日　冯雪峰

四

再交代同郑育之有关的一些情况

……

(七)

〈19〉33年“世界反战委员会”(“世界反对帝国主义战争委员会”)决定在中国举行“远东反战会议”,派三个代表来参加,在7月间已到上海;最先由上海中央局负责,准备通过宋庆龄等人的关系在上海公开举行的,但由于帝国主义和国民党反动派拼命的阻扰和破坏,无法公开举行。在8月间,上海中央局决定改为秘密举行,并决定由江苏省委负责组织这次会议和布置秘密会场的工作;我当时在江苏省委做宣传部长,江苏省委指定我来负主要的责任。我记得这次秘密举行的会议是9月初开成功的,会议开了一整天(宋庆龄是会议的主席,三个外国代表都出席,中外代表共有三四十人),地点是在沪东大连路或大连湾路。是临时租的一幢三楼洋房。当时确实是我临时调周文和郑育之在开会的头一天住进去招待代表和应付会场环境的,他们打扮成一对未婚的夫妇,带了几对箱子(作为嫁妆,里面盛的是预备给代表们吃的面包)住进去,好像要在新房子里结婚的样子。他们头一天住进去,当晚所有中国的代表都已进去,第二天一早宋庆龄和三个外国代表送进去后,会议即开始,到傍晚结束,晚上全部代表都安全离开会场,周文和郑育之也在晚上离开那房子。从头一天起,在那会场周围保卫会场的是秘密的工人纠察队(由上海中央局负责);周文、郑育之只负责应付房子内部和邻居的环境,他们并未参加保卫的工作。这就是〈19〉33年9月初周文、郑育之去住这个秘密会场的经过。

我临时调他们两人去住这会场,事前曾对他们说清楚这是可能发生危险的任务(当时帝国主义包打听和国民党特务是在到处寻觅这秘密会场的),他们当时都立即表示愿意,不曾有过迟疑的表示。

周文当时在左联工作,他的组织关系属江苏省委,我是可以直接调他的(为了保密,当时也未通过文委、左联党团和周文所在的支部)。同时,调他们两人去住会场是经过省委批准,也经过上海中央局派来联系的人同意的。

……

1968年7月26日 冯雪峰

五

关于张耀华(张凌青)

一、〈19〉33 年 1 月至 5 月我在上海中央局宣传部做干事。〈19〉33 年 6 月至 11 月我在江苏省委做宣传部长。〈19〉33 年 12 月从上海到中央苏区瑞金,〈19〉34 年 1 月至 10 月在中央党校(在瑞金)工作(先做教务主任,后做副校长)。〈19〉34 年 10 月至〈19〉35 年 10 月随中央红军长征(先在九军团做地方工作组副组长,后在干部团上干队做政治教员)。〈19〉35 年 11 月至〈19〉36 年 2 月在陕北党校(在瓦窑堡)做教员。〈19〉36 年 2 月至 4 月随红军东征(打阎锡山),参加地方工作委员会。〈19〉36 年 4 月受中央〈委〉派到上海工作。

二、在我留下的印象里,张耀华在〈19〉33 年 8 月上海筹开"远东反战会议"的期间,是代表社联方面参加过筹备欢迎国际代表的工作的。记得当时上海左翼文化界,以左联、社联等团体为中心,成立过一个欢迎国际代表的"筹备委员会"一类的组织,人数大概是五人左右,左联方面好像有叶以群参加,社联方面有张耀华参加,总的负责人好像是当时"上反"党团书记刘芝明。这只是我留下的已很模糊的印象;总的负责人是否是刘芝明,我已不能肯定;当时刘芝明叫什么名字,我都已记不起来。此外,左联和社联方面还有谁参加,我也总是回忆不起来;只好像吴觉先(武剑西)也参加了,但我仍然不能肯定。不过有张耀华参加,我多次回忆之后,觉得是完全可以肯定的。在筹开"远东反战会议"期间(〈19〉33 年 8 月间),我确定有曾经同张耀华(他好像穿一件大褂,脸黑黑的)联系过几次的印象。同他碰面好像是在北四川路施高塔路一带;又好像到过他的家;又好像去参加过他们筹备的会议或碰头会。但具体的情况和经过,从去年以来多次回忆也总是回忆不起来,例如他的家是不是真在施高塔路一带,他的家的房子是怎么样子的、在楼上还是在楼下;我是同他单独碰头还是有别人在一起,以及我是否真的参加过和怎样参加他们的会议,等等,我总是回忆不起具体的印象来。当时筹备欢迎国际代表的工作，主要的就是准备发表一个宣言，发动广泛的文艺界人签名，也准备开一个欢迎会，同时发动人写文章和张贴欢迎国际代表及拥护反战会议的标语等，这是我留有印象的。当时发动签名由左联、社联等等团体分头负责，以及我同张耀华等去碰头联系就是为了签名以及关于宣传反战会议等事情，我也是留有印象的。但具体的情况，例如签名究竟已经签到了多少人，宣言由谁起草和是否已经发表，等等，我也总是回忆不起清楚的、可以肯定的印象来。不久，刘芝明以及张耀华等被捕的具体经过，也是去年以来我多次回忆总是回忆不起来的。被捕的地点、原因以及同时被捕的有哪些人，当时我一定弄清楚过的，但现在总是回忆不起来。

此外，关于我是否曾叫张耀华带我到周扬家去，以及我是否有过叫刘芝明、张耀华到一个旅馆里去碰头等事情，我经过这些天回忆也仍然回忆不起来。

三、在我印象里，张耀华在参加筹备欢迎国际代表的工作时候是党员（在我印象里，当时参加“筹备委员会”的几个人都是党员）。但张耀华什么时候入党和怎样入党，我现在一点也说不上来。

四、在我留下的印象里，张耀华当时同韩起（已死）、董曼尼（韩起的妻子，董纯才的妹妹，现在何处不知）、李剑华（现在何处不知）、吴觉先（武剑西，现在可能在人民教育出版社）等人是接近的。此外，他当时同周扬也可能有来往。刘芝明也一定知道一些他当时的情况。

五、关于林克多，我只知道他是浙江宁海或临海人，在〈19〉32年〈19〉33年间加入过社联这一点。此外的情况我不了解。解放后他在何处，我也没有听说。林淡秋（在浙江旧省委宣传部）是宁海或临海人，好像同林克多认识，可能知道一些林克多情况。

1968年10月16日　冯雪峰

六

关于反战大会

“世界反对帝国主义战争委员会”是国际的统战组织。1932年，决定于

1933年在上海开远东反战会议，主题是反对日本帝国主义侵略中国。国际派来了三个代表，于1933年8月中旬到上海，一个是马莱爵士，英国工党中人；一个是伐扬·古久烈[①]，法国著名作家，当时法共机关报《人道报》的主笔；一个是比利时人，属于社会民主党，名字我忘记了。还有一个也是国际的代表，是中国的宋庆龄。这样的会议当然是应该公开开的，也争取公开开。但国民党和帝国主义相互勾结，除对反战会议进行种种诽谤外，并进行种种阻碍，不许在华界开，也不许在租界开，于是决定秘密举行。当时中共上海中央局责成江苏省委负责组织这次秘密会议，省委又决定由我负主要的责任（我当时任省委宣传部长）。主要的工作除产生上海的群众代表外，是安排国际代表和上海群众见面，以及布置秘密会场等。马莱等国际代表在会议前曾在恒丰纱厂女工三百多人大会和瑞熔铁厂工人五百人大会上演讲。又曾在沪东草棚贫民两千多人的大会上演讲。复旦大学和上海美专的部分学生也曾开会请国际代表讲话。因国民党、帝国主义的阻挠和破坏，在会议前国际代表的活动就只有这一些。秘密会议是开成功的，在沪东大连湾路租了一幢房子，由周文夫妇打扮成一对要进这房子去结婚的未婚夫妇，作为嫁妆搬进了一些箱子，其中是准备参加会议的代表们吃的面包，但没有任何家具，水电也都没有安装。上海和各地区来的代表共五六十人，是在头一天晚上陆续几个几个地送进去的。他们就挤睡在二楼和三楼的地板上。喝的开水是可以从老虎灶大量买的。当时困难的是因为未接上自来水，大小便成问题，抽水马桶冲不下去，装满后只能在浴缸里大小便了。三个外国代表和宋庆龄是第二天早上送进去的。会议进行了一天，代表们坐在地板上，做报告和说话当然都不能大声，外面周围有一小队秘密纠察队骑了自行车转来转去，是当时所能做到的对于会议的保卫（纠察队的主要任务是发现有危险的征象时迅速给以通知，使代表们能及时离开房子）。主席团由四个国际代表及东北几省代表、义勇军代表、苏区代表和平绥铁路工人代表组

---

① 即伐扬-古久里。——本书编者注

成。当天主持会议的主席是宋庆龄。毛主席、朱总司令和鲁迅都被推为名誉主席团的成员。名誉主席团的其他成员有片山潜(日本)、罗曼·罗兰、纪德、巴比塞(法国)、德莱塞(美国)、高尔基、伏罗希洛夫(苏联)、台尔曼(德国)等。宋庆龄致开幕词并做了中国反帝情况的报告;马莱做了国际反帝反战情况的报告;苏区代表做了苏区群众反帝斗争情况的报告。会议通过了反对日本帝国主义侵略中国和反对帝国主义战争的宣言,以及抗议帝国主义和中国军阀进攻中国红军的抗议书和抗议帝国主义武装干涉苏联的抗议书等。会议一天开完,在当天傍晚全体代表都陆续安全地离开了会场。日子是 9 月 30 日。

外国代表在上海停留了一个半月,这中间马莱曾去日本(好像因日本政府不许他上岸,当即折回上海的)。为了迷惑敌人,曾散布会议不举行了的谣言。在开会的头一天晚上三个外国代表都离开了他们住的旅馆(华懋饭店)。在开会的前后几天帝国主义的侦探(巡捕房的包打听)在到处侦察,想寻觅到会场。他们在开会后的第四天才找到了那一幢房子,一见里面空无一物,还怀疑可能发生过凶杀之类的事情,后见两个浴缸里撒满了大小便,那几天上海群众又已在马路上散发会议胜利的传单,他们经过分析才知道反战会议的会场就在这里了。

鲁迅先生没有出席会议。不是他不愿意出席,而是为了安全不让他出席的,同时我们也觉得既然在秘密方式之下开会,也没有要他出席的必要。但他十分关心和支持这会议,并曾捐款以补筹备经费之不足。他也没有出席公开欢迎外国代表的聚会,但会见了伐扬·古久烈,地点是在北四川路天潼路伊赛克[①]的寓处。

1972 年 12 月 25 日　冯雪峰　于北京鲁迅博物馆

以上材料除第六篇外,前五篇是冯雪峰 1967 年至 1968 年“文革”时期

① 即伊罗生。——本书编者注

在人民文学出版社被“关牛棚”时所写的“外调材料”。其中个别用语难免带有当时政治色彩，为尊重史实，这里一概保存原貌。最后一篇是他应鲁迅博物馆邀请参加《谈有关鲁迅的一些事情》座谈会时，经他本人修改定稿的谈话稿。

有关这些外调材料的来源和保存，我①讲四点线索：第一，几年前有一次与邵荃麟的女儿邵济安交谈，她说她看到过冯雪峰为她母亲葛琴写的材料，她说：“……涂字、改字的地方，你爷爷都盖上私章，还在签名处按上指印。一处处红色的印章给我留的印象很深，也证明了你爷爷写材料认真负责的态度和敢于担当。”第二，有一次陪同几名记者去采访诗人牛汉（曾与冯雪峰在湖北咸宁文化部五七干校劳动时同住一室），牛汉说：“冯雪峰当年写这些材料要一式多份，用复写纸复写，一份外调人员拿走，两份是出版社的两派各一份，自己还要留底稿。他写材料写到手指都直不起来，有个手指在干校劳动时就没直起来，一直到他死都直不起来。有一年，来调查的造反派中有一男一女，要冯雪峰交出材料的全部底稿，冯雪峰不肯交，结果材料被强行抄走了……”第三，就在去年（2012 年），我见到久未见面的年近八旬的陈早春老师（曾历任人民文学出版社社长 16 年，五七干校时曾与冯雪峰一起放鸭子，并一度是冯雪峰“群众监督组”的组长），他说：那几年冯雪峰成了全国各地一些外调人员的“香饽饽”，他到哪里外调人员就追到哪里；有一次，冯雪峰被前去外调的人打了，他对外调人员说：“事情有就是有，没有就是没有，我不能乱写……”当年，材料的底稿被造反派抄走时，冯雪峰也曾找过他并请他帮忙设法查找材料底稿的下落，因为这关系到很多人的政治生命；这之后有一次，陈早春从五七干校回人民文学出版社，意外地从出版社院子里搬运废旧书刊的卡车旁将这些材料“抢救”下来。第四，2000 年，我和爷爷及家人曾住过的东四北大街 17 号，要危房改造被拆除，搬家时我将老屋里认为有用的物品和资料打包装箱存放了许多年，直到去年为出全

① 即冯雪峰之孙冯烈。——本书编者注

集整理资料时，才将它们从一个个装胶卷的牛皮纸袋里仔细收拾出来，后来我知道这是我母亲精心保存的。

“远东反战会议”之后，冯雪峰被列入上海当局追捕的黑名单。冯雪峰在《自传》中也写了他会议之后的去向：

〈19〉33年11月初，江苏省委宣传部的一个干事曾一凡被捕；我不知道他已被捕，在第二天一早到他住处（在北四川路蓬路一个里弄里）去找他，被守在那里的三个特务抓住，我与之对打而跑掉。（曾一凡，去年听说在全国政协做副秘书长，又听说已死）因而当时江苏省委和上海中央局都认为我继续在上海工作不安全，决定调我到别处去工作，叫我在家中等待；我等了一个多月，于12月中旬调我到中央苏区瑞金去。我从上海动身是在12月15日至17日之间，同走的是从陕北苏区来的贾拓夫；到瑞金已在12月底。（1968年8月2日　冯雪峰）

（冯雪峰之孙冯烈提供）

4
鲁迅与反战会议

会是开成的，费了许多力，各种消息，报上都不肯登，所以在中国很少人知道。结果并不算坏，各代表回国以后都有报告，使世界上更明了中国的实情。我加入的。

（鲁迅 1934 年 12 月 6 日致萧红、萧军信，《鲁迅书信集》，人民文学出版社 1976 年版）

那时的会，是在陆上开的，不是船里，出席的大约二三十人，会开完，人是不缺一个的都走出的，但似乎也有人后来给他们弄出去了，因为近来的捕，杀，秘密的居多，别人无从知道。

（鲁迅 1934 年 12 月 10 日致萧红、萧军信，《鲁迅书信集》，人民文学出版社 1976 年版）

1933 年 9 月 5 日　晚见 Paul Vaillant-Couturier①，以德译本《Hans-ohne-Brot》②乞其署名。

（《鲁迅日记》，人民文学出版社 1976 年版）

反战会议的消息不很在日报上看到，可见打仗也还是中国人的嗜好，给它一个冷淡，正是违反了我们的嗜好的证明。自然，仗是要打的，跟着武士蚁去搬运败者的幼虫，也还不失为一种为奴的胜利。但是，人究竟是“万物之灵”，这样那里能就够。仗自然是要打的，要打掉制造打仗机器的蚁冢，打

① 即古久里。
② 即《没有面包的约翰》。

掉毒害小儿的药饵，打掉陷没将来的阴谋：这才是人的战士的任务。

（《准风月谈·新秋杂识》，《鲁迅全集》第5卷，人民文学出版社1957年版）

国际反帝反法西斯会议领导人某英国人来到上海。决定在上海召开反帝反法西斯会议，会前和每个人进行了接触。也请了鲁迅先生。有一天鲁迅突然到我这儿来，说："老板，可真有意思啊！"他穿着灰色的斜纹布长衫，脚蹬八角钱一双的胶鞋，惰于修剪的胡须，可是却神采奕奕地说："刚才，我到沙逊旅馆去会一个人。就是那个马莱。听说马莱的房间在七楼，我便走进电梯，然而开电梯的没有开的意思。"为人善良的鲁迅在等待着，但是怎么等也不开。鲁迅终于问开电梯的为什么不开？"去去去"，把鲁迅赶出去了。"于是，我从电梯里出来，沿着楼梯走上去了！事情谈了一个半小时到两个小时，回来的时候，马莱送我到电梯。开电梯的正好是刚才那个家伙。马莱至为诚恳，倍加亲切，握手相别。那个开电梯的男人大为惊诧，电梯中间一次没停，一气开下，到了楼下。也不管门开没开，比我先一步跳了出去……"

（内山完造：《上海霖语》，见《鲁迅研究资料》，杭州大学中文系1977年编印）

5
1933年受命保卫远东反战大会

黄霖自述　罗迎难整理

1933年9月27日上午，我外出回到慎成里2号时，见到我的直接联系人省委巡视员曾纯钧给我留下的一张字条，要我立即到指定的地点去找他。一见字条，我就估计组织上一定是有重要任务要交给我，我就马上赶去指定的地点。可是照纸条上写的街道号码，我怎么也找不着，又不便向旁人打听，就只有赶回慎成里2号等待曾纯钧再来找我。

果然不久，曾纯钧就来了，他说明刚才那张字条上的地址门牌号码有误，故马上又到我这里来了。

他问我："这一段时间身体恢复得怎样？"

我说："很好，没有什么问题了。是不是有任务呀？"

他说："你如果身体没有问题，有一件临时的任务要交给你办。省委认为你比较合适。你现在就跟我走一趟，负责同志要亲自对你安排任务。"

曾纯钧没有告诉我是一件什么样的具体任务，他就带着我走，把我带到一个地方，还不是先前他让我白跑一趟的地点。进去后我才知道这里是省委的秘密机关。

首先见到的就是领导我的宣传部长冯雪峰。曾纯钧向我打个招呼就出去了。

冯雪峰问我："你最近身体还好吗？"

我说："没有问题。"

他就说："有一件临时的重要工作要你做，你先等一下，由其他同志来向你交待任务。"

过了一会儿，进来一位瘦瘦的、中等身材的同志，他说的是北方普通话。当时我估计，他应该是省军委或者是中央军委的一位负责人。冯雪峰让我俩单独谈话，但是他并没有向我介绍这位负责人的姓名和职务，他就离开了。

这位负责人让我坐下后，就开门见山地对我说："马上就要召开一次'远东反战大会'，这次大会是'世界反帝反战大会'的一个部分，这个大会的意义是很重要的，一定要把这个会开好。"他还向我介绍了大会的背景形势。

本来，远东反战大会是准备在日本东京举行的，因日本法西斯政府的阻扰，世界反战委员会决定改在中国上海举行。原准备在上海公开召开，全中国各地共选派了800名代表。国民党反动政府和各租界当局就准备破坏这次大会的召开。德国的两名代表还未出发，就在本国被德国法西斯政府逮捕，遭到严刑拷打，听说还被判处死刑；日本的反战代表崛江及其夫人到达上海后，于8月14日在环龙路被日本警方抓捕；朝鲜和我国台湾地区的代表，在未出发前，也被本地的日本法西斯占领军政权逮捕了。

英国代表是其前陆军大臣马莱爵士，法国代表是《人道报》编辑古久里，比利时的代表叫波比，他们乘坐法国邮船到达上海虹口港东畔的招商局中栈码头靠岸后，国民党政府企图阻扰国际代表上岸。中国代表宋庆龄早有准备，亲自到码头欢迎国际代表，国民党当局只好让国际代表们上岸了。但是，当国际代表向法租界、公共租界和华界申请大会召开的地点时，都被各帝国主义的租界当局和国民党当局拒绝了。而且，为了阻止和破坏这次"远东反战大会"的召开，帝国主义分子和国民党反动当局还派出了许多侦探对马莱、古久里、波比等国际代表和宋庆龄进行监视。

国内有的省市选出的反战大会代表在产生过程中或在来沪的途中，就遭到国民党政府的逮捕或暗杀。所以，党中央指示江苏省委，决定采取秘密方式召开这次大会。

一方面，我们利用报纸散布消息说"大会将准备改期举行，代表们已经离沪"，用以迷惑国民党政府和租界当局；另一方面，中共江苏省委发动"文总"、"左联"、"社联"、"剧联"、"影联"等团体支持和配合秘密召开远东反战大会。决定召开秘密大会后，就把800名国内代表的名额又复选了一遍。

其中有苏区红军的代表，东北义勇军的代表，工人、农民、学生、参加淞沪抗日战争的十九路军的代表和知识分子的代表等，一共有五六十名。

最后，他又对我说："为了避免国民党反动派的破坏，这个会又是绝对要保密的。为了保证这次大会的安全警卫工作，已决定成立一个'警备委员会'来承担这项工作，组织上决定由你担任'警备委员会委员长'，一定要保证大会的安全。你有什么意见吗？"

关于这个大会在上海召开的消息，报纸上早已宣传过了，只是因为形势紧张，好像又说开不成了。

眼前听见党组织说准备秘密召开，并且把这么重要的会务警卫工作交给我来干，我心里当然是很激动的。只是因为这几天我的身体还没有完全恢复好，每天都还会时而发冷、时而发热。所以，唯恐自己做不好，不知道自己能不能担负得了这件任务。

我就随口回答他说："那好，我试试看吧。"

这位负责人立即以责备的口气严肃地对我说："这样的工作，是一项紧急得很的工作，怎么能试试看呢？不能'试试看'，只能全力做好！"

我考虑了一下，就回答他说："好，我把这项工作承担起来吧。我一定完成任务！"

于是，他脸部表情放松了一些，又对我说："你能决心承担起来就很好。你现在可以想想看，有什么问题你就提出来，我们一起研究一下。"

我想了想，首先就问他："我负责的范围是只管会场的内部，还是里外都管？"

他说："你只需管会场内部的情况。"

我又问："开会的房子前后左右的情况如何？距离马路有多远？"

他反问我："你问这个问题干什么？"

我说："如果房子离马路距离远，那就不要紧；如果会场就在马路边，距离太近，万一我们内部混有内奸，那我就担心他从房子里面向外面街道上丢纸条，把消息传出去。"

他说:“我还没有去过会议地点,不了解那所房子的情况,你考虑得很对。这样吧,你到那里去以后,由你根据会议地点的具体情况来安排。你还有什么问题?”

我问:“那里既然是绝密的地方,如果内部碰到了什么问题,对外如何联系请示?”

他说:“这已经有所布置,联系方面,给你安排了一个内部交通员,可以随时来找我们。其次,晚上我们约定在一个窗户里随时点一盏灯,如果内部有情况,就把这盏灯熄灭,外面看见灯灭了,就会有人进来和你联系,帮助你。会场外面的工作,一直到附近的巡捕房,我们都已经安排好了,都有人负责,你不用担心。你只是负责会场内部的事情。还有什么问题?”

我又说:“有多少人开会要搞清楚,而且,那样多人的吃饭是个问题,如自己做饭,是会引起邻居的注意;如果是买来吃,就只有去买面包最方便,而且应该会前买够了。现在这个季节天气已经有点儿凉了,睡觉问题是要有足够的被子和毯子等。另外,人多了,发生临时得病的情况也是很可能的,必须准备一定量的常用药品。”

他又说:“你提的这些问题都对,一定解决。还有什么?”

我最后说:“我现在能想到的就是这些,如果刚才我提的这些问题都能解决的话,那就很好了,我心里基本上就有底了。到会场的所在地观察以后,如果还有什么问题,我再及时汇报。你看行吗?”

他说:“很好,那就这样吧。”谈话就到这里。

当天晚上,冯雪峰亲自带我去大会地址。我们各乘了一辆黄包车,一前一后地走。

我们俩在霍山路边下了车,付了车钱,等黄包车夫离开以后,我俩步行到这栋楼房的后门,就按照记号敲门,里面来人开了门。

进门以后,冯雪峰就指着我向里面的同志介绍说:“这位就是大会的警备委员长。”

接着,他又把那里的工作人员都一一向我作了介绍。

他还指给我看，特地告诉我说："那位叫阿梁，如果有什么事，就告诉这位漂亮的女交通员就行了，她会与我们联系的。"

当晚，我们就开会，研究大会的保卫工作。决定组成一个"家庭"，以便对外应付一些杂事。我充当"家主"，"主妇"就是那位省委交通员阿梁。我的"母亲"是一位叫朱姚的老太太，她专门照顾一个四岁多的男孩，据说这孩子就是彭湃烈士的儿子，很懂事，就当作我的"儿子"。我还有"弟弟"、"弟媳"，他们都是交通员。"弟弟"主要负责采购；"弟媳"是广东人。孩子非常聪明，很快就能分清楚"奶奶"、"爸爸"、"妈妈"、"叔叔"和"婶婶"。①

另外还有几位保卫人员，但是他们不属于"家庭"的成员。我们总共大约十个人。会上，还了解了一些情况，并且就一些问题作了布置。

会后，冯雪峰立即离开这里。当晚，我就留在会场的房子里住下。

第二天开始，我们就布置会客室，挂上了一些字画，摆好了沙发、桌椅，放上了花瓶、茶具，这些都是临时买的，搞得挺像一个住家的样子。楼上的房间布置得很简单，都是打地铺。为了防止万一，我们还买了一些石灰和十来根一尺多长的铁棍，准备在必要时跟敌人搏斗。

楼房的前后门日夜都有人看守，听暗号才开门。白天来的人很少，一般都是天黑后以至于半夜后来人。我一直守在会客室，连着两个晚上都没有睡上多少觉，有时只能是靠在沙发上眯一会儿眼，打个盹儿。前门后门不管来了谁，都要向我报告，我看有必要的，就找他们先谈谈话。代表一般都是两三个人一批，分别由省委组织部长和省委巡视员带来。

所要的面包、被毯以及药品都陆续送来了；只是面包的数量还不够，决定由采购员30日上午还要继续采买，要求他在中午12时前买来。

---

① 据查我父亲1982年2月21日的笔记中，有一段文字对以上几位同志有如下记录："朱姚　老同志(党员)　阿梁　汝萃　梁文若　当时是和叶元灿(笔名华蒂、出狱后改名叶以群，"上反"负责人)结婚——("文革"中)叶在上海先跳楼，后梁跳水，在青海或银川死的，还未平反，梁、叶1934年五六月间一起被捕。1946年梁与另外一人结婚。郑育之、阿梁：中山县人，同乡同学。郑育之同志下午6时来，她和其子何同来，他们住空军总医院。上面写的朱姚等情是郑说的。"

参加会议的代表，于28日和29日两天内，先后分批到达。代表们到达以后就悄悄上楼，休息等待，不能随便走动，不能大声喧闹，以免被隔壁人家发现我们这个门洞里汇集了许多人。

会场在虹口区霍山路的一栋楼房里，该楼房是临时租用的，虽然已经交了一个月的房租，但是还没有来得及接上水电，还只能点蜡烛照明。由于这座楼房的自来水还没有接通，喝的开水是派人到外面街道的“老虎灶”打回来的。最头痛的是由于没有自来水，马桶没有办法冲洗，几十个人的大小便的事情就成了大问题。虽然准备了一些便桶，但是准备不够。最后，没有办法，就干脆把二楼的浴缸也当作了便桶。

30日凌晨二三点钟，经过了不少曲折，想办法躲过了国民党侦探的监视，宋庆龄在阿梁的陪同下乘坐出租车来到了会场。

早餐后，大会正式开会，文件都已经事先准备好了，会议按计划进行。会场设在二楼的一个大房间里，宋庆龄和外国代表及其他代表一样，都盘着腿坐在地板上。

宋庆龄宣布大会开始后，首先推举了大会的名誉主席和由九人组成的主席团。马莱等外国代表都先后发表了讲话。宋庆龄也发表了讲演。接着是各地各界的代表发言，其中有中央苏区的代表、东北义勇军的代表等。

江苏省委派来“社联”的负责人吴作先①担任翻译，因为他懂得几国

---

① 我父亲所说的吴作先，即吴觉先。本名武剑西，原名武兆镐。1899年出生于河南省巩义县站前镇老城堤南沟。自幼在本村读书，因其父武昌龄（曾任旧巩县教育局视察）的教诲，接受新知识较早。1922年在上海同济大学毕业后，考取公费生赴德国哥廷根大学研究数理，同时接受了马克思主义，参加声援中国工人的革命活动。1923年11月，由朱德、孙炳文介绍加入中国共产党，任旅德支部委员。1926年与朱德、欧阳钦等赴苏联接受红军参谋总部特种军事训练。留在共产国际工作，任东方问题报告人兼中共代表团秘书、翻译等职。1930年被派遣回国后，在上海承担共产国际远东局秘密任务兼理中共中央文委的工作，曾任“社联”党团书记。1933年10月，受中央委派协助宋庆龄召开“远东反战大会”。以后调中央特科工作，在上海从事秘密工作。抗日战争时期，受西安八路军办事处委派，对程潜、刘茂恩、胡宗南等进行统战和情报工作。1946年负责筹建开封河南大学党组织。全国解放前夕，曾策反河南省主席张轸率部起义。新中国成立后，调任武汉大学任哲学、政治经济学教授，兼任中南军政委员会宣传部处长。1953年调北京，先后任高等教育部教学指导司副司长，商务印书馆总经理兼总编辑，高等教育出版社社长兼总编辑。“文革”中遭到残酷迫害。1973年11月16日因病逝世于北京。

语言。

为了防止暴露,大家都压低了嗓门讲话,鼓掌也不能出声儿,只准做鼓掌的样子。

因为开会的人多,又不能开窗户,所以会场里非常闷热。我看见古久里坐在宋庆龄旁边,拿着一把折扇不时地扇着。扇了一阵儿,又递给了宋庆龄使用。这时,我感到自己原来考虑的问题还是有不周到之处,只考虑了晚上可能天凉,却没有考虑到9月底上海的白天还有可能闷热,也就没有事先准备一些大蒲扇给代表们使用,而现在再去购买也来不及了,只有坚持一下吧。

因为我的最主要任务是保证会场的安全,还要不时注意会场内外的情况,所以就顾不上坐在会场里从头到尾听发言,我只能不时抽空站在门旁边听几句。

参加大会的还有《大美晚报》美国记者伊罗生。

30日中午,还是发生了一点儿意外的情况,事情是这样的:当时我正在楼上会议室,正好到12点钟了,宣布休会,等着吃中饭。我叫人把面包拿上来。楼下的人说,现在面包不够,是否等采购员把面包买回来后,再一起拿上去分。

我说:"不行,先把现有的面包送上去分着吃吧,一边吃,一边等吧。"

一个面包二两重,现在一个人只够吃半个。我决定让外国代表、女代表、年纪大的和年纪小的先吃。年纪最小的代表只有十五六岁,是一位女工代表。

本来还想让从苏区远道而来的红军代表先吃,但是因为不够分,考虑到他们是久经锻炼过的同志,晚一点吃也没有关系。

我再一看钟,已经超过了预定的12点钟,负责去采购的"弟弟"还没回来,这事不免令人紧张,我心里真是万分着急。代表们饿肚子倒是小事,我最担心的还是会议的安全问题。按照规定,如果超过了时间,就有可能是采购人员出事了,我们会议的工作人员不免有种种的猜测,当然,最坏的设想是“采购人员被捕了”。这样，会场就有暴露的危险，那么，在这种情况下，就应该马上宣布散会，让代表们立即开始分批转移。可是，会还没有开完呢，这怎么办呢？

当省委负责同志交代任务时，我心里就已经明白，这次大会组织起来，能够争取到中国上海召开，是多么不容易的事情啊。有一些国际上的朋友，还有不少是从苏区来的同志，集中到上海来一起开会，都是冒着多大的危险才来的呀。怎么能让大会在我的手里半途而废呢？我作为大会的“警备委员长”，必须胆大心细，遇见问题时不能慌乱，一定要冷静，不能为了一点儿小的问题，就马上造成会议的中断，应该尽量让会议开得圆满。

当时我冷静地想了想：假定确实是采购员“弟弟”被捕了，他这样的同志是经过省委精心选拔来工作的，应该是不会向敌人供出大会的地点的，恐怕也不会马上就供出来，至少不会在两个小时之内供出来。

所以，基于上述考虑，我决定再等他半个小时，到12时半如果还不回来，就让交通员向省委汇报，同时向大会的主持人通报，以便决定是否立即结束会议，再将代表们迅速转移。我把我的分析和决定告诉了交通员阿梁，她同意我的分析和决定。

果然，幸好，在将近12点半钟时，“弟弟”采购面包回来了，我立即让人把面包送到楼上的会议室。

同时，我和交通员阿梁对“弟弟”进行了询问：“为什么耽误了20多分钟？”

他回答我们说：“提篮桥附近的商店没有面包卖，我只有到远一些的地方去买，而且，我也不能只在一个店里买那么多面包，我只好再转了好几个地方才买齐。嗨，我一直到了南京路才把面包买齐，紧赶慢赶，还是耽误了时间。”

他脸上的神情很镇定，一点儿也没有惊慌的样子，同时，眼神里还流露出那种因为自己的迟到而极其真诚的歉意。

我想，他的回答是合情合理的：如果在会场附近的一个商店买那么多面包，万一被“包打听”们知道了，很有可能判断为附近有“集体活动”，这确实是很容易受到怀疑的。因此，“弟弟”到远离会场并分不同地方的商店采买，即使被国民党的密探发现“当天的面包采购量突然增多”，再怀疑有什么集体活动，那么，最快也是二三天以后的事情了。那时，会议早已经结束，当晚代表们就都分散撤离了。

这样看起来，“弟弟”确实还是一位有经验的同志，他“远离会场、分店采买面包”的办法，应该说是极为明智的。想到这里，我刚才心里的怒气立即就消失了，我心里明白，他实际上和我们一样着急。

但是，他毕竟是迟回来了半个钟头，我不由得还是严肃地说了他一句：“你如再迟回来半个钟头，恐怕我们的会也就开不下去了！”

他听到我的话后，显得十分内疚的样子，再三诚恳地承认了自己的不对。

我看他这个样子，又赶紧放缓了口气，劝慰了他几句话，让他赶快拿了两个面包吃，抓紧时间休息休息。

不过，按照党秘密工作的纪律和规矩，我还是让阿梁去把事情前后情况和我们的分析，向省委一五一十地进行了汇报。事后，省委、军委的同志认为我们处理这个问题很沉着，没有造成代表们的恐慌，保证了会议顺利进行。

宋庆龄和几位外国代表一起吃饭，和大家一样，都是就着开水吃着面包夹果子酱。

代表们吃完面包后又接着开会。这时，我才和其他工作人员一起下楼吃面包。

下午，我生怕又出什么问题，心里更加紧张，有时在楼上，有时在楼下，又要注意会场里的情况，又要注意楼外面，观察是否有异常现象。

代表们一个接着一个发言，最后通过了几项决议和通电。其中有《反对帝国主义和法西斯的决议》、《反对白色恐怖的决议》、《反对帝国主义和国民党进攻中国红军的抗议书》等。大会还成立了“中国反战同盟”组织，选举了宋庆龄为这个组织的主席。

最后，到了下午 4 点多钟，会议圆满结束，宋庆龄宣布散会。

大会圆满结束后，我们立即将到会的国内代表分成两三个人一批，又分别从前、后两个门撤离出去，五分钟左右走一拨，这样，在一个多钟头内就全部撤离完了。会后，宋庆龄还想和几位外国朋友多谈谈话，然后，她坚持要先把这几位外国朋友送走，才与我们几个工作人员一一握手道别，表示对我们工作的满意和感谢。最后，她才在有关同志的陪同下撤离会场。这时，天色已经开始渐渐黑了。

等宋庆龄先生离开后，我再安排工作人员分批撤离。

此时，我向大会管棉被和毯子的同志（我不记得此人是谁了）请求给我一套棉被和毯子，但他不愿意给我。我当时也就没有再说什么了，这些物品也就立即转移了。

临撤离前，女交通员阿梁就问我："你为什么要这里的棉被和毯子？"

我说："我的铺盖等日用品都丢光了。"

她又问："什么时候丢的？怎么丢的？"

因为她是省委交通员嘛，我就把 8 月下旬一个晚上，接到一个紧急电话，通知我立刻离开住处，我就跑了——所以我的东西都丢了——自那以后，我都是在别人那里"打游击"住宿呀——我都一五一十地告诉她了。

她就说："呵！知道了，你就是那晚跑掉的同志呀？"

我说："怎么？你也知道这件事情？"

她笑着说："是的，我听说过此事。"

会议结束之前，省委机要交通员曾给我送来了十元钱，让我离开会场后，找辆出租汽车走，再去旅馆开个房间，好好休息一下。他同时还通知我，第二天上午×点钟到 27 日与我谈话的那个地方去见面。

我是最后一个离开会场的。

离开会场后，我乘上一辆出租汽车，但是我并没有去住旅馆，因为我认为，凡是旅馆都有可能被国民党特务注意，设有耳目，甚至很有可能被认识我的叛徒发现。

我坐上出租汽车一直到亚尔培路回力球场(实际上是个赌场)门口下车,等汽车开走后,我就步行到慎成里 2 号吴稚平家,在他家吃的晚饭,当晚就住在这里。他夫妇俩睡在床上,我就睡在临时搭起的“行军床”上——8 月下旬以后,我没有了住处,时不时也就这样在吴家住过若干次。当然,我主要还是在孔繁祜家住宿。

第二天(10 月 1 日)上午,我按时到达了省委驻地(这个地址,现在我怎么也想不起来了)。冯雪峰和另外那位给我布置任务的负责同志与我谈话。

首先,他们表示对我这几天的工作是很满意的,会议期间,除了上述所说的那件“采购员超时回来”的事情之外,没有发生其他任何意外的事情。而且,他们认为,我对“超时事件”的分析和处理是冷静的、妥当的,没有因为此事而引起会议的恐慌,保证了大会按计划圆满完成。他俩还长时间地紧紧地和我握手,祝贺我们圆满地完成了召开“远东反战大会”的任务。

冯雪峰还说:“听说你想要一套棉被和毛毯,他们没有给你,是因为他们不了解你的情况。此事我也疏忽了,对你关心不够,对不起你!以后再给你解决吧。”我想要被毯的这件事情,估计是交通员阿梁向冯雪峰报告的。

当时我回答冯雪峰说:“没关系的,我当时也就是顺便问问而已,我会想办法克服的。”

然后,冯雪峰告诉我,沪中区的工作已经交给老马了,已决定由老马担任区委书记。但是,区委的组织部长和宣传部长是谁,他就没有告诉我了,曾纯钧应该知道。

最后,冯雪峰嘱咐我“你继续休养一段时间,等待分配工作”。

从 10 月 1 日这一天起,上海各界的与会代表就开始到处贴标语、散发传单,宣传“远东反战大会”的胜利召开。

10 月 2 日,“远东反战大会”在上海胜利召开的消息和情况,以及大会通过的几项决议、通电和宣言,也都经过美国记者伊罗生在《大美晚报》上公开发表了,随即,《申报》、《中国论坛》也都作了详细登载。人们从消息报道中得知毛泽东、朱德领导的中国工农红军和其他爱国军队的代表也参加了大会，知道他们正在积极开展抗日活动，还知道了苏区的情况和红军反围剿伟大胜利的消息，群众都兴奋至极。大会在国内外都产生了很大的影响，给广大革命群众以极大的鼓舞。

国民党反动当局和帝国主义在上海的巡捕房怎么也没有想到，这个似乎已经要"流产"了的"远东反战大会"，居然能以那么大的规模在他们的眼鼻子底下圆满召开了。这不能不使他们气得暴跳如雷。

事后，曾纯钧才告诉我说："当初在考虑大会的'警备委员长'人选时，省委组织部门首先开列出了一份 14 个干部的候选名单。经综合评议，因为考虑到你进过军官学校，带过兵、打过仗，又有了六年的党龄，还在上海搞了近三年党的秘密工作，比较熟悉上海的斗争情况，所以，组织上才选定由你来担当这项大会警备工作的。"

（黄霖长子罗迎难提供）

6
宋庆龄主持召开的远东反战大会

黄霖口述　罗解难整理

1933年9月30日，在白色恐怖的上海，召开了一次具有重大历史意义和国际影响的远东反战反法西斯大会。这次大会是在我党领导下由宋庆龄同志亲自主持召开的。宋庆龄同志在大会上发表演讲，号召“在整个远东，尤其在中国，发动一个强有力的运动，反对帝国主义战争”。会后，外国记者伊罗生立即在当时颇有影响的《大美晚报》上发表了这则令帝国主义和国民党目瞪口呆、惊恐万状的爆炸性新闻。

当时，我受中共江苏省委的委派，担任了这次大会的警备委员长，负责保卫大会安全。半个世纪过去了，但大会召开的情景仍历历在目，令人难以忘怀。

1931年“九一八”事变后，由于国民党反动派采取了“攘外必先安内”的不抵抗主义，日本帝国主义很快就侵占了我国整个东北，并妄想继而吞并全中国。1933年1月希特勒上台，欧洲处于帝国主义战祸威胁和法西斯专政恐怖之下。远东形势则更为紧张。帝国主义正企图牺牲中国，唆使日本进攻苏联。

与此同时，全世界劳动民众及一切进步分子反对帝国主义战争与法西斯主义的运动蓬蓬勃勃地发展起来。国际保卫和平组织反帝大同盟于1932年8月在荷兰阿姆斯特丹召开了国际反战大会，谴责日本帝国主义侵略中国，反对日益迫近的帝国主义战争危险。1933年6月国际反法西斯同盟在巴黎成立，后与反帝大同盟合并，并决定在上海召开远东反战大会。[①]

---

① 误。1932年8月，世界反对帝国主义战争委员会在阿姆斯特丹会议上成立。1932年12月，该组织在巴黎召开会议，决议1933年在上海召开远东反战大会。1933年6月，巴黎举行反法西斯会议，成立欧洲反法西斯主义中央委员会。1933年8月，欧洲反法西斯主义中央委员会的执行局与世界反对帝国主义战争委员会的执行局在巴黎举行联席会议，决定将反战运动和反法西斯主义运动合并，两执行局亦合并为反战反法西斯主义国际斗争执行局。——本书编者注

国际反战大会的代表几经辗转于1933年8月来到中国。

由于国民党反动派的破坏和禁止，这个会是根本不可能在中国地界内公开召开的，本来打算在租界里开，可是经过国际代表多次交涉，英租界不让开，法租界也不让开。在不得已的情况下，我党就决定秘密召开。

1933年9月28日上午，我外出回到住所时，只见我的直接联系人——江苏省委巡视员曾一凡同志给我留了一张字条，要我立刻到指定的地点去找他。我本来担任沪中区委书记，因为患疟疾病，正在离职疗养，一见条子，我就估计组织上一定是有重要任务要交给我，就马上赶去指定地点。可是照条子上写的街道号码，我怎么也找不着，又不好向旁人打听，就只好又赶回住处等曾一凡同志再来找我。不久，曾一凡果然来了，并说有一项重要任务要交给我，就把我带到了一个地方，进去后才知道这是省委的秘密机关，江苏省委宣传部长冯雪峰同志先找我谈话，并要我等一下，说有位同志来向我布置工作。过了一会儿，进来一位瘦瘦的、中等身材的同志，他讲着普通话。我虽然不知道他的职务，但我估计，他不是省委军委的负责人，就是中央局军委的负责人。

那位同志很严肃地对我说："要召开远东反战大会了，但现在公开召开已经不可能了，只有秘密地开。组织上决定由你担任大会警备委员长。你要把这个工作做好，保证大会的安全。"

听见组织上把这么重要的工作交给我来干，我心里很激动，可是又唯恐做不好，就回答说："那好，我试试看吧。"

"不能试试看，同志！这是个紧急得很的工作。"那位同志更严肃地说道。

我考虑了一下，说："好！我担负起来！"

接着，他要我想一下还有什么问题。我想了一想，就问他："开会的地点离马路有多远？"他问我为什么问这个问题，我就说："离马路远些安全比较好点。因为我主要是担心混进来的内奸，怕他从窗户上把消息透给马路上的敌人。"

他就说："这个问题提的对，可是我也没有去过那里，你到了那边再考虑吧。"

我又问："那里是绝密的地方，怎么跟外面联系？"他说："这不要担心，巡捕房里有我们的关系，巡捕房外面也有我们的人监视敌人的行动，会场周围还有我们的人，一切都安排好了。万一内部发生问题，你可以马上把信号撤掉。信号就是在窗台上点一支蜡烛。蜡烛灭了，外面就知道内部出了问题，马上会有人来帮助你。另外一个办法就是由秘密交通和外面联系。他们可以立刻直接向省委汇报。"

后来，他又问："你还有什么意见？"我就说：有多少人开会要搞清楚。这么多人吃饭和睡觉的问题怎么解决！饭是自己煮还是吃面包？睡觉要盖的垫的，都要准备。还要考虑有人生了病怎么办，要准备些常用药。

那位同志说："对，这些问题都要解决。吃饭问题由你那里的外部交通买面包解决；被子毯子派人送去；常用药我们负责，打摆子的药，我们也给你准备好。"

最后他问我还有什么问题，我说现在一时还提不出，刚才提的几点能解决就很好了，若有问题我再叫交通带出来。我向他表示一定坚决完成任务。

事后曾一凡同志告诉我，当时考虑警备委员长人选时，先列了 14 个干部的名单，后来考虑我进过军官学校，带过兵，又在上海搞了三年地下工作，所以选定我担任了这项职务。

到亮灯的时光，冯雪峰同志就送我到大会会场去。我们各乘了一辆黄包车，一前一后地走。会场在霍山路的一栋楼房里，楼房是临时租的，已经交了一个月房租，但还没来得及按上水电，只好点蜡烛。

我们在后门下车后，就按记号敲门，里面来人开了门。进门后，冯雪峰同志就向里面的几位同志介绍，说我就是大会的警备委员长；又指着一位女同志向我介绍说："她就是交通阿梁，你们有什么问题就要她来找我。"

接着，我们就开会研究大会的保卫工作。决定组成一个"家庭"：我是"家主"，"主妇"就是那位省委交通阿梁（前两年才知道她的真名叫梁文若）。

我的“母亲”是位叫朱姚的老太太,她专门照顾一个四岁多的男孩,这孩子是彭湃烈士的儿子,很懂事,就当我的“儿子”。我还有“弟弟”、“弟媳”,他们都是交通。“弟弟”主要负责采购。“弟媳妇”是广东人,前几年我才知道她就是周文同志的爱人郑育之同志,现任上海政协委员。另外还有几位保卫人员,但他们不属于家庭的成员。我们总共约十个人。彭湃的孩子非常聪明,爸爸妈妈叔叔婶婶,他都知道得清清楚楚。

第二天我们就布置会客室,挂上了买来的字画,摆好了沙发、桌椅,放上了花瓶、茶具,这些都是临时租的或买的,搞得挺像个样子。

为防万一,我们还买了些石灰和十来根一尺多长的铁棍,准备必要时跟敌人搏斗。

我们楼房的前后门,日夜都有人轮流看守,听暗号才开门,白天来的人少,一般都是半夜来人。我一直守在会客厅,连着两夜没睡觉,有时只能靠着沙发闭会儿眼。前门后门不管来了谁,都要向我报告,我看有必要的,就找他们先谈谈话。代表一般都是两三个人一批,由省委组织部长(姓名不记得了)或省委巡视员曾宝(现名李大林)带来。

本来大会准备公开开,全国各地共选了800名代表,后来决定秘密召开,就只好又复选了一遍。其中有苏区红军的代表、东北义勇军的代表、工人、农民、学生、参加淞沪抗日的十九路军士兵的代表等,共有55名。日本、朝鲜和我国台湾地区的代表,都在会议之前被捕了。国际反战大会派来的代表有英国前陆军大臣马莱爵士、法国《人道报》编辑古久里、比利时人波比。参加会议的还有《大美晚报》的记者伊罗生等。

代表们来后就悄悄地上楼,休息等待,不能随便走动。喝的开水是派人到外面老虎灶打的。因为自来水还没接上,马桶也没法冲,几十人大小便成了问题,后来就想办法干脆把二楼浴缸当作马桶。

直到30日凌晨两三点钟,阿梁才把宋庆龄同志接来。当时,宋庆龄家四周也被国民党特务监视起来了,她们好不容易才甩掉密探,坐着出租汽车来了。

早餐后，大会正式开始。会场设在二楼的一个大房间，宋庆龄、外国代表和其他代表都盘腿坐在楼板上。

宋庆龄宣布大会开始后，首先推举了大会的名誉主席、九人主席团。马莱等外国同志作了报告。省委派来做翻译的是社联负责人吴作先同志，他懂得好几国文字。宋庆龄也发表了讲演。接着是各地各界的代表发言，其中有中央苏区的代表、东北义勇军的代表等。为了防止暴露，大家都压低了嗓门说话，鼓掌也不能出声，只准做鼓掌的样子。

我因为要注意会场内外的情况，顾不上坐着从头到尾听，只能有时站在旁边听几句。

会场里因为人很多，非常闷热，古久里和宋庆龄坐在一起，拿着把折扇不时地扇着。古久里扇了一阵，又递给宋庆龄扇。

30 日这天，最大的问题是面包不够，我就让“兄弟”再去买，并规定他 12 点开饭前一定要赶回来。12 点了，我在楼上招呼把面包拿上来，可是隔了好一阵还没有动静，我跑到楼下一看，原来“兄弟”买面包还没有回来。我心里真是焦急万分。代表们饿肚子是一回事，最担心的还是会议的安全。按照规定，如果超过了时间，就有可能是出事了，这样会场就有暴露的危险，就必须马上散会，让代表立即转移。怎么办？我冷静地想了想，“兄弟”既然是个省委内部交通，照一般来说，应该是可靠的同志，就是被捕的话，也不会出什么问题，何况也可能是被别的事耽误了。我就决定再等半个小时。如果他再不来，我就叫阿梁马上去省委报告，并立即采取必要措施。

我一边等，一边把原先买的面包给代表们分着吃。一个面包二两。一个人只够吃半个。我就决定让外国人、年纪老的和年纪小的代表先吃。年纪最小的代表只有十五六岁，是个女工代表。本来是应该让从苏区远道而来的红军代表先吃的，但考虑他们是久经锻炼的，晚一点吃也不要紧。

正在分面包的时候，“兄弟”买面包回来了，大概超过了 20 分钟，我就赶紧下楼去问他，为什么回来晚了？他说提篮桥一带没有面包卖，他就跑到远的地方去买。一个店又没有那么多，只好连着跑了好几个店。这样，就把时间耽误了。

我同他谈话时，看他神色镇定，一点也不惊慌，我估计没有发生问题。可是还有点不放心，就让阿梁去把情况向省委汇报了。事后，省委、军委的同志认为我们处理这个问题很沉着，保证了会议顺利进行。

宋庆龄和几位外国代表坐在一起吃饭，他们也是吃面包夹果子酱。

代表们吃完面包后又接着开会。下午我生怕出问题，心里更加紧张，有时在楼上，有时在楼下，又要注意里面，又要注意外面，观察是否有异常现象。

代表们一个接一个地发言，最后通过了几项决议和通电。其中有《反对帝国主义、法西斯的决议》、《反对白色恐怖的决议》、《反对帝国主义和国民党进攻中国红军的抗议书》等。大会还成立了中国反战同盟组织，选举了宋庆龄为主席。

到了下午4点多钟，会议圆满结束，宋庆龄宣布散会。

散会后，代表们按照事先的规定分头从前、后两个门疏散，一个门走两三个人，五分钟走一批。这样，一个钟头就全部撤出，一点没有惊动敌人。

我们把外国同志和宋庆龄同志留在后面，让其他代表先走，他们走完了，才让外国同志走。最后宋庆龄走，我们叫阿梁送她回家。宋庆龄同志临走前，对把她留在后面走，保证大家安全的做法表示很满意。

我同另外两位外部交通同志最后出去。屋子里仍然亮着蜡烛，好像里面还有人似的。我们把门带上后，分头往两个方向走，还故意说："晚上再来打麻将啊！"其中一位同志一直送我到提篮桥上了出租汽车才分手。

第二天，我根据交通阿梁的通知又来到江苏省委机关，冯雪峰同志和军委的那位同志没有说别的，只是长时间紧紧地握住我的手，祝贺我们圆满完成任务。

后来听说，就在这天，我们的人开了出租卡车去把楼房里的家具陈设等全部拖走了。

总而言之，这次反战大会开得很成功。会议的中心内容就是号召人民起来反对帝国主义和法西斯主义，反对日本帝国主义侵略中国。会议的消息和几个决议很快就通过外国记者伊罗生在《大美晚报》上公开发表了。各地代表们还到处张贴标语，散发传单。大会在国内外都产生了很大影响，给革命人民以很大鼓舞。

国民党反动派和帝国主义巡捕房怎么也没想到，这个似乎要"流产"的大会，竟然以那么大的规模在他们的眼鼻子底下召开了。这不能不叫他们暴跳如雷。

我和同志们一起顺利地完成了保卫大会的任务，心里很高兴。大会之后，我们又投入了新的战斗。

（《革命回忆录》(11)，人民出版社 1984 年版，第 26—34 页）

7
朱姚自传[①]

朱姚口述　汪蓁子整理

朱姚，现年78岁，在旧社会里一直没有名字。1946年，在苏皖边区政府保育院，为了工作需要图章，才将婆家的姓和娘家的姓合成现在的名字。

一　参加革命前的简历

1880年5月1日，出生于安徽省桐城县大黄金钵一个贫农家庭。从小长到14岁，没有吃过一顿饱饭。我18岁出嫁，不到二年，丈夫生病死了。二房大哥要我转房，我不愿意，也不愿意回娘家依靠父母，这时我才19岁，就到庐江城内雷家帮工。后来离开雷家到南京，进毛巾厂做工。在厂里，我结拜了十姊妹，做了三年工。因宁波一家新开办的毛巾厂要聘教师，厂中推派我姊妹三人去。我们才到上海，接到这家厂因主办人去世停办的消息，三人不好意思回南京，又都去帮工。我28岁和朱康甫结婚。婚后孩子逐渐增多，朱康甫又经常失业，更增加了我的负担，白天一工，晚上一工，一天当两天地替人做针线，仍然不得温饱。后来又带了孩子帮工，一个人做几个人的事，起五更睡半夜地做，才换得大人小孩半饥半饱的生活。为了生活，我送掉了两个女儿。就这样，在上海、南京、镇江一带奔波卖命，过了二十年牛马不如的生活，看够了地主、官僚资本家的臭架子狗脸。为了生活，只得过着"火烧乌龟肚里疼，打下牙齿和血吞"的日子。这使我恨透了他们，也使我更加同情穷人，并且尽我的可能帮助穷人，也经常为穷人打抱不平，许多穷朋

---

① 本文于1958年前后由朱姚口述，汪蓁子整理而成，原件现存南通博物苑，系由汪蓁子之女李东生(时为初中生)誊写。——本书编者注

友有了困难也都愿来找我设法。我随便到哪里,和左右前后的穷人都搞得很好。1921 年,我们一家搬到南通,住在城内寺街上。

二 参加革命后的历史

(一) 1927—1931 年在南通时期

因为自己过着牛马不如的生活,就巴望儿女长大能翻身。我生活再苦,也要给儿女读书。二女朱文英,1927 年在南通女子师范接受了革命教育,参加了共产主义青年团,不久又参加了共产党。她担任了共产主义青年团女师支部书记和共产主义青年团南通县委妇女部长。她轰轰烈烈地参加了反对帝国主义、反对封建主义、反对国民党反动派的血腥统治的革命运动。最初家里是不知道的。她不但在外面活动,还经常带了些同志到家中来开会、印文件和传单等。不久,房东在我家门口捡到一张纸条,告诉我,说朱文英是共产党。我让她父亲去看她的书橱,才知道她是共产党。我平时听到丈夫读报纸,知道共产党是为穷人的。当我逐渐了解共产党是为穷人翻身才闹革命时,我也就由爱我的二女儿而逐渐不自觉地参加了革命工作。主动帮助她们藏文件,掩护开会,并且争取房东与邻居也同情革命。

1927 年秋,党的南通县委就以我的家作为秘密开会的地方了。1929 年朱文英因党的工作需要离开了南通,我家仍作开会的机关。后来党的通海特委成立,也到我家来开会,还有些同志住在我家。红十四军的游击战争在南通、如皋、海门、靖江、泰兴、泰州、启东各县农村中展开后,有时干部从乡下来,也住在我家里。他们来我家开会和住宿,我虽借债典当,也要买菜招待他们。

在南通期间,前后经常来住我家的同志,现在记得名字的有李超时、刘瑞龙、韩雍、袁锡龄、陈国藩、张维霞(吕继英)等同志。

1930 年 6 月,传来了朱文英在苏州牺牲的噩耗。我们夫妻俩都很悲痛。我觉得自己没文化,不能继续文英未完的革命事业。李超时同志跟我讲："妈妈，你不但能做工作，而且已经做了许多工作了。"我才又高兴了起来。我心中发誓：要将革命工作做到底，并为我的二女儿报仇。

在南通期间，我不但掩护机关，后来有同志从外地来，找房子、借家具直到把机关布置好，都由我一手经办。每次同志们总说："妈妈，又要嫁女儿了。"我那机关从 1927 年直到 1931 年我被调上海住机关时止，从未出过问题。后来房东刘家和邻居邱家都帮助藏文件和掩护开会。直到 1932 年有了叛徒，党才停止使用这个地方。

(二) 1931 年春—1935 年 7 月在上海时期

1931 年春，党调我到上海工作。我和丈夫带着小女儿一起到了上海。从 1932 年春到 1933 年秋，我一直住在中华赤色革命济难会全国总会(简称"济总"或互济会)机关里做掩护工作。我来后，主任就换了五个：阿乔、黄励、刘明远、邓中夏、裴继华等同志。黄励同志担任主任的时间最久。1932 年，经黄励同志的启发，我对党有了进一步认识，并经她介绍参加了党。那时我没有参加过什么会议，黄励告诉我要缴党费，但我每次给她，她总说代我缴了。她告诉我，在失去关系时，仍要为党做宣传工作，并要我不要告诉别人。因此，这件事，除黄励同志知道外，我没有告诉过任何人。

我的丈夫不久就生病了，在中医看得快好的时候，我们自己一个从日本学医的同志回来了，他们为了想使我丈夫快点好，劝他打了一针西药。哪知一针打下去，病就翻了。当时同志们急得愁眉苦脸。我看他们急得那样，认为出了什么问题，就去问他们，他们被问急了才讲："妈妈，不敢告诉你，爸爸的针打错了，不会好了，对外不好应付，怎么办。"想另外找房子。我主动地告诉他们，另外找房子，"机关里还是不能放病人，同时我又不能离开机关，病人没有人照应也不行，还是送进医院里去吧"。同志们含着悲痛将他送进了医院。病人被送进医院时，心中也知道不能好了。他也知道为了工作我不能到医院去看望他，在医院里他病痛得实在受不住，也无人可以告诉，将自己身上的肉掐的青一块紫一块。十几天他就这样痛死了。死了以后，机关周围的外人都不知道，我们住了一个时期，因另外的原因才搬家。过了一段时候，同志们对我说："妈妈，毛主席在江西，不认识你，但你为革命工作不顾亲人病的事他是晓得的。"

在"济总"时，还有一件事是至今使我难过而不能忘的。约在1931年底或1932年初，阿松就到我家来了，同志们告诉我，他是彭湃烈士的孩子，我就爱得不得了。有一天，他和同志们出去玩，得病回来，我焦急得不得了。后来同志们研究，一定要将他送医院。当时我怕巡捕房来家消毒破坏了机关，只得忍痛将他送进了医院。虽然我天天到医院里去照料他，但没几天阿松还是不幸死了。这时我比死了丈夫还难受。

在邓中夏同志任主任时，小女儿文媛也正式担任交通工作。1933年5月邓中夏同志在阿杜那里被敌人逮捕。第二天小女儿也在那儿被逮捕，因她年龄小，敌人问不出口供，想放出去"钓鱼"，关了几小时就放出来了。后来组织上考虑她一时不能再做交通，就让她去做工，自食其力。这时她才12岁，以后就一直与我分开了。

"济总"在1933年秋裴继华同志被逮捕后就没有再成立起来。从1931年春到1933年秋，"济总"机关被敌人破坏了无数次，我掩护的总机关没有出过一次问题。

我知道要打倒反动派，革命的同志要越多越好。我对同志是比什么人都亲。我除了掩护机关外，还总在可能的条件下搞点好吃的菜给同志们吃，帮他们洗衣缝补，而且随时担心着他们的安全。我在机关碰到问题时，总是第一个出面去应付。如果听到有一个同志被敌人逮捕时，我就像被割去一块肉那样要难过很久。

过去"济总"同志现在还有联系的有黄静汶、罗俊、刘明远、罗伟、朱文媛等同志。

1933年大约是九十月间，组织调我去掩护反帝大同盟的会场(听说在上海先准备了两次都未开成)。这时我还带着刘少奇同志的孩子毛毛(约

1932年底送来我处)[1]。会后,组织要我将毛毛送走再分配新的工作。我没有经济富裕的社会关系,考虑把孩子交给人家带,既要带得好,又要将来能找得回来,想了几天,都未能睡着觉。后来想,只有把毛毛送给我丈夫前妻的儿子朱文玉做儿子,请我堂弟媳送乡下去,我才放心。

1933年底,我被组织调到中央在上海的宣传部机关做掩护工作。当时有朱镜我和罗晓红同志,对外他俩是我的儿子和媳妇。到1935年2月份,上海党的机关又连续遭到敌人的大破坏。朱镜我和罗晓红同志有一天出去,也被敌人在路上逮捕了。家中也被抄,我说是他家的佣人。后来敌人要住在三楼的大房东看住我。这时我一个钱也没有,我请二楼的女佣人帮我将罗晓红的衣服典当了几元钱,又由她的协助,半夜里我拿了些衣被跑掉了。

跑出来后,我想杨之华同志住的地方可能发生危险,请我的堂弟媳将杨之华同志找来。后来我们两人住到杨树浦我丈夫的弟弟家里去。住了不久,交通杜延庆同志又接上了组织关系。这时杨之华同志因为接到了瞿秋白同志被敌人逮捕的消息,为了营救秋白同志,她就走了。我在7月份,将杨树浦的房子回掉,住旅馆等候分配新的工作。这时党与杜延庆同志联系的关系又断了。在无法找到组织关系的情况下,杜延庆同志决定让我和儿子朱文标暂回南通我的大女儿处,等找到关系再通知我。

(三) 1935年7月到1942年春失去关系后在南通的一段

我想在南通的老同志一定多得很,回南通后,我天天在街上跑,没有找到一个老同志。我在大女儿家住了约八个月,又去帮工。为了找党的关系,我让儿子朱文标考国民党的户籍警,想通过查户口找党的关系。他受训后,被派到吕四镇。不久吕四镇给日本鬼子占领,朱文标做了区丁。后因押解

---

① 朱姚回忆有误。毛毛母亲何葆贞于1933年3月在上海被捕,被捕时她把毛毛托付给了邻居;朱姚女儿朱晓云于1933年5月离开母亲,在这以前她已认识毛毛,所以毛毛应该是1933年4月前后来到朱姚身边的。——本书编者注

白面毒粉犯人到北新桥，犯人跑了，文标也吓得不敢回家，逃到上海。我在吕四还是帮人洗衣维持生活。在失去组织关系后，我一直记着黄励同志的话，一直积极寻找组织和继续做宣传工作。我到离家远一点乡下去宣传，后在吕四乡，还因宣传活动收了一个干女儿。

这时有人告诉我，北新桥到了新四军，是共产党领导的军队，还有了我们自己的政府。我怀疑怎么共产党的军队叫新四军呢？过去我只知有红军和游击队(后来听到新四军的同志向我解释党的抗日民族统一战线政策后才了解)。这时，朱文英的同学告诉我，马一行在北新桥新四军的南通县委政府当秘书。我真高兴，我就坐在房东的自行车后面到北新桥找马一行。

这时，朱文标也从黄桥受新四军训练回来，派他在吕四镇当指导员，他认为我年龄老了，他养活我就行了，他做什么工作也不告诉我。以后我和组织接上关系的事，也就没有告诉他。我离开吕四以后，没有和他联系过，后来听说他死了。

在南通吕四镇这一段，现在知道那时候的房东陶胜民还在吕四镇。

(四) 1942年春—1945年秋在苏中四分区工作时期

1942年春找到马一行同志后，他介绍我到中共苏中区四地委处。后在地委民运部，参加了很短的减租减息工作。1942年日本鬼子清乡时，地委决定在南通二甲镇陆丕文同志家建立秘密通信机关。地委钟民同志派我到陆家住机关，联系和掩护工作。当地人都知道陆丕文同志是新四军，所以我一去，很多人都讲："这老太婆不是新四军才怪呢。"三青团从各方面来盘查我。我想，这样怎好工作呢，我一定要使大家相信我是老百姓，还要和他们搞好关系。我趁他们聚集时，我也参加进去，无意中介绍了一段伪造的历史，这才打消了左邻右舍的疑问。房东和邻居不和，我慢慢说服调解。他们种田去了，几家人家的衣服我都替他们洗了，还帮他们带孩子，纺纱等。不久，他们就相信我了。后来在那一带搬了好几个地方，我都能和他们打成一片。后来敌人来了，他们都争着掩护我，敌人要十家连环保，房东拍胸膛担保我。

我和当地群众的关系搞好后，1943 年初地委谢克东同志和爱人林超同志才来，对外名义是我的儿子和媳妇。这时掩护机关的方法与上海时期又不同了。谢克东同志装得像个商人，又带租点田种。我为了使他们更好的工作，一个人招呼种了几亩棉花、黄豆和芋头等。芋头是我自己种的，还参加拾棉花。这样一直掩护他们工作到鬼子投降。

在这期间，我还护送同志转移到交通站。记得有一次，找了三天才找到了随时都在转移中的交通站，一路上涉水过河和应付鬼子的盘查。

这时我和谢克东、林超、陆丕文及后来发展的陆桂馨、郭志进等同志先后一起过组织生活。

（五）1945 年秋到现在

抗战胜利后，组织派人来接我，说秘密机关不需要了，组织随我要到哪儿都行。我就说想找刘瑞龙同志。他们先送我到苏中四分区钟民同志处，又转送我到兴化刘季平同志处，后来在淮阴才看到刘瑞龙同志，并碰到了裴继华同志。

我在淮阴没有工作，看到许多干部因为有好些孩子以致工作分心，便要求办一个保育院，帮同志们带孩子。保育院 1945 年底就筹备好了，1946 年初开办，不久就增加到 80 多个孩子。我因为自己没有文化，请组织上派院长来，我当辅导员。保育院办得很好，外国人来参观时都说搞得不错。不久，因国民党反动派发动内战，苏皖边区政府北撤。这时刘季平同志让我将保育院交给民政厅后自己打埋伏。我说我是来革命的，不是来享福的，保育院是我要求办的，我一定要跟着北撤，并将孩子交给各人的父母。

这时两个院长都走了，我自己带了一部分工作人员和 20 多个孩子跟着黄河大队北撤。在撤退中，看到刘季平同志要工作又要带孩子，我就把他的两个孩子带到我身边来。路上碰到一位产妇，我将担架让给她坐，我带了四个孩子坐牛车。一天坐下来，我一身的骨头就像散了那样的痛。当时撤退得很紧张，多一个人就多了一些责任，我带了两个孩子和产妇，服务员同志不愿意，一路都发牢骚，给我受气。在途中休息三天时，我才有机会和他们开会讲道理。说明革命就是为了大家，刘季平同志也是为了革命，大家有困难怎能不互助呢？把发牢骚的同志都批评哭了。从淮阴、涟水、新安、郯城到山东沂水县金泉区田家峪村过年都很好。我们小组还被评为模范组，村中还送来了光荣牌。1947 年继续北撤，经过乐昌、青城两次过黄河，到河北宁津县[①]住一年多。我积极响应党的号召，出全劳动力参加生产自给，纺纱、纺羊毛等。1948 年济南解放，我们南下。孩子才由各自父母陆续领完，剩下一个由我带到上海。到 1952 年 9 月，因改薪给制，孩子给养由父母负责，才由他父亲带走。

解放初期，我没有工作，时常暗地落泪，两三年都不习惯。1949 年发行爱国折实公债，大家经济还困难，我动员同志们戒掉香烟买公债，我抽了几十年烟，也下决心戒掉了。后来搬到上海永嘉路永嘉新邨，里弄发起家庭妇女办托儿所，她们搞搞就灰心，我天天去鼓励她们。现在她们不但办得很好，还有好多同志已经踏上了工作岗位。

1953 年 6 月 12 日，因刘瑞龙同志调北京工作，大家也要我到北京来住，因而到了北京，一直住到现在。

证明人：

刘瑞龙同志	现在中央农业部
吕继英同志	现在上海建筑公司
罗伟同志（罗茂先）	现在青岛纺管局
黄静汶同志	现在中央卫生部
罗　俊同志	现在中央合作总社
刘明远同志	现在湖南省长沙市人民委员会宗教事务局
罗晓红同志	现在全国民主妇联

---

① 今属山东。下同。——本书编者注

杨之华同志	现在全国总工会
杜延庆同志	现在全国总工会轻工业部
马一行同志	现在上海财务局
刘季平同志	现在上海市人民委员会
钟　民同志	现在上海市总工会
谢克东同志	现在中共江苏省南通地方委员会
陆丕文同志	现在江苏省无锡市卫生局
陆桂馨同志	现在江苏省南通市二甲镇
郭志进同志	现在江苏省南通市二甲镇
朱晓云同志(即朱文媛)	现在上海市徐汇区人民委员会

(朱姚外孙女朱继姚提供,原件存南通博物苑)

8
掩护召开世界反帝大同盟远东会议的经过

郑育之

世界反帝大同盟(The Anti-imperialist League Gathering),是国际性的统一战线组织,由各国知名人士参加组成。像英国肖伯纳、马莱爵士,苏联高尔基,法国古久里、罗曼・罗兰,中国鲁迅、宋庆龄等。1933年八九月之间,该同盟派马莱爵士(Lord Marley)、古久里(Vaillant-Couturier)和一位比利时同志(老年人)等三人,到上海召开远东反帝反战会议,但国民党和租界当局互相勾结,都不准开,在我党的协助下,他们秘密地到一些工厂、学校、贫民区召开小型会议,也遭到阻挠和破坏,特务也加紧侦察与盯梢。在这样的情况下,公开召开会议是不可能的,遂决定秘密召开。中共中央责成江苏省委宣传部长冯雪峰同志负责秘密筹备,并指示要克服一切困难,保证会议胜利召开。我个人克服重重障碍,参加了一小部分掩护会议召开的工作。从我个人参加的部分工作来看,筹备这次会议的整个工作是很艰巨的,没有中国共产党的领导,没有许多共产党员、共青团员的机智勇敢和不怕牺牲的精神,是不能完成这项任务的。

一　迁入会址前的准备工作

1933年阴历八月初,我接到闸北区委书记林李明的通知,党组织要调我去搞临时工作。当日回到家,知道我的爱人周文同志也接到“左联”党组织通知,临时调他到党内工作。当时与我们联系工作的是华蒂(即叶以群同志),他首先指示我买两个大的假樟木箱放到我的娘家再等候行动。这个任务是不难完成的,但要这两只箱子干什么用,却不了解。作为一个共青团干部,当然懂得地下工作的纪律,不必作多的询问,因此休息下来,等待下一步任务的完成。

阴历八月初七日，党组织下达命令了，说次日（即八月初八日）一定要将这两只箱子搬出来，我与爱人周文要穿上新衣服扮作新婚夫妻，搬到福州路一家条件较好的旅馆去住（像是现在的东方旅馆，有电梯，门从一个角上开的），再等候命令，木箱也就当作陪嫁的箱子搬进去。这个任务看起来不难完成，但对我来说，还是很费劲的。因为那一天是我和父亲的生日，往年每逢这一天，我要用积存的零用钱买些父母爱吃的点心，以孝敬父母，同时要陪父母吃三顿饭。要打破这惯例，估计是有阻力的，至于漂亮的衣服，我自己没有，可以悄悄地穿上姐姐的，问题不大。为完成党交办的这项任务，我首先买了许多月饼回家，让母亲高兴，再提出搬箱后回家吃饭的问题。谁知母亲有一条规矩，说喜日不能搬动家中的物品，并训斥我不孝，想触父母霉头。过去，我不了解有这么一条规矩，怎么办呢？只好说假话了。说这两只箱子是我代一个同学买的陪嫁箱，她是选定今天这吉日送到男家，今天不送耽误了婚期可不行，自己又承认了不懂今天不能搬动家里的东西。同时，又解除了母亲的思想顾虑，因为这箱子不是自家的，不会触犯父亲的寿辰。妈拗不过我，又看到今天买了又多又好的点心，听听我说的也有道理，于是答应搬走。可是当由人力车把箱子搬到弄堂口，又发生了阻拦，国民党警察来干涉，说要有证明，才能迁出。这是国民党为防止共产党人进行革命活动而作出的规定。于是，我又跑回娘家，拿上户口簿，带上箱子到警察所，经检查，才放我运出两个箱子。经这样七弄八搞，把箱子运到与周文碰面的地方，规定的时间已过了，再迟二三分钟，周文就要以为我被捕了，势必离开了那里，那就会造成在两三天内找不到他，就难完成带上嫁妆到旅馆的任务了。

到了旅馆①，组织上又下达任务了，要我们在明天买上锅、盆、碗碟、茶杯、刀叉、汽炉等，又要买许多罐头、汽水、苏打水等食物，特别是要买装满两只樟木箱的面包，然后第三天有交通来领我们到目的地。这项任务是容易

---

①　即东方旅社，现汉口路613号（浙江路口）。——本书编者注

完成的，只是买那么多面包，会引起敌人注意。既有香气外溢，又不能一次运回。怎么办，经研究后，用一只外出时提的小皮箱，但来回提了十多次，才买回百八十个二两一只的面包，连半只箱也没填满，如果再这样下去，进出的次数多了，势必引起敌人的注意。我们只好坐下来再研究，决定大胆地采用速运回、速装箱、速搬走的办法解决。买这许多面包，哪一爿食品店都不会有，只好订货，扯谎说是学校开运动会需要的。我们采用这个办法也只能运回 500 个面包，箱子还是没有装满，但是要迅速离开旅馆，以防敌人发觉。

二　进入会址的活动

交通领我们坐上汽车直往沪东开来，注意到没有盯梢以后，周文借故下了车(他的任务是刻写宣传品，不进会场)，到了近唐山路(大概 17 路无轨电车转弯处)的一条僻静马路上，在沿街的红色砖洋房[①]前停下来了。交通同志做了一个暗号，走进洋房内，随即有两个人出来，把两个箱子及一些杂物扛进去。进了楼房就有一条扶梯直通楼上，右侧有一客厅，客厅后有一餐厅，餐厅左侧有一门，下了石阶又有像是厨房的房子。厨房的右侧是露天的天井，有一后门，门外是一条不宽的胡同，来往人很少。客厅上已摆设上阔气的诗书人家所有的古式茶几、长桌、椅子等。其实这些家具是租来的。从二楼直到四楼都一无所有，每个房间都空关着，每层楼房近楼梯处都有卫生设备。接着又有男交通带来两个男的，其中一人个儿不高，据说此人不久前摆脱了敌人的追捕，所以他戴上黑眼镜以作伪装，他是这幢楼房主人的大儿子，是掩护会场的负责人，是那个女交通员的假丈夫。另一个男的，高而瘦，是房主人的小儿子，是我的假丈夫。第二天，引进一个五六十岁的小脚老婆婆(近来才知道是朱姚同志，现已去世)，是我们的假婆婆，还有一个五六岁的男小孩，算是大儿子的孩子。当明确我们是掩护一个重要会议的召开后，我们分了工，我和老婆婆的任务是轮流注视着门前动静，应付入这楼房的

---

① 即今上海市虹口区霍山路 85 号。——本书编者注

人，我的假丈夫即注意后门的动静，女交通经常外出，大儿子经常楼上楼下安排工作。我们经常碰头研究变化的情况，研究共同的口供和应付来搜捕等问题。第一天晚上男同志承担前后门的警戒任务。我们女同志受到优待，就到二楼，盖上衣服在地板上睡觉，第二天早上起来，三层楼上已来了六七十个人，在地板上有睡有坐，鸦雀无声。有纪律规定不能立起来在房间里走动，也不能开窗，又不能在窗前眺望，既不能跑到楼下，更不能出大门，只有大小便才能离开房间到厕所。这些人中，指定了两三人，做房主人的厨师和听差，有的派出去买米、买菜、买汽油，有的煮饭吃，因为新搬入这房子，水电还未接通，所以有的还要到老虎灶买水。第一天大家用面包充饥，第二天一听说烧饭吃，都很高兴，都想插手。但是，哪有少爷少奶奶动手做饭的。我们只好闲坐在楼下，警戒着户外动静。饭是一锅接一锅的煮，由于米多，锅又小，烧的饭既生且焦，而且只有咸菜下饭，但每个人都吃得津津有味。烧了一天，也吃了一天，还轮不到吃第二顿。到夜深人静时，不应再烧了，才各自休息。马桶又无水冲洗，于是塞起来了。挑来的水冲进去也漫出来，怎么办？群众有办法，索性把三楼的浴缸当作马桶使用。

该日傍晚，江苏省委负责筹备这个会议的冯雪峰同志到会场检查工作，并带来两个消息。一是说我们左面邻居，是公共租界捕房的侦察头子，另一个是说今晚有重要代表到来，要更加提高警惕，注意做好掩护工作，不能出任何差错。于是，我们进一步检查掩护工作中的缺点，一致认为没有准备好对付强行入内的军警，也没有准备好通知楼上准备战斗的方法。于是我们又做了仔细研究，决定采用飞行集会、罢工游行时使用石灰包朝追近来的军警的眼睛扔去，再用铁器与之搏斗的办法。用绳系一铃在三楼，如杂人来，即拉一声，通知代表做好隐蔽；如拉乱铃，即是有军警要上楼，要做好战斗准备，并决定，如来三五个军警，就在楼下干掉，如人多，就引上二楼干掉。这样决定了就分头去购买石灰和废铁棒，又到厨房拆炉台，取炉柱，找砖头。同时迅速把这些东西隐藏起来，以免暴露。

夜幕降下了，后门传来暗号声，代表们又到了，三五人成一批地引进来，摸索着上楼。夜深人静了，我们还轮流隐蔽在后门右侧汽车房前守候着，不时注视着左侧邻居侦察头子家中的动静。那一夜，除一老一小睡了以外，都不肯睡，坚守在自己岗位上。但是我们的情绪是愉快的，精神是饱满的。夜半1时左右，三个重要代表来了，一看全是外国人，他们也是摸黑以脚尖轻轻地走上楼梯，被引上了四楼。我以为重要代表到齐了，有部分人可以休息了。后听说还有个重要代表未到。于是我们继续等下去。黎明快到了，门外还没有代表到来的暗号，我们开始紧张起来了，以为这位代表出事了。又听说如果这位代表出了事，这个会就开不成了，而且到会的代表们必须迅速转移。好焦急啊！天已蒙蒙亮了，暗号声才传来，引进一位穿黑旗袍的妇女，一看是宋庆龄先生。当时敌人对她监视很严，出门就有特务尾巴跟着，那天她好容易才甩掉尾巴来到这里。

三　会议的情况

清晨（即9月30日）到来了，我们一早加紧烧了一点饭，就通知当听差的人上楼开会，于是停止了烧饭活动，留在楼下的我们“一家人”，坚守岗位，决心完成保卫会场的任务。饿了吃点面包，渴了咽上点口水。估计代表们也是处在半饥半饱的状态坚持开会，我们也就忘了饥和渴，我们多么想参加会议去啊！到下午我们提出要求，得到允许，上了四楼。看到代表们坐在地板上，四个国际代表，坐在樟木箱上，有时又坐在代表中。空罐头筒、汽水瓶和刀叉等都弃在地板的一边。当时中国代表在发言，宋庆龄主持会议，不时用法语或英语与马莱爵士、古久里等讲话，像翻译似的。其余的代表平静、安详、精神饱满地坐着听，发言的人一个接一个，气氛热烈而声音低沉。有谁能看出他们是在饿着肚子而又无床无被地在地板上睡了一两夜啊！又有谁能看出他们是面对着被敌人随时来逮捕、施刑和枪毙的危险呢？看到这些情景，我的心激动，血沸腾，真想坐下来多听一会，但马上又想到自己的岗位不在这里，应该下去，万一发生情况，多一个人应付敌人，总能让代表们争取多一点时间撤出来，于是又急忙回到楼下客厅，用心地监视着门外。

太阳已向西降落了，楼上通知我们会开完了，准备送客人。第一批三四个人，下楼了，我仍送到前门外，点头告别；一会儿又有一批从后门送出去了。这时，又接到通知要多从后门送和加快送。这样，每批客人的人数增加了，当客人转出弄堂口，又送走一批。这样一批接一批，直到天黑下来，国际代表离开了会场，最后才通知我们马上离开。我们走得急，我连换洗衣服的小皮箱都未来得及拿走。我们怀着胜利完成党组织交办任务的喜悦心情，回到家里。过了几天，家具出租店把家具搬走了，敌人还不知道在这楼房里召开过这样盛大的国际会议。代表们回到各有关单位，传达了会议精神，街头上也出现了庆祝会议胜利召开的标语传单。这时，敌人才知道会议开过了。不久，有人报告，说那幢楼房的浴缸和马桶里装了许多大便，敌人才知道在紧贴着侦察头子的房子里，召开了范围很广人数较多的国际会议。敌人气极了，加紧搜捕到会代表和工作人员，确实也逮捕了不少人。但自此以后，国际、国内的“反帝”、“反战”、“反法西斯”的活动更加蓬勃地开展了起来。

（《鲁迅研究资料》第5辑，天津人民出版社1980年5月版）

9
古久里
——文学回忆录

李又然

“九一八”事变，蒋介石不抵抗，诉之“国联”。“国联”派了“李顿调查团”来到中国，在当时的外交部长顾维钧陪同下，李顿去了几天东北，回去提出报告，承认既成事实——就是说东北既已被日本占领，无法改变，只好算了。罗曼·罗兰、巴比塞、特莱赛等人，还有中国的宋庆龄，在荷兰成立的“世界反战大同盟”也派代表团，以与李顿调查团相抗衡。起先罗曼·罗兰、巴比塞、特莱赛等人要来的；后来因为罗曼·罗兰病了，来的是玛莱[①]、古久里(Paul Vaillant-Couturier)……

玛莱是民主人士，英国上议院议长，和李顿一样是勋爵，第一次世界大战时大概是英国陆军大臣。古久里是法国共产党领导人之一，革命作家，代表团副团长，实际上，是代表团的灵魂。

代表团路过日本的时候，传说被扣留了……

接待李顿调查团的是国民政府，他们当然可以自由活动。玛莱代表团到上海后，英租界禁止活动，法租界禁止活动，自然，“中国地界”更不例外，因此，工作只能秘密进行。谁接待呢？宋庆龄、鲁迅、茅盾、田汉、洪深等人。

1933年夏秋之交，代表团来之前好些日子，江丰对我说：“过些天有一件事要请你做。”没有打听什么事，马上答应：“好的”，因为江丰无论对党或朋友都忠诚老实，是我尊重和信任的。

一天，我正在霞飞路寓所看书，进来一个英俊的青年，说：“江丰介绍的，我是楼适夷。请你到华懋饭店去看古久里，说宋先生介绍的。汽车马上来

---

① 即马莱。——本书编者注

接你。”说完走了。宋先生就是宋庆龄先生。乘车来接我的却是我在巴黎的一个同学，此人八面玲珑，不知怎么一来他倒比我先认识古久里了。

我这里只记两件事，一次是群众大会，一次是上海文艺界的招待会。

先说后者。

会场设在跑马厅对过的一个大楼上，到会的人很多。郑正秋当主席，致欢迎词。洪深轻声地翻译给玛莱听。这是我听到的英语讲得最好的三个人之一。一个是邝富灼；一个是有一次在巴黎一家中国饭店里，一个中国青年同一个黑人青年在交谈，一口纯正流利的英语；一个就是洪深了。听讲得准确优美的外语，是一种高尚的享受。玛莱想吸烟，头上电风扇转动着；洪深拿起一只碟子挡住风，碟子底下划火柴，火柴燃着了。欢迎词完毕，玛莱讲话，翻译就是洪深。接着是古久里讲话，我翻译。我因为喝了很多啤酒，又不断地抽雪茄，有些迷迷糊糊，就要古久里讲得简单些。这是我平生最不满意的翻译了，远不如我在那一次群众大会上……接着讲话的是比利时代表玛多[①]，一个市长，一个医生，翻译的是胡愈之。他法语的理解力极灵敏、极深刻。

再讲群众大会。

代表们参观缫丝厂。蚕茧泡在热水里，女工们不断从热水里捞丝，手指泡得红红的。车间里空气恶浊，闷热，吃奶的婴儿就放在车床底下的地面上……接着参观工人住宅区。在杨树浦一个工人家里，他从玻璃框的背后，取出一面红旗，在我们面前展开一下，又严肃地放回原处……

召集群众大会，一下子人到得很多，绝大多数是工人。群众情绪激昂，不断高呼“打倒日本帝国主义！”等口号。玛莱站在桌子上讲话，我立在他右首的长凳上给他翻译。玛莱有个英文翻译，但后来没来，我就临时给他当翻译——他是英国贵族，法文自然挺好；群众情绪越来越激昂，可以说到了沸腾的地步，冷静的英国绅士玛莱也激动起来，将我从长凳上拉到桌子上，和

① 即马尔度。——本书编者注

他并排站着,他的右手搭在我的左肩上……

据说会场外面架着机关枪。这我倒没看见,恐怕是讹传。我看见的是,印度巡捕骑着高头大马在巡逻。群众里混进特务暗探,这是可能的吧。

两名女工在人群中散发《反战新闻》。这是江丰和楼适夷编的刊物,后来他俩因此先后被捕。——散会了,一个女工慌慌张张地跑来:"不得了啦,我的同伴没影了,有人看见她被特务抓走了! 她家里藏着秘密文件,怎么办呢? 怎么办呢?"我那位巴黎同学一听脸色发白,呼吸急促。过一会儿我再回头寻找他,他人早已不知去向了。"战争中总有牺牲的!"古久里说。意思是去会遇到危险。"尽可能少牺牲,必须牺牲就不怕牺牲!"我说,"秘密文件我去抢救!"

"那我和你一起去!"

先送玛莱回国泰饭店。我下楼找汽车,围着饭店绕三圈还是没找着;古久里出来一下子就找到了。"你还不够冷静,"后来他说,"跟我一年就好了!"

问那女工她的同伴住在哪里,她吓昏了头,说不出来,只向东指一指大方向。于是汽车照她所指的方向开去。在车上,她是始终惶恐不安。我不断劝她安静些,仔细想一想她的同伴到底住在哪里。其实我自己也非常着急。这时候,离那女工失踪已足足有五六个钟头了。司机在发怨言。我担心的就是这个司机,他是雇来的,谁也不清楚他的底细,万一他出卖我们呢? ……

车开到了一条宽阔的马路上,女工这才记起同伴居住的弄堂。说:"这下可到了。"于是古久里留在车上,我和女工走进一条斜对过的弄堂,这弄堂真长! 那失踪的女工住在最深处一家成衣铺的楼上。铺子里,十几个人在做衣服。我们上楼,门锁着,女工下楼,从厨房找来一把菜刀,砸开锁进屋。她从床底下取出一小包传单和文件,顺手用放在床上的一条棉裤裹起来,连菜刀也一起裹进去了。她完全昏了头。这时,楼下一阵响动,那位女工立即把棉裤、文件、传单,还有菜刀,一股脑儿地从窗口扔到天井里。打碎一块窗玻璃。棉裤散开，菜刀落地，“当啷”一声。楼下众人高声询问：“怎么了？怎么了？”

“没有什么，”我从容下楼，“不当心，东西掉下来了。”我到天井，拣起散落的文件传单，塞进我的长衫里，菜刀送回厨房，棉裤交给女工送回床上，说一声“再会”，与女工一起走出来。那弄堂实在长，好容易到了马路上，古久里立即下车，含着泪拥抱我，连声说：“你勇敢，我的兄弟，你真勇敢啊！”

回到国泰饭店，把文件寄存在玛莱那里，约好时间，要那位女工第二天来拿，给了她一点钱。第二天她高高兴兴来了，说她那位女友昨天因为找不见她，独自先走了，夜里住在朋友家了，又说那女友渴望见一见我。我把文件仍旧塞在我的长衫里，跟她出去。那女工立在门外，抱着孩子，微笑着侧着头，久久地注视着我，亮亮的、黑黑的、大大的眼睛充满着最深沉的感情。这是我所见过和留下最深印象的眼睛，美极了，这是真的，真美啊！

后来当我和艾青走过华懋饭店的时候，艾青总说：“又然的黄金时代！”

当我给代表团工作的时候，《社会新闻》、《微言》、《晨曦》，这些法西斯的、反革命的、反动的报刊大肆造谣中伤，公开告密。这下反倒使我当时在上海滩很红了一阵子，《社会新闻》最下流了，一次说我因失恋而发疯；一次说我因楼适夷等人被枪毙而临阵脱逃；一次说我化装到盐民那里做秘密工作去了。实际上，我是直到代表团离开上海，坐船前往海参崴去之后，才逃回家乡的。在家乡，一天，我在亲戚家，弟弟佳言突然跑来，要我快走，说有兵到家里来抓我。于是，弟弟陪我跑到苏州。后来据说虞洽卿说了一句话：“小孩子，不要抓他！”事情方才平息下来。

当时那样紧张，比我所写的要紧张得多，我是始终这样镇定吗？是的，这是真的，完全是事实！要是特务暗探押解着失踪的女工，来搜查她的住所，我突然与他们遭遇上（这种可能性始终存在），结果会怎样呢？在此，我并不想做无意义的推测。不过，冒最大的风险，决心牺牲的信念，是丝毫不虚假，一点不存侥幸之心的。就只能以这点真诚献给你，纪念你，古久里同志，我的兄长。我没有能跟你一年，我希望十年；但你早已牺牲于西班牙内战了，飞机坠毁，摔死的！年纪顶多40岁左右吧！

你是无产阶级国际主义战士。你爱中国，是中国人民的朋友，为它的解放事业奋斗过……

1975年10月　北京

附记：原载于《江城》文学月刊(1979年11、12月号合刊)，题为《古久里来华的日子》。后被收集于《李又然散文集》(长江文艺出版社1984年4月第一版)。《古久里》原稿称"古久列"，发表的时候，由胡昭推荐给秋原，胡昭查询资料以后，改译音"列"为"里"了。同时胡昭还查出一段古久里的资料，作为编者的话：保尔·伐扬-古久里，法国共产党党员，才华卓越的作家，和平战士。主要作品有：短篇小说集《士兵的战争》(与勒费佛合作)、短篇小说集《盲人的舞会》、中篇小说集《囚徒的例假》、诗篇《死之舞蹈十三回》，最后一部作品是《童年》。另外写了许多关于苏联、西班牙、中国的热情洋溢的散文。

(李又然之子李语然提供)

10
关于远东反战大会

楼适夷

1933年9月30日在上海秘密召开的远东反战大会，它的全称应作“远东泛太平洋反战大会”，我曾先后两次短期参加它的筹备工作，经过的情况是这样的：

第一次在1932年12月中旬，当时我参加上海左翼文化总同盟工作，一起工作的有潘梓年、林伯修（杜国庠）、华汉（阳翰笙）。我在工作上的分工是与“美联”、“世联”（世界语者联盟，后来兼新文字运动，改称“语联”）、“小教联”（小学教师联盟）、“新联”（左翼新闻记者联盟，公开名称也叫“青年新闻记者协会”）等几个团体的党团取得联系，了解和参与他们的工作。另外，具体主办一个公开的“文总”外围刊物《社会生活》（旬刊）。当时参加这工作的，现在记得的有一位我的同乡、共产党员朱晓溪（亚之），和一位暨南大学的学生周钢鸣。有一天中共中央上海局（习惯称“临时中央”）宣传部长朱镜我同志召我谈话，交给我一个紧急任务，立刻去日本东京与日共联系，商谈举行远东泛太平洋反战大会的地点问题。那是这一年8月27—29日在荷兰阿姆斯特丹举行的世界反战大会的决定，自从日本于去年9月18日，悍然进兵沈阳，发动侵略战争以后，世界战争风云日起，由罗曼·罗兰为主席，巴比塞为副主席的这个有全世界四百多个进步团体代表二千多人出席的大会，推举中国宋庆龄为名誉主席，决定在远东举行一次代表大会，时间预定在1933年的7月或8月之间。在日本东京庆应大学留学的中国学生张光人，就是后来的胡风，当时我们只知道他的笔名叫做谷非，他是在日本参加日共的，这时正因与“文总”的工作关系，回国联系，他受日共的委托，为此事向中共上海局提出，要求我党派一个代表到日本去商谈反战大会的事，同时他们很希望多了解一些中国红军战争的情况，要求我方代表向他们直接做一次报告。我是去年春天刚从日本回国的，对东京情况还不陌生，党就把这个任务交给了我。

我把手边的工作做了交代，便带了一批用打字纸细字密写的文件，借用在东京高等师范中途辍学、回国不久的同学包叔元（叶籁士）的学生证，换过了一张照片，就冒充他假满返校复学的名义，乘上开往长崎的长崎丸出发。其实我是和张光人同船共行的，但因淞沪战争之后中日交通线上日本警察戒备十分森严，旅途上随时有发生危险的可能，组织上规定两人分别登船，隔离舱位，装作互不相识的样子，绝对不许接触和交谈，以免一个人如果出了问题，不致牵连到另一个，而另一个又可以在暗中互相了解情况。

果然，一上了船，船上的日本警察检查十分严厉，我只带一些手提轻便行李，均被一一打开仔细查过。我是把文件纸裁成小片小片，团做一团，分别用广东食品陈皮梅的包纸包起来，与原来的真物混在一起，装在原盒里照原样封好了的。但检查的警察一定要把它拆开，经我解释无用，我便坦然地自动撕去封皮，掏出一颗来给他看明，显然他往来中国，是认识这种食品的，一见实物，便说："乌买以，乌买以（美味）！"我笑了一笑，就随手剥开请他尝尝。他领了情，就把检查通过去了。

我乘的是最低等的底舱，四周纵横交错席地而卧的旅客，不少是去日本做工的华侨，谈谈笑笑，颇不寂寞，连服务员都是宁波人，他对自己的同胞照顾得很周到，几次船警和便衣警察的中途检查，都得到帮助，顺利通过了。

在长崎登陆，渡过门司海峡，在下关登上去东京的火车，一路上显然有便衣警察，接替换班，紧紧地盯住我，充作旅客的样子与我交谈，甚至打问对不久前的上海战争有什么看法。我装作只读死书的书呆子模样敷衍过去，就把他们甩开了。

火车抵达东京驿，根据事先的约会，两位留学生上月台来接待我，一位是早稻田大学念书的方翰（他后来的名字叫何定华），一位是学经济学的王达夫。他们负责在东京招待我，要了一辆出租汽车，一直把我送到预先定好的一家下宿（公寓）的房间里，直到第二天，一路同来的胡风才正式和我见面。根据上海党给我的交代，他是我与日共之间的联络人。

以后我就作为一个返校复学的留学生的样子，在下宿定居下来，同胡风，有时还有方翰和王达夫三人商谈与日共会见的问题。

这会见第一次是由胡风带我到东京郊区篦塚的池田寿夫家里。池田是日共中央委员，也是一位作家，苏联文学介绍者，日本无产阶级文化联盟的成员，他和胡风原有经常的工作联系。会见的还有一位朝鲜的代表，一位是从东北来的曹君，他是中国北方派来的代表，方翰是否曾参加这次的会见，我现在记不清了。原定应该还有菲律宾和印度的代表，但都因办不到出国和入境的护照，没有到达。

会谈的议题是讨论明年的远东泛太平洋反战大会的筹备工作。但大家见到刚到日本的中国代表，都非常高兴，热切希望我谈中国苏区和工农红军战斗的情况。当时正是我们粉碎蒋介石第四次"围剿"之后，我带来的文件，主要是这方面的材料，便根据大家的要求成为这次会谈的主要发言人，我不能用日语作长篇系统的谈话，便由胡风担任翻译。同时也由日本、朝鲜及中国北方代表，谈了各自的当前斗争的形势。

谈到日本形势时，池田叙述了日本帝国主义从发动中国东北侵略战争之后，在国内加强法西斯统治，公开与半公开的革命政治性活动，已变得十分困难。原来这次会谈反战大会筹备工作，主要讨论决定大会的开会地点问题。中共上海局要我提出的是，如果在东京有召开的可能，最好能在东京举行。但日本代表认为在当前形势下，在日本举行这样一次大会是绝对不可能的，他们要求能在上海举行，上海有广大的久经考验的革命群众，并可利用公共租界等复杂的统治弱点，条件应该比东京好。因我在出发时，中央同志也说过，如果日共同志认为东京没有可能的话，那么开会地点及全部大会筹备任务，就由我们接受下来。

关于第二次会谈，我的记忆比较模糊了，经最近和胡风同志共同回忆后，才记起那是在东京郊外东吉祥寺井之头公园一家小点心铺里开的，日本代表除池田外又增加了一位，名字我们都记不起了，我方还有方翰和王达夫一起参加。几个人当作吃点心的游客，一边吃，一边谈话，最后作出了在上海召开大会的决定。因为是在公共场所，会谈还采取聊天的形式，时间也比较短促。会后，胡风就带我到就在东吉祥寺地区居住的江口涣家。江口是日本革命文学运动的前辈，也是日共的中央委员，他和胡风事先约定，还邀请了一两位别的日本作家，似乎有江马修，特地来招待我们的。他们要了解中国革命斗争的形势，因此主要也由我谈话，除了苏维埃区域军事斗争之外，我又谈了在"一·二八"上海战争中上海人民反日救国运动的盛况。主人招待了晚餐，还拿出几幅册页，请胡风和我题字留言，主客围炉夜话，气氛非常热烈。这次谈话中江口夫人特别关心闸北战场的群众斗争，后来我曾在《现代》月刊上，就这次谈话写了一篇短篇随感:《悲壮的矜夸》。

这一任务完成之后，我还有一个附带的任务，就在朱镜我同志向我交代任务时，在座的还有"文委"的一位书记华汉(阳翰笙)同志，他要我在完成主要任务之后，作为"文总"(左翼文化总同盟)的代表，了解在东京留日革命进步学生的两文化团体，"新兴文化研究会"和"中国社会科学研究会东京分会"之间的团结问题，并同意我在深入了解双方争执情况之后，作出适当的处理。

事情是这样的，在留日左翼中国学生中，当时有两个文化团体。一个是"新兴文化研究会"("文化研")，成立于1932年3月。它的成员是张光人(胡风)、方翰(何定华)、聂衣葛(聂绀弩)、王承志(王达夫)、周颖、楼宪。他们受国内"左联"的领导。其中成员如胡风，也参加日本的无产阶级科学研究会("普洛科")，直接受日共的领导。曾先后办过《文化斗争》、《文化之光》等刊物。另一个是"中国社会科学研究会日本分会"("社研分")。它的成员有日本法政大学留学生漆宪章、郭兆昌，东京医专学生汪成模，工大学生习明伦，明治大学学生黄钟铭等。他们先后办过《科学半月刊》、《科学新闻》等刊物。这个团体名称是中国社会科学研究会的日本分会，实际在国内，"社研"只是在"左翼社会科学联盟"指导下的各种群众社会科学研究小团体的一个总称，并不存在这名义的总会。他们和国内"社联"盟员有个别联系，实没有正式的组织关系。两个团体的问题，是从理论性的中国革命性质问题的论争开始的。首先在“文化研”的《文化斗争》第二期上，批评了“社研分”方面提出的“中国革命的现阶段是无产阶级革命”的言论；并在《文化斗争》第三、四期中，明白阐述了当前中国革命的性质是“无产阶级领导下的资产阶级革命”。从理论斗争，发展到宗派的指责。例如在一期《科学半月刊》上发表了编委的声明，申述“社研分”在留日学生运动中历年的斗争历史，认为“文化研”的成员对这种历史是不了解的。于是《文化斗争》上又以来稿名义，发表了翳锅的《休矣，科学半月刊》和细鸳的《答〈科学〉对〈文斗〉的批判》，驳斥“社研分”的自我炫耀，名之为“面子主义”与“风头主义”。这个纠纷一直闹到指摘有不良分子向日本警察告密的严重程度。

为了解决这个纠纷，我分别与两方主要成员作了多次谈话，了解事情的实况。在“社研分”方面，谈得最多的是漆宪章、习明伦等同志，最后把双方代表邀请在一起。对有些政治性的问题，必须由国内领导机关作最后决定。有些无原则的纠纷，应该立刻澄清，以便结合力量，一致对敌。于是经大家达成协议，用“适代表”的名义发表了一个声明：立即停止互相攻击，听候中国“文总”及有关文化团体作出关于争执问题的决议。两个团体同时解散，改变活动方式，双方互相合作，直接受日本文化团体指导。这个“声明”以后用日文发表在1933年2月出版的《普洛列塔利亚文化》上。为此烦劳了日本警察来搜索这个“适代表”，可我已经离开日本了。2月间发生了小林多喜二被害事件，不久，胡风、方翰、聂绀弩、周颖等人，也在东京被捕了。

我在东京逗留到1933年的1月中旬，才由我在上海的兄弟楼炜春打了一个“母病速归”的电报。我就拿了这个假电报当作归国的护照，于29日乘船回到上海，向上海局作了汇报，这就是1933年9月上海举行反战大会的最初的准备之一。以后我就回到原来“文总”的工作岗位，没有参加进一步的筹备工作。

我第二次参加反战大会筹备工作，是在大会即将举行的1933年8月下旬到9月中旬之间约20天的时间。

从1933年5月开始，我离开“文总”工作，调到江苏省委宣传部当干事。上海临时中央已于1932年底撤离上海到江西中央苏区去了，江苏省委实际也承担了临时中央留下的工作。我在宣传部分工照管原上海党内部党刊《斗争》的编辑出版工作，基本已潜入地下，不再参加公开和半公开的群众活动，因此也没过问反战大会筹备工作。当时白色恐怖严重，天天可以听到党和革命团体机关被破坏的情报，自由大同盟杨杏佛先生遭特务暗杀，传闻有许多上层革命进步人士，名字都在暗杀的名单中。尽管这样，反战大会的筹备工作，公开的和秘密的，还互相配合着在积极进行。7月下旬成立了由宋庆龄、蔡元培、鲁迅等主持的筹备委员会，公开招待记者发布消息，国际方面，已组成了以法国革命作家巴比塞为首的反战代表团，预定于8月中到达上海，举行大会。上海反帝大同盟以欢迎代表、开成大会为中心任务，开展组织宣传工作，积极发动各区工人、学生群众，分别举行欢迎代表的示威游行集会。就在代表团到达上海的8月18日前夕，上海反帝同盟党团突遭破坏，书记刘芝明在一个联络点遭受逮捕，在同一机关先后被捕了五六个人。省委宣传部长冯雪峰同志特别通知我，组织决定调我到“上反”，接替刘芝明的职务。

这大概已是8月的二十二三日了，我正式接受了这个任务。因为原来的整个党团，几乎已全部破坏，省委重新组织了新的领导班子，但原在党团直接领导下的各种机构，到底还有多少保留下来，一时情况还不明了，我的首要任务，就得一一摸清这个情况。新的党团有左联的华蒂(叶以群)，美联的周熙(江丰)，还有一位湖南同志老熊，我忘记他的名字了。大概经过约一周的时间，我们重新把工作组织起来。当时情势是很紧迫的，国际代表已到达上海。因巴比塞为健康关系不能出国，代表团是由一位英国工党党员，知名的和平人士马莱爵士为首，有英国的哈弥尔敦①，法国《人道报》主编、革

① 即汉密尔顿。——本书编者注

命作家伐阳·古久列[①]和比利时的马尔度四人组成的，宋庆龄同志不顾国民党和租界当局的阻碍，亲自率领群众到轮船码头去接待。鲁迅先生等人也分头与代表们见过面。我们“上反”的任务有三项：1. 接待全国各地来参加大会的团体和群众代表；2. 通过上海全市各区党组织和“上反”的分区支部，发动广大群众组织分区欢迎大会，并请国际代表出席讲话；3. 扩大反战大会的宣传工作，创办报纸《反战新闻》。因不少工作人员被捕，人手极度稀少，又在严重白色恐怖下，无法举行集会，只能采用单线接头和街头联络的方式，又大大增加了工作的困难。

在公开方面，由宋庆龄和国际代表出面，向国民党市政府与公共租界当局，交涉开会地点，受到严重的阻止。另方面，各处群众集会也遭到残酷镇压，到处都有人被捕。我们就在这样的形势下，坚持推进工作的。当时国际代表与上层活动的同志已受到特务的监视，估计公开举行的可能性已经绝对没有，筹委会便改变方针，对外宣布大会不再在上海召开，以松弛敌人的戒备，同时积极布置秘密的开会地点。

我就是在这一工作过程中，于9月17日，在上海北四川路街头，正等待与去江湾布置工作的小杨取得联络，被早已尾随我身后的两个小特务突然袭击，在奋力还击中，跑来一个警察把我逮住了。在特务尾随中我去过江丰住的机关，因此连累到江丰也接着被捕了，但他完全没有暴露身份，未作同案处理，没有解往南京。

这样地，我终于不能全部参加到大会胜利举行，而成了敌人的俘虏，而且很快地从南市的上海公安局被押解到南京宪兵司令部看守所。这个看守所约囚禁了四五百人，绝大部分是政治犯。我一进大号子就见到了我的前任刘芝明同志，并陆续认识了与他同一地点被捕的“文总”的蔡馥生（张云）、史存直、林天木和张耀华（凌青）这些同志。在这看守所里，像我们这样案子的人，相识的和不相识的，先后见到大概有五六十人之多，还不算留在上海

① 即伐扬-古久里。——本书编者注

没解到南京来的。这些人的罪名,按照那位江北口音的看守所长的说法,叫做“欢迎巴比的”,他还与人谈话,发表议论:“巴比嘛,一个外国人,欢迎他干吗？年纪轻轻,活受罪呀!”

这些人经过长期拘禁、刑讯、逼供的利诱威胁之后,极大部分被判了长期徒刑,从最高的无期徒刑到十年十五年的,少数判得较轻的被送到反省院去了。尽管身在狱中,仍念念不忘地盼望着大会的消息,也仅仅闻说这个会终于胜利开成了,但知道实际开会的情况,却是1937年卢沟桥战争发生,党代表到南京与国民党谈判,释放全体政治犯以后的事了。在那时,才知道周文同志接替了我的岗位,他和他新婚的爱人郑育之同志,扮作举行婚礼的形式,搬进虹口大连湾路一座装修未竣的新楼中,于9月30日,由宋庆龄同志亲临主会,有国际和国内各地代表出席,在绝密而热烈的气氛中,如期召开了远东泛太平洋反战大会。但在长期囚禁生活中,也一度听到过马莱爵士等返国以后,曾向中国驻英公使郭泰祺提出强烈抗议,指名要求无条件释放为大会被捕的几位中国同志,外交部不得不虚伪地行文到牢狱里,让牢狱做了一个查无此人的伪报告去敷衍外国人。

1983年12月30日,北京

(《新文学史料》1984年第2期)

11
世界反帝大同盟远东反帝反战会议筹备工作的一些情况

张凌青

1932年底，世界反帝大同盟决定于1933年在上海召开远东反帝反战会议。1933年8月，中国共产党接到了世界反帝大同盟的通知，巴比塞代表团已起程来沪，参加八九月在上海召开的远东反帝反战会议。当时党中央已迁往苏区，因此指示中共江苏省委负责筹备这次会议。江苏省委决定请宋庆龄公开出面筹备，具体工作则由江苏省委宣传部部长冯雪峰主持。冯雪峰把这项任务交给"社联"、"上海反帝大同盟"、"文总"和"左联"等四个单位负责，并由冯雪峰、刘芝明和我(以"社联"代表身份)三人组成筹备会的核心小组。同时，在宋庆龄直接参与下，成立了上海各界欢迎巴比塞代表团委员会，并由她亲自签名发出了给本市各团体的委任书："根据筹备委员会第二次会议通过之决议，你们被委任为本会会员，鉴于世界反战大会代表，现已陆续来沪，我们应该一致努力筹备欢迎，以便对他们的热情援助，表示我们的热烈心意。"

国民党得悉远东反战会议准备在沪召开的消息后，伙同工部局千方百计地进行阻挠，工部局在8月上旬就发布告，禁止在租界召开反战会议。国民党特务也在加紧破坏，所以我们的筹备工作只好秘密进行。第一次核心会议是在北四川路老靶子路(今武进路)转弯角上的一家旅馆内召开的。冯雪峰向我们传达江苏省委对筹备工作的指示精神和具体工作计划。他说：世界反战会在中国召开是对中国革命的支持，是为了进一步发动群众反对帝国主义发动重新瓜分世界的大战，我们应抓住这一有利的时机发动群众，冲破白色恐怖，争取大会公开合法地召开。为了贯彻省委的指示精神，我们决定从两方面发动群众：一方面发动文化界的进步人士，开展欢迎反战会在沪召开的签名运动。由我和刘芝明(上海反帝大同盟负责人)到文化界去串联了一百余进步人士签名,并起草了《中国著作家欢迎巴比塞代表团启事》,准备世界反战会代表到沪时,在码头上散发。另一方面是发动工会、青年团、学生等群众团体积极参加筹备工作。我曾在南京路冠生园茶楼召开过一次群众团体代表会议,到会的有工会、青年团、学生组织的代表约十人,我传达了江苏省委的指示精神,要他们回去向群众传达,并把巴比塞代表团已在途中的消息告诉大家,要他们事先做好群众的发动和组织工作,争取在码头上开一个盛大的欢迎大会,以造成浩大的声势。在此期间,上海各区委宣传部都大量地散发传单,号召各界人民积极参加反战活动。

8月16日,我们核心组接到消息,巴比塞代表团将在18日晨抵上海。我立即把以鲁迅为首的文化界进步人士签名的启事稿子,拿给《申报》主编×××,要求发表,他口头上表示赞成,但又说他无权最后决定。我要求他尽量协助,并到广告部付了30余元广告费。我担心《申报》在工部局禁令的压力下不敢刊登,准备把这一启事印成传单散发。

16日晚上,我在周起应家赶写稿子,第二天清晨回到家里,一进门,特务便气势汹汹地对我说:"我们在这里等你一夜了。"我问他们来干什么?他们说:"有人告你是共产党",说着夺去了我手中的皮包,取出皮包内的宣言底稿和宋庆龄的名片,神气十足地说:"这就是证据。"我说:"这是宋先生叫我做的。"敌人根本不理,死死盯住我,也不马上把我押走,他们还要等候拘捕与我联系工作的同志。这时我心里十分焦急,可是又没有办法通知组织和其他同志。当天晚上,刘芝明和"社联"的史存直、林天木,"文总"的张云到我家来联系工作时都不幸被捕。我们被押至南市国民党公安局,就在这一天,公安局又抓进了一批男女青年。据工部局警务处情报,在17日晚共抓了28人。国民党反动政府企图在巴比塞代表团到沪前一夜,把所有的远东反战会议筹备工作骨干一网打尽,使群众组织联络中断,欢迎大会告吹。

但是,敌人的阴谋并没有得逞。18日那天,欢迎大会按计划在码头上举行。工人、学生和各界人士高举"欢迎巴比塞代表团来沪"的横幅,手持小旗，放鞭炮，散传单。宋庆龄代表各界欢迎巴比塞代表团委员会发表热情洋溢的演说。巴比塞代表团一行四人，有英国的马莱勋爵、哈密尔敦，法国的古久烈，比利时的马尔度。法国的巴比塞因病未来沪。在群众的护送下，他们安全地住进了华懋饭店（今和平饭店）。当代表团住进饭店后，国民党又对欢迎群众下毒手，抓去了一批革命群众，楼适夷等人就是在这次欢迎会后被捕的。

（饶景英、柳淑卿 1982 年 10 月访问整理）

（《党史资料丛刊》1983 年第 1 辑（总第 14 辑），上海人民出版社 1983 年 3 月版）

12
遥想“左联”当年

伍孟昌

我是1931年考入上海复旦大学外国文学系的。入学不久，就发生“九一八”事变。同年底，我随着同学和上海各大学学生卧铁轨，争取赴宁向政府请愿，要求抗日。后来又向上海市政府请愿，组织民众法庭公审市长张群。1932年，在校结识了查瑚、郭维城、徐微等进步同学，并经他们的指引，我参加了“左联”，接着又加入了中国共产主义青年团。由于我校进步力量日益壮大，1933年建立了校党支部，我转为中共党员。5月间党团支书查瑚因另有任务调离学校，校党团支书由我担任。我校当时已有“左联”、“社联”和“教联”小组。我负责“左联”，强苏生和郑通尺负责“社联”，陈友群负责“教联”。这三个小组又分别成立三个公开的外围群众团体：文学研究会、社会科学研究会和教育研究会。

“左联”小组的活动是：（一）成立文学研究会。会员大都是爱好文学的同学，约有20余人。出《复旦文学》壁报，每两周出一期，每逢重大节日就出专刊。记得经常发表徐微的散文，向浦和吴文的短诗，我有时也写些短文。我与徐微共同主编，张贴。（二）读书会。每人汇报写标语、散发传单、发展组员等活动情况；讨论政治形势、当前文艺问题、读书心得。（三）在重要的节日参加“飞行集会”游行示威。在五一节的游行中，经常有同学被捕。（四）邀请左翼作家莅校演讲。此外，还为苏区红军进行过募捐运动。

1933年9月30日，“远东反战会议”在上海召开。这次会议讨论了反对日本帝国主义侵略中国和争取国际和平等问题。开会前，国民党政府和法租界、公共租界当局禁止在租界或华界召开，并进行种种阻挠，实行白色恐怖，逮捕了筹办反战会议的进步人士。但在当时中共上海地下党大力支持下，会议终于秘密举行了。英国著名和平人士马莱爵士、法国革命作家和

《人道报》主笔伐扬·古久列、比利时国会议员马特[①]、中国宋庆龄都出席了这次会议；鲁迅被推为主席团名誉主席。

我当时作为学生代表，也出席了这次会议，并在会上担任记录。

在开会前两天，上级党组织派一同志来校找我，要我马上随他去开一个会，约需三四天才能回校，不要告诉任何人。我当即收拾毛巾、牙刷等日用物，就跟他走。他关照我一路不要和他讲话，佯装不识。我们从江湾乘公共汽车到北四川路底，再换乘两次电车到了提篮桥下车，附近马路上（路名已忘记）有一排新楼，我们在当中的一幢装修未竣的新楼后门进去，后门楼梯口已有两位妇女在迎接，并和我们握了手。大部分代表是在开会前一天晚上分批送进去的。租的这幢房子，由周文夫妇扮成要住这房子结婚，搬进了一些箱子当作嫁妆，箱子里装的是准备参加会议的代表吃的面包。

马莱爵士、伐扬·古久列、马特和宋庆龄是在当天（30日）破晓前就送进去的。会议主席团是由国际代表、东北义勇军代表、苏区代表、平绥铁路工人代表组成。宋庆龄为会议主席。参加会议的代表约四五十人，其中还有《中国论坛》英文杂志主编、美国进步记者伊罗生。会议是在三楼大房间举行。前面只有一两张长凳，是给国际代表和执行主席坐的。其余代表都挤坐在地板上。宋庆龄、马莱爵士、伐扬·古久列首先讲话，其他代表相继发言。宋庆龄还不时给代表翻译。最后一位苏区红军代表报告关于苏区反“围剿”的艰苦斗争情况。会场气氛十分热烈。会议足足开了一整天。傍晚大会胜利结束了。会议最后通过了“反对日本帝国主义侵略中国和反对帝国主义战争”的《宣言》，“抗议帝国主义和中国军阀进攻苏区红军”的《抗议书》和“反对帝国主义武装干涉苏联”的《抗议书》。

我记得，在会议期间曾一度发现有“情况”，气氛有些紧张，当时一位保卫会场的同志出来，劝大家保持镇定，并说道：“这次会议是我党要竭尽全市力量来保护的，请大家放心。”

---

① 即马尔度。——本书编者注

会议结束时,我表示希望能邀请马莱爵士和伐扬·古久列去复旦大学演讲。在10月初的某一天上午,我们在校门口热烈欢迎马莱爵士,一两位同学还放了鞭炮表示欢迎。马莱爵士演讲了一个小时左右,内容是关于反对帝国主义战争和保卫世界和平的意义。这次演讲在同学中反应强烈,也受到蓝衣社特务学生的捣乱。

(节选自《中华读书报》2000年3月1日,采访者:李葆琰)

13
艺华公司同远东反战大会的关系[①]

田　汉

在这里，我想谈一谈艺华公司跟马烈[②]爵士和古久列同志一次有趣的关系。

1933 年 6 月，上海举行国际反帝大同盟会议。据说巴比塞要来，后来说他不来了，却来了法共中央委员瓦扬-古久列同志和英国红色贵族马烈爵士。

上海租界虽是欧洲人横行的所在，但对于马烈和古久列这样的欧洲人却是不欢迎的，戒备森严的。他们的行动步步受到租界洋人和国民党反动派的监视，很难跟中国广大群众和文艺界接触。我们利用了艺华公司一些特殊条件，让他们尽可能地访问了郊区农民、工人，也顺便让他们接触了陶行知先生的教育事业。我用艺华公司的汽车领他们访问了大场的山海工学团。农民和农民子弟对学校的热爱和小先生制等引起了他们很高的兴趣。露露——那位刚由舞台走向银幕的女青年艺术家，很快地成为古久列同志的小友，他对她做了很挚切的鼓励。这位露露同志在日本投降后回到上海，住在国际饭店。一次她从外边回来，电梯已经开上去了，铁门却失灵没有关严，她失足踏下去，掉下电梯的最底层，牺牲了。我曾参加过这位不幸的女同志的葬礼。

我还曾怂恿严春棠做东道主，在新新公司酒楼举行过欢迎马烈与古久列的盛宴。据《艺华周刊》创刊号的记载和我的记忆，那晚参加的人，艺华有严春棠、周伯勋、舒绣文等；明星有周剑云、郑正秋、程步高、胡蝶等；联华一、

---

① 标题为本书编者加。
② 即马莱。——本书编者注

二厂有史东山、卜万苍、金焰、王人美；天一只到许幸之一人。此外有陈瑜(田汉)、黄子布(夏衍)、张凤吾(阿英)、孙师毅、郑君里、曹亮、娄放飞、杨霁明、叶灵凤等共40余人。那晚(4号)7时，马、古两人由程步高引导入场，介绍与到会人一一握手，随即签名。金焰以新得的照相机请为贵宾留影。马、古两位慨允，并拉王人美坐在当中。到8点，胡蝶和郑正秋入席，胡蝶与马烈爵士相见后，金焰亦要求与胡蝶握手，引起大家热烈鼓掌，因为这是中国影坛的"帝"、"后"第一次相见。

席间由严春棠、郑正秋、卜万苍等相继致欢迎词。继由马烈爵士致答词(曹亮翻译)。他首先说明他此次来华的意义。然后谈到东西方被压迫民族怎样能联合起来共同反对帝国主义瓜分殖民地的战争。古久列同志也起立致词(娄放飞翻译)，他慷慨激昂地陈述全世界热爱和平，不愿做奴隶的人们反对帝国主义战争的必要。他的富于热情和煽动力的发言，使到会者的精神为之一振。最后，到会者提出了许多问题，马、古二人一一回答。马烈爵士也提出一个问题请大家回答。他说，他"常常看见租界的巡捕可以任意殴打黄包车夫，何以黄包车夫毫不反抗，而中国人士也视为家常便饭，不以为意?"

当时大家公举郑正秋作答。郑正秋首先说明，由于清朝以来中国遭受帝国主义列强的侵略，订了许多不平等条约，才有今天的租界。在深重的内外压迫下，黄包车夫的处境很苦。但中国人民也不是不反抗的，1925年五卅南京路事件就是一个例子。

马烈爵士对郑的回答，表示满意，并表示回国后当向上议院提出反对英租界此种非人的暴行。马烈回国后有没有向他们的上议院做这样的提议我们不知道，连这位红色贵族本人的消息，后来我也一点没有听到。但上海黄包车夫的确不再受人殴打了，甚至"黄包车夫"这一职业也快成为历史名词了。这当然不是由于英国上议院的恩惠，而是由于中国人民赶走了帝国主义，消灭了封建主义、官僚资本主义，彻底解放了自己，建设了自己的社会主义祖国。这次盛宴到深夜10时才尽欢而散。人们说：这是充满矛盾的宴会。“严春棠”的棠字，原来是堂皇的堂字，一次夏衍同志俏皮他“以土起家”，他才改成棠字的。一名上海的烟土大王、大流氓黄金荣的徒弟会欢迎英国红色贵族和法国共产党中央委员？因此有人告诉他，说他“上了共产党的当”。但我以为我们是对得起他的，我们用了他一点点造孽钱，替他做了一桩他所做不到的好事。

古久列同志(Paul Vaillant-Couturier)生于1892年，死于1937年。享年45岁。他一直是巴黎《人道报》的主编，受党内外的爱戴，被称为“我们的瓦扬”，他回国后不久就损害了健康，在我国对日抗战初期，这位说共产主义是“世界的青春”，祝福中国革命将取得伟大胜利的党员作家就辞世了。中国革命胜利后，瓦扬-古久列夫人一度访问过新中国，寻过诗人的旧游之地，但她可能不晓得“我们的瓦扬同志”参加过这样一次左右结合的奇妙的盛宴。

(田汉：《影事追怀录》，中国电影出版社1981年版，第29—32页)

14
护送两位国际代表参加远东反战大会[1]

夏　衍

自从 1933 年 3 月成立了党的“电影小组”之后，我就解除了“左联”的工作，集中力量从事电影工作。新成立的“电影小组”的成员是：夏衍、钱杏邨、王尘无、石凌鹤、司徒慧敏。田汉、阳翰笙也在艺华、联华写剧本，但由于阳翰笙是“文委”书记，田汉是“剧联”党团书记，所以除了田汉仍分管一部分“影评人小组”的工作之外，他们都没有参加“电影小组”。这时候的“左联”党团书记是周扬，“社联”党团书记是杜国庠。由于我的组织关系从“左联”调到“电影小组”，当了组长，因此，1933 年以后，我就很少参与“左联”的实际工作，同时，正如茅盾所说，这一年是“多事而活跃的岁月”，白色恐怖严重，大家工作又很忙，所以，“文委”也不能像以前那样定期开会，特别是 3 月中旬丁玲、潘梓年被捕，“文委”在昆山路的机关被破坏，冯雪峰紧急通知要我暂时隐蔽，所以直到 6 月下旬，周扬约我讨论筹备欢迎巴比塞等人来上海召开反帝大会的事，才和〈叶〉以群、周文等见面。这个会的全名是“世界反对帝国主义战争委员会”，是“一・二八”战争之后不久，由巴比塞、罗曼・罗兰等人发起的；这个委员会 1932 年 8 月在荷兰召开大会的时候，宋庆龄曾去电祝贺，所以他们就决定下一年派巴比塞等到中国召开第二次反帝大会，同时还邀请了日本、朝鲜的知名人士参加这次会议。对这件事，史沫特莱和伊罗生都曾和我谈过，但都还不知道什么时间在中国的哪一个地方召开。据史沫特莱说，因为国际联盟派到中国来的李顿调查团发表了一个有利于日本帝国主义的报告，所以世界反帝战争委员会的代表打算到东北去调查视察，时间原定是 1933 年 6 月。因为巴比塞是法国知名作家，所以江苏省

---

① 标题为本书编者加。

委决定除孙夫人外，还要组织一个以鲁迅为首的欢迎委员会。周扬和我商量了委员会人选，就要叶以群去告诉茅盾，请他参加，并希望他写一篇欢迎反帝大会代表团的文章。可是到7月底或8月初，史沫特莱告诉我，说会议已推迟到9月，而且巴比塞因病不能来了，我把这情况告诉了周扬，又忙着去帮孙师毅写《新女性》的分场剧本了。可是到9月下旬，冯雪峰忽然找我，非常秘密地告诉我，反帝大会的代表已经到了上海，由孙夫人把他们安顿在外滩华懋饭店，他只说了两个人名，一位是英国的马莱爵士，另一位是法国的伐扬·古久列。冯雪峰说，鲁迅已去看过他们，但旅馆有包打听监视，所以省委决定，为了安全，鲁迅和茅盾都不参加大会了。他知道我有些社会关系，所以要我想办法把马莱等人从华懋饭店送到指定的开会地点，时间很紧迫，因此他要我立刻想办法，一定要在次日清晨到内山书店杂志部和他见面，告诉他具体办法。我想了许久，终于决定去找洪深，一是洪深很讲“义气”，又有胆量；二是他能讲英语，便于和外国代表直接交谈。我先向洪说，党有一件重要的事想请你帮忙，不论你愿意不愿意，千万要守秘密，他立即表示愿意，我才把接送马莱的事告诉了他。我说：开会的地点要到明天清早我才能知道，所以请你明天不要出门，在家等我的电话。临走时，他忽然拍了一下我的肩膀说：“有办法了，你放心，保险不出毛病。”第二天（查明是9月29日）一早，我把打算托洪深的事告诉了雪峰，他表示同意，把开会地点的门牌号码告诉了我，但要我陪洪深一同去接送外宾，因为这个地点事先不能让任何人知道。这样，我和洪深约定下午5时在慕尔鸣路“中社”会面。“中社”是一个俱乐部办的茶室，比较安静，是我和他常去的地方。我按时赶到，茶室门口已停着一辆车门上漆着明星公司商标的汽车，我很快就懂得了洪深的用意，因为这是一辆明星公司接送“电影明星”的专用车，用这辆车，比雇出租汽车要安全得多，因为包打听和三道头是不会把电影明星和外国反帝代表联想在一起的。我和洪深在茶室喝了一杯咖啡，等天色渐渐暗了，才和他一起到华懋饭店。这一天洪深穿了一套深色西装，吸着雪茄，俨然是高级华人的气派，所以直入华懋七楼，找到了马莱和古久列，并陪他们下楼，按洪深后来的说法，“简直是如入无人之境”。——他对马莱、古久列说：“奉孙夫人之命来接你们去开会”，这是事先约定的和马莱联系的口号。洪深后来还告诉我，他陪着这两位代表下电梯的时候，还用英语讲了“到了上海，总得看看京戏，今晚给你们安排了一台好戏”之类的话，有意让暗探们听到，出门之后就坐上了明星公司的汽车。我只在车上等了十来分钟的时间。他们上车后，本来是应该过白渡桥向东走的，可是洪深却要司机先到永安公司一带闹市绕了一圈，看看后面没有人盯梢，然后再掉头向东，高速开往大连湾路。记得大概到荆州路附近，我已经察觉到，有几个骑自行车的纠察队在守卫了。我们按指定的地点下车，这是一座并不显眼的普通楼房，但门口却有一小片草地，我和洪深陪两位外宾下车，向守卫在门口的一个中年人讲了一句约定的口[暗]号，这位中年人就很高兴地和外宾握手，因为洪深在汽车上告诉了马莱，说我们的任务只是送他们到开会地点，不参加会议，所以他们进会场的时候只对我们轻声地讲了一句：“教授先生，希望再能见到你。”

后来我才知道，这次大会是经过许多曲折才开成的，孙夫人主持了这次大会，正式的会只开了一天，鲁迅和茅盾都没有参加。解放后，孙夫人和我谈起过这件事，她说大会从深夜开始，直到第二天傍晚结束，有中央苏区和东北义勇军的代表参加。她还说，这样的会，对她是平生第一次，会场没有桌椅，连外国人也席地而坐，为了照顾她，一位女同志给她找来了一张小板凳等等。

（夏衍：《懒寻旧梦录》增补本，三联书店 2006 年版，第 166—168 页）

15
致吴伯棠[①]的信

郑育之

1974年至1976年，我为丈夫周文同志平反昭雪事务住在北京，曾去看望30年代在上海负责地下党工作的领导冯雪峰同志，他当时得了重病肺癌卧在床上，但他断断续续地对我说："中共中央交给我一项任务，要找到国际反帝反战会议在上海召开的地址，以便挂牌作为国际上的纪念场所。因为这个会议是在国民党反动派统治的地区秘密召开的，而且会议开得很成功，国际上影响很广很深；但我现在重病在身，日夜卧床，不能去寻找这个会址，内心很焦急。其他代表，是在黑夜才由交通员引进会场，散会后，又多从后门退出去；同时，多是外地的代表，对上海路途生疏，实难再找到这个会址。现在见到你高兴极了。我身上的一条重担，有了你来挑了。当时你是我的交通员，会议期间，要你也参加会议，以便随时将会议的情况及问题，送到我的住处来解决。"他边说边站起来，战战抖抖地拉来一条木凳，站上去伸手取了一本书，然后又战战抖抖地爬下来，已经气急得话也说不出来，只是对着我笑。过了一阵，气喘减轻了，才在书内找出一张写有："反帝反战会议召开地址"的纸条递给我，边笑着说："我重病在身(肺癌)，日夜卧床，不能去寻找；其他工作人员又不认识上海的道路和语言，寻找起来很费劲，所以我心里很焦急；现在见到你，高兴极了，我身上的一根重担，交你来挑了。"当时雪峰同志病很重，行动已不方便，生活又极困难，为了党的需要，不容我拒绝接受这个任务。当我过了个把月，我丈夫周文同志平反昭雪的事务即将结束，我曾抽出时间去探望冯雪峰同志，他已经与我们永别了。我回到上海，遵照冯雪峰同志的生前嘱托，曾多次寻找反帝反战同盟大会的会址；1976年到

---

① 吴伯棠是上海市虹口区委党史办负责人。——本书编者注

1980年左右，曾去唐山路、霍山路寻找过多次。

1981年3月12日，参事室开介绍信，我与黄霖、胡瑞英[①]三人去霍山路85号，由倪义明、赵文奎[②]接待，1984年又与黄霖去霍山路85号，并与市党史办的同志同去一次，黄霖同志去世以后，我自己又去找过几次，有空闲时间就去找。

1991年12月与鲁迅纪念馆周国伟、孟振亚两同志又去找过两次；一次是到保定路、唐山路附近，保定路路边有一所房子很像，楼梯像，后门像，后门弄堂也像，但是楼梯上面的厨房、厕所都不像，所以没有定下来。第二次又与周国伟、孟振亚两同志去霍山路85号，但因很多地方改建过，也没有定下来。

1993年7月22日，与虹口党史办吴伯棠等同志，又去霍山路85号，那里的邻居介绍了房屋改建情况，但是院子像，有三级台阶，进前门右侧，有一间会客室，后面有厨房通后门，后门外有条弄堂都像，前门楼梯靠左边，上楼后有厕所、水斗和浴缸，据该住户的人说，曾改建过，我回忆居民所说改建前的位置与大会召开时相符，据二楼住户介绍，改建前的二楼、三楼住房均有两大间，二楼前楼有个凉台（后改建为内阳台）都与当时反战会议开会时相符。二楼楼梯最高一级原可以看到楼下院子内外情况，但后来楼梯改建过，后楼梯又拆除了。所以现在看不到院子的内外了。

据以上情况，我认为霍山路85号，是召开世界反帝反战远东会议的原址。

郑育之

1993年8月15日

---

① 胡瑞英即黄霖夫人。——本书编者注

② 倪义明、赵文奎二人是霍山路85号的老居民。——本书编者注

纪念研究

1
祖父冯雪峰与远东反战大会

冯 烈

各位长辈、专家学者和朋友们：

大家好！

首先，非常感谢这次会议的主办单位——上海宋庆龄研究会，特邀我们参加这次“远东反战会议80周年纪念座谈会”。“反战”，无疑是全世界爱好和平的人们的共同心声，关于国际上的远东反战大会以及1933年在中国上海召开远东反战会议的情况和意义等，我想不必我在这里多说了，因为我相信，在座的每一位都一定比我了解和研究得更多。

我作为一个小辈，今天本不该占用大家宝贵的时间在这里发言，但一方面是组委会的安排盛情难却，另一方面，既然来了，也就借此机会将我祖父冯雪峰晚年(1967年至1973年之间)所写的关于1933年9月30日召开的这次远东反战会议，以及与之有关的1933年前后这一时段中共上海地下党活动等相关回忆材料的情况，作一个简单的陈述，希望我的这点发言能丰富这次“纪念座谈会”的内容。讲得不好，请大家多多包涵！

我是在为即将出版的《冯雪峰全集》整理资料时，才将祖父写于“文革”期间的“外调材料”整理出来的。其中涉及1933年远东反战会议以及与之有关的当时上海中共地下党工作人员情况的材料约有20多份。

国际上的反战联盟是国际间反帝国主义、反法西斯战争的联盟，宋庆龄女士是我们中国在国际上的反战代表和这个联盟的名誉主席。从1932年秋间国际代表在荷兰阿姆斯特丹召开以“废除军备，维持世界和平”为目的的第一次“反对帝国主义的第二次世界大战”的会议，到1932年12月国际反战委员会在法国巴黎召开的会议上决定——准备1933年的国际远东反战会议要在帝国主义战争第一道火线口的上海召开，直到这次会议在上海秘密成功召开，这中间所经历的艰难和曲折是不言而喻的。这次远东反战会议，不仅遭到国际帝国主义的一致拒绝，连属于受害国的中国国民党当局也表示远避，致使国际代表团主席马莱勋爵到处碰壁，也使宋庆龄处于尴尬和无奈的境地。

继 1931 年日本帝国主义侵占中国东北的“九一八”事变之后，1932 年初在上海又发生了“一・二八”事变，上海各界群众、工人、学生等组织积极筹备、宣传、发动抗击日本帝国主义侵略的各类爱国运动。在中国共产党领导下，成立了“上反”(上海反帝大同盟，也称“民反”)、“文反”(上海文化界反帝抗日联盟，也称上海文化界反帝抗日大同盟)等组织。宋庆龄、鲁迅、蔡元培等人还亲自组织参加了中国民权保障同盟。这就使国际远东反战会议在中国上海召开成为更加迫切的需要。

1933 年 9 月 30 日在中国上海召开的这次远东反战会议，作为国际性的反战大会，从规模上说远远没有达到国际组织原先的计划和预想，因为原计划来华参加会议的各国代表有数百名，但由于国际上帝国主义的阻挠，最终只有三名国际代表参会。但在中国境内、在白色恐怖的上海，有三名国际代表和五六十名国内代表——其中有工人代表、群众代表、苏区代表等参加这次会议——从这个意义上说，这次会议又是非常成功的，而且意义非常大。尤其重要的是，这次会议是在中国共产党直接领导下成功召开的，这在中共党史上，具有开拓性的、非常积极和深远的意义，也使中国共产党在世界舞台上崭露头角。

简单说来，这次会议的成功召开，反响最大的有三个方面：一是国内的影响。它激起了全中国人民的反战情绪；掀起了全国各地的抗战热潮；坚定了中国人民反对帝国主义对华侵略的决心。二是国际上的影响。在宋庆龄主持下三个国际代表参加的这次反战会议，在会上通过的决议和发表的宣言，会后在国际上引起了巨大反响。三是共产党在国内国际的影响。在中国共产党领导下成功召开的这次会议，极大地提高了中华苏维埃在国内国际的声誉和知名度，体现了中国共产党在中国工农群众中的组织能力和领导能力。

就我个人从一些资料上得来的信息看，冯雪峰与这次远东反战会议发生直接的、实质的关系，是从1933年6月间他担任江苏省委宣传部长时开始的；他接受党组织交给的任务，领导和策划这次会议，是远东反战会议从公开召开转向秘密召开的一个节点。从他接受任务，到策划，再到召开，他同少数几个单线联系的党员和地下工作者一起开展工作。当时的情况和处境是相当困难的，参加会议的每一个人也都冒着生命危险。分析这段时间的资料，我认为他之所以在那样的处境下——在国民党白色恐怖，暗杀、抓捕了大批进步人士，上海中央局、江苏省委等组织都先后遭受破坏的情况下——去担负如此重任，是有他客观的原因的。

1933年5月14日，丁玲在上海昆山花园的住处(当时中国共产党的一个秘密联络处)遭到国民党特务破坏，丁玲、潘梓年被捕(此后丁玲失踪)，应修人被特务从该"联络处"的四楼推下当场摔死。我认为这是冯雪峰接受这一重任的动因之一，且不说丁玲是冯雪峰20世纪20年代后期在北京的好友，潘梓年是同事，更何况应修人还是冯雪峰十八九岁在浙江省立第一师范学校读书时的好友，应修人是"湖畔诗社"的发起人，他们同是"湖畔诗人"。这样亲密的朋友突然死去，对他不能不是又一次很大的刺激；就如同冯雪峰1927年在北京时，李大钊先生被军阀张作霖杀害，他遭受强烈刺激之下毅然加入中国共产党一样；1931年初，好友柔石等"左联"作家被国民党反动当局杀害，当时许多盟员纷纷退盟，他毅然接任"左联"党团书记并创办《前哨》("纪念战死者专号"；该刊从第二期起，改名为《文学导报》)，也是同样。1932年初，他由"左联"党团书记调任为"文委"书记——即文化工作委员会书记，并任中共上海中央局宣传部干事，到了1933年6月，继应修人牺牲后不久，他接任应修人原江苏省委宣传部长的职务，踏着烈士的足迹继续战斗。

从冯雪峰写的材料看，1933年上海地下党组织由于受当时客观环境、条件的限制，组织工作都是秘密进行和单线联系，而且很多人用的是化名，即便是上下级之间也未必知道真名;或是个别知道真名,却不知道化名。比如:材料中除了写有真名的周文、郑育之夫妇等,还写到这样一些化名:"孔二"、"宋三"、"丁九";"瘦子"、"胖子"、"土包子"(也叫"海沧")等等。或许还有一些人,连名字都没有被记录下来就已经牺牲了,但当年的他们就是凭着对共产主义的坚定信仰和热情投身革命,甚至做了无名英雄。我感觉这些化名中似乎隐藏了一些线索,比如"孔二"、"宋三"、"丁九",是按数字排序取的名,不知是否还有"某一"、"某四"、"某五"、"某六"? 除了"胖子"、"瘦子"、"土包子",不知是否还有其他什么"子"? ——这些无名英雄们是不是也一样值得后人去探寻、研究和纪念呢? 这让我想起了电影《集结号》,也许就因为某一个战士的活着和坚持,让一连死去了的战士获得了他们应得的荣誉和称号。在我们今天纪念远东反战会议 80 周年之际,我们也应该纪念那些为了革命事业付出了青春和热血的革命者,纪念那些为革命事业献出生命的烈士,还更应该纪念那些在战争年代中死去的无名英雄们。

历史是不可复制的,唯有真实的历史,才有长久的生命力,而唯有真实的记录,才能真实地呈现历史。从材料上分析,这次会议成功召开之后,还有其后续的一些信息:

第一,冯雪峰 1933 年 12 月离开上海时,有陕北来的贾拓夫与他同行去瑞金。冯雪峰在 1933 年 10 月间,因为江苏省委宣传部干事曾一凡被捕,他在不知情的情况下,第二天一早去曾一凡住处,结果被蹲守的特务抓住,他经过奋力扭打,凭借熟悉地形侥幸逃脱。当时中央考虑到他的安全,通知他去瑞金苏区工作。他在上海与陕北来的贾拓夫同行,一路坐船和翻山越岭走了近半个月的时间才到达瑞金。1934 年 10 月中央红军从江西瑞金出发开始长征,最后到达陕北并以陕北作为根据地。——事实上贾拓夫在长征中起了关键性的作用,他作为唯一一位从陕北到江西瑞金,又从江西瑞金到达陕北的中共干部,带领"先行部队",为在第五次反"围剿"战斗中西行长征的中央红军解决了 30 万斤的粮食需求问题。(据父亲说,红军长征出发时,是冯雪峰通知毛泽东的)而冯雪峰在写有关这次反战会议和后来又有许多人被捕等情况的材料中，写到贾拓夫与他同行从上海到瑞金的这件事情，特别对于贾拓夫来说，冯雪峰也许是他这段历史的唯一的证明人。而历史也正是需要记住像贾拓夫这样一些对革命事业作出过重大贡献的人。

第二，冯雪峰 1936 年 4 月被中央派回上海，中央让他到上海后先与鲁迅、宋庆龄、蔡元培、沈钧儒等民主人士联系，并进行“抗日民族统一战线”工作。我认为这也是与 1933 年这次会议中冯雪峰与宋庆龄的密切配合，以及与会议的成功召开不无关系的。最近有资料证明，1936 年冯雪峰到上海后除了已知的四项任务，至少还有另外两项任务：一是为毛泽东寻找两个失散的儿子；二是为党中央寻找秘密保存在上海的“中华文库”——即“中央档案”（也就是现在“中央档案馆”的前身）。冯雪峰当时指派了地下党员徐强的妻子李云，去担任宋庆龄的私人秘书，而李云是寻找毛泽东两个儿子的人之一。1936 年 4 月冯雪峰回上海不久，就在鲁迅家中会见了国际友人史沫特莱，当时为她做翻译的是路易·艾黎；史沫特莱将红军长征胜利的消息在第一时间也是第一次在国际上发布出去。美国记者斯诺去延安，也是由宋庆龄向冯雪峰提出，冯雪峰请示过陕北中央同意后安排去的。（斯诺此后根据这次去延安的采访，写出了著名的《西行漫记》。）这些中国共产党与国际间的联系，和中国共产党在国际上为维护世界和平所起的作用及获得的声誉，都应该说与 1933 年这次远东反战会议的成功召开有千丝万缕的联系。

由于时间关系，我就说这几点，希望大家指正和补充。

（本文为作者在 2013 年 9 月 27 日举行的远东反战会议 80 周年纪念座谈会上的发言稿）

2

纪念远东反战大会，学习继承前辈遗志

罗解难

女士们、先生们、同志们：

今天大家聚集到这里来纪念远东反战大会80周年，我真是感慨万分！首先要感谢上海市委市政府领导对这项活动的批示和支持，还要感谢上海宋庆龄研究会同志们的辛勤努力和工作，才使得这次活动能顺利举办。我们更要感谢伟大的和平圣母宋庆龄，感谢无数为了崇高理想而无私无畏、前赴后继的革命先辈为我们留下了珍贵的革命遗产，成为我们今天巨大的精神财富。

我叫罗解难，我父亲黄霖在1933年担任了上海远东反战大会的警备委员长，今天我发言将播放一段他在1983年跟我讲述的反战大会的回忆录音。

我先简单介绍一下我父亲黄霖。

黄霖(1904—1985)，原名罗永正，字直方。1904年5月18日生于四川省新都县。1925年毕业于四川陆军讲武堂。1926年参加北伐军，1927年7月加入中国共产党，任贺龙部队第二十军特务营第一连连长，参加了八一南昌起义并随军南征。后参加广州起义。1928年初返回四川从事党的地下工作。

1930年初至1933年10月，在上海从事党的地下工作，先后担任法南区反日救国义勇军总指挥，中共上海中国公学党团书记，中共上海大学生联合会党团书记，中共法南区支部指导委员会书记，中共沪中区区委书记，上海远东反战大会警备委员长，中共江苏省委巡视员。1933年10月23日在上海被捕，关押在国民党南京中央军人监狱。七七事变后，经我党营救于1937年8月出狱，担任“出狱同志大队”副大队长，10月到延安，在中央党校部学习。

1938 年后，先后担任中共中央机关总务处处长、马列主义研究室支部书记、中央秘书处材料科科长、鲁迅艺术学院院务处处长、中央管理局副局长、中央党校第七支部委员。

1945 年 10 月赴东北工作，历任中共长春市委委员兼东荣区区委书记、中共吉南地委委员兼桦南工作委员会书记和游击大队政委、桦甸县县委书记、吉林省委党刊编辑、吉林省委副秘书长。

1949 年 3 月南下，同年 5 月任中共江西省委委员、南昌市委书记兼南昌警备司令部政治委员。此后，历任中共江西省委党校校长兼党委书记，中共江西省委常委，省人民委员会交通办公室主任，省委交通工作部部长，江西省副省长兼文教办公室、外事办公室主任，江西省政协副主席。

在十年内乱期间，遭受残酷迫害，且全家受到株连。1982 年调中共中央组织部安置，得到了彻底平反。1985 年 10 月 13 日在北京逝世。

1983 年，有一天我回家时，看到了郑育之写的一篇回忆远东反战大会的文章，感到特别新鲜，觉得这次会议可真是开得惊心动魄、惊险传奇，就和父亲聊了起来。哪知父亲平静地说，当时他就是这次大会的警备委员长，顿时把我惊住了。我父亲在上海从事地下工作，被捕坐牢我是知道的，他也因此在“文革”中被打成大叛徒，连我们子女也跟着遭迫害，但我还是第一次听说他的这段经历，就请他给我们讲讲当时的故事。于是他就跟我讲述了这段经历。但因当时条件有限、经验不足，录音效果不太好，请谅解。

我父亲的录音讲话经整理和补充发表在人民出版社 1984 年 2 月第 11 期的《革命回忆录》上。由于时间关系，我今天就选播我父亲直接谈到宋庆龄的一小段录音：

30 日凌晨两三点钟，宋庆龄在我的假“爱人”阿梁陪同下乘坐出租车来到了会场。

早餐后，大会正式开会，文件都已经事先准备好了，会议按计划进行。

会场设在二楼的一个大房间里，宋庆龄和外国代表及其他代表一样，都盘着腿坐在地板上。

宋庆龄宣布大会开始后，首先推举了大会的名誉主席和由九人组成的主席团。马莱等外国代表都先后发表了讲话。宋庆龄也发表了讲演。接着是各地各界的代表发言，其中有中央苏区的代表、东北义勇军、第十九路军的代表等。

因为开会的人多，又不能开窗户，所以会场里非常闷热。我看见古久里坐在宋庆龄旁边，拿着一把折扇不时地扇着。扇了一阵儿，又递给了宋庆龄使用。这时，我感到自己原来考虑的问题还是有不周到之处，只考虑了晚上可能天凉，却没有考虑到9月底上海的白天还有可能闷热，也就没有事先准备一些大蒲扇给代表们使用。

中午宋庆龄和几位外国代表一起吃饭，和大家一样，都是就着开水吃着面包夹果子酱。

到了下午4点多钟，会议圆满结束，宋庆龄宣布散会。

散会后，代表们按照事先的规定分头从前、后两个门疏散，一个门走两三个人，五分钟走一批。这样，一个钟头就全部撤出，一点没有惊动敌人。

我们把外国同志和宋庆龄同志留在后面，让其他代表先走，他们走完了，才让外国同志走。宋庆龄是最后走，还是阿梁送她回家的。宋庆龄同志临走前，对把她留在后面走，以保证大家安全的做法表示很满意。

宋庆龄还问我是哪里人，我说是四川人。她就问我认识胡兰畦吗？胡兰畦当过她秘书。我说我看到过她写的《在德国女牢中》。胡兰畦比我大几岁，她在中学时期就是活跃分子。她听了很高兴。

这次远东反战大会终于在敌人的眼皮底下顺利召开了，会议召开的传单在大街上散发，《大美晚报》、中英文版的《中国论坛》、苏区的《红色中华》等报刊都登载了消息，人们为此而鼓舞和振奋。

当前，远东反战大会的史料及其影响和作用，还有待于专家学者以及对此有研究兴趣和热情的人们去挖掘、整理和升华。我们更希望党政有关部门、中共党史研究机构能加以重视和支持。总之,远东反战大会的历史价值和现实意义是不容低估的。

今天我们迈出了这一步,召开了80年来第一次远东反战大会纪念会,就是表明我们要继承和发扬宋庆龄的无私无畏的革命精神,为实现革命先烈们早已怀抱的民主自由"中国梦"、"世界大同"和平梦而不懈奋斗!

谢谢大家!

(本文为作者在2013年9月27日举行的远东反战会议80周年纪念座谈会上的发言稿)

3
我的父母与远东反战大会

周七康

各位领导、各位专家学者、各位朋友：

大家下午好！

80年前，1933年9月30日，我们的先辈在上海召开了一个很有意义、在国内外很有影响的“远东反战反法西斯大会”。这个会议由宋庆龄主持，共有国内外代表65人参加。我的父母周文和郑育之在这个会议前后参加了一些工作。

这个会议原计划公开召开，但是，公共租界不同意在他们租界开会，法租界当局曾经是同意在他们那里开会的，但因为国民党反动派实行白色恐怖，到处抓人，日本侵略者又给他们极大的压力，所以法租界改变态度，通知国际代表团主席马莱爵士，不同意在法租界内开会。所以，这个会既然不能够公开召开，那么就想办法秘密地开。中共中央曾经发过两个通知，责成中共江苏省委具体负责筹备这个会议，配合宋庆龄公开、半公开地筹备工作。具体工作是由中共江苏省委宣传部长冯雪峰负责，他抽调“上反”、“左联”、“社联”、“文委”等一些成员参加筹备工作，成立核心小组、广泛发动群众、开欢迎会、租赁会场、策划掩护方案、检查会场安全及各项准备工作等等。在会前，报纸上发表了许多关于反战大会的消息，有租界拒绝开会的消息，有一再推迟会议时间的消息，关于会议地址还没有找到等消息。母亲曾经对我说，在会议筹备时，为了麻痹敌人，我们经常会发布假消息，放出烟雾弹，敌人被搞得分不出真假，多次说什么会议要流产、会议开不成、国际代表要回国等等。其实我们地下工作者正在抓紧筹备工作，整个计划都十分周密和细致。

在9月下旬，周文和郑育之得到党组织的通知，要完成一个重要任务，叫郑育之先买好两个假樟木箱子放在娘家待命。八月初七(9月26日),他俩得到党组织的通知,叫两人在第二天打扮成新娘新郎,把两个箱子运到东方旅社(汉口路666号)。9月27日这一天正好是八月初八,是我外公和我母亲的生日,他们两人是同一天生日,按照家规,我母亲和她的姊妹们在这一天谁都不许出门,特别是母亲更不可以出门,要在家里给她父亲和自己过生日,但是为了完成组织上交给的任务,母亲不顾这一切,想办法要出去完成任务。她给外公外婆买了很多好吃的东西作为孝敬父母的礼物,又不得不对外婆撒谎说:"这两个箱子是帮同学买的,今天是个好日子,他们要结婚了,我一定要早一点把箱子给他们送去。"这样,外婆才允许她出去。我的父母亲做革命工作是没有工资的,他们的生活来源是靠父亲利用业余时间写作得来的稿费维持生活,过得很清苦,所以母亲没有什么好衣服,这天她悄悄地穿上她姐姐的漂亮衣服出发了。当时在白色恐怖笼罩之下,到处有国民党特务看守。母亲刚把箱子运到弄堂口,就被人拦住检查,并说要看户口簿,没有就不能出弄堂,她就又只好返回家中拿户口本,几经折腾,再晚一两分钟就要错过与我父亲约定的时间,险些完不成任务。

他俩到东方旅社租了一间房间。旅社并不大,是个洋式的旅社,三四层楼,布置得金碧辉煌,非常漂亮。父母亲的任务是购买面包、餐具、水果、奶油、苏打水、罐头、锅子、碗碟、刀叉、气炉等提供代表们的食品和用品。他们两人出去买东西,每次都提着一个小皮箱,走遍旅馆附近的商店,把东西买回来,又因为怕面包的香味传出来被人发现,两人就拿着水果、鲜花,身上洒上香水,各种香味都有,看上去就是一对新婚夫妇出去购物,所以没有被人怀疑。但这样进出十多次,面包买了一百来个,放在樟木箱子里,还只有一个箱子底,父母亲很是着急,这样买下去,要到几时才能买好?再说这样出出进进很容易被人怀疑,所以他们坐下商量办法,决定到面包房定购面包,说学校要开运动会,要买500个面包,叫人送到东方旅社,就这样樟木箱还是没有装满。

28日,内部交通带他们坐着汽车前往会场,半路上父亲周文借故下车。

他没有参加保卫会场的工作,他的任务是对大会做宣传工作。会后满大街的传单里面,就有父亲刻印的宣传品。

内部交通带母亲到了会场,那是一个红色砖墙的三层楼的洋房,交通做了一个暗号,走进洋房内,随即有两个人出来,把两个箱子及一些杂物搬进去。底楼客厅有一些老式家具,全是租来的古式茶几、长桌、椅子等,很像一个阔气人家。楼上全是空的。没有任何东西,带去的两个箱子搬到了会场,开会的时候宋庆龄和外国代表坐的地方,也当桌子用,吃饭时又从里面拿面包出来吃。

所有搞保卫掩护会场的人共有十来个,其中六个人临时组成一个家庭,一个是黄霖,个子不高,是这个家庭的户主大儿子,也是远东反战大会的警备委员长,那个带路的交通叫梁文若,是大儿媳妇,另一个高个子的男同志是二儿子,母亲郑育之是二儿媳妇,第二天,朱姚老人和一个四五岁的小男孩到了会场,朱姚是他们的妈妈,小孩是何葆贞烈士和刘少奇的儿子毛毛,在这个家庭中当大儿子的小孩,他很听话,又很聪明,他对每个人的关系都搞得清清楚楚,配合得很好。

29日,冯雪峰到会场检查工作,告诉大家两个消息,一个是住在隔壁的是一个特务头子,务必要提高警惕。另一个是今晚有重要代表到会场。那个重要代表到会场时才知道她是宋庆龄。搞保卫的同志们准备了铁棒、石灰、砖头等当作武器,随时要与敌人搏斗,还在三楼的楼梯上挂一个铃铛,一根绳子吊到底楼,如果碰到敌人闯进来,他们就要一面与敌人搏斗,一面用铃声通知楼上。保卫会场的同志每人都有自己的任务,工人模样的就出去到老虎灶打开水、买米、买咸菜等,朱姚就照顾着小孙子,在楼下坐镇,监视着外面。有看守后门的,有看守前门的,另外还有人骑自行车在房子周围和街上观察,如果发现可疑人物就马上回来报告。因为面包不够吃,我母亲郑育之的任务是站在二楼的楼梯口,一面烧饭一面监视前门街道上的动静。这个楼梯特长,又高,上面可以看得到街上,而下面的人不易看到楼上的动静。烧饭给这么多人吃,人多锅子小,米多水少,又是开水烧饭,经常要烧成焦饭,还经常烧成夹生饭,大家轮流吃饭,就只有就着咸菜吃,烧了一天的饭,也吃了一天饭,还不能保证每人都吃饱,半饥半饱的坚持开会。

所有代表在28日和29日两天到达会场,规定到了会场都是悄悄地上楼,很多人进了房子就脱鞋,以免走路声音响。楼上不许站起半个身子,窗口前不许站人,不许往外张望,只能静静地坐在地板上休息。但是他们一见面就像见到亲人一样,互相问好,互相握手,有的人几十次地握手,又酸又疼,手都握肿了。

宋庆龄是30日凌晨3点多由交通梁文若带到会场。那些天宋庆龄家附近有许多特务看守,走不出去,只能等到深夜,宋庆龄才想办法乔装打扮化妆后溜出来,甩掉特务的跟踪,一会儿乘车,一会儿走路,走了很多路,才到达会场。

他们简单地吃过早餐,开始开会。会场虽然不能大声说话,但气氛却十分热烈,每个人的发言都赢得热烈的鼓掌,虽然不能发出声音,但会场的气氛,代表的情绪,都非常激动感人。母亲和保卫人员都分别到会场旁听几分钟,因为任务在身,不能多听,只好回到自己岗位,他们是更加认真地观察外面,更加警惕地完成任务。直到会议结束,已经是傍晚了,保卫会场的同志先把代表们一批三人,一批两人地送走,看到一批安全地走了,就又放一批走,代表们都走完了,他们保卫人员也迅速离开会场。第二天,冯雪峰弄车把会场里的家具都运走,什么东西都没有留下。

因为是新造的房子,水电还没有通上,上厕所是个大问题,马桶没水冲,全满了,就只好用浴缸,二楼三楼的浴缸里,堆了许多粪便。在会议开完之后,报纸、刊物和传单上都报道了这次大会已经胜利召开的消息,敌人非常慌张、气愤,他们简直不敢相信这个事实,但几天后,他们搜查到这所房子时,空无一物,只是在马桶和浴缸里发现了许多粪便,这才相信会议是在这里开过了。

所以,敌人又大肆疯狂地抓捕共产党人和革命群众,破坏党组织,封锁道路,禁止大会代表回去。不久江苏省委又被破坏,江苏省委宣传干事曾一凡被捕，冯雪峰险些被捕。后来党中央决定调冯雪峰到苏区去工作，12 月他离开了上海。也是十一二月，我母亲所在共青团闸北区委在开会时全部被抓走关进牢房里，罗解难的母亲胡瑞英和几个女工也是在这时被关进了监狱。

这个会议的成功召开，与宋庆龄的贡献分不开，她不畏艰险，蔑视敌人不准外国代表上岸的禁令，亲自到码头去，上船迎接国际代表团，为群众团体签发委任书，用她特殊的身份与国民党当局交涉开会的一切事宜，公开半公开地利用各种办法筹备反战大会的召开。她与国际代表和共产党组织密切地配合，虽然有国民党反动派和帝国主义的重重压迫，也阻止不了会议的胜利召开，这是她对中国革命又一次的巨大贡献。她是一位伟大的国际主义战士，她为实现世界以及中国的和平、民主、博爱，贡献了一生。我们要永远纪念她。

在这白色恐怖的时候，这些共产党人不顾自己的安危，宁愿没有工资，宁愿东跑西颠，明知有危险，却奋不顾身地投入革命工作。母亲说过，参加革命工作，就有随时被捕、随时坐牢、随时牺牲的可能，但为了理想，为了以后没有战争，为了下一代能过好日子，他们勇敢地与敌人斗争，再大的困难也难不倒，他们真是抛头颅洒热血。没有他们的付出，哪有今天的太平日子。现在有些人违纪犯法，那是他忘了曾经有这些人的付出，或他根本就不知道有这些人的付出。所以我们要对这次会议多多宣传，对以前为中国的解放事业作出贡献的人们大大宣传。

我们今天在这里纪念这个大会的召开，也是为了进一步反对战争，反对帝国主义的死灰复燃。当年，在世界范围内召开过多次反帝反战会议，谴责日本帝国主义对中国的侵略，反对帝国主义对中国的瓜分。今天，如果有哪一个国家再来侵略中国，仍旧会遭到全世界的谴责和反对，中国人民一定会把他们打出去。

（本文为作者在 2013 年 9 月 27 日举行的远东反战会议 80 周年纪念座谈会上的发言稿）

4
纪念“革命妈妈”朱姚

李东生

1933年大约是九十月间，组织调我去掩护反帝大同盟的会场（听说在上海先准备了两次都未开成）。这时我还带着刘少奇同志的孩子毛毛（约1932年底送来我处）……

——引自《朱姚自传》

以上提到的“反帝大同盟的会场”指1933年9月30日在上海召开的世界反对帝国主义战争委员会远东会议，宋庆龄是中国代表团团长，也是这次会议的主要发起人。中共地下党为了保证会议的安全，专门成立了以临时家庭为形式的警卫小组，负责会场掩护工作。组长黄霖是这个家庭的男主人，黄霖的老母亲由中共党员朱姚担当，她还带着一个名叫毛毛的小孙子。朱姚在旧社会没有自己的名字，人们按照南通地方的习惯，称她为朱老太，党内同志则亲切地唤她“妈妈”。1946年因工作需要，朱老太才将自己夫家与娘家的姓氏合并，正式起名为朱姚。

朱姚（1880—1974），出生于安徽桐城的一个贫农家庭，20岁守寡后外出打工，28岁再婚，育有三女一男，后定居南通。参加革命时，她已经将近50岁了，是什么力量，促使这位几乎不识字的老人带着全家投身革命，几十年出生入死，献出了自己一个又一个的亲人……

继续完成二女儿的未竟事业

朱老太年轻时为生活所困，当过工人、做过保姆，奔波于上海、南京、镇江一带，1921年与丈夫朱康甫定居南通。当年的南通是清末状元张謇兴建的民族工业基地，张謇在兴建大生纱厂等工业企业的同时，还创办了纺织学校、河海工程学校、商业学校，以及男女师范学校等多所中小学。尽管张謇本人的政治态度是保守的，但生产力的发展、工人阶级队伍的形成、进步思想在知识界的传播，都是不以人的意志为转移的。蒋介石"四一二"反革命政变之后，革命的形势变得异常险恶，但南通地区的共产党与共青团组织却在继续发展壮大。在南通代师范（通师）就读的刘瑞龙、陈国藩、袁锡龄、丁瓒、李守淦（徐建楼），南通中学的顾民元、江上青，女子师范学校的汪钦曾（汪蓁子）、袁佩玖、朱文英等人，都是在这个时期加入党团组织的。"明知山有虎，偏向虎山行"，这批青年人在革命低潮时期，参加了要被"杀头"的共产党，投入到伟大的人民解放运动之中。

朱文英是朱老太的二女儿，1910年出生。她天资聪明，从小喜爱读书，房东的家庭教师给房东孩子上课时，她在一旁用心地听，听完就能背诵下来。父母见她好学，省吃俭用将她送进南通女子师范学校初中部读书，她一直是学校的优等生。由于父亲朱康甫经常失业，一家六口人的生活来源主要靠母亲朱老太替人做针线、洗衣服和做帮工。凭借优秀的学习成绩，朱文英在学校可以免交学费，交换条件是必须参加学校的勤工俭学劳动。在勤工俭学劳动中，朱文英认识了家境同样贫寒的高中部同学汪钦曾，成为好朋友。

女师是一所校规森严的学校。1925年五卅惨案发生后，全国掀起了反对帝国主义的高潮，南通地区的学生们也成立了五卅惨案后援会和南通学生联合会，组织上街游行、募捐，支援上海工人。女师校长指派汪钦曾作为女师的学生代表参加学联活动，以为汪家交不起学费，需要学校给予减免，比较容易控制。不想汪钦曾在学联受到共产党进步思想影响，回来后成立了女师学生会，成为本校的学生领袖。

汪钦曾在学联认识了通师的刘瑞龙、丁瓒等同学。通师是穷苦学生集中的地方，党团组织的力量比较强。刘瑞龙有个表姐夫叫恽代贤（子强），是著名革命活动家恽代英之弟，在中共湖北省委宣传部工作，刘瑞龙与他有书信联系。在恽代贤的帮助下,刘瑞龙、陈国藩、袁锡龄、顾民元、丁瓒等有志青年组织起“革命青年社”,学习和宣传共产主义。他们经常聚在一起,讨论国内的形势、革命的道路和前途,并深入到工厂农村开展社会调查,创办大生副厂工人夜校,发动群众成立工会和农民协会,与地主资本家进行斗争。汪钦曾从他们那里得到进步刊物,接触到马列主义,也参加了他们的革命活动。

汪钦曾在她的回忆录《走上革命道路》中写道:

> 通师的党员刘瑞龙他们真胆大,八厂已经是他们经常活动的地方。他们日里在校上课,夜里就到工人夜校去教课,同工人们打成了一片。刘瑞龙对革命忠诚,又很勇敢,在同学中也很有威信。他的家庭也是很贫穷的,寒夏都穿着一件破旧的月白竹布大褂,老老实实的样子。寒假里,他到刘桥农村,不顾寒冬腊月,冒着冷风,东奔西走,宣传群众。寒假一过,他又活跃在八厂的工人当中了。

朱文英理所当然地成为女师学生会的活动骨干。1927 年女师成立党团组织,汪钦曾担任中共女师党支部书记,朱文英担任共青团支部书记。

1928 年 6 月 2 日,中共南通县委在博物苑水池中央的假山上开会,被人告密,县委书记彭汉章、组织部长徐秋声、军事委员丁介和、通师党支部书记刘瑞龙和女师党支部书记汪钦曾五人一起被捕,被解往南京,由专管政治犯的特种刑庭审理。彭汉章、徐秋声因身上被抄出文件,被判处徒刑;刘瑞龙、丁介和与汪钦曾三人因查无实据,经组织营救,最终无罪释放。汪钦曾转移去上海,刘瑞龙改用李也萍、石钧、老残等化名,担任了中共南通县委书记、通海区特委书记,并投入到创建红十四军的工作中去。

原南通县委遭破坏后,很快成立了新的南通县委,朱文英担任共青团南通县委妇女部长。1929 年朱文英奉命到上海、无锡一带工作,1930 年 1 月在参加领导上海爱迪生电灯泡厂罢工时被捕。审讯时,她称自己名叫周林宝，拒作任何口供，被押送到苏州高等法院监狱。在狱中，朱文英饱受折磨，当年5月患上伤寒症，经同志帮助保外就医，死于苏州博习医院，此时她刚满20岁。自从1927年朱文英参加革命后，她的家就成为地下党开会的活动地点，为了保护同志们的安全，朱文英从被捕到去世，都没有给父母写过一封信。

6月，朱文英牺牲的噩耗传到南通，朱康甫夫妇悲痛欲绝。想起心爱的二女儿离家前的嘱咐，"要好好掩护机关，照应同志"，朱老太毅然投身女儿未竟的革命事业，因为她知道，二女儿参加的共产党是为穷人闹翻身的。她主动帮助地下党收藏文件，掩护开会，并且争取到房东和邻居也同情革命。红十四军成立后，来往于朱家的同志更多了，朱老太不惜借债典当，也要买点菜招待他们，安排好他们的食宿。经常来往于朱家的地下党南通县委、通海特委和红十四军领导有李超时、刘瑞龙、陈国藩、袁锡龄、张维霞(吕继英)等人，朱老太就像爱护自己子女般地爱护着他们，他们都亲切地称呼朱老太为"妈妈"。他们之中，陈国藩于1930年10月牺牲，李超时于1931年9月牺牲，袁锡龄于1934年11月牺牲。刘瑞龙决心像对待自己的母亲那样，为牺牲的战友照顾好朱老太，朱老太也把刘瑞龙当成了自己的儿子。

由于朱老太阅历丰富、机警勇敢，1931年时由党组织安排到上海，为中华赤色革命济难会(简称"互济会")全国总会"坐机关"，做掩护工作，朱老太就此成为一名职业革命者。此时，她的大女儿已经出嫁，与朱老太一起来上海的，有她的丈夫朱康甫、小女儿朱文媛(朱晓云)，还有唯一的儿子朱文标。朱老太与朱晓云是机关正式在编人员，每月津贴分别是12个铜板和4个铜板。1932年朱老太在"互济会"加入中国共产党。不久，她的丈夫病了，为了机关的安全，她让同志们将病重的丈夫送进医院，自己坚守在机关。丈夫也知道这一去生离死别，独自在医院忍受病痛，十多天就痛死了。事后，同志们对朱老太说："妈妈，毛主席在江西，不认识你，但你为革命工作不顾亲人病的事他是晓得的。"

朱老太的小女儿朱晓云此时刚满11岁，是"互济会"的交通员。1933

年5月的一天，因叛徒告密，敌人躲在联络点里“守株待兔”，逮捕了我们六位同志，其中包括“互济会”总会主任兼党团书记邓中夏，还有小交通员朱晓云。法租界巡捕房看朱晓云那么小年纪，便将她放出去，再派人盯梢，以为小孩子总要回家找妈妈，跟着她就能把地下党一网打尽。朱晓云6岁时就曾经跟着红十四军军长李超时下乡，为李超时打掩护。此时她不慌不忙，连跳三部有轨电车，前门上，后门下，一会儿就把尾巴给甩掉了。她知道地下党有纪律，被捕过的人不能再回机关，便跑到一个没有组织关系的亲戚家中，托亲戚将妈妈约了出来，汇报哪些同志已经被捕，使地下党及时采取安全措施，保护了党的组织。从此，朱晓云母女便咫尺天涯，不能相见。起先，朱晓云在上海的工厂里做童工，后来，党组织将她送到延安，进入女子抗大学习。朱晓云1938年在延安入党，而后被派往重庆、沪宁等地从事地下工作，直到解放。

革命同志都是自己的亲人

朱老太是党内有名的革命妈妈，她将“家”中来往的革命同志都看作自己的儿女，每天深夜都要等到所有的“儿女”回家了，她才最后一个休息。她节省每一块铜板，想方设法为“儿女”们做点好吃的，帮他们洗衣缝补。有陌生人上门，她总是第一个出来应付，即便她坐在家中，她所坐的位置，也是能够看到房门和窗外情况的最佳方位。在白色恐怖猖獗，其他地下机关不断遭到破坏的情况下，朱老太掩护的机关却没有出过事，这是她引以为自豪的。后来的一段时间，朱老太替中央宣传部的朱镜我、罗晓红夫妇“坐机关”。一天，楼下的石灰店老板到楼上探头探脑地张望了一下，朱老太马上觉察到有情况，赶紧收拾东西离开。她等在罗晓红回家时必定经过的马路上，通知他们立即转移，事后知道果然是有人出卖了机关。1935年，上海的党组织又连续遭到破坏，朱镜我、罗晓红在外被捕，给抄了家，“帮工”朱老太也受到监视。半夜里，朱老太逃了出来，住到亲戚家，想起一个曾经听到过的住址，立即叫亲戚通知那位同志转移到自己的住处，那位同志就是瞿秋白的夫人杨之华。

1935 年上海地下党损失殆尽，朱老太与组织失去联系，只好带着唯一的儿子朱文标回到南通。1942 年，她听人说，新四军就是原来的红军，是共产党领导的队伍，已经建立了抗日政府。她找到南通县政府的秘书马一行（当初与朱文英一起参加革命的南通学生），接上了关系，后奉苏中四地委之命前往敌占区从事秘密联络点工作。儿子朱文标参加了新四军，担任过地区指导员，在执行策反任务时不幸遇难。抗战胜利后，组织上征求朱老太的意向，朱老太说："我想找刘瑞龙同志"，经钟明、刘季平等同志一路转送，朱老太在淮阴见到了刘瑞龙，自此，"母子"俩就再没有分开。

朱老太在淮阴时，看到许多干部带着孩子工作不方便，便向组织提出要办一个保育院。于是，1946 年初，苏皖边区政府保育院正式成立，朱老太请组织上派来一位院长，自己担任辅导员。保育院办得很好，曾经接收过 80 多名孩子，还得到过前来参观的国际友人赞扬。不久，因国民党反动派发动内战，苏皖边区政府北撤，朱老太带着一部分工作人员和 20 多个孩子跟着黄河大队，从江苏淮阴一直走到河北宁津，路途中，又收留了两个孩子和一个产妇。朱老太在部队里享受旅级待遇，她把自己的担架让给那产妇，与孩子们一起坐牛车，每天颠簸下来，浑身骨头就像散了架似的疼痛。有工作人员埋怨她自找麻烦，她便给大家讲革命同志要互相帮助的道理。1948 年保育院随军南下，随着形势好转，孩子们也逐渐被父母领回。那时，刘瑞龙是第三野战军后勤司令，指挥着几百万民工队伍，推着独轮车，抬着担架，浩浩荡荡，为作战部队运送粮草，抢救伤员，直到解放大上海，朱老太也跟着刘瑞龙来到了上海。

毛毛的故事

当年在"互济会"时，朱老太带养过彭湃烈士的儿子阿松、刘少奇的儿子毛毛。阿松是 1931 年底送过来的，朱老太十分疼爱这个孩子，同志们有空时也喜欢带着他出去玩耍。阿松不幸染上脑膜炎，经医院抢救无效而夭折，令朱老太十分伤心；毛毛是 1933 年初春送过来的，大约三岁的模样，他的生母叫何葆贞。刘少奇前往中央苏区后,何葆贞带着毛毛在上海坚持,不幸被捕牺牲。何葆贞化名姓李,一般人都不知道她是刘少奇的妻子。1933 年,形势险恶,"互济会"已不复存在,在开完远东反战会议之后,为安全计,组织上让朱老太设法送走毛毛,然后分配她新的工作。朱老太想物色一个既不让孩子受委屈,又能在以后找得回来的人家,她没有经济富裕的社会关系,考虑了几天,想到丈夫前妻的儿子朱文玉是个以弹棉花为生的手工作业者,基本生活来源还是可以保证的,于是,朱老太委托朱家在上海的亲戚将孩子送到扬州江都朱文玉家,让他收养下来做儿子。朱老太这样说是为了不让孩子受委屈。那朱文玉自己没有生育,先前领养过一个女孩,但还没有儿子,便满心喜欢地认了毛毛,准备养儿防老。毛毛在乡下读了几年私塾,长到十二三岁时,看到养父披星戴月地在外面"跑码头",十分辛苦,便提出要到上海去"学生意"。孩子能这样想,做爹的自然高兴,朱文玉遂将毛毛送到上海的堂妹家,找了一个皮鞋匠,让毛毛跟他当学徒。朱文玉的堂妹也是穷人,自己还有着一大堆小孩,尽管生活拮据,但对毛毛这位老朱家的独养儿子关爱有加,毛毛也与姑妈很亲。懂事的毛毛一边给皮鞋匠做学徒,一边卖报补贴家用。姑妈的父母早年掩护过朱老太,所以姑妈对毛毛的身世略知一二,她始终保持着一份警觉,有风吹草动时,便将毛毛送到自己兄弟家隐蔽,两家共同保护着毛毛的安全。

1946 年,从事地下工作的朱晓云从重庆调到沪宁地区工作,在南京梅园见到邓颖超同志,汇报说她在上海亲戚家遇见了童年时的小朋友,是烈士李某的儿子。周恩来夫妇得知,喜出望外,他们知道李某就是刘少奇的妻子何葆贞。周恩来马上安排人将朱文玉和毛毛接到上海思南路周公馆,再由朱晓云的丈夫王必复送他们到南京梅园。毛毛面容酷似刘少奇,那时 16 岁,已长成一个英俊少年。要把多年当作亲儿子的养子送回去,朱文玉心中老大的不情愿。周恩来送给他一笔抚养费(大约折合 40 担米),朱文玉心里依然疼得慌,还没有回到家,就病倒在上海了。朱晓云知道哥哥伤心,自己拿出钱来帮他治病。朱文玉病愈回家,心想自己终年在外奔波,现在女儿出嫁了，儿子又离开了，以后年纪大了没有依靠，于是他又借了一笔钱，与拿到的抚养费合并一处，买了几亩田地，待在老家做起了农民。解放时土改，朱文玉被划为富裕中农之类的阶级成分，做了一辈子无产者，临了成为有产阶级，土地入了社，只留下一顶成分"帽子"。朱文玉毕竟老实，他当时既不知道带养的孩子是谁家的，也不知道送他钱的是什么人，无从辨明。后来他们才知道毛毛原来是国家领导人刘少奇的儿子，又收到刘少奇亲自写来的感谢信，全家自然是激动万分。1955 年朱文玉病死，那时候阶级成分是件大事，不知哪家小报记者凭想象杜撰，以讹传讹，事情变得越来越离奇，说是朱老太将革命后代送给一个富农，富农怎么会善待革命后代呢？必然是虐待啦……1956 年，朱老太也听到了这种流言蜚语，气得当场心肌梗塞，治疗了一年多方才痊愈。

好在毛毛始终没有忘记这段亲情。毛毛大名叫刘允若，1954 年去苏联留学，1957 年利用暑假回国探亲的间隙，写信找"上海姑妈"，还寄来他的照片。第一封信是 1957 年 8 月 9 日写的，信中说，"姑母：不久前从国外回来，得知父亲文玉已去世的消息，甚是难过。他老人家辛辛苦苦养育我一场，指望年老体衰时有个依靠，无奈我仍在求学期间，实在无法报答他老人家养育之恩，但我时时在怀念他老人家"。接着，刘允若殷切地询问姑父姑母、表弟表妹以及叔叔一家的情况，最后还不忘在刘允若的名字后面写上自己当初的小名——毛毛。

第二封信写于 1957 年 9 月 14 日，密密麻麻地写满两张纸：

姑母：

来信收到，非常高兴。自从我给你去信后，天天在家盼回信，但就是不见回信，又不见原信退回。今接到回信，真是喜出望外。我写第一封信后，本想等到你们回信后去上海看看你们，因我不确知你们现在住在何处，因此在没有收到你信之前，不敢动身。可惜的是，现在我已不能去上海了，因为我在本月廿四日就要动身去苏联继续完成学业。但我又很想看看你们，想迟几天去苏联，与父亲商量结果，父亲的意见是：最好是不要耽误自己学习——迟到。同时姑母也在工作，表弟妹们暑假已完毕也开始学习了，怕对你们不便，因此就不去上海看你们了，请原谅。可是我感到没有看到你们而可惜，不过不要紧，以后有机会见面的。

使我非常高兴的是：姑母、姑父、表弟妹们都很好，姑父姑母都在工作，表弟表妹们都在学习，生活得很好。回想起解放以前的苦日子，是有天地之差别，饭都没得吃，更谈不上读书了。希望姑母以这些事实去教育表弟妹们，鼓励他们努力学习；希望姑母以自己劳动了大半辈子的劳动精神去教育他们，使他们热爱劳动，把他们培养成为祖国有用的人才……

以前我跟你们联系太少了，这是我的过错，今后我们应该常常通信。根娣可以代你们全家给我写信，她已是快初中毕业的学生了，一定会写信的，我也一定常给你们写信。

我还记得，我有一次打了根娣一巴掌，打得她鼻孔流血不止，如果她现在不因这一巴掌而生我的气的话，那就请她经常给我写信，我们可以做个朋友。

现在我来简单写写我的情况：我从1946年由南京到延安以后，就与自己父亲在一起，同时就进了延安中学。不久，因蒋介石进攻延安，我又不得不与父亲离别。1947年到晋察冀边区又与父亲在一起，这时进晋察冀边区联合中学，因不够初中程度，在党的关怀和教员帮助下，给我补习了半年，就跟着初中班上课。后来跟着学校一起迁入北京，于1953年在该校高中毕业。高中毕业后，考上留苏预备学，学了一年俄文以后，于1954年去苏联学习，现在大学三年级读书(我学的是军事工业)。我的大体情况就这样，从到上海以后，一直在读书，读到今天还在读书，大概还有三年零几个月就大学毕业。毕业后，是工作还是继续学习，待组织决定。

我还没有结婚，为了是能顺利地完成学业。我一直也没有找到合适的对象，但关于我的婚姻问题，我是不着急的，等毕业以后再说。

请姑母寄给我姑父、姑母，根娣、培根、小春的相片(最好是近影)，当我在想念你们之时,可看看你们的照片。

我在上海曾经照过两次相,一次是去上海,为办身份证而照的;一次是文玉父亲去上海时与他的合影,不知姑母处有存否,拜姑母给找一找。我与文玉父的合影,也在文玉父家中有存,请代我找一找,寄给我。另外寄上我的近影照片三张。

毛 毛

“文革”中刘允若被关进监狱,在狱中待了八年,被疾病折磨得死去活来,1974 年出狱,1977 年病死。他那江都乡下的朱家姐姐闻听噩耗,抱着弟弟的照片哭道:“如果早知道是这样,当年就肯定不让他走了……”

朱老太的革命大家庭

解放时朱老太已经 70 岁了,组织上安排她离职休养,住在永嘉新村。她不习惯赋闲的生活,看到家庭主妇们响应妇女解放的号召,走出家门办里弄托儿所,但是缺少经验,便每天到托儿所去给她们做辅导,直到 1953 年随刘瑞龙一起去北京。此后,刘瑞龙一直将朱老太的住处与自己的家安排在一起,就近照顾年事已高的朱老太。刘瑞龙原先担任华东局农委书记,1953 年老华东局撤销,刘瑞龙调到农业部担任常务副部长,1960 年重新成立华东局,刘瑞龙又回到上海,依旧担任华东局农委书记。他们住在康平路 100 弄时,一家住 103 号,一家住 104 号;搬到宛平路 12 号后,他们一家住二楼,一家住底楼,直到“文革”中刘瑞龙遭到监禁,两家均被迁出为止。

朱老太住在上海时,每逢过年过节,都有许多晚辈上门探望,尽管他们与朱老太并没有血缘关系,但他们都是朱老太革命大家庭的成员,其中包括我的母亲汪蓁子(汪钦曾)和南通女师的同学袁佩玖,她们与朱文英烈士是一个党支部的。“文革”前,我曾多次随母亲一起去看望朱老太,老人清癯的面容至今还印刻在我的脑海里。母亲在家中也经常跟我讲朱老太的传奇故事,言语中充满着对亲人般的赞美与自豪。后来朱老太的口述自传被整理出来，当时印数很少，母亲便让我抄写一份，寄给了南通博物苑负责收集革命史料的李坤馥同志。《朱姚自传》透过朱老太质朴的语言，显现出老人对革命事业的无比忠诚，她为革命事业献出了自己一个又一个的亲人，而把博大的母爱献给了众多革命同志与他们的后代。1974 年，老人去世，享年 95 岁，刘瑞龙为朱老太主持追悼会，我们都去参加了。

朱老太的小女儿朱晓云与我母亲情同姐妹，朱晓云经常来我家，与我母亲有着说不完的体己话，但却从来没有听到她讲自己的革命经历。她一生严守地下工作的组织纪律，即使在家中对唯一的女儿朱继姚也很少说起做过的秘密工作。朱继姚只知道家中珍藏的两条羊毛毯是重庆红岩办事处送给父母的结婚纪念品。朱晓云在上海曾经担任过区政府的人事科长、财务科长、园林管理所所长，无论组织上安排她在哪个岗位，她都兢兢业业地做好工作。2001 年底朱晓云在弥留之际喃喃自语："不能说啊，不能说啊，说了会出人命的啊。"莫非是她又想起了那些血雨腥风的战斗年月？我母亲是在 2002 年 1 月 9 日去世的，她们俩的骨灰盒并排放在龙华烈士陵园的革命干部骨灰存放处。

我为了纪念自己的父母李俊民、汪蓁子以及他们亲密的战友，在退休之后开始动笔写《记忆里的浪花》一书，记述先辈们的世纪人生。朱晓云的女儿朱继姚为我提供了大量的原始资料，有《朱姚自传》、朱文英传略、刘瑞龙生平、刘允若的来信，甚至还有我母亲汪蓁子的回忆录《走上革命道路》。这些珍贵的资料都是朱晓云阿姨留下来的，因为他们都是朱老太这个革命大家庭的成员。

朱继姚是我在上海中学的同学，她的名字就是刘瑞龙给起的，勉励她继承外婆的优秀品格。刘瑞龙对自己的子女很严格，要求他们在假期里必须下乡劳动，却经常带着朱继姚出去参加社会活动。朱继姚告诉我说，刘瑞龙曾带着她访问农户：星期天，乘上小车，开到郊外的一处停下来，走进农舍，向农民询问情况。因为完全是随机访问，所以，被询问者不用担心说实话会惹出麻烦。有一次下乡归来，小车司机打开后备箱，那里面有农民悄悄塞进去的一点农产品，刘瑞龙很严肃地叫司机立刻送回去。刘瑞龙曾去农业机械研究所搞调研，专门了解可供农民使用的小型农机研制情况。当时研究出两种小型农机，一种是手扶拖拉机，耕一亩地花三元多钱；还有一种是小型电犁，在田地两头用钢丝绳来回牵引，耕一亩地只需两元多钱，都是使用成本低廉、适合于小地块耕作的机械。刘瑞龙高兴地说："嗨，这下农民用得起机械了。"后来，经过比较，将手扶拖拉机投入了批量生产。1959年刘瑞龙担任农业部常务副部长期间，因彭德怀写给中央的调查报告中列举大量农业口的数据，使他受到牵连，被调回上海，但他仍然时时牵挂着农民群众的利益。1962年七千人大会之后，中央实行农民自留地政策，刘瑞龙十分兴奋，写了一首诗来歌颂这项利民政策……

"文革"中刘瑞龙受到残酷迫害，被关押了五年之久。他在狱中重新通读《资本论》等马列原著，思考建国后的农业工作，写出30余万字的读书笔记和十几万字的农业论著。"文革"后，他重回农业部任副部长、顾问等职，曾经是第五届全国政协常委、第六届全国人大常委。1988年5月，他在主持全国农史学术讨论会时，因疲劳过度，突发心肌梗塞而去世，终年78岁。

刘瑞龙、朱晓云和我母亲他们生前一直想促成将朱老太的革命经历写成书，但因"文革"爆发最终未能出版，底稿资料也不知去向。前些时，我和朱继姚遇到当年读高中时的一位同学，他小时候也曾经跟着自己的母亲去看望朱老太，他用"血脉相连"四个字来比喻这种亲情。的确，是先烈们的鲜血，凝结成革命同志之间这种胜似亲人的深厚情谊。我们谨以此文，纪念我们父母一辈的"革命妈妈"——朱姚。

2014年6月10日于上海

5
我所知道的曹亮

陈　庆

曹亮是怎样一个人，他同远东反战会议又有什么关系，这在相当长的时期以来一直是鲜为人知的。在纪念远东反战会议 80 周年的今天，当我们回顾中国革命的那段重要的历史，纪念特殊背景下召开这一会议的特殊意义时，众多为之不避艰险、默默作出奉献的人物，重又回到我们的视线。走近历史，寻觅史料，让我们初识与这一事件相关的曹亮。

一　远东反对帝国主义战争的历史背景下出现的曹亮

20 世纪 30 年代初的东西方世界，战争风云密布，欧洲及远东两大战争策源地正在形成。1931 年，日本军国主义者首先发难，悍然在中国境内制造"九一八"事变，一心剿共的蒋介石面对侵略，推行"绝对不抵抗"的政策，日军迅速侵占了我国东北三省，继而又于 1932 年发动了进攻上海的"一·二八"事变。在空前的民族危机下，中国亟待唤起全民奋起抗争的呼声，得到世界反帝和保卫和平运动的声援。1932 年，共产国际执行委员会在五一国际劳动节宣言中，公开号召全世界被压迫人民和被剥削者联合起来，共同反对帝国主义战争，反对帝国主义瓜分中国，反对日本帝国主义对中国的侵略。年底，世界反对帝国主义战争委员会举办的国际反战大会在日内瓦召开。1933 年秋，国际反战的第二次大会——泛太平洋反对帝国主义战争大会，即远东反战会议，在由宋庆龄直接领导筹备、国际国内反帝反战人士的积极响应下，在中国共产党全力支持下，于白色恐怖笼罩的上海成功召开。

当年麦伦中学备受学生敬爱的曹亮老师（爱泼斯坦评价语），被会议筹备方选中，为专程来沪的国际反战代表团团长马莱勋爵担任全程翻译。根据历史记载，所有参加会议筹备的团体委员都曾获得一份委任书，这是世界反对帝国主义战争委员会远东会议筹委会主席宋庆龄亲自签署的。对于选择曹亮,我们已无从考证这特殊时期遗留的史迹,但能担此重任的人,一定也是为宋庆龄所深入了解和信任的。

我的父亲陈一鸣是曹亮的学生,多年前,我曾从一篇麦伦中学校友的回忆文章中看到,1932 年曹亮刚到学校任职时,探究他底细的进步学生,在他宿舍中无意间发现一本通讯录里有孙夫人宋庆龄的联系方式。现在想来,这可能说明曹亮和宋庆龄彼此早有联系。1980 年代初父亲等几位同学探访过曹亮老师,得知他正是从远东反战会议后走上革命道路的。面对依然乐观,对革命事业充满信心的老师,学生也方得知他们夫妇曾因潘汉年案蒙冤被捕,直至 1979 年刚获得平反。此后父亲曾先后两次专访老师,并获得曹亮向党申述的自述材料。1992 年 7 月 6 日,曹亮在北京逝世,《人民日报》刊出"曹亮同志逝世"的报道,在介绍优秀共产党员曹亮同志一生的重要功绩后评价他:"在长期的革命斗争中,兢兢业业,埋头苦干,勇于开拓,为党的事业作出了重要贡献。"

父亲尊曹师为"无名英雄",说曹亮的一生对青年学生运动,文化运动,妇女与劳工运动,救国会运动与统战、外事工作,以及情报、策反工作都作出不少的贡献。曹亮去世后,父亲写下《贡献无声——记曹亮老师不平凡的革命人生轨迹》的纪念文章。为此,在与父亲的多次交谈中,在查阅了父亲对曹亮的访谈记录和其他相关史料中,我了解了曹亮 20 世纪 30 年代前后的一些往事。

二 初识曹亮早期经历中的亮点

1904 年曹亮出生在湖南省的一个贫农家庭。少年时,靠宗祠助学,在美国基督教长老会办的益智中学毕业后,由于学习优秀,主持该校的牧师文南斗将曹亮推荐给自己神学院的导师、主持燕京大学的司徒雷登。刻苦求学的曹亮在京靠工读念完燕大,同时他将周末和假期在协和医院当翻译视为一份历练。

燕京大学也是一所教会办的学校，在校期间，曹亮的同学王揆生（原周恩来南开中学的同学）拉他搞基督教青年会工作。他担任燕京大学青年会会长后，和北京青年会的学生干事张钦士交往密切，他们认为中国基督教教会学校的学生，理应摆脱美国教会的指挥，树立民族自立的改革精神。因此，曹亮又联络清华大学青年会等其他代表，共同发起独立自主的中国基督教学生的改革运动。

当年的曹亮爱国、正义，对反帝、反封建军阀十分积极，同时，他也向往共产主义理想。他以历史的、质疑的态度去研究基督教，认为崇尚服务、牺牲精神的基督教教义与共产主义并不矛盾。1927 年 4 月，共产主义的先驱李大钊被军阀张作霖逮捕杀害，曹亮和同学们在教室里秘密召开了沉痛悼念李大钊的活动。

1927 年夏，曹亮从燕大历史系毕业，结识了志同道合的爱国人士沈体兰，受邀来上海一起工作，被聘为中华基督教青年会全国协会校会组干事。是年，在召开基督教青年会全国会议时，曹亮和沈体兰发起成立“中国基督教学生运动筹委会”，并提出修改学运的宗旨。提议将原来“本耶稣精神，创造青年团契，建立健全人格，改造社会，服务人群”的最后两句改为“实行革命，谋民众生活的解放与发展”。我父亲说过：这革命化的提法受到爱国人士吴耀宗、邓裕志、关锡斌等的赞同支持。这是此后在 1930 年代中国全面抗战前夜，青年会中爱国人士进一步革命化的前奏。

曹亮在回忆中谈到：他到上海后，有机会接触工人，也看到了工人的力量，开始研究工人阶级，还热情支持和推动女工教育运动。据基督教女青年会杨树因给父亲提供的史实：曹亮曾应邀与沪江大学的钱震亚教授一起为女工夜校编写辅导读物，包括《经济学》、《经济史》、《工会运动概括》、《一个女工和一个女大学生》、《怎样读报》等，为女工教育提供了切合实际的教材，深受女工夜校师生欢迎。曾积极领导从事女青年会劳工教育的邓裕志回忆：曹亮经常和她们谈论国际国内的形势，提供思想启示，并受邀到女工夜校演讲，对她们帮助很大。而宋庆龄也是女工夜校的大力支持者，邓裕志的好友。

在上海，曹亮接触到不少进步人士，读到大量进步书刊，使他有更多的机会接近和认识真理。走访全国各地的机会中，他对苦难的中国国情又有深入的感受，自发的阶级意识，使他更倾向进步。在青年协会的工作中，他和沈体兰共同发起组织"世界学会"，出版《世界月刊》，后又亲任编辑。刊物试用马克思主义来解释世界，宣传反帝、反封建、反军阀，宣传研究社会主义。曹亮曾写过《什么是共产主义》。

"九一八"事变后，曹亮支持沈体兰发起"救国十人团"、组织"时社"，座谈抗日救亡的时事。曾请邹韬奋、章乃器、阎宝航、陈彬龢来演讲。参加"时社"的还有章乃器、李公朴、吴耀宗、张以藩、管梅榕、邓裕志、金江蘅等男女青年会干事十余人。"时社"的有些成员，以后也是救国会运动的领袖人物。父亲告诉我：我国基督教界的爱国人士中，吴耀宗是最著名的，他在负责基督教青年协会的校会组和出版组期间，政治思想不断进步，从消极的"唯爱主义"开始转变和升华，这也得到曹亮的帮助。1932 年日军进攻上海的"一・二八"事变时，目睹日机对上海人民狂轰滥炸，在青年会进步人士的恳谈中，曹亮以血的事实启发引导了吴耀宗。

1932 年，当沈体兰继任麦伦中学校长后，曹亮也离开了青年会全国协会校会组干事之职，受邀担任学校教务主任并兼任历史和地理教师。沈体兰支持曹亮在学校历史课上采用编印讲义，宣传了历史唯物主义、苏联十月革命和中国共产党。曹亮协助沈体兰共同开展学校一系列改革，被视为培育麦伦一代青年的革命启蒙人。曹亮的这些经历，应是他成为远东反战会议活动的积极参与者的必然基础。

三　国际远东反战会议主席马莱勋爵的中国翻译

远东反战会议是在帝国主义和国民党白色恐怖的重压下成功召开的，这个成功涵盖会议之前充满艰险抗争的筹备过程，也涵盖国内爱国人士、工人、学生等人民群众对召开反战会议的声援活动，以及国际代表的反帝反战的宣传活动。当 1933 年 7 月中旬，《大美晚报》以《世界反帝会主席启程东

来 代表多人同行》为题报道之时，在近一个月之后的8月18日，这位世界远东反战会议主席、劳工党人、英国代表马莱勋爵和法共机关报《人道报》主编伐扬-古久里等五位反战代表团成员抵达上海招商局中栈码头，受到蔑视国民政府登陆禁令的宋庆龄和数百群众热烈欢迎之际，这一过程渐次形成波澜起伏的高潮。

曹亮曾经自述："1933年，英国反法西斯进步人士马莱勋爵（Lord Marley）率反战代表团来中国。在欢迎马莱勋爵的大会上，以及他停留在上海进行反对侵略战争、争取和平的宣传工作的整个时期，我担任他的翻译。"

根据曹亮的表述，查阅名家的回忆和当年《大美晚报》等报披露的一系列报道，从马莱勋爵等国际反战代表的频繁活动中，我们也能间接感受到随行翻译曹亮担当的这份任务的重要作用。

作家草明曾回忆当年的8月下旬，上海举行欢迎马莱、伐扬-古久里等国际代表大会，有鲁迅出席并陪同客人。鲁迅的日本朋友内山完造在《上海霖雨》中也写道："八九月间的某日，受马莱之约，鲁迅到沙逊饭店（今和平饭店）8楼会见马莱。"鲁迅是筹备反战会议、负责接待国际代表的主要领导人之一，在当时的形势下，鲁迅的亲自陪同、与马莱间的相约谈话都是事关重大的，出任翻译的自然也是最值得信赖的人。

8月31日上午，马莱答《大美晚报》记者提问时谈到：远东反战会议无定期延会，因为有多数的会议代表被捕。马莱抵沪当天，欢迎队伍中就有32人被捕，后仍有一位教授和一位律师在押，官方说他二人系共产党，以有危害政府行为为由，拒不放人。又谓北平公安局曾逮捕拟参加反战会议的数名中国学生，为此，马莱均设法援救，力争使被捕者释放。

事实上，随着各地代表及群众被捕被害的人数日益增多，公开地召开远东反战大会阻力很大，宋庆龄等领导的公开和半公开的筹备工作、中共地下党江苏省委的冯雪峰领导的秘密筹备工作都在交织进行，不少群众欢迎集会也都在秘密组织下举行，曹亮所随同的马莱等国际代表在受到跟踪监视的情况下，也未停止出席集会和进行宣传活动。8月底，国际代表曾分别参加恒丰纱厂女工300多人的大会、瑞镕铁工厂500工人的大会并作讲演。

上海扶轮总会是致力于社会和国际公益服务的组织，8月31日中午，在该组织的宴请会上，马莱发表题为《解述反战会议》的演说，马莱说到反战会议的目的：中国在远东占有重要地位，上海为远东重要城市，也为将来战争之发源地，故决在中国举行，因中国为世界之公开市场，竞争颇烈，必引起战争。反战会议之目的为使中国工人知将来之危害，故各劳工团体均应参加会议，即共产党也应加入。马莱提出：求世界和平，须求助各国有知识人民；他抨击"日本攻华，亦称中国为'罪恶之邦'"；痛斥各国资本主义的报纸鼓励战争，为最恶毒政策；揭露数星期内已有赞助反战会议者被当局以共产嫌疑逮捕。

据报道，参加扶轮社午宴的外方人士有前美国驻华公使、美国驻沪总领事、德国驻华公使、英国驻沪领事，尤其还有日本使馆人员及上海工部局日本董事。作为爱好和平的反法西斯民主人士，马莱的言辞必遭到敌对势力的嫉恨。而作为翻译，将国际民主人士马莱勋爵的正义之声传递给中外各界人士的同时，甘冒危险也一定是担此重任必有的心理准备。

在白色恐怖四伏的上海，从《大美晚报》等报章上面，我们还能通过记者们列举的与远东反战会议相关的种种"暗中活动"的报道，进一步了解曹亮曾经陪同马莱的到访之处：

9月11日，在四川路青年会，上海新人学会与远东反战会议代表一行举行远东反战大会之预备会议，决议反对帝国主义、反对法西斯、援助东北义勇军、反对日本帝国主义侵略华北等六项大会提案。

9月12日，在北四川路某校，外国语研究会召开欢迎会，马莱及克特留氏[①]相继演说：谓日本帝国主义侵略中国，完全发展到相互勾结的阶段。晚8时40分，马莱在XQHC中国广播电台发表演说，解述反战会议之目的。又见于该报之前报端预告：马莱将借广播电台演讲，并有翻译将内容译成华语。

---

① 即古久里。——本书编者注

9月14日，沪东杨树浦贫民2 500余名出席欢迎远东反战代表之野外大会，中途被巡警解散，翌日再开。该处参加者有工人、贫民六千余名，国际代表全体到会，轮流演讲，群众参与演讲。决议提案十余条，马莱与群众旗帜接吻，赢得掌声，呼口号，放鞭炮，散传单，声势盛大。

同日午后，在中共江苏省委的安排下，在江湾复旦大学，学生召开欢迎国际反帝反战代表大会，代表团成员马莱在学生代表、复旦大学党团书记伍孟昌的陪同下，向600余学生作了讲演，演说远东反战大会之由来，及国际帝国主义瓜分中国之现状。特务企图破坏会场，未遂。

9月15日，新华艺术专科学校学生以路灯剧社名义，开会欢迎国际代表团。因未得到学校当局允许，被报告警察分驻所派警察制止，并抓捕数名嫌疑分子。另有一部分学生对当局不满，另行集会，并以开除同学后援会名义散发传单。晚上，马莱、古久里夫妇一同到黄金大戏院观看戏剧协社演出的世界反帝名剧《怒吼吧！中国》并给予评论赞誉：虽因经济困难及剧院关系，而舞台成绩殊属惊人，表演技巧优良非凡，对于剧情也给以肯定。

9月17日，在上海码头召开群众大会，300多人到会，并请国际反战代表演讲。

9月中下旬，闸北丝厂女工200多人举行会议，欢迎国际远东反战大会国际代表。

直至9月30日，远东反战会议秘密在上海虹口汇山路的一幢四层红色楼房（今霍山路85号）内成功召开；直至10月初，国际反战代表完成使命，在群众的欢送声中离开上海，翻译曹亮也完成了协助马莱勋爵的反战宣传工作。

在中华民族危难之际，由宋庆龄亲自主持召开的、由中国共产党全力支持的国际远东反战会议放大了中国之声、正义之声，对国际、国内结成反对帝国主义战争、反对法西斯的统一战线产生着积极的影响，对中国逐步走向抗日救亡的群众运动高潮也起到了先导作用。作为参与相关活动的见证者，曹亮在作出贡献的同时，抗日救亡的激情一定受到极大的召唤，因而，曹亮也由此迈向革命的新起点。

近半个世纪后，曹亮在向党申述中披露心迹，他自述加入中国共产党前夕的这段不平凡的工作经历后说："我自发地、鲜明地表明了我的进步立场，从而受到党的重视，由田汉、阳翰笙介绍我入党。"父亲在专访时进一步了解：曹亮担此重任中曾见过中共江苏省委的冯雪峰，中共"文委"的左翼文化领导人阳翰笙、田汉、周扬、夏衍对他的表现都十分赏识，他们向曹亮提出应该加入中国共产党并从事党的外围团体工作。曹亮回忆说："当时，我说我还不够资格吧。"他们说："谁不是一天（就成熟的），进来！我们互相切磋帮助。"入党之初，曹亮在从事"苏联之友社"、国际友人学习会、英文月刊《中国呼声》的国际国内宣传工作中，不仅得到宋庆龄的直接支持、帮助，也与更多的志同道合的中外进步人士如：海因茨·希普、路易·艾黎、甘普霖、马海德、魏璐诗、魏德迈（荷兰籍）和基督教女青年会支持劳工教育的四名中外干事等建立了更广泛的联系。入党后的曹亮，还活跃在"文委"领导下的"文总"和"社联"（即"中国左翼文化总同盟"和"社会科学家联盟"），成为"文总"的党团成员，"社联"的党团书记。

6
沪上记忆：1933年世界反战大同盟来华代表团工作探微

李语然

各位前辈，各位嘉宾：

下午好！我叫李语然，是中央戏剧学院电影电视系在读硕士研究生，代表李又然家属参会并发言。

感谢会议主办方上海宋庆龄研究会，给我们这些晚辈学习和交流的机会。

李又然是我的祖父，他的长子李兰颂是我的父亲，而我是李又然的长孙。

关于大会，我的祖父有回忆录，我的父亲有采访记，合在一起总题目为：《沪上记忆：1933年世界反战大同盟来华代表团工作探微》，分目如下：

李兰颂

《沪上记忆：反战大同盟之两个时间》（代序）

李又然

《毛主席——回忆录之一》

李兰颂

《沪上记忆：原始速记稿之毛主席说》

《沪上记忆：鲁迅研究会之人类大爱》

李又然

《丁玲——回忆录之二》

李兰颂

《沪上记忆：在您心中啊之丁玲作序》

《沪上记忆：无一不刻苦之江丰信任》

李又然

《艾青——回忆录之三》

李兰颂

《沪上记忆：涛声依旧在之出版消息》

《沪上记忆：第三种说法之艾青献诗》

李又然

《古久里——回忆录之四》

李兰颂

《沪上记忆：安慰者箴言之人道灾难》

《沪上记忆：正话须反说之国际悲歌》

李兰颂

《沪上记忆：四同四足年之周文日记》(代跋)

现在我就把上述四篇回忆录、八篇采访记以及序跋作个题解，不当之处，敬请批评。

先说代序，李兰颂《沪上记忆：反战大同盟之两个时间》。主要是讲，1984年11月13日，李又然在北京逝世，享年79周岁。在李又然加入共产党和参加革命工作的两项重要的时间节点上，需要作出组织确认——即以红头文件，给予盖棺定论，方可对外发布讣闻，以使逝者入土为安。

1957年12月20日，中国作家协会错划并作组织处理的右派分子，依次为："丁(玲)陈(企霞)冯(雪峰)李(又然)艾(青)罗(烽)白(朗)"(详见1957年8—9月《人民日报》)。之后，李又然被下放到张家口地区怀来县东花园乡农业合作社劳动。

1961年，李又然在河北省怀来县直接写信给毛泽东主席，反映女儿李达妮已到学龄而因北京无监护人看管难以入学的困难，经毛主席批准，李又然被安排到商务印书馆。1975年，李又然被商务印书馆强迫以15年工龄退休，1958年以前的党龄和工龄一概归零不计。

1979年1月，李又然"三恢复"，即：党籍、职务和薪金待遇等均已得到恢复。重新办理离休手续，每年多给两个半月的工资，原因是抗战前参加革命工作。待李又然逝世，中国作家协会、商务印书馆联合为李又然治丧草拟讣闻时，拟文上报，得到批复：

中共文化部党组文件

文党字(84)第197号

关于确定李又然同志参加革命工作时间的批复

出版局：

报告收悉。经研究，李又然同志参加革命工作时间可确定为一九三三年九月。对于李又然同志一九二八年至一九三二年参加法国共产党一段，应承认其革命经历。

特此通知

中国共产党文化部党组(代章)

一九八四年十二月十二日

于是，才有了这样一份简历：

李又然同志简历

李又然(1906.4.16—1984.11.13) 诗人、散文家、翻译家和教育家。1928年入法国共产党属巴黎中国支部，1941年入中国共产党属中央直接吸收；早期在上海和巴黎秘密进行革命文化活动；抗日战争在延安八年，从事创作、翻译和教学工作；解放战争在东北三年，担任文艺和教育方面的领导工作；新中国成立后，在北京执教于中央文学研究所。

以上说明政治生命多么重要。李又然入党和工作两个时间都与世界反战大同盟来华代表团组织接待工作直接相关，也可以说，参加这项工作就是参加革命工作。

说第一篇，李又然《毛主席——回忆录之一》；李兰颂《沪上记忆：原始速记稿之毛主席说》、《沪上记忆：鲁迅研究会之人类大爱》。说一下这三篇的题解。

第一句话，毛主席怎么看这项工作。最直接的证据是：

李又然1975年1月17日致毛泽东主席信中开头就说："你曾经，毛主席，高度地肯定我，说：'你是革命的，不是反革命的！你在上海……我知道，有人告诉我。'"

这不单是毛主席对李又然参加世界反战大同盟来华代表团组织接待工作的个人评价，也可以通过几十年后这封信，得知毛主席当年是对这次组织接待工作的整体评价。

"有一次，毛主席，你说：'你入党！'底下迟迟不通过，毛主席，你说：'随他们不通过，中央解决！'这样，你亲自帮我排除障碍，取得党籍，毛主席。"李又然成为党史上由中央直接吸收的党员。

党史上由中央直接吸收的党员依次先后有（共16人）：杨度、叶挺、邹韬奋、续范亭、赵寿山、范铭枢、郭沫若、李又然、赵博生、董振堂、许广平、沈雁冰、庄希泉、陶峙岳、董其武、宋庆龄。

延安文艺座谈会合影。在此前后，毛主席和李又然单独谈话六次之多，必然涉及过世界反战大同盟来华代表团的组织接待工作。

还有一说，网上风传，李又然当过毛泽东的秘书。实际他刚到延安，是中央军委编译处编译，曾为白求恩翻译陕甘宁边区介绍。

还有一说，网上风传，老家慈溪政协为李又然立传说：李又然当过宋庆龄的秘书，实际是为世界反战大同盟来华代表团当翻译。

1932年12月下旬，在狱中的江丰提议给鲁迅写信，由狱友艾青执笔，请求鲁迅先生寄书给他们阅读，信中写道：难友们把监狱当作学校，每天按时看书、作画、写诗，开讨论会，大家的精神状态和对敌斗争的意志都很好。

1933年9月5日，鲁迅等会见世界反战大同盟来华代表团副团长、远东泛太平洋反战会议代表、作家记者、报纸主编、法国共产党主要领导人之一保尔·瓦扬-古久里[1]。其间,李又然多次与鲁迅通信,得到支持和保护。

再说,李又然《丁玲——回忆录之二》;李兰颂《沪上记忆:在您心中啊之丁玲作序》、《沪上记忆:无一不刻苦之江丰信任》。李又然写到他和丁玲、冯雪峰三人看戏遇到下雨,联想到冯雪峰"比我淋更多的雨"……

李又然纪念冯雪峰的这篇稿子发表在《人民日报》上。1933年,白色恐怖中,丁玲被密捕,应修人在丁玲的住处坠楼牺牲。说明——血雨腥风,世界反战大同盟来华代表团组织接待工作是随时赴死的工作。

因之丁玲、江丰二人,为李又然在延安加入中共的介绍人;十年浩劫后,丁玲为《李又然散文集》作序。丁玲纪念江丰,写到1930年代,江丰灰暗狭窄住处。

李又然呢,在江丰这次为世界反战大同盟来华代表团组织接待工作被捕又出狱后携其躲避慈溪老家,住了四个多月。请看,江丰木刻:《日军攻占沈阳城》。

此前,是江丰最早请李又然参加世界反战大同盟来华代表团组织接待工作的,后由楼适夷到霞飞路去接李又然,说:"宋先生请的……"宋先生指宋庆龄。

再有第三,李又然《艾青——回忆录之三》;李兰颂《沪上记忆:涛声依旧在之出版消息》、《沪上记忆:第三种说法之艾青献诗》。主要说,一般认为,艾青在狱中写《大堰河——我的保姆》等诗托人带出监狱交给李又然发表一举成名。

更重要的是,李又然以特殊的文体写狱中的艾青《慢性的死刑》,描述艾青被捕入狱以及狱中生活细节,成为研究史实的一份重要资料。曹聚仁著文《李又燃[2]先生的文体》给予首肯。

1933年,李又然撤离上海时艾青赠诗《ADIEU(法语:别了)——送我

---

① 即保罗·伐扬-古久里。——本书编者注

② 应为李又然,下同。——本书编者注

的R远行》;1937年,李又然奔赴前线时艾青赠诗《煤的对话——A-Y. R.》。1949年,钱仁康将这首诗谱曲。

第四篇最是核心内容,李又然《古久里——回忆录之四》;李兰颂《沪上记忆:安慰者箴言之人道灾难》、《沪上记忆:正话须反说之国际悲歌》。

李又然写《古久里——回忆录之四》以后,再也没有力气写作了。艾青曾说过:1933年是"又然的黄金时代",是指为古久里当翻译的这段时日。

古久里手稿影印件,译稿于1933年8月号在上海出版的《现代》,以印象记的笔法发表,显然是此行访华报告的主要观点,或者是访华报告的一部分。

这是秘密召开的反战大会主宾席,古久里在讲话。之后去杨树浦开群众大会。李又然回忆录主要写这部分。证明不只是开个会,还有公开集会斗争。

说到罗曼·罗兰。李又然、艾青在监狱内外接连发表多篇——欢迎罗曼·罗兰、巴比塞一行即将访华的诗文。主要是在《涛声》周刊和《出版消息》半月刊上。其间,频繁受到法西斯报刊《社会新闻》、《微言》、《晨曦》等公开告密和造谣中伤。但得到鲁迅的支持和保护。

说到巴比塞,李又然和艾青早在巴黎时期,就在巴比塞主编的《世界》周刊集会上不期相遇,之后得以相识。此次欢迎巴比塞即将来华,李又然正话反说,发表文章名为《"打倒巴比塞"》,实际是回忆在巴黎集会聆听巴比塞讲话、和工人群众高唱《国际歌》的情景。

《社会新闻》、《晨曦》、《微言》等法西斯报刊公开告密、造谣中伤——看要目就知道:《向忠发被捕时的伪中央》、《李又燃要跳黄浦江》、《张闻天仍编红旗》、《马莱的马后炮》;《出版消息》、《涛声》发表李又然、艾青欢迎罗曼·罗兰、巴比塞的诗文……为大会召开营造氛围。

作为代跋,李兰颂《沪上记忆:四同四足年之周文日记》引入了多方资料:

1933年9月30日,由宋庆龄亲临主会,有国际和国内各地代表出席,远东泛太平洋反战大会如期召开。参会人员，散会后去向如何?

几年以后，大批志士，离开上海，奔赴延安——直接投身抗日民主斗争，组织鲁迅研究会，创办鲁迅艺术文学院，自力更生，开荒种地。

李又然1906年在上海出生。出国又回国，1937年抗战到延安……1940年在陕北、1958年在河北、1969年在湖北，三次主动和被动务农。

在延安有周文《生产日记》记载。这里作为代跋，无疑是对以上写到的相关人物的人生路线及命运轨迹的一篇侧记……

李又然的骨灰撒在了他所生活、工作和战斗的地方的江河里——黄浦江、钱塘江、松花江……他在晚年，作诗自勉——

萤火虫

并非不知道，最暗的星
也比我无比地辉煌；
我还是一闪一闪地飞行，
尽管我只有这么一点点光。

以上发言，敬请批评。望今后能保持联系和交往，再次感谢各位前辈和嘉宾!

(本文为作者在2013年9月27日举行的远东反战会议80周年纪念座谈会上的发言稿)

7
上海反战大会的始末

倪墨炎

1933 年 9 月 30 日在上海召开的反战大会，是中国共产党领导下的进步力量和国民党反动势力的一场重大斗争。本文试图钩沉史料，对这次大会的来龙去脉作一较为详尽的介绍，并对过去的一些记载之误进行必要的订正。

大会的筹备

1932 年春，著名作家巴比塞、罗曼·罗兰发起组织世界脑力劳动者和体力劳动者的联合阵线，反对帝国主义战争，保卫社会主义苏联。他们的倡议，得到了苏联、各国共产党和进步力量的支持。经过紧张的筹备，1932 年 8 月 27 日至 29 日，在荷兰阿姆斯特丹召开声势浩大的世界反对帝国主义战争大会。出席大会代表 2200 余名，代表世界各地三万余个群众组织。罗曼·罗兰被推为大会主席。这次大会成立了世界反对帝国主义战争委员会，罗曼·罗兰为委员会主席，巴比塞等人为副主席，宋庆龄等人为名誉主席。

1932 年年底，世界反对帝国主义战争委员会专门讨论了帝国主义国家侵略中国的问题，并决定在上海召开一次反战远东会议，同时派出调查团调查日本侵略中国东北的情况。这个消息最早在中国公开透露，据目前所能找到的材料，是 1933 年 2 月 7 日的《申报》。报纸在这天刊有《杨杏佛说明反帝国大同盟组织》的消息，其中说："昨据国民社巴黎电，世界名流所组织之非战会，将组调查团来华，前往东北调查云云。孙夫人宋庆龄女士且已去电欢迎。新声社记者昨特往中央研究院，面晤副院长杨杏佛氏，探询内容。"杨杏佛是中央研究院总干事，"副院长"是记者的误记。当时，宋庆龄、蔡元培、杨杏佛等人正在积极从事中国民权保障同盟的活动。从《申报》的这条消息可见，宋庆龄等知道要召开远东反战大会当在更早一些时候。这条消息接着又说："据杨氏称，该项组织，实为'反帝国主义大同盟'，孙夫人为该同盟名誉会长之一。参加国家欧、美及中、印等国咸有之，重要分子系包括社会党与工党等，以站于左倾方面者居多，其中皆属世界有名著作家及科学家，均极有地位而有权力者，惟其名现尚未能宣布。其目的在反对任何一国以武力侵略其他国家，如日本此次之以暴力侵略我东北是也。尤其是反对帝国主义者联合一线以压迫弱小国家。是以当'一·二八'淞沪战争之时，该同盟曾有极长宣言，痛斥日本之非，惟我国当时因未曾译出，故未经披露。最近该同盟曾举行重要会议，讨论'不侵略中国问题'，并因李顿调查团报告书，系出于帝国主义集团之手，颇多不忠实之处，遂决意自组调查团来华调查，另缮一报告书，以真实情形，昭告于全世界人士。惟其来华日期，因尚未接其电告，故不深悉。惟孙夫人等已准备届时招待云云。"杨杏佛的这席谈话，把反战委员会的宗旨、远东会议召开的目的、调查团来华的任务，以及反战委员会对中国人民的支持，都大略地第一次介绍给了中国人民。过了两天，蔡元培、杨杏佛接见《申报》记者，杨杏佛又一次谈到反战会议，他说日前谓"反帝大同盟"，实系"世界非战大会"之误，并重申："该会为世界著名学者所组织，将以正义公道之立场，以调查满洲事变云。"

迎接反战大会的筹备工作，这时已开始进行。从杨杏佛向新闻界两次公开介绍反战大会的情况看来，迎接大会的筹备工作实际上由民权保障同盟在着手进行。到了五六月间，世界反对帝国主义战争委员会已初步确定国际代表约在 7 月间到上海，大会约在八九月间举行。这时筹备工作就显得更为紧迫。不料正在这个时候，风云突变，杨杏佛遇刺。中国民权保障同盟虽未解散，事实上已很难再公开活动。7 月中旬，上海成立了中国领土保障同盟会。据 7 月 20 日《申报》报道："中国领土保障同盟会，由本埠文化学术四十余团体暨各界爱国人士，经月余之努力筹备成立。"7 月 22 日，领土保障同盟会举行会议，讨论迎接世界反对帝国主义战争委员会代表到来的筹备事宜。会议决定由中国民权保障同盟、文化学术会等11个团体成立筹备委员会,负责迎接的各项工作。7月31日,筹备委员会召开记者招待会,报告筹备经过,并提出该会的要求:"一、各团体各个人即刻来参加我们的筹备会,来准备欢迎工作;二、在经费上及其他方面,援助本筹备会的进行;三、每个人把帝国主义侵略中国的事实、自己的意见、各地反帝运动的状况等等,写交本会,以便搜交巴比塞调查团;四、各公团邀请巴比塞调查团派人前往演讲,借此可由广大民众直接与巴比塞调查团陈述意见;五、发动广大民众拥护巴比塞调查团在中国召集国际反帝反战大会。"

以后,中国领土保障同盟好像没有再开展活动。事实上,迎接大会的筹备工作,一直是在中共江苏省委宣传部领导下,由宋庆龄亲自主持。她是世界反对帝国主义战争委员会远东会议上海筹备委员会主席。此外,上海还成立了上海民众欢迎远东反战大会总筹备会、远东反战大会支持团体协议会等。这些组织起初都是半公开活动的。

国际代表的到来

这次大会是远东会议,除了世界反战委员会的代表外,原定日本、朝鲜也派代表出席。但是大会尚未召开,却风波迭起。

朝鲜代表被捕是一个风波。最早透露朝鲜代表被捕的是"新新社"(当时上海的一家新闻社)。该社在7月26日发的《反帝大会中止举行》的新闻中说:"世界各著作家及非战主义者等,准备来华,举行世界反帝大会说,据极可靠方面消息,现已决定暂为中止举行,因环境不许之关系故也。惟左翼文豪巴比塞所组织之调查团,则仍照预定计划,于八月五六日可抵沪,前往东北调查暴日侵华之真相。又闻朝鲜台湾出席反帝大会代表,先后已有五人于日前来沪,其中三人已为拘捕,余二人则行踪不明,此事即予活动召开反帝大会者一大打击。但究竟如何,尚有待于证实也。"第二天,《大美晚报》否定了反战大会"中止"的说法,而证实了朝鲜代表的被捕。该报的一则消息说:"世界反帝与非战同盟在沪召集之大会,日前虽有因环境不许暂停开会之说。今日(二十七日)续闻仍将于九月初照旧集议。……高丽代表五人,业已有三人为本埠日本领事署逮捕,……惟逮捕情形尚未探悉,即此三人是否为高丽本国派来,抑系在沪韩志士中推出,亦未能确知。”7 月 31 日《申报》的消息进一步证实朝鲜代表被捕,而且是“中途为某当局所注意,致有二人,已被秘密逮捕,下落如何,迄无消息”。

接着,日本代表被日政府禁止出席大会。世界反战委员会代表英国人马莱、汉密尔顿,法国人伐扬-古久里,比利时人马尔度,于 8 月 18 日到达上海。著名作家巴比塞因病未能来华。国际代表共四人。当时《申报》等多次报道也是四人。过去冯雪峰等回忆是三人,似误。也可能后来出席秘密会议的只三人,因而误记为国际代表只三人。马莱是英国勋爵、工党议员;这次国际代表的领队汉密尔顿,身份不详;古久里是法国共产党人、法共机关报《人道报》主编;马尔度是比利时社会民主党人士。他们到沪后的第二天(19 日),马莱和马尔度即乘轮赴日本横滨,拟与日本代表接洽,然后一起到上海参加大会。不料船到横滨,马莱等一行却被日本警察阻止登陆。几经交涉,才允许登岸住入一旅馆,但不许行动,俟下次班船到即返上海。为此,日本政府外务省发表谈话,声称:“禁止马莱等登岸,并非因于个人的反对意见。反战会议为与日本国体不相容之第三国际所主持,当局不愿该会议代表在日本国内旅行,因此拒绝旅行而已。”消息传出,国际舆论哗然。英国反战委员会即向驻英日本大使馆提出抗议。但这并不能改变日本政府的决定。马莱等只得乘下次班船,于 8 月 25 日回沪。

日本政府阻止马莱等在日本活动,也阻止日本民间团体派代表出席远东会议。为此,日本反对希特勒法西斯主义的文艺自由同盟等团体的代表 80 余人,拟在日比谷公会堂集会商议妥当办法。这也遭到警视厅的禁止。他们于是改为召开“远东和平友之会”,于 8 月 25 日下午 6 时在日比谷公园举行。会议开至 8 时,暴徒数十名一拥而入,捣毁会场,散发事先印好的反对反战会议的传单,并引起格斗。此后,“和平友亲会”也就停止了活动。

这次远东会议的矛头本来就是针对日本帝国主义的,主要议题就是日本侵华问题。按理，中国国民党政府应该支持这次会议。但由于蒋介石政府正在执行“攘外必先安内”的投降主义政策，他们就竭力阻挠、破坏这次会议。当马莱等代表到沪时，反动政府宣布外国代表一概不许登陆。宋庆龄蔑视这项禁令，亲自上船去欢迎代表，[①]并让代表们住进华懋饭店。马莱等人从日本回上海后，即着手大会的筹备工作，首先要解决的是会场问题。据《大美晚报》报道，8 月 26 日马莱往访公共租界(英国人控制的租界)工部局总董和总裁，但不得要领，反而由工部局巡捕房派探员二人，对马莱等加以“特别保护”。据《申报》报道，28 日，马莱又往访国民党上海市长吴铁城。吴在接见时装模作样地说了一通什么:“中国崇尚和平，对于非战宗旨，无人反对，但最近屡接各方报告，谓本埠共产党企图利用非战大会开会之机会，为共产党本身之活动，而吾人现在尚不能确定第三国际有无支配非战会议之实际。且上海市战后损失甚巨，亟待恢复战前状况，经不起再有社会不安之纷扰，故市政府唯一之责任，在维持地方治安、保障人民之和平生活秩序。”马莱虽然一再声明“非战会议并不受第三国际之支配”，但会场还是没有落实。据上海英文版《大陆报》报道，8 月 29 日，马莱又往访驻沪英国领事馆。代理总领事台维森告诉他：日本政府反对反战大会的召开甚力，要求公共租界和法租界当局不准在界内召开反战大会。鉴于该两租界当局在淞沪战争时已与日本发生争执，这次不想再因反战大会而和日本引起龃龉。这实际上对于在公共租界和法租界商借会场的要求，已“坦率地”拒绝了。

在马莱多方走访之时，据上海《泰晤士报》报道，英国代表汉密尔顿，持伦敦中国大使馆介绍信，于 8 月 27 日到南京往访国民党政府外交部。会晤者对他说:“京中当道，对于大会可谓为取中立态度。”外交部也不解决任何问题，汉密尔顿只得空手回到上海。

在反动派的层层阻挠之下，马莱于 8 月 31 日先后向报界宣布两项消息：(一) 反战大会将不在上海，而在上海附近地方召开；(二) 他将北上去

① 参见宋庆龄《为新中国奋斗》一书中《反对帝国主义战争！》的注释。

北平等地游历，拟离开上海。实际上他并没有离开上海。宣布这两项，目的是为了转移国民党政府和日本方面的注意。

这之后，新闻界记者不能再觅到马莱等人，因而在十多天时间里，上海各报不再见有马莱等国际代表的活动消息。这时，四位国际代表，在中共江苏省委宣传部的安排下，到恒丰纱厂、瑞镕铁厂、沪东贫民区、复旦大学、上海美专等等工厂学校演讲。

到了9月中旬，可能是出于日本特务机关的策划，日文报《上海日日新闻》不断制造关于反战大会的谣言。该报先是说反战运动是社会主义运动，又说反战运动意在排日排德，是英国用来进行排日政策的。日本的用意是很明显的：说它是社会主义运动，那不仅英美法国家和租界当局应该反对，而且还胁迫国民党政府反对；说它用来排日排德，是把问题尽量扯到国与国之间的关系上，以扩大事端，使反战大会无法召开。马莱等利用英文《字林报》予以驳斥。接着，《上海日日新闻》又造谣，说马莱和苏联有私人信件往来，该报已获得马莱致西伯利亚某美国女士函抄件、马莱致李维诺夫（当时苏联外交部部长）函照片、柏林史沫特莱致沪函抄本等等，暗示反战大会受第三国际和苏联操纵。9月15日，马莱在华懋饭店和《上海日日新闻》报社代表当面对质。马莱否认有这些信件，并质问他们从何处得到抄本或照片。参加对质的中国邮局代表声明："中国邮局内关防严密，对于泄漏信函内容，几属不可能事。"参加对质的华懋饭店代表也声明：饭店招待员绝不可能私拆函件。在各方面对质之下，《上海日日新闻》社只得在报上公开承认"并未实在确见马莱勋爵私函之抄录稿"，并说他们发的消息欢迎"有关方面证实或否认"。这实际上等于承认了他们是无中生有的造谣。日本一些人策划的阴谋诡计就这样没有能得逞。

国际代表由于受到警探和国民党特务的包围，因此他们到工厂、学校去活动，都必须先千方百计地摆脱"尾巴"。9月下旬，马莱等宣布消息：反战大会已决定不在沪召开，他们也将在一周内离沪回国。《字林报》就刊出了消息，题为《世界反战会放弃在沪开会》，副标题是《已接巴黎总部训令，代表决定本周离沪》。9 月 29 日，国际代表离开饭店忽而失踪。正当特务们在四出查找他们的时候，他们却已在华界的一幢楼里参加秘密举行的反战大会了。

党领导下的各项准备工作

我党中央得到要在上海召开远东会议的通知后，就向全党各级党部发出了《中共关于欢迎国际反帝非战大同盟代表团来华及反帝大会的筹备通知》。通知开头就说"国际反帝非战大同盟的代表团将在七月间来沪，并准备九月初（确定日期以后再告）在上海开世界反帝大会"。通知指出了这次反战大会召开的意义，要求通过这次大会的召开，"动员广大群众反对帝国主义战争，特别反对帝国主义与国民党向苏联的挑衅，反对国民党对苏区红军的'围剿'及各省的军阀混战"，并要求与广大群众日常开展的反帝反国民党的斗争结合起来。通知还"责成江苏党立即经过一切公开或半公开的群众组织发动组织欢迎筹备委员会，在各工厂各学校及公共群众机关成立分会，尽量吸收一切同情分子参加，要绝对防止一切狭隘的关门的方式。……各地亦应动员广大的群众筹备欢迎的工作。欢迎委员会的任务，从现在成立起，即应开展各种宣传、鼓动和组织的工作，并准备在代表来到的时候，组织群众的欢迎、示威、游行及通电、宣言之类"。通知还要求各地成立"反帝代表会并选出出席世界反帝大会的代表"，以参加大会。

根据中央通知的精神，中共江苏省委派省委宣传部部长冯雪峰负责反战大会的筹备工作。在冯雪峰的具体筹划下，中央通知所提出的各项要求基本上都是做到了的。现在有据可查的大量工作是：

（一）7 月间，成立了远东反战反法西斯代表大会总筹备委员会、上海民众欢迎远东反战反法西斯代表总筹备会，和其他欢迎大会召开的各种群众组织。

（二）7 月间，各地代表陆续秘密来到上海。对代表们都作了妥善的安置，保证了他们的安全。

（三）在7月31日出版的《文学杂志》上，发表了《国际作家总联盟为反战给全世界作家的信》。信中号召作家“反对战争”，“描写战争的罪恶”。

（四）8月初，大会筹备委员会主席宋庆龄发表《反对帝国主义战争！——世界反对帝国主义战争委员会中国代表的声明》。这声明起初大概是印成单页传单的，后来发表在8月6日出版的中英文合刊的《中国论坛》杂志上（新中国成立后全文收入《为新中国奋斗》一书）。

（五）从8月中旬起，鲁迅等105人签署的《中国著作家欢迎巴比塞代表团启事》、中国左翼作家联盟的《致上海反战会议各国代表巴比塞同志等的欢迎词》、鲁迅茅盾田汉的《欢迎反战大会国际代表的宣言》等文件，先后印成传单发表。

（六）8月18日，国际代表抵沪时，组织了工人学生手执旗帜去码头欢迎。

（七）8月23日，大会筹委会和民众欢迎代表筹委会联合发表《拥护远东反战反法西斯代表大会！》的宣言。

（八）8月26日左右，召开了欢迎国际代表的大会。据出席大会的草明在《我吃过他的“奶”》中回忆：那次大会马莱和古久里都出席的（见《人民文学》1981年第9期），而马莱是8月25日才从日本回上海。大会很可能在26日召开。

（九）8月29日，为了组织、宣传好这次大会，在中共江苏省委宣传部直接领导下编辑出版的大会专刊《反战新闻》创刊。这是四开小报形式的刊物，隔天一期。前面所说的种种启事、宣言，就刊载在该刊的第一、二期上。

为了使这次大会顺利进行，中共中央于8月21日又发出了《中央关于筹备世界反帝非战大会的紧急通知》，要求各地代表至迟必须在9月7、8号抵达上海，并对下列问题作了指示：（一）关于拥护和宣传大会的问题；（二）关于选举和派遣代表参加大会的问题；（三）大会着重提出的问题：反对帝国主义战争，反对帝国主义与国民党向苏联挑衅，反对日本帝国主义的侵略，反对五次“围剿”，等等；（四）这次反帝大会定名为反法西斯蒂非战大会;(五) 这次大会应产生永久的远东反法西斯蒂非战大同盟的执行委员会,会后各地应成立永久的群众的反帝的机关。中央的这些指示,对于大会的胜利召开,是十分重要的。

根据中央的指示精神,中共江苏省委宣传部加紧了大会的筹备工作。在冯雪峰的筹划指挥下,在华界的沪东大连湾路[①]租到了一幢房子。由周文、郑育之夫妇等人假扮新婚夫妇搬进那幢房子,为代表们准备了大量面包和开水。然后,大会代表分批地秘密地陆续来到。一切准备就绪后,反战大会就在这幢楼里秘密举行。

大会秘密举行

反战大会是 9 月 30 日秘密举行的。关于大会召开的日期,过去有几种不同的记载。我们认为,9 月 30 日这个日期较为可靠,有着较多的根据:(一) 首家报道大会召开的消息的是租界里的《大美晚报》。该报在 10 月 2 日发表《反战会开会记》一文,报道说:"今晨(二日)探悉上海各当道虽不允反战大会举行公开会议,而该会仍于上星期六(上月三十日)在本埠某私人住宅悄然集议。"(二) 当时瑞金出版的中央苏维埃政府机关报《红色中华》(油印)第 129 期刊载的《出席国际反帝反战代表大会的苏区红军代表回来的报告书》中说:大会"终于九月三十日在上海开成功了"。(三) 收在宋庆龄《为新中国奋斗》中的《中国的自由与反战斗争——在上海反战大会上的演词》一文,注明日期是"一九三三年九月三十日"。(四) 郑育之在《世界反帝大同盟在上海召开的远东反帝反战会议的情况》一文中回忆:她在阴历八月八日接到任务搬进那幢房子,这天正是她的生日,大会在三天后召开,即八月十一日,折算阳历也就是 9 月 30 日。[②] 一个人对自己的生日一般是不会记错的。

① 应为汇山路,今霍山路。——本书编者注
② 郑育之回忆见《党史资料丛刊》1980 年第 1 辑,上海人民出版社 1980 年版。

至于大会的经过，《红色中华》上刊有详细报告，上海的《大美晚报》、《中国论坛》等报刊上也有一些报道。情况是这样：到会代表不少，有上海各工厂工人代表，东北义勇军，察哈尔义勇军，平绥铁路工人，十九路军士兵，河北、福建、江苏、吴淞及苏区红军代表等，加上国际代表马莱、古久里、马尔度，共65人。其中农民四人、苏区红军代表二人、国民党军士兵三人、知识分子及学生九人，其余都是工人。全体代表中有九位是妇女。

大会推选马莱、古久里、马尔度、宋庆龄、东北代表一人、东北义勇军代表一人、平绥铁路工人代表一人、察哈尔义勇军一人和苏区代表一人，共九人为主席团。并推举毛泽东、朱德、片山潜、鲁迅、高尔基、巴比塞、台尔曼为大会名誉主席。大会执行主席是宋庆龄。

大会开幕后，首先由宋庆龄致开幕词。接着马莱报告了国际反对帝国主义战争的情形，痛斥帝国主义、法西斯蒂、国民党镇压革命、屠杀革命人民和革命领袖的无耻罪行。东北代表和古久里为马莱的报告补充了帝国主义、国民党进攻苏联和进攻中国苏区、红军的事例。第二个报告是宋庆龄的《中国的自由与反战斗争》。她痛斥帝国主义和反动派发动战争的种种行径，并强调指出：反动的武力只能以革命的武力来对抗；我们并不是反对一切战争，我们是拥护中国的武装人民反对帝国主义的民族革命战争的。她的这个报告的全文后来收入了《为新中国奋斗》和《宋庆龄选集》。第三个报告是苏区红军代表报告苏区工农群众生活斗争情况，和苏区人民热烈拥护红军、参加红军、慰劳红军的情形。这个报告使全体代表极为振奋，全场一致轻轻地欢呼和热烈地轻轻地鼓掌。三个报告以后，东北代表、十九路军士兵代表、上海工人代表自动发言，表示坚决反对帝国主义和反动派发动的战争。

大会经过热烈讨论，通过了由代表们提出的五大提案：(一) 海员工人、码头运输工人、铁路工人不替帝国主义运送枪炮给中国国民党来进攻苏区红军；(二) 没收帝国主义卖给国民党的枪炮，用以武装东北义勇军去打日本帝国主义；(三) 兵工厂的工人不替帝国主义反动派制造枪炮来发动侵略战争和进攻苏区红军;(四)反对国民党对苏区的经济封锁;(五)国民党军士兵不打工农红军,自己人不打自己人。

大会还通过了几项决议和宣言:(一)反对帝国主义战争反对法西斯蒂的宣言;(二)反对白色恐怖抗议书;(三)反对帝国主义进攻苏联红军的抗议书;(四)反对帝国主义和中国军阀进攻中国红军的抗议书。

最后,大会上成立了反对帝国主义战争委员会中国分会,并选举宋庆龄为主席。

宋庆龄后来回忆到这次反战大会的情形时说:“我们既然被迫放弃公开会议,就准备举行秘密会议。由于我们正处于严密监视之下,我们就必须严守秘密。连我自己都不晓得举行会议的地点在哪里,直到一天早晨的黎明时候,我被带到上海工厂区的一幢阴暗凄凉的房子里。代表们只能一个一个地单独前往。甚至还有一部分人是在深夜里偷偷地到那里去的。当我到达时,每一个人,连外宾在内,都坐在地板上,因为房间里唯一的家具是供秘书用的一张小桌子。我们实际上是在低声耳语之中进行报告和讨论的。”①

大会进行了一天,到傍晚结束。代表有计划地分批离开那幢房子。直到过了一二天,上海群众已在马路上散发会议胜利召开的传单,《大美晚报》等也已有了有关报道,反动派才知道大会已经开过,但会场还没有找到。在他们找到会场时,房子里已空无一物,而这幢房子就在公共租界捕房侦探头子的隔壁,这对反动派实在又是一个辛辣的讽刺!

在1933年《上海公共租界工部局年报》中的《警务处报告》有这样一段记载:“本年八月间,有非战同盟会代表若干人,自欧洲抵护,拟在沪召集亚洲非战同盟会,但旋于十月四日乘亚斯卡拉登轮船,前往海参崴。若辈在沪时,曾与中国若干过激派团体之代表,开秘密会议,并议决在沪设立非战同盟会远东局。所拟在沪召集之亚洲非战同盟会,以向本局、法租界公董局及

① 宋庆龄:《动员起来,为亚洲、太平洋区域与全世界的和平而斗争!》,载《人民日报》1952年10月3日。

上海市政府陈请准其开会之时，均被拒绝，未曾举行。”工部局相当于后来的公安局。这段警务处的报告基本上是老实的，它不得不承认虽然华界和租界都曾阻挠大会的举行，但会议还是秘密召开了。因为这会没有日本、朝鲜等国代表参加，所以它认为不是“亚洲非战同盟会”。

鲁迅参加的活动

从大会筹备之初，鲁迅就十分关心和支持，并积极参加筹备活动。这次大会的党内实际负责人冯雪峰，和鲁迅时有往来，因此鲁迅对召开这次大会的党中央《通知》和《紧急通知》的精神，以及大会筹备进展情况，都是能及时了解的。例如，据《鲁迅日记》，在筹备工作已十分紧张的 9 月 22 日，冯雪峰全家到鲁迅家吃饭。

鲁迅参加大会的活动，从目前所能找到的材料来看，就有：

（一）为大会捐款。冯雪峰回忆说：“他十分关心和支持这会议，并曾捐款以补筹备经费之不足。”[①]

（二）鲁迅领衔和 104 位文艺界人士发表《中国著作家欢迎巴比塞代表团启事》。

（三）鲁迅与茅盾、田汉联名发表《欢迎反战大会国际代表的宣言》。

（四）鲁迅出席了欢迎国际代表的大会。据草明在《我吃过他的“奶”》中回忆：“1933 年，就在我 20 岁初次到上海那一年，我在欢迎英国的马莱爵士和法共的古久烈的欢迎会上，第一次看见了我崇敬的导师鲁迅先生。那时人很多，我站在后面，熟人向我指点前边陪同客人的鲁迅先生。”草明的回忆和冯雪峰的回忆很有出入。冯雪峰说：“他[②]也没有出席公开欢迎外国代表的聚会。”我们以为：冯雪峰虽领导这次反战大会，但并不出席欢迎会，而

① 冯雪峰此处和下面所引的话，均见《鲁迅研究资料》第一辑（文物出版社 1976 年版）：《谈有关鲁迅的一些事情》。

② 即鲁迅。

草明出席了大会，又是第一次见到鲁迅，因而印象很深。她的回忆是可信的。

（五）国际代表到上海后不久，鲁迅曾会见了古久烈。冯雪峰回忆说：鲁迅“会见了伐扬·古久烈，地点是在北四川路天潼路伊赛克[①]的寓处”。这事在鲁迅9月5日日记中也有反映。

（六）鲁迅还曾会见马莱。据内山完造《上海霖语》(1942年出版)中回忆：鲁迅曾到华懋饭店去会见马莱，开电梯的人看看鲁迅的衣着不让他乘电梯，他只好走到七楼去。谈了一小时半到二小时后告别了，马莱送他到电梯口，开电梯的人大为惊讶。

（七）鲁迅没有出席大会，但被大会选为名誉主席。关于鲁迅的没有出席大会，冯雪峰曾这样说：“鲁迅先生没有出席会议。不是他不愿意出席，而是为了安全不让他出席的。同时我们也觉得既然在秘密方式之下开会，也没有要他出席的必要。”

（八）在大会召开前夕，正当国内外反动派竭力企图扼杀这次大会时，鲁迅在杂文《新秋杂识》中揭露和抨击了这件事，他说：“反战会议的消息不很在日报上看到，可见打仗也还是中国人的嗜好，给它一个冷淡，正是违反了我们的嗜好的证明。自然，仗是要打的，跟着武士蚁去搬运战败者的幼虫，也还不失为一种为奴的胜利。”

（九）反战大会以后，鲁迅又在《黄祸》一文中说：“我们佩服国联的制裁日本，我们也看不起国联的不能制裁日本；我们赞成军缩的‘保护和平’，我们也佩服希特拉的退出军缩；我们怕别国要以中国作战场，我们也憎恶非战会议。我们似乎依然是‘睡狮’。”这就揭露了反动派对帝国主义屈服，而对人民的反帝活动却坚决镇压的无耻嘴脸。

过了一年多，当萧军、萧红问起这次会议的情况时，他在1934年12月6日的信中说：“会是开成的，费了许多力，各种消息，报上都不肯登，所以在中

---

① 即伊罗生。——本书编者注

国很少人知道。结果并不算坏，各代表回国后都有报告，使世界上更明了了中国的实情。我加入的。”

可见，鲁迅积极参加了这次大会的许多活动，同时对大会的整个进程也是自始至终都十分了解和关心的。

大会召开以后

大会虽然胜利召开了，但斗争并未结束。

大会后不久，四位国际代表即于 10 月 4 日乘中东铁路公司驻沪办事处所租用的挪威货轮阿斯岂尔登号离沪，直抵海参崴，经西伯利亚铁路返欧洲。国际代表临行时，大会筹备处散发了《欢送国际反战代表宣言》。马莱宣布，他可能顺道视察黑龙江边境俄日两方军队暗中对峙情形，以及西伯利亚犹太人移殖区域的情况。回欧洲后，代表们对上海反战大会和帝国主义侵略中国的情况，有所报告和宣传。

国内各地代表也陆续返回原地，并向原地传达了这次大会的情形。苏区代表回到苏区后，作了详细报告。《红色中华》上并提出了要以实际行动来拥护反战大会的成功：“一、加紧苏区和红军反帝拥苏①力量，没有加入反帝拥苏的劳苦工农群众，应该积极加入。二、拥护二次全苏大会，参加苏维埃经济建设工作。三、劳苦工农积极加入红军，扩大一百万铁的红军！巩固红军！四、劳苦工农很勇敢的加入红军，到前线去夺取中心城市，实现江西首先胜利，配合和领导白区千百万劳苦工农群众反对帝国主义进攻苏联，反对帝国主义瓜分中国，反对法西斯蒂白色恐怖。以战斗动员来粉碎帝国主义国民党的五次‘围剿’！”当时，王明“左”倾冒险主义已在中央苏区占领导地位，因而其中有一些“左”的口号。

大会代表是否有被国民党反动派逮捕的呢？这有很多不同的记载。据《红色中华》报道，在大会召开前已有 60 人被捕。据《反战新闻》第一期《即

---

① “苏”，指中国苏维埃政权。

时释放筹备反战大会的群众!》载,至8月29日,已有二三十位代表被捕。而《中国论坛》第二卷第十期(9月18日出版)《反战会议力抗帝国主义的阻碍!》中则说已有“五十个同情反战会议的人们”被捕,其中《正路》刊物编者张耀华,由于签名于《中国著作家欢迎巴比塞代表团启事》而被捕,接着又被枪杀。我们认为,当时各地代表是分散的秘密的陆续来沪的,不大可能路上被大批逮捕。到了上海,当时也没有发生代表住地被破获之类的事发生,也不可能有几十人的大批被捕。至于个别的代表和工作人员被捕,这是可能的,是存在的。另外,国际代表到来时,曾组织工人学生去码头示威欢迎,大概有数人被捕。

总之,这次反战大会虽然小有损失,但总的说来大会是成功的,是胜利的。它在国内外都产生了积极的影响。宋庆龄、鲁迅积极参加大会活动,坚持战斗,表现了共产主义者为革命事业不畏艰险的崇高精神,是永远值得后人敬仰和学习的。

(原载《党史资料丛刊》1982年第1辑,上海人民出版社1982年6月版)

8
宋庆龄与远东反战会议

常美英 田 军

1927 年大革命失败后，蒋介石建立的国民党新军阀政权，对外投降帝国主义，对内实行法西斯专政；国际上，德、日、意等国为摆脱世界经济危机，疯狂地进行扩军备战，成为世界战争的策源地。在这样的国内国际环境中，宋庆龄不顾个人安危，积极参与国际上反帝和保卫和平的运动。在 1927 年 12 月、1929 年 8 月先后在比利时、德国召开的国际反帝国主义同盟大会上，被选为大会名誉主席。1933 年 9 月，她亲自筹备和召开了远东反战会议，为保卫世界和平作出了贡献。

一

1929 年至 1933 年，资本主义世界爆发了经济危机。为了摆脱危机，寻找出路，德、日、意等国把国民经济转上军事化的轨道，逐渐形成东西方的战争策源地。世界局势日趋紧张。

面对日益弥漫的战争乌云，宋庆龄与巴比塞、罗曼·罗兰、爱因斯坦、高尔基、辛克莱·德莱塞、郎之万、罗素、片山潜等国际知名人士于 1932 年 5 月成立了"反对帝国主义战争大会发起委员会"，1932 年 8 月 27 日至 29 日，在荷兰首都阿姆斯特丹召开了世界反对帝国主义战争大会。会议由罗曼·罗兰主持，巴比塞作了报告。出席大会的代表有 2 195 名，代表了世界各地三万多个群众组织，有工会、国际红色救济会、国际劳动者救济会、私营企业职员、政府官员、现役军人、残废军人、教授、教员、大中小学生组织选出来的代表。大会成立了世界反对帝国主义战争委员会[①],“其目的在于反对任何一国以武力侵略其他国家,如日本此次之以暴力侵略我东北是也。尤其是反对帝国主义者联合一线以压迫弱小国家”。[②] 委员会主席罗曼·罗兰,副主席巴比塞。宋庆龄虽未赴会,但仍与萧伯纳等人被推为名誉主席。这次大会得到了各国共产党和进步力量的支持。中华苏维埃政府向大会发了贺电。

1932年底,世界反战委员会决定在1933年秋召开“远东泛太平洋反对帝国主义战争大会”[③](简称“远东反战大会”),并派代表团重新调查日本帝国主义侵略中国东北事件。[④] 此次大会的目的是“准备讨论远东反对帝国主义斗争和国际争取解放与和平斗争的关系”。[⑤] 马莱指出:“此次集会,凡沿太平洋岸各国均有代表参加,就此俾各国代表发表意见,以防止战争之发生。”[⑥]“并因李顿调查团报告书,系出于帝国主义集团之手,颇多不忠实之处,遂决意自组调查团来华调查,另缮一报告书,以真实情形,昭告于全世界人士。”[⑦]在确定召开远东反战大会的地点时,曾经有人提出,“如果在东京有公开的可能,最好能在东京举行。但日本代表认为在当前形势下,在日本举行这样一次大会是绝对不可能的,他们要求能在上海举行”。[⑧] 故远东反

---

① 名称有几种说法:1.“世界反对帝国主义战争委员会”,见宋庆龄:《反对帝国主义战争!》正文及注;2.“国际反帝非战大同盟”,见《中央关于欢迎国际反帝非战大同盟代表团来华及反帝大会的筹备通知》,载《六大以来》(上),第396页;3.“反帝大同盟”,见《杨杏佛说明反帝国大同盟组织》,载《申报》1933年2月7日。

② 《杨杏佛说明反帝国大同盟组织》,载《申报》1933年2月7日。

③ 楼适夷:《关于远东反战大会》,载《新文学史料》1984年第2期。

④ 1931年9月18日,日本发动侵略中国东北的战争,损害了英、美利益,加深了英、美与日本的矛盾。当中国政府向“国联”提出申诉之后,“国联”成立了以英国驻“国联”代表、前印度代理总督李顿为团长的“李顿调查团”,代表团2月3日从欧洲出发途经美国,先到日本,3月11日抵达上海,4月20日到中国东北,经过半年的调查,10月1日在日内瓦由“国联”发表报告书,该书集中反映了西方帝国主义在中国同日本的矛盾、争夺、妥协和勾结。这个所谓“报告书”的实质,就是把中国东北从日本独占变为帝国主义的国际共管。对此,国民党政府表示可以原则接受,中国工农民主政府则发表通电坚决反对。

⑤ 宋庆龄:《反对帝国主义战争!》一文注释,见《为新中国奋斗》,人民出版社1952年9月版,第61页。

⑥ 《反战会议主席马莱等昨晨抵埠》,载《时事新报》1933年8月19日。

⑦ 《杨杏佛说明反帝国大同盟组织》,载《申报》1933年2月7日。

⑧ 楼适夷:《关于远东反战大会》,载《新文学史料》1984年第2期。

战会议即定于上海召开。

宋庆龄和中国共产党接到世界反战委员会通知后，立即表示欢迎。中国共产党在《中央关于欢迎国际反帝非战大同盟代表团来华及反帝大会的筹备通知》中指出："这是国际工人与一切劳苦群众团结起来反对帝国主义的具体步骤。揭破国民党及一切反动派别任何的武断宣传，并与过去国联的李顿调查团尖锐的对立起来，欢迎国际反帝代表到东北去实地考查。"①

二

1933 年，世界反对帝国主义战争委员会组成了以法国著名作家巴比塞为首的反战代表团，于 8 月中旬到上海举行反战大会。宋庆龄和中国共产党决定共同组织筹备工作。鉴于当时的环境与形势，中共江苏省委遵照中央指示与宋庆龄协商后决定，由宋庆龄公开出面，具体工作由江苏省委主持。宋庆龄以筹备委员会主席的身份，公开做了大量的宣传、组织工作，终于冲破重重阻力，使会议在沪胜利召开。

为了欢迎参加会议的国际代表，7 月下旬成立了由宋庆龄、蔡元培、鲁迅等主持的上海各界欢迎巴比塞代表团和远东反战大会筹备委员会以及各群众团体组织。宋庆龄签名发出了给上海各团体的委任书："根据筹备委员会第二次会议通过之决议，你们被委任为本会会员。鉴于世界反战大会代表现已陆续来沪，我们应该一致努力筹备欢迎，以便对他们的热情援助，表示我们的热烈心意。"②为了扩大舆论和影响，宋庆龄于 1933 年 8 月 6 日在《中国论坛》杂志上，以世界反对帝国主义战争委员会远东筹备委员会主席名义公开发表《反对帝国主义战争》的声明。她说：在远东"日本帝国主义割去了中国广大的土地，还在长驱直入企图在瓜分中国、奴役中国人民的竞

---

① 楼适夷：《关于远东反战大会》，载《新文学史料》1984 年第 2 期。

② 《访问张凌青记录》，1986 年 9 月 27 日。

争中，抢在各帝国主义者的前面”。要制止战争，“就必须把世界工人阶级和全体劳苦大众的战斗力量组织起来，惟有他们才能使帝国主义列强的战争计划归于无效。……世界反对帝国主义战争委员会就是反战运动的一支队伍”。她“呼吁一切愿意参加这个运动的人们，都派遣代表出席这次大会。我们特别欢迎工厂、失业工人、工会、工人俱乐部、农民团体、国民党支部、各大中学、青年学生团体、知识分子、作家、艺术家、文化团体、反帝和反日团体、抵制日货的团体、义勇军、各行会以及一切愿意参加这斗争的团体，都派遣代表出席”。宋庆龄还于8月13日专为此事写信给蔡元培，全文如下：

孑民先生大鉴：

径启者，本会定于九月初旬开会讨论反帝非战问题，各国著作家、新闻记者多来出席，本会并邀请各团体代表、中国国民党支部等参加。夙念先生对于反帝非战素具同情，谨请于本会开会时出席指导一切，毋任感祷，专此奉达。

即颂

台安！

敬候

赐复。

反战大会临时筹备委员会主席

宋庆龄

八月十三日①

蔡元培收到信后，表示同意。

远东反战会议筹备期间，得到中国共产党的大力支持。中共中央除于6月18日向全党发出前述《通知》外，责成江苏省委立即经过一切公开或半

① 转引自《文汇报》1981年5月31日。

公开的群众组织发动组织欢迎筹备委员会，在各工厂各学校及公共群众机关成立分会。“从现在成立起，即应开展各种宣传、鼓动和组织工作，并准备在代表来到的时候，组织群众的欢迎、示威、游行及通电、宣传之类。”①8月21日，中共又发出《中央关于筹备世界反帝非战大会的紧急通知》，要求各地采取有效措施保证大批代表的选出与按时到沪参加大会；通知阐明大会着重提出的问题是：反对帝国主义战争，反对帝国主义与国民党向苏联挑衅，反对德国法西斯的恐怖政策及中国的法西斯，反对日本帝国主义的侵略，反对五次“围剿”，反对国民党向帝国主义大借款及购飞机进攻苏区民众。最后说明，这次反帝大会定名为反法西斯非战大会。大会应产生永久的远东反法西斯非战大同盟的执行委员会，各地相应成立永久的群众的反帝机关。②

会议的筹备工作由江苏省委与宋庆龄通力合作，由省委宣传部长冯雪峰主持实际工作。由于国民党特务的加紧破坏，筹备工作只好秘密进行。8月6日，冯雪峰、刘芝明（党团书记）、张凌青（又名张耀华，《正路月刊》主编，筹备工作成员之一）借北四川路一家旅馆的房间开会，决定：一、8日下午2时在南京路冠生园茶座召集各团体代表进行动员；二、征求文化界人士签名欢迎巴比塞代表团宣言。

在宋庆龄与江苏省委的共同努力下，群众组织的活动开展得非常活跃。鲁迅等114人发表了《中国著作家欢迎巴比塞代表团启事》：

自“九一八”事变以来，日本帝国主义掠夺我东北四省，侵凌内蒙华北，飞机大炮毒瓦斯时时在毁灭吾中国民众之生存。暴日既已在华取得优先地位，国际帝国主义瓜分中国战争之危机遂愈迫。世界反战会议此次特在上海召集，其意义即在于号召世界民众——尤其中国民众反对帝国主义大战

① 中共中央书记处编：《六大以来——党内秘密文件》（上），人民出版社1980年版，第396页。
② 同上书，第420页。

及瓜分中国的战争,并同时派遣巴比塞代表团调查日本帝国主义暴行。国人等对此伟大的世界反战会议,对此主持正义的巴比塞代表团,极端表示拥护。当此反战会议即将于九月初开幕,各国代表团纷纷来沪之时,谨此表示欢迎。①

上述《启事》是“文总”、“左联”、“社联”、“剧联”、“影联”等团体和文化界人士的共同宣言。鲁迅还与茅盾、田汉联名发表《欢迎反战大会国际代表团的宣言》,指出,中国民众只有自己努力,只有联合世界劳动者,才能够把中国从被瓜分的命运之中挽救出来。在中共江苏省委的领导下,上海各级党组织广泛发动群众,做好接待全国各地来参加大会的团体和群众代表的工作,发动广大群众组织召开欢迎大会;并请国际代表出席讲话;同时,为了做好远东反战会议的宣传工作,创办报纸《反战新闻》,以扩大影响。

苏区的群众组织也开展了各种活动。中华苏维埃共和国临时中央政府的机关报《红色中华》从第99期至第109期多次作了报道,第106期的第二版通栏标题是“拥护世界反帝非战大会,反对国际帝国主义瓜分中国!”8月1日在苏区党团领导下,动员了最广大的工农群众来参加向帝国主义国民党的示威游行,在示威大会中,100万工农群众一致通过了拥护国际反帝非战同盟的电文,热烈欢迎他们来中国开会。并由“八一”示威大会主席、中央苏区反帝拥苏总同盟分别印发传单《致国际反帝非战代表大会全体代表们!》。8月30日,毛泽东以中华苏维埃共和国临时中央政府主席的身份给国际反帝非战代表大会拍了贺电,号召全世界无产阶级与被压迫民族联合起来,反对帝国主义的战争,反对帝国主义瓜分中国!朱德在电文中表示“中国红军在反帝最前线为大会作有力的后盾”,电报全文如下:

上海民权保障大同盟宋庆龄女士转世界反帝非战代表大会:

① 《访问张凌青记录》,1986年9月27日。

我们正在进行组织更大规模的民族革命战争，反对日本帝国主义强盗的侵略，反对一切帝国主义瓜分共管中国，消灭帝国主义国民党向苏区红军的新的五次"围剿"时，得悉世界反帝非战代表大会将于9月在上海开幕，不胜雀跃！中国苏维埃中央革命军事委员会，谨代表中国的红军战士向大会致热烈的反帝非战的敬礼！近来一切事实证明国际帝国主义者企图牺牲千百万和平人民的生命财产，牺牲苏联，牺牲中国及一切弱小民族的国家，加紧准备用战争来挽救自己的危机，把全世界陷入恐怖悲惨的境地。我们相信大会一定能在国际工人阶级和全世界被压迫民众的拥护之下，给这些血腥的强盗们以正当的处罚。大会将是世界的民众为消灭帝国主义，消灭帝国主义战争的奋斗的领导与组织者。中国工农红军苦战六年得到伟大的胜利。1930年以来，更击破了帝国主义国民党有名的四次"围剿"。我们消灭了国民党军阀二十师缴枪十余万，这不仅是中国民族革命战争最光荣的一页，也正是我们献给大会最有礼貌的赠品，中国工农红军已经具有更坚实的力量。他们与苏联红军兄弟们一样站在反帝的最前线，为大会的有力的后盾。谨此电闻，并祝大会成功！

中华苏维埃中央革命军事委员会主席　朱　德

1933年8月5日，于赤都[①]

1933年8月18日，参加远东反战大会的国际代表团到达上海。全体代表共五人，他们是：

英国代表马莱，英国工党，世界反战委员会委员，曾任英国前陆军大臣；

英国代表汉密尔顿，伦敦《泰晤士报》驻德记者；

法国代表古久里，法共领导人，法国《人道报》主编；

比利时代表马尔度，第二国际比国工人党，曾任布鲁塞尔代理市长；

法国代表波比（法国社会党成员，著名作家）及其夫人。

---

① 《红色中华》第106期，1933年8月31日，第2版。

法国著名作家巴比塞因病没来。18日上午，马莱等五人乘法国邮船安特里本号驶抵招商局中栈码头。宋庆龄蔑视反动当局不许国际代表上岸的禁令，亲自上船欢迎他们。前往码头欢迎的群众约有二三百人，当国际代表登陆时，他们高举红绸、白布写的欢迎横幅，挥着红旗，高呼口号，奏乐，鸣放鞭炮，并散发中英文传单，在热烈的气氛中国际代表乘车到华懋饭店（今和平饭店）。

国际反战会议代表抵达上海的同时，全国各地代表也云集上海等待大会举行。国际代表团参加了许多工人、学生的会议。先后有，恒丰纱厂女工300多人大会，瑞镕铁厂500工人大会和沪东草棚贫民2 000多人大会，并在会上讲演。他们还出席复旦大学和上海美专学生集会并讲演，受到听众热烈的欢迎。[①]

远东反战会议不是一个政党或一个团体单方面召集的会议，它竭诚欢迎一切愿意积极反对帝国主义战争的团体都派代表出席。然而，帝国主义和国民党反动派都极端害怕，英、日、法各帝国主义和国民党反动派相互勾结，共同阻碍和禁止反战大会的召开。他们肆意迫害和逮捕大会代表与同情者。“山东、北平代表在公开选举的时候即被捉去，四川、湖南、湖北、安徽、河北、广东、广西等地代表，或在本省，或在上海，或在半路都被国民党逮捕阻止，不能到会。”[②]“北平有25个学生被捕！罪名是共产党，因为他们开会讨论如何来拥护反战大会。”[③]上海的公共租界巡捕房与国民党反动当局，不依正式“法律”手续到处捕人。从8月18日至9月13日的一个月中，上海参加筹备反战大会的群众被捕将近50人。在国际代表到达上海的前夕（8月17日），刘芝明因联络点被破坏遭逮捕。张凌青仅系曾列名欢迎巴比塞反战调查团启事而以“危害民国罪”被判五年徒刑。9月16日楼适夷

---

① 参见冯雪峰：《关于国际反战大会》，见《鲁迅研究资料》第一辑，文物出版社1976年10月版。

② 《红色中华》第129期，1933年11月29日。

③ 《北平日本两处大批被捕！》，载《中国论坛》第2卷第10期，1933年9月18日。

被绑架。8月18日反战代表团抵沪离开码头后，巡捕又抓了15个欢迎的群众，并经公共租界逮捕之后不到三小时就被引渡给市公安局，连应有的法院过堂的引渡手续都没有办过。在国外，有的代表未出国就被迫害。马莱在抵沪后曾对记者讲：此次集会凡沿太平洋岸各国均有代表参加……德国希望其亦能莅会，不过德国以前原有二代表，一人因病中止，另一人已被国社党闻知参加反战会加以拘捕，故至今尚无人来。此外，同情反战会议的日本人士也大批被捕捉下牢；反战者开会被日警扰乱，据华联社东京电：为欲选出参加上海反战会议的代表，日文艺家自由同盟上村进等80人在日比谷公园东洋轩酒家开会，日警派人大闹会场约半小时，大呼"绝对反对召开反战会议"的口号。8月14日日警在上海环龙路逮捕日方反战代表崛江及其夫人。国际代表团抵沪第二天，马莱与马尔度即去日本，"冀彼邦能派代表莅会，共消世界风云"，然"日本帝国主义拒绝登陆，并备受日本侦探式的新闻记者之包围与监视，马莱每一举动与言语，他们都以电话告知日当局"，并于次日遣返他们回上海。而在神户旅馆内的一夜，日本军警重重监视，不许日本工人代表与之接触。对此行动，英国反对战争协会宣称，将向驻英日本大使馆提出抗议。日本帝国主义为破坏大会制造借口，称这次会议为"共产党会议"，英帝国主义的《字林西报》也污蔑说："大会不过又是共产党的深谋狡计想以绕道的方法推翻已有的秩序。"①马莱声明说：远东会议"实则并非共党会议，而为包括一切组织的会议，共产主义者包括在内"。古久里答辩说："自然反战代表团的每件事都不是能依照帝国主义者的意思的，它的任务是公开的，它的目的是明白指出了的！至于共产党员呢，反战任务不过是他们的最起码的任务。他们也加入这个会议，不过证明他们很愿意与不论哪一派政见的人们，只要他们诚意想以有效的方法反战，联合在同一的团体之内。……最令人惊讶的是，凡反战的，凡要诚心帮助中国自由统一的，几

① 《反战会议力抗帝国主义的阻碍!》，载《中国论坛》第2卷第10期第3页，1933年9月18日。

乎无不被称为共产党，是不是这意味着，只有在共产主义里面，反动统治者才看得见帝国主义战争的有效的敌人呢！”[①]宋庆龄为了驳斥污蔑中伤大会的谣言，公开声明：“上海反战大会并不是按照什么政党的路线组织的。它欢迎一切愿意协助阻止新的世界大屠杀、新的帝国主义战争的人们出席。”帝国主义者把大会加一个“共产党”的帽子，于是各国当局对于拒绝开会都振振有词了。为此，宋庆龄和国际代表公开出面向驻沪各国领事及国民党当局，交涉开会地点，均遭到拒绝。1933年《上海公共租界工部局年报》的《警务处报告》曾这样写道：“本年8月间，有非战同盟会代表若干人，自欧洲抵沪，拟在沪召集亚洲非战同盟会，……以向本局、法租界、公董局及上海市政府陈请准其开会之时，均被拒绝。”在这样的情况下，为了迷惑敌人，参加筹备工作的人员故意传出会议将“延期进行”，“不在上海召开”等说法，报上还刊登“各界反战会放弃在沪开会——已接巴黎总部训令，代表决定本周离沪”的消息。这次反战大会虽然在各方面遭到国民党和租界当局的阻挠，但大会并没有流产，在宋庆龄与中共江苏省委的密切配合下作了妥善的安排。因为帝国主义、国民党的压迫使大会不能公开举行，故决定在联合的警捕眼目所不及的地方举行一个较小规模的集会。这个计划完全成功了。

三

正当国民党、公共租界、法租界当局互相庆幸阻挠反战大会召开“成功”之际，反战大会却在宋庆龄与共产党的通力合作、与国际友人的共同努力下秘密地举行了。

会议于1933年9月30日在沪东大连湾路[②]一幢新的楼房里召开。为

---

① 《反战会议力抗帝国主义的阻碍！》，载《中国论坛》第2卷第10期第3页，1933年9月18日。

② 开会地点有三种说法：1. “沪东大连湾路租到一幢房子”，见冯雪峰：《关于国际反战大会》；2. “曾在照空和尚家开秘密会。”“新声社记者，曾于反战会代表团离沪之前，向之询问上次秘密会开会地点，是否大西路奥籍和尚林肯氏（法号照空）之住宅，据英代表哈密尔登氏答称，‘渠不能否认之’。”见《申报》1933年10月5日；3. “上海霍山路一栋楼房里。”见《八旬老人黄霖谈半个世纪前的一次远东反战反法西斯会议》，载《瞭望》1986年第11期。

了确保大会的安全，中共江苏省委任命当时上海沪中区委书记黄霖为反战大会的警备委员长，负责大会的安全保卫工作。开会前一天，左翼作家周文的夫人郑育之打扮成“新娘”，车上有两只樟木箱的“嫁妆”。实际上，郑育之是警卫人员，箱子里装的是代表们吃的面包、罐头之类的食品。郑育之负责观察后门的动静：自己人叩门，第一下是“笃！笃！笃”，第二下是“笃笃笃”，对准暗号才开门，同样前门也有人看守。会场内还有一个老太太带了个小孩，她的任务是做好掩护工作。会场外专门有几个同志骑着自行车巡逻。

代表们大都是午夜一个个进入会场的。国际代表在午夜1点多到。宋庆龄住在莫利爱路，有密探、特务监视。中共地下党派“地下交通”梁文若接她，好不容易才甩掉了“尾巴”，她俩步行了一段路才上车，赶到会场已是30日凌晨。宋庆龄后来回忆开会情况时说：“由于我们正处在严密监视之下，我们就必须严守秘密。连我自己都不晓得举行会议的地点在哪里，直到一天早晨的黎明时候，我被带到上海工厂区的一幢阴暗凄凉的房子里。代表们只能一个一个地单独前往。甚至还有一部分人是在深夜里偷偷地到那里去的。当我到达时，每一个人，连外宾在内都坐在地板上，因为房子里唯一的家具是供秘书用的一张小桌子。”①

参加会议的人数连国际代表约60多人，②宋庆龄在报告中讲道：“如果没有帝国主义者和国民党当局的恐怖和干涉，而我们能够公开举行一个会议的话，那就会有成千成万的代表。”③出席会议的代表系由全国各地800多名代表中复选出来的，在国内50多名代表中上海占40人、东北3人、江西苏区2人、察哈尔3人、福建3人、江苏2人、广东2人。他们分别代表了

① 宋庆龄：《动员起来，为亚洲、太平洋区域与全世界的和平而斗争》，载《人民日报》1952年10月3日。
② 参见《反战大会终于在帝国主义国民党压迫下开成功了！》，载《中国论坛》第2卷第11期，1933年10月4日。
③ 宋庆龄：《中国的自由与反战斗争》，见《为新中国奋斗》，第64—72页。

苏区红军、东北义勇军、察哈尔义勇军、十九路军士兵、平绥铁路工人、上海电力公司、上海英商电车公司工人以及农民、学生、知识分子等，此外，还有记者伊罗生也参加了会议。宋庆龄说：虽然出席会议的代表人数受到限制，但是，这个较小的集会仍然充分地代表着劳苦大众的利益，代表着他们抗议日本以及其他帝国主义者对中国人民的屠杀战争。

大会执行主席是宋庆龄，总主席为马莱。主席团由马莱、古久里、马尔度、波比、宋庆龄、苏区代表、东北代表等九人组成。并推选毛泽东、朱德、片山潜（日本）、罗曼·罗兰、吉德、巴比塞（法）、德莱塞（美）、高尔基（苏联）、伏罗希洛夫（苏联）、鲁迅等为大会名誉主席。

大会首先宣读了来自日本、朝鲜、安南、中国等的贺电。

马莱作第一个报告，叙述国际反帝反战情况，痛斥帝国主义、国民党法西斯镇压世界革命、屠杀工人和革命领袖的无耻行为。然后由东北代表和法国代表古久里作补充发言，他们着重指出几个帝国主义、国民党反动派进攻苏联和进攻中国苏区的具体事实。第二项议程是宋庆龄作题为《中国的自由与反战斗争》的报告。她首先对帝国主义和国民党反动派干涉和禁止这次大会的召开，作了严厉的抨击和抗议。然后指出当前时代的特点："目前是资本主义制度垂死的时代。资本主义正在不顾一切地寻求出路，解决自身的矛盾，资本主义者面前的唯一出路就是加重对人民的剥削和压迫，并准备进行重新瓜分世界市场的新战争。资本主义制度陷入混乱中，越陷越深。""目前的时代标志了一个新的社会制度——社会主义——的诞生。"又说："资本主义者在战争中寻求自己的生路，劳苦大众必须在革命中寻求自己的生路。"宋庆龄论述了两种性质截然不同的战争后说："总而言之，我们反对帝国主义战争，但是我们拥护武装人民的民族革命战争。只有这样的战争才能把中国从帝国主义的统治下解放出来，也只有在民众从国民党统治下解放出来，建立了自己的工农政府之后（像中国有些地方已经做到的），民族革命战争才能胜利完成。"最后她号召："在整个远东，尤其在中国，发动一个强有力的运动，反对帝国主义战争！”[①]第三项议程，是苏区红军代表报告苏区工农群众生活斗争情况和苏区群众热烈拥护红军、参加红军、慰劳红军的情况。代表们听了苏区红军代表的报告，非常兴奋，轻轻地欢呼起来。

三个报告之后，东北代表、十九路军士兵及上海工人自动发言，发表拥护中国苏维埃和红军的许多重要意见：（一）海员工人、码头运输工人、铁路工人不帮帝国主义运送枪炮给中国国民党进攻苏区红军；（二）没收帝国主义送给国民党的枪炮来武装东北义勇军去打日本帝国主义；（三）兵工厂的工人不替帝国主义造枪炮来进攻苏区红军；（四）反对国民党对苏区的经济封锁；（五）国民党士兵不到前线去打工农自己的红军。上述提议经代表们热烈讨论，并一致通过。会议最后一项议程是通过宣言和决议：（一）反对帝国主义战争反法西斯的决议及宣言；（二）反对白色恐怖的决议；（三）反对帝国主义进攻苏联红军的抗议书；（四）反对帝国主义国民党对苏区红军的五次“围剿”的抗议书。大会成立了反对帝国主义战争委员会中国分会，并选举宋庆龄为主席，到会的代表都是执行委员。最后，由法国代表古久里致了闭幕词。

远东反战会议整整开了一天，当天下午4时在高呼“斗争革命万岁！”“世界革命万岁！”的口号声中圆满结束。

四

远东反战会议在白色恐怖的血雨腥风中胜利召开并圆满结束的消息通过外国记者伊罗生很快在《大美晚报》上公开披露。与此同时，《申报》、《中国论坛》等报纷纷将大会召开的情况及会议的通电、宣言、决议等各项文件详细登载。群众争先购阅，十分兴奋。

帝国主义与国民党反动派直到看了报上的消息才如梦方醒。经多方侦讯，才知道这个国际会议的会场竟是紧靠着外国巡捕房头子住宅的那幢楼

---

① 宋庆龄：《中国的自由与反战斗争》，见《为新中国奋斗》，第64—72页。

房。这时，恼羞成怒的敌人更加疯狂地搜捕到会的代表和大会工作人员。

会议闭幕后，参加会议的中国代表纷纷向各界群众广泛宣传反战会议的精神，街上出现了庆祝会议胜利闭幕的标语和传单。上海工人代表如恒丰纱厂女工、瑞镕铁厂工人、沪东草棚贫民等在散会后立即集会报告大会经过，以及苏区情形和红军胜利的消息。工人群众听后很受鼓舞，对中国苏维埃和红军有了更加深刻的认识。当国际代表回国时，不少人募捐买了鲜花和红旗欢送代表。全国各地代表回去后还四处张贴标语，散发传单，鼓舞全国人民团结起来，反对帝国主义的侵略战争。苏区红军代表专门发了会议专辑，将会议召开的原因、会议的概况、决议、重要文献等都刊登在苏区中央机关报《红色中华》上，给正在浴血奋战中的苏区军民以极大的鼓舞。他们并以“我们怎样来拥护反帝反战大会的成功”为标题，提出加强苏区和红军的力量；参加苏维埃经济建设；积极加入红军；反对帝国主义瓜分中国，反对法西斯的白色恐怖，以战斗动员来粉碎“围剿”。各地代表则纷纷组织起中国各省各地反对帝国主义战争委员会的分会，加入了世界反战的行列。

与会国际代表于 1933 年 10 月 4 日乘中东铁路公司驻沪办事处所租用的挪威货轮阿斯岂尔登号离沪，转道西伯利亚返欧。国际代表此次来华赴会期间，亲眼目睹中外反动势力对中国和平事业的扼杀，感到无比愤慨。比利时代表马尔度曾就此撰文《声讨国民党》。他指出：“在参加反战代表团动身来华的时候，我并不相信我等到远东的考察会遇着许多困难。”但是，“自从最初我们与中国政治情形直接接触以来，这个幻想便消灭了”。他尖锐地揭露说：“我们并不须要很久的时间来估量国民党民主政治的价值，但看大批的同情反战会议的被捕就可知。”“中国政府说这些人都是共产党！我不能接受中国政府这种罪恶的遁辞！”他谴责道：“反战代表团是中国人民的真正朋友。但国民党政府却正以全力与帝国主义者合作，制止阻挠反战代表团的任务。”他表示：“我们一定要将这些事实告诉欧洲以及全世界的工人。我自己也要返国后在比国工人之中以及我所属的第二国际之中专力于这个工作。”[①]法国代表古久里在远东反战会议闭幕词中也指出：“阿姆斯特丹世界反战大会的决议在远东的执行最为迫切”，“西方代表团回国后，必定要召集广大群众会议，将代表在中国看见的一切告诉他们，并以各种方法，文字报纸，群众鼓动，议会辩论等等，推广他们的反战，反法西斯……”英国代表马莱返国以后，曾向中国驻英公使郭泰祺提出了强烈抗议，指名要求无条件释放因大会被捕的中国人，迫使国民党外交部不得不虚伪地行文下监狱以敷衍外国人。国际代表返欧后，发表了远东反战会议的有关文件。法共机关报《人道报》、英国工党和比利时社会党的报纸和其他进步报刊，也先后报道了会议情况。通过他们对中国情况的介绍，进一步揭露了日本帝国主义侵略中国的罪恶事实，控诉帝国主义和国民党反动派镇压中国人民的罪行，从而增进了世界各界人士对中国人民解放事业的了解和理解，赢得了世界爱好和平人民的广泛同情和支持。同时中国人民的斗争也极大地鼓舞了远东地区、环太平洋沿岸区域和世界反帝国主义战争的一切进步人士的斗争。

*　　　*　　　*

宋庆龄亲自筹备和领导召开的远东反战会议，进一步沟通了中国与世界的联系，中国进步力量与世界反战力量紧紧握手，中国人民反对日本帝国主义侵略和一切帝国主义反动派的斗争汇入了蓬勃发展的国际反法西斯、反帝国主义战争的洪流中。宋庆龄为此作出了巨大的贡献。

（原载《宋庆龄在上海》，学林出版社 1990 年 8 月版）

---

① 马尔度：《声讨国民党！》，载《中国论坛》第 2 卷第 10 期，1933 年 9 月 18 日。

9
远东反战大会会址找到了

孟振亚等

1933年9月30日，宋庆龄在上海主持召开了上海远东反战大会，这次会议进一步沟通了中国和世界的联系，使中国进步力量与世界反战力量紧紧握手。中国人民反对日本帝国主义侵略和一切帝国主义反动派的斗争汇入了蓬勃发展的国际反法西斯、反帝国主义战争的洪流中。

从大会召开到现在已经过去了60年了。当年很多大会参加者一直在寻找它的会场旧址，宋庆龄生前也关心此事。1992年夏，虹口区委党史研究室根据有关线索组织专门人员，依靠当年大会参加者和有关组织、里弄居民群众，终于寻找辨认出这一重大会议的会址，是在现在的霍山路85号。

一　远东反战大会是在什么形势下召开的

远东反战大会是在中国人民期望世界舆论能够遏止帝国主义对中国的侵略战争的形势下召开的。在中华民族正处在存亡危急时刻，由国际著名的和平反战人士组成的世界反战委员会，决定由中国的宋庆龄，另派两名英国人、两名法国人、一名比利时人来华调查中国被侵略的实情，并召开远东反战大会。中共中央接到通知后决定通力协作。国际代表在上海的工厂、大学、沪东贫民区演讲，上海的中共地下党组织都予以支持配合。大会结束第二天，上海各报纸(如《大美晚报》、《申报》、《中国论坛》)将大会情况以及几个通电、宣言、决议详细登载出来，人们从消息报道里知道毛泽东、朱德领导的中国工农红军和其他爱国军队的代表也参加了大会，知道他们正在抗日，还知道苏区的情形和红军胜利的消息。人们兴奋至极。中国各省市代表回去后，即进行组织各省反帝反战分同盟，积极进行反对帝国主义侵略战争。由于当时上海的白色恐怖非常严重，大会是在极其秘密的情况下进行的，所以许多人都不知道这次大会的会场究竟在哪里？包括当时参加大会的人员都不清楚。这就为寻找旧址产生了难度。

二 远东反战大会是一次秘密会

当国民党、租界当局听到国际反战委员会决定召开远东反战大会，国际代表在日本东京受阻以后改到上海来开会的消息后，他们千方百计破坏大会的召开。1933年8月19日，在上海发生日警在环龙路逮捕日方反战代表崛江及其夫人的事件。我国有的省市反战大会代表在产生过程中或来沪途中，就遭到国民党的逮捕和暗杀。1933年8月18日，五位国际代表乘坐法国邮船到上海虹口港东畔的招商局中栈码头靠岸，国民党企图阻挠国际代表上岸。宋庆龄早有准备。她亲自去码头，到船上去欢迎那些欧洲来的反帝、和平战士。国际代表申请在上海借开会会场，被法租界、公共租界、华界等当局一一拒绝。中共江苏省委根据中共中央的指示，责成省委宣传部长冯雪峰具体负责。冯雪峰发动“文总”、“左联”、“社联”、“剧联”、“影联”等团体支持和配合秘密召开大会。又通过报纸消息散布反战大会改期，代表离沪，来迷惑租界当局和国民党。冯雪峰从选定会场，落实会场内外的保卫力量，暗号接引代表到场，大会宣传事务等，都作了妥善安排。把会场打扮成老祖母一家人的住户。“户主”是“大儿子”，还有“大儿媳”、“小儿子”、“小儿媳”，“祖母”带领四岁多的“小孙子”。给人们的印象这是一家居民住宅，其实都是安排好的大会警备人员。宋庆龄在回忆文章中说：“由于我们正处在严密监视之下，我们就必须严守秘密。连我自己都不晓得举行会议的地点在哪里，直到一天早晨的黎明时候，我被带到上海工厂区的一幢阴暗凄凉的房子里。”由于进会场的时间多在黄昏黑夜或者凌晨，进场后不准到沿街窗口眺望，说话行动注意轻捷，大会结束时已傍晚，并从后门出去，这些措施对于开秘密会议是必要的，但也局限了代表和工作人员对会场环境，房屋颜色式样的认识，更不知路名、门牌号。正因为如此，半个多世纪来，人们对上海远东反战大会会址难以确认。大会的参加者黄霖在党的十一届三中全会以后，多次寻找旧址，未能如愿。为此，黄霖在自己的遗言中交待家属，一定要完成这个遗愿。

三　会址是怎样找到的

虹口区委党史办和鲁迅纪念馆的史料工作人员为寻找、考证上海远东反战大会会址，查阅了有关历史的大量文字资料，走访了许多有关街道里弄干部和居民，和当年大会参加者，还多次实地辨认，才确定当年远东反战大会的会址。

（一）几种“会址”的说法

冯雪峰：“秘密会议是开成功的，在沪东大连湾路租了一幢房子，由周文夫妇打扮成一对要进这房子去结婚的未婚夫妇……”（《关于国际反战大会》，刊载于《鲁迅研究资料》第一辑，文物出版社 1976 年版）

冯雪峰当年担任中共江苏省委宣传部长，是上海远东反战大会具体操办的责任人。他的工作不在会场里，大会前和大会举行这天，至少两次去过会场。

夏衍：“我也没有参加会议，我只是根据组织决定，由我借用‘明星电影公司’的汽车，到华懋大厦（现‘和平饭店’）将伐扬-古久里、马莱爵士送到会场，到那里宋庆龄出来迎接，我就离开了。会址在杨树浦区，荆州路过去一点的一个洋房里……”（《与夏衍同志的两次谈话记录》，刊载于《鲁迅研究资料》第五辑，天津人民出版社 1980 年版）

黄霖：“冯雪峰带他到设在上海霍山路一栋楼房里的大会会址。……立即和同志们开始布置设在二楼的会场……”（蒋曙晨：《宋庆龄主持的上海反战大会——八旬老人黄霖谈半个世纪前的一次远东反战反法西斯会议》，刊载于《瞭望》1986 年第 11 期）

黄霖当年担任中共沪中区委书记，远东反战大会时任大会警备委员长，以“住宅”的“户主”、“大儿子”为掩护。

郑育之(女):“进入会场后的活动。交通员领我们坐上汽车直往沪东开来,当注意到没有盯梢后,周文借故下了车,他的任务是刻写有关这个会议的宣传品,不进会场。到了近唐山路的一条僻静马路上,在沿街的一幢红色洋房前停下来了。交通员做了一个暗号,走进洋房内……”(《世界反帝大同盟在上海召开的远东反帝反战会议情况》,刊载于《党史资料丛刊》1980 年第 1 辑,上海人民出版社 1980 年版)

郑育之,中共地下党员,当年奉组织之命任远东反战大会警备人员,以“住宅”的“小儿媳”为掩护。周文是她丈夫,“左联”作家,1934 年 1 月任“左联”组织部长,在会场外为远东反战大会做宣传工作。

根据以上四位当事人对远东反战大会会址的描述,可以得出这样的结论: 会场房子的外形是三层楼以上的红色洋房(西班牙式);会址存在于现杨浦区和现虹口区分界的大连路两侧,范围不大的地域里。

(二) 关于当年的“大连湾路”和现在的霍山路

1943 年前,“大连湾路”全路属公共租界范围里。1943 年改名大连路直到现在;同时划分了行政区域,为两区的分界路,现在仍是杨浦区与虹口区的分界路。双号门牌在杨浦区一边;单号门牌在虹口区一边。据这一地段的老居民介绍,上海解放初期的大连路,一端在杨树浦路;一端在周家嘴路近现在的飞虹路,开始便是田间小道,道旁是田地和农宅。在这一段路上,无论是租界时期、日伪时期、国民党时期,都没有见过像反战大会会址式样的楼房。

霍山路,1943 年由“汇山路”改名而来。实际查看解放初期的霍山路,从提篮桥到大连路这段路上有西班牙式洋房五处,只有霍山路 71 号至 95 号,这处 13 个单号门牌连成一排,符合会址式样,虽查不到造房时间的资料,但左连毗邻现东山影剧场,原是“百老汇舞厅”,建造时间是 1928 年,则离上海远东反战大会开会时间比较接近,符合造房不久之说。

（三）大会参加者辨认旧址

参加大会的代表黄霖（现已去世）曾多次到实地勘察，有记录的时间为三次。1981 年 3 月 12 日一次，当时开了上海市人民政府参事室介绍信，黄霖在夫人胡瑞英陪同下，会同另一大会参加者郑育之共三人到大连路霍山路等路寻找。1984 年又有两次，前一次仍是上述三人外，还有市委党史研究室两位干部陪同。相隔前次不多久，黄霖、胡瑞英夫妇又一次到实地寻找。不久黄霖便病逝了。1993 年上半年，虹口区党史办与胡瑞英联系上。同年 6 月 12 日，胡瑞英特地来到虹口区委党史办，带领调研人员，径入霍山路一栋楼房，上楼下楼又作了仔细察看，回首对跟随的两名调研人员说，“1984 年陪老黄就是到这栋楼房来的”。“老黄认定了这栋楼房，就是远东反战大会的会场。”调研人员走出这栋楼房的门口，抬头望那大门右侧红砖墙，上面钉有“霍山路 85 号”的门牌。

郑育之在上海远东反战大会召开前三天，曾和丈夫周文由交通员带领同乘一辆汽车，向沪东驶去，中途周文先下车，汽车把她送到会场后，在那儿度过了三夜四天，到 30 日大会结束，暮色之中送走一批批代表出后门而去，最后，警备人员才离开会场。因此，她对会场楼房层数、布置安排比较清楚。1993 年 8 月 15 日，郑育之专门就寻找旧址之事写信给虹口区党史办，信中谈到，1975 年冯雪峰病重期间，当面委托郑育之要她完成寻找会址的任务。她在信中写道：“冯雪峰同志过了一阵，气喘减轻了，……边笑着说：‘中共中央交给我的任务，要寻找到反帝反战会议在上海召开的地址，因为这个会议在上海召开是开成功的，对国际上的影响也很广，但我重病在身（肺癌）日夜卧床，不能去寻找，其他工作人员又不熟识上海的道路和语言，寻找起来很费劲，所以我心里很焦急，现在见到你，高兴极了，我身上的这个重担，就交你来挑了。’”此后，郑育之寻址的心情更沉重迫切了。1984 年起，年复一年的由女儿陪同到实地勘认。由于她老人家记忆中的会址是“近唐山路的一条僻静马路上。在沿街的一幢红色洋房前停下来了”。这过程又都由交通员接、送、交的，对于路名门牌号不需要也不该去弄清楚和记录，勘认会址的难度不言而喻。十多年中她走遍了唐山路、大连路、东余杭路、保定路、霍山路、舟山路等一大片地域。她还保存着由上海市人民政府参事室 1981 年 3 月 12 日开出的介绍郑育之、黄霖、胡瑞英到霍山路实地查勘访问的介绍信。12 年了，那张发黄折叠皱碎的纸张背面，写着当年遇到过的霍山路 85 号居住的两位老居民的姓名，可是两位老居民今已是故人了。她看过为数记不清的红色洋房，但未能认定下来。去年 4 月调研人员与郑育之直接通信，查阅寻找资料和相片。去年 7 月 22 日盛夏溽暑里，郑育之手拄拐杖由女儿陪同到霍山路 85 号来仔细辨认。郑育之登上楼房石阶，观察楼梯、房子的间隔和厨房、厕所，她认为与她在 1980 年的回忆著述相同，特别是底层厨房沿后墙关锁着的门，她熟练地启开了说，当年大会结束，时已傍晚，代表们是经过这扇厨房门再出后门的。在二楼上，由于楼房内部构造改变，原有的后楼梯拆除了，郑育之认为当年站在西楼厨房面向大门可以看到底层院子里动静。现在这个认识特征已经消失了。她还和本号楼内部分居民座谈，了解具体细节，这次辨认后半个多月(即 1993 年 8 月 15 日)，郑育之给虹口区委党史办寄来亲笔信，感慨地谈她十多年里奔波寻找、辨认分析的情况，慎重地得出："我认为霍山路八十五号是召开世界反帝反战远东会议的原址。"

基于以上的调查访问，以及科学的推理分析，更重要的是大会参加者的现场辨认，中共虹口区委审阅同意区委党史办的报告，肯定本区霍山路 85 号即是 1993 年 9 月 30 日宋庆龄主持召开的上海远东反战大会的会址。

〔本文调查者：上海鲁迅纪念馆孟振亚，中共上海市虹口区委党史资料征集办公室梁士明、王海玲、吴伯棠(执笔)〕

(原载《上海党史研究》1994 年第 1 期)

10
鲜为人知的上海秘密国际反战大会

刘小清

楼适夷奉命秘密赴东京

自从日本军国主义强占中国东北三省，扶植了伪满政权后，国际联盟曾经组织了一个以英国人李顿为首的调查团来中国“调查真相”。他们在东北转了一圈便草草收场，之后发表了一个歪曲事实真相，有利于日本的报告。这个报告引起了国人极大愤慨，也遭到世界正义人士的抨击。为此，成立不久的世界反帝大同盟决定也组织一个调查团来中国并且召开远东反战大会。

世界反帝大同盟是由法国著名作家巴比塞以及罗曼·罗兰发起成立的国际反战组织，1932年9月在荷兰著名的港口城市阿姆斯特丹宣告成立。由于宋庆龄在保卫世界和平事业中的卓著贡献，故被该组织推举为名誉主席。

新的调查团将来中国的消息不胫而走，国人翘首以盼。为此，施蛰存主编的《现代》杂志在1933年4月号中特意作了报道：“世界反帝大同盟所组织之‘满洲调查团’将于日内来华。团员中有法国文学家巴比塞、罗曼·罗兰，英国特莱散[①]，德国路易·朗诸人，本埠文艺界已数度集会，预备招待云。”

调查团将来华以及召开反战大会的消息同样备受中共党组织的关注。一天，中共中央上海局（习惯称“临时中央”）宣传部长朱镜我约见时在上海左翼文化总同盟工作的“左联”作家楼适夷，交给他一项紧急任务，即立刻前往日本东京与日共联系，商谈举行反战大会的地点问题。

---

① 误。应为美国作家德莱塞。——本书编者注

原来日本共产党闻知要召开远东反战大会，特地委托留学期间加入日共的东京“左联”负责人胡风回国时，向中共上海局提出派代表赴日本商谈反战大会事宜。

楼适夷奉命与胡风同船前往日本。由于“一・二八”事变后中日交通线上日本警察戒备森严，随时可能发生危险，因而组织上规定两人分别登船，隔离舱位，并装作互不认识。抵达东京的楼适夷在胡风的安排下，前往东京郊区会见了日共中央委员、日本无产阶级文化联盟成员、著名作家池田寿夫。据楼适夷回忆，参加这次会见的“还有一位朝鲜的代表，一位从东北来的曹君，他是中国北方派来的代表……原定应该还有菲律宾和印度的代表，但都因办不到出国和入境的护照，没能到达”。

池田的家是典型日本式的木质平房，周围环境相当安静。为了招待远道而来的中国客人，池田泡上了浓浓的日本花茶。会谈由胡风任翻译。简单寒暄后，楼适夷应主人之邀，详细介绍了中国国内情况，特别是苏区及工农红军粉碎国民党第四次“围剿”的情况。在谈到反战会议及地点问题时，因为行前朱镜我特别交待楼适夷征求日共意见，如果日本同志认为在日本召开合适，那么就在日本召开。当楼适夷将这一意见转告池田后，池田显得比较沉重。他称自从日本帝国主义占领中国东北后，在国内也加强了法西斯统治，公开的与半公开的革命政治性活动已变得十分困难。池田认为如此形势下，在日本召开反战大会是绝对不可能的。他提出还是在上海召开较合适，并说“上海有广大的久经考验的革命群众，并可利用公共租界等复杂的统治弱点，条件应该比东京好”。

楼适夷对日本同志的意见表示了理解。他以后在回忆中说：“因为在出发时，中央同志曾说过，如果日共同志认为东京没有可能的话，那么开会地点及全部大会筹备任务，就由我们接受下来。”

不久，楼适夷与池田又进行了第二次会谈，地点是在东京郊外东吉祥寺公园内一家点心铺。他们装作游客，一边吃点心，一边谈话。这次会谈，池田代表日共正式转告同意在上海召开反战大会的意见。数天后，楼适夷回国复命。

省委宣传部部长冯雪峰被委以重任

世界反帝大会将在上海召开，这确实是一件令国人鼓舞的大事。为此公开的、秘密的筹备工作都在紧锣密鼓地进行。

公开的筹备工作是成立了由宋庆龄、蔡元培、鲁迅等主持的筹备委员会，并且召开记者会，发布消息，形成强大的社会舆论氛围。宋庆龄还专门发表了《反对帝国主义战争！》的声明，呼吁“一切愿意参加这个运动的人们，都派遣代表出席这次大会”。

中国共产党对这次会议不遗余力地支持。1932年底，临时中央迁往江西苏区后，江苏省委实际上承担了临时中央留下的工作。为此，省委决定由宣传部部长冯雪峰协助宋庆龄负责这次会议的具体筹备工作。主要任务有“除产生上海的群众代表外，还安排国际代表和上海群众见面，以及布置秘密会场等”。

本来这样的会议是应该公开举行的，但由于国民党政府与帝国主义勾结，除对反战会议进行种种诽谤外，还设置重重障碍，宣布不准在华界开，也不准在租界开。为避免意外，冯雪峰与宋庆龄等商议后决定，公开制造声势，秘密举行会议。

冯雪峰很快从各地秘密抽调人员，组成筹备工作小组。其中包括上海反帝大同盟负责人刘芝明、“文总”主办的《正路》月刊主编张耀华以及宋庆龄的联络人吴觉先等10多人。根据筹备小组的安排，在南京路冠生园二楼茶座曾召开了一个各团体代表动员会。召集人张耀华回忆说：“到会者有12位青年，没有签名和自我介绍，我相信他们是经过秘密机关通知来的。他们是工会的、反帝大同盟的、青年团的。”张耀华在介绍了巴比塞代表团将要来华的情况后，不无激动地说：

现在日本帝国主义占领了热河，并进而威胁平津，华北将变成第二个

"满洲国"。国际反战大会代表着世界反战人民来支援中国人民的抗日反帝的民族解放斗争。因此,我们热烈欢迎巴比塞代表团,我们拥护代表团在中国召集国际反战大会。但帝国主义和中国的反动派禁止反战会议召开,我们就要动员广大群众冲破中外反动派的阻挠、破坏。首先,我们要在代表团到达的码头上举行盛大的欢迎会。代表团到达后,我们还要组织群众集会,邀请代表团到会讲演,并积极参加反战会议筹备委员会的工作,我们要作代表团的后援,争取反战大会的实现。

为进一步扩大影响,在筹备小组的努力下,上海《大美晚报》发表了《中国著作家欢迎巴比塞代表团启事》,内容如下:

自"九一八"事变以来,日本帝国主义掠夺我东北四省,侵凌内蒙华北,飞机大炮毒瓦斯时时在毁灭吾中国民众之生存。暴日既已在华取得优先地位,国际帝国主义瓜分中国战争之危机遂愈近。世界反战会议此次特在上海召集,其意义即在于号召世界民众——尤其中国民众反对帝国主义大战及瓜分中国的战争,并同时派遣巴比塞代表团调查日本帝国主义罪行。国人等对此伟大的世界反战会议,对此主持正义的巴比塞代表团,极端表示拥护。当此反战会议即将于九月初开幕,各国代表纷纷来沪之时,谨此表示欢迎。

鲁迅领衔的"文总"、"左联"、"社联"等团体和文化界 100 多人在下面签名。

筹备工作人员接连被捕

就在代表团即将抵沪之际,发生了一件意外的事:筹备小组的张耀华、刘芝明等人突然遭到了国民党特务的逮捕。

当时,为商讨筹备工作,有关人员经常到张耀华家聚会,或许是频繁的人员进出引起了国民党特务的怀疑。一日，张耀华晚上回家，守候多时的特务立刻将其逮捕。由于来不及通知，以后陆续到张耀华家开会的刘芝明等10余人均遭逮捕。不久，他们被押解至南京中央军人监狱。

这次事件给筹备工作造成很大损失。以后，冯雪峰在大陆新村鲁迅寓所提及此事。鲁迅特地送给冯雪峰100元钱，并对他说："你整天抛头露面，来来去去，这很危险。这段时间的往来，你还是雇汽车罢，倘有尾巴也容易甩掉。"从这一细节可以看出鲁迅当时对冯雪峰颇多关心，也寄予很大希望。

张耀华等被捕是1933年8月的事，当时代表团已经出发，而且不日将抵上海。为此，冯雪峰紧急抽调已在省委宣传部当干事的楼适夷接替刘芝明的工作。楼适夷因前期曾参与过这一工作，对情况较为熟悉。当时楼接受的任务是接待全国各地来参加大会的团体和群众代表及组织人员欢迎代表团。另外拟创办一份报纸，报名为《反战新闻》。

根据组织的安排，"左联"又抽调叶以群、周钢鸣等人协助楼适夷工作。当时"左联"经常在一些纪念日搞"飞行集会"一类的活动，以扩大革命的影响。为了声援世界反战大会召开，"左联"决定如法炮制，再搞一次以反帝反战为主题的"飞行集会"。地点定在闸北交通路与新闻路交汇处。当年曾亲自参与这次"飞行集会"的"左联"成员白曙对这次"飞行集会"有过详细的描述：

过去，每次行动都有不少革命群众参加。而这一次规模较大，来的人特别多，附近街道两旁尽是站着等候"飞行"的工厂工人、作坊工人、苦力、知识分子……他们虽然衣着朴实，工作服沾满油污，但精神抖擞。每个人都憧憬着一个共同的伟大理想，便不顾危险而汇集到这个战斗的街头上来。

时近傍晚，霞光满天，行人很多，熙来攘往，大自鸣钟响了七下。忽然，由预先布置好的两个人，一个拉人力车的老张跟一个挑夫打扮的老曹，他俩原系同一个党小组的，却假意相撞了一下，又佯作对骂起来。指挥行动的同志就大声喊道："别吵，别吵，大伙是自己人，好说话，自己人嘛。"这是句集会号令，话一喊出，说时迟，那时快，人们立即从四面八方涌到这个交叉路口，也有很多路人围上来看热闹。这时，一位青年工人打开饭篮掏出《欢迎世界反帝同盟国际代表宣言》，一把把向周围撒去，似火花飞溅。这是撒播火种啊！

通过这段描述，我们不难想象当年那种壮观的场面和火热的激情。

不过，这次集会还是导致了不少人被捕。“特务、暗探、警察赶了来，像疯狗一样到处乱窜”。被捕者，有“文总”、“左联”、“社联”成员等10多人。

面对如此局面，楼适夷深知责任重大。他称“因不少工作人员被捕，人手极度稀少，又在严重白色恐怖下，无法举行集会，只能采用单线接头和街头联络的方式，又大大增加了工作的困难”。

尽管楼适夷知道当时特务密布，环境险恶，而处处小心谨慎，但还是发生了意想不到的事。一天，楼适夷在北四川路街头正准备与去江湾布置工作的江丰联络，不料被早已尾随身后的两个特务突然袭击。楼适夷在奋力反击中，遭到继之而来的警察逮捕。这样，楼适夷终未能看到反战大会的召开，而成为继刘芝明、张耀华等人之后，又一位为筹备大会而遭逮捕者。他们所谓的罪名十分荒唐：“欢迎巴比塞”。

“国母”宋庆龄的凛然正气

当时的上海风声鹤唳，形势严峻，然而载着代表团成员的法国客轮“安得莱朋”号还是在8月18日徐徐抵达上海招商局中栈码头。

原拟来华的巴比塞因健康原因未能成行，代表团以有“红色贵族”之称的英国勋爵马莱为首，成员有法国共产党领导人、法共机关报《人道报》主笔伐扬-古久里及比利时社会党人马尔度。

这时的上海码头，气氛热烈，人头攒动。在“文总”、“左联”的安排下，不少工人、学生手执彩旗，云集江边。他们打着用墨水写在白布上的“欢迎马莱爵士来华”的横幅，还雇请了一个鼓乐队。当然也有另外一种不和谐的画面,即大批荷枪实弹的警察以及混进人群中的歪戴鸭舌帽的特务。

随着轮船靠岸,汽笛鸣响,码头气氛骤然紧张。原来左顾右盼的便衣特务一下子涌到码头入口,警察扬起棍棒大声呵叱,而不甘示弱的欢迎人群立刻敲响了震耳欲聋的锣鼓声,伴之以“欢迎反战代表团”的口号声。这是一个混乱的场面,同时又是一个阵线分明的场面。两边怒目相对,冲突爆发在即。

突然,出现了一个戏剧性的镜头。一辆小汽车在码头边戛然而止,人们惊讶地看到宋庆龄女士跨出车门。她仪态端庄、步伐从容地走向入口处。刚刚还张牙舞爪的警察、特务顿时像泄了气的皮球,面对“国母”的凛然正气,他们谁也不敢妄动。欢迎的锣鼓敲得更响了,口号声此起彼伏,反战传单在人群中被传来传去。过往群众亦纷纷驻足,不知不觉融入这一气氛之中。

国际代表在宋庆龄的陪同下,驱车直驶下榻的华懋饭店。华懋饭店即今之和平饭店,位于南京路外滩,是上海有名的饭店之一。选择华懋饭店是冯雪峰与宋庆龄商定的。主要考虑一是周围环境较为优美,在楼上客房可眺望黄浦江江面上轮船游弋和沿江美景;二是豪华饭店的安全系数相对较高。

国际反战代表抵达上海后,国民党政府及一些帝国主义国家十分敏感,他们通过监视、跟踪等手段试图阻止国际代表与群众接触以及阻止和破坏大会的召开。然而,在冯雪峰的精心安排下,国际代表还是走出了饭店,走到了中国劳动人民群众中间。“他们曾在恒丰纱厂女工 300 多人大会和瑞镕铁厂工人 500 人大会上演讲。又曾在沪东草棚贫民 2 000 多人的大会上演讲。复旦大学和上海美专的部分学生也曾开会请国际代表讲话。”由于当时所处的环境,这是在反战大会前,国际代表仅有的活动。

当然,这里还要特别提到一件鲜为人知的历史,即鲁迅先生在国际代表抵沪后曾分别秘密拜会了古久里和马莱。

拜访古久里是在美国记者伊罗生的安排下悄悄进行的。伊罗生时任上海英文报《大美晚报》的编辑记者，与鲁迅时有联系。鲁迅与古久里的会面地点是在位于苏州河北岸的河滨大楼伊罗生的寓所内。此前鲁迅从未到过这地方，为此，伊罗生特地给鲁迅画了一张河滨大楼位置示意图。那天，鲁迅还特意带上了古久里所著的儿童故事《没有面包的汉斯》德译本，请作者签名留念。古久里非常愉快地答应了鲁迅的要求。

之后，鲁迅应邀赴华懋饭店拜会了马莱勋爵。这次拜会鲁迅还碰到了一件尴尬事，即开电梯的工人“以衣取人”，不肯用电梯送鲁迅。无奈之中的鲁迅，只好踏着楼梯到七楼。当两小时后马莱勋爵谦恭地送鲁迅到电梯口时，开电梯的工人大吃一惊。他赶紧用电梯将鲁迅送下楼，并且始终未敢正视鲁迅一眼。

此事使鲁迅颇有感触，以后他曾对内山书店的老板谈及过此次遭遇。

当时，为了迷惑敌人，确保秘密大会的安全，负责筹备工作的同志故意散布消息称会议不在上海举行了。同时《字林西报》还发表了“各界反战会放弃在沪开会——已接巴黎总部训令，代表决定本周离沪”的消息。然而，筹备会议的工作仍在秘密进行……

洪深用电影明星专用车接国际代表

9 月下旬，坐落在沪东僻静的大连湾路一幢新建的四层楼前显得异常热闹，进出的人突然增多，人们正把漂亮的樟木箱以及新购置的为组建新家庭必须的锅碗瓢勺抬进楼里。在充满喜庆内容的对联前，“宾客”三三两两走进大楼。显然，这里正在张罗着举办“喜事”。

原来，为了秘密安全地举行这次国际反战大会，经冯雪峰与筹备人员的反复考虑，最终决定以举办婚礼为掩护。这样，众多的人集聚就不致引起怀疑。根据组织的安排，曾任“左联”组织干事的周文与夫人郑育之装扮成新郎新娘。装在樟木箱里抬进楼的并不是新娘的漂亮衣服，而是供 100 多名代表充饥的面包。这是郑育之以开同学会的名义分别从几个食品店购买的。考虑到众多代表集中进楼目标太大，在筹备人员的安排下，不少代表提前一两天进楼，和衣席地睡在空荡荡的大楼里。

当时冯雪峰感到较为棘手的是国际代表如何秘密进入会场，因为他们在华懋饭店的一举一动目标都很大，而且在婚礼上出现洋人也容易引起怀疑。为此，冯雪峰专门找到了社会关系较多的夏衍。此时的夏衍根据组织的安排，已与田汉、阳翰笙一道进入艺华电影公司工作。冯雪峰告诉夏衍，国际代表住在华懋饭店，鲁迅已去看过他们，但饭店有包打听监视，所以省委决定，为了安全，鲁迅和茅盾都不参加大会。冯雪峰要求夏衍想办法将国际代表从饭店送到会议地点。

夏衍接受任务后，颇感责任重大。他丝毫不敢怠慢，排出很多社会关系，最终决定找洪深帮忙。洪深当时为明星电影公司编导，他既是“左联”成员，又是左翼剧作者联盟①成员。选择洪深，夏衍自己是这样说的：“一是洪深很讲‘义气’，又有胆量；二是他能讲英语，便于和外国代表直接交谈。”

那天，夏衍见到洪深后，神色较为严肃地对他说：“有一件重要的事想请你帮忙，不论你愿意不愿意，千万要保守秘密。”

洪深很少看到夏衍如此表情，估计事关重大，便点头应允。

夏衍随即将冯雪峰交待的接国际代表到会场的任务复述了一下，并且告知洪深，会议具体地点要等到次日才知道，请洪深明天不要外出，在家等电话。临分手时，洪深突然拍拍夏衍的肩膀说：“有办法了，你放心，保证不出问题。”

次日，夏衍从冯雪峰处得知会议地点后，随即与洪深约定在慕尔鸣路一家俱乐部办的茶室会面。

夏衍在其《懒寻旧梦录》中如此介绍：“我按时赶到，茶室门口已停着一辆车门上漆着明星公司商标的汽车。我很快就懂得了洪深的用意。因为这是一辆明星公司接送电影明星的专用车。用这辆车比雇出租汽车要安全得多。因为包打听和三道头是不会把电影明星和外国反帝代表联想在一起

---

① 应为中国左翼戏剧家联盟。——本书编者注

的。我和洪深在茶室喝了一杯咖啡，等天色渐渐暗了，才和他一起到华懋饭店。”

当天，洪深穿了一套深色西装，抽着雪茄，俨然高级华人，直入华懋七楼，见到了马莱、古久里、马尔度，并陪他们下楼。用洪深的话说：“简直如入无人之境。”代表们上车后，汽车本应过白渡桥向东行驶，但洪深却要司机先到闹市区绕了一圈，在确认没有盯梢后，再掉头向东，快速开往大连湾路会议地点。车抵目的地，夏衍看到了一些便衣纠察队队员在周围守卫。在对上暗号后，夏衍、洪深即将国际代表交给了守卫。因为夏衍只奉命送代表到会场，并不参加大会，故而在完成任务后，他便与国际代表握手告别。

国际反战会议代表是在会议前一天秘密进大楼的。此时从全国各地抵沪参加会议的代表已基本到齐，并汇聚大楼内。除国际代表外，他们之中还有江西苏区的红军代表，东北抗日义勇军代表，参加过“一·二八”淞沪抗战的十九路军代表，以及来自张家口、厦门、福州、广州和上海等地的工人、农民、学生代表。

毛泽东、鲁迅等被推为大会名誉主席

9月30日，这是一个非同寻常的日子。当黎明悄悄来临的时候，一位身着黑色旗袍、端庄秀丽的中年妇女，在地下交通员的陪同下，迎着晨曦的霞光走进大楼。随后，“孙夫人来了”的消息立刻在代表中传开。后来始知，宋庆龄一出门即遭到特务盯梢。她沉着机智，指挥车子七转八拐，终于甩掉了“尾巴”。

大会于上午8时在三楼大空房中举行。经代表推选，宋庆龄、三位国际代表、一名工人代表、一名苏区代表、一名东北沦陷区代表、两名义勇军代表共九人组成主席团。宋庆龄任执行主席。另外，大会还推举了名誉主席，他们分别是毛泽东、朱德、片山潜、鲁迅、高尔基、巴比塞、季米特洛夫、伏罗希洛夫、罗曼·罗兰、德莱塞、台尔曼等。

这次会议由于是秘密进行，故规定不能喧哗，也不能鼓掌。会场还有一个非常特殊之处，即没有一把椅子，所有代表均席地而坐，执行主席宋庆龄和三名国际代表也只是坐在木箱上。会场总共只有两张桌子，一为主席台之用，另一为记录所用。

宋庆龄率先作了《中国的自由与反战斗争》的报告。她声音不高，但很有力："这个较小的集会充分地代表着劳苦大众的利益，代表着他们抗议日本以及其他帝国主义者对中国人民的屠杀战争。""革命阶级为反抗压迫而使用武力，是完全有理由的，被压迫人民为争取民族解放而使用武力是完全正确的，在这两种情形下，武装斗争是必须的，因为反动势力永远不会自动放弃它们的权力。"宋庆龄最后特别强调了"我们在进行着反日反帝的民族战争的同时，必须为建立真正的中国人民政府而斗争……"

继之，马莱爵士和古久里先后发言，他们介绍了国际反帝反战的概况。很多代表第一次听到关于国外情况的介绍，难免有耳目一新的感觉。之后来自各地的代表都陆续作了发言。最后为苏区红军代表报告苏区人民的生活状况以及火热的斗争生活。其他代表发言时，宋庆龄用流利的英语和法语为国际代表作翻译。

会议是在上海极端的白色恐怖笼罩下召开的，危险无时不在，但代表们均镇静自若，从容不迫。会议在有条不紊地进行。代表发言结束后，大会通过了《反对帝国主义战争，反法西斯的决议及宣言》以及"抗议帝国主义和中国军阀进攻苏区红军"的抗议书和"反对帝国主义武装干涉苏联"的抗议书。同时宣告成立远东反帝反战同盟中国分盟，并推宋庆龄为分盟主席。

当日傍晚，备受关注的远东国际反战会议落下帷幕。代表们分批安全地撤离会场。

值得一提的是，这次会议的保卫工作是由南昌起义时贺龙的警卫连长、时任中共江苏省委领导下的上海沪中区委书记黄霖负责的。由于他富有保卫工作经验，因而被委任为大会警备委员长。大会的顺利召开，得益于其周密布置。

第二天，欢呼反战会议胜利召开的传单即在上海闹市区大量出现，它仿佛是对国民党及帝国主义的嘲讽，同时亦鼓舞了国人士气。

国际代表在大会后并未立刻离开中国，他们应邀赴复旦大学作了专题演讲，接受了《现代》编辑施蛰存的专访以及出席了由田汉、夏衍等发起的演艺界进步人士欢迎酒会。不久，在中共党组织的安排下，国际代表秘密离开中国。

这次国际反战会议带来的积极成果是：中国的反帝、反战再也不是独立行为，它已融入了整个世界的反战运动……

（原载《党史博览》2002 年第 4 期）

11
1933年上海反战大会始末

邵 雍

1933年上海反战大会的全称是远东反战反法西斯大会。这是一次十分重要的会议，有着深刻的国际背景。长期以来，由于共产国际的核心资料没有找到，因此对这次会议包括宋庆龄起的作用大多语焉不详，点到为止。笔者根据最新公布的联共(布)、共产国际与中国苏维埃运动的原始档案文献对远东反战反法西斯大会进行梳理，复原历史的本来面貌，以就教于各位同行。

一 会议的筹备

远东反战反法西斯大会是共产国际倡议召开的。

1931年日本帝国主义发动“九一八”事变，强占了中国的东北。随后积极准备“向亚洲及太平洋区域发动进攻。这种海盗式的掠夺与暴行，对世界和平是一种极其严重的威胁。因此它引起了全世界的政治家，国际团体，工会和一般男女的忿怒指责”。① 1932年8月27日至29日在阿姆斯特丹举行了国际反战大会。当年还成立了共产国际指导的反对帝国主义战争的国际委员会。

11月10日共产国际执行委员会政治书记处秘密会议听取了世界反帝、反殖民压迫、争取民族独立同盟威廉·缪岑贝格关于在上海召开反帝大会的信，总体上采纳他的意见，并责成共产国际执委会反战委员会具体拟订这个问题。② 11月15日共产国际执行委员会政治书记处政治委员会会议

① 《宋庆龄选集》上卷，人民出版社1992年版，第718页。

② 参见《联共(布)、共产国际与中国苏维埃运动(1931—1937)》第13卷，中共党史出版社2007年版，第227页。

听取了贝拉·库恩委员关于给远东反战大会指示的建议。决定:“中国、日本、朝鲜和满洲的代表应该参加上海的大会。”①

对远东反战大会的指示说:

1. 远东反战委员会的行动将以在上海(必要时在澳门或马尼拉)召开国际会议的形式进行,大约在1933年3月中旬举行。会议将由一个派往满洲的由欧洲著名作家组成的委员会来筹备。

2. 召开会议的动议将由国际〈反战〉委员会(巴黎)以发号召书的方式提出。该号召书将在执行局第一次会议上通过(斯特拉斯堡,1932年12月)。这个动议将得到宋庆龄领导下的上海筹备委员会的支持……

3. 斯特拉斯堡执行局会议的号召书应包含以下口号:反对日本帝国主义。反对任何帝国主义。反对与帝国主义勾结。反对“国联”和与“国联”勾结。反对旨在镇压群众的经济斗争、反帝防御斗争及其社会意向的白色恐怖。支持反帝革命斗争。

4. 会议的主题是中日冲突。远东国家中参加的将有:中国与“满洲”、日本和朝鲜。

(方案:讨论整个太平洋战争问题,吸收所有有关国家参加,包括印度在内)。

5. 派往满洲的委员会将由欧美著名作家组成。人选是:德莱塞、辛克莱、巴比塞、纪德、舍伊纳赫将军、彼尔西乌斯上尉等人……其中一位同志将以秘书的身份担任委员会内的组织工作。委员会大约于1933年2月前往满洲,其路线有待拟订。

6. 如同阿姆斯特丹会议一样,参加会议的应有著名的社会活动家,政治组织、工会组织和群众组织的代表,以及在群众大会上和部队中选出的代

① 参见《联共(布)、共产国际与中国苏维埃运动(1931—1937)》第13卷,中共党史出版社2007年版,第229页。

表等。务必保证直接从日本来的代表参加会议，即使他们只能在半合法的基础上前来，并在会上讲话。

7. 必须注意使会议按其性质成为非共产主义的群众性活动。参加的依据应是国际委员会的号召。不容许机械地从组织上排斥不受欢迎的人(陈独秀分子、托洛茨基分子、可能还有印度国大党代表和罗易的支持者)。在这类代表可能到达的地方，要以来自这些国家的精明强干的代表的行动来抵消他们的活动。在会议上必须跟他们的论点进行公开的思想斗争。

8. 需要对其加以组织和同其举行会议的人物和团体如下：

欧洲(除前往满洲的代表外)：各大国〈反战〉委员会代表，在华的外国记者(史沫特莱等)。

苏联：远东著名的作家(特列季亚科夫、皮利尼亚科夫[①]……)。

中国：单个人士。

所有反帝组织的代表。

大企业的代表。

在中共各重要地区举行的群众大会的代表。

苏区的代表。

满洲各重要地区的代表。

游击队的代表。

[在中国开展筹备和选举代表活动期间，必须首先争取使无产阶级和农民具有强有力的代表资格。在开展活动的过程中必须阐明邀请信上没有提到或者简单阐述的要点和要求(赞成进行革命解放战争、反对国民党卖国行径等等)。中共面临的任务是利用这次活动开展广泛的合法或半合法的群众工作。]

日本：单个人士。

农民协会、东京电车工人工会、合作社会员工会、失业者同盟、建筑工人

---

① 应为皮利尼亚克。

工会的代表。

大企业的代表。

（在日本开展活动的过程中，必须成立日本反战委员会。在上海会议开幕前，那些不能去上海的日本代表应召开日本反战会议，与上海会议互致贺电。为这次会议所作的指示另发）。

朝鲜：左翼作家。革命侨民，民族革命者团体。

9. 经费开支：会议和远东代表们的经费开支应靠募集当地的资金来解决。只对满洲委员会和欧洲其他必要的代表团给予资助。①

1932年12月21日至24日在巴黎举行了国际反战委员会执行局扩大会议。会议专门讨论了日本帝国主义侵略中国问题，决定派出巴比塞领导的代表团，调查日本侵略东北的情况，以正义公道的立场揭露事件真相，批驳"国联"理事会派出的李顿调查团对事实的歪曲，反对"国际共管"东北的荒诞提议，同时通过了将在中国召开远东反战会议的决议。

1933年1月16日共产国际执行委员会政治书记处政治委员会致电中共中央并抄送共产国际代表，电报说："由知识分子代表组成的一个研究小组拟赴满洲和华北去研究日本的作战行动。打算在上海召开有中国、日本、朝鲜和菲律宾代表参加的合法的反战大会。最好吸收一切真正的民族革命人士参加。"还正式通知："在中国，筹委会领导人是宋庆龄。"②

2月7日共产国际执行委员会驻华代表兼驻上海远东局书记阿图尔·埃韦特向共产国际报告说："我们已着手筹备在上海召开反帝大会。在北平也将组织这样的代表大会。将尽量尝试半合法地举行这次会议（因此，我认为有必要让缪岑贝格组织的合法组织者来进行由缪岑贝格、巴比塞、宋庆龄

① 《联共（布）、共产国际与中国苏维埃运动（1931—1937）》第13卷，第230—232页。
② 同上书，第295页。

等人筹备的上海反帝大会)。”①

同年6月反法西斯世界委员会在法国巴黎成立,罗曼·罗兰为名誉总裁,亨利·巴比塞为主席,宋庆龄被选为副主席。②

在此之前,宋庆龄经共产国际派驻中国的政治代表(该代表于1933年底奉召离开中国回国)同意,加入共产国际。③

根据共产国际的意图,中共中央指示上海局发出通知,要求各级党组织全力以赴欢迎调查团,并责成江苏党组织立即组织筹备委员会。经与宋庆龄商定,对外成立公开的上海各界欢迎巴比塞代表团及远东反战会议筹备委员会。稍后中国报刊作了很多关于法国作家巴比塞、关于他的生平和关于他的活动的报道,说在中国知识界享有盛名的巴比塞很快就会到来。众多的知识分子组织成立了很多欢迎巴比塞的委员会和协会。1933年6月18日宋庆龄被推选为上海各界欢迎巴比塞代表团及远东反战会议筹备委员会主席。

8月5日中华苏维埃中央革命军事委员会主席朱德为祝贺世界反对帝国主义战争委员会远东会议的召开,致电“上海民权保障大同盟宋庆龄女士转世界反帝非战代表大会”,向大会致以热烈的反帝非战的敬礼。贺电说:“大会将是世界的民众为消灭帝国主义、消灭帝国主义战争而奋斗的领导与组织者。中国工农红军苦战六年,得到伟大的胜利。一九三一年以来,更击破了帝国主义国民党有名的四次‘围剿’,我们消灭了国民党军阀二十师缴枪十余万,这不仅是中国民族革命战争最光荣的一页,也就是我们献给大会最有礼貌的赠品。中国工农红军,已经具有更坚实的力量,他们与苏联红军

① 《联共(布)、共产国际与中国苏维埃运动(1931—1937)》第13卷,第308页。

② 参见钱俊瑞:《伟大的国际主义战士》,载《中国建设》1981年9月号英文版;[日]新村姬:《罗曼·罗兰》,日本岩波书局版。

③ 参见杨奎松:《宋庆龄何时加入共产党?》,载《孙中山宋庆龄研究信息资料》2003年第4期。

兄弟们一样，站在反帝的最前线为大会有力的后盾。”①

8月30日中华苏维埃共和国临时中央政府主席毛泽东，副主席项英、张国焘发出致国际反帝非战代表大会电。电文指出，“现在中国是在两条道路——殖民地道路与苏维埃道路——的剧烈战争中……我们相信大会是完全同情于我们的，因此，大会的成功即是我们的成功，大会的胜利即是我们的胜利。我们领导全国工农和红军，一致拥护大会的顺利进行，为大会的伟大前途表示热诚的祝贺。”②“中华苏维埃共和国临时中央政府是全中国被压迫民众的代表，它否认帝国主义列强与中国国民党政府所订立的一切密约，它正在号召、动员与武装全中国的民众，以民族革命战争，来反对帝国主义瓜分中国，根本推翻帝国主义在华的统治，建立全中国的苏维埃政权，来保持中国的独立统一与领土完整。”③

9月6日中共苏区中央局书记周恩来和朱德并红军全体指战员电贺世界反对帝国主义战争委员会远东会议在上海召开，表示中国工农红军“是反帝的先锋，我们要与全世界反帝的战士作一致行动，以百战百胜的铁拳，开展民族革命战争，彻底粉碎帝国主义和国民党的五次‘围剿’，把帝国主义赶出中国”④。

相关的公开活动由民权保障同盟出面进行。8月6日宋庆龄以世界反对帝国主义战争委员会远东会议筹委会主席名义，发表《反对帝国主义战争!》的声明。声明指出：“今天，整个资本主义世界正陷于剧烈的经济战争中。货币关税的战争不久即将一变而为毒瓦斯、炸弹和重炮的战争了。”世界列强“深知危机与冲突必然是帝国主义战争的先声，因此不断地扩充军备，其数量的庞大与摧残人类生命的能力，真是有史以来闻所未闻。……把

① 《朱德年谱》新编本(上)，中央文献出版社2006年版，第346页。《朱德年谱》称，“朱德以中华苏维埃中央革命委员会主席名义”，似漏了“军事”二字。

② 《红色中华》第107期，1933年9月3日。

③ 《毛泽东年谱》(1893—1949)上卷，人民出版社、中央文献出版社1993年版，第410页。

④ 《朱德年谱》新编本(上)，第349页。

人类投向战争、死亡和毁灭的活动，正是当前时局的特点”。文中列举美、英、法、德、日等国的大量事实论证上述观点，特别指出：“在远东的日本正一心一意地在它夺自中国的领土上扩张军备，并且有计划地准备一系列的挑衅行动”，并且“获得国际帝国主义的赞助”。声明呼吁“把世界工人阶级和全体劳苦大众的战斗力量组织起来，惟有他们才能使帝国主义列强的战争计划归于无效。惟有全世界的人民的联合行动，才能制止未来的屠杀。现在，全世界正在展开一个运动来唤醒群众，使他们了解迫在眼前的厄运；教育受剥削的人们，使他们了解到自己的力量，只要联合行动起来，他们就可以决定自己的以及将来的人类命运”。将在上海举行的反战大会是“由于日本帝国主义已经伸出它血腥的魔爪，企图攫取整个中国，由于中国统治阶级和国民党无耻地背叛人民，一贯破坏中国民众抵抗侵略的努力”，在世界反对帝国主义战争委员会倡导下召开的。其目的就是“联合一切愿意积极参加反战斗争的人们。……它欢迎一切愿意协助阻止新的世界大屠杀、新的帝国主义战争的人们出席”。①

8月13日宋庆龄致函蔡元培。函曰：“本会定于九月初旬开会讨论反帝非战问题，各国著名作家、新闻记者多来出席，本会并邀请各团体代表、中国国民党支部等参加。夙念先生对于反帝非战素具同情，谨请于本会开会时出席指导一切。”②

8月18日宋庆龄不顾国民党不许外国代表登陆的禁令，亲自上船迎接世界反战委员会代表到上海。出席世界反对帝国主义战争委员会远东会议的外国代表一行四人，乘轮船抵达上海。领队是英国勋爵、工党党员马莱勋爵。法共党员、法共机关报《人道报》主编伐扬-古久里，比利时社会民主人士马尔度和英国人汉密尔顿为团员。国民党当局不准代表登陆，妄图阻挠会议的召开。宋蔑视这项禁令，亲自上船欢迎来自欧洲的反帝和平战士。

---

① 《中国论坛》1933年8月6日；《宋庆龄选集》上卷，第126—129页。

② 《宋庆龄书信集》上册，人民出版社1999年版，第77页。

中国共产党和筹委会组织工人、学生和各界人士在码头上举行欢迎大会。群众高举欢迎国际代表团的横幅,手持小旗,燃放鞭炮,散发宋庆龄发表的《反对帝国主义战争!》声明的传单,宋发表热情洋溢的欢迎演说。鲁迅参加了欢迎大会。在群众的护送下,代表团住进华懋饭店(今和平饭店)。①

1933年8月17日共产国际执行委员会政治书记处政治委员会致电共产国际执行委员会驻华代表兼驻上海远东局书记阿图尔·埃韦特,指示说:"请在会议上贯彻以下方针:我们反对帝国主义战争和瓜分中国,因此我们赞成进行反对日本帝国主义和其他帝国主义者的民族革命战争。瓜分中国已经开始。不仅日本、法国等在进行,而且军阀也在进行。这些军阀是日本在华北的代理人、英国在广州的代理人、美国在南京的代理人和国际联盟在上海的代理人。会议也应该表示反对这种瓜分方式。要像对待叛国的党、反对中国人民的党那样对待国民党、对待它的所有派别。如果从政治角度看有可能的话,要引导马占山和李杜将军〈进行反击〉,要批评他们,因为在满洲他们没有武装民众,而是解除民众的武装。绝对需要从组织上巩固会议的政治成绩。要利用欧洲代表团成员,在反帝大会上举行会见。要要求群众进行监督,组织群众抵制日货,建立由工人和学生组成的日货抵制岗哨。会议开幕前必须出版一日的报纸。要组织出版远东委员会(全世界反对帝国主义战争委员会)固定的通报。"② 8月29日《反战新闻》第1期在上海问世,主要内容是"许多过去没有联系的工人组织,现在都参加了这次大会。铁路工人、军工厂工人、电力公司工人都参加了这次反战大会,还参加了示威游行,并在上海欢迎代表团"。③ 但共产国际要求的"固定的通报"至今没有找到。

---

① 参见肖辅玢、丁润英:《伟大的战士,光荣的事业——十年内战时期宋庆龄同志在上海的革命活动》,载《解放日报》1981年6月5日。

② 《联共(布)、共产国际与中国苏维埃运动(1931—1937)》第13卷,第478页。

③ 同上书,第587页。

二　会议的进行

1933年9月30日反对帝国主义战争委员会远东会议在上海秘密举行。

中共江苏省委宣传部部长冯雪峰主持具体的筹备工作。他把这项工作交给四个外围组织“上海反帝大同盟”、“社会科学家联盟”、“中国文化总同盟”和“左翼作家联盟”负责，并由冯雪峰和刘芝明（上海反帝大同盟负责人）、张凌青（“社联”代表）三人组成筹备会的核心小组。① 中共核心小组被破坏后，改由上海中央局直接担任会议的筹备工作。几经周折，终于在沪东一条僻静的马路旁，租到一幢四层楼红砖洋房，由“左联”的郑育之等五人，临时组成一个包括有祖孙三代成员的“家庭”，住进这套住宅，并借口学校开运动会，购买了大量面包、汽水、罐头和水果等等。共产国际认为“中共机关在组织大会时表现得很积极”。② 这一评语并非过誉之词。

“在选举大会代表过程中实行了比较广泛的统一战线。”③原先选出中外代表800人，由于反动当局阻挠，只到了65人。有上海各工厂代表、东北义勇军、察哈尔义勇军、平绥铁路工人、十九路军士兵的代表，河北、福建、江苏及苏区红军的代表，还有各国代表马莱、古久里、马尔度、汉密尔顿。其中农民四人，苏区红军代表两人，国民党军士兵三人，知识分子及学生九人，其余为工人，全体代表中有九位妇女。9月29日晚上，代表们从分散隐蔽的各处一个一个地进入会场，至30日清晨全部到齐。宋庆龄回忆说：“尽管面对着这种危险，我们依然按照我们的计划进行工作，欢迎代表团，并且动员舆论制止侵略。反动当局开始就对我们仇视万分，从各方面向我们进行迫害，恐吓，阻挠和诽谤。我们请求来与我们合作的人，许多都被吓走了。没

---

① 参见中共中央书记处编：《六大以来——党内秘密文件》上册，第396页；张凌青：《世界反帝大同盟远东反帝反战会议筹备工作的一些情况》，载《党史资料丛刊》1983年第1辑。

② 《联共（布）、共产国际与中国苏维埃运动（1931—1937）》第13卷，第620页。

③ 同上。

有人敢把会场租给我们。……我们决不能使这些朋友长途跋涉而一无所获，我们决定召开一次会议。我们既然被迫放弃公开会议，就准备举行秘密会议。由于我们正处于严密监视之下，我们就必须严守秘密。连我自己都不晓得举行会议的地点在哪里，直到一天早晨的黎明时候，我被带到上海工厂区的一幢阴暗凄凉的房子里。代表们只能一个一个地单独前往。甚至还有一部分人是在深夜里偷偷地到那里去的。当我到达时，每一个人，连外宾在内，都坐在地板上，因为房间里唯一的家具是供秘书用的一张小桌子。我们实际上是在低声耳语之中进行报告和讨论的。"①

反对帝国主义战争委员会远东会议在四楼开始。代表们席地而坐，推选马莱、古久里、马尔度、宋庆龄及东北义勇军代表、苏区代表等九人为主席团，并推毛泽东、朱德、片山潜、鲁迅、高尔基、巴比塞、台尔曼为大会名誉主席。宋庆龄担任执行主席，并在会上作了题为《中国的自由与反战斗争》的演说。她说："目前是资本主义制度垂死的时代。资本主义正在不顾一切地寻求出路，解决自身的矛盾。资本主义者面前的惟一出路，就是加重对人民的剥削和压迫，并准备进行重新瓜分世界市场的新战争。资本主义陷入混乱中，越陷越深。"无产阶级"今天已经取得了领导地位，领导着全世界被剥削和被压迫的人民——一切资本主义国家、殖民地和半殖民地国家里的工人和农民从事斗争"。"因此，目前的时代标志了一个新的社会制度——社会主义——的诞生。"又说："资本主义者在战争中寻求自己的生路，劳苦大众必需在革命中寻求自己的生路"，无产阶级革命已"成为我们这一时代最迫切的社会需要了"。宋庆龄强调说："我们并不是反对一切战争。……我们是拥护中国的武装人民反对帝国主义的民族革命战争的。""反动的武力只能以革命的武力来对抗。"她对于国民党反动派予以无情地揭露："国民党今天正在更有意识地、缜密地计划着向日本帝国主义及其他帝国主义作全部的、无条件的投降。国民党的领袖只有一个要求和希望，那就是，希望帝

---

① 《宋庆龄选集》上卷，第718—719页。

国主义者允许他们继续执掌政权，以便分得一份由蹂躏和榨取中国人民而得来的利益。”那么中国的希望何在呢？“只有从人民大众本身才能获得帮助和生路。……亿万工人和农民已经在进行这个斗争了。广大的苏维埃区域已经在中国存在了许多年，这个事实便是广大的中国人民将走上这同一条道路的希望、诺言和保证。只有从这些斗争中才能发展出权力和力量，来解放中国，统一中国，驱逐帝国主义，收回东北和其他失地，给中国人民以土地、粮食和自由，并给各个民族以生存、发展的自由。”“只有实现无产阶级革命、土地革命与反帝革命才可以建立使中国将来发展到社会主义的基础。”她最后呼吁：“让我们团结起来，向那些背叛国家、把我们的国土一省一省地出卖给帝国主义者的人们作斗争！让我们团结起来，用我们最大的力量来保卫那已经由帝国主义统治和封建剥削的羁绊中解放出来的中国工人和农民，他们现在正受着国民党军队第五次而且是最大规模的进攻。”①

然后马莱作了关于各国人民反对帝国主义战争的报告，痛斥帝国主义侵略和法西斯猖獗。马尔度在发言中把更多的注意力用到了对资产阶级分子的“教育”上，被埃韦特认为是“自由资产阶级的发言”。在埃韦特看来“加米尔顿②讲了愚蠢的和有害的东西。另一些人都很消极，瓦扬-古久里除外”③。宋庆龄在会上不时用流利的英语、法语或华语为中外代表翻译。

这次会议通过了有关提案、决议和反对帝国主义战争，反对法西斯的宣言，正式成立反对帝国主义战争委员会中国分会，宋被选为主席。短短一天的秘密会议，取得了圆满成功。但反动派还一无所知。1933年《上海公共租界工部局年报》称：“本年八月间，有非战同盟会代表若干人，自欧洲抵沪，拟在沪召集亚洲非战同盟会，但旋于十月四日乘亚斯卡拉登轮船，

---

① 《宋庆龄选集》上卷，第130—138页。
② 即汉密尔顿。——本书编者注
③ 《联共(布)、共产国际与中国苏维埃运动(1931—1937)》第13卷，第526页。

前往海参崴。若辈在沪时，曾与中国若干过激派团体之代表，开秘密会议，并议决在沪设立非战同盟会远东局。所拟在沪召集之亚洲非战同盟会，以向本局、法租界公董局及上海市政府陈请准其开会之时，均被拒绝，未曾举行。"①

三 对会议的评价

1933 年 10 月 1 日共产国际执行委员会驻华代表兼驻上海远东局书记阿图尔·埃韦特在报告中一面说"我们成功地举行了规模不大的秘密代表会议，有来自国内各地的 60 位代表参加。……最重要的材料我们将大量出版，并开展进一步的工作"。1934 年《远东反战反法西斯蒂大会会刊》在上海出版。另一方面又称：参加反战会议"代表团糟糕的人员组成简直不可想象。……造成了极为恶劣的后果，带来的益处与付出的努力不相符"。"代表团在会上未给我们带来多大好处。……作出更多的努力可能在一些场合会堵住某些演讲者的嘴，也会造成难堪"。埃韦特建议"国际反战委员会应该派人到上海来做合法的鼓动工作。……他将以国际[反战]委员会代表和'使者'身份来这里，并且是很好的鼓动家；……他可以同宋庆龄和中国反帝人士保持联系，还可以在组织方面给他们提出建议，并且不时去印度支那"。② 11 月 3 日共产国际执行委员会政治书记处政治委员会开会研究远东反战反法西斯大会的结果。中共中央驻共产国际执委会代表王明在会上发言认为："上海反战大会不仅对于反战工作的进一步开展而且对于远东都具有很大的意义。例如，我们现在从日本同志那里得知，在上海反战大会的影响下，日本爆发了保卫这次大会和反战方面的大规模运动。这次大会对于保卫苏维埃中国也具有很大的意义。实际上这表明，如果说帝国主义者

---

① 转引自郑育之：《世界反帝大同盟在上海召开的远东反帝反战会议的情况》，载《党史资料丛刊》1980 年第 1 辑。

② 《联共(布)、共产国际与中国苏维埃运动(1931—1937)》第 13 卷，第 526 页。

帮助国民党，那我们的朋友来到上海，表明他们帮助中国苏维埃、中国人民反对日本的进攻。因此这将便于我们反对国民党向日本的投降行为等等。尽管存在代表团所遇到的种种困难，但我们还是知道，代表团，特别是我们的法国同志（他们实际上是这个代表团的领导人），善于在所有代表当中切实地实行统一战线，一致地做工作。还应该指出，我们党善于把代表团的秘密活动和合法活动结合起来。因此我们得以虽然不是同全国最广大的工人群众，但还是同上海广大的学生和知识界取得联系。”“反战大会帮助了我们在工人当中所做的工会工作。这对于我们以后在上海和全国工人当中的工作具有很大的意义。因此，我们可以认为，代表团在反战大会上提出的这个任务，在代表团和我们党组织的协助和积极活动情况下完成了。”王明还指出了会议的一些不足：“第一个不足是巴比塞同志没有来。……这有点伤害知识界和新闻界的心情，因为他们很想迎接巴比塞。其次，在会议上没有日本和美国的代表团。这是在远东和在中国活动的两个很重要的方面。如果说日本代表没有出席是因为迫害和恐怖，那么美国代表缺席则是很大的不足，说明美国党在这方面做工作不够。第三，我认为，我们、我们党组织和代表团同黄色工会中的工人群众联系不够。例如，在上海，有一个很大的黄色邮电工会组织。他们有合法出版物、合法报刊等。如果我们打算同他们取得联系，召开会议或举行大会，这可能是可以做得到的。那里有我们的革命工会反对派党团，并且工人情绪高涨。如果同这些工人取得联系，这会对暂时还参加国民党黄色工会的工人具有更大的意义。”“还有一个不足，这就是我们尝试同帝国主义驻上海的军事力量建立某种联系不够。……如果我们去咖啡店，就可以见到他们，同他们交谈和举行小型群众会议。这是可以做得到的，因为在上海有专门的外国咖啡店，那里每晚都有外国水兵、海员在跳舞。但是，看来这项工作，要么没有做，要么做得很少。”王明提出今后“应该通过以下途径巩固我们的成绩。我们应该加强我们在上海的反战委员会，除了吸引地下的和诸如宋庆龄等半地下的人士参加外，还要吸引广大公开的人士、新闻记者、教授、教师、学生等参加，以便使我们的委员会以后在行动中有更多合法的或半合法的机会”。①

11月15日共产国际执行委员会政治书记处政治委员会会议作出了《关于上海反战大会成果和评价的决议》。《决议》说：

“1. 上海反战大会的积极成果是开展了广泛的工人、知识分子和学生运动，不仅包括工人阶级的进步阶层，而且也包括工人阶级的落后阶层，特别是在上海，渗透到一系列企业中，这以前我们的运动完全没有在这里出现过，或者很少出现；吸引和动员了广大小资产阶级知识分子人士，以前他们与反战运动没有任何关系。特别需要强调指出的是，围绕反战大会开展的运动不只是局限于上海，而且传播到许多遥远的省份。大会的准备工作和大会本身清楚地向中国民众显示了国际团结精神；大会促进了对苏维埃中国的宣传，而在选举大会代表过程中实行了比较广泛的统一战线。必须强调指出，中共机关在组织大会时表现得很积极。在日本，成立了统一的反战委员会，有共产党拥护者和社会民主党成员以及改良主义工会成员参加；在大会筹备过程中，除了其他工作，还第一次公开举行了反战群众大会。会议筹备过程向左翼改良主义工会的渗透进行得特别顺利。为筹备会议在工人和知识分子中间举行的募捐活动采取了相当大的规模。

2. 虽然筹备会议的总的政治方针是正确的，但是必须说，委员会在巴黎和在上海所做的会议筹备工作是不够的。作为特别的不足，必须指出这种情况：无论是日本代表还是美国代表都没有参加大会工作。会议对华北和满洲的影响也很小。国民党的拥护者，特别是国民党工会成员只有很少量的代表。筹备工作很明显的弱点还有，报刊宣传运动在中国开展得很晚。印度支那代表团的工作做得不够。代表团不想同在华的帝国主义军队和水兵接触。

3. 为了评价大会在远东以及在欧洲和美洲国家的效果，国际反战反法西斯委员会执行局的共产党党团应当在以下方面进行活动：（1）上海民族

① 《联共(布)、共产国际与中国苏维埃运动(1931—1937)》第13卷，第586—588页。

委员会在全国各地广泛开展的作报告运动，要特别重视华北和边境苏区以及十九路军占领的地区。作报告运动应追求的目的是：筹备省和地区反战运动代表会议，建立常设委员会，吸收来自工人、知识分子、学生、城乡贫民队伍当中的广泛反帝斗士参加……”

对日本、澳大利亚、荷属印度、印度支那和菲律宾也相应布置了工作，并要求“必须在美国、加拿大、中美洲和南美洲广泛宣传会议的成果”。“在英国、法国、西班牙、比利时，以及在其他欧洲国家，代表团应在报刊上和会议上组织广泛的宣传运动，而且在运动期间，应在国际委员会的监督下最有效地利用代表团中的社会民主党成员，吸引社会民主党工人和和平主义人士参加保卫中国，使之免遭帝国主义瓜分的运动和特别是保卫苏维埃中国，使之免遭反革命干涉的运动。”“远东的整个鼓动工作，应该在太平洋地区劳动人民联合起来反对帝国主义战争、反对瓜分中国、保卫苏维埃中国使之免遭干涉、反对日本帝国主义在苏联远东准备反革命战争等口号下进行。需要很清楚地说明国际联盟在支持蒋介石方面的作用。在广泛宣传上海会议决定的同时，还必须认真宣传日本共产党人的反战活动。凡有可能的地方，都要在国际委员会和其民族委员会的领导下成立中国之友组织。鼓动工作应首先针对日本帝国主义，针对它的远东宪兵角色和对苏联的反革命战争发动者角色，但同时还必须指出日本和美国军事工业之间的联系。”①

这次会议有一个副产品，即宋庆龄帮助胡志明恢复了与党组织的联系。胡志明当时化名李瑞，1933 年化装成商人，从香港经福建厦门到上海时，从宋的《反对帝国主义战争！——世界反对帝国主义战争委员会中国代表的声明》中获悉 9 月将在上海举行远东反战大会，就赴宋的寓所拜访，请宋把一封信转交给来上海参加会议的共产国际代表。宋把此信交给法共机关报《人道报》主编、共产国际工作人员伐扬-古久里，由伐扬-古久里与胡志明联

① 《联共(布)、共产国际与中国苏维埃运动(1931—1937)》第 13 卷，第 619—622 页。

系，从而恢复了胡与党组织的关系。①

远东反战反法西斯大会是共产国际实行反法西斯人民统一战线的最初尝试。共产国际明确规定了会议的性质、目的及策略，强调“必须注意使会议按其性质成为非共产主义的群众性活动”。② 尽量将此会议办成合法的或半合法的会议。“在选举大会代表过程中实行了比较广泛的统一战线”。③ 可以说这次大会是共产国际实行反法西斯人民统一战线的先声。

由原始档案可知，宋庆龄担任在上海举行的远东反战反法西斯大会主席是共产国际指定的，也是共产国际执行委员会驻华代表兼驻上海远东局书记阿图尔·埃韦特和中共中央同意的。宋庆龄当时的政治身份是共产国际的地下党员，她在这次会议准备和召开时表现出来的大智大勇，赢得了共产国际的高度评价。1934 年共产国际联络局派往远东的代表评论说，宋庆龄“她是个好同志，……她对秘密工作有着很深刻的理解。她在极其困难的条件下出色地召开了反帝大会”。此后，共产国际高度信任宋庆龄，又将一些重要的任务交给她去完成。

（原载上海市孙中山宋庆龄文物管理委员会编：《孙中山宋庆龄研究动态》2008 年第 4 期）

---

① 参见文庄：《宋庆龄同志帮助胡志明找到党组织》，载《人民日报》1981 年 6 月 19 日；华平：《孙中山、宋庆龄与越南人民的革命友谊》，载《孙中山宋庆龄研究信息资料》》1993 年第 1 期。

② 《联共(布)、共产国际与中国苏维埃运动(1931—1937)》第 13 卷，第 231 页。

③ 同上书，第 620 页。

12
国际远东反战大会

肖裕声

20世纪30年代，日本走上法西斯道路，成为第二次世界大战的东方策源地。1931年9月，日本策划和挑起“九一八”事变，悍然侵占了中国东北全境，拉开了第二次世界大战的序幕。为了反对日本军国主义的侵略战争，在宋庆龄的精心组织下，在共产国际和中国共产党的全力支持下，刚成立的国际反帝大同盟于1933年在中国召开了“国际远东反战大会”。这次大会，举起国际反日统一战线的旗帜，在有力推动中国抗日斗争的新高潮和建立国际反法西斯斗争的统一战线中发挥了独特的作用。

一 国际远东反战大会是东方国际反日统一战线的旗帜

（一）宋庆龄倡导成立国际反帝同盟组织

1927年冬，宋庆龄与世界著名人士爱因斯坦（德国）、高尔基（苏联）、罗曼·罗兰（法国）、巴比塞（法国）、辛克莱（美国）和尼赫鲁（印度）等共同发起组织“反对帝国主义及殖民压迫斗争大同盟”（简称“反帝大同盟”）。同年12月10日，反帝大同盟在比利时的布鲁塞尔召开成立大会，宋庆龄被推选为名誉主席。是日，宋庆龄致电会议表示热烈祝贺，并明确提出把中国的反帝国主义斗争与世界反帝国主义结合起来，她在电文中向大会提出三大要求：一是将世界人民组织起来，呼吁帝国主义国家从中国撤军；二是呼吁废除强加于中国的不平等条约；三是向全世界揭露中国反动政府的血腥暴行和帝国主义走狗的本质。

（二）中国与世界和平人士共同成立国际性反战委员会

为进一步制止日益出现的新的世界大战的危险，1932年春，巴比塞和罗曼·罗兰等在反帝大同盟的基础上发起成立国际性反战委员会，并于8月27日至29日在阿姆斯特丹举行成立大会，来自25个国家的不同政党和劳动团体的2 244名代表出席了会议。会上成立了世界反对帝国主义战争委员会(简称“世界反战委员会”，即国际反帝大同盟)，罗曼·罗兰当选为委员会主席，巴比塞等人为副主席，宋庆龄等人为名誉主席。

国际反帝大同盟成立后，专门讨论了日本帝国主义侵略中国问题，决定派巴比塞率领代表团前来中国调查日本侵略罪行，同时通过了在中国召开远东反战会议的决议。1933年9月30日上午8时，远东反战反法西斯大会在霍山路85号三楼大空房秘密召开。

参加国际远东反战大会的代表有世界反帝大同盟组织派来的英国工党议员马莱爵士、法国《人道报》主编古久里、比利时国会议员波比、《大美晚报》记者伊罗生及国内代表65人。国内代表中有江西苏区的红军代表、东北抗日义勇军代表、参加过“一·二八”淞沪抗战的十九路军代表，以及来自张家口、厦门、福州、广州和上海等地的工人、农民、学生代表。选举九人组成主席团，宋庆龄为执行主席。毛泽东、朱德、片山潜、鲁迅、高尔基、巴比塞、季米特洛夫、伏罗希洛夫、罗曼·罗兰、德莱塞、台尔曼等为名誉主席。

宋庆龄主持会议并致开幕词。大会听取马莱作的关于各国人民反对帝国主义战争的报告。报告痛斥了帝国主义侵略和法西斯猖獗。宋庆龄在会上作了题为《中国的自由与反战斗争》的演说。演说最后号召全体中国人民在反对日本和其他帝国主义的斗争中，即在争取中国统一、独立和领土完整的斗争中，团结一致！并强烈呼吁“让我们在整个远东，尤其在中国，发动一个强有力的运动，反对帝国主义战争！”宋庆龄的演说，对动员中国人民和世界人民积极投入反对帝国主义战争的斗争中去具有很大的意义。会议还宣布正式成立世界反对帝国主义战争委员会中国分会，选举宋庆龄为主席。短短一天的秘密会议，取得了圆满成功。

（三）反战委员会推动中国和远东反日法西斯战线的形成

反战委员会通过了《反对帝国主义战争，反对法西斯的宣言》、《反对白色恐怖抗议书》、《反对帝国主义进攻苏联的抗议书》、《反对帝国主义和中国军阀进攻红军的抗议书》等等。国际远东反战大会是一次国际反法西斯、反帝国主义侵略的大会，大会的主题是联合世界进步力量反对日本帝国主义侵略中国。大会的胜利召开，是在东方高举的反日侵略战争国际统一战线的大旗，对于推动全国抗日高潮起了重要作用，使中国进步力量与世界反战力量紧密联系在一起，建立了中国抗日战争与国际反法西斯斗争的统一战线。

二　中国共产党全力支持国际远东反战大会

（一）共产国际积极支持远东反战运动

1931年秋，日本悍然发动侵华战争。中国人民从此开始了近代史上最悲壮的抗争。中国东北军民奋起反抗，自发组织义勇军抗击侵略，马占山领导了江桥抗战，东北其他地区也烽烟四起。

中国共产党以民族利益为最高利益，高举抗日民族统一战线旗帜，主张全国人民团结起来，停止内战，一致抗日。在极端困难的条件下，中国共产党组织东北抗联持续抵抗，涌现了杨靖宇、赵尚志、赵一曼、李林等抗日英雄。在历时14年的殊死抗战中，东北军民歼灭日军13万人。

为了反击日本军国主义对中国的侵略，1932年11月10日，共产国际执行委员会政治书记处秘密会议听取并赞同由缪岑贝格递交的关于在上海召开反帝大会的信。11月15日，共产国际执行委员会政治书记处政治委员会会议听取了贝拉·库恩关于给远东反战大会指示的建议。12月21日至24日，在巴黎举行了国际反战委员会执行局扩大会议。会议专门讨论了日本帝国主义侵略中国问题，决定派巴比塞率领代表团前来中国调查日本侵略罪行，同时通过了将在中国召开远东反战会议的决议。

（二）中国共产党为反战大会成立做了大量工作

1933年1月16日，共产国际执行委员会政治书记处政治委员会致电中共中央并抄送共产国际代表，通报了巴黎会议的情况和所作的决议，并正式通知远东反战大会"筹委会领导人是宋庆龄"。根据共产国际的意图，中国共产党全力支持并积极帮助宋庆龄筹备远东反战会议。遵照中共中央指示，中共江苏省委与宋庆龄协商后决定由宋庆龄公开出面筹备，具体工作则由江苏省委宣传部部长冯雪峰主持。1933年6月18日，宋庆龄被正式推选为上海各界欢迎巴比塞代表团及远东反战会议筹备委员会主席。

由于当时白色恐怖笼罩上海，国民党政府与帝国主义勾结，极力阻挠破坏远东反战大会的召开。冯雪峰从各地秘密抽调人员，组成筹备工作小组。其中包括反帝大同盟负责人刘芝明、"文总"主办的《正路》月刊主编张耀华，以及江丰、楼适夷和宋庆龄的联络人吴觉先等多人。

但就在世界反帝大同盟代表团即将抵沪之际，筹备小组的张耀华、刘芝明、楼适夷、江丰等同志相继遭到了国民党特务的逮捕。1933年6月，中国民权保障同盟的总干事杨杏佛（杨铨）被国民党特务暗杀。8月16日，以鲁迅领衔，有胡愈之、茅盾、田汉、巴金等"文总"、"左联"、"社联"等团体和文化界一百零五人签署的《中国著作家欢迎巴比塞代表团启事》在上海《大美晚报》发表。

经过艰难的筹备与斗争，1933年9月30日远东反战大会在上海秘密举行。原定中外代表800名，由于反动当局阻挠，只到了65人，其中来自国外的除世界反战委员会代表团的四名成员外，《中国论坛》的伊罗生也作为外国代表与会。代表们推选马莱、古久里、马尔度、宋庆龄及东北义勇军代表、苏区代表、上海工人代表等九人为主席团，宋庆龄任执行主席。还推选罗曼·罗兰和巴比塞（法国）、高尔基和伏罗希洛夫（苏联）、台尔曼和托尔格勒尔（德国）、工人阶级老战士汤姆·曼（英国）、季米特洛夫（保加利亚）、片山潜（日本）、朱德和毛泽东等为名誉主席团。

远东反战大会的成功召开，更加紧密地把宋庆龄与中国共产党人联系在一起，把国际反日统一战线与中国抗日民族统一战线联系在一起，赢得了国际社会和世界人民对中国抗战的广泛了解、同情和支持，也为建立国际反日统一战线创造了必要的条件，为保卫世界和平和人类进步事业作出了杰出贡献。

三　宋庆龄是东方国际反日统一战线的伟大旗手

（一）积极推动远东反法西斯统一战线形成

宋庆龄是具有世界眼光、时代远见和国际主义精神的伟大女性。大革命失败后，为了寻求中国革命的胜利道路，宋庆龄于1927年8月出访莫斯科，后又去了德国。在苏联期间，她通过参观访问、实地考察，不仅感受到了“一个社会主义新时代的诞生”，而且看到了苏联工人阶级和广大人民群众的革命精神和国际主义风貌。她曾多次向苏联人民发出致敬函电，感谢他们对中国革命的同情与支持，并坚定地表示：中国人民和苏联工人阶级“将继续并肩作战，打垮我们的共同敌人——世界帝国主义和一切反动势力”。

1931年秋，日本策划和挑起了“九一八”事变，悍然侵占了我国东北全境。次年1月，又在上海发动了“一·二八”事变。宋庆龄以反帝大同盟名誉主席的名义向世界进步人士发出呼吁，请求他们声援中国的反侵略斗争。这个呼吁得到热烈响应，特别是反帝大同盟总部发表了一个宣言，痛斥日本的侵略罪行，号召各国反帝组织以各种方式支援中国人民。

1932年8月，国际反战委员会在阿姆斯特丹召开大会，专门讨论如何组织起来为反对迫在眉睫的帝国主义战争而斗争。大会结束后，世界许多国家都接连举行了反对侵略战争的大会。

为了动员国内外反帝反战的人们积极支持与参加远东反战反法西斯大会（简称远东反战大会），宋庆龄于8月6日以世界反对帝国主义战争委员会远东会议筹委会主席名义，发表《反对帝国主义战争！》的声明，深刻而精辟地阐明了反帝反战大会的正义性和紧迫性，以及建立国际反战统一战线的必要性和重要性，具有很大的震撼力和感召力，对动员人们参加和支持远东反战大会起了重要作用。

8 月 18 日，宋庆龄以不畏艰险的革命魄力，蔑视国民党不许外国代表登陆的禁令，亲自到码头并上船迎接来沪的世界反战委员会代表团。

1933 年 9 月 30 日，远东反战大会在上海秘密举行。宋庆龄主持的远东反战大会，不仅对于推动全国的抗日高潮和促进远东反战工作的开展起了重要作用，而且也是共产国际实行反法西斯人民统一战线，以及全面抗战爆发前宋庆龄把中国人民的抗日斗争与世界人民的反战反法西斯斗争结合起来的一次成功的尝试。

（二）揭露和粉碎远东绥靖阴谋

在组织远东反战大会的同时，宋庆龄还针对美英等一些西方国家的绥靖主义，曾多次直率而尖锐地进行批评。1937 年 9 月 17 日，她在《致英国工党书》中，指责英国政府说：日本“对华侵略的战争已经进行两个月了，我们还没有看到你们积极援助我们以阻止法西斯侵略者的明白表示，这是很为遗憾的”。文中还抨击了“九一八”以来，由于英国奉行绥靖政策所造成的严重恶果，指出这种政策“大大地鼓励了而且在客观上还帮助了日本强盗对中国进一步的侵略”。最后，呼吁英国工党“必将在一切行动的场合上竭力支持中华民族壮烈的抗战，以反抗残暴的破坏文化的野蛮主义”。

宋庆龄还致电美国总工会，呼吁美国工人进行抵制日货活动，并阻止美国军火运往日本。特别是 1938 年 8 月 23 日，她在《向美国世界青年大会播音演讲词》中，列举了美英把军火、原料和技术供给日本的大量事实，认为如果“没有了这些，日本就不能在中国进行它的屠杀”。所以无论是美国还是英国，他们在“道德上的责任是极重而无法逃避的”。并旗帜鲜明地指出：“在这个战争中要保持真正的中立，实际上不可能。”

1939 年，在中国军民的坚决抗击下，日本速战速决灭亡中国的妄想破灭，便对中国国民党政府采取以政治诱降为主的新方针，并企图通过英美等国压迫国民党向日本投降；英法等国鉴于德国吞并捷克斯洛伐克后，欧洲的战争风云日益险恶，更加迫切地希望在远东与日本妥协，企图以牺牲中华民族的根本利益，破坏中国人民的抗战，换取日本承认它们在中国和远东的权益。一时间，日本的诱降和英美的劝降活动，构成了远东慕尼黑的严重危机。

在这关系到中国抗战前途和世界人民命运的关键时刻，宋庆龄立即奋起揭露和谴责了国际投降主义者的阴谋活动。1939 年 7 月 7 日，她在致美国友人的公开信中说：我要求你们密切注意民主国家中的保守派，它只能助长侵略者的野心，破坏民主国家本身在远东的防御力量，从而导致中国的最终失败。随后，宋庆龄又在《中国需要更多的民主》一文中进一步揭露了远东慕尼黑阴谋，并重申中国人民抗战到底的决心。由于宋庆龄等的揭露和谴责，以及中国人民英勇不屈的斗争，慕尼黑的悲剧才没有在亚洲重演，中国战场始终巍然屹立，成为世界反法西斯战争的重要组成部分。

宋庆龄在揭露和批评西方绥靖政策的过程中，还大力宣传和阐明了中国抗战的重大国际意义。1937 年 9 月，她在《致英国工党书》中旗帜鲜明地指出：日本法西斯的侵略暴行，不仅威胁中国的独立；他们对于所有民主国家以及人类的和平与自由，也同样是威胁。中华民族的抗战确乎有着国际的意义。此后，宋庆龄又多次重申中国反抗日本法西斯的战争，不仅为着中国的解放而斗争，而且也为着全世界的自由和民主而斗争。

1939 年 9 月欧战爆发后，宋庆龄面对世界反法西斯战争的新形势，不仅重申中国是抵抗日本法西斯的主要力量，而且强调中国战场是东方反法西斯的主战场。这年 10 月，她在《致外国团体的信》中说："目前法西斯侵略的浪潮已扩展到了欧洲"，但"远东前线依然是抵抗法西斯侵略的关键地区，它还将被证明是一个决定性意义的地区"。稍后又说：中国抗战的意义不仅限于远东，而且"改变了太平洋两岸人民以及全世界人民未来的历史，并且使它更加光辉了”。

宋庆龄坚持爱国主义和国际主义相统一的原则，从历史和未来的高度，尖锐地抨击了美英等西方国家推行的绥靖政策，深刻而精辟地阐明了中国抗战的重大国际意义。这不仅极大地鼓舞了中国人民更加英勇顽强地打击日本侵略者的斗志，而更重要的是促进了以中国为核心的国际反日阵营的形成，为最后打败日本侵略者，夺取抗战的完全胜利创造了重要条件。

（作者为军事科学院世界军事研究部副部长、研究员）

13
前事不忘　后事之师
——彪炳青史的远东反战大会

华校生

回眸80年前的1933年9月30日，以宋庆龄为首的爱国志士，会同世界反战力量在夜幕下的上海召开远东反战大会，表达了世界人民爱好和平、反对帝国主义战争的呼声。尽管邪恶的法西斯还是挑起了第二次世界大战，亿万人惨遭屠杀和颠沛流离，但是远东反战大会代表的世界反战力量最终还是战胜了邪恶的法西斯力量。80年后的今天，世界正在努力走向现代化，人们渴求和平、发展、合作、共赢的时代，日本国内却出现一股要为日本军国主义招魂的右翼势力，他们要否定和推翻世界人民反法西斯斗争的胜利果实。现在，我们重温上海的远东反战大会，这对警惕日本军国主义思潮的抬头具有深远的现实意义和历史的借鉴意义。

一　腥风血雨中召开的远东反战大会

宋庆龄是20世纪中华民族的伟人，她追随孙中山，一生为振兴中华、解放人类而战。在灾难深重的旧中国，她为祖国不被帝国主义和国内反动黑暗势力所吞噬，运用她的特殊身份和特殊地位，进行独特的战斗。宋庆龄主持召开的远东反战大会是其璀璨人生的光辉一页。

1929年至1933年，在西方爆发资本主义世界经济危机，德、日、意等国法西斯力量把各自国家的国民经济绑架到军事化的轨道，实行法西斯独裁统治，逐渐在世界的东方和西方形成波谲云诡的战争策源地。法西斯罪恶的阴霾引起世界各国人民的高度警觉，国际上出现了反对任何一国以武力侵略他国的反对帝国主义战争的呼声和力量。

20世纪30年代初，世界已日益弥漫着战争乌云，宋庆龄、巴比塞、罗曼·罗兰、爱因斯坦、高尔基、辛克莱、德莱塞、朗之万、罗素、片山潜等国际知名人士于1932年5月成立了“反对帝国主义战争大会发起委员会”,并于同年8月27日,在荷兰首都阿姆斯特丹召开了世界反对帝国主义战争大会。1932年底,世界反战委员会决定在1933年秋召开“远东泛太平洋反对帝国主义战争大会”。远东反战大会原拟在日本东京召开,但日本军国主义势力正在抬头,虎狼当道、穷兵黩武,日益恶化的国内形势,在日本国召开反战会议将困难重重,遂转而决定在中国上海召开。但夜幕下的上海同样是暗无天日的人间地狱,宋庆龄明知形势险恶,但她不顾安危,义无反顾地接受世界反战委员会的决定,承诺在上海筹备和召开会议。宋庆龄接受在上海召开反战大会,有其强大的后盾和坚定的思想基础。宋庆龄不是孤军奋战,有国际反战知名人士、国内爱国民主人士和中国共产党人的反帝爱国统一战线的强大后盾,更是宋庆龄与上海人民早已结下共同抗日、生死与共的情怀和决心,宋庆龄看到人民才是创造历史的真正英雄。

1927年中国大革命失败后,蒋介石建立了国民党集团新政权。1931年,日本关东军在沈阳发动震惊中外的“九一八”事变,四个月零十八天,占领东北三省和一个特区,一口气吞下相当于日本本土三倍的中国领土。当日本帝国主义在东北大举进攻时,国民党当局还在做依赖帝国主义控制的国际联盟主持公道的美梦。蒋介石告诫全国人民要“忍痛含愤,暂时取逆来顺受态度,以待国际以公理之判断”。梦未醒来,东北大片国土已沦于敌手,千百万生灵涂炭,数千万人民当了亡国奴。日本制造“九一八”事变,强占我国东北三省,国际联盟调查团为此来中国调查,发表歪曲事实真相的所谓“调查真相”,引起全国人民的抗议,并也遭到世界正义人士的抨击。“九一八”事变消息传到上海,全市人民一致要求与日本帝国主义决一死战,中共江苏省委秘密成立上海反帝大同盟,并建立“上海民众反日救国联合会”。在这期间,日本积极筹建伪满洲国,进一步策划对上海和长江流域的势力扩充和侵略。1932年1月28日,发动进攻上海的“一·二八”事变,十九路军违抗蒋介石的“避免冲突”命令,奋起英勇抗战,历时33天,粉碎了日军速战速决的作战计划，迫使日军三易主帅，折兵数千。十九路军违令抗战受到国民党当局训斥，只能孤军奋战。但十九路军的抗战得到上海人民、中国共产党、宋庆龄等爱国民主人士的道义、精神、物质的大力支持，宋庆龄不顾个人安危，顶风冒雪，赶赴十九路军临时军部真如范庄，亲临前线慰问将士、垂范捐款，刘少奇领导沪西人民反日大罢工，上海各界成立义勇军，与十九路军共同抗敌。是年5月，国民党当局与日本侵略者签订丧权辱国的“淞沪停战协定”，召开与日寇亲善的上海自由市代表大会。这种倒行逆施的做法，遭到全市人民的抗议和反对，而蒋介石则坚持“攘外必先安内”，强制推行“抗日有罪”的铁血镇压政策。7月17日，在沪西劳勃生路（今长寿路）共和大戏院（又名沪西共舞台）召开“江苏省民众援助东北义勇军反对上海自由市代表大会”时，遭到全副武装的国民党军警包围，当场被捕88人，并以所谓的“危害民国紧急治罪法”在10月1日将被捕的13人枪杀于南京雨花台，70余人被判各种徒刑。国民党政府在国统区一次次的残暴镇压，让宋庆龄等爱国民主人士痛心疾首，看透了蒋介石的反动嘴脸。但中外反动势力联合镇压中国人民的反抗斗争，血腥的大屠杀，没有吓倒中国人民和爱国志士，他们擦干身上血迹，掩埋好战友尸体，又继续前仆后继地战斗。

远东反战会议就是在这种国破家亡、刀光剑影的环境中秘密筹备、召开的。为了欢迎反战大会国际代表团到上海，鲁迅等114人发表了《中国著作家欢迎巴比塞代表团启事》，在江西的中华苏维埃共和国临时中央政府的机关报《红色中华》连续发文报道，毛泽东、朱德致电大会召开。上海“文联”、“左联”、“社联”、“剧联”、“影联”等团体和文化界人士，以及上海民众各界的工人、学生通过集会、演讲欢迎国际代表的到来。是年8月18日，远东反战大会国际代表一行五人乘坐的法国邮轮安特里本号驶抵招商局中栈码头，宋庆龄亲自到码头迎接，全国各地代表也秘密云集上海开会。

帝国主义和国民党当局害怕远东反战大会在上海召开，中外反动势力联合勾结破坏会议。上海、山东、北平、四川、湖南、湖北、安徽、河北、广东、广西等地选派代表出席会议，他们中有将近50人在选举时或赴会的途中被捕、扣压、绑架，刊登欢迎巴比塞代表团启事的张凌青以“危害民国罪”被判五年徒刑，连到码头欢迎国际代表的15名群众亦被捕入狱，有的国外代表尚未启程就遭到迫害。但是，敌人的疯狂镇压无法阻挡大会的召开，敌人要将远东反战大会扼杀在摇篮里的图谋未能得逞。

上海到处是白色恐怖，公开召开远东反战大会已经不可能。中共江苏省委吸取了上年7月在沪西共舞台大戏院公开召开大会被敌人逮捕88人、13人被枪杀的血的教训，决定与宋庆龄等爱国志士商定秘密召开远东反战大会。为了迷惑敌人，会前在报刊登载“各界反战会放弃在沪开会——已接巴黎总部训令，代表决定本周离沪”等障眼法的宣传。同时，为确保会议的安全，中共江苏省委任命中共沪中区委书记黄霖为反战大会的警备委员长，以独特而又缜密的措施确保大会的安全，终于在沪东大连湾路的一幢楼房内秘密而又成功地召开了远东反战大会。

二　彪炳革命史册的远东反战大会

1933年9月30日，远东反战大会在上海秘密召开，大会执行主席为宋庆龄，总主席为马莱，主席团由马莱、古久里、马尔度、波比、宋庆龄、苏区代表、东北代表九人组成，大会推选毛泽东、朱德、片山潜（日本）、罗曼·罗兰、吉德、巴比塞（法）、德莱塞（美）、高尔基（苏联）、伏罗希洛夫（苏联）、鲁迅等为大会名誉主席。会议首先宣读日本、朝鲜、安南、中国等发来的贺电，马莱作国际反帝反战形势总报告，宋庆龄作《中国的自由与反战斗争》报告，她在报告中阐述人类反帝斗争的一个真理：目前是资本主义制度的垂死时代，他们正在不顾一切地寻求出路，准备重新瓜分世界市场的战争，但资本主义制度将陷入混乱中，越陷越深；现在又是一个新社会制度——社会主义的诞生时代，劳苦大众也在革命中寻求自己的生路。我们反对帝国主义战争，但是我们拥护武装人民的民族革命战争，只有这样的战争才能把中国从帝国主义的统治下解放出来，从国民党统治下解放出来，建立自己的工农政府之后，民族革命战争才能胜利完成。宋庆龄报告铿锵有力，切合时代矛盾焦点的要害。中国是帝国主义法西斯争夺的重灾区，人民的中华苏维埃政权一直在被“围剿”，远东和世界人民被笼罩在法西斯的战争的阴影里。而此刻的宋庆龄已高瞻远瞩地预见“民族革命战争必将胜利”，她在远东反战大会上的发言，犹如中国茫茫暗夜中的一声春雷，她的报告与大会的国际代表、东北代表、十九路军代表、上海工人代表的发言是20世纪30年代人类反战正能量的誓言。

远东反战大会的召开尽管是腹背受敌，一些代表在途中被杀或逮捕，但仍有60多位代表与会。宋庆龄在报告中激愤地指出：“如果没有帝国主义者和国民党当局的恐怖和干涉，而我们能够公开举行一个会议的话，那就会有成千上万的代表。”60多位代表是人类反战的星星之火，他们的反战呼声可以燎原。远东反战大会的宣言和决议得到正在浴血抗争的中央苏区军民的响应，得到中国人民和世界人民的呼应。远东反战大会是人类正义、光明和正能量的爆发。远东反战大会的通电、宣言、决议等各项文件在会后的第一时间就在《申报》、《中国论坛》发表，代表们肩负重大的历史使命，返回原地又立刻传达大会精神，反对帝国主义战争的正义呼声和革命火种，在中国、远东传播，进一步鼓舞中央苏区军民的抗敌斗争。

但是，历史事实不容回避，上海远东反战大会后，世界各地的法西斯力量越来越猖狂，1937年日本发动“八一三”侵华战争，1939年9月1日德军进攻波兰，3日，英、法对德宣战，标志世界大战爆发，这个由德、意、日法西斯发动的第二次世界大战，先后有60多个国家和地区、20多亿人口卷入战争，人类经历了空前的浩劫和灾难。这场战争是人类光明与黑暗、进步与倒退、解放与奴役较量的斗争，上海远东反战大会的反战呐喊和行动，以第二次世界大战的1945年5月8日德国无条件投降、8月15日日本宣布无条件投降而宣告胜利。然而，中国人民抗战胜利后，却面临着中国国内的两种命运的决战，是回到半殖民地半封建的老路，还是开创独立、民主、繁荣、富强、光明的新天地？于是，又开始了新一轮的生死决战，直到1949年10月1日，毛泽东在天安门城楼上庄严宣告：“中华人民共和国中央人民政府今天成立了！”军乐团高奏《义勇军进行曲》、广场中央升起第一面五星红旗，才有新的定论。新中国的诞生，验证了宋庆龄在远东反战大会预言的正确性，即“我们反对帝国主义战争，但是我们拥护武装人民的民族革命战争，只有这样的战争才能把中国从帝国主义的统治下解放出来，从国民党统治下解放出来，建立自己的工农政府之后，民族革命战争才能胜利”。当宋庆龄站在天安门城楼上，听到由田汉作词、聂耳作曲的《义勇军进行曲》在开国大典演奏时，一定会为参加远东反战会议的义勇军代表而高兴、激动，正是这些热血儿女在中华民族到了最危险的时候，冒着敌人的炮火前进！才有新中国的诞生，远东反战大会伸张正义、反战、人民团结御敌的成果已永垂史册。

三　至今仍有历史借鉴意义的远东反战大会

上海召开的远东反战大会至今已有80年的历史，现今整个世界已今非昔比，中国已不再是任人宰割的东亚病夫，世界也不再是战争狂人可以任意摆布、发动战争的“帝国时代”。80年前，远东反战大会折射出抗日、救国的奋战道路，中国共产党人翻雪山、过草地、万里长征、北上抗日的革命征途，已将山河破碎、内忧外患的旧中国变成自强不息、繁荣昌盛的新中国。80年后的当今，中国已经是经济总量跃居世界第二位、人均GDB超过6 000美元的经济大国。现今的中国在坚定不移地走和平发展道路，坚定不移地深化改革，扩大开放，努力实现中华民族伟大复兴的中国梦，中国正在努力与世界各国人民共同推进和平、发展、合作、共赢，并正在与世界经济最发达的美国共同努力，走出一条不同于历史上大国冲突对抗的新路。

然而，在远东、东北亚的日本，最近出现了复活日本军国主义的右翼思潮，他们要否定“二战”后的国际反法西斯斗争的胜利果实，要推翻“二战”以来的国际新秩序，要推翻波茨坦会议的合法性，宣布将中国的领土钓鱼岛“国有化”，这种否定历史、否定侵华、否定侵略亚洲各国的历史，已引起中国和世界各国爱好和平人士的痛斥和抗议。

80年前，上海远东反战大会通过的“反对帝国主义战争反对法西斯的决议和宣言”，这对当前日本企图要复活日本军国主义的右翼思潮仍有现实的警戒作用。80 年前，日本军国主义战争狂热分子，他们凭借一时的强枪、强炮，恣意践踏中国和亚洲各国，但远东反战大会以正压邪的决心和预言，日本法西斯最终仍逃脱不了世界人民反对帝国主义的联合反击和惩罚，日本侵略者以玩火开始，以投降告终。80 年后的当今，他们却要否定当年的侵略历史，参拜靖国神社，涂改侵华历史，变相不承认日本法西斯在“二战”中犯下的滔天罪行。他们现今要颠倒黑白、否定历史，其实质是要让日本重走侵略别国的老路，他们要推动日本滑向政治右翼化、复活军国主义，这是对“二战”结果和战后国际秩序变本加厉的翻案，未来日本将会重新成为亚洲侵略战争的策源地。任何否认或企图美化那段法西斯侵略历史的言行，不仅中国人民不能答应，世界各国爱好和平的正义力量都不能接受。中国人民的远东反战大会的反战宣言和后来同盟国的联合抗战的胜利历史进程，揭示了世界人民的正义、反战、人民团结御敌的成果不可战胜，日本必须深刻反省历史、以史为鉴，以实际行动才能取信于亚洲邻国和国际社会。日本不能再重蹈在 1945 年 9 月 2 日在美国战舰密苏里号签字投降的覆辙。现今的世界，应该是和平共存，迈向未来；无论历史上的胜利者和失败者，都应该反思历史教训，这样才有利于促进人类和平与发展的崇高事业。

远东反战大会的精神永垂不朽！

2013 年 6 月 10 日于上海

（作者为中共上海市普陀区委党史研究室原副主任）

14
远东反战大会是中国共产党第一次领导筹备、组织召开的国际会议

刘世炎　陈福如

1933年9月30日，中国共产党在上海沪东的汇山路（现虹口区霍山路85号），秘密召开了“国际反战大同盟第二次世界大会”，习惯上也叫“远东反战大会”。宋庆龄主持大会并作《中国的自由与反战斗争》的报告。这次大会对于推动全国的抗日斗争高潮和实行世界反法西斯人民统一战线，在中国全面抗日战争爆发前把中国人民的抗日斗争与世界人民的反战反法西斯斗争结合起来具有重要意义，对于促进远东反战工作起到了重要作用。

20世纪80年代，中共虹口区委党史办联系了当时还健在的大会工作人员查找会址。经过十年的查找，周文同志的夫人郑育之同志（中共地下党员，当年以“小儿媳”身份为掩护参加会议保障的工作人员），于1993年8月15日亲笔写信给中共虹口区委党史办，确认现在虹口区霍山路85号即为当年远东反战大会的秘密会址。

2006年，中共虹口区委在中共四大陈列馆及2012年建成的中共四大纪念馆的副馆——“中国共产党在虹口”的展览里，设置了“远东反战大会”内容，全面介绍了会议情况。最近，中共虹口区委党史办又发现了几份当时的文献资料，这些资料清楚地表明，1933年9月30日召开的远东反战大会是由中国共产党第一次领导筹备、组织召开的国际性会议，中共中央明确提出了大会应实现的目标、大会的议题、大会应取得的成果。

一　远东反战大会是由共产国际倡议在上海召开的

1927年12月10日，当时世界著名人士爱因斯坦（德国）、高尔基（苏

联)、罗曼·罗兰(法国)、巴比塞(法国)、辛克莱(美国)和尼赫鲁(印度)等在比利时成立“反对帝国主义及殖民压迫斗争大同盟”(简称反帝大同盟),在成立大会上,中国的宋庆龄被推选为名誉主席。1931 年日本挑起发动“九一八”事变,次年又在上海发动“一·二八”事变,1933 年 1 月纳粹党在德国掌权,法西斯主义盛行。1932 年 6 月,巴比塞和罗曼·罗兰等在反帝大同盟的基础上发起成立了国际反战委员会,并在阿姆斯特丹召开第一次世界大会反对帝国主义扩军备战和法西斯统治,决定在远东召开第二次世界大会。

1932 年 11 月 10 日,共产国际执行委员会政治书记处秘密会议听取并赞同由缪岑贝格递交的关于在上海召开反帝大会的信,会议责成共产国际执委会反战委员会具体拟订这个问题。11 月 15 日,共产国际执行委员会政治书记处政治委员会听取了贝拉·库恩关于给远东反战大会指示的建议,决定中国、日本、朝鲜和“满洲”的代表应该参加上海的大会。①

共产国际对远东反战大会的指示明确规定了这次大会的形式、性质、主题、口号、策略及代表的组成和经费开支等。为了使会议按其性质成为非共产主义的群众性活动,指示特别强调“召开会议的动议将由国际〈反战〉委员会(巴黎)以发号召书的方式提出”。②

1933 年 12 月 21 日至 24 日,在巴黎举行了国际反战委员会执行局扩大会议,专门讨论了日本帝国主义侵略中国的问题,反对国际联盟的李顿调查团歪曲事实的调查报告,决定派巴比塞率领代表团前来中国调查日本侵略罪行,同时通过了将在中国召开远东反战会议的决议。

1933 年 1 月 16 日,共产国际执行委员会政治书记处政治委员会致电中共中央并抄送共产国际代表,通报了巴黎会议的情况和所作的决议。③

---

① 参见《联共(布)、共产国际与中国苏维埃运动(1931—1937)》第 13 卷,第 227 页。

② 同上书,第 230 页。

③ 同上书,第 295 页。

二　中共中央对大会的召开和筹备工作提出明确指示及要求

1933年1月，中共临时中央政治局因为白色恐怖，组织遭到大破坏，在上海无法立足，被迫迁入中央革命根据地的瑞金。刚到中央苏区的中共临时中央马上要应对国民党对苏区的第四次“围剿”，还要应对日本入侵华北，国民党政府与日本签订《塘沽协定》等重大事件。

是年6月18日，中共临时中央在江西瑞金发布的《中央通知——关于欢迎国际反帝非战大同盟代表团来华及反帝大会的筹备》中，提到“国际反帝非战大同盟的代表团将在7月间来沪，并准备9月初(确定日期以后再告)在上海召开世界反帝大会，望各级党部立即根据以下的指示，动员广大的群众来进行这一运动”。为此，中央下达了六点指示精神，对大会的组织、宣传、筹备等工作提出了明确的要求。

中央责成江苏省委立即组织欢迎筹备委员会。要求必须根据中央最近关于华北问题的文件及中央《斗争》上的文章，并结合宣讲中央关于统一战线的一封信中所提出的共同纲领，广泛发动群众开展各种宣传鼓动以及欢迎、游行示威、通电宣言等活动。①

中央近期的文件是指1933年5月25日的《中共中央、共青团中央为国民党出卖华北平津告民众书》和《中央紧急通知——关于中日秘密谈判与国民党出卖平津及华北的问题》，一封信是指1933年6月8日《中央致各级党部及全体同志的信——论反帝运动中的统一战线》，《斗争》是随党中央转移到中央苏区，于1933年2月4日在瑞金创刊出版的党的理论刊物。② 这些文件“尖锐的指出中国民族危机的严重性与帝国主义瓜分中国的紧急”，要求各级党组织“集中火力

---

① 参见《中央通知——关于欢迎国际反帝非战大同盟代表团来华及反帝大会的筹备》，见《中共中央文件选集》第9册，中共中央党校出版社1991年3月版，第242页。

② 参见唐天然：《有关〈中央关于欢迎国际反帝非战大同盟代表团来华及反帝大会的筹备通知〉的几点说明》，载《鲁迅研究动态》1981年第5期。

反对国民党出卖华北的塘沽协定，及它一贯的信赖国联，依靠美国，投降日本，压迫革命运动的卖国政策”。“现在比任何时候都更迫切的需要建立广大的反帝的下层统一战线，只有这一战线，能够拯救中国，能够反抗帝国主义的一切的侵略，在这种宣传鼓动的下面，号召并组织广大的群众欢迎国际反帝非战代表团，指出这是国际工人与一切劳苦群众团结起来反对帝国主义的具体步骤”。

中央的指示明确规定，欢迎委员会也是反战大会的筹备委员会。中央要求上海的总筹备委员会最迟在大会开幕前一个月制订出“草案”，各工厂学校的筹备会要开始选举代表并广泛征求对大会的提案，要求各级党组织要加强领导，保证“在代表中要有充分的无产阶级的骨干”。

8 月 21 日，中央又发出《中央关于筹备世界反帝非战大会的紧急通知》。批评了“各地的准备工作仍然异常薄弱”，告知西欧的代表已于 8 月 18 日抵达上海，又对大会提出了更具体的七点要求：一是确定这次大会的名称是“反法西斯蒂非战大会”；二是提出了大会的议题，即九个“反对”，三个“要求”；三是要求各地党组织尽快选出参加大会的代表，规定了各地应选出代表的大致人数；四是要求各地代表要有组织地来沪，经费由群众募捐，“绝不能依靠党之供给，同时亦不能置之不问”，代表来沪与活动，“绝不能由党招待和派送”，但应“由党团一人与上海组织发生关系，该同志应有当地党部之单独介绍，由党的路线送来”；五是要求准备群众的意见书和提案，准备各地代表的发言；六是责成江苏代表在会上提交关于全国反帝工作的总结，东北、河北代表“特别准备报告关于满洲日本帝国主义侵略的状况和华北劳苦群众与义勇军抗日的情形”；七是提出了大会应达到的目标和成果。①

《紧急通知》还对各地党组织对大会的宣传工作和在敌人白色恐怖的环境下如何做好公开和秘密的工作提出了要求。告诫各地党组织要注意敌人的白色恐怖，要大胆地依靠群众和统一战线，不要把工作集中到少数人身上。

---

① 参见《中央关于筹备世界反帝非战大会的紧急通知》，见《中共中央文件选集》第 9 册，第 308—311 页。

三　中共江苏省委在严重的白色恐怖中艰难地开展筹备工作

当时严重的白色恐怖笼罩着上海，大批共产党人被捕牺牲，上海的中共党组织遭受到严重破坏，中共临时中央被迫迁入中央苏区。1933年5月21日中共江苏省委书记章汉夫因叛徒出卖被捕，江苏省委又一次遭受破坏。同年6月，中共上海中央局调干部重组江苏省委，指定袁孟超为省委书记，冯雪峰为省委宣传部长。新的江苏省委刚组建就接到中央要求筹备远东反战大会的任务，对此，江苏省委非常重视，深知任务十分艰巨，决定由省委宣传部长冯雪峰同志负责大会的筹备工作。

经冯雪峰与宋庆龄商定，对外成立公开的“上海各界欢迎巴比塞代表团及远东反战会议筹备委员会”，推选宋庆龄为主席，开展公开的“欢迎巴比塞”运动。巴比塞是世界反战委员会派出的代表，是当时世界著名作家，以“欢迎巴比塞”的名义能扩大反对帝国主义战争的宣传影响。实际上“欢迎巴比塞”运动就是欢迎“世界反战委员会代表”的运动。[①]

同时，冯雪峰秘密抽调人员组成筹备工作小组，包括上海反帝大同盟的负责人刘芝明、“文总”主办的《正路》月刊主编张耀华以及宋庆龄的联络人吴觉先等十多人。据张耀华回忆：“曾在南京路冠生园二楼茶座召开一个各团体代表动员会，到会者有12位青年，没有签名和自我介绍，都是经过秘密机关通知来的，他们是工会的、反帝大同盟的、青年团的。”到8月份，欧洲代表团即将抵沪之际，筹备小组的刘芝明、张耀华等人突然遭到国民党特务的逮捕，筹备小组遭到破坏。冯雪峰紧急抽调楼适夷接替刘芝明的工作，重新组建筹备小组，楼适夷回忆：“因不少工作人员被捕，人手极度稀少，在严重的白色恐怖下，无法举行集会，只能采用单线接头和街头联络的方法，大大增加了工作的

① 参见“文革”期间冯雪峰在“牛棚”写的外调材料《有关“远东反战大会”的材料》(1967年12月11日)，载《义乌方志》2013年第2期。

困难。"9 月 17 日，楼适夷去江湾布置工作走到北四川路时，遭到特务袭击，也被警察逮捕，并立即递解到南京的宪兵司令部看守所，在那里，他见到了刘芝明等筹备反帝大会的五六十个政治犯。他们所谓的罪名都是："欢迎巴比塞"。[①]

楼适夷被捕后，冯雪峰又抽调周文负责筹备小组工作。大会筹备小组主要工作：一是做好宣传鼓动工作。以多种形式在社会中营造气氛，努力扩大政治影响；二是做好代表推选工作。充分发动群众，推选出具有广泛代表性的各阶层代表；三是做好出席代表的接待工作。冲破重重阻力，热情周到安全地做好国际国内代表接待工作；四是做好会务保障工作。选定安全可靠的会场，确保代表的安全和大会的胜利召开。

四　远东反战大会的胜利召开和会后的总结与宣传工作

1933 年 9 月 30 日，远东反战大会胜利召开，共 65 人出席大会。其中代表 59 人，代表 43 个单位，外省外县 12 人，上海 47 人，代表中女性 9 人，占 15％(9 人中学生 6 人，女工 3 人)。

代表的成分如下：

代表的社会成分			党、团成分		
职　业	人　数	百分比	组　织	人　数	百分比
工人	36	61	党	14	23.7
学生	16	27	团	6	10.1
士兵	4	6	工会	5	8.4
农民	3	5	群众	34	57.6
合计	59		合计	59	

大会由国际代表马莱宣布开幕，全体起立致敬三分钟以纪念国际反战斗争中牺牲的战士们。大会推选出大会主席团："马莱、宋庆龄、环应古提[②]

---

① 楼适夷：《关于远东反战大会》，载《新文学史料》1984 年第 2 期。
② 即古久里。——本书编者注

(法)、周××(苏区代表)、刘××(满洲)、袁××(察哈尔)、王××(纱厂)、陈××(丝厂女工)。"大会还推选出名誉主席团:"朱德、毛泽东、片山潜、巴比塞、罗曼·罗兰、纪德、马□、台尔曼、汤姆、高尔基、鲁迅、德莱塞、莫洛托夫等。"大会宣读了各地来信、贺电、祝词和各地代表们携来的提案。①

毛泽东、项英、张国焘代表中华苏维埃共和国临时中央政府于1933年8月30日给大会发出贺电。朱德于1933年8月5日代表中华苏维埃中央革命军事委员会给大会发出贺电。②

大会的主要议程:一是马莱代表国际反战反法西斯大同盟总部作报告;二是宋庆龄报告两年来中国的反帝运动;三是苏区代表和红军代表作报告;四是满洲代表、察哈尔代表和抗日义勇军代表的发言;五是上海代表中的失业工人、码头工人、纱厂工人、丝厂女工等及法国代表的发言,都得到大会代表热烈的拥护。在一致拥护之下,大会通过了决议、宣言、对帝国主义国民党进攻红军的抗议书、对进攻苏联的抗议书、反对白色恐怖的决议、反对德国法西斯恐怖的决议、远东反战大同盟的组织大纲与组织中国"民众之友"的决议,最后进行了执委的选举。③

大会结束后的第二天,上海的各大报纸《申报》、《大美晚报》、《上海论坛》等报道了大会的消息,在社会上引起震动和关注。1933年11月中华苏维埃共和国临时中央政府的机关报《红色中华》为反战大会出了专版,详细报道了大会的情况。参加大会的工人代表,回到工厂召集大会,报告大会的经过以及苏区和红军的消息。国际代表回国时,有两千多群众举着红旗到码头欢送。各地代表回去后,马上组织中国各地的反战反帝分同盟,积极开

---

① 参见中共江苏省委:《国际反战大同盟第二次世界大会胜利的总结》,原载《列宁生活》第29期。

② 参见《毛泽东年谱1893—1949》上卷,中央文献出版社2002年8月版,第446页;《宋庆龄年谱(1893—1981)》,广东人民出版社2006年8月版,第511页。

③ 参见中共江苏省委:《国际反战大同盟第二次世界大会胜利的总结》,原载《列宁生活》第29期。

展反战工作。①

大会结束后，中共江苏省委与中共临时中央都对大会进行了总结。指出："党对大会的工作虽然有了不少的弱点与错误，而大会的胜利，在政治上和组织上是获得了很大的成功，这个成功表现于：(一) 正确的执行党的路线，保证了政治上的成功。在事先有了广大的群众运动，在大会中通过了重大的决定……(二) 各地群众运动的开展。拥护大会的选举运动，扩大到全中国，……包含全国无产阶级中心的骨干，抗日义勇军和真正反战反法西斯的工农武装——苏维埃红军以及千百万的劳苦群众；(三) 政治上组织上的争取，正代表了各省各区县的多数群众，这在争取统一战线的群众运动上是进了一步；(四) 大会的成功，正处在战争火焰之下，帝国主义国民党开始绝望的五次'围剿'的时候，这对于敌人疯狂的进攻，正给以严重的打击，因此，大会的胜利正等于英勇善战的红军在战线上所夺取的胜利一样。(五) 大会的成功是广大的提高了积极性，更加学会了布尔什维克党的具体领导。所以大会的成功也正是中央领导的反官僚主义的斗争所得的收获。"

江苏省委也对大会筹备工作中的不足进行了总结和分析：(一) 代表选举没有争取更广大的群众，代表中无一个黄色工会的群众；(二) 发动群众的大会，没有更大的规模，"处在敌人镇压之下，只能争取秘密召集"；(三) 许多群众大会很成功，但没有争取到组织上的壮大；(四) 没有争取到能直接威胁战争的产业部门如铁路、兵工厂、运兵船的代表出席大会；(五) 没有深入白军的工作，到会代表除红军和义勇军代表外，士兵只有2人；(六) 农村中的工作不够，到会的农民代表只有江湾和吴淞的，广大的农民和灾民难民中没有代表；(七) 没有形成有力的大会党团，以致大会可能有更大的收获而没有获得；(八) 大会结束后，失去了领导的机关，大会所给的任务无人委托，没有及时利用出席的代表开展更大的斗争；(九) 忽视秘

---

① 参见《红色中华》1933年11月25日。

密工作,党的组织遭到损失。①

中共临时中央于 1933 年 11 月 23 日作出《中央关于检查江苏党工作的决议》,对江苏省委半年的工作做了总结,肯定了江苏省委筹办远东反战大会的成绩,也严厉地批评了工作中的不足,指责江苏省委在工作中的官僚主义,决定改组江苏省委,撤销袁孟超省委书记职务。

(作者为中共上海市虹口区委党史办公室人员)

① 参见中共江苏省委:《国际反战大同盟第二次世界大会胜利的总结》,原载《列宁生活》第 29 期。

附录

远东反战会议大事记

(1931—1933)

1931 年

9 月 18 日 “九一八”事变爆发。东北军不战而退,仅三个月东北三省全部被日军占领。(唐培吉主编:《中国历史大事年表·现代史卷》,上海辞书出版社 1997 年 8 月版,第 198 页)

9 月 20 日 中国共产党中央委员会机关报《红旗周报》第 1 册同时发表《中国共产党为日本帝国主义强暴侵占东三省事件宣言》和中华苏维埃共和国中央工农革命委员会的《中华苏维埃共和国中央工农革命委员会宣言》;9 月 30 日,又发表了《中国共产党为日本帝国主义强暴侵占东三省第二次宣言》,强烈反对日本帝国主义对中国的侵略和国民政府不抵抗的外交政策。(《红旗周报》第 1 册第 19 期,1931 年 10 月 18 日)

同日 中国共产党和日本共产党为反对日本帝国主义强占东三省共同发表《中国日本共产党为日本帝国主义强占东三省宣言》。(《红旗周报》第 1 册第 19 期,1931 年 10 月 18 日)

9 月 22 日 中共中央发表《中央关于日本帝国主义强占满洲事变的决议》,揭露了日本的国情和侵略中国目的及杀害中国人民的罪行事实,并对当前国内外形势作以分析,明确了党在这次事变中的任务和苏区目前的任务是加紧组织领导发展群众的反帝国主义运动。(中共中央书记处编:《六大以来——党内秘密文件》,人民出版社 1980 年 2 月版,第 151—154 页)

9 月 23 日 国联理事会决议:劝告中日双方退兵。国民政府发表《告全国国民书》,谓:“政府现时即以此次案件诉之国联行政院,以待公理之解决,故已严格命令全国军队对日军避免冲突。”(李松林、齐福麟、许小军、张桂兰编:《中国国民党大事记》,解放军出版社 1988 年 8 月版,第 214 页)

1932年

1月28日　“一·二八”事变爆发，上海市府向日军抗议，并致函各国驻沪领事，表示日军破坏和平。(《上海事变后外交大事记》，载《抗争》第1卷第2期，1932年3月7日)国民党中央政治会议决定对日本外交方针大原则，不在武力下直接交涉。(《上海事变后外交大事记》，载《抗争》第1卷第2期，1932年3月7日)

2月1日　日军舰炮轰南京下关。2月2日，中国外交部提出严重抗议。驻国联代表颜惠庆照会国联：我今后采有效的自卫手段。国联开特别会议，应付此新局势。颇感棘手。(《上海事变后外交大事记》，载《抗争》第1卷第2期，1932年3月7日)

2月2日　中共中央发表《中国共产党关于上海事件的斗争纲领》，号召民众反对日本帝国主义及一切帝国主义，反对国民党及资本主义出卖上海。同日，中共江苏省委发表《告十九路军兵士弟兄书》，鼓励十九路军的士兵弟兄英勇抗日。揭露国民党打算设立中立区出卖十九路军的阴谋。(中共上海市委党史资料征集委员会主编：《中共上海党史大事记》(1919—1949)，知识出版社1988年8月版，第312页)

2月3—5日　上海、宁波、江苏等地的各群众团体致电在洛阳召开的第二中全会及国民政府，要求派兵援沪与收复东北。(《上海事变后外交大事记》，载《抗争》第1卷第3期，1932年2月14日)

2月11日　共产国际对上海事变的指示到沪，指示：在闸北、吴淞、上海、南京创立革命军事委员会，领导工人、兵士、学生进行抗日斗争。(中共上海市委党史资料征集委员会主编：《中共上海党史大事记》(1919—1949)，知识出版社1988年8月版，第312页)

2月13日　英国代表李顿勋爵率领的国际联盟调查团由美国旧金山乘“柯立芝总统”号轮船出发来华。(《辽案调查团自美赶程来华》，载《申报》1932年2月14日)

2月21日　晚，外交部对东三省所谓独立运动发表宣言，宣言说：

“东三省向为中国领土之一部，凡有僭越或干涉该地之行政权者，即为直接侵害中国领土与行政权之完整。”(《外部发表宣言 否认东省一切独立组织》，载《申报》1932年2月22日)

2月26日　中国共产党发表关于“一·二八”事变决议，号召工农兵武装起来，成立革命军事委员会，领导这一民族革命战争。(中共上海市委党史资料征集委员会主编：《中共上海党史大事记》(1919—1949)，知识出版社1988年8月版，第312页)

2月27日　反帝大同盟(即反对帝国主义及殖民压迫斗争大同盟，简称“反帝大同盟”)致电宋庆龄，反对日本侵略中国。(《上海事变后外交大事记》，载《抗争》第1卷第5期，1932年3月28日)

2月28日　各国公使到南京再调停沪案。3月1日，英使拟就中日停战计划三项，到沪再次从事斡旋。3月3日，国联议会特别会议开幕，通过请中日实行停战案。(《上海事变后外交大事记》，载《抗争》第1卷第5期，1932年3月28日)

2月　宋庆龄以国际反帝大同盟名誉主席的名义向高尔基及全世界的进步人士和文化人士发出呼吁，请求他们给中国抗日战争以援助。反帝大同盟总部也发表宣言，谴责日本的侵略罪行。(张磊主编：《宋庆龄词典》，广东人民出版社1996年10月版，第149页)高尔基接到宋庆龄的呼吁电后，于3月2日在《消息报》上发表《响应孙中山夫人宋庆龄的呼吁》一文，指出：“援助中国——世界无产阶级团结的表现——这是一个伟大的事业。只有无产阶级能够有力地证实，这并不是一句空话。”(戈宝权：《高尔基与孙中山和宋庆龄》，载《人民日报》1981年5月30日)

3月2日　国民革命军十九路军总指挥兼淞沪警备司令蒋光鼐等通电致中央党部、国民政府、各报馆和全国民众。表示：“我军抵抗暴日，苦战月余……自廿一日起，我军日有重大死伤，以致倾全力与正面战线，而日人以一师之众，自浏河方面登陆，我无兵抽调，侧面后方均受危险，不得已于三月一日夜，将全军撤退至第二防线……”(《蒋光鼐等通电》，载《申报》1932年3月3日)

3月14日　李顿勋爵率领的国际联盟调查团共12人路经日本，在神户乘大来公司“亚丹士总统”号轮船来沪，于下午4时抵达上海外滩新关码头登岸。调查团来华，中国政府派顾维钧博士负全责招待，接待组由专门委员和东北问题研究人员等多人组成。（《国联调查团今日到沪》，载《申报》1932 年 3 月 14 日）

4 月 5 日　中共中央发表《以民族的革命战争反对帝国主义进攻苏联与瓜分中国告民众书》。（《红旗周报》第 3 册第 36 期，1932 年 4 月 15 日）

4 月 27 日　宋庆龄在上海宣布，接欧洲电，请其代表中国出席 7 月 28 日在日内瓦召开的国际非战及反对日本对中国之侵略大会，其目的是规定国际运动计划，以反对日本侵略中国，反对瓜分中国，并反对对俄开战。宋庆龄已复电，表示愿任该会中央执委，但是否能代表中国出席，须俟牛兰夫妇之生命安危而定。（《宋庆龄将赴欧》，载《申报》1932 年 4 月 28 日）

5 月 22 日　宋庆龄与爱因斯坦、罗曼·罗兰、高尔基等联名发表告世界人民书，定于 8 月 1 日在日内瓦召开国际反战大会。（中共上海市委党史资料征集委员会主编：《中共上海党史大事记》(1919—1949)，知识出版社 1988 年 8 月版，第 326—327 页）

5 月下旬　中共江苏省委决定将上海民众反日救国联合会同上海反帝大同盟党团合并。洪灵菲任上海反帝大同盟党团书记、刘英任党团组织委员、吴驰湘任宣传委员。（中共上海市委党史资料征集委员会主编：《中共上海党史大事记》(1919—1949)，知识出版社 1988 年 8 月版，第 327 页）

6 月 19 日　蒋介石在庐山召开的军事会议上议决拨 3 500 万元作“剿共”年费，剿共总部设在汉口，蒋介石任总司令，组成左中右三路军，对湘鄂西、鄂豫皖苏区采取包围形势。开始了对中央根据地第四次“围剿”。（梁寒冰、魏宏运主编：《中国现代史大事记》，黑龙江人民出版社 1984 年 6 月版，第 118、124 页）

同日　中华苏维埃临时中央政府发表《为反对国民党对红军发动第四次“围剿”宣言》，反对帝国主义国民党对苏区红军的四次大开战。（韩信夫等编：《中华民国大事记》，中国文史出版社 1997 年 2 月版，第 383 页）

8 月 27—31 日　在荷兰首都阿姆斯特丹举行了国际反战大会，并成立了反对帝国主义战争的国际委员会，设总办事处于巴黎。出席代表两千多人，代表全世界三十多个国家，三千多万工人。宋庆龄未能亲自参加会议，但仍被选为永久委员会之代表。大会发表宣言，反对世界战争，谴责日本帝国主义侵略中国，反对瓜分中国，并决定第二次世界反对帝国主义战争大会在上海召开。(《国际非战大会开幕》、《反帝战大会第二日》、《反帝战大会闭幕》、《反帝战大会宣言 反对瓜分中国》，载《申报》1932年8月29日、30日，9月1日、2日)

8月27日—9月15日 共产国际执行委员会第十二次全会在莫斯科举行，全会提出共产国际各支部在新形势下的任务：1. 反对资本的进攻。2. 反对法西斯主义和反动统治。3. 反对日益临近的帝国主义战争和对苏联的武装干涉。全会认为：在中国，已出现革命的形势。大会成立了由斯大林等27人组成的执委会主席团。(廖盖隆主编：《中国共产党历史大词典》。中央党校出版社2001年6月版，第365页)

9月1日 国际反帝国主义战争大会在苏联开会，各国代表两千余人签名发表宣言，反对列强瓜分中国。(韩信夫等编：《中华民国大事记》，中国文史出版社1997年2月版，第409页)

同日 《国联调查团报告书》完成。(《外交大事记》，载《抗争》第1卷第31期，1932年9月26日)9月3日，各委员及秘书长在北平签字，该团团长李顿等向张学良辞行。(韩信夫等编：《中华民国大事记》，中国文史出版社1997年2月版，第409页)

9月15日 日本正式承认"满洲国"的协议书在长春签字。当晚，中国外交部将抗议书电达东京蒋公使，向日本提出严重抗议。(《日本与伪组织订约之次日我国提出严重抗议》，载《申报》1932年9月17日)

10月2日 《国联调查团报告书》在南京、东京、日内瓦同时发表。报告书承认"九一八"为日方"预定精密计划"所造成，但认为满洲问题的解决，必须"遵守现行多方面的条约"、"承认日本在满洲利益"、"国际共管东三省"、设立"自治政府"。10月3日，国联当局对报告书表示满意，认为法律事实两者均能兼顾。10月5日，国联中国代表团颜惠庆评《国联调查团报告书》，指出：偏重中国国家主义发展，忽于日本开拓政策野心，颇以未能贯彻三大公约为憾。10月6日，中华苏维埃共和国临时中央政府通电《中华苏维埃共和国临时中央政府反对国联调查团报告书》，指斥调查团出卖中国以取好日本。10月9日，冯玉祥、李烈钧、柏文蔚等指责国联报告书之谬误。（韩信夫等编：《中华民国大事记》，中国文史出版社1997年2月版，第418—420页；《外交大事记》，载《抗争》第1卷第37期，11月7日；《颜代表评报告书之缺点》，载《申报》1932年10月6日）

10月6日　　中华苏维埃临时中央政府主席毛泽东、副主席项英和张国焘代表中华苏维埃共和国临时中央政府发表《反对国联调查团报告书通电》。（中共中央书记处编：《六大以来——党内秘密文件》，人民出版社1980年2月版，第303—304页）并发表《中国共产党反对国联调查团报告书宣言》。（《红色中华》第40期，1932年11月14日）

11月10日　　世界反帝、反殖民压迫、争取民族独立同盟的威廉·缪岑贝格向共产国际执行委员会政治书记处递交书信，建议向满洲派特别委员会和在上海召开反帝大会，共产国际执行委员会政治书记处根据他信中所谈作出决定，总体上采纳他的意见，并责成“共产国际执委会”反战委员会具体拟订这个问题。（中共中央党史研究室第一研究部译，黄修荣主编：《联共（布）、共产国际与中国苏维埃运动（1931—1937）》第13卷，中共党史出版社2007年9月版，第227页）

11月15日　　共产国际执行委员会政治书记处政治委员会召开会议，听取了贝拉·库恩委员关于给远东反战大会指示的建议，决定中国、日本、朝鲜和满洲的代表应该参加上海的大会，并发出“对远东反战大会的指示”，其中指出：那些不能去上海的日本代表应召开日本反战会议。（中共中央党史研究室第一研究部译，黄修荣主编：《联共（布）、共产国际与中国苏维埃运动（1931—1937）》第13卷，第229—232页）

12月初左右　　日本反战同盟准备召开远东反战会议，派在日本留学的日共党员胡风回中国，邀请中国共产党派人到日本商讨反战大会有关事宜。并想了解中国红军战争情况。胡风受日本共产党在反战同盟的领导人指示来到上海。（胡风：《胡风自传》，江苏文艺出版社1996年6月版，第22页）

12月中旬　　上海左翼文化总同盟成员楼适夷接到中共中央上海局（临时中央）宣传部长朱镜我交代的任务，立刻到日本与日共取得联系，确定远东泛太平洋反战会议的开会地点问题。与胡风同乘“长崎丸”号轮船前往

日本东京。（楼适夷：《关于远东反战大会》，载《新文学史料》1984 年第 2 期，第 45—49 页）

同月　日共中央委员池田寿夫在日本东京郊区筐冢家中会见楼适夷，同时会见的有胡风、一位中国东北代表曹君、一位朝鲜代表。菲律宾和印度代表未能到会。会谈的议题是讨论 1933 年远东泛太平洋反战大会的筹备工作。池田寿夫谈到日本形势，日本帝国主义从发动中国东北侵略战争以后，在国内加强法西斯统治，公开与半公开的革命政治性活动，已变得十分困难。（楼适夷：《关于远东反战大会》，载《新文学史料》1984 年第 2 期，第 45—49 页）。第二次会谈，在东京郊外井之头公园召开，参加会谈的国际代表只到中国代表楼适夷一个，另外还有日本反战同盟的负责人和中国的胡风、方翰等人，第二次会谈决定以预备会议的名义向共产国际提议在上海召开远东反战会议。1933 年 1 月中旬，楼适夷回到上海向党组织汇报情况。（胡风：《胡风自传》，江苏文艺出版社 1996 年 6 月版，第 24 页；楼适夷：《关于远东反战大会》，载《新文学史料》1984 年第 2 期，第 45—49 页）

12 月 21—24 日　国际反战委员会执行局扩大会议在巴黎举行，召开远东反战会议的动议由该会以发号召书的方式提出并获得通过。（中共中央党史研究室第一研究部译，黄修荣主编：《联共（布）、共产国际与中国苏维埃运动（1931—1937）》第 13 卷，第 230 页）

1933 年

1 月 7 日　中共中央作出《关于日本帝国主义进攻华北的决议》，指出日本侵占山海关，“是日本帝国主义新的进攻中国的强盗战争的许多步骤之开端”。同日，中共中央和共产主义青年团中央发出《告全国民众书》，号召全国的工、农、学、城市贫民，进行“武装民众的民族革命战争反对日本及一切帝国主义”。（韩信夫等编：《中华民国大事记》，中国文史出版社 1997 年 2 月版，第 450 页）

1 月 16 日　共产国际执行委员会政治书记处政治委员会致电中共中央并抄送共产国际代表，电报说：“由知识分子代表组成的一个研究小组拟赴满洲和华北去研究日本的作战行动。打算在上海召开有中国、日本、朝鲜和菲律宾代表参加的合法的反战大会。最好吸收一切真正的民族革命人士参加。……还有正式通知，在中国，筹委会领导人是宋庆龄。”（中共中央党史研究室第一研究部译，黄修荣主编：《联共（布）、共产国际与中国苏维埃运动（1931—1937）》第13卷，第295页）

2月6日　杨杏佛向沪上记者说明反帝大同盟组织，并告世界名流所组织之非战会将组调查团来华，前往东北调查。孙夫人宋庆龄女士，已去电欢迎。（《杨杏佛说明反帝国大同盟组织》，载《申报》1933年2月7日）

2月7日　共产国际执行委员会驻华代表兼驻上海远东局书记阿图尔·埃韦特向共产国际报告说，已在着手筹备在上海召开反帝大会。（中共中央党史研究室第一研究部译，黄修荣主编：《联共（布）、共产国际与中国苏维埃运动（1931—1937）》第13卷，第308页）

2月17日　国联十九人委员会对于远东纠纷报告书全部发表，以电码用无线电播送世界各国，上海方面由国际电讯局大电台于晚10点15分起接收。全文二万余字。（《特委会报告书 今晨播送到沪 日军破坏中国主权应撤退 建议组保持主权之新政府》，载《大美晚报》1933年2月18日）

3月　日当局通知内务省及横滨神户门司各警署，严重监视，勿使日代表潜入上海与会。（《世界反帝同盟组织调查团将来沪，日本阻止代表与会》，载《大美晚报》1933年3月9日）

4—5月　国民党当局开始禁止召开反战大会，并抓捕了大批中共党员。设在上海的中共江苏省委遭到破坏，书记章汉夫（化名史东）被捕。5月14日，国民党公安局的暗探，在叛徒的带领下，在公共租界上海昆山花园丁玲住处（中共秘密联络处），抓捕了丁玲、潘梓年；同日下午，中共江苏省委宣传部长应修人（化名丁九）坠楼身亡。中国左翼作家联盟发出《反对白色恐怖宣言》；中国民权保障同盟亦组织“丁潘保障委员会”进行宣传、营救和募捐工作。（载《戏剧集纳》第1号，1933年7月15日）

6月1日　《文艺月报》在上海创刊，该刊登载了诗歌《欢迎反帝非战同盟》和征君译著的《国际反战作家给苏联和中国大众的信》及巴比塞、辛克莱、罗曼·罗兰、爱丹生、里丁等五位国际反战作家的照片。(载《文艺月报》创刊号,1933年6月1日)

6月4日 国际反法西斯代表大会在法国巴黎举行,与会代表三千人以上,由劳动联盟秘书拉萨蒙主持开会,参与会议者有各项联合阵线、失业人员组合、反帝同盟、妇女国际和平联盟、各国职工会、各社会主义者组织、劳动知识分子组合等。巴比塞以1932年8月在阿姆斯特丹组织之国际反帝国主义战争委员会的名义,向大会申请,在"保证无产阶级胜利的群众斗争联合战线"的口号下将反法西斯斗争与反帝国主义战争斗争联结一起。(《巴黎举行反法西斯会议》,载《申报》1933年6月7日)

6月上旬 中共上海中央局根据中央指示,重新组织成立中共江苏省委,任命袁孟超为省委书记,冯雪峰为宣传部长。冯雪峰接受组织交给的任务,为远东反战大会从公开召开转为秘密召开做准备。(冯雪峰:《关于顾玉良和李一纯在1933年6、7月间情况的参考材料》,载《新文学史料》2013年第1期,2013年2月)

6月18日 中共中央发表《中央关于欢迎国际反帝非战大同盟代表团来华及反帝大会的筹备通知》,通知各级党组织,国际反帝非战大同盟代表团将在7月来华,准备9月初在上海召开世界远东反战大会,要求各级党组织根据中央的指示开展群众运动,尤其责成中共江苏省委立即经过公开半公开的群众组织发动组织欢迎筹备委员会。(中共中央书记处编:《六大以来——党内秘密文件》,人民出版社1980年2月版,第396—397页)

同日 杨杏佛在法租界亚尔培路331号(今陕西南路)中央研究院大门口被国民党特务暗杀。(《杨杏佛昨晨被暗杀》,载《申报》1933年6月19日)

6月中下旬 成立上海各界欢迎巴比塞代表团及远东反战会议筹备委员会,宋庆龄被推选为主席。中共江苏省委根据中共中央指示,决定宋庆龄公开出面筹备,以筹委会主席的身份公开地做宣传和组织工作。具体工作由中共江苏省委宣传部长冯雪峰主持。(张凌青:《世界反帝大同盟远东反帝反战会议筹备工作的一些情况》,载《党史资料丛刊》1983年第1辑,上海人民出版社1983年3月版,第40—42页)

在筹备委员会的领导之下，成立了各种群众团体组织。宋庆龄签发了给上海各团体的委任书："根据筹备委员会第二次决议通过之决议，你们被委任为本会会员。鉴于世界反战大会代表现已陆续来沪，我们应该一致努力筹备欢迎。以便对他们的热情援助，表示我们的热烈心意。"参加筹备工作的组织有上海反帝大同盟（简称"上反"）、中国左翼文化界总同盟（简称"文总"）和左翼作家联盟（简称"左联"）。由冯雪峰、刘芝明（"上反"党团书记，社联成员）和张凌青（又名张耀华，社联成员，《正路月刊》主编）三人组成核心小组。（张凌青：《世界反帝大同盟远东反帝反战会议筹备工作的一些情况》，载《党史资料丛刊》1983年第1辑，上海人民出版社1983年3月版，第40—42页）参加筹备工作的成员还有叶以群（"左联"）、周扬（"左联"）、田汉（"剧联"）、吴觉先（"社联"）等人。（冯雪峰：《有关"远东反战大会"的材料》，载《义乌方志》2013年第2期，《义乌方志》编辑部2013年5月31日）。筹备工作核心小组采用秘密工作方法，广泛发动群众团体举行欢迎会、散发传单、发布宣言、接待大会代表等。（楼适夷：《关于远东反战大会》，载《新文学史料》1984年第2期，第45—49页）

6月22日 下午2时，为欢迎巴比塞调查团，各界代表大会筹备会在威海卫路（今威海路）中社①，开筹备会议，讨论筹备欢迎巴比塞调查团来华之一切事宜。（《欢迎巴比塞调查团》，载《申报》1933年6月23日）

7月13日 《大美晚报》刊登消息称，世界反帝会议将于8月1日开会。（《世界反帝会议八月一日开会 领土保障同盟欢迎参加代表 会议完成后调查团视察华北》，载《大美晚报》1933年7月13日）

7月14日 世界反战委员会主席马莱勋爵乘"安特里本"号邮船启程赴沪，同行者有各国出席世界反战大会代表多人。马莱将为该大会之主席。（《世界反帝会主席启程东来 代表多人同行》，载《大美晚报》1933年7月15日）

---

① 1931年元旦在上海威海卫路150号正式成立，设有经济委员会、俱乐部委员会、图书馆委员会、出版委员会，成员主要是上海的艺术家、银行家、实业家、会计师、律师、教授、工程师等社会中层人士，以德体智美四育平均发达、改进社会为宗旨。（参见《中社内容之一斑》、《中社元旦开幕补记》，载《申报》1930年12月30日、1931年1月12日）

7月15日 《文艺月报》刊登消息称将于9月1日召开远东反战会议。(《各团体筹备欢迎反战远东调查团》,载《文艺月报》第1卷第2期)

7月18日 《大美晚报》刊登消息称,远东反战大会的开会日期,因各国代表延缓到沪,大约需8月下旬方能举行。开会地点尚未决定。(《世界反帝会议因各代表延缓到沪 展至八月下旬开会》,载《大美晚报》1933年7月18日)

7月22日 下午2时,各团体在威海卫路中社召开会议,讨论筹备迎接巴比塞调查团事宜。会议决定由中国领土保障同盟会、文化学术会等11个团体成立筹备委员会,负责迎接的各项工作。(《欢迎国际废战会主席 召开各团体联席会议》,载《申报》1933年7月23日)

同日 《大美晚报》刊登消息称,远东反战大会开会时间展期至9月初举行,参加大会代表闻约二百余人,大多为欧美各国左翼作家和东方被压迫民族代表。并透露会议讨论内容。(《远东空前国际大会反帝会议九月举行》,载《大美晚报》1933年7月22日)

同日 原中国东北三省的民众,为抵抗日本侵略者和对满洲国的不满,成立了华东共和国,为欢迎国际反战同盟派出的调查团,特写密函,派专人带信函到上海委托中国领土保障同盟会转交给马莱,表示抗日的决心和对调查团的期盼。(《华东共和国坚决抗日 密函马莱表示欢迎》,载《大美晚报》1933年10月13日)

7月26日 《大美晚报》刊登消息称,远东反战大会终止举行。巴比塞调查团仍按计划到沪,前往东北调查。并称,朝鲜、台湾代表已抵沪,但五人中有三人被捕,其他二人行踪不明。(《反帝会中止》,载《大美晚报》1933年7月26日)

7月27日 《大美晚报》刊登消息称远东反战大会仍在筹备中。(《反帝会未中止》,载《大美晚报》1933年7月27日)

7月28日 《大美晚报》刊登消息称,经宋庆龄证实,远东反战大会将在9月中旬在沪召开。(《全世界反战会议准九月在沪开会》,载《大美晚报》1933年7月28日)

7月31日 《申报》刊登消息称,远东反战大会正在积极进行,太平洋沿岸代表抵沪者有日本二人、朝鲜三人、美国一人,朝鲜代表团中途有二人被秘密逮捕,下落不明。(《世界反战会议各国代表陆续来沪》,载《申报》1933年7月31日)

同日　　下午2时，在大沽路永庆坊53号该会会所，上海各界欢迎巴比塞调查团筹备委员会召开记者招待会，报告筹备经过。(《欢迎巴比塞调查团昨日招待新闻界》，载《申报》1933年8月1日)

7—8月　　宋庆龄以筹委会主席的身份负责招待记者发布消息，与国际代表一起同国民党当局交涉开会地点等。(楼适夷：《关于远东反战大会》，载《新文学史料》1984年第2期，第45—49页)

同月　　在远东反战大会筹备期间，上海中央局专就此事作了讨论，商议解决两个问题：一是急需解决提供一二十个负责人临时商讨问题的地点；二是如何发动各阶层群众响应这个政治运动。上海中央局组织部部长黄玠然后与组织部成员一起租到一幢新建的住房作为会场。(黄玠然：《关于一九三三年上海中央局的回忆》，载《党史资料丛刊》1985年第1辑，上海人民出版社1985年5月版，第123—125页)

8月5日　　中国共产党中央委员会发表《为帝国主义瓜分中国与国民党的五次"围剿"告全国民众书》。(《红色中华》101期，1933年8月30日)

同日　　为祝贺世界反对帝国主义战争委员会远东会议的召开，朱德以中华苏维埃中央革命军事委员会主席名义发表题为《中国红军在反帝最前线为大会作有力的后盾》的文章，并将全文致电上海民权保障大同盟宋庆龄女士转世界反帝非战代表大会。(《红色中华》第106期，1933年8月31日)

同日　　冯雪峰、刘芝明和张凌青三人在北四川路老靶子路(今武进路)转弯角上的一家旅馆借一间房间召开核心小组会，决定：一、8月8日下午2时在南京路冠生园茶座召集各团体代表(包括工会、青年团、学生组织)进行动员，传达中共江苏省委的指示精神，在码头上开一个盛大的欢迎大会，以造成浩大的声势；二、征求文化界人士签名《欢迎巴比塞代表团宣言》。(常美英、田军：《宋庆龄与远东反战会议》一文其中《访问张凌青记录》(1986年9月27日)，载《宋庆龄在上海》，学林出版社1990年8月版，第85页；张凌青：《世界反帝大同盟远东反帝反战会议筹备工作的一些情况》，载《党史资料丛刊》1983年第1辑，上海人民出版社1983年3月版，第40—42页)

8月7日　　日警在上海环龙路某号逮捕远东反战会议日共方首席代

表崛江及其夫人。(《日人崛江夫妇密谋赤化日本 本埠日警发觉即加逮捕 并捕同文书院学生多名》,载《时事新报》1933年8月14日)

8月8日 《大美晚报》刊登消息称,《中国论坛》主笔伊罗生已于昨日前往日本,并猜测反帝大会因在上海开会遭受许多困难,或将移至日本举行。(《伊罗生昨日东渡 反帝会有移日说》,载《大美晚报》1933年8月8日)

8月中旬 上海近100个工农民众团体在远东反战大会筹委会的领导之下,积极开展欢迎运动和拥护远东反战大会运动,不断举行飞行集会、演讲会、散传单、公演等。(《上海民众热烈地举行着选举运动》,载《反战新闻》第1号,1933年8月29日)

8月13日 宋庆龄致函蔡元培,邀请其参加远东反战大会。(《宋庆龄书信集》上册,人民出版社1992年12月版,第77—78页)

8月14日 《时事新报》记者到大沽路领土保障同盟会探询远东反战大会筹备情况,问远东反战会议有移日本说,回答说地点在上海,参加代表有美、日、英、法、德、土、印、韩、非等近百人,开会日期尚未定,但不出本月。(《反帝大会定于本月内举行 改在日开会说不确》,载《时事新报》1933年8月15日)

8月16日 以鲁迅为首的105名中国作家联名签名发表《中国著作家欢迎巴比塞代表团启事》。他们的态度是:"同人等对此伟大的世界反战会议,对此主持正义的巴比塞代表团,极端表示拥护。当此反战会议即将于九月初开幕,各国代表团纷纷来沪之时,仅[谨]此表示欢迎。"(载《大美晚报》1933年8月16日)在"启事"上签名者包括"文总"、"左联"、"社联"、"剧联"、"影联"各文化团体的成员。(常美英、田军:《宋庆龄与远东反战会议》,载《宋庆龄在上海》,学林出版社1990年8月版,第74页)

8月17日 上午9时,张耀华(即张凌青)在施高塔路(今山阴路)四达里56号家中被上海市公安局遣派的武装探警非法抓捕,后被解至南京以"危害国民罪"判刑5年。当晚,找他联系工作的刘芝明、"社联"的史存直、林天木和"文总"的张云志也在张耀华家中全部被捕,上海反帝大同盟党团被破坏。(《危害反战会议的恐怖》,载《中国论坛》第2卷第10期,1933年9月18日;张凌青:《世界反帝大同盟远东反帝反战会议筹备工作的一些情况》,载《党史资料丛刊》1983 年第 1 辑,上海人民出版社 1953 年 3 月版,第 40—42 页)

同日　有 17 人在狄思威路(今溧阳路)被抓捕,其中有部分是远东反战大会筹备委员会的群众团体分子。(《危害反战会议的恐怖》,载《中国论坛》第 2 卷第 10 期,1933 年 9 月 18 日)

同日　上海恒丰纱厂、英美烟厂及三友失业工人团选举出参加远东反战大会的代表多人,并讨论报告与提案。(《上海民众热烈地举行着选举运动》,载《反战新闻》第 1 号,1933 年 8 月 29 日)

同日　共产国际执行委员会政治书记处政治委员会致电共产国际执行委员会驻华代表兼驻上海远东局书记阿图尔·埃韦特,传达指示和贯彻的方针。电文中说,在远东反战会议上要反对帝国主义战争和瓜分中国,赞成进行反对日本帝国主义和其他帝国主义者的民族革命战争。组织群众抵制日货。会议开幕前必须出版一日的报纸等。(中共中央党史研究室第一研究部译,黄修荣主编:《联共(布)、共产国际与中国苏维埃运动(1931—1937)》第 13 卷,第 478 页)

8 月 18 日　世界远东反战会议主席马莱一行五人于上午 10 时到达上海招商局中栈码头。其成员有:(1) 世界远东反战会议主席,劳工党麦唐纳组阁时代陆军总长,曾在海军服务十九年的英国代表马莱勋爵(Lord Marley);(2) 法共领导人,法共机关报《人道报》主编保罗·伐扬-古久里(Paul Vaillant-Couturier);(3) 比利时社会民主党人士马尔度(D. P. Mayteaux),曾任比利时首都布鲁塞尔市代理市长;(4) 英国代表汉密尔顿,曾任英国伦敦泰晤士报驻德记者;(5) 法国代表,法国社会党成员、著名作家波比。同行的还有古久里夫人。巴比塞因病未来上海。他们 11 时许上岸登陆。宋庆龄蔑视国民党发布的外国代表一律不许登陆的禁令,亲自上船迎接外国代表并发表欢迎演说。还有妇女协会杨女士及工人、学生、文化界等各群众团体 80 余人、法日籍人 20 余人到码头迎接国际代表,他们举着中英文欢迎字样的横幅。邮轮一靠岸,就放鞭炮、呼口号、散发传单。马莱一行下榻在南京路华懋饭店(1956 年改名为和平饭店)。(《世界反战会主席马莱等今晨抵沪》，载《大美晚报》1933年8月18日）国际代表在沪期间由上海麦伦中学教务主任兼教师、原中华基督教青年会全国协会校会组干事曹亮担任马莱团长的全程英语翻译。（参见陈庆：《我所知道的曹亮》，未刊稿）

同日　马莱在码头接见《申报》记者时说他准备到日本一行；代表团是否到东北调查尚未定，但代表团的意见均愿意前往观察；各国参加远东反战大会的代表计已确定的有英、美、法、比、奥、加拿大，德国本派代表二名，一被捕，一在病中。（《反战会议代表马莱等昨莅沪　一行共五人寓华懋饭店　往东北调查将最后决定》，载《申报》1933年8月19日）

同日　鲁迅、茅盾、田汉联名发表了《欢迎反战大会国际代表的宣言》，在群众中公开地用作传单散发。（姚辛：《左联史》，光明日报出版社2006年11月版，第175页）

同日　中国左翼作家联盟发表《致上海反战会议各国代表巴比塞同志等的欢迎词》。（载《反战新闻》第1号，1933年8月29日）

同日　下午2时，当群众即将离开码头时，由英籍巡捕在公共租界内抓捕15人。（《危害反战会议的恐怖》，载《中国论坛》第2卷第10期，1933年9月18日）

同日　法南的交专、新华、交大及绸厂工人举行大会选举远东反战大会代表。沪西内外棉厂、闸北丝厂、铁路工人、浦东的码头工人、左翼文化界均在一两天之内举行选举大会。（《上海民众热烈地举行着选举运动》，载《反战新闻》第1号，1933年8月29日）

8月19日　为表示拥护国际反帝非战代表大会，中央苏区反帝拥苏总同盟发表《致国际反帝非战代表大会全体代表的信》和中华苏维埃中央苏区"八一"示威大会主席团代表苏区一百万全副武装的示威群众发表《致上海国际反帝非战大会主席团转全体代表的信》。（《红色中华》103期，1933年8月19日）

同日　马莱等乘"柯立芝总统"号轮船赴日本横滨，将与日本各自由主义者会商一切，准备于9月3日回沪。据报载，开会地点在八仙桥中国青年会。已得法租界当局之许可，会期由9月3日至9月5日。（《法租界当局准开反战会议》，载《申报》1933年8月20日）

8月20日　江西全省各县反帝拥苏同盟青年部为热烈庆祝远东反帝非战大会的开幕，发表《致国际反帝非战代表大会全体代表信》。（《红色中华》104期，1933年8月20日）

8月中旬　刚从法国回沪的青年作家、世界语者协会会员李又然接到曾在法国留学时的朋友江丰（上海"美联"成员）的通知，将要担任反战大会的工作。8月下旬，由楼适夷到霞飞路李又然的寓所通知他到华懋饭店去会见法国代表古久里，并以宋庆龄名义派车接送。李又然担任古久里在沪期间法语翻译，直至古久里离开上海。（李又然：《古久里——文学回忆录》，载《江城》文学月刊1979年11、12月号合刊）

8月21日　马莱与比利时代表马尔度乘船抵达日本神户，由于兵库县警察部禁止不能登陆，后与外务省交涉才准许登陆下榻东亚旅馆，并被迫等候下班船返沪。（《马莱准登岸 决议不赴横滨 候船即返上海》，载《大美晚报》1933年8月22日；《反帝会英比代表日警已准其登岸 唯须候乘下次轮船返沪 赴日系与普罗作家晤面 英伦反帝协会将对日提抗议》，载《时事新报》1933年8月23日）东京方面报社记者、军警盘诘达四小时余，并禁止他们会晤英领事。检查其行装，搜去所带书籍数本，包括反战会议参考书籍《田中奏则》。马莱等表示反战会议希望能有日本代表参加。但记者将每一问题都必须请示东京。当时有大批同情反战会议的日本人士被抓捕。（《马莱今会晤裴尔等 反战会举行须考虑》，载《大美晚报》1933年8月26日）此事立刻引起英国反战协会方面的不满，遂向日本驻英使馆提出抗议。（《英反战协会之愤慨》，载《申报》1933年8月23日）

同日　中共中央发出《中央关于筹备世界反帝非战大会的紧急通知》。（中共中央书记处编：《六大以来——党内秘密文件》，人民出版社1980年2月版，第420—421页）

8月22日　日本大阪生产党员到马莱等下榻的旅馆，要求见反战会议英法代表者，因其气势汹汹，旅馆不准他们接近代表，马莱等亦拒绝接见。（《好战日（本）欲杀反战代表》，载《大晚报》1933年8月23日）

8月23日　楼适夷接受冯雪峰的安排，接替刘芝明工作，任上海反战同盟书记，与"左联"的华蒂（叶以群）、"美联"的周熙（江丰）和熊某组成新的上海反战同盟的党团。主要任务有：1. 接待全国各地来参加大会的代表;2. 发动群众,组织欢迎大会,并请国际代表出席演讲;3. 扩大反战大会的宣传工作,创办报纸《反战新闻》。(楼适夷:《关于远东反战大会》,载《新文学史料》1984年第2期,第45—49页)

同日　远东反战反法西斯代表大会总筹备会委员会与上海民众欢迎远东反战反法西斯代表总筹备会联合发出题为《拥护远东反战反法西斯代表大会》的宣言,发表于《反战新闻》。(载《反战新闻》第1号,1933年8月29日)

同日　中共中央给中共河北省委信(北字八一号),要求河北各群众团体所选国际反战会议代表140人在9月7日之前抵达上海,路费自备,如因资金问题不能抵达上海,便在河北召开世界反战大会河北会议,但要另选出不少于十人的代表赴沪参加上海反战会议。(中央档案馆馆藏)

同日　《申报》刊登消息称,远东反战大会尚未觅到会场。(《反战会尚未觅到会场 八仙桥青年会系属误传》,载《申报》1933年8月23日)

8月25日　马莱乘德国"意利亚斯"号轮船由日本返沪,同返者有比利时代表马尔度博士。码头附近有特别警察多人,欢迎马莱的学生也有多人。(《巴比塞不来沪》,载《大美晚报》1933年8月25日)马莱下船,即对记者声明:日当局称反战会为共党会议,实则并非共党会议,而为包括一切组织的会议,共产主义者包括在内。(《马莱声明大会性质》,载《反战新闻》第2号,1933年9月6日)《时事新报》报道说马莱在日本已与日方文化团体接洽,日方表示将有代表来沪。但至今无机会与美国方面接洽,故美方态度如何,不得而知。(《反战会议主席马莱等昨日回沪》,载《时事新报》1933年8月26日)

同日　晚间,各报记者到旅社访谈,马莱说在日本的感觉是正在积极备战,政治经济都处于极紧张状态,日本对英美人士前往者防预颇严。(《马莱今晤见裴尔等反战会举行须考虑》,载《大美晚报》1933年8月26日)

同日　下午6时,日本文艺家自由同盟加藤勘十、上村进、铃木茂三郎、大矢省三、金子降文、藤森成吉等80余人在日本比谷公园东洋轩酒家召开协议会,选举远东反战会议的代表和讨论具体事宜。日警临场,禁止提及反战会议有关议事。不得已改开远东和平友亲会。午后8时，建国会员国粹大众党员数十名闯入会场，大闹会场约半小时，散布传单，大呼“绝对反对召开反战会议”的口号，并实施暴行，到会者受伤众多，其中三名被捕。推选出的上海远东反战会议代表秋田被日警监禁，禁止赴沪。(《日本反战者开会被扰乱》，载《时事新报》1933年8月27日；《秋田为代表 被警厅监视》，载《时事新报》1933年8月27日)

8月26日　　晨，马莱谒见公共租界工董裴尔和总裁费信惇，裴尔表示，对于在公共租界召开反战会议，未有准许的决定，对于开会的办法，尚需加以考虑。(《马莱今晤见裴尔等反战会举行须考虑》，载《大美晚报》1933年8月26日)

同日　　下午，马莱接见新闻记者时，对于外间所具此次反对战争联合阵线大会出于第三国际发起组织印象，力加否认，重申此会绝无共产色彩，并说会议地址时间人数都还未确定，已无定期展延。(《反战会主席马莱对新闻界谈话 此会绝无共产色彩 开会地点日期未定》，载《申报》1933年8月28日)

同日　　苏区团中央委员会致远东反战大会电：《领导全中国劳动青年拥护国际反帝非战代表大会》。(《红色中华》第106期，1933年8月31日)

同日　　英国代表汉密尔顿持伦敦中国大使馆的介绍函至南京往访国民政府外交部，会晤者对他说：“京中当道，对大会可谓为取中立态度。”汉密尔顿毫无结果地返回上海。(《反战会代表由京返沪》，载《申报》1933年9月2日)

8月28日　　上午12时，马莱访问上海市长吴铁城，探寻市政府对远东反战大会的态度，并再次声明：非战会议，并不受第三国际之支配，如有共产党趁机活动，立即闭会。仍希望在公共租界或法租界择一相当地点开会。(《马莱昨访吴市长 声明非战会宗旨》，载《申报》1933年8月29日)

同日　　宋庆龄致函马莱，告以远东会议的筹备情况。其中写道：“基督教青年会的洛克伍德先生发表了一项声明，否认他的组织曾就将召开的会议的住宿问题与我们有过接触。”“事实上我们已与该基督教青年会的中国秘书达成了协议。”又告知：“最大的可能是警方或其他势力的威吓，迫使基督教青年会拒绝执行原来已达成的协议。”(吴全衡、杜淑贞主编：《宋庆龄书信集》上册，第79—80页)

同日　苏区少先队中央总队部致远东反战大会代表信：《全中国少年先锋队武装拥护大会的进行》。(《红色中华》第106期,1933年8月31日)

8月29日　为了做好对远东反战会议的宣传工作,由楼适夷负责编辑,以反战新闻社的名义创办报纸《反战新闻》,报道远东反战大会筹备工作的消息和各群众团体的宣言等,揭露帝国主义掠夺中国和国民党当局出卖民族利益的罪行。共出六期。9月中旬楼适夷被捕后,《反战新闻》停刊。(韩信夫等编:《中华民国大事记》,中国文史出版社1997年2月版,第549页;楼适夷:《关于远东反战大会》,载《新文学史料》1984年第2期,第45—49页)

同日　苏区代表已安全到沪。苏维埃政府为支持反战会议的召开,资助500元托苏区代表带到上海。(《苏区民众亦派代表来 苏维埃政府资助反战大会》,载《反战新闻》第1号,1933年8月29日)

同日　满洲、河北、四川等省的150个代表带着报告和提案来到上海,远东反战大会筹备委员会接待他们,并请他们参加反战会议的筹备工作。(《满洲河北四川等省代表百五十人到上海了!》,载《反战新闻》第1号,1933年8月29日)部分会议代表下榻河滨大楼(北苏州路400号)。(上海鲁迅纪念馆提供资料)

同日　下午,马莱访驻沪英国代理总领事台维森,得知日本现反对远东非战大会在沪开会甚力。租界当局在淞沪战争中与日本曾有争执,又怕因反战会议引来意见不合,互相抵触。所以公共租界和法租界都拒绝在界内召开反战会议。马莱准备到南京,访问政府要人探询意见。(《非战大会在沪开会 日本反对甚力 两租界当局因此或亦将拒绝开会》,载《申报》1933年8月30日)

同日　北平艺术专门学校,因开会援助反战会议被捕学生11人,并被移交法院审判。(《反战会无期延会》,载《大美晚报》1933年8月30日)

8月30日　马莱到沪后虽各方奔波,但仍无成效,他于是日对记者说,原定9月3日在沪举行的远东反战大会,将不能如期举行,将趋于无定期延会。希望能在9月底开会,但要视出席代表人数而定。(《反战会无期延会》,载《大美晚报》1933年8月30日)

同日　上海青年欢迎巴比塞调查团筹备会发表启事,请参加8月31

日招待大会者先行登记领取代表证。(《上海青年欢迎巴比塞调查团筹备会发表启事》,载《大美晚报》1933年8月30日)

同日　毛泽东、项英、张国焘代表中华苏维埃共和国临时中央政府给国际反帝非战代表大会电:《全世界无产阶级与被压迫民族联合起来》。(《红色中华》第106期,1933年8月31日)

8月31日　马莱于是日晨对记者说,远东反战会议无定期延期是因为有多数的会议代表被捕,在他抵沪当天,欢迎队伍中有32人被捕,后来第一批释放17人,第二批释放13人,仍有正风文学院教授林某和律师张某二人在押。官方说他二人系共产党,以有危害政府行为为由,拒不放人。数名大学生被北平市公安局怀疑为参加反战会议代表而被捕。为此,马莱说,他将设法援救,使被捕学生释放,如有必要将赴北平办理援救事项。并说,希望在上海会晤中国若干官员,还准备赴南京探询中国政府对反战会议的意见。还说,移地开会正加考虑。(《反战会代表被捕》,载《大美晚报》1933年8月31日)

同日　中午,上海扶轮总会①在江西路都城饭店(1964年改名为新城饭店)宴请马莱。马莱在宴会上发表题为《解述反战会议》的演说。在演讲中说到反战会议的目的:中国在远东占有重要地位,上海为远东重要城市,也为将来战争之发源地,故决在中国举行,因中国为世界之公开市场,竞争颇烈,必引起战争。反战会议之目的为使中国工人知将来之危害,故各劳工团体均应参加会议,即共产党也应加入。参加扶轮社午宴者有前美国驻华公使休门博士,美国驻沪总领事克银汉,德国驻华公使都特门博士,英国驻沪领事韦特慕氏,日本使馆员及上海工部局日本董事岗村。(《马莱将分访京平》,载《大美晚报》1933年9月1日)马莱还说过去每一战争,必美其名曰自卫,但事实上是经济之纠纷。马莱称反战会已有会员三百万,其主旨并非共党,但也不反对共党,如共党参加此会,亦应欢迎。(《反战会议主席马莱讲反战会议》,载《时事新报》1933

---

①　国际扶轮社1905年在美国成立,是世界上第一个公益的服务组织,活跃于200多个国家地区。上海扶轮社是国际扶轮社之分社,1919年成立,致力于为社区和国际提供人道服务。

年 9 月 2 日)

同日 《时事新报》消息称:远东反战会议的各国代表业已陆续来华,但本定于下月 3 日在沪举行的大会又将展期,至延期原因,则以阻碍横生,如澳洲劳工团体之被迫解散,代表也被扣留,不能如期与会。(《非战会议将展期 各方代表多遭拘捕 下月底可希望开成》,载《时事新报》1933 年 8 月 31 日)

8 月底 据上海的日文报纸《日日新闻》消息称:法国、比利时代表在法租界亚尔培路(今陕西南路)附近某所筹设秘密办事处,曾开过二日夜秘密会议,其中有中国共产党代表二人,日本共产党代表一人,该会议将继续至 9 月 10 日。(《反战会秘密集会》,载《大美晚报》1933 年 9 月 8 日)

8 月 马莱四处奔波,却遭到拒绝,各地代表及群众被捕被害的人数日益增多,公开地召开远东反帝大会阻力很大,筹备工作和群众集会也都秘密举行。国际代表到恒丰纱厂的女工 300 多人大会、瑞镕铁工厂的 500 工人大会上讲演。(《出席国际反帝反战代表大会的苏区红军代表回来的报告书》,载《红色中华》第 129 期,1933 年 11 月 26 日)

同月 为了组织群众欢迎国际反战大同盟代表团,在新亚酒家召开了中共区委书记联席会议,出席会议有冯雪峰、中共江苏省委巡视员曾一凡、法南区委书记小顾和中南区委书记黄霖。(黄霖:《宋庆龄主持召开的远东反战大会》,载《革命回忆录》第 11 辑,人民出版社 1984 年 2 月版,第 26—34 页)

同月 在“文委”的领导下,电影界田汉、司徒慧敏等人参与接待反战国际代表团,安排代表团到杨树浦工厂区接触中国工人,赴大场参观陶行知办的山海工学团,访问“一·二八”战争遗址。还到司徒慧敏试制电影录音设备的实验室参观,实验室得到马莱的称赞。(司徒慧敏:《往事不已 后有来者》,载《电影艺术》1980 年第 6 期,1980 年 6 月 16 日)

8—9 月 某日,鲁迅受马莱之约,到沙逊饭店 8 楼会见马莱。(内山完造:《上海霖雨·争吵与沽名钓誉》,1942 年版,转引自《鲁迅研究资料》,杭州大学中文系 1977 年 11 月编,第 68—71 页)

同月 山东、北平的代表在选举会上即被捕。四川、湖南、湖北、安徽、河北、广东、广西等地代表,或被捕,或被阻止不能到会。安南(越南)、台湾、朝鲜代表，被阻止半路返回，朝鲜一名代表在上海被捕，德国两名代表在德国被捕处死。逮捕的国内外代表六十余人，仍然关在国民党的牢房里。(《出席国际反帝反战代表大会的苏区红军代表回来的报告书》，载《红色中华》第129期，1933年11月26日)

同月　福建苏区为号召群众选派自己的代表参加远东反战大会，发布了《闽省反帝大同盟为国际反帝大会召开告群众书》。(《福建革命历史文件汇集(群团文件)1928年—1934年》，中央档案馆、福建档案馆1985年12月编印，第316—317页)

9月3日　毛泽东、项英、张国焘代表中华苏维埃共和国临时中央政府向远东反战大会致《中央政府庆祝国际反帝非战大会开幕电》。(《红色中华》第107期，1933年9月3日)

9月4日　晚7时，田汉请严春棠做东道主，在东亚饭店浣花厅举行热烈欢迎国际代表马莱和古久里的晚宴，出席晚宴的有陈瑜(田汉)、黄子布(夏衍)、张凤吾(阿英)、叶灵凤、曹亮、娄放飞等，还有各电影公司的名导演、名演员胡蝶、金焰、程步高、卜万苍、周剑云、郑正秋、许幸之、史东山、孙师毅、王人美、周伯勋、郑君里、舒绣文等40余人。严春棠、郑正秋、卜万苍等在欢迎宴会上致欢迎词，马莱、古久里致答词。马莱致词由曹亮作翻译。马莱首先说明此次来华的意义，然后谈到东西方被压迫民族怎样能联合起来共同反对帝国主义瓜分殖民地的战争。古久里致词由娄放飞翻译。古久里陈述了全世界热爱和平不愿做奴隶的人们反对帝国主义战争的必要。(斯人：《欢迎反战代表席上》，载《十日谈》第4期；田汉：《影事追怀录》，中国电影出版社1981年3月版，第29—32页)

9月5日　鲁迅前往河滨大楼会见了借住在那里的法国著名作家古久里，并以德译本《没有面包的约翰》请其签名。(《鲁迅全集》第15卷(日记)，人民文学出版社1976年版，第844页)

9月6日　中共苏区中央局书记周恩来和中华苏维埃中央革命军事委员会主席朱德并红军全体指战员电贺世界反对帝国主义战争委员会远东会议在上海召开，表示中国工农红军“是反帝的先锋，我们要与全世界反帝的战士作一致行动，以百战百胜的铁拳，开展民族革命战争，彻底粉碎帝国主义和国民党的五次‘围剿’,把帝国主义赶出中国”。(中共中央文献研究室编,吴殿尧主编:《朱德年谱》新编本(上),中央文献出版社2006年版,第349页)

9月8日 因受日本对上海租界之威胁,虽有主席团马莱勋爵等往各方疏通,要求谅解,但公开会议能否举行,仍未确定。(《反战会秘密集会》,载《大美晚报》1933年9月8日)

9月11日 在四川路青年会,上海新人学会与远东反战会议代表一行举行远东反战大会的预备会议,决议反对帝国主义、反对法西斯蒂、援助东北义勇军、反对日本帝国主义侵略华北等六项大会提案。(《反战会暗中活动》,载《大美晚报》1933年9月28日)

同日 下午5时,法总领事与法租界警务处协商后,宣布:“法租界内禁止一切集会,世界反战会议自不能在境内举行。”反帝会议因法租界和民国当局禁止在境内举行,几经交涉,终未得到谅解,现在唯一希望只在能求得公共租界当局的允许,否则只有流产。马莱向新闻界宣称:“将正式向公共租界工部局要求准予在租界内开会。”马莱曾写信给南京政府,正在静等回复意见。还反驳日文报纸上反战会议从事排德排日之说。(《反战会难免流产法租界禁止开会》,载《大美晚报》1933年9月12日)

9月12日 《时事新报》刊登消息称,各地抵沪代表已逾百人,唯因开会地点尚未确定致开会日期迟迟未能确定。另有该会定于“九一八”开会之说。(《世界反战会议有“九一八”举行说》,载《时事新报》1933年9月12日)

同日 外国语研究会在北四川路(今四川北路)某校召开欢迎会,马莱及克特留氏在会上相继演说,指出:日本帝国主义侵略中国迄今日完全发展至相互勾结之阶段。(《反战会暗中活动》,载《大美晚报》1933年9月28日)

同日 晚8时40分,马莱在XQHC广播电台发表演说,解述反战会议的目的。(《马莱讲反战目的“战争为野蛮之举动 武力反足引起纠纷”》,载《大美晚报》1933年9月12日)

同日 反战会英国代表汉密尔顿12日下午3时赴京,13日夜返沪,此行为营救被判无期徒刑的牛兰夫妇,并与牛兰夫妇见面。(《日传运动释放牛

兰》,载《大美晚报》1933 年 9 月 16 日)

9 月 13 日　上海青年工人招待反帝代表、法国《人道报》主笔古久里和《中国论坛》主笔伊罗生,工人代表到会三十余人。国际代表先发表演讲:"略为久闻中国白色恐怖的严重,现在是亲眼看见了中国工人在这样严重的白色〈恐怖〉之下进行英勇的斗争,实在令人钦佩。中国唯一的出路是苏维埃和红军。"引起工人鼓掌。工人将意见书授予法代表。(《红色中华》第 110 期,1933 年 9 月 18 日)

9 月 14 日　沪东杨树浦贫民二千五百余名出席欢迎远东反战代表在野外举行大会,中途被巡警解散。翌日再开,该会参加者有工人、贫民六千余名,国际代表全体到会,轮流演讲,群众参与演讲,决议提案十余条,马莱与群众的旗帜接吻,赢得掌声,会上呼口号,放鞭炮,散传单,声势盛大。(《反战会暗中活动》,载《大美晚报》1933 年 9 月 28 日;《上海群众热烈欢迎反帝代表团》,载《红色中华》第 114 期,1933 年 9 月 30 日)会上由洪深、李又然分别担任马莱和古久里的翻译。会后,李又然与古久里帮助一位女工把家里存放的《反战新闻》等杂志和传单转移,暂存在马莱处。(李又然:《古久里——文学回忆录》,载《江城》文学月刊 1979 年 11、12 月号合刊)

9 月上旬　上海《日日新闻》报记者克拉恩到华懋饭店访问马莱,并询问马莱三封私信事,马莱大怒,质问私信外泄原因,并否认曾致函苏联外长李维诺夫。后马莱正式致函日本《日日新闻》报社长,严厉要求解释。(《马莱爵士私信被拆》,载《大美晚报》1933 年 9 月 15 日)

9 月 15 日　上午 9 时,打浦桥南华界之新华艺术专门学校学生以路灯剧社名义,开会欢迎巴比塞调查团,因未得到学校当局允许,被报告警察分驻所派警察制止,并抓捕数名嫌疑分子。另有一部分学生对当局不满,另行集会,并以开除同学后援会名义散发传单。(《留英学会宴请马莱》,载《大美晚报》1933 年 9 月 16 日)

同日　午后,在中共江苏省委的安排下,复旦大学学生召开欢迎国际反帝反战代表大会,国际代表团成员马莱等人在学生代表、复旦大学党团书记汪梦窗(即伍孟昌)的陪同下,向学生作了讲演,内容有远东反战大会之由来,及国际帝国瓜分中国等问题,到会学生六百余名。特务企图破坏会场,未遂。[①](《留英学会宴马莱 席间演说否认受第三国际资助 赴复旦大学演说听者六百余人》,载《大美晚报》1933年9月16日;王敏主编:《上海学生运动大事记(1919—1949)》,学林出版社1985年12月版,第162页)

同日 晚上,留英同学会会员60人在北京路27号宴请马莱,席间马莱演说:否认接受第三国际资助,此次来华负有和平使命,并无其他企图。他还介绍远东反战大会筹备工作情况,并协商各种对策办法。(《留英学会宴马莱 席间演说否认受第三国际资助 赴复旦大学演说听者六百余人》,载《大美晚报》1933年9月16日;《反战会暗中活动》,载《大美晚报》1933年9月28日)

同日 马莱接受《大美晚报》记者采访,就上海日文报《上海日报》刊登消息称其曾得苏俄第三国际资助并与上海最近之政治暗杀有关等事,发表意见称"此说荒谬绝伦"。(《马莱爵士私信被拆》,载《大美晚报》1933年9月15日)

9月16日 上海文化会员80余名在四马路(今福州路)大西洋西菜社开恳谈会,宋庆龄出席担任主席。(《反战会暗中活动》,载《大美晚报》1933年9月28日)大会上提出上海文化工人当前的任务,要求小说家、诗人、戏剧家、教育者及同愿望的中外新闻记者,各用他们特殊的职能,用他们的天才,以及武器去广播反战的意义到大众中去,使广大的群众到反战大会旗帜的周围,打破目前开会的种种困难,使大会能在上海完成它的使命,以这艰难的斗争来酬答世界代表们不远万里的劳瘁。(张兆榕:《上海文化界欢宴反战代表》,载《抗争》第2卷第20期,1933年9月23日)在欢迎马莱、古久里等国际代表的大会上,鲁迅出席并陪同客人。(草明:《我也吃过他的"奶"》,载《人民文学》1981年第9期)"左联"成员女作家欧查受叶灵凤、杜衡之约,先到现代书局集合,再到大西洋西菜社参加欢迎反战大会国际代表会。集会时有十多个便衣暗探监视。(姚辛:《左联史》,光明日报出版社

---

① 据反战大会学生代表伍孟昌回忆,他在会议结束时,向马莱、古久里发出邀请到复旦去演讲。10月初的某一天上午,复旦大学学生在校门口热烈欢迎马莱爵士,并放鞭炮表示欢迎。马莱爵士演讲了一个小时左右,内容是关于反对帝国主义战争和保卫世界和平的意义。这次演讲在同学中反应强烈,但也受到蓝衣社特务学生的捣乱。(伍孟昌讲述,李葆琰整理:《遥想"左联"当年》(节选),载《中华读书报》2000年3月1日)

2006年11月版,第177页)

同日 上海妇女协进会招待反战代表马莱等各代表,共到会妇女代表140余人,其中有许多丝厂女工。各代表有演说,大家都异常兴奋。(《红色中华》第112期,1933年9月24日)

同日 下午5时,楼适夷在离开狄思威路(今溧阳路)江丰家后,在北四川路被特务跟梢并被捕。随后,江丰也被捕。楼适夷被捕后,"左联"成员周文接替他的工作。(楼适夷:《关于远东反战大会》,载《新文学史料》1984年第2期,第45—49页)

同日 晚上,马莱、古久里及其夫人一同到黄金大戏院观看戏剧协社演出的世界反帝名剧《怒吼吧,中国!》,并给予评论:虽因经济困难及剧院关系,而舞台成绩殊属惊人,表演技巧优良非凡。对于剧情也给以肯定。(《马莱惊叹"怒吼吧,中国!"》,载《大美晚报》1933年9月18日)

9月17日 群众欢迎大会在上海码头召开,300多人到会,并请国际反战代表演讲。(《上海群众热烈欢迎反帝代表团》,载《红色中华》第114期,1933年9月30日)

9月19日 晚,马莱接公共租界正式公函,回复其9月12日要求在公共租界内举行反战会议的信函。公共租界公函称:"按照现在情形,举行会议一事碍难照准。"(《反战会将流产》,载《大美晚报》1933年9月20日)

同日 国民党"CC"派外围刊物《社会新闻》刊登消息《宋庆龄与反战团》,说:"宋庆龄女士,为反战团中国代表主力分子,此次马莱爵士来华,宋亲自赴埠欢迎与招待。最近巴比塞反战团在沪颇为活动,并拟在各校作公开演讲,由宋亲笔致函各校当局,介绍该团派代表前来演讲,如新华、美专、法政等校,均接到此项来函。"(《社会新闻》第4卷第26期,1933年9月19日)

9月20日 汉密尔顿向报界表示,远东反战大会筹备委员会已商决,将经过情形及各代表的意见致电巴黎总会请示汇报。(《反战会泛舟集会》,载《大美晚报》1933年9月21日)

9月21日 马莱对《大美晚报》记者表示,虽然中国华界及租界当局的反对和禁止开会,反战会议筹委会仍想在中国境内举行,能否在船上开会

要慎重考虑。(《反战会泛舟集会》,载《大美晚报》1933 年 9 月 21 日)

9 月 22 日 为响应中共中央关于建立反帝统一战线的号召,团中央规定白区的任务:以最大的力量争取远东反战大会成功,并要求在各工厂建立反帝组织等。(中共上海市委党史资料征集委员会主编:《中共上海党史大事记》(1919—1949),知识出版社 1988 年 8 月版,第 356—357 页)

9 月中下旬 闸北丝厂女工 200 多人举行会议,欢迎国际远东反战大会国际代表。(《国际反帝大会成功了》,载《红色中华》第 117 期,1933 年 10 月 9 日)

9 月下旬 周文接到"左联"党组织通知,同时,其爱人郑育之接到中共上海闸北区委书记林李明的通知,被党组织调动为远东反战大会做筹备工作。华蒂(叶以群)通知他们购买两个大的假樟木箱放到郑育之的娘家等候行动。(郑育之:《掩护召开世界反帝大同盟远东会议的经过》,载《鲁迅研究资料》第 5 辑,天津人民出版社 1980 年 5 月版,第 193—200 页)

9 月 27 日 接党组织通知,周文、郑育之扮作新婚夫妇将两个假樟木箱搬出娘家,到上海三马路(今汉口路)666 号东方旅社,购买会议上要用的锅、盆、碗碟、茶杯、刀叉、汽炉等生活用品和代表们特别是国际代表们食用的面包、罐头、水果汽水、苏打水等食品放入箱子。(郑育之:《掩护召开世界反帝大同盟远东会议的经过》,载《鲁迅研究资料》第 5 辑,天津人民出版社 1980 年 5 月版,第 193—200 页)

9 月 28 日 曾担任沪中区委书记的黄霖接到直接联系人中共江苏省委巡视员曾一凡的通知,到省委的秘密机关,接受中共江苏省委的指示担任远东反战大会的警备委员长,保证大会的安全。(黄霖:《宋庆龄主持召开的远东反战大会》,载《革命回忆录》第 11 辑,人民出版社 1984 年 2 月版,第 26—34 页)

9 月 28—29 日 周文、郑育之由交通员带领乘坐汽车直往沪东开会地点,进入会场。半路,周文借故下车(他的任务是刻写宣传品,不进会场)。(郑育之:《掩护召开世界反帝大同盟远东会议的经过》。载《鲁迅研究资料》第 5 辑,天津人民出版社 1980 年 5 月版,第 193—200 页)

同日 黄霖、朱姚和刘少奇的儿子毛毛(刘允若),先后由内部交通员梁文若带到远东反战大会会场,郑育之与他们组成一个临时家庭,各自承担不同任务：朱姚是“母亲”；黄霖是“大儿子”；梁文若是“大儿媳妇”；毛毛是“孙子”；某高个子同志是“二儿子”；郑育之是“二儿媳妇”。另还有几位保卫人员，共10人负责保卫大会的安全工作。（郑育之：《掩护召开世界反帝大同盟远东会议的经过》。载《鲁迅研究资料》第5辑，天津人民出版社1980年5月版，第193—200页；黄霖：《宋庆龄主持召开的远东反战大会》，载《革命回忆录》第11辑，人民出版社1984年2月版，第26—34页）

同日　　保卫人员各自坚守岗位，准备铁棍、石灰等防御工具。冯雪峰到会场仔细检查安全工作和准备工作，并关照：一、今晚有重要代表到会场；二、隔壁住着的是一位外国巡捕房的侦察头子，务必注意大会的安全。（郑育之：《掩护召开世界反帝大同盟远东会议的经过》。载《鲁迅研究资料》第5辑，天津人民出版社1980年5月版，第193—200页）

9月29日　　晚，马莱在外国青年会上发表演讲，略述英国近来政治史和现有形势，并对最近之将来作一预言。（《马莱痛论英国政情》，载《大美晚报》1933年9月30日）

同日　　黄昏至午夜，参加远东反战会议的代表由中共江苏省委组织部长或巡视员曾宝陆续带入会场。有满洲、察哈尔、福建、广东、江苏、上海等国内包括苏区红军、东北义勇军、工人、农民、学生、十九路军士兵的代表。国际反战大会派来的代表英国前陆军大臣马莱爵士，法国法共机关报《人道报》主笔、作家古久里和比利时社会民主党人波比，分别由冯雪峰和夏衍、洪深送往会场。上海《大美晚报》的记者伊罗生到场。原先选举出代表800多人，由于召开秘密会议，会场小，再选出少数各地代表到会，其中有农民4人，苏区红军2人，国民党军士兵3人，知识分子及学生9人，妇女9人，其余为工人。加上国际代表共65人到会。（《反战大会终于在帝国主义国民党压迫下开成功了！》，载《中国论坛》第2卷第11期，1933年10月4日；冯雪峰：《有关反战大会的材料》，载《义乌方志》编辑部：《义乌方志》2013年第2期，2013年5月31日）出于安全考虑，没有安排鲁迅出席会议，但他十分关心和支持这次会议，并曾捐款以补筹备经费之不足。（冯雪峰：《关于反战大会》，载《鲁迅研究资料》第1辑，文物出版社1976年10月版，第97页）

9月30日　　宋庆龄的莫利爱路（今香山路）寓所周围，被特务监视，宋庆龄不顾安危从寓所出发，由交通员梁文若带领，甩掉特务的跟踪，直到凌晨3点过后进入会场。（黄霖：《宋庆龄主持召开的远东反战大会》，载《革命回忆录》第11辑，人民出版社1984年2月版，第26—34页）

同日　国际反对帝国主义战争会议第二次大会（即上海远东反战大会）开幕，宋庆龄担任执行主席，并用英语、法语或华语为中外代表翻译。马莱任主席。大会推选马莱、宋庆龄、古久里、波比及苏区代表、满洲代表、东北义勇军代表、平绥铁路工人代表、察哈尔义勇军代表等九人为主席团；并推毛泽东、朱德、鲁迅、片山潜（日）、高尔基（苏）、伏罗希洛夫（苏）、罗曼·罗兰、纪德、巴比塞（法）、德莱塞（美）、台尔曼（德）、曼·托革勒、季米特洛夫（保加利亚）为大会名誉主席。（《出席国际反帝反战代表大会的苏区红军代表回来的报告书》，载《红色中华》第129期（国际反帝反战大会专号），1933年11月26日；《反战大会终于在帝国主义国民党压迫下开成功了！》，载《中华论坛》第2卷第11期，1933年10月4日）

大会开始后，首先宣读了日本、朝鲜、安南（越南）、中国各地的贺电。宋庆龄致开幕词。大会有三个报告：一、马莱作了远东情形和关于各国人民反对帝国主义战争的报告；满洲代表和法国代表古久里作补充发言。二、宋庆龄在会上作了题为《中国的自由与反战斗争》的演说，对帝国主义和国民党反动派干涉和禁止这次大会的召开作了抨击和抗议。她号召："在整个远东，尤其在中国，发动一个强有力的运动，反对帝国主义战争。"三、苏区代表报告苏区红军和工农群众生活斗争的情况。其他发言的有福建、满洲的代表及上海的纱厂女工和码头工人、失业海员的代表，其中有许多重要的意见。古久里的发言，首先讲到大会的伟大的成功及其意义，并痛斥对大会成功估计不足的观点与表现，认为中国出路只有苏维埃道路等等。大会通过五大提案：（一）海员工人码头运输工人铁路工人不帮帝国主义运送枪炮给中国国民党来进攻苏区红军；（二）没收帝国主义送给国民党的枪炮来武装东北义勇军去打日本帝国主义；（三）兵工厂的工人不替帝国主义造枪炮来进攻苏区红军；（四）反对国民党对苏区的经济封锁；（五）白军士兵不到前线上去打工农自己的红军。（《反战大会终于在帝国主义国民党压迫下开成功了！》，载《中华论坛》第2卷第11期，1933年10月4日；《出席国际反帝反战代表大会的苏区红军代表回来的报告书》,载《红色中华》第129期,1933年11月26日;《国际反帝反战大会的成功与经过》,载《斗争》第31期,1933年10月21日)

会议通过了《反对帝国主义战争反对法西斯蒂的决议及宣言》、《反对白色恐怖的抗议书》、《反对帝国主义法西斯蒂恐怖的抗议》、《为反对帝国主义反苏联的武装干涉的挑衅的抗议书》、《为反对帝国主义和中国军阀进攻中国红军的抗议书》等决议。各代表都在决议书上签了字。最后选举了远东反帝反战执委。正式成立反对帝国主义战争委员会中国分会,宋庆龄被选为主席。(《出席国际反帝反战代表大会的苏区红军代表回来的报告书》,载《红色中华》第129期,1933年11月26日)

古久里致闭幕词,他指出:"阿姆斯特丹世界反战大会的决议在远东的执行最为迫切。""西方代表团回国后,必定要召集广大群众会议,将代表在中国看见的一切告诉他们。"(常美英、田军:《宋庆龄与远东反战会议》,载《宋庆龄在上海》,学林出版社1990年8月版,第83—84页)

"左联"复旦大学小组成员、复旦大学党团支书伍孟昌作为学生代表出席会议,并在会上担任记录。(伍孟昌口述,李葆琰整理:《遥想"左联"当年》(节选),载《中华读书报》2000年3月1日)

傍晚,会议结束,保卫人员协助各代表全部安全离开会场,最后也全部撤离会场。宋庆龄最后一个撤离会场。(郑育之:《掩护召开世界反帝大同盟远东会议的经过》。载《鲁迅研究资料》第5辑,天津人民出版社1980年5月版,第193—200页)

10月1日　《大晚报》刊登消息称,国际反战会议代表已接巴黎本部电,停止在远东召集会议。并称代表团于9月30日在礼查饭店开会讨论,决定于10月4日离沪,准备在美召开反战会议。(《反战会议决定停止 马莱即离沪 定于四日离沪返国 拟于在美另召会议》,载《大晚报》1933年10月1日)

同日　共产国际执行委员会驻华代表兼驻上海远东局书记阿图尔·埃韦特在写给共产国际的第8号报告中说:"我们成功地举行了规模不大的秘密代表会议,有来自国内各地的60位代表参加。"(中共中央党史研究室第一研究部译,黄修荣主编:《联共(布)、共产国际与中国苏维埃运动(1931—1937)》第13卷,第526页)

10月初　某日,一位大会女工代表召集一百多群众报告开会经过,报告后，群众自动捐款购买红旗送给国际代表。国际代表准备了三面红旗分别送给红军、东北义勇军和上海工人。(《国际反战大会中的片段》，载《红色中华》第119期，1933年10月18日)

同月　远东反战会议开完之后，各处散发关于胜利召开反战大会的传单，国民党当局警方到处侦查开会是否属实，几天后，在会场发现新造的房子因没有供水，致使在浴缸里积有大量粪便，才相信反战会议已经开过了。(冯雪峰回忆：《关于反战大会》，载《鲁迅研究资料》第1期，文物出版社1976年10月版)

同月　各群众团体召开多个欢送大会并发表了《欢送国际反战代表宣言》。(录自上海鲁迅纪念馆档案照片，上海鲁迅纪念馆1980年12月编印，载《纪念与研究》第3辑(内部资料)，第30—31页)

同月　大会结束以后，上海几家媒体先后发表文章报道大会情况。《大美晚报》于10月2日发表《反战会秘密开会》；《申报》于10月3日发表《反战会开会记》；《中国论坛》于10月4日发表《反战大会终于在帝国主义国民党压迫下开成功了！》，同期发表了大会通过的通电、宣言、决议；《时事新报》于10月5日发表《反战会议代表离沪　昨赴海参崴转西伯利亚返欧　会议决案将至巴黎后始发表》。《红色中华》于11月26日出版"国际反帝反战大会特刊"，发表《出席国际反帝反战代表大会的苏区红军代表回来的报告书》和部分大会文件。

同月　共青团沪东区委在国际反战会议开完后，为欢送反战代表回国及庆祝大会成功，发表《告劳动青年书》。(《中共沪东地区党史大事(1919.5—1949.5)》，上海杨浦区党史办编印，1996年1月版)

10月4日　晨，马莱在上海寓所最后一次接待报社记者，回答记者提问，并告知日内将离沪。关于远东反战会议，他说："乃在市政府范围内举行耳。"但地址和会议情形都未宣布。晨8时许，马莱偕同来之英法比诸代表乘中东铁路公司驻沪办事处所租用之挪威货轮"阿斯尔登"号离沪。(《马莱日内离沪》，载《大美晚报》1933年10月4日；《反战会议代表离沪　昨赴海参崴转西伯利亚返欧　会议决案将至巴黎后始发表》，载《时事新报》1933年10月5日)

10月24日　国际代表在其由华赴欧道程中，抵达苏联，其中有马莱、古久里和马尔度。（《反战代表团抵俄》，载《大美晚报》1933年10月26日）

11月3日　共产国际执行委员会政治书记处政治委员会开会研究远东反战反法西斯大会的结果。中共中央驻共产国际执委会代表王明在会上发言，认为："上海反战大会不仅对于反战工作的进一步开展而且对于远东都具有很大的意义。我们现在从日本同志那里得知，在上海反战大会的影响下，日本爆发了保卫这次大会和反战方面的大规模运动。这次大会对于保卫苏维埃中国也具有很大的意义。"同时也指出不足之处。应该加强我们在上海的反战委员会，还要吸收广大公开的人士，在行动中有更多合法或半合法的机会等等多个建议。（中共中央党史研究室第一研究部译，黄修荣主编：《联共（布）、共产国际与中国苏维埃运动（1931—1937）》第13卷，第586—588页）

11月15日　远东反战大会国际代表团写报告向共产国际执行委员会政治书记处政治委员会汇报远东反战大会的情况，共产国际执行委员会政治书记处政治委员会会议作出了《关于上海反战大会成果和评价的决议》。会议决定在全国各地广泛地开展作报告运动宣传大会的成果；必须在日本根据大会的材料组织报告运动，尽快散发报告；在美国、加拿大、中美洲、南美洲宣传大会的成果；此外，还必须发表古久里和英国代表汉密尔顿的报告，用法、英、德三种语言在《世界战线》杂志特刊号上发表等等。（中共中央党史研究室第一研究部译，黄修荣主编：《联共（布）、共产国际与中国苏维埃运动（1931—1937）》第13卷，第619—622页）

11月23日　中共中央发表关于检查中共江苏省委工作的决议，针对远东反战大会，决议说道："九月三十日在上海胜利的完成了的反战大会，应该是江苏党转变反帝反战工作的起点。"决议并指出了中共江苏省委工作的不足：大会后的反帝反战工作趋于无形的停顿环绕在大会周围的群众热情很罪过的任其冷淡下去。中央还责成中共江苏省委和每个党员应进行广泛的群众鼓动，开展反帝和国民党的斗争。（中共中央书记处编：《六大以来——党内秘密文件》，人民出版社1980年2月版，第474—482页）

12 月中旬　10 月底 11 月初间，中共江苏省委宣传干事曾一凡被捕，由于冯雪峰不知情，仍去曾一凡住处找他，被蹲守的特务围堵，冯雪峰与特务对打后侥幸逃脱；中共江苏省委和上海中央局认为冯雪峰在上海工作已不安全，后经中央苏区决定，调他前往苏区瑞金工作。12 月中旬，冯雪峰会同陕北来的贾拓夫从上海出发前往瑞金。（参考冯雪峰亲属提供的冯雪峰手稿《自传》）1934 年 3 月 30 日，国民党“CC”派外围刊物《社会新闻》第 6 卷第 30 期刊登了一则题为《冯雪峰逃入赤区》的消息。

年内　马莱回到英国曾向中国驻英公使郭泰祺提出了强烈抗议，指名要求无条件释放因大会被捕的中国人，迫使国民党外交部不得不虚伪地行文下监狱以敷衍外国人。（楼适夷：《关于远东反战大会》，载《新文学史料》1984 年第 2 期，第 45—49 页）

是年，《上海公共租界工部局年报》的《警务处报告》写道：“本年八月间，有非战同盟会代表若干人，自欧洲抵沪，拟在沪召集亚洲非战同盟会，但旋于十月四日乘‘亚斯卡拉登’号轮船，前往海参崴。若辈在沪时，曾与中国若干过激派团体之代表开秘密会议，并议决在沪设立非战同盟会远东局。所拟在沪召集之亚洲非战同盟会，以向本局、法租界公董局，及上海市政府陈请准其开会之时，均被拒绝。未曾举行。”（《上海公共租界工部局年报 中华民国二十二年即西历一九三三年》，上海公共租界工部局 1933 年编印，第 164 页）

（周七康编撰）

后 记

1933年9月30日，宋庆龄在中共地下组织支持下，联合世界进步人士共同在上海举办了远东反战会议。这次会议是在中国共产党直接领导下召开的，也是中国共产党负责具体筹备召开的第一次国际性会议，它不仅极大地提高了中华苏维埃在国内国际的声誉和知名度，而且吸引和动员了中国各阶层爱国人士参与到反对帝国主义和法西斯主义的运动中来，预示着国际反法西斯斗争的统一战线将要形成，为后来中国革命从民族革命斗争向抗日统一战线的发展过渡起到了积极的推动作用。

今天，中国人民抗日战争和世界反法西斯战争胜利即将迎来70周年，世界已经发生翻天覆地的变化，但是保卫世界和平、反对霸权主义依旧是世界爱好和平的人们共同奋斗的目标。习近平总书记在纪念中国人民抗日战争暨世界反法西斯战争胜利69周年座谈会上的讲话中指出："站在新的历史起点上，我们纪念中国人民抗日战争暨世界反法西斯战争的伟大胜利，就是要铭记历史、警示未来，动员全党全军全国各族人民更加奋发有为地为实现中华民族伟大复兴而奋斗。"

1933年，宋庆龄冒着巨大风险，在形势极端严峻的情况下，积极投入到远东反战会议的公开筹备和秘密召开的全过程中，为这次会议的成功召开起到了关键性的作用。为了研究和宣传宋庆龄为世界反法西斯运动和世界和平事业作出的杰出贡献，弘扬宋庆龄伟大的爱国精神和革命品质，上海宋庆龄研究会于2013年9月举行了"远东反战会议80周年纪念座谈会"，当年参与会议筹办的中国民权保障同盟总干事杨杏佛、负责保障会议安全的中共地下党员黄霖、中共地下党员周文和郑育之以及当时主持具体工作的中共江苏省委宣传部长冯雪峰等同志的后代参加了会议，中国人民对外友好协会原会长陈昊苏特为本次纪念座谈会发来书面讲话和题词。

会后，为进一步研究和宣传宋庆龄在20世纪30年代与中国共产党合作，组织召开远东反战会议，联合世界进步力量开展反帝反法西斯斗争的历史，上海市孙中山宋庆龄文物管理委员会决定编辑出版《远东反战会议纪念集》。

本书的编辑和出版得到了各方的支持和帮助，黄霖同志的女儿罗解难广为联络各方相关人士，周文和郑育之同志的女儿周七康则埋头搜集大量有关资料，冯雪峰后代慷慨提供了尚未公开发表的冯雪峰回忆资料及其图片，李又然后代也热心提供了所藏珍贵资料和图片，中国福利会儿童艺术剧院退休职工梁伯平同志特地从美国买来了整套《中国论坛》影印本，宁波离休干部郑辉同志发来了难得一见的梁文若照片，革命后代李东生同志特为本书撰写了纪念革命母亲朱姚的文章，虹口区党史办刘世炎同志热心提供个人研究所得，南通博物苑藏品部也为本书出版提供了帮助。本书的编辑尤其得到了中央档案馆利用部的大力支持和帮助，他们为本书查阅了大量档案，并提供了包括全套《反战新闻》在内的许多珍贵资料。

担任本书责编的东方出版中心编辑刘丽星女士及其同事为本书的编审校订付出了极大的劳动，在此我们亦表示深深地感谢。

本书选用的原始文献部分原稿内容有误，为尊重原稿，文中漏字补于“〈 〉”内，错字则改正于“[ ]”内，字迹模糊难以辨认的文字以“□”号代替，文句不通者及其他需要注释的内容则以“本书编者注”的形式予以说明。

由于本书编选的原始资料有很大一部分是字迹模糊不清的油印手写稿，且全书编辑工作量极大，失误和差错恐怕难免，敬祈读者不吝指正。

编　者

2014年8月